朔方文庫

明清時期寧夏文書檔案彙編

胡玉冰◎主編

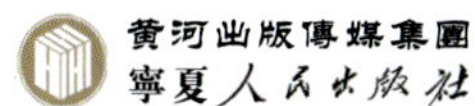

黄河出版傳媒集團
寧夏人民出版社

國家社會科學基金重大項目
“《朔方文庫》編纂”（批準號: 17ZDA268）經費資助出版

寧夏回族自治區“十四五”重點培育學科
“中國語言文學”學科建設經費資助出版

陝甘總督兼甘肅巡撫宜綿題報甘肅省官捐民捐社倉糧石動存數目

嘉慶元年十二月十九日

題。

正月二十一日。

二年□月□日下户。

該部查核具奏。

太子太保、兵部尚書兼都察院右都御史、總督陝甘等處地方軍務兼理糧餉并兼管甘肅巡撫事兼理茶馬臣宜綿謹題：爲移咨事。

據甘肅布政使司布政使陸有仁呈，蒙前任總督陝甘勒部院案驗，乾隆叁拾柒年拾壹月初叁日，准户部咨，陝西司案呈，本年玖月拾叁日，准陝甘總督勒爾謹將甘肅省乾隆叁拾陸年分官社糧石造具四柱清册，咨部前來。查本年貳月内，據山東巡撫徐績條奏，東省社倉穀石，請嗣後責令新舊州縣交代取具册結，送部查核，仍于年底將收支各數造册報部。等因。經本部議令年底造册題報，并通行各直省一律辦理在案。今甘肅省乾隆叁拾陸年分官社糧石，事同一例，係在奏准新例之後。該督既經按到部文，自應遵照新例，彙同民社倉糧一并造册題報，未便照舊辦理，致與原奏不符。應令該督轉飭將前項官社糧石，同該省民社倉糧分造清册，遵照原奏彙疏題報查核可也。等因。咨院行司。

蒙此，該甘肅布政使陸有仁查得，甘省應造乾隆伍拾玖年民捐社倉收支動存數目，已同該年官社倉糧，另造清册，彙詳呈請，具題在案。所有乾隆陸拾年官捐、民捐社倉糧石，遵即催令各府州分晰造册賫報去後。兹據蘭州、鞏昌、平凉、慶陽、甘州、凉州、寧夏、西寧捌府，并秦州、階州、涇州、肅州、安西伍直隸州，各將所屬倉貯官捐、民捐社倉糧石乾隆陸拾年動存數目，分晰造册，賫報前來。相應分晰照造簡明省總及收支細數各總清

册，同各府州撒册，一并呈賫核題。再，此案係年底造報之件，向不許限，合并聲明。等情。

據此，該臣查得，前準部咨，令將官捐、民捐、社倉糧石動存數目，按年彙疏題報。等因。行司，遵照在案。兹據甘肅布政使陸有仁詳稱，據蘭州、鞏昌、平凉、慶陽、甘州、凉州、寧夏、西寧捌府，并秦州、階州、涇州、肅州、安西伍直隸州，各將所屬倉貯官捐、民捐社糧乾隆陸拾年動存數目，分晰造册，賫報前來。查册開：民捐社糧，舊管項下共貯京斗糧叁萬貳千捌百伍拾壹石壹升壹合肆勺，新收項下共收京斗糧壹千柒百伍拾玖石貳斗捌升貳合捌勺，開除項下共除京斗糧壹千貳百玖拾玖石陸升捌合伍勺，實在項下共貯京斗糧叁萬叁千叁百壹拾壹石貳斗貳千伍合柒久。官捐社糧，舊管項下共貯京斗糧壹萬項千捌百伍拾貳石陸斗玖升貳合壹勺，新收項下共收京斗糧壹百捌拾伍石柒斗壹升肆合叁勺，開除無項，實在項下共貯京斗糧壹萬叁千叁拾捌石肆斗陸合肆勺。造具簡明總册，同各撒册，一并呈賫，請題前來，臣覆核無异。除册送部科外，相應具題，伏祈皇上睿鑒，敕部核覆施行。謹題請旨。

嘉慶元年拾貳月拾玖日。

太子太保、兵部尚書兼都察院右都御史、總督陝甘等處地方軍務兼理糧餉并兼管甘肅巡撫事兼理茶馬臣宜綿。

【貼黄】

太子太保、兵部尚書兼都察院右都御史、總督陝甘等處地方軍務兼理糧餉并兼管甘肅巡撫事兼理茶馬臣宜綿謹題爲移咨事。

該臣查得，前準部咨，令將官捐、民捐社倉糧石動存數目，按年彙疏題報。等因。行司。遵照在案。兹據甘肅布政使陸有仁將各屬倉貯官捐、民捐社糧乾隆陸拾年動存數目，分晰造册前來。查民捐社糧，舊管共貯京斗糧叁萬貳千捌百伍拾壹石零，新收共收京斗糧壹千柒百伍拾玖石零，開除共除京斗糧壹千貳百玖拾玖石零，實在共貯京斗糧叁萬叁千叁百壹拾壹石零。官捐社糧，舊管共貯京斗糧壹萬貳千捌百伍拾貳石零，新收共收京斗糧壹百捌拾伍石零，開除無項，實在共貯京斗糧壹萬叁千叁拾捌石零。造具簡明總册，同各撒册，呈賫請題前來，臣覆核無异。除册送部科外，謹題請旨。

【《明清檔案》A275—62，B155481—B155483】

嘉慶二年（1797）

代辦陝甘總督事務陸有仁題報甘肅省常平倉糧支存數目

嘉慶二年二月三日

題。

二年□月□日下户。

該部查核具奏。

刑部侍郎代辦陝甘總督事務臣陸有仁謹題：爲移咨事。

據兼署甘肅布政使司布政使陸有仁呈，蒙前任總督陝甘勒部院案驗，乾隆伍拾陸年陸月貳拾貳日，准户部咨覆，查甘省地處邊陲，常平儲備，尤關緊要。應令該督轉飭各屬，于題銷伍拾伍年常平倉糧奏銷册内，將節年減糶未買糧石，現在解司貯庫價銀若干，本年已經買補糧石若干，仍未買補糧石若干，并將因何未經買補緣由，詳確造報，以昭慎重，而憑稽核。等因。又蒙前任總督陝甘勒部院案驗，乾隆伍拾柒年叁月初拾日，準户部咨覆，甘省各屬未完伍拾肆年籽口、糧石，應俟造報伍拾伍年常平倉糧案内，將各屬已未完數目，專立一册，隨案報部，以憑稽核。等因。俱行到司。

蒙此，該兼署甘肅布政使陸有仁查得，甘肅省各屬乾隆陸拾年常平糧石，前經催令各屬作速造册賫報去後。兹據蘭州、鞏昌、平凉、慶陽、甘州、凉州、寧夏、西寧捌府，并秦州、階州、涇州、肅州、安西伍直隸州，及哈密廳，各將所屬乾隆陸拾年倉貯常平采買、捐納等項糧石收支動存細數，造具奏銷清册前來。相應照造簡明省總及河東、河西收支細數各總清册，登明造銷各款案由，同各府廳州撒册及開耗册籍，并肅州、安西貳州屬已完民借乾隆陸拾年籽口、糧石，遵照部示，具總册一并呈賫核題。至各屬買補各年減糶糧石，已于乾隆伍拾玖年照數買補全完，統隨伍拾玖年常平倉穀奏銷案内造報在案。再，此案係按年接續造報之件，向不計限，合并聲明。等情。呈詳到臣。

該臣查得，甘肅省常平采買、捐納等項糧石收支動存細例，應按年題銷。兹據兼署甘肅布政使陸有仁詳稱，查甘肅省各屬乾隆陸拾年常平糧石，前經催令各屬作速造册賫報去後。兹據蘭州、鞏昌、平凉、慶陽、甘州、凉州、寧夏、西寧捌府，并秦州、階州、涇州、肅州、安西伍直隸州，及哈密廳，各將所屬乾隆陸拾年倉貯常平采買、捐納等項糧石收支動存細數，造具奏銷清册前來。查常平册間，舊管項下共貯各項京斗糧叁百伍拾柒萬陸百柒拾石柒斗捌升壹合，白炒麵貳百捌拾伍斤伍兩柒錢壹分。新收項下共收各項京斗糧壹拾肆萬叁千陸百伍拾叁石叁斗捌升玖勺，開除項下共除各項京斗糧叁拾叁萬叁千柒百柒拾陸石壹斗陸升伍合陸勺，實在項下共貯各項京斗糧叁百叁拾捌萬伍百肆拾柒石玖斗玖升陸合叁勺，白炒麵貳百捌拾伍斤伍兩柒錢壹分。相應照造簡明省總及河東、河西收支細數名總清册，登明造銷各款案由，同各府廳州撒册及開耗册籍，并肅州、安西貳州屬已完民借乾隆陸拾年籽口、糧石，遵照部示，造具總册，呈賫請題前來，臣覆核無异。除册送户部户科，并將揭帖照例分送外，相應具題。伏祈皇上睿鑒，敕部核覆施行。謹題請旨。

嘉慶貳年貳月初叁日。

刑部侍郎代辦陝甘總督事務臣陸有仁。

【貼黄】

刑部侍郎代辦陝甘總督事務臣陸有仁謹題：爲移咨事。

該臣查得，甘肅省倉貯常平采買、捐納等項糧石，收支動存細數，例應按年題銷。兹據兼署甘肅布政使陸有仁詳稱，查甘肅省各屬，乾隆陸拾年倉貯常平采買、捐納等項糧石，舊管共貯京斗糧叁百伍拾柒萬陸百柒拾石零，白炒麵貳百捌拾伍斤零，新收共收京斗糧壹拾肆萬叁千陸百伍拾叁石零，開除共除京斗糧叁拾叁萬叁千柒百柒拾陸石零，實在共貯京斗糧叁百叁拾捌萬伍百肆拾柒石零，白炒麵貳百捌拾伍斤零。等情。造具簡明總册，同各撒册，并肅州、安西貳州屬已完民借籽口、糧石總册，呈賫請題前來，臣覆核無异。除册送部科外，謹題請旨。

【注】此處闕一行。

【《明清檔案》A275—107，B155657—B155660】

兵部尚書慶桂題覆陝甘總督請以王化龍升補陝西略陽營游擊應毋庸議

嘉慶二年三月十日

題。

二年三月□日下兵。

依議。

經筵講官、兵部尚書、鑲黄旗漢軍都統、管理宗人府銀庫事務臣慶桂等謹題：爲請補游擊事。

兵科抄出陝甘總督宜綿題前事。内開：陝西略陽營游擊朱士奉升補陽平關營參將遺缺，接准部咨，令于軍營出力人員内揀選題補。等因。臣查有甫經題請調補凉州鎮標前營都司王化龍，因在棗陽縣守城出力，經永保等查明，奏請議叙，欽奉諭旨："都司王化龍，著加恩以參、游酌補。欽此。"該員年力壯盛，曉暢營伍，以之請補陝西略陽營游擊，實堪勝任。查王化龍現年叁拾柒歲，係甘肅平凉府固原州人。請補前項員缺，與例相符。再，該員係奉旨以參、游酌補之員，今請補游擊，應免送部。除覆歷俟查取至日另咨送部外，臣謹會同陝西固原提督臣柯藩合詞具題，伏祈皇上睿鑒，敕部議覆施行。謹題請旨。嘉慶元年拾壹月貳拾玖日題，嘉慶貳年貳月拾叁日奉旨："該部議奏。欽此欽遵。"于本日抄出到部。

該臣等議得，陝甘總督宜綿疏稱，陝西略陽營游擊朱士奉升補參將遺缺，接準部咨，令于軍營出力人員内揀選題補。等因。臣查有凉州鎮標前營都司王化龍，因在棗陽縣守城出力，欽奉諭旨："著加恩以參、游酌補。"欽遵在案。該員年力壯盛，曉暢營伍，以之請補陝西略陽營游擊，實堪勝任。等因。具題前來。查嘉慶貳年貳月貳拾肆日，奉上諭："據惠齡奏湖北各處領兵剿賊出力營員請旨升用一摺，著照所請，劉邦植升補略陽營游擊，王化龍升補甘肅寧夏鎮標中軍游擊。欽此欽遵。"在王化龍案，令該督請將都司王化龍升補陝西略陽營游擊之處，應毋庸再議。臣等未敢擅便，謹題請旨。

嘉慶貳年叁月初拾日。

經筵講官、兵部尚書、鑲黃旗漢軍都統管理宗人府銀庫事務臣慶桂，左侍郎、鑲紅旗漢軍副都統兼公中佐領清字經館提調臣趙鋑，右侍郎臣傅森，武選清吏司掌印郎中臣玉岱，郎中臣曹師，郎中臣徐逢豫，員外郎臣逢盛，員外郎臣德克精阿，員外郎臣伽藍保，員外郎臣多慶，員外郎臣清柱，主事臣慧保，主事臣熊之書，主事臣王觀，額外主事臣四保，額外主事臣何錚，額外主事臣丁樹本，額外主事臣慕鏊。

【《明清檔案》A276—39，B155963—B155965】

代辦陜甘總督事務陸有仁題請核銷甘省嘉慶元年支過監犯及遞解人犯等項銀糧

嘉慶二年四月三日

題。

四月十八日。

二年□月□日下户。

該部察核具奏。

刑部侍郎代辦陜甘總督事務臣陸有仁謹題：爲酌議矜恤罪囚，以副皇仁事。

據兼署甘肅布政使司布政使陸有仁呈，蒙前任陜甘總督楊部院案驗，乾隆貳拾玖年捌月初捌日，準户部咨，陜西司案呈，本年陸月初貳日，準陜督楊應琚咨，據布、按貳司呈稱，竊照罪犯身繫囹圄，雖孳由自作，而國家欽恤令典，則每日給予倉升米壹升，燈油、鹽菜等項錢伍文，俾日食有資，不至飢餒，恩至渥也。至各省應給囚糧，大概在于各該州縣存留糧内，或常平倉内支給本色，惟甘省各屬因存留糧石有無不齊，而支給囚糧亦本折各异。如蘭州府屬之狄道、河州、皋蘭、渭源、金縣等伍州縣，鞏昌府屬之岷州、隴西、安定、會寧、伏羌、西和、漳縣等柒州縣，平凉府屬之固原、静寧、隆德等叁州縣，慶陽府屬之寧州、合水、正寧、安化等肆州縣，以及直隸秦州，共貳拾州縣，俱有存留糧石，向係估支本色。至按察司、司獄司，蘭州府屬之靖遠縣，鞏昌府屬之洮州廳、寧遠縣、通渭縣，平凉府屬之涇州、平凉、鎮原、崇信、莊浪、華亭、靈臺等州縣，慶陽府屬之環縣，甘州府屬之張掖、撫彝、山丹，凉州府屬之武威、永昌、鎮番、古浪、平番，寧夏府屬之靈州、寧夏、寧朔、中衛、平羅，西寧府屬之西寧、碾伯、大通、巴燕戎格各廳、州、縣，并府、經歷司。鎮西府屬之哈密廳、宜禾，并直隸秦州屬之秦安、清水、禮縣、徽縣、兩當，直隸階州并所屬之文、成貳縣，直隸肅州并所屬之高臺縣，直隸安西州并所屬之敦煌、玉門，共肆拾陸廳、州、縣，均無存留糧石。歷年估請折色支給每犯每日折給口食錢壹拾文。年來生齒日繁，糧價昂貴，每錢拾文，實不能買糧壹升。此等罪犯，日食不敷，情殊堪憫。

案查河東各屬，向有額徵耗糧貳萬壹百餘石，河西額徵耗糧伍萬叁千壹百餘石，以爲支給各官養廉公費之用。嗣于乾隆貳拾叁年，經前任部院黄廷柱奏准，將前項耗糧收貯在倉，其各官養廉另行撥補。等因。是前項收貯耗糧，原以留備地方公用，今若以之撥補囚糧，亦屬以公濟公。本司等公同悉心，通盤核計，各州縣每年所徵耗糧，自數石至伍陸拾石不等。而通省額設囚糧共止壹千陸百玖拾貳石，内各廳、州、縣每年原請估支至多不過肆拾石或貳拾肆石，并壹拾貳石不等。每年造銷支過人犯折色，亦不過伍陸拾石及壹貳拾石不等。應請嗣後原無存留糧石之各州縣，均于上年徵存耗糧内按額估支。即原有存留糧石之處，或值不敷，亦即于耗糧内動支造銷。設遇被灾緩徵，并無徵貯存留及無耗糧可撥者，應于徵有耗糧之州縣通融撥給造銷。所有支給折色之例，應請永行停止。如此庶罪囚咸得按口授食，不致飢餒之虞。是否有當，相應詳請咨部，以便將來造銷。等情。除咨刑部外，相應咨達。又于本月拾伍日，准刑部咨同前事。各等因。前來。

查甘省額設囚糧，先據原任甘撫許容題請分别定議，照例每囚每日給糧壹升，在存留倉糧内動支。其有素無倉貯或糧石不敷者，亦在于存公銀内照定價每石壹兩折給，年底造册報銷。等因。經本部覆准在案。今據該督聲明，甘肅按察司、司獄司并靖遠等肆拾陸廳、州、縣，向無存貯糧石，每囚日支米壹升，折錢拾文，實屬日食不敷。現在各處養廉耗糧，業奉奏准，收倉留貯公用。請嗣後將不敷囚糧，即在裁存養廉耗糧内照額估支，其折色之例，永行停止。等語。應如所請辦理。仍令該督將應支糧石，按年照額估支，彙入奏銷册内，具題請銷，并將折色錢文仍歸公用項内造報查核可也。等因。

又蒙前任陝甘總督勒部院案驗，乾隆肆拾年拾壹月叁拾日，准户部咨，陝西清吏司案呈，查先經本部奏准川省軍營滿州緑營兵丁晝一支給口糧案内，議將緑營弁兵所帶餘丁應支口糧，均隨各徵兵分例，每日概以捌合叁勺關給。等因。通行在案。又，近經大學士舒赫德等議奏，發往伊犁等處年滿免罪遣犯，挑入换防兵丁數内當差者，向照兵丁例，月支鹽菜銀壹兩伍錢，未免漫無區别，應減去銀叁錢，實給銀壹兩貳錢。等因。奏准亦在案。今查各省遞解軍流人犯，所有沿途經過地方，多有因循舊例，每日關給口糧米壹升者。查此等人犯均係負罪發遣之人，定例給與路糧，俾資果腹，已屬恩施格外。若概以每日壹升支給，不惟與免罪挑入兵丁遣犯減支鹽菜事例不符，且較之軍營各項兵丁口糧數目，更屬過優，自應量爲酌減，以昭平允。本部就各省支給例案逐加查核，除安徽省向係每名目給米捌合叁勺，毋庸置議外，所有每日支米壹升之山西等拾壹省供支發遣軍流人犯口糧米石，俱應每日以捌合叁勺支給，即于各該省奉到部文之日爲始，照數供支，各隨本案報部核銷。相應開單通行各省督撫查照辦理可也。計黏單一紙，内開：甘肅省每名日支米壹升，今改爲捌合叁勺，鹽菜錢伍文，照舊關支。等因。

又準蘭州按察司咨，蒙前任陝甘總督勒部院案驗，乾隆肆拾肆年捌月拾叁日，準刑部咨，陝西司案呈，乾隆肆拾肆年陸月貳拾捌日，接到大學士于敏中字寄，欽奉諭旨："嚮來刑部及各省監獄，凡在監囚犯，有夜給燈油之例，甚屬無謂。此等身繫囹圄者，俱係犯法之人，罪由自取。如重囚給以衣食，因其爰書已定，必須明正典刑，不應復令其凍餒致斃，已屬國家法外之仁。至燈油壹項，并非衣食可比。罪囚在獄，夜間本無需燈火。且小民常時入夕，寢不留燈者居多，豈有犯罪繫獄，轉徹夜予以燈照？雖矜恤，亦不宜及此。并恐奸徒因有燈火，或致放火以圖越獄，尤非慎重監獄之道。至獄官禁卒，稽查監犯，原可各自携燈照看，并無藉獄囚之有燈也。著傳諭刑部堂官，查明此項燈油，因何給與，必係多年相沿陋例。如禁卒坐更看守，自應酌給燈油，至獄囚則斷不宜與以燈火。著即行妥議具奏，行知各省，一體遵照。欽此。”等因。寄信前來。臣等恭讀之下，仰見我皇上慎重監獄、無微不燭之至意。伏查例載，凡在禁囚犯，日給倉米壹升，冬季絮衣壹件，夜給燈油。等語。溯自雍正叁年纂修黄册，于此條下即注有“原條例”字樣，是此條自係相沿舊例。隨查臣部監獄，月給燈油銀陸兩，在秋審項下奏銷，其銀係南北兩監分支。兩監禁犯房屋共有拾壹處，係通連房屋伍間，屋内東、西、正中三面墻上懸設油燈叁盞。禁卒肆名，即在屋内坐更看守。每晚，囚犯與禁卒一并封鎖在内，一應械禁衆囚，得資防範，舊制相沿已久。蓋因獄辦有倒給之燈油，禁卒同在壹室，通融然照。是以看犯之禁役，即藉獄辦之燈油以爲照察，并無另給之項。原例稱禁囚夜給燈油，轉置禁卒之然照、看守于不論，本未妥協。兹奉聖諭“禁卒坐更看守，自應酌給燈油，至獄囚則斷不宜與以燈火”，臣等詳酌，自宜裁此給彼，以符體制。應請于例内“夜給燈油”之上，添載“看犯支更禁卒”陸字，并通行直省各督撫等，轉飭有獄衙門，一體遵照。應更正者更正，應裁汰者裁汰，酌定章程，咨報臣部，彙核具奏，以歸畫一，以昭慎重。爲此謹奏。乾隆肆拾肆年柒月初柒日，隨報具奉，初捌日奉旨：“依議。欽此。”相應行文陝甘總督，如有應行之處，轉行各該處，一體欽遵查照可也。各等因。遵奉在案。

經本兼署司備行各屬，將嘉慶元年支給監犯口糧、鹽菜，并看犯支更禁卒燈油等項銀糧，作速造報，并屢催去後。今據甘肅按察司、司獄司并蘭州、鞏昌、平凉、慶陽、甘州、凉州、寧夏、西寧捌府，并秦州、階州、涇州、肅州、安西伍直隸州，及哈密廳，造賫各所屬嘉慶元年支給過監犯口糧、鹽菜，并看犯支更禁卒燈油等項銀糧細數清册前來。該兼署甘肅布政使陸有仁查得，甘屬嘉慶元年應支監犯口糧、鹽菜，并看犯支更禁卒燈油等項銀糧，據各屬造册請銷前來，相應照造司總清册，同賫到印結，一并詳賫核題。等情。呈詳到臣。

該臣查得，甘肅省每年支過監犯及沿途解犯口糧錢折并燈油等項銀糧例應造銷。兹據兼署甘肅布政使陸有仁詳稱，查甘屬嘉慶元年應支監犯口糧、鹽菜，并看犯支更禁卒燈油等項銀糧：一，收各屬原估糧壹千捌百叁拾肆石；一，收溢額糧捌拾壹石伍斗貳升玖合叁勺；一，收鹽菜廳糧壹拾石肆斗肆升玖合柒久；一，收撫彝廳糧伍斗捌升玖合叁勺；一，收原估各屬囚犯鹽菜，并看犯支更禁卒燈油銀玖百壹拾柒兩；一，收溢額銀伍拾玖兩柒錢陸分；一，收鹽茶廳銀陸兩貳錢玖分伍厘；一，收撫彝廳銀叁錢伍分伍厘；一，除蘭州府屬之循化廳、渭源縣，西寧府屬之經歷司，直隸秦州屬之禮縣，直隸涇州并所屬之鎮原縣，直隸安西州，并無監禁人犯不支銀糧外，尚該甘肅按察司、司獄司并各屬供支原估并溢額倉斗糧陸百肆拾陸石玖斗伍升陸合，共支原估并溢額囚犯鹽菜及看犯支更禁卒燈油銀叁百捌拾玖兩柒錢貳分捌厘。内甘肅按察司、司獄司領過司庫原估銀柒拾伍兩，除實支銀叁拾伍兩叁錢伍厘，尚有支剩銀叁拾玖兩陸錢玖分伍厘，業已照數批解司庫，收入原動公用款内。又，支給本色糧伍拾捌石陸斗陸合叁勺。又，蘭州府經歷司領過司庫銀柒拾伍兩，除實支銀叁拾肆兩伍錢壹分伍厘，尚有支剩銀肆拾兩肆錢捌分伍厘，業已照數批解司庫，收入原動公用款内。又，支給本色糧伍拾柒石貳斗玖升肆合玖勺。又，各屬供支糧伍百叁拾壹石伍升肆合捌勺，銀叁百壹拾玖兩玖錢捌厘。

以上通共實支糧陸百肆拾陸石玖斗伍升陸合，内已支原估本色糧伍百伍拾肆石叁斗捌升柒合柒勺，已支溢額糧捌拾壹石伍斗貳升玖合叁勺，已支鹽菜廳糧壹拾石肆斗肆升玖合柒勺，已支撫彝廳糧伍斗捌升玖合叁勺。實支銀叁百捌拾玖兩柒錢貳分捌厘，内已支司獄司原估銀叁拾伍兩叁錢伍厘。又，已支蘭州府經歷司原估銀叁拾肆兩伍錢壹分伍厘，未支各屬原估銀貳百伍拾

叁兩肆錢玖分捌厘，未支溢額銀伍拾玖兩柒錢陸分，未支鹽菜廳銀陸兩貳錢玖分伍厘，未支撫彝廳銀叁錢伍分伍厘。止該各屬實存支剩原估糧壹千貳百柒拾玖石陸斗壹升貳合叁勺。應令仍歸本款，遇有動用，另案報銷。兹據各屬造册請銷前來，相應照造司總清册，同賫到印結，一并詳賫核題。

再，嘉慶元年各屬供支沿途解犯口糧銀兩内，除蘭州府屬之循化廳、河州、靖遠縣，鞏昌府屬之洮州廳、通渭縣，平凉府屬之鹽茶廳、華亭縣，慶陽府屬之寧州、正寧縣、安化縣、合水、環縣，凉州府屬之鎮番縣，寧夏府屬之平羅縣、中衛縣、寧朔縣，西寧府屬之西寧縣、碾伯縣、大通縣、巴燕戎格廳、貴德廳，階州并所屬之文、成貳縣，安西州屬之敦煌縣，涇州屬之靈臺縣、鎮原縣、崇信縣，并哈密等廳、州、縣，并未支過沿途解犯口糧錢折銀兩，毋庸開造外，其餘各廳、州、縣共支過口糧錢折銀柒拾伍兩叁錢貳分伍厘。應請同囚犯鹽菜等項銀兩，一并在于司庫公用款内支給，以還墊項。至沿途解犯口糧錢折銀兩，業已遵照部示，專案分款造報，合并聲明。等情。造具册結，呈賫請題前來，臣覆核無异。除册結分送部科外，相應具題。伏祈皇上睿鑒，敕部核覆施行。謹題請旨。

嘉慶貳年肆月初叁日。

刑部侍郎代辦陝甘總督事務臣陸有仁。

【貼黄】

刑部侍郎代辦陝甘總督事務臣陸有仁謹題：爲酌議矜恤罪囚，以副皇仁事。

該臣查得，甘肅省每年支過監犯及沿途遞解人犯口糧錢，折并燈油等項銀糧，例應造銷。兹據兼署甘肅布政使陸有仁詳稱，查甘屬嘉慶元年應支監犯口糧、鹽菜，并看犯支更禁卒燈油等項銀糧，及沿途解犯口糧錢折銀兩，造具册結，請題前來，臣覆核無异。除册結分送部科外，謹題請旨。

【《明清檔案》A276—94，B156207—B156216】

代辦陝甘總督事務陸有仁題請補授州同

嘉慶二年四月二十二日

題。

該部議奏。

刑部侍郎代辦陝甘總督事務臣陸有仁謹題：爲詳請題補要缺直隸州州同，以裨地方事。

據兼署甘肅布政使司布政使陸有仁、按察使司按察使廣厚會詳稱，竊查階州直隸州西固州同陳熺病故遺缺，係繁、雜貳項邊番要缺，例應在外揀選調補。兹本兼署司等在于甘省對品州同内逐加揀選，俱無合例堪調之員。惟查有壹等舉人知縣改補佐貳馬履豐，年伍拾貳歲，係福建汀州府長汀縣人，由乾隆辛卯①科舉人，肆拾陸年會試後大挑壹等引見，奉旨以知縣用，簽掣甘肅。是年捌月初陸日到省，委署寧夏縣印務，于玖月初叁日到任。拾月貳拾壹日，聞訃丁本生母憂，回籍守制。服滿，仍赴甘省試用。蒙前督部院福康安奏明，先以佐貳補用，咨署東樂縣丞，伍拾貳年拾貳月貳拾肆日到任。伍拾叁年拾貳月試署期滿，奉文實授，歷奉委署寧夏、玉門貳縣印務。伍拾肆年拾貳月貳拾肆日，聞訃丁母憂，回籍守制。服滿，仍赴甘肅補用，于伍拾玖年貳月貳拾叁日到甘，委署鎮番縣知縣，現署高臺縣毛目縣丞。該員年力强壯，辦事勤慎，任内亦無參罰案件，以之補授階州直隸州西固州同，堪以勝任。相應詳請核題。等情。呈詳到臣。

該臣查得，階州直隸州西固州同陳熺病故，業經臣題報在案。所遺員缺，係繁、難貳項邊番要缺，例應在外揀選調補。兹據兼署甘肅布政使陸有仁、按察使廣厚會詳稱，在于甘省對品州同内逐加揀選，俱無合例堪調之

①乾隆辛卯：乾隆三十六年（1771）。

員。惟查有壹等舉人知縣改補佐貳馬履豐，年伍拾貳歲，係福建汀州府長汀縣人，由乾隆辛卯科舉人。肆拾陸年會試後大挑壹等引見，奉旨以知縣用，簽掣甘肅。是年捌月初陸日到省，委署寧夏縣印務，于玖月初叁日到任。拾月貳拾壹日，聞訃丁本生母憂，回籍守制。服滿，仍赴甘省試用。蒙前督部院福康安奏明，先以佐貳補用，咨署東樂縣丞，伍拾貳年拾貳月貳拾肆日到任。伍拾叁年拾貳月，試署期滿，奉文實授，歷奉委署寧夏、玉門貳縣印務。伍拾肆年拾貳月貳拾肆日，聞訃丁母憂，回籍守制。服滿，仍赴甘肅補用，于伍拾玖年貳月貳拾叁日到甘，委署鎮番縣知縣，現署高臺縣毛目縣丞。該員年力强壯，辦事勤慎，任内亦無參罰案件，以之補授階州直隸州西固州同，堪以勝任。等情。會詳請題前來。臣查馬履豐爲人謹飭，辦事勤勉，以之補授階州直隸州西固州同，實堪勝任。相應具題，伏祈皇上睿鑒，敕部議覆施行。謹題請旨。

嘉慶貳年肆月貳拾貳日。

刑部侍郎代辦陝甘總督事務臣陸有仁。

【貼黄】

刑部侍郎代辦陝甘總督事務臣陸有仁謹題：爲詳請題補要缺州同等事。

該臣查得，階州直隸州西固州同陳熺病故，業經臣題報在案。所遺員缺係繁、難貳項邊番要缺，例應在外揀選調補。兹據兼署甘肅布政使陸有仁、按察使廣厚會詳稱，在于甘省對品州同内逐加揀選，俱無合例堪調之員。惟查有壹等舉人知縣改補佐貳馬履豐，年伍拾貳歲，係福建汀州府長汀縣人，由乾隆辛卯科舉人。肆拾陸年會試後，大挑壹等引見，奉旨以知縣用，簽掣甘肅。是年捌月到省，旋丁本生母憂，回籍守制。服滿，仍赴甘省試用。蒙前督部院福康安奏明，先以佐貳補用，咨署東樂縣丞，伍拾貳年拾貳月到任。伍拾叁年拾貳月，奉文實授。伍拾肆年丁母憂，回籍守制。服滿，仍赴甘肅補用，于伍拾玖年貳月到甘。該員年力强壯，辦事勤慎，任内亦無參罰案件，以之補授階州直隸州西固州同，堪以勝任。等情。會詳請題前來。臣查馬履豐爲人謹飭，辦事勤勉，以之補授階州直隸州西固州同，實堪勝任。謹題請旨。

【《明清檔案》A276—129，B156375—B156378】

大學士管户部和珅題覆甘肅寧夏縣屬河忠堡沙壓地畝豁免銀糧草束事

嘉慶二年五月十九日

題。

張大維。

二年□月□日下户。

依議。

經筵講官、太子太保、領侍衛内大臣、文華殿大學士、管理吏部户部理藩院事務三等忠襄伯臣和珅等謹題：爲報明事。

户科抄出代辦陝甘總督陸有仁題覆，甘肅省寧夏縣屬河忠堡沙壓地畝，查明實因沙石層層積壓，不能墾復，額徵銀糧草束應請豁除一案。嘉慶元年拾貳月拾捌日題，嘉慶貳年叁月初貳日奉旨："該部議奏。欽此欽遵。"于本日抄出到部。

該臣等查得，代辦陝甘總督陸有仁疏稱，前準部議，寧夏縣屬河忠堡水冲地畝不過冲去淤積，露出泥沙，與風吹沙壓地畝逐漸堆積沙石者情形不同。何至一經被冲，即有沙石堆積如山？且淤泥于水勢較緩之處，依然停積，水涸之處，尚可墾復，亦不應全行冲刷至壹千捌百餘畝之多。今雖據該督派員查勘，并未將淤積地畝可以墾復處所詳細聲明，遂將應徵銀糧全行請豁，仍難率准。應令徹底查明，題報聽核。等因。當即行司飭遵去後。兹據兼署甘肅布政司，移準寧夏道福永，移據寧夏府知府隆興詳稱，遵即率同寧

夏縣知縣興恒親往河忠堡户民李邦俊等被冲處所，逐一確勘。

查河忠堡西濱黄河南，有澇河一道，由慶陽府發源，從東而西，直注黄河。乾隆伍拾年以後，澇河漸移西南。河身較闊，涸出河灘，悉係舊日沙石夾雜堆積，河身亦有碎石鱗集。乾隆伍拾玖年柒月中旬，大雨如注，山水陡發，澇河宣泄不及，冲決壑口，泛溢民田，水勢建瓴〔翎〕而下，將河灘沙石盡行冲入各户額田之内，堆積甚厚。前已分晰聲明。兹蒙户部駁飭前因，卑府等查河忠堡被冲地畝，如止冲去淤積，露出泥沙，尚可督飭户民逐漸墾復。今查澇河灘身本有碎石鱗集，一經水發，石即順流而下，隨處壘壓，與僅止冲去淤積及風吹沙壓地畝由漸而成，尚堪用工墾治者，情形迥不相同。至水勢較緩之處，淤泥本可停積。今查該處直通黄河，彼時山水漲發，奔騰而下，即有淤泥，亦俱冲入黄流，似不能依然停積。總之，此項被冲地畝，如果沙壓較輕，尚可墾復，正賦所關，何敢不嚴督居民用力治平，以復舊額。兹逐一確勘，實因沙石重叠，層層積壓，即用工修治，亦屬徒勞無功，實有不能墾復之勢。卑府等目睹情形，若以請豁地畝爲數較多，責令户民勉力完糧，年年賠累。邊民生計本艱，力實有所不能。所有河忠堡户民被冲地畝，應請仍照前詳，俯賜豁除，以免民累。等情。臣覆核無异。相應具題。再，“陝甘總督關防”督臣宜綿帶赴軍營，是以借用布政司印信，合并陳明。等因。前來。

查甘肅省寧夏縣屬河忠堡水冲沙壓地壹拾捌頃叁拾叁畝，共額徵銀貳錢肆分伍厘，耗羨銀叁分陸厘，額徵倉斗正糧壹百貳拾肆石陸斗捌升，耗羨糧壹拾捌石柒斗貳合，草壹百拾叁束肆分壹厘。先據陝甘總督宜綿題覆，以前項地畝，因伍拾玖年柒月中旬，大雨連宵，澇水陡發，堤埂處所冲斷壑口兩處，挾沙壅石，遂將額地盡行淹泡。水涸之後，沙石壅雜，堆積如山，坑陷不平之處，亦係碎石鱗集，實在不能墾復。請仍于造報乾隆陸拾年地丁奏銷册内聲除，以免民累。等因。節經臣部查，水冲地畝，不過冲去淤泥，露出沙石，與風吹沙壓地畝逐漸堆積沙石者不同。何至一經被冲，即有沙石堆積如山？且淤泥于水勢較緩之處，依然停積，水涸之後，尚可墾復，亦不應全行冲刷。雖據該督派員查勘，并未將淤積地畝可以墾復處所詳細聲明，遽將應徵銀糧全行請豁，仍難率准。行令該督徹底查明，另行妥議題報，到日再行核議在案。

今據該督題覆，查澇河灘身本有碎石鱗集，一經水發，石即順流而下，隨處壘壓。至水勢較緩之處，淤泥本可停積。今查該處直通黄河，彼時山水漲發，奔騰而下，即有淤泥，亦俱冲入黄流，似不能依然停積。如果沙壓較輕，正賦所關，何敢不用力治平，以復舊額。實因沙石重叠，層層積壓，不能墾復。若責令户民勉力完糧，年年賠累。邊民生計本艱，力有所不能，應仍請豁除。等語。臣部查河忠堡户民李邦俊等被冲地畝，先據該督繪送圖説，内開：東至靈州出水溝，北至西渠，係户民楊邦俊之地。南至澇河，西至黄流。其澇河冲决豁口兩處，細閱繪圖，係從旁漫溢，并非直流而下，水力較弱，何至壹拾捌頃餘畝沙石盡堆積如山？且據該督聲稱，澇河直通黄河，山水漲發，奔騰而下，淤泥俱冲入黄流，豈有淤泥俱係直流，沙石俱係旁溢之理？是該督登覆情節，殊不明晰。事關豁徵正賦，臣部仍難率准。應令該督轉飭另委隔屬大員確勘實在情形，并將冲斷豁口兩處相隔若干里，一并詳晰確查，聲明題覆，并取具委勘之員確切印加各結，到日再行核議。臣等未敢擅便，謹題請旨。

嘉慶貳年伍月拾玖日。

御前大臣、經延日講起居注官、太子太保、領侍衛内大臣、文華殿大學士、文淵閣提舉閣事、管理吏部户部三庫理藩院事務、掌翰林院事、教習庶吉士、總理圓明園内事務大臣、總管内務府大臣、管理上駟院武備院事務、總管圓明園八旗包衣三旗官兵、管理健鋭營事務、鑲黄旗滿洲都統步軍統領、世襲三等忠襄伯臣和珅等，【注】御前大臣、太子少保、户部尚書、正白旗滿洲都統管理□儀衛事、管理御茶膳房造辦處、總理工程處事務□管□等處嚮道□大臣、御船處統領、管理□處事務、總管内務府大臣福長安，尚書、藍旗漢軍都統臣范宜恒，左侍郎管理樂部事務、世襲一等輕車都尉革職留任臣蔣賜棨，右侍郎臣韓鑅，陝西清吏司郎中臣額勒布，郎中臣吕雲棟，郎中臣董元鏡，員外郎臣舒德，員外郎臣景盛，主事臣富保，主事臣常文，主事臣倪思淳，額外主事臣張大維。

【注】銜名："御前大臣經延日講起居注官太子太保領侍衛内大臣文華殿大學士文淵閣提舉閣事管理吏部户部三庫理藩院事務掌翰林院事教習庶吉士總理圓明園内事務大臣總管内務府大臣管理上駟院武備院事務總管圓明園八旗包衣三旗官兵管理健鋭營事務鑲黄旗滿洲都統步軍統領世襲三等忠襄伯臣和珅。"

【《明清檔案》A277—61，B156651—B156655】

代辦陝甘總督事務陸有仁爲店鋪被劫題參疏防武職

嘉慶二年五月二十四日

題。

六月十一日。

二年□月□日下□。

趙大用等，著議處具奏。該部知道。

刑部侍郎代辦陝甘總督事務臣陸有仁謹題：爲報明事。

案查前據兼護西鳳營參將事中軍守備史克忠詳，據署分防扶風縣汛經制外委把總趙大用呈報，準扶風縣移，據縣屬崇正鎮鄉地樊信等具報，據鎮民孫均德投稱，伊鋪于嘉慶元年拾貳月初捌日夜三更時分，聽聞打門聲響，孫均德疑爲鋪夥張會算賬回鋪，起身，正欲開門，忽被賊人打門進鋪。孫均德喊叫，被賊用石往裹擲打，躲進後院喊捕賊，然火煤嚇禁，不許聲張。孫均德爬墻跑走，通知鋪夥張會、鋪鄰王六等喊捉賊，已搜劫銀錢衣物出鋪，一同趕捉，王六等被賊擲石打傷。等情。當即會同扶風縣前往勘驗屬實，理合呈報。等情。隨飭選差幹兵協同縣捕嚴緝凶賊，務獲窮報，并查取應參各職名去後。

除文職職名聽候陝西巡撫臣秦承恩題參外，該臣查得，扶風縣屬崇正鎮孫均德鋪内被劫銀錢衣物，臨時嚇禁事主，打傷鋪鄰王六等一案，前據營員詳報，經臣批飭勒限嚴緝凶賊，務獲究報，并取疏防職名在案。兹準陝西固原提督臣柯藩咨稱，查此案應以嘉慶元年拾貳月初捌失事之日起，扣至嘉慶貳年肆月初捌日肆個月，疏防限滿，贓盗尚未弋獲。所有武職疏防職名，專汛承緝官係署扶風縣汛經制外委把總事盩厔營、鄠縣汛經制外委把總、加肆級隨帶加壹級趙大用，兼轄督緝官係兼護西鳳營參將事中軍守備、加壹級史克忠。再，失事地方并無墩鋪防兵，合并聲明。等因。移揭前來。

除仍飭嚴緝贓盗、務獲究報外，所有武職疏防各職名，理合恭疏題參，伏祈皇上睿鑒，敕部議處施行。再，此案應以嘉慶元年拾貳月初捌失事之日起，扣至嘉慶貳年肆月初捌日肆個月，疏防限滿。陝西省事件，臣例得展限兩月，合并陳明。爲此具本，謹題請旨。

嘉慶貳年伍月貳拾肆日。

刑部侍郎代辦陝甘總督事務臣陸有仁。

【貼黄】

刑部侍郎代辦陝甘總督事務臣陸有仁謹題：爲報明事。

該臣查得，扶風縣屬崇正鎮孫均德鋪内被劫銀錢衣物一案，前據營員詳報，經臣批飭勒限嚴緝凶賊，務獲究報，并取疏防職名在案。兹準陝西固原提督臣柯藩咨稱，查此案應以嘉慶元年拾貳月初捌失事之日起，扣至嘉慶貳年肆月初捌日肆個月，疏防限滿，贓盗尚未弋獲。所有武職疏防職名，專汛承緝官係署扶風縣汛經制外委把總事盩厔營、鄠縣汛經制外委把總趙大用，兼轄督緝官係兼護西鳳營參將事中軍守備史克忠。再，失事地方，并無墩鋪防兵，合并聲明。等因。移揭前來。除仍飭嚴緝贓盜、務獲究報外，所有武職疏防各職名，理合恭疏題參，謹題請旨。

【《明清檔案》A277—73，B156705—B156707】

代辦陝甘總督事務陸有仁題報甘肅省嘉慶元年支過武職養廉銀

嘉慶二年五月二十七日

題。

六月十二日。

二年□月□日下户。

該部查核具奏。

刑部侍郎代辦陝甘總督事務臣陸有仁謹題：爲移付事。

據兼署甘肅布政使司布政使陸有仁呈，蒙刑部侍郎代辦陝甘總督陸部院案驗，嘉慶貳年叁月拾捌日，準兵部咨，車駕司案呈，準職方司付前事壹案。相應抄單移咨陝甘總督，轉行陝西巡撫一體查照可也。計黏單一紙，内開：準職方司付稱，内閣抄出大學士伯和珅等奏兵部具題考選軍政壹本，將節年例案逐一臚叙，未免冗複。應傳知各該部，嗣後本内將無關緊要節年例案酌加删減，以清眉目。等因。嘉慶元年拾貳月初五日奉旨："知道了。欽此欽遵。"移付查照前來。

查各省現在題報驛站朋馬并一切錢糧，以及修理站船等項，俱將節年例案于原疏内逐一聲叙，本部歷年具題亦將各原疏叙入，未免冗複。自應酌量删減，相應行文各直省督撫，嗣後題報驛站朋馬并一切錢糧，以及修理站船等本，祇將本案緊要錢糧數目，由各督撫核實題報。其各該司原詳，以及條陳酌改并節年例案，于司總册首詳細聲叙，毋庸于疏内叙入，庶題疏不致冗複，而例案亦不致遺漏。相應通行直省各督撫，自奉文之日起，一體遵照可也。等因。咨院行司。

蒙此，遵將條陳酌改并節年例案遵照原奏，在于司總册首詳細聲叙。兹準陝甘督標，甘肅、烏魯木齊貳提，凉州、寧夏、西寧、肅州、河州、巴里坤陸鎮，并靖遠、静寧、慶陽等協營，各將正署各員支過嘉慶元年壹歲養廉銀兩，造册移送到司，除分晰備造總撒各册，另詳呈賫，分送部科外，相應詳請核題。至此案銷册係統隨兵馬奏銷，于肆月内一同報部，今于限内呈賫，合并聲明。等情。呈詳到臣。

該臣查得，前準部咨，令將武職各官應需養廉銀兩專案造報。等因。行司，遵照在案。兹據兼署甘肅布政使陸有仁詳稱，查得武職養廉，舊管：乾隆陸拾年拾貳月底止，司庫存貯養廉銀肆萬伍千肆百陸拾伍兩肆錢五分陸厘。新收：嘉慶元年正月起，至拾貳月底止，共銀壹拾肆萬玖千壹百玖拾捌兩。内：一，收原估嘉慶元年養廉銀壹拾肆萬玖千壹百玖拾肆兩；又，收督標中營正解左營把總馬得在甘抵支四川越雋營把總任内長支養廉銀肆兩。開除：嘉慶元年正月起，至拾貳月底止，共銀壹拾肆萬捌千柒百叁拾肆兩柒錢叁分玖厘。内：一，正支各提、鎮、營正署各員養廉動用原估銀壹拾肆萬肆千叁百貳拾捌兩柒錢柒分陸厘；一，正支署事各員養廉動用歸并養廉銀肆千肆百伍兩伍錢柒分玖厘；又，補支乾隆陸拾年署員未支動用歸并養廉銀叁錢捌分肆厘。實在：嘉慶元年拾貳月底止，共銀肆萬伍千玖百貳拾捌兩柒錢壹分柒厘。内除候支各營署員未支嘉慶元年養廉銀貳拾貳兩玖錢玖分壹厘，内除册登毋庸補支銀玖厘，歸入空曠項下止，該未支銀貳拾貳兩玖錢捌分貳厘，實在銀肆萬伍千玖百伍兩柒錢叁分伍厘，係扣貯各營缺曠之數。遵照部示，留備各提、鎮、營署事各官養廉之需。至各屬長支銀肆千叁百壹拾肆兩柒錢叁分壹厘，現于關領嘉慶貳年養廉銀内扣還。等情。造册請題前來，臣覆核無异。除册送部科外，相應具題，伏祈皇上睿鑒，敕部核覆施行。謹題請旨。

嘉慶貳年伍月貳拾柒日。

刑部侍郎代辦陝甘總督事務臣陸有仁。

【貼黄】

刑部侍郎代辦陝甘總督事務臣陸有仁謹題：爲移付事。

該臣查得，前准部咨，令將武職各官應需養廉銀兩專案造報。等因。行司，遵照在案。兹據兼署甘肅布政使陸有仁詳稱，查得甘肅省嘉慶元年武職養廉，舊管銀肆萬伍千肆百陸拾伍兩零；新收銀壹拾肆萬玖千壹百玖拾捌兩；開除銀壹拾肆萬捌千柒百叁拾肆兩零，内支各提、鎮、營正署各官養廉銀壹拾肆萬肆千叁百貳拾捌兩零，又支署事各員養廉銀肆千肆百伍兩零，又補支乾隆陸拾年署員未支養廉銀叁錢零；實在銀肆萬五千玖百貳拾捌兩零，内除候支各營署員未支養廉銀貳拾貳兩零止，該實在銀肆萬伍千玖百伍兩零，係扣貯各年缺曠，留備各提、鎮、營署事各官養廉之需。至各屬長支銀肆千叁百壹拾肆兩零，現在關領嘉慶貳年養廉銀内扣還。等情。造册請題前來，臣覆核無异。除册送部科外，謹題請旨。

【《明清檔案》A277—83，B156759—B156762】

代辦陝甘總督事務陸有仁題報嘉慶元年緝拿命盗首夥未獲應参武職

嘉慶二年六月二十日

題。

該部議奏。

刑部侍郎代辦陝甘總督事務臣陸有仁謹題：爲請定承緝等事。

竊查定例，在逃夥盗從犯罪該斬、絞、重辟者，以結案咨題部覆文到日爲始，限壹年緝拿。逾限不獲，年底彙題，將承緝之員核議。壹貳名不獲，

罰俸陸個月。叁肆名不獲，罰俸玖個月。伍陸名以上不獲，罰俸壹年。再限壹年緝拿，限滿不獲，仍照此例參處，人犯照案緝拿。等因。又準吏部咨，在逃之夥盜，限緝無獲，與在逃之盜首不同，兼轄等官毋庸一并開參。此等人犯，原議止令將承緝之員定以貳限處分，并未將接緝人員一并議令彙參，通行各省，一體辦理。等因。又準兵部咨，承緝盜夥各官有升、調、離任之不同，其限緝、案緝年分，亦因之各异。有文職尚在限緝，而武職已入案緝者，武職準其先入年底彙參。再，盜案獲賊過半，尚有首夥未獲，盜首仍歸年限扣參，其餘伙盜自應入于年底彙參。至盜首不獲案緝之件，文職既歸承緝凶首盜案内彙參，其武職應准其將首夥各犯概歸本案彙參，相應通行各省督撫可也。各等因。遵照在案。

兹嘉慶元年分，陝西、甘肅貳省武職承緝首夥各盜及從犯未獲各案，準陝西固原提督臣柯藩查明開報前來。臣查同州府蒲城縣民薛振祥家被盜臨時行强一案，應以乾隆陸拾年拾貳月拾伍准到部咨之日起，扣至嘉慶元年拾貳月拾伍日初參，壹年限滿，夥盜壹名未獲，承緝專汛把總寧世信，接緝本營額外外委劉汝章。此外，陝甘各提、鎮、營并無承緝首夥各盜從犯未獲，應入嘉慶元年年底彙參之案。除仍飭嚴緝逸盜，務獲究報外，所有嘉慶元年年底承緝武職應行查取職名，臣謹照例彙題，伏祈皇上睿鑒，敕部查議施行。

再，查承緝專汛把總寧世信，自乾隆陸拾年拾貳月拾伍準到部咨之日起，至嘉慶元年玖月貳拾貳日，派赴商南堵禦湖北賊匪卸事止，計緝玖個月零柒日。接緝本營額外外委劉汝章，于即日到任起，至本年拾貳月拾伍日，壹年限滿止，計接緝兩個月零貳拾叁日，合并陳明。爲此具本，謹題請旨。

嘉慶貳年陸月貳拾日。

刑部侍郎代辦陝甘總督事務臣陸有仁。

【貼黄】

刑部侍郎代辦陝甘總督事務臣陸有仁謹題：爲請定承緝等事。

竊查定例，在逃伙盜罪該斬、絞、重辟者，以結案咨題部覆文到日爲始，限壹年經拿不獲，年底彙題。將承緝之員核議，再限壹年緝拿不獲，仍照此例參處。等因。茲嘉慶元年，陝西、甘肅貳省武職承緝首夥各盜及從犯未獲各案，準陝西固原提督臣柯藩查明開報前來。臣查同州府蒲城縣民薛振祥家被盜臨時行强一案，應以乾隆陸拾年拾貳月拾伍准到部咨之日起，扣至嘉慶元年拾貳月拾伍日初參，壹年限滿，夥盜壹名未獲，承緝專汛把總寧世信，接緝本營額外外委劉汝章。此外，陝甘各提、鎮、營并無承緝首夥各盜從犯未獲，應入嘉慶元年年底彙參之案。除仍飭嚴緝逸盜，務獲究報外，所有嘉慶元年年底承緝武職應行查取職名，臣謹照例彙題請旨。

【《明清檔案》A278—23，B157039—B157041】

代辦陝甘總督事務英善爲民宅被劫題參疏防武職

嘉慶二年閏六月二十九日

題。

二年□月□日□刑。

劉汝章等，著議處具奏。該部知道。

刑部右侍郎代辦陝甘總督事務臣英善謹題：爲報懇緝究事。

案查前據富平營都司林大詔詳，據代理蒲城縣汛把總事、額外外委劉汝章報稱，準蒲城縣移，據孝同鎮鄉約張孝報，據銷户馬勇豐投稱，伊開設綢鋪，于貳月貳拾柒日夜，被賊撬開鋪門進内，伊聽得鋪門響動，起捕，賊人用言嚇禁，不許聲張，是以未敢喊捕，被賊劫去銀錢、綢緞、衣物。等情。當即會同蒲城縣勘驗屬實，理合報明。等情。隨飭選差幹兵，會同縣捕嚴緝贓賊，務獲究報，并查取應參各職名去後。

除文職職名聽候陝西巡撫臣秦承恩題參外，該臣查得，蒲城縣屬孝同鎮馬勇豐綢鋪被劫銀錢、綢緞、衣物，臨時嚇禁事主一案，前據營員詳報，經前代辦總督臣陸有仁批飭嚴緝贓盜，務獲究報，并取疏防職名在案。兹準陝西固原提督臣柯藩咨稱，查此案應以嘉慶貳年貳月貳拾柒失事之日起，扣至本年陸月貳拾柒日肆個月，疏防限滿，贓盜尚未弋獲。所有武職疏防職名，專汛承緝官係代理蒲城縣汛把總事、額外外委劉汝章，兼轄官係富平營都司、加叁級又加壹級隨帶林大詔，統轄督緝官係署陝西潼關協副將印務、西安城守營已故參將劉成得，統轄督緝接任官係代理副將事、中軍都司、帶隨帶加叁級克蒙額，統轄督緝接任官係陝西潼關協副將、帶隨帶加貳級、尋常紀録貳次又加壹級徐煜。再，失事地方并無墩鋪防兵，合并聲明。等因。移揭前來。除仍飭嚴緝贓盜、務獲究報外，所有武職疏防各職名，理合恭疏題參，伏祈皇上睿鑒，敕部議處施行。再，此案應以嘉慶貳年貳月貳拾柒失事之日起，扣至本年陸月貳拾柒日肆個月，疏防限滿。陝省事件，臣例得展限兩月，合并陳明。爲此具本，謹題請旨。

嘉慶貳年閏陸月貳拾玖日。

刑部右侍郎代辦陝甘總督事務臣英善。

【貼黄】

刑部右侍郎代辦陝甘總督事務臣英善謹題：爲報懇緝究事。

該臣查得，蒲城縣屬孝同鎮馬勇豐綢鋪被劫銀錢、綢緞、衣物，臨時嚇禁事主一案，前據營員詳報，經前代辦總督臣陸有仁批飭嚴緝贓盜，務獲究報，并取疏防職名在案。兹準陝西固原提督臣柯藩咨稱，查此案應以嘉慶貳年貳月貳拾柒失事之日起，扣至本年陸月貳拾柒日肆個月，疏防限滿，贓盜尚未弋獲，所有武職疏防職名，專汛承緝官係代理蒲城縣汛把總事、額外外委劉汝章，兼轄官係富平營都司林大詔，統轄督緝官係署陝西潼關協副將印務、西安城守營已故參將劉成得，統轄督緝接任官係代理副將事、中軍都司克蒙額，統轄督緝接任官係陝西潼關協副將徐煜。再，失事地方并無墩鋪防

兵，合并聲明。等因。移揭前來。除仍飭嚴緝贓盜、務獲究報外，所有武職疏防各職名，理合恭疏題參，謹題請旨。

【《明清檔案》A279—3，B157569—B157571】

△諭令查寧夏等處之外古長城基址係屬何處地方有無斥堠屯戍舊迹等

嘉慶二年七月三日

辦理軍機處爲咨查事。

欽奉諭旨，令查陝甘榆林、神木、寧夏、肅州等處長城之外，尚有古長城基址，係屬何處地方，有無斥堠、屯戍舊迹。蒙發出《御製古長城説》一篇，謹抄録寄交貴督撫詳細查對咨覆，并察看古長城遺址正當大路處所，何地堪以建立碑亭之處，一并相度形勢，咨覆本處。爲此咨會貴督撫遵照查辦，毋庸專摺具奏。須至咨者。咨陝甘總督、陝西巡撫。

七月初三日。

【《嘉慶道光兩朝上諭檔》第 2 册，第 194 頁第 516 條】

工部尚書彭元瑞題覆甘肅寧夏滿營操演槍炮用過藥鉛等銀應准開銷

嘉慶二年七月二十七日

題。

二年八月初二日下工。

依議。

太子少保、工部尚書臣彭元瑞等謹題：爲遵旨等事。

工科抄出前任代辦陝甘總督陸有仁題前事。内開：據兼署甘肅布政使陸有仁詳，蒙總督陝甘宜部院案驗，嘉慶元年九月二十四日，準工部咨，虞衡司案呈，查寧夏、寧朔二縣辦供寧夏滿營乾隆六十年分操演槍炮需用藥鉛等項，據該督將共用過銀壹百肆拾肆兩壹錢貳分柒厘造册題銷。臣部按册查核，均與新例無浮，應准開銷，相應移咨陝甘總督查照可也。等因。到院行司。

蒙此，該兼署甘肅布政使陸有仁查得，前奉部咨，令將寧夏、寧朔二縣辦供駐防寧夏滿營每年春秋二季操演槍炮需用藥鉛等項銀兩，行令查照新例辦理。等因。遵奉在案。兹準寧夏道福永移，據寧夏府知府隆興申，據寧夏縣知縣興恒、寧朔縣知縣張應鵬，各將嘉慶元年分供支寧夏滿兵春秋二季操演槍炮每日演放次數、出數，用過藥鉛等項銀兩，遵照新例，造具奏銷册結，由府道核明，依次加結移送，請轉前來。查册造鉛藥各數，約與上年辦供數目相符，其所開價值，亦與新例無浮。至墊用銀兩，應俟部覆至日，在于司庫嘉慶元年建曠銀内動支作正開銷。所有造到奏銷册結，相應詳請，鑒核具題。等情。到臣。

據此，該臣查得，甘肅寧夏、寧朔二縣辦供駐防寧夏滿營官兵操演槍炮需用藥鉛等項，接準部咨，行令查照新例辦理。等因。當經轉飭遵照去後。兹據兼署甘肅布政使陸有仁詳稱，查寧夏縣册造嘉慶元年一歲辦供寧夏滿營火藥一千三百八十四斤二錢，烘藥八十柒斤四錢九分五厘，鉛子二百六十八斤六兩八錢，鐵子五十三斤柒兩，通共墊用縣庫銀柒拾貳兩陸分叁厘。寧朔縣册造嘉慶元年一歲辦供寧夏滿營火藥一千三百八十四斤二錢，烘藥八十柒斤四錢九分五厘，鉛子二百六十八斤六兩八錢，鐵子五十三斤柒兩，通共墊用縣庫銀柒拾貳兩陸分叁厘。按册查核，所用鉛藥各數，均與上年辦供數目相符。其所開價值，亦與新例無浮。至前項墊用銀兩，應俟部覆至日，在于司庫嘉慶元年建曠銀内動支作正開銷。等情。前來，臣覆核無异。除册結送部外，臣謹具題，伏乞皇上睿鑒，敕部核覆施行。謹題請旨。嘉慶二年四月初柒日題，六月十四日奉旨："該部察核具奏。欽此欽遵。"于本日抄出到部。

該臣等查得，前任代辦陝甘總督陸有仁疏稱，甘肅寧夏、寧朔二縣辦供駐防寧夏滿營官兵操演槍炮需用藥鉛等項，接準部咨，行令查照新例辦理。等因。當經轉飭遵照去後。兹據兼署甘肅布政使陸有仁詳稱，查寧夏縣册造嘉慶元年一歲辦供寧夏滿營火藥一千三百八十四斤二錢，烘藥八十柒斤四錢九分五厘，鉛子二百六十八斤六兩八錢，鐵子五十三斤柒兩，通共墊用縣庫銀柒拾貳兩陸分叁厘。寧朔縣册造嘉慶元年一歲辦供寧夏滿營火藥一千三百八十四斤二錢，烘藥八十柒斤四錢九分五厘，鉛子二百六十八斤六兩八錢，鐵子五十三斤柒兩，通共墊用縣庫銀柒拾貳兩陸分叁厘。按册查核，所用鉛藥各數，均與上年辦供數目相符，其所開價值，亦與新例無浮。至前項墊用銀兩，應俟部覆至日，在于司庫嘉慶元年建曠銀内動支，作正開銷。等情。前來，臣覆核無异。除册結送部外，臣謹具題。等因。前來。查寧夏、寧朔二縣供辦寧夏滿營嘉慶元年分操演槍炮需用藥鉛等項，據該督將共用過銀壹百肆拾肆兩壹錢貳分陸厘，造册題銷。臣部按册查核，均與新例無浮，應准開銷，并知照户部可也。臣等未敢擅便，謹題請旨。

嘉慶貳年柒月貳拾柒日。

經筵日講起居注官、太子少保、工部尚書、掌翰林院事、教習庭吉士臣彭元瑞，左侍郎管理錢法事務、鑲黄旗滿洲副都統臣成德，左侍郎臣吴省欽，右侍郎臣趙佑，虞衡清吏司郎中臣克星額，郎中臣阿林，員外郎臣伊靖阿，員外郎臣德慶，主事臣五豐阿，主事臣牟昌裕，主事臣瞿曾輯，額外主事臣鄭士超。

【《明清檔案》A279—80，B157887—B157890】

代辦陝甘總督事務英善題報嘉慶元年存營軍械盤查無缺

嘉慶二年八月八日

題。

八月二十五日。

二年□月□日下兵。

該部知道。

刑部右侍郎代辦陝甘總督事務臣英善謹題：爲敬獻芻言，恭請聖鑒事。

案查雍正拾壹年正月貳拾壹日，準兵部咨開，會覆雲南提督蔡成貴題前事。等因。于雍正拾年拾壹月拾貳日題，本月拾伍日奉旨："依議。欽此。"抄出到部。相應通行直隸各省將軍、督撫、提鎮一體欽遵可也。計黏單一紙，内開：查督撫、提鎮係封疆大吏，各營器械，自宜留心考察。嗣後副、參、游、都、守等官專屬提轄者，提督委員盤查，分隸鎮轄者總兵委員盤查，如屬督撫所轄而不屬提鎮所轄者，亦令督撫委員盤查，皆取本營并無缺少印結，及委員并無捏飾甘結存案。應令各省撫、提、鎮將標、鎮、協、營軍器俱于年底保題一次，仍將各省軍伙器械等項數目，分晰各標營造册并保結送部查核。如委盤保題之後，仍有發覺缺少者，委員照徇情例議處，督撫、提鎮照失察例議處。等因。

又于乾隆拾貳年玖月貳拾叁日，準兵部咨。黏單内開：本部檢閲各省保題軍器册内，并未將額設馬兵若干名、盔甲若干副，步兵若干名、盔甲若干副，分晰開載。又不將額設旗纛、器械若干件，係何項兵丁佩執操演，詳細聲明。至各項盈餘盔甲、旗纛、器械，亦不注明"銷""存"字樣。每遇各省請製、請銷軍裝等項，殊難按册查考。事關軍器，未便任其籠統開造，以致頭緒不清，章程不一，相應通行直省將軍督撫、提鎮轉飭各營逐款查明，詳細開注分晰。馬步兵丁額數，并馬步各兵所用盔甲、器械以及盈餘各項甲仗、器械，係督撫轄者，督撫各彙總造具四柱簡明清册，係提鎮轄者，提鎮各彙總造具四柱簡明清册，仍于册尾開明各項總數，作速送部，以憑查考。并取具該承辦官并無遺漏舛錯等弊印甘各結，報部備查，毋得仍前籠統開造，不行分晰詳細，致干駁查可也。等因。

又于乾隆貳拾陸年捌月貳拾陸日，準兵部咨，本部原題内開：議得山東巡撫阿爾太疏稱，請將各營錢糧、馬匹俱令慎重交代，年終一并保題。等因。查各直省年底將存貯軍器取結保題送部，其經管錢糧、馬匹向未開載。兵部酌議，請嗣後于保題軍器册内，將錢糧有無虧缺、馬匹是否膘壯之處，俱照山東一體辦理。取具該營員印結造册，送部查核。其提鎮所轄，統彙送督撫題報。等因。于乾隆貳拾柒年柒月拾壹日題，本月拾肆日奉旨："依議。欽此。"各等因。移行遵照在案。

兹準陝西固原提督臣柯藩、甘肅提督臣烏大經、烏魯木齊提督臣興奎將標屬暨延綏、興漢、河州、凉州、寧夏、西寧、肅州、巴里坤各鎮營盤查各册移送。又據署督標中軍副將皂禄將督標各營盤查清册呈賫，并準據聲稱，標協各營官兵俸餉銀兩俱係按季從司庫領回，隨即包封，會同文員照數監散。截曠銀兩亦係按季解交司庫，營中并無存貯，均毋庸造報外，所有嘉慶元年分各標協營存貯一切軍伙器械、儲備箭枝以及盈餘軍器等項，委員盤查并無短少，馬匹俱各膘壯，公費銀兩亦無虧缺，照依定例分晰造册賫送。等因。到臣。

準據此，該臣查得，各省督撫、提鎮所屬各協、營軍器，例應年底盤查保題。又，保題軍器册内，應將錢糧有無虧缺、馬匹是否膘壯之處，取結造册，送部查核。等因。移行遵照在案。兹準據固原、甘肅、烏魯木齊叁提督暨署督標中軍副將皂禄，各將嘉慶元年分各標鎮協營存貯一切軍伙器械、儲備箭枝以及盈餘軍器等項，委員盤查，并無短少。馬匹俱各膘壯，公費錢糧亦無虧缺，照例造册，賫送前來，臣按册覆核無异。除册送部外，臣謹循例彙案具題，伏祈皇上睿鑒，敕部核覆施行。爲此具本，謹題請旨。

【貼黄】

嘉慶貳年捌月初捌日，刑部右侍郎代辦陝甘總督事務臣英善、刑部右侍郎代辦陝甘總督事務臣英善謹題：爲敬獻芻言等事。

該臣查得，各省督撫、提鎮所屬各協、營軍器，例應年底盤查保題。又，保題軍器册内，應將錢糧有無虧缺、馬匹是否膘壯之處，取結造册，送部查核。等因。遵照在案。玆準據固原、甘肅、烏魯木齊叁提督暨署督標中軍副將皂禄，各將嘉慶元年分各標鎮協營存貯一切軍伙器械、儲備箭枝以及盈餘軍器等項，委員盤查，并無虧缺。馬匹俱各膘壯，公費錢糧亦無虧缺，照例造册，賫送前來，臣按册覆核無异。除册送部外，臣謹循例彙案，具題請旨。

【《明清檔案》A279—119，B158059—B158062】

△諭内閣英善奏寧夏等府屬缺雨地方勘不成灾毋庸賑恤

嘉慶二年九月十九日

嘉慶二年九月十九日，内閣奉上諭："英善奏，凉州、寧夏等府屬缺雨地方，勘不成灾，毋庸賑恤一摺。本年凉州府屬各縣得雨較少，收成歉薄。寧夏府屬及皋蘭縣等處又間被冰雹，禾苗不無損傷，雖均勘不成灾，民力究不免拮据。所有凉州府屬之武威、永昌、鎮番、古浪、平番及紅水縣丞六處，皋蘭、寧夏、靈州、花馬池州同四處，本年應徵錢糧，一律緩至來年徵收，以示朕軫念灾區、格外施恩至意。欽此。"

【《嘉慶道光兩朝上諭檔》第2册，第270頁第712條】

代辦陝甘總督事務英善題報春夏二季提鎮恭謝加級紀録案件

嘉慶二年十月二十二日

題。

十一月十二日。

二年□月□日下兵。

該部知道。

刑部右侍郎代辦陝甘總督事務臣英善謹題：爲遵例彙題恭謝天恩事。

案查前準兵部咨，内閣抄出大學士、忠勇公傅恒等奏無關緊要本章應酌定裁減案内，單開：一，各省副都統、提鎮恭謝加級紀録恩，毋庸特本具題，呈報將軍、督撫，統于夏秋貳季彙題。等因。當經通行遵照在案。兹準陝西固原提督臣柯藩咨稱，嘉慶貳年春季分，在于議叙事案内，準兵部咨開，奉上諭："宜綿等奏攻克洞、汝貳河賊巢將賊衆全行剿戮一摺，該處賊匪恃險抗拒，經宜綿等分路攻剿，冒雪前進，殺賊多名，將首夥各犯悉數殲擒，并無漏網。所辦實屬可嘉。除另加獎賞外，著交部議叙。"經部議奏，奉旨："柯藩，著軍功加壹級，紀録貳次。欽此。"

又于本年夏季分，在于議叙事案内，準兵部，抄單内開：奉上諭："秦承恩等奏光頭山賊匪全行剿滅，陝境肅清一摺，覽奏欣慰。賊匪據守光頭山，豎立木城，刨挖壕塹，經秦承恩、柯藩派兵分路夾剿，用炮轟擊，攻破賊寨，殺賊貳千餘人，生擒貳百餘人，陝境得以肅清，所辦實屬可嘉。"經部議奏，奉旨："柯藩，著軍功加叁級。欽此。"

又據代理延綏鎮總兵官印務、署中軍游擊楊秉毅呈稱，嘉慶貳年春季分，在于議叙事案内，蒙兵部咨開，準升任湖北巡撫辦理軍務惠齡咨稱，剿捕枝江、宜都等縣逆匪，節次打仗出力，送部議叙，列爲壹等。剿捕楊白堰地方打仗出力人員，頭等侍衛現授陝西延綏鎮總兵關騰奉旨："著功加壹等，紀録貳次。欽此。"

又據肅州鎮總兵官索費英阿呈稱，嘉慶貳年春季分，在于議叙事案内，蒙兵部札付，内開，議得内閣抄出，奉上諭："宜綿等奏攻克洞、汝貳河賊巢，將賊衆全行剿戮一摺。該處賊匪恃險抗拒，經宜綿等分路攻剿，冒雪前進，殺賊多名，將首夥各犯悉數殲擒，并無漏網。所辦實屬可嘉。除另加獎賞外，著交部議叙。索費英阿于賊寨迤南進兵，連奪伍卡，官兵得以乘勢下壓，尤爲出力，著賞給提督銜，以示獎勵。欽此。”經部議奏。奉旨：“索費英阿，著軍功加壹級，紀録貳次。欽此。”等因。各在案。所有奉到加級紀録，呈請彙案題謝。

又準據甘肅提督臣烏大經、烏魯木齊提督臣興奎、興漢鎮總兵官艾如文、署凉州鎮總兵官印務靖遠協副將齊郎阿、寧夏鎮總兵官吉蘭泰、西寧鎮總兵官富爾賽、河州鎮總兵官保興、署巴里坤鎮總兵官印務安西協副將德成額各移呈稱，嘉慶貳年正月起，至陸月底止，并無奉到加級紀録之案。各等情。到臣。

準據此，該臣查得，定例内開：提鎮恭謝加級紀録恩，毋庸特本具題，呈報督撫，統于夏秋貳李彙題。等因。在案。查嘉慶貳年春夏貳季分，各提鎮有無加級紀録，經前代辦陝甘總督臣陸有仁移行但報去後。兹準陝西固原提督臣柯藩咨稱，嘉慶貳年春季分，在于議叙事案内，準兵部咨開，奉上諭：“宜綿等奏攻克洞、汝貳河賊巢，將賊衆全行剿戮一摺。該處賊匪恃險抗拒，經宜綿等分路攻剿，冒雪前進，殺賊多名，將首夥各犯悉數殲擒，并無漏網。所辦實屬可嘉。除另加獎賞外，著交部議叙。”經部議奏。奉旨：“柯藩，著軍功加壹級，紀録貳次。欽此。”

又于本年夏季分，在于議叙事案内，準兵部，抄單内開：奉上諭：“秦承恩等奏光頭山賊匪全行剿滅，陝境肅清一摺，覽奏欣慰。賊匪據守光頭山，竪立木城，刨挖壕塹，經秦承恩、柯藩派兵分路夾剿，用炮轟擊，攻破賊寨，殺賊貳千餘人，生擒貳百餘人，陝境得以肅清。所辦實屬可嘉。”經部議奏，奉旨：“柯藩，著軍功加叁級。欽此。”

又據代理延綏鎮總兵官印務、署中軍游擊楊秉毅呈稱，嘉慶貳年春季分，在于議叙事案内，蒙兵部咨開，準升任湖北巡撫辦理軍務惠齡咨稱，剿捕枝江、宜都等縣逆匪，節次打仗出力，送部議叙，列爲壹等。剿捕楊白堰地方打仗出力人員，頭等侍衛現授陝西延綏鎮總兵關騰奉旨："著功加壹等，紀録貳次。欽此。"

又據肅州鎮總兵官索費英阿呈稱，嘉慶貳年春季分，在于議叙事案内，蒙兵部札付，内開：議得内閣抄出，奉上諭："宜綿等奏攻克洞、汝貳河賊巢，將賊衆全行剿戮一摺。該處賊匪恃險抗拒，經宜綿等分路攻剿，冒雪前進，殺賊多名，將首夥各犯悉數殲擒，并無漏網，所辦實屬可嘉。除另加獎賞外，著交部議叙。索費英阿于賊寨迤南進兵，速奪伍卡，官兵得以乘勢下壓，尤爲出力，著賞給提督銜，以示獎勵。欽此。"經部議奏，奉旨："索費英阿，著軍功加壹級，紀録貳次。欽此。"各等因。呈請彙案題請前來。臣謹循例彙題，代謝天恩。再，此外陝甘兩省各提鎮嘉慶貳年春夏貳季均無奉到加級紀録之案。合并陳明，伏祈皇上睿鑒，敕部查照施行。爲此具本，謹具題聞。

嘉慶貳年拾月貳拾貳日。

刑部右侍郎代辦陝甘總督事務臣英善。

【貼黄】

刑部右侍郎代辦陝甘總督事務臣英善謹題：爲遵例彙題等事。

該臣查得，定例内開：提鎮恭謝加級紀録恩，毋庸特本具題，呈報督撫，統于夏秋貳季彙題。等因。在案。查嘉慶貳年春夏貳季分，準陝西固原提督臣柯藩咨稱，嘉慶貳年春季分，在于議叙事案内，準兵部咨開：奉上諭："宜綿等奏攻克洞、汝貳河賊巢，將賊衆全行剿戮一摺。該處賊匪恃險抗拒，經宜綿等分路攻剿，冒雪前進，殺賊多名，將首夥各犯悉數殲擒，并無漏網。所辦實屬可嘉。除另加獎賞外，著交部議叙。"經部議奏，奉旨："柯藩，著軍功加壹級，紀録貳次。欽此。"

又于本年夏季分，在于議叙事案内，準兵部抄單，内閣奉上諭："秦承恩等奏光頭山賊匪全行剿滅，陝境肅清一摺，覽奏欣慰。賊匪據守光頭山，竪立木城，刨挖壕塹，經秦承恩、柯藩派兵分路夾剿，用炮轟擊，攻破賊寨，殺賊貳千餘人，生擒貳百餘人，陜境得以肅清，所辦實屬可嘉。”經部議奏，奉旨：“柯藩，著軍功加叁級。欽此。”

又據代理延綏總兵官錢印務、署中軍游擊楊秉毅呈稱，嘉慶貳年春季分，在于議叙事案内，蒙兵部咨開，準升任湖北巡撫辦理軍務惠齡咨稱，剿捕枝江宜都等縣逆匪，節次打仗出力，送部議叙，列爲壹等。剿捕楊白堰地方打仗出力人員，頭等侍衛現授陜西延綏鎮總兵關騰奉旨：“著功加壹等，紀録貳次。欽此。”

又據肅州鎮總兵官索費英阿呈稱，嘉慶貳年春季分，在于議叙事案内，蒙兵部札付，内開：議得内閣抄出，奉上諭：“宜綿等奏攻克洞、汝貳河賊巢，將賊衆全行剿戮一摺。該處賊匪恃險抗拒，經宜綿等分路攻剿，冒雪前進，殺賊多名。將首夥各犯悉數殲擒，并無漏網，所辦實屬可嘉。除另加獎賞外，著交部議叙。索費英阿，于賊寨迤南進兵，連奪伍卡，官兵得以乘勢下壓，尤爲出力，著賞給提督銜，以示獎勵。欽此。”經部議奏，奉旨：“索費英阿，著軍功加壹級，紀録貳次。欽此。”各等因。呈請彙案題謝前來。

臣謹循例彙題，代謝天恩。再，此外陜甘兩省各提鎮嘉慶貳年春夏貳季均無奉到加級紀録之案，合并陳明。謹具題聞。

【《明清檔案》A281—21，B158815—B158819】

嘉慶三年（1798）

△奏查王文雄補授固原提督謝恩摺奏到

嘉慶三年三月二十四日

查王文雄于本月初三日，奉旨補授固原提督後，其謝恩摺業于十九日附秦承恩報便奏到。謹奏。

三月二十四日。

【《嘉慶道光兩朝上諭檔》第3册，第49頁第142條】

陝甘總督兼甘肅巡撫宜綿題報司獄俸滿堪膺保薦

嘉慶三年七月二十日

題。

八月初七日。

三年□月□日下。

該部議奏。

太子太保、兵部尚書兼都察院右都御史、總督陝甘等處地方軍務兼理糧餉并兼管甘肅巡撫事兼理茶馬臣宜綿謹題：爲敬陳管見等事。

準前代辦督臣英善移交，據兼攝甘肅布政使司布政使英善、按察使司按察使廣厚會詳稱，蒙甘肅巡撫明部院案驗，準吏部咨議得，内閣抄出江西按察使石禮嘉奏稱，欽惟我皇上勤求治理，鑒别人才，凡于内外大小各員，既定有京察大計，而道府以至州縣，更有分别年限、酌定引見之例。其教職、鹽庫大使又各照俸滿年限分晰，保題甄别。使各員考核既多，賢否難混，立法至周至備。惟嚮來司府、州、縣衙門佐雜等官，僅止列入大計舉劾，并無别有考察。臣查佐雜人員，自陸柒品以至未入流，人數衆多，品類不一，其中不無可用之才，而戀棧備數者，亦復不少。此等人員，直隸各省約共額設叁千餘缺。其府、州、縣佐雜率多分駐州縣地方，與督撫、藩臬相隔遥遠，非緣辦差公事，檄調來省，無由接見。縱留心稽查，遇有不職之員，隨時糾參，以免地方貽誤。而地廣人多，耳目難周。該管之府、州、縣又爲其素所親近，未免姑容。迨遇計典，又或以藐爾微員，曲從寬假。殊不知佐雜等官，職分雖微，亦各典守有責。或分駐村鎮要地，藉資彈壓，或稽戢奸匪，或專司水利、驛站、監獄等項，必須考察加嚴，使無曠廢。臣愚見，應請嗣後藩臬兩司知府，各衙門經歷、理問、照磨、知事、司獄，府、州、縣所轄經歷、照磨、司獄、州同、州判、吏目、縣丞、主簿、典史、巡檢、驛丞等官，仰懇皇上准照教職陸年甄别之例，于大典察核之外，每届陸年，大加甄别壹次，令該督撫參以平日之所知，臨期再爲調驗人才。年力將衰老者，勒令休致。其不能辦事、庸懦廢弛者，即行咨參。如係勤慎供職者，注考咨部留任。仍俟再届陸年，復加考核。其中實有人才出衆、著有勞績、堪膺保薦人員，出具切實考語，送部引見，恭候欽定。其到任未及陸年者，統俟下届甄别。若係調任未滿者，亦復俟前後接算陸年并入校劾，則平庸者共知儆惕，才能者益加鼓勵，似于官方吏治不無裨益。等因。乾隆貳拾陸年拾月貳拾陸日，奉硃批："該部議奏。欽此欽遵。"抄出到部。

查外省官員，于叁年大計之外，自道府以至州縣，有分别年限引見之條。教職、鹽庫大使，亦各照俸滿年限，詳加甄别。惟首領、佐貳、雜職等官，各有承辦公務，員數更多優劣不等。雖大計之年，亦得一體舉劾，并未定有俸滿年限，分别去留，則該管督撫寬假優容，或所不免。今該按察使奏稱，佐雜人員，自陸柒品以至未入流，與督撫、藩臬，非緣公事來省，無由接見，而地廣人多，耳目難周。該管之府、州、縣又爲其素所親近，迨遇計典，曲從寬假。請于大計察核之外，每届陸年甄别壹次，令各督撫調驗，分别去留咨部。等語。應如所奏。

嗣後首領、佐貳、雜職，自陸品以至未入流，接算前後歷俸已滿陸年者，悉令各該督撫等調取驗看，詳加甄别。將才具平庸、不堪辦事者斥退，年力衰頹者，勒令休致，勤慎供職者，准其留任，分别咨部彙題。其未滿陸年者，統俟届滿之日，陸續甄别報部。俟陸年再滿，仍照例辦理。其中有無貪劣不職、年力衰庸、怠玩廢弛者，督撫一有見聞，應立即查明糾劾，不得拘定年限，始行參處。至該按察使所奏，其中實有人才出衆、著有勞績、堪膺保薦人員，亦應如所奏，令該督撫詳細確查，出具切實考語，送部引見，恭候欽定。如奉旨准其照例升用，臣部入于卓异班内，以應升之缺，通較日期，先後升用。仍令該員回任候升，庶考察周詳，上司不致姑容，而吏治益加嚴肅矣。俟命下之日，臣部通行各省督撫、府尹、鹽政，一體遵照辦理。等因。又準吏部咨，陸年俸滿首領、佐雜各員，其中實有人才出衆、著有勞績、堪膺保舉人員，應令各督撫將實在勞績叙入本内，出具切實考語，先行具題，俟部覆到日，再行給咨送部引見。等因。又準吏部咨，嗣後佐雜内保薦卓异人員，該督撫照例具題。臣部查明與例相符，準其保薦卓异，毋庸送部引見，俟具題奉旨後，準其卓异，加壹級注册，統俟升至知縣以上等官，再行照例，送部引見。等因。準咨俱行到司。

蒙此，當經移行，遵照在案。兹准按察使廣厚咨稱，竊查署本司司獄隆德縣莊浪縣丞趙質彬，現年叁拾玖歲，係順天大興縣籍，江西南昌府新建縣人，由吏員考取正捌品，加捐府經歷，分發甘肅試用。乾隆伍拾肆年肆月貳拾玖日到甘，借補本司司獄，伍拾伍年拾月貳拾日到任，伍拾柒年叁月貳拾壹日奉文實授。陸拾年陸月初玖日，奉文銷去“試”字。嘉慶貳年，調補隆德縣莊浪縣丞，陸月拾捌日到任，仍委署司獄事務，于閏陸月初壹日到任。查定例，首領、佐貳雜職，陸年俸滿，果有人才出衆、著有勞績者，例得保薦。兹署本司司獄莊浪縣丞趙質彬，自乾隆伍拾柒年叁月貳拾壹日奉文實授起，連閏扣至嘉慶貳年拾貳月貳拾壹日，陸年俸滿。該員管理監獄，加謹防範，巡邏嚴密，并無疏虞。奉發收禁人犯，俱係親身查驗搜檢，不敢疏忽。管理禁卒人等，毋許凌虐罪囚，小心看守。經管監禁，諭令打掃潔净，弗致污穢染疾。該員才具明白，辦事勤幹，堪以保薦，擬合造册加考，咨送核辦。等情。到司。

準此，該本兼攝司等會查得，署按察司司獄莊浪縣丞趙質彬，自乾隆伍拾柒年叁年貳拾壹日奉文實授按察司司獄起，連閏扣至嘉慶貳年拾貳月貳拾壹日，陸年俸滿，准按察使造具履歷事實册籍，出具考語，保薦前來。本兼攝司等覆查該員才具明敏，辦事勤練，堪以保薦。再，該員任内有一件報明事：隴西縣斬犯党成在司監病故壹案，于現任内罰俸壹個月，此外并無降罰案件。相應聲明，詳請鑒核具題。等情。移交到臣。

該臣查得，定例，首領、佐貳、雜職陸年俸滿，果有人才出衆、著有勞績者，例得保薦。據兼攝甘肅布政使英善、按察使廣厚會詳稱，查得署按察司司獄莊浪縣丞趙質彬，年叁拾玖歲，係順天大興縣籍，江西南昌府新建縣人，由吏員考取正捌品，加捐府經歷，分發甘肅試用。乾隆伍拾肆年肆月貳拾玖日到甘，借補按察司司獄，伍拾伍年拾月貳拾日到任，伍拾柒年叁月貳拾壹日奉文實授。陸拾年陸月初玖日，奉文銷去“試”字。嘉慶貳年，調補隆德縣莊浪縣丞，仍署按察司司獄。該員自乾隆伍拾柒年叁月貳拾壹日，奉文實授按察司司獄起，連閏扣至嘉慶貳年拾貳月貳拾壹日，陸年俸滿。準按察使造具該員履歷事實册籍，出具考語，保薦到司。本兼攝司等覆查該員才具明敏，辦事勤練，堪以保薦。再，該員任内有一件報明事：隴西縣斬犯党成在司監病故壹案，于現任内罰俸壹個月，此外并無降罰案件，與例相符。等情。由前代辦督臣英善移交前來。臣查趙質彬，年壯才明，辦事勤慎，堪膺保薦。相應具題，伏祈皇上睿鑒，敕部議覆施行。再，“陝甘總督關防”經臣帶赴軍營，奏明令甘肅布政司代印，合并陳明。謹題請旨。

嘉慶叁年柒月貳拾日。

太子太保、兵部尚書兼都察院右都御史、總督陝甘等處地方軍務兼理糧餉并兼管甘肅巡撫事兼理茶馬臣宜綿。

【貼黄】

太子太保、兵部尚書兼都察院右都御史、總督陝甘等處地方軍務兼理糧餉并兼管甘肅巡撫事兼理茶馬臣宜綿謹題：爲敬陳管見等事。

該臣查得，首領、佐貳、雜職，陸年俸滿，果有人才出衆、著有勞績者，例得保薦。據兼攝甘肅布政使英善等會詳稱，查得署按察司司獄趙質

彬，年叁拾玖歲，江西新建縣人，由吏員考取正捌品，加捐府經歷，分發甘肅試用。乾隆伍拾肆年肆月到甘，借補按察司司獄，伍拾伍年拾月貳拾日到任。伍拾柒年叁月貳拾壹日奉文實授，嘉慶貳年調補隆德縣莊浪縣丞。今自實授之日起，連閏扣至嘉慶貳年拾貳月貳拾壹日，陸年俸滿，準按察使造具該員履歷事實册籍，出具考語，保薦到司。本兼攝司等覆查該員才具明敏，辦事勤練，堪以保薦。等情。由前代辦督臣英善移交前來。臣查趙質彬，年壯才明，辦事勤慎，堪膺保薦。謹題請旨。

【《明清檔案》A285—7，B161109—B161115】

嘉慶四年（1799）

署陝甘總督恒瑞題報嘉慶元年徵收官茶及改折銀兩

嘉慶四年三月二十五日

題。

四月十四日。

四年□月□日下户。

該部查核，具奏并發。

署理陝甘總督事務、西安將軍宗室臣恒瑞謹題：爲奏銷茶馬事宜事。

竊照茶馬事宜，例應按年奏報，除乾隆陸拾年徵收官茶及改折銀兩業經代辦督臣英善造册奏報外，今自嘉慶元年正月初壹日起，至拾貳月底止，謹遵題定舊例，應催茶玖萬篦，作拾分考核。再，乾隆伍拾年玖月拾陸日，準户部咨，各省耗羨，嗣後俱令統隨正項報解，如再止解正項，拖欠耗羨者，一面勒追完繳，一面即以官吏侵那參究。等因。當經行司，轉飭遵照在案。

今準前督臣宜綿移交，據署甘肅布政司事按察使廣厚呈稱，茶課、耗羨，有捐助、養廉、官禮等項銀兩亦屬茶課，應遵照部示，統隨正案造報。

嗣後耗羡案内，毋庸重複開造。今已催完乾隆陸拾年分舊額及新增陝西省榆林、神木貳處撥歸甘司茶引伍百道，共壹成官茶壹萬叁千捌百玖拾捌篦。乾隆陸拾年分舊額及新增玖成官茶改折銀柒萬伍千肆拾玖兩貳錢，舊額蘭州道交納捐助、養廉、充公及新增共銀叁萬肆千陸百玖拾柒兩伍錢貳分，舊額西、莊、甘叁司交納官禮及新增共銀伍千伍百壹拾玖兩柒錢玖分陸厘。寧夏道屬各商交納茶課銀壹千伍拾叁兩，延榆綏道屬榆林、神木、靖邊、定邊等處各商茶課銀貳千柒百叁拾兩，興漢等府縣茶課銀伍百叁拾叁兩叁錢貳分柒厘。以上各項，共銀壹拾壹萬玖千伍百捌拾貳兩捌錢肆分叁厘。并各司管、收、除、在茶篦由前督臣宜綿移交到臣，臣謹繕造黄册壹本，進呈御覽外，理合彙總具題，伏祈皇上睿鑒，敕部核覆施行。

再，查官茶改折等項，寧夏、延榆綏道屬及興漢貳府屬茶課，俱解貯甘肅西安布政司庫入于春秋撥册内，并現貯候撥。今據署甘肅布政司事按察使廣厚、西安布政使司布政使陸有仁呈送移交到臣，應隨本送户部查核。再，“陝甘總督關防”現在帶赴軍營，所有一切題咨案件，經臣奏明，令甘肅按察使代印，合并陳明。爲此具本，差承差鄭學義等賫捧，謹題請旨。

嘉慶肆年叁月貳拾伍日。

署理陝甘總督事務、西安將軍宗室臣恒瑞。

【貼黄】

署理陝甘總督事務、西安將軍宗室臣恒瑞謹題：爲奏銷茶馬事宜事。

竊照茶馬事宜，例應按年奏報，除乾隆陸拾年徵收官茶及改折銀兩業經代辦督臣英善造册奏報外，今自嘉慶元年正月初壹日起，至拾貳月底止，催完官茶壹萬叁千捌百玖拾捌篦，改折茶價等項共銀壹拾壹萬玖千伍百捌拾貳兩零，由前督臣宜綿移交到臣。臣謹繕造黄册進呈御覽外，理合彙總具題。爲此謹題請旨。

【《明清檔案》A289—65，B163713—B163715】

陝甘總督兼甘肅巡撫松筠題報甘肅靈州補修文廟用銀遵駁删减請銷

嘉慶四年六月十六日

題。

户、禮。

四年□月□日下工、户、禮。

該部查核具奏。

太子少保、兵部尚書兼都察院右都御史、總督陝甘等處地方軍務兼理糧餉并兼管甘肅巡撫事兼理茶馬臣松筠謹題：爲詳請補修學宫，以振人文，以崇祀典事。

據甘肅布政使司布政使楊揆呈，蒙前任陝甘總督部堂宜綿案驗，嘉慶肆年貳月初貳日，準工部咨，營繕司案呈，工科抄出本部題前事。内開：該臣等查得，陝甘總督宜綿疏稱，靈州補修學宫，造具奏銷册結，題準部覆，行令另造妥册題銷。等因。隨即轉飭遵照去後。兹據署甘肅布政使廣厚詳稱，查靈州册造補修文廟壹座，共計大小房陸拾捌間，連照壁、泮池、墻垣等項，通共原估工料銀叁千伍百柒拾壹兩肆錢叁分叁厘，内工竣節省并遵駁舊料變抵，共銀拾玖兩伍錢伍分叁厘。今奉部駁，復又在于各舊料内揀選變抵銀玖兩柒錢柒分肆厘，又删减銀拾兩叁錢伍分貳厘，止實請銷銀叁千伍百叁拾壹兩柒錢伍分肆厘，應請准其在于原請司庫歸并兵餉款内作正開銷。至節省等項銀兩，俟奉部准銷後，飭令在于承辦官名下著追還款。等情。造具册結，同原發簽册一并詳請，具題前來，臣覆核無异。除册結送部外，相應具題。等因。前來。

查甘肅靈州動用司庫歸并兵餉銀兩修理文廟殿宇，共房陸拾捌間。先據該督題報，原估工料共銀叁千伍百柒拾壹兩肆錢叁分叁厘。工竣，節省并舊料變抵，共銀拾玖兩伍錢伍分叁厘，將實用過工料銀叁千伍百伍拾壹兩捌錢捌分，造册題銷。經臣部以册造未協，行令另册題銷在案。今據該督疏稱，轉飭遵照指駁，復將舊料變抵，并自行删減，共銀貳拾兩壹錢貳分陸厘，實用過工料銀叁千伍百叁拾壹兩柒錢伍分肆厘，另册題銷。臣部查，册開石料、磚、瓦有全行换新者，有抵舊僅衹貳成者，是以駁令揀抵在案。今册僅將舊木變價銀玖兩零，而石料、磚、瓦仍未遵駁揀抵，衹稱地氣潮濕、糟碱難抵。但查石料、磚、瓦即地氣潮濕，斷不致全行無存。且石料質性堅實，更應大加抵用，何得統以“糟碱難抵”爲詞，殊非核實辦公之道。應仍令據實揀選抵用，以節糜費。至成砌墻垣，仍不開明砌厚尺寸，抹飾亦不開明長高丈尺及灰厚分數。所用木料，又無添新抵舊各數目。油飾彩畫，仍有未將逐件露明長寬尺寸，分晰開載，均難查核。應將指駁各款，于副册内注明鈐印，發還該督轉飭詳細查明，逐一分晰，另造妥册題銷。嘉慶叁年拾壹月貳拾玖日題，拾貳月初壹日奉旨：“依議。欽此。”相應移咨該督遵照施行。等因。咨院行司。

蒙此，當經前署司備移，轉飭遵照另行更造去後。兹據護理寧夏道事、寧夏府知府隆興呈，據署靈州知州李培榮詳稱，遵將補修文廟房間、墻垣等項用過工料銀兩，照依奏銷。册内大部黏簽指駁各款情節，逐一查明，删減更正，另造妥確登答清册，繪具圖説，同原簽册，一并呈賫。等情。由府道查核移送，請轉前來，本司覆查相符。所有造到奏銷登答清册、圖説，同原簽册，相應一并詳賫核題。等情。呈詳到臣。

該臣查得，靈州補修文廟用過工料銀兩奏銷，前經督臣宜綿恭疏具題，接準部覆，令將册内指駁各款詳細查明，另造妥册題銷。等因。當經轉飭遵照去後。兹據甘肅布政使楊揆詳稱，查得靈州册造補修文廟壹座，共計大小房陸拾捌間，連照壁、泮池、墻垣等項，通共原估工料銀叁千伍百柒拾壹兩肆錢叁分叁厘。内除工竣節省并遵駁舊料變抵，共銀壹拾玖兩伍錢伍分叁厘。前奉飭駁，在于舊料内揀選變抵銀玖兩柒錢柒分肆厘，又删減銀壹拾兩叁錢伍分貳厘。今次奉駁，復在于石料瓦片項下揀選抵用銀伍兩貳錢玖分貳厘外，實請銷銀叁千伍百貳拾陸兩肆錢陸分貳厘。本司按册復加查核，俱已遵照奏銷册内大部黏簽指駁各款情節，逐一删减，更登相符。應請准其在于原請司庫歸并兵餉款内作正開銷。至工竣節省并舊料變抵删减等項銀兩，請俟奉部准銷後，飭令著追歸還原款外，所有造到奏銷登答清册、圖説，同原簽册，相應一并詳賫核題。等情。前來，臣覆核無异。除册圖分送部科外，相應具題，伏祈皇上睿鑒，敕部核覆施行。再，“陝甘總督關防”現在帶赴軍營，經臣奏明，令甘肅布政使代印，合并陳明。謹題請旨。

嘉慶肆年陸月拾陸日。

太子少保、兵部尚書兼都察院右都御史、總督陝甘等處地方軍務兼理糧餉并兼管甘肅巡撫事兼理茶馬臣松筠。

【貼黄】

太子少保、兵部尚書兼都察院右都御史、總督陝甘等處地方軍務兼理糧餉并兼管甘肅巡撫事兼理茶馬臣松筠謹題：爲詳請等事。

該臣查得，靈州補修文廟用過工料銀兩奏銷，前經督臣宜綿恭疏具題，接準部覆，令將册内指駁各款詳細查明，另造妥册題銷。等因。當經轉飭，遵照去後。兹據甘肅布政使楊揆詳稱，查得靈州册造補修文廟用過工料銀兩内，除工竣節省并遵駁舊料變抵外，實請銷銀叁千伍百貳拾陸兩肆錢零。按册查核，俱已遵照指駁各款逐一删减，更登相符，應請准其作正開銷。所有造到奏銷登答清册、圖説，同原簽册，相應一并詳賫核。等情。前來，臣覆核無异。除册圖分送部科外，謹題請旨。

【《明清檔案》A290—83，B164407—B164411】

陝甘總督兼甘肅巡撫松筠題請核銷寧夏等處駐防官兵操演槍炮用過藥鉛等銀

嘉慶四年七月二十一日

題。

四年十月□日下工、户、兵。

該部察核具奏。

太子少保、兵部尚書兼都察院右都御史、總督陝甘等處地方軍務兼理糧餉并兼管甘肅巡撫事兼理茶馬臣松筠謹題：爲遵旨等事。

據甘肅布政使楊揆詳稱，查得寧夏、寧朔貳縣每年辦供駐防寧夏滿營官兵操演槍炮需用鉛藥等項，例應將用過價值銀兩按年造册請銷。等因。在案。兹準護寧夏道隆興移，據寧夏府知府隆興詳，據署寧夏縣知縣鄧秉綸、寧朔縣知縣張應鵬各將嘉慶叁年分供支寧夏滿營春秋貳季操演槍炮每日演放次數、出數，用過藥鉛等項銀兩，造具奏銷册結，由府道核明，依次加結移送，請轉前來，本司覆核無异。所有造到奏銷册結，相應詳請，鑒核具題。等情。到臣。

據此，該臣查得，甘肅寧夏、寧朔貳縣每年辦供駐防寧夏滿營官兵操演槍炮需用藥鉛等項，例應將用過工料銀兩造册題銷。等因。遵照在案。兹據甘肅布政使楊揆詳稱：覆查寧夏縣册造嘉慶叁年壹歲辦供寧夏滿營火藥壹千叁百捌拾肆斤貳錢，烘藥捌拾柒斤肆錢玖分伍厘，鉛子貳百陸拾捌斤陸兩捌錢，鐵子伍拾叁斤柒兩，通共墊用縣庫銀柒拾壹兩貳錢伍分柒厘。寧朔縣册造嘉慶叁年壹歲辦供寧夏滿營火藥壹千叁百捌拾肆斤貳錢，烘藥捌拾柒斤肆錢玖分伍厘，鉛子貳百陸拾捌斤陸兩捌錢，鐵子伍拾叁斤柒兩，通共墊用縣庫銀柒拾壹兩貳錢伍分柒厘。按册查核，均與上年辦供數目相符。所開價值，亦與新定則例無浮。至前項墊用銀兩，應請俟部覆至日，在于司庫嘉慶叁年建曠銀内動支，作正開銷。所有造到册結，相應呈賫。等情。前來，臣覆核無异。除册結送部外，臣謹具題，伏祈皇上睿鑒，敕部核覆施行。再，“陝甘總督關防”現在帶赴軍營，經臣奏明，令甘肅布政使代印，合并陳明。爲此具本，謹題請旨。

嘉慶肆年柒月肆拾壹日。

太子少保、兵部尚書兼都察院右都御史、總督陝甘等處地方軍務兼理糧餉并兼管甘肅巡撫事兼理茶馬臣松筠。

【貼黄】

太子少保、兵部尚書兼都察院右都御史、總督陝甘等處地方軍務兼理糧餉并兼管甘肅巡撫事兼理茶馬臣松筠謹題：爲遵旨等事。

該臣查得，甘肅寧夏、寧朔貳縣每年辦供駐防寧夏滿營官兵操演槍炮需用藥鉛等項，例應將用過工料銀兩，造册題銷。等因。遵照在案。兹據甘肅布政使楊揆詳稱，查寧夏、寧朔貳縣册造，嘉慶叁年辦供寧夏滿營鉛藥，均與上届辦供數目相符。所開價值，亦與新例無浮。至墊用銀兩，應俟部覆至日，在于司庫嘉慶叁年建曠銀内動支作正開銷。所有造到册結，相應呈賫。等情。前來，臣覆核無异。除册結送部外，臣謹具題請旨。

【《明清檔案》A291—28，B164739—B164741】

陝甘總督兼甘肅巡撫松筠題請借署直隸州州同

嘉慶四年八月九日

題。

四年十月□日下。

該部議奏。

太子少保、兵部尚書兼都察院右都御史、總督陝甘等處地方軍務兼理糧餉并兼管甘肅巡撫事兼理茶馬臣松筠謹題：爲詳請題署直隸州州同，以裨地方事。

據甘肅布政使司布政使楊揆、署按察使司蘭州道蔡廷衡會詳稱，竊照肅州直隸州州同譚乃熊奉部推升浙江寧波府通判遺缺，例應在外揀選調補。兹查甘省對品州同内，除階州、西固州同亦係要缺，靈州、花馬池州同甫經以試用佐貳邊廷禧請補，尚未奉準部覆，此外現無合例可調之員。本司等惟查有壹等舉人、分發試用知縣徐煌，年肆拾陸歲，順天宛平縣人，由乾隆庚子①科舉人，陸拾年會試後大挑壹等引見，奉旨以知縣用，簽掣甘肅，是年拾月貳拾陸日到甘。該員才具明晰，辦事勤奮，以之借署肅州直隸州州同，堪以勝任。再，該員係試用知縣，借署州同，照例試看期滿，另請實授，相應會詳呈請核題。等情。呈詳到臣。

該臣查得，肅州直隸州州同譚乃熊推升浙江寧波府通判，所遺原缺，例應在外揀選調補。兹據甘肅布政使楊揆、署按察使蔡廷衡會詳稱，在于甘省對品州同内逐加揀選，并無合例堪調之員。惟查有壹等舉人、分發試用知縣徐煌，年肆拾陸歲，順天宛平縣人，由乾隆庚子科舉人，陸拾年會試後大挑壹等引見，奉旨以知縣用，簽掣甘肅，是年拾月貳拾陸日到甘。該員才具明晰，辦事勤奮，以之借署肅州直隸州州同，堪以勝任。再，該員係試用知縣，借署州同，照例試看期滿，另請實授。等情。會詳請題前來。臣查徐煌，年力富强，心地明白，以之借署肅州直隸州州同，實堪勝任。相應具題，伏祈皇上睿鑒，敕部議覆施行。

再，該員前署文縣知縣任内，有一件清查事：交代遲延壹案，于補官日罰俸壹年。署環縣知縣任内有一件彙報等事：嘉慶貳年出借貧民籽口、銀糧催徵未完壹案。又一件彙報等事：嘉慶貳年催徵元年民借籽口、銀糧未完壹

①乾隆庚子：乾隆四十五年（1780）。

案。以上貳案已經咨參，未准部議。再，“陝甘總督關防”現在帶赴軍營，經臣奏明，令甘肅布政使代印，合并陳明。謹題請旨。

嘉慶肆年捌月初玖日。

太子少保、兵部尚書兼都察院右都御史、總督陝甘等處地方軍務兼理糧餉并兼管甘肅巡撫事兼理茶馬臣松筠。

【貼黄】

太子少保、兵部尚書兼都察院右都御史、總督陝甘等處地方軍務兼理糧餉并兼管甘肅巡撫事兼理茶馬臣松筠謹題：爲詳請等事。

該臣查得，肅州直隸州州同譚乃熊推升浙江寧波府通判，所遺員缺，例應在外揀選調補。兹據甘肅布政使楊揆等會詳稱，在于甘省對品州同内逐加揀選，并無合例堪調之員。惟查有壹等舉人、分發試用知縣徐煌，年肆拾陸歲，順天宛平縣舉人，乾隆陸拾年會試後，大挑壹等引見，奉旨以知縣用，簽掣甘肅，是年拾月到甘。該員才具明晰，辦事勤奮，以之借署肅州直隸州州同，堪以勝任。等情。會詳請題前來。臣查徐煌，年力富强，心地明白，以之借署肅州直隸州州同，實堪勝任。謹題請旨。

【《明清檔案》A291—64，B164923—B164925】

陝甘總督兼甘肅巡撫松筠題報甘省嘉慶三年支過武職養廉銀

嘉慶四年八月二十七日

題。

九月十五日。

四年□月□日下户。

該部察核具奏。

太子少保、兵部尚書兼都察院右都御史、總督陝甘等處地方軍務兼理糧

餉并兼管甘肅巡撫事兼理茶馬臣松筠謹題：爲移付事。

據甘肅布政使司布政使楊揆呈，蒙前任刑部右侍郎代辦陝甘總督陸部院案驗，嘉慶貳年叁月拾捌日，準兵部咨，車駕司案呈，準職方司付前事壹案，相應抄單移咨陝甘總督，轉行陝西巡撫，一體查照可也。計黏單一紙，内開：準職方司付稱，内閣抄出大學士伯和珅等奏兵部具題考選軍政壹本。將節年例案逐一臚叙，未免冗複。應傳知各該部，嗣後本内將無關緊要節年例案酌加删減，以清眉目。等因。嘉慶元年拾貳月初伍日，奉旨："知道了。欽此欽遵。"移付查前來。

查各省現在題報驛站朋馬并一切錢糧，以及修理站船等項，俱將節年例案，于原疏内逐一聲叙。本部歷年具題，亦將各原疏叙入，未免冗複，自應酌量删減。相應行文各直省督撫，嗣後題報驛站朋馬并一切錢糧，以及修理站船等本，衹將本案緊要錢糧數目，由各督撫核實題報。其各該司原詳以及條陳酌改并節年例案，于司總册首詳細聲叙，毋庸于疏内叙入，庶題疏不致冗複，而例案亦不致遺漏。相應通行直省各督撫，自奉文之日起，一體遵照可也。等因。咨院行司。

蒙此，遵將條陳酌改并節年例案，遵照部文，在于司總册首詳細聲叙外，准陝甘督標中軍，甘肅、烏魯木齊貳提，凉州、寧夏、西寧、肅州、河州、巴里坤陸鎮，并靖遠、静寧、慶陽等協營，各將正署各員支過嘉慶叁年壹歲養廉銀兩，造册移送到司。除分晰備造總撒各册，另詳呈賫，分送部科外，相應詳請核題。至此案銷册係統隨兵馬奏銷，一同報差送部，合并聲明。等情。呈詳到臣。

該臣查得，前准部咨，令將武職各官應需養廉銀兩專案造報。等因。行司，遵照在案。兹據甘肅布政使楊揆詳稱，查得武職養廉，舊管：嘉慶貳年拾貳月底止，司庫存貯養廉銀肆萬貳百玖拾捌兩壹錢捌厘；新收：嘉慶叁年正月起，至拾貳月底止，共收銀壹拾肆萬玖千叁百貳拾叁兩貳錢貳分叁厘。

内：一，收原估嘉慶叁年養廉銀壹拾肆萬玖千壹百玖拾肆兩；一，收寧夏鎮屬安定堡長解嘉慶叁年養廉銀貳拾叁兩捌錢捌分玖厘；一，收督標中營王解、都司陳兆熊支過自嘉慶貳年柒月貳拾叁日起，至年底止，養廉銀壹百伍兩叁錢叁分肆厘。開除：嘉慶叁年正月起，至拾貳月底止，共銀壹拾伍萬柒千貳百玖兩叁錢陸分壹厘。内正支各提、鎮、營正署各員養廉動用原估銀壹拾肆萬伍千壹百壹拾肆兩伍錢陸分貳厘。一，正支署事各員養廉，共動歸并養廉銀壹萬貳千伍拾貳兩陸錢肆分壹厘。又，補支嘉慶貳年署員未支動用歸并養廉銀肆拾貳兩壹錢伍分捌厘。實在：嘉慶叁年拾貳月底止，共銀叁萬貳千肆百壹拾壹兩玖錢柒分，内除候支各營署員未支嘉慶貳年養廉銀陸錢叁分伍厘。又，未支嘉慶叁年養廉銀壹兩玖錢貳分陸厘，内除册登毋庸補支銀貳錢叁厘，歸入空曠項下外，尚該候支銀壹兩柒錢貳分叁厘。又，候找寧夏鎮屬安定堡長解嘉慶叁年養廉銀貳拾叁兩捌錢捌分玖厘止。該實在銀叁萬貳千叁百捌拾伍兩柒錢貳分叁厘，係扣存各營缺曠之數。遵照部示，留備各提、鎮、營署事各員養廉之需。至各屬長支銀叁千肆百玖拾貳兩貳錢貳分玖厘，現于關領嘉慶肆年養廉銀内扣還。等情。造册請題前來，臣覆核無异。除册送部科外，相應具題，伏祈皇上睿鑒，敕部核覆施行。再，“陜甘總督關防”現在帶赴軍營，經臣奏明，令甘肅布政使代印，合并陳明。謹題請旨。

嘉慶肆年捌月貳拾柒日。

太子少保、兵部尚書兼都察院右都御史、總督陜甘等處地方軍務兼理糧餉并兼管甘肅巡撫事兼理茶馬臣松筠。

【貼黄】

太子少保、兵部尚書兼都察院右都御史、總督陜甘等處地方軍務兼理糧餉并兼管甘肅巡撫事兼理茶馬臣松筠謹題：爲移付事。

該臣查得，前準部咨，令將武職各官應需養廉銀兩專案造報。等因。行司。遵照在案。兹據甘肅布政使楊揆詳稱，查得甘肅省嘉慶叁年武職養廉，舊管銀肆萬貳百玖拾捌兩零，新收銀壹拾肆萬玖千叁百貳拾叁兩零，開除銀壹拾伍萬柒千貳百玖兩零。又，候支各營未支并長解銀貳拾陸兩零，實在銀叁萬貳千叁百捌拾伍兩零。等情。造册請題前來，臣覆核無异。除册送部科外，謹題請旨。

【《明清檔案》A291—107，B165131—B165134】

陝甘總督兼甘肅巡撫松筠題報夏田麥豆實收分數

嘉慶四年八月二十八日

題。

九月十五日。

四年□月□日下户。

該部知道。

太子少保、兵部尚書兼都察院右都御史、總督陝甘等處地方軍務兼理糧餉并兼管甘肅巡撫事兼理茶馬臣松筠謹題：爲彙報夏田麥、豆實收分數，恭請睿鑒事。

據甘肅布政使司布政使楊揆詳稱，竊查各直省年歲收成分數壹案，前奉廷議，令各該督撫隨時具摺奏報外，再將通省之夏收、秋收分數，分繕兩本具題，交部科查察。等因。奉旨："依議。欽此欽遵。"在案。

該甘肅布政使楊揆查得，甘肅省嘉慶肆年夏田麥、豆約收分數，行據各屬先後呈報前來。業經本司開列清單，恭摺具奏在案。兹據各屬將麥、豆實收分數具報到司，相應核明，詳請具題。再，查甘肅省捌府并無管轄地畝，無憑開報分數。今照舊例，將捌府、伍直隸州所屬柒州、陸廳、肆拾陸縣、叁州同、貳州判、肆縣丞本年麥、豆實收分數，分晰總撒，統爲開報，并無遺漏，合并聲明。等情。呈詳到臣。

該臣查得，各省每年麥、豆實收分數，例應題報。兹據甘肅布政使楊揆將甘肅省嘉慶肆年麥、豆實收分數，逐一開列彙報前來。

查得蘭州府屬之皋蘭縣麥、豆收成拾分，河州麥、豆收成柒分有餘，金縣麥、豆收成玖分有餘，靖遠縣麥、豆收成拾分，渭源縣麥、豆收成玖分有餘，狄道州麥、豆收成柒分有餘，循化廳麥、豆收成拾分，沙泥州判麥、豆收成玖分有餘，紅水縣丞麥、豆收成玖分有餘。統計蘭州府屬收成玖分有餘。

鞏昌府屬之隴西縣麥、豆收成捌分有餘，伏羌縣麥、豆收成捌分有餘，安定縣麥、豆收成玖分，漳縣麥、豆收成捌分有餘，西和縣麥、豆收成捌分有餘，通渭縣麥、豆收成捌分有餘，岷州麥、豆收成捌分有餘，會寧縣麥、豆收成柒分有餘，寧遠縣麥、豆收成捌分，洮州廳麥、豆收成玖分有餘。統計鞏昌府屬收成捌分有餘。

平凉府屬之平凉縣麥、豆收成陸分有餘，静寧州麥、豆收成捌分有餘，華亭縣麥、豆收成玖分，隆德縣麥、豆收成柒分，莊浪縣丞麥、豆收成捌分有餘，固原州麥、豆收成玖分有餘，鹽茶廳麥、豆收在玖分有餘。統計平凉府屬收成捌分有餘。

慶陽府屬之寧州麥、豆收成玖分有餘，安化縣麥、豆收成玖分有餘，合水縣麥、豆收成玖分，正寧縣麥、豆收成玖分有餘，環縣麥、豆收成玖分有餘。統計慶陽府屬收成玖分有餘。

甘州府屬之撫彝廳麥、豆收成玖分有餘，張掖縣麥、豆收成拾分，山丹縣麥、豆收成拾分，東樂縣丞麥、豆收成玖分有餘。統計甘州府屬收成玖分有餘。凉州府屬之武威縣麥、豆收成拾分，永昌縣麥、豆收成玖分有餘，鎮番縣麥、豆收成玖分，古浪縣麥、豆收成玖分有餘，平番縣麥、豆收成玖分有餘。統計凉州府屬收成玖分有餘。

寧夏府屬之寧夏縣麥、豆收成玖分有餘，寧朔縣麥、豆收成玖分有餘，靈州麥、豆收成玖分有餘，中衛縣麥、豆收成玖分有餘，平羅縣麥、豆收成玖分，花馬池州同麥、豆收成玖分有餘。統計寧夏府屬收成玖分有餘。

西寧府屬之巴燕戎格廳麥、豆收成玖分有餘，貴德廳麥、豆收成拾分，西寧縣麥、豆收成拾分，碾伯縣麥、豆收成玖分有餘，大通縣麥、豆收成玖分有餘。統計西寧府屬收成玖分有餘。

秦州直隸州麥、豆收成捌分有餘，清水縣麥、豆收成玖分，秦安縣麥、豆收成捌分有餘，禮縣麥、豆收成捌分有餘，徽縣麥、豆收成捌分，兩當縣麥、豆收成捌分有餘，三岔州判麥、豆收成捌分有餘。統計秦州直隸州屬收成捌分有餘。

階州直隸州麥、豆收成捌分有餘，西固州同麥、豆收成捌分有餘，文縣麥、豆收成柒分有餘，成縣麥、豆收成柒分有餘。統計階州直隸州屬收成捌分。

涇州直隸州麥、豆收成捌分，崇信縣麥、豆收成柒分有餘，靈臺縣麥、豆收成捌分有餘，鎮原縣麥、豆收成捌分有餘。統計涇州直隸州屬收成捌分有餘。

肅州直隸州麥、豆收成玖分有餘，王子莊州同麥、豆收成拾分，高臺縣麥、豆收成拾分，毛目縣丞麥、豆收成玖分有餘。統計肅州直隸州屬收成玖分有餘。

安西直隸州麥、豆收成玖分有餘，敦煌縣麥、豆收成拾分，玉門縣麥、豆收成玖分有餘。統計安西直隸州屬收成玖分有餘。

以上甘肅省捌府、伍直隸州及所屬陸廳、柒州、肆拾陸縣、叁州同、貳州判、肆縣丞，通省牽算，麥、豆收成實在玖分。除咨會鄰省督撫知照外，相應彙疏具題，伏祈皇上睿鑒，敕部查照施行。再，“陝甘總督關防”現在帶赴軍營，經臣奏明，令甘肅布政司代印，合并陳明。謹具題聞。

嘉慶肆年捌月肆拾捌日。

太子少保、兵部尚書兼都察院右都御史、總督陝甘等處地方軍務兼理糧餉并兼管甘肅巡撫事兼理茶馬臣松筠。

【貼黄】

太子少保、兵部尚書兼都察院右都御史、總督陝甘等處地方軍務兼理糧餉并兼管甘肅巡撫事兼理茶馬臣松筠謹題：爲彙報夏田麥、豆實收分數等事。

該臣查得，各省每年麥、豆實收分數，例應題報。兹據甘肅布政使楊揆將甘肅省嘉慶肆年麥、豆實收分數逐一開列彙報前來。查蘭州府屬收成玖分有餘，鞏昌府屬收成捌分有餘，平凉府屬收成捌分有餘，慶陽府屬收成玖分有餘，甘州府屬收成玖分有餘，凉州府屬收成玖分有餘，寧夏府屬收成玖分有餘，西寧府屬收成玖分有餘，秦州直隸州屬收成捌分有餘，階州直隸州屬收成捌分，涇州直隸州屬收成捌分有餘，肅州直隸州屬收成玖分有餘，安西直隸州屬收成玖分有餘。以上甘肅省捌府、伍直隸州及所屬陸廳、柒州、肆拾陸縣、叁州同、貳州判、肆縣丞，通省牽算，麥、豆收成實在玖分。所有甘肅省嘉慶肆年麥、豆實收分數，謹具題聞。

【《明清檔案》A291—108，B165135—B165139】

陝甘總督兼甘肅巡撫松筠題報甘省各營用過公費銀兩遵照部駁核减請銷

嘉慶四年十二月五日

題。

四年□月□日下户。

該部察核具奏。

太子少保、兵部尚書兼都察院右都御史、總督陝甘等處地方軍務兼理糧餉、兼管甘肅巡撫事兼理茶馬臣松筠謹題：爲遵旨議奏事。

據甘肅布政使楊揆詳稱，蒙前任陝甘總督宜部院案驗，準户部咨，陝西司案呈，户科抄出前任代辦陝甘總督英善將甘肅省乾隆伍拾叁、伍拾肆兩年各提、鎮、協、營用過公費銀兩駁查各款造册登答，具題前來。查前項各款用過銀兩仍多不合之處，應令轉飭，另造妥册送部，再行核辦。等因。到院行司。蒙此，當經通移轉飭，遵照删減登造去後。兹準各提、鎮、協、營遵照部示情節，逐細聲登，另造删減清册，同奉駁簽册，一并移送，請轉前來。本司按册核算，均屬相符。相應詳請，鑒核具題。等情。到臣。

據此，該臣查得，甘肅各提、鎮、協、營乾隆伍拾叁、伍拾肆兩年用過公費銀兩，經前任代辦督臣英善具題，登答請銷，接準部覆，令將登答支銷各款用過銀兩仍多不合之處，另造妥册，送部核辦。等因。當經轉飭，遵照登造去後。兹據甘肅布政使楊揆詳稱，查甘肅省各提、鎮、協、營册造，乾隆伍拾叁年，舊管：乾隆伍拾貳年拾貳月底止，共存剩公費銀肆萬玖千捌百肆拾玖兩伍錢捌厘，共不敷公費銀玖千玖百叁拾柒兩壹錢叁分柒厘叁毫。新收：伍拾叁年壹歲，共領過公費銀肆萬陸千伍百伍拾貳兩玖錢伍分叁厘。又，收凉標伍營製造封口群子等項核减銀壹百柒拾壹兩肆錢叁分壹厘。又，收寧夏鎮裁撥横城營不敷公費銀柒拾兩肆錢叁共銀肆萬陸千柒百玖拾肆兩柒錢捌分肆厘。開除：各營通共用過公費銀肆萬貳千玖百壹兩捌錢陸分陸厘伍毫。内前奉大部准銷銀伍千肆百柒拾伍兩陸錢伍分肆厘捌毫，現奉大部准銷銀壹萬柒千貳百伍兩捌錢柒分柒厘捌毫，駁查未准銀貳萬貳百貳拾兩叁錢叁分叁厘玖毫。實在：乾隆伍拾叁年拾貳月底止，各營共舊管存剩公費銀肆萬玖千捌百肆拾玖兩伍錢捌厘。内除伍拾叁年各營新增不敷動用銀壹千伍百柒拾壹兩柒分陸厘捌毫外，實存銀肆萬捌千貳百柒拾捌兩肆錢叁分壹厘貳毫。又，伍拾叁年存剩銀捌千壹百叁拾壹兩貳錢伍分叁厘柒毫。内除各營歸還舊管不敷銀叁百伍拾壹兩捌錢叁分肆厘捌毫外，實存銀柒千柒百柒拾玖兩肆錢壹分捌厘玖毫。貳共存剩銀伍萬陸千伍拾柒兩捌錢伍分壹毫。各營共舊管不數銀玖千玖百叁拾柒兩壹錢叁分柒厘叁毫，内除伍拾叁年存剩歸還銀叁百伍拾壹兩捌錢叁分肆厘捌毫外，實不敷銀玖千伍百捌拾伍兩叁錢貳厘伍毫。伍拾叁年新增不敷銀肆千貳百叁拾捌兩叁錢叁分陸厘貳毫，内除各營動用舊管存剩銀壹千伍百柒拾壹兩柒分陸厘捌毫外，實不敷銀貳千陸百陸拾柒兩貳錢伍分玖厘肆毫。貳共不敷銀壹萬貳千貳百伍拾貳兩伍錢陸分壹厘玖毫。

乾隆伍拾肆年壹歲，舊管：即係乾隆伍拾叁年拾貳月底止，各營實在存剩并不敷之數。新收：乾隆伍拾肆年壹歲，共領過公費銀肆萬陸千伍百伍拾貳兩玖錢伍分叁厘。又，收寧夏鎮屬石空寺、古水井貳堡從中衛營領獲撥補不敷公費銀玖拾兩。又，收肅州鎮屬橋灣營、瓜州踏實、雙塔等營急製軍裝奉部核減銀捌拾壹兩陸錢伍分伍厘。叁共收銀肆萬陸千柒百貳拾肆兩陸錢捌厘。開除：各營通共用過公費銀肆萬貳千伍百玖拾捌兩玖錢肆分伍厘貳毫。内前奉大部准銷銀肆千壹百玖拾柒兩玖錢柒分伍厘，現奉大部准銷銀壹萬伍千伍百柒拾玖兩叁錢叁分陸毫，駁查未准銀貳萬貳千捌百貳拾壹兩陸錢叁分玖厘陸毫。實在：乾隆伍拾肆年拾貳月底止，共舊管存剩銀伍萬陸千伍拾柒兩捌錢伍分壹毫。内除伍拾肆年新增不敷動用銀壹千壹拾柒兩玖錢肆分陸厘捌毫外，實存銀伍萬伍千叁拾玖兩玖錢叁厘叁毫。伍拾肆年存剩銀玖千陸百肆拾肆兩柒錢叁分貳厘叁毫，内除歸還舊管不敷銀壹百壹拾陸兩玖錢柒分伍厘玖毫，實存銀玖千伍百貳拾柒兩柒錢伍分陸厘肆毫。貳共存剩銀陸萬肆千伍百陸拾柒兩陸錢伍分玖厘柒毫。各營共不敷銀壹萬貳千貳百伍拾貳兩伍錢陸分壹厘玖毫。内除各營伍拾肆年存剩歸還銀壹百壹拾陸兩玖錢柒分伍厘玖毫外，實不敷銀壹萬貳千壹百叁拾伍兩伍錢捌分陸厘。伍拾肆年，新增不敷銀伍千伍百壹拾玖兩陸分玖厘伍毫。内除動用舊管存剩銀壹千壹拾柒兩玖錢肆分陸厘捌毫外，實不敷銀肆千伍百壹兩壹錢貳分貳厘柒毫。貳共不敷銀壹萬陸千陸百叁拾陸兩柒錢捌厘柒毫。按册核算，均屬相符。所有各營造到奏銷，登答册結，相應照造總撒簡明清册，同原簽册，一并呈賫前來，臣覆核無异。除册結送部外，臣謹具題，伏祈皇上睿鑒，敕部核覆施行。再，“陜甘總督關防”現在帶赴軍營，經臣奏明，令甘肅布政使代印，合并陳明。爲此具本，謹題請旨。

嘉慶肆年拾貳月初伍。

太子少保、兵部尚書兼都察院右都御史、總督陜甘等處地方軍務兼理糧餉并兼管甘肅巡撫事兼理茶馬臣松筠。

【貼黄】

太子少保、兵部尚書兼都察院右都御史、總督陜甘等處地方軍務兼理糧餉、兼管甘肅巡撫事兼理茶馬臣松筠謹題：爲遵旨議奏事。

該臣查得，甘肅各提、鎮、協、營乾伍拾叁、伍拾肆兩年用過公費銀兩，經前任代辦督臣英善具題登答請銷，接準部覆，令將登答支銷各款用過銀兩不合之處，另造妥册，送部核辦。等因。當經轉飭遵照登造去後。兹據甘肅布政使楊揆詳稱，準甘肅各提、鎮、協、營，將乾隆伍拾叁、伍拾肆兩年用過公費銀兩，遵照部示情節，造具奏銷，登答册結，照造總撒簡明清册，同原簽册，一并呈賫前來，臣覆核無异。除册結送部外，臣謹具題請旨。

【《明清檔案》A293—122，B166303—B166307】

嘉慶五年（1800）

△諭内閣著汪啓補授寧夏鎮總兵

嘉慶五年二月初六日

嘉慶五年二月初六日，内閣奉上諭：“寧夏鎮總兵員缺，著汪啓補授。欽此。”

【《嘉慶道光兩朝上諭檔》第5册，第59頁第153條】

陝甘總督兼甘肅巡撫長鱗題請核銷驛站錢糧

嘉慶五年六月六日

【注】兵部尚書兼都察院右都御史、總督陝甘等處地方軍務兼理糧餉并兼管甘肅巡撫事兼理茶馬覺羅臣長麟謹題：爲請旨奏銷歲底驛站錢糧，以期畫一事。

據甘肅按察使司按察使姜開陽呈，竊照甘肅省驛站錢糧，例應按年造册，詳請具題核銷。兹查蘭州、鞏昌、平凉、慶陽、甘州、凉州、寧夏、西寧捌府，并秦州、階州、肅州、涇州、安西伍直隸州所屬各驛支過嘉慶肆年分原額、新添、新增、孳生，并衝途各驛續添、增添及安設拉車夫馬工料，外備站價，以及應付廪給口糧，墊供不敷，并倒馬買補馬價，暨鋪司工食，共支銀壹拾玖萬貳千柒百捌拾陸兩玖錢壹分叁厘。本色倉斗糧五千貳百伍拾捌石叁斗壹合貳勺，折京斗糧柒千伍百壹拾壹石捌斗伍升捌合玖勺。本色倉斗料柒百伍拾石肆斗捌升，折京斗料壹千柒拾貳石壹斗壹升肆合叁勺。本色草叁萬貳千伍百陸拾捌束。據各該府州造賫奏銷細數清册前來，理合彙造總册，詳賫核題。再，此案奏銷于本年叁月貳拾肆日，賊匪出甘境之日起，扣限肆個月造報，應扣至陸月貳拾肆日爲滿，合并聲明。等情。呈詳到臣。

該臣查得，甘省驛站錢糧，例應按年造册奏銷。兹據甘肅按察使姜開陽詳稱，蘭州、鞏昌、平凉、慶陽、甘州、凉州、寧夏、西寧捌府，并秦州、階州、肅州、涇州、安西伍直隸州所屬各驛支過嘉慶肆年分原額、新添、新增、孳生，并衝途各驛續添、增添及安設拉車夫馬工料，外備站價，以及應付廪給口糧，墊供不敷，并例馬買補馬價，暨鋪司工食，共支銀壹拾玖萬貳千柒百捌拾陸兩玖錢壹分叁厘。本色倉斗糧伍千貳百伍拾捌石叁斗壹合貳勺，折京斗糧柒千伍百壹拾壹石捌斗伍升捌合玖勺。本色倉斗料柒百伍拾石肆斗捌升，折京斗料壹千柒拾貳石壹斗壹升肆合叁勺。本色草叁萬貳千伍百陸拾捌束。等情。造具總册，同各屬細數清册，詳賫請題前來，臣覆核無异。除册分送部科外，相應具題，伏祈皇上睿鑒，敕部核覆施行。再，“陝甘總督關防”經臣帶赴軍營，此本係借用甘肅按察司印信，合并陳明。謹題請旨。

嘉慶伍年陸月初陸日。

兵部尚書都察院右都御史、總督陝甘等處地方軍務兼理糧餉并兼管甘肅巡撫事兼理茶馬覺羅臣長麟。

【貼黄】

兵部尚書兼都察院右都御史、總督陝甘等處地方軍務兼理糧餉并兼管甘肅巡撫事兼理茶馬覺羅臣長麟謹題：爲請旨奏銷歲底驛站錢糧等事。

該臣查得，甘省驛站錢糧，例應按年造册奏銷。兹據甘肅按察使姜開陽詳稱，蘭州、鞏昌、平凉、慶陽、甘州、凉州、寧夏、西寧捌府，并秦州、階州、肅州、涇州、安西伍直隸州所屬各驛支過嘉慶肆年分原額、新添、新增、孳生，并各驛續增及安設拉車夫馬工料，外備站價，以及應付廪給口糧，墊供不敷，并倒馬買補馬價，暨鋪司工食，共支銀壹拾玖萬貳千柒百捌拾陸兩零。本色倉斗折京斗糧柒千伍百壹拾壹石捌斗零，本色倉斗折京斗料壹千柒拾貳石壹斗零，本色草叁萬貳千伍百陸拾捌束。等情。造具總册，同細數清册，詳賫請題前來，臣覆核無异。册送部科外，謹題請旨。

【注】此前有闕幅。

【《明清檔案》A297—122，B168605—B168607】

陝甘總督兼甘肅巡撫長麟題報陣亡游擊議給世職請准其子承襲

嘉慶五年七月十三日

題。

八月初六日。

五年□月十九日下兵。

該部議奏。

兵部尚書兼都察院右都御史、總督陜甘等處地方軍務兼理糧餉并兼管甘肅巡撫事兼理茶馬覺羅臣長麟謹題：爲移付事。

據代理甘肅布政司事蘭州道蔡廷衡呈，蒙總督陜甘長部院案驗，嘉慶伍年肆月拾壹日，準兵部咨，武選司案呈，準職方司付稱，准原署陜西巡撫永保咨，嘉慶肆年肆月内，在漢中府華陽山打仗陣傷亡故滿漢官兵，分晰造册，咨部議恤。等因。應將册開陣亡游擊楊虎等捌員俱給與雲騎尉，世職襲次完時，給與恩騎尉，世襲罔替。至傷亡游擊哈三泰壹員議給雲騎尉，世職襲次完時，毋庸給與恩騎尉。等因。具題。奉旨："依議。欽此。"相應移付前來。

查游擊哈三泰、都司音登額俱係旗人，知照該旗查辦外，其游擊楊虎等柒員，相應開單行文各該督撫，飭令地方官，將各該故員應襲之人，造具支派宗圖、印甘各結，查明年已拾捌歲者，應照本部奏准之例，令該督撫驗看具題後收標學習，准食全俸，毋庸送部。其年未及歲者，即將宗圖册結查核具題，請襲後，給與半俸，俟及歲時，仍照例驗看，收標學習，扣至叁年期滿，給咨送部引見可也。計黏單一紙，内開：甘肅寧夏鎮標左營游擊吴璉。等因。咨院行司，當經備移，轉飭遵辦去後。

兹準蘭州道蔡廷衡移，據署蘭州府知府那緡詳，據皋蘭縣知縣黎建三詳稱，遵查漢中府華陽山打仗陣亡游擊吴璉，係卑縣民籍，奉旨議給雲騎尉，世職襲次完時，給與恩騎尉，世襲罔替。查該故員之嫡長子吴士鰲，現年壹拾肆歲，例應請襲。查吴士鰲年未及歲，所有送到宗圖册結，相應詳請，先行具題承襲，俟該員年歲合例時，具文呈送驗看，發標學習，扣至叁年期滿，出具考語，給咨送部引見。等情。由府道司，呈詳到臣。該臣查得，前准部咨，漢中府華陽山打仗陣亡寧夏鎮標左營游擊吴琏，照例給與雲騎尉，世職襲次完時，給與恩騎尉，世襲罔替。令查明應襲之人，具題請襲。等因。當經轉飭遵辦去後。

茲據代理甘肅布政司事蘭州道蔡廷衡呈，準蘭州道蔡廷衡移，據署蘭州府知府那縉詳，據皋蘭縣知縣黎建三詳稱，遵查漢中府華陽山打仗陣亡寧夏鎮標左營游擊吴琏，係卑縣民籍，奉旨議給雲騎尉，世職襲次完時，給與恩騎尉，世襲罔替。查該故員之嫡長子吴士鰲，現年壹拾肆歲，例應請襲，并無越冒、過繼違礙等弊。理合查造宗圖册結，加具印結，申賫核轉。等情。由府、道依次加結，移送前來。本署司覆查，陣亡寧夏鎮標左營游擊吴琏之子吴士鰲，既經由籍查明結報，係該故員之嫡生長子，例應請襲。查吴士鰲年未及歲，所有送到宗圖册結，相應詳請，先行具題承襲，俟該員年歲合例時，具文呈送驗看，發標學習，扣至叁年期滿，再行出具考語，給咨送部引見。等情。前來，臣覆核無异。除宗圖册結分送部科外，相應具題，伏祈皇上睿鑒，敕部核覆施行。再，“陝甘總督關防”經臣帶赴軍營，此本係借用甘肅按察司印信，合并陳明。謹題請旨。

嘉慶五年柒月拾叁日。

兵部尚書兼都察院右都御史、總督陝甘等處地方軍務兼理糧餉并兼管甘肅巡撫事兼理茶馬覺羅臣長麟。

【貼黄】

兵部尚書兼都察院右都御史、總督陝甘等處地方軍務兼理糧餉并兼管甘肅巡撫事兼理茶馬覺羅臣長麟謹題：爲移付事。

該臣查得，前準部咨，漢中府華陽山打仗陣亡寧夏鎮標左營游擊吴琏照例給與雲騎尉，世職襲次完時，給與恩騎尉，世襲罔替。令查明應襲之人，具題請襲。等因。當經轉飭遵辦去後。茲據代理甘肅布政使蘭州道蔡廷衡呈，查該故員嫡長子吴士鰲現年壹拾肆歲，例應請襲，并無越冒、過繼違礙等弊。所有造到宗圖册結，相應詳請，具題前來，臣覆核無异。除宗圖册結分送部科外，謹題請旨。

【《明清檔案》A298—110，B169161—B168164】

△諭内閣長麟奏甘省被賊各廳州縣及逼近賊氛地方現在錢糧將届啓徵懇請緩徵

嘉慶五年八月十七日

嘉慶五年八月十七日，内閣奉上諭：“長麟奏甘省被賊各廳、州、縣及逼近賊氛地方，現在錢糧將届啓徵，懇請緩徵，以紓民力一摺。著照所請，將鞏昌府屬之岷州、西和、隴西、寧遠、伏羌、洮州、通渭、漳縣、會寧，平凉府屬之静寧、隆德、華亭，秦州并所屬之秦安、清水、禮縣、徽縣、兩當、三岔州判、階州，并所屬之成縣、文縣、西固州同二十三廳、州、縣，本年春徵錢糧，加恩緩至來年麥熟後徵收。本年秋徵錢糧，加恩緩至來年秋成後徵收。又，凉州府屬之武威、鎮番、永昌三縣夏間雨水較稀，田禾被旱，除俟秋成後，查勘是否成灾，另行具奏外，著加恩，先行一律緩徵。該督務嚴飭所屬實力奉行，毋任吏胥侵漁滋弊，以副朕軫念窮黎、有加無已至意。該部知道。摺并發。欽此。”

【《嘉慶道光兩朝上諭檔》第5册，第407頁第1026條】

△諭内閣著加恩寧夏寧朔平羅等十八州縣本年秋徵錢糧緩至來年秋後徵收

嘉慶五年十月十三日

嘉慶五年十月十三日，内閣奉上諭：“前經降旨，將甘省被賊近賊之岷州等二十三廳、州、縣加恩緩徵，并將被旱成灾之武威、永昌、鎮番三縣給予賑濟。玆據長麟奏，續行查明各州縣被雹、被霜、被旱偏灾一摺。雖係一隅中之一隅，惟甘省素稱瘠薄，户鮮蓋藏，若一律徵輸，閭閻不無拮据。所有皋蘭等二十三州縣，内除隴西、通渭、隆德、西和、禮縣等五縣業經緩徵外，其皋蘭、金縣、安定、平凉、涇州、寧夏、寧朔、平羅、莊浪縣丞、鎮原、環縣、靖遠、安化、河州、崇信、狄道、渭源、沙泥州判等十八州縣，本年秋徵錢糧，著加恩，緩至來年秋後徵收，用紓民力。該督務須督飭所屬實心辦理，以副朕軫念民依、有加無已至意。該部知道。摺并發。欽此。”

【《嘉慶道光兩朝上諭檔》第5册，第470頁第1209條】

署吏部尚書慶桂題覆陝甘總督請以達楷調署阜康縣知縣與例不符

嘉慶五年十月十四日

題。

薛淇。

五年十月十六日下吏。

依議。

經筵講官、太子太傅、文淵閣大學士、内大臣暫署吏部尚書、正藍旗滿洲都統臣慶桂等謹題：爲新疆要缺知縣需員，詳請題調，以重地方事。

吏科抄出陝甘總督覺羅長麟題前事。内開：該臣查得，阜康縣知縣景明邊俸三年屆滿，其員缺係衝、繁、難邊遠要缺，例應在于内地現任滿洲知縣内揀調更换。玆據代理甘肅布政使蘭州道蔡廷衡、按察使姜開陽會詳稱，查甘省現任滿洲知縣，除通渭縣團善請調昌吉縣知縣外，止有寧夏縣興恒現莅四項要缺，并無可調之員。惟查有已補秦安縣知縣達楷，年四十九歲，係鑲紅旗滿洲凌慧佐領下人，由刑部筆帖式保送知縣，揀選引見，奉旨發往甘肅差遣委用。伍拾伍年貳月到甘，蒙奏署平羅縣知縣，伍拾陸年陸月初捌日到任，嗣調綏來縣知縣。未經到任，伍拾捌年伍月，丁母憂，回旗。服滿，仍赴甘省委用。嘉慶元年叁月到甘，蒙題署安定縣知縣。未經到任，嘉慶貳年，丁父憂，回旗。服滿，因未實授，仍赴甘肅候補。肆年柒月貳拾貳日，到軍營差委，蒙題補秦安縣知縣，已奉部覆准補。該員才具明白，辦事勤奮，以之調補阜康縣知縣，允堪勝任。惟該員尚未到任，與例稍有未符。但該員從前在甘補授平羅，曾經調任綏來，因丁憂回旗，未及到任。今次來甘，已經補授秦安，與現任人員請調似屬相同，且人地亦屬相宜。合無仰懇俯念新疆要缺，循例具題，准以秦安縣知縣達楷調補阜康縣知縣，庶于邊疆重地，實有裨益。如蒙俞允，該員係對品調補，毋庸送部引見，仍俟扣滿年限，另請實授。等情。會詳請題前來。臣查達楷年力精壯，辦事勤勉，該員并無參罰案件，以之調補阜康縣知縣，實與要缺有裨。相應具題，伏乞皇上睿鑒，敕部議覆施行。至所遺秦安縣一缺，甘省現有應補人員，容臣另疏請補。再，“陝甘總督關防”經臣帶赴軍營，此本借用甘肅按察使印信，合并陳明，謹題請旨。嘉慶伍年陸月貳拾捌日題，玖月拾貳日奉旨：“該部議奏。欽此欽遵。”于本日抄出到部。

該臣等議得，陝甘總督覺羅長麟疏稱，阜康縣知縣景明邊俸三年届滿，其員缺係衝、繁、難、邊遠要缺，例應在于内地現任滿洲知縣内揀調。查有秦安縣知縣達楷，以之調補阜康縣知縣，允堪勝任。如蒙俞允，該員係對品調補，毋庸送部引見，仍俟扣滿年限，另請實授。查達楷年力精壯，辦事勤勉，以之調補阜康縣知縣，實與要缺有裨。所遺秦安縣一缺，甘省現有應補人員，容臣另疏請補。等因。前來。查定例，同知、通判、州、縣四項，三項相兼者，令該督撫于現任屬員内揀選調補。等語。今阜康縣知縣係邊遠衝、繁、難要缺，例應在外揀選調補。達楷，鑲紅旗滿洲官學生，原署甘肅安定縣知縣，未經實授，丁憂服滿，仍赴原省委用。嘉慶伍年肆月，據前任陝甘總督松筠題請署理秦安縣知縣，經臣部議覆，應俟現任秦安縣知縣李培榮引見准靈州知州之後，所遺員缺，准其將委用知縣達楷署理。等因。奉旨："依議。"欽遵在案。今李培榮尚未引見，達楷未能即赴秦安縣之任，該督題請調署阜康縣知縣之處，與現任揀選調署之例不符，應毋庸議。其阜康縣知縣員缺，仍令該督另選合例之員調補。恭候命下，臣部遵奉施行。臣等未敢擅便，謹題請旨。

嘉慶伍年拾月拾肆日。

經筵講官、太子太傅、文淵閣大學士、内大臣、管理武英殿御書處、圓明園八旗事務、暫署吏部尚書、正藍旗滿洲都統臣慶桂，尚書臣劉權之，經筵講官、左侍郎教習、庶吉士、藍旗滿洲副都統、公中佐領臣文寧，經筵講官、署左侍郎、户部左侍郎臣戴衢亨，經筵講官、右侍郎管理太常寺事務、鑲白旗滿洲副都統、公中佐領臣多永武，文選清吏司掌印郎中臣和精額，郎中臣福興，掌印郎中臣紀蘭，員外郎臣福智，學習行走員外郎臣扎郎阿，學習行走員外郎臣阿勒經阿，員外郎臣周維祺，員外郎臣賀賢志，員外郎臣貴徵，員外郎臣薛淇，候補員外郎臣施履亨，主事臣達林，主事臣福祥，學習行走主事臣百順，學習行走主事臣額勒炳額，學習行走主事臣穆克登額，學習行走主事臣承和，主事臣郭世誼，主事臣任烜，額外主事臣張錦珩，額外主事臣朱桂楨，學習行走主事臣章爲棣，司務兼司事臣孔毓璠，學習司務兼司行走臣吴侍曾。

【《明清檔案》A300—141，B170359—B170363】

陝甘總督兼甘肅巡撫長麟題報夏朔二縣辦供寧夏滿營操演所需鉛藥等項銀兩

嘉慶五年十月十五日

題。

十一月初三日。

五年□月□日下工。

該部察核具奏。

兵部尚書兼都察院右都御史、總督陝甘等處地方軍務兼理糧餉并兼管甘肅巡撫事兼理茶馬覺羅臣長麟謹題：爲遵旨等事。

據代辦甘肅布政使蘭州道蔡廷衡詳稱，查得前奉部咨，令將寧夏、寧朔貳縣辦供駐防寧夏滿營每年春秋貳季操演槍炮需用藥鉛等項銀兩，以及采辦鉛磺、經由道路里數，行令查照新例，據實查明，詳悉造報。等因。當經備移轉飭遵照造報去後。兹準寧夏道福永咨，據寧夏府知府隆興申，據署寧夏縣知縣鄧秉綸、署寧朔縣知縣吴椿各將嘉慶肆年分供支寧夏滿營春秋貳季操演槍炮需用藥鉛等項，遵照向例，分晰演放次數、出數，仍將采買鉛磺、經由道路里數查明，按站詳悉開載，造具用過工料銀兩妥確，奏銷册結由府道核明，依次加結，咨送請轉前來。本署司按册查核，均與成案相符。所有造到奏銷册結，相應詳請核題。等情。到臣。

據此，該臣查得，前準部咨，令將寧夏、寧朔貳縣辦供駐防寧夏滿營每年春秋貳季操演槍炮需用藥鉛等項銀兩，以及采辦鉛磺、經由道路里數，行令查照新例，據實查明，詳悉造報。等因。當經轉飭遵照造報去後。兹據代辦甘肅布政使蘭州道蔡廷衡詳稱，覆查寧夏、寧朔貳縣嘉慶叁年一歲辦供駐防寧夏滿營操演槍炮需用鉛藥等項銀兩奏銷册結，前已呈請具題在案。兹據寧夏縣册造，嘉慶肆年一歲辦供寧夏滿營火藥壹千叁百捌拾肆斤貳錢，烘藥捌拾柒斤肆錢玖分伍厘，鉛子貳百陸拾捌斤陸兩捌錢，鐵子伍拾叁斤柒兩，通共墊用縣庫銀柒拾壹兩貳錢伍分柒厘。寧朔縣册造，嘉慶肆年一歲辦供寧夏滿營火藥壹千叁百捌拾肆斤貳錢，烘藥捌拾柒斤肆錢玖分伍厘，鉛子貳百陸拾捌斤陸兩捌錢，鐵子伍拾叁斤柒兩，通共墊用縣庫銀柒拾壹兩貳錢伍分柒厘。按册查核所用鉛藥數目，以及演放次數、出數，并所開買運鉛磺、經由程途里數，暨工料價值，均與成案相符。至前項墊用銀兩，應請俟奉部覆准之日，在于司庫嘉慶肆年建曠銀内動支，作正開銷。所有造到奏銷册結，相應呈賫。等情。前來，臣覆核無异。除册結送部外，臣謹具題，伏祈皇上睿鑒，敕部核覆施行。再，“陝甘總督關防”經臣帶赴軍營，此本係借用甘肅按察司印信，合并陳明，謹題請旨。

嘉慶伍年拾月拾伍日。

兵部尚書兼都察院右都御史、總督陝甘等處地方軍務兼理糧餉并兼管甘肅巡撫事兼理茶馬覺羅臣長麟。

【貼黄】

兵部尚書兼都察院右都御史、總督陝甘等處地方軍務兼理糧餉并兼管甘肅巡撫事兼理茶馬覺羅臣長麟謹題：爲遵旨等事。

該臣查得，前準部咨，令將寧夏、寧朔貳縣辦供駐防寧夏滿營每年春秋貳季操演槍炮需用藥鉛等項銀兩，以及采辦鉛磺、經由道路里數，查照新例，據實查明，詳悉造報。等因。當經轉飭遵照造報去後。兹據代辦甘肅布政使蘭州道蔡廷衡詳稱，夏、朔貳縣嘉慶叁年辦供寧夏滿營鉛藥等項銀兩奏銷册結，前已呈請具題。兹查嘉慶肆年辦供寧夏滿營鉛藥等項銀兩，均與成案相符。至前項墊用銀兩，俟部覆准之日，在于嘉慶肆年建曠銀内動支作正開銷。所有造到奏銷册結，相應呈賫。等情。前來，臣覆核無异。除册結送部外，臣謹具題請旨。

【《明清檔案》A300—142，B170365—B168607】

陝甘總督兼甘肅巡撫長麟題報前曾被參縣官徵糧全完請准開復

嘉慶五年十一月二十二日

題。

六十三。

十二月初九日。

五年十二月廿下户。

該部查議具奏。

兵部尚書兼都察院右都御史、總督陜甘等處地方軍務兼理糧餉并兼管甘肅巡撫事兼理茶馬覺羅臣長麟謹題：爲奏銷等事。

據甘肅布政使司布政使廣厚、按察使司按察使姜開陽會詳稱，蒙前任總督陜甘部堂宜綿案驗，嘉慶叁年拾貳月初拾日，準户部咨，陝西司案呈，户科抄出陜甘總督宜綿題前事壹案，相應移咨陜甘總督可也。計黏單一紙，内開：甘肅省嘉慶貳年地丁錢糧未完壹案，應將經徵未完壹分以上之中衛縣知縣文楠降職壹級，停其升轉，戴罪徵收。等因。嘉慶叁年拾月拾捌日題，本月貳拾日奉旨："依議。欽此。"等因。准咨行司。蒙此，當經轉飭遵照在案。

兹據署中衛縣知縣李超林詳，準署静寧州事、本任中衛縣知縣文楠移稱：竊敝縣前在中衛縣任内嘉慶貳年地丁奏銷案内，經徵未完正耗糧叁千玖百貳拾石柒斗叁升捌合，草貳萬貳千陸拾陸束柒分叁厘。奉部議以降職壹級，停其升轉，戴罪徵收。等因。兹查未完前項糧草内，于嘉慶肆年奉免叁分，正耗糧壹千壹百柒拾陸石貳斗貳升壹合肆勺，草陸千陸百貳拾束貳厘。實應徵柒分，正耗糧貳千柒百肆拾肆石伍斗壹升陸合陸勺，草壹萬伍千肆百肆拾陸束柒分壹厘。敝縣已于嘉慶肆年照數徵收全完，業經報明在案。所有原奉降職壹級，停其升轉，戴罪徵收處分，擬合移明，轉請開復。等情。由該署縣李超林轉詳到司。準此，本司等覆查無异，相應詳請核題。等情。呈詳到臣。

該臣查得，前準部咨，令將甘肅省嘉慶貳年地丁錢糧未完壹案，應將經徵未完壹分以上之中衛縣知縣文楠降職壹級，停其升轉，戴罪徵收。等因。

當經轉行遵照去後。兹據甘肅布按兩司廣厚等會詳稱：查得甘省嘉慶貳年地丁奏銷案内，中衛縣未完地丁起運糧叁千肆百肆拾伍石壹斗捌升陸合肆勺，耗羨糧肆百柒拾伍石伍斗伍升壹合陸勺，草貳萬貳千陸拾陸束柒分叁厘。奉部議，將經徵未完壹分以上之中衛縣知縣文楠照例降職壹級，停其升轉，戴罪徵收在案。

兹查原報未完糧草内，于嘉慶肆年奉免叁分，正項糧壹千叁拾叁石伍斗伍升伍合玖勺，耗羨糧壹百肆拾貳石陸斗陸升伍合伍勺，草陸千陸百貳拾束貳厘。實應徵柒分，正項糧貳千肆百壹拾壹石陸斗叁升伍勺，耗羨糧叁百叁拾貳石捌斗捌升陸合壹勺，草壹萬伍千肆百肆拾陸束柒分壹厘。該縣文楠于嘉慶肆年報徵全完，現于該年帶徵册内造報查核。所有原奉降職壹級，停其升轉，戴罪徵收之案，應請准予開復。至應解降職俸銀，自嘉慶叁年拾月貳拾日奉旨議處之日起，據該員報解銀伍兩，于嘉慶伍年拾月初玖日兑收貯庫訖。應于本年冬季季報册内造報查核，餘銀俟奉旨開復之日再爲按日截算，飭令報解，相應聲明。等情。會詳請題前來，臣覆查無异。除揭帖照例分送部科外，相應具題，伏祈皇上睿鑒，敕部議覆施行。再，“陝甘總督關防”經臣帶赴軍營，此本係借用甘肅按察司印信，合并陳明。謹題請旨。

嘉慶伍年拾壹月貳拾貳日。

兵部尚書兼都察院右都御史、總督陝甘等處地方軍務兼理糧餉并兼管甘肅巡撫事兼理茶馬覺羅臣長麟。

【貼黄】

兵部尚書兼都察院右都御史、總督陝甘等處地方軍務兼理糧餉并兼管甘肅巡撫事兼理茶馬覺羅臣長麟謹題：爲奏銷等事。

該臣查得，前準部咨，令將甘肅省嘉慶貳年地丁錢糧未完壹案，應將經徵未完壹分以上之中衛縣知縣文楠降職壹級，停其升轉，戴罪徵收。等因。行據甘肅布按兩司廣厚等會詳稱：查甘省嘉慶貳年地丁奏銷案内，中衛縣未完地丁起運糧叁千肆百肆拾伍石壹斗捌升陸合肆勺，耗羨糧肆百柒拾伍石伍斗伍升壹合陸勺，草貳萬貳千陸拾陸束柒分叁厘。奉部議，將經徵未完壹分以上之中衛縣知縣文楠照例降職壹級，停其升轉，戴罪徵收在案。兹查原報未完糧草内，于嘉慶肆年奉免叁分，正項糧壹千叁拾叁石伍斗伍升伍合玖勺，耗羨糧壹百肆拾貳石陸斗陸升伍合伍勺，草陸千陸百貳拾束貳厘。實應徵柒分，正項糧貳千肆百壹拾壹石陸斗叁分伍勺，耗羨糧叁百叁拾貳石捌斗捌升陸合壹勺，草壹萬伍千肆百肆拾陸束柒分壹厘。該縣文楠于嘉慶肆年報徵全完，現于該年帶徵册内造報查核。所有原奉降職壹級，停其升轉，戴罪徵收之案，應請准予開復。等情。會詳請題前來，臣覆查無异。謹題請旨。

【《明清檔案》A301—115，B170857—B170860】

工部尚書琳寧題覆甘肅寧夏等縣嘉慶三年辦供滿營藥鉛等項用銀應准開銷

嘉慶五年十二月四日

題。

依議。

工部尚書臣宗室琳寧等謹題：爲遵旨等事。

工科抄出陝甘總督覺羅長麟題前事。内開：據代辦甘肅布政使蔡廷衡詳，蒙前任陝甘總督松部院案驗，嘉慶五年二月初五日，準工部咨，虞衡司案呈，工科抄出陝督松筠題前事。等因。嘉慶四年七月二十一日題，十月十八日奉旨："該部察核具奏。欽此欽遵。"于本日抄出到部。

該臣等查得，陝督松筠疏稱：甘省寧夏、寧朔二縣每年辦供駐防寧夏滿營官兵操演槍炮需用藥鉛等項，例應將用過工料銀兩造册題銷。等因。遵照在案。兹據甘肅布政使楊揆詳稱：覆查寧夏縣册造，嘉慶三年一歲辦供寧夏滿營火藥一千三百八十四斤二錢，烘藥八十七斤四錢九分五厘，鉛子二百六十八斤六兩八錢，鐵子五十三斤七兩，通共墊用縣庫銀柒拾壹兩貳錢伍分柒厘。寧朔縣册造，嘉慶三年一歲辦供寧夏滿營火藥一千三百八十四斤二錢，烘藥八十七斤四錢九分五厘，鉛子二百六十八斤六兩八錢，鐵子五十三斤七兩，通共墊用縣庫銀柒拾壹兩貳錢伍分柒厘。按册查核，均與上年辦供數目相符，所開價值亦與新定則例無浮。至前項墊用銀兩，應請俟部覆之日，在于司庫嘉慶三年建曠銀内動支，作正開銷。所有造到册結，相應呈賫。等情。前來，臣覆核無异。除册結送部外，臣謹具題。等因。前來。

查寧夏、寧朔二縣嘉慶三年辦供寧夏滿營藥鉛，據該督將用過銀壹百肆拾貳兩伍錢壹分肆厘造册題銷。臣部查，此項藥鉛係該處年例應製之項，但查各省采買硝磺，不能俱由驛站。近經臣部以道路里數無憑查核，通行各省詳細造册加結，送部查核在案。今此案册開采辦硫磺、鉛斤，應將原册發還該督，查照臣部通行，將經由道路，按站據實詳悉查明，遞行加結，造具妥册，同原册具題，送部核辦。等因。嘉慶四年十二月初五日題，本月初七日奉旨：“依議。欽此。”相應移咨陝甘總督，欽遵查照可也。等因。到院行司。

蒙此，該署甘肅布政司事蘭州道蔡廷衡查得，前奉工部咨覆，寧夏、寧朔二縣嘉慶三年辦供滿營藥鉛等項奏銷册開采辦鉛、磺，并未開明程途里數，駁令查照原行，將經由道路里數按站據實詳悉查明，造具妥册，遞行加結，同原駁册具題送部，以憑核辦。等因。當將原册備移，轉飭遵照造報去後。兹準寧夏道福永咨，據署寧夏府知府于時兆申，據寧夏縣知縣鄧秉綸、寧朔縣知縣張應鵬各將嘉慶三年分供支寧夏滿營春秋二季操演槍炮需用藥鉛等項，遵照部示，分晰演放次數、出數，仍將采買鉛、磺經由道路里數查明，按站詳悉開載，造具用過工料銀兩妥確，奏銷册結同原駁册一并由府、道核明，依次加結咨送，請轉前來。本署司按册查核，均與成案相符。所有造到奏銷册結同原駁册相應詳請，鑒核具題。等情。到臣。

據此，該臣查得，寧夏、寧朔二縣嘉慶三年辦供滿營鉛藥等項用過工料銀兩一案，經前任督臣松筠造册題銷，嗣準部覆，以册開采辦硫磺、鉛斤，應將經由道路按站詳悉查明，遞行加結造册，同原册具題送部核辦。等因。當經轉飭遵照查造去後。兹據代辦甘肅布政使蔡廷衡詳稱：准寧夏道福永咨，據署寧夏府知府于時兆申，據寧夏縣知縣鄧秉綸、寧朔縣知縣張應鵬各將嘉慶三年分供支寧夏滿營春秋二季操演槍炮需用藥鉛等項，遵照部示，分晰演放次數、出數，仍將采買鉛、磺經由道路里數查明，按站詳悉開載，造具用過工料銀兩妥確，奏銷册結同原駁册一并由府、道核明，依次加結咨送，請轉前來。

本署司覆查，寧夏縣册造，嘉慶三年一歲辦供寧夏滿營火藥一千三百八十四斤二錢，烘藥八十七斤四錢九分五厘，鉛子二百六十八斤六兩八錢，鐵子五十三斤七兩，通共墊用縣庫銀柒拾壹兩貳錢伍分柒厘。寧朔縣册造，嘉慶三年一歲辦供寧夏滿營火藥一千三百八十四斤二錢，烘藥八十七斤四錢九分五厘，鉛子二百六十八斤六兩八錢，鐵子五十三斤七兩，通共墊用縣庫銀柒拾壹兩貳錢伍分柒厘。按册查核所有鉛藥數目以及演放次數、出數，并所開買運鉛、磺經由程途里數，暨工料價值，均與成案相符。至前項墊用銀兩，應請俟奉部覆准之日，在于司庫嘉慶三年建曠銀内供支，作正開銷。所有造到奏銷册結，同原駁册一并呈賫前來，臣覆核無异。除各册結送部外，臣謹具題，伏祈皇上睿覽，敕部核覆施行。再，“陝甘總督關防”經臣帶赴軍營，此本係借用甘肅按察使印信，合并陳明。謹題請旨。嘉慶五年八月初七日題，十月初十日奉旨：“該部察核具奏。欽此欽遵。”于本日抄出到部。

該臣等查得，陝甘總督覺羅長麟疏稱：寧夏、寧朔二縣嘉慶三年辦供滿營鉛藥等項用過工料銀兩一案，經前任督臣松筠造册題銷，嗣準部覆，以册開采辦硫磺、鉛斤，應將經由道路按站詳悉查明，遞行加結造册，同原册具題，送部核辦。等因。當經轉飭遵照查造去後。兹據代辦甘肅布政使蔡廷衡詳稱：準寧夏道福永咨，據署寧夏府知府于時兆申，據寧夏縣知縣鄧秉綸、寧朔縣知縣張應鵬各將嘉慶三年分供支寧夏滿營春秋二季操演槍炮需用藥鉛等項，遵照部示，分晰演放次數、出數，仍將采買鉛、磺經由道路里數查明，按站詳悉開載，造具用過工料銀兩妥確奏銷册結，同原駁册一并由府、道核明，依次加結咨送，請轉前來。

覆查寧夏縣册造，嘉慶三年一歲辦供寧夏滿營火藥一千三百八十四斤二錢，烘藥八十七斤四錢九分五厘，鉛子二百六十八斤六兩八錢，鐵子五十三斤七兩，通共墊用縣庫銀柒拾壹兩貳錢伍分柒厘。寧朔縣册造，嘉慶三年一歲辦供寧夏滿營火藥一千三百八十四斤二錢，烘藥八十七斤四錢九分五厘，鉛子二百六十八斤六兩八錢，鐵子五十三斤七兩，通共墊用縣庫銀柒拾壹兩貳錢伍分柒厘。按册查核所有鉛藥數目以及演放次數、出數，并所開買運鉛、磺經由程途里數，暨工料價值，均與成案相符。至前項墊用銀兩，應請俟奉部覆准之日，在于司庫嘉慶三年建曠銀内供支作正開銷。所有造到奏銷册結，同原駁册一并呈賫前來，臣覆核無异。除各册結送部外，臣謹具題。等因。前來。

查寧夏、寧朔二縣辦供滿營嘉慶三年分藥鉛，先據該督將用過工料銀壹百肆拾貳兩伍錢壹分肆厘造册題銷，經臣部以册開采買硫磺、鉛斤經由程途并未照例取結送部，行令核明，加結具題，到日再行核銷在案。今據該督將經由程途里數詳悉開載，依次加結，題覆到部。臣部按照逐一查核，所有工料價脚等項均屬與例無浮，應准其開銷，并知照户部可也。臣等未敢擅便，謹題請旨。

嘉慶伍年拾貳月初肆日。

工部尚書、正紅旗漢軍都統臣宗室琳寧，經筵日講起居注官、太子太保、掌翰林院事、工部尚書臣彭元瑞，御前侍衛、工部左侍郎、鑾儀衛鑾儀使、正白旗滿洲副都統、果毅繼勇公臣明安，【注】左侍郎臣蔣曰綸，右侍郎、正紅旗滿洲副都統臣西成，右侍郎臣莫瞻菉差，虞衡清吏司郎中臣扎拉芬，郎中臣阿林，郎中臣克星額，郎中臣孟東德，員外郎臣德慶，員外郎臣瞿曾輯，主事臣明德，主事臣達林，主事臣吴邦基，主事臣李熉。

【注】銜名：“御前侍衛工部左侍郎鑾儀衛鑾儀使正白旗滿洲副都統果毅繼勇公臣明安”。

【《明清檔案》A302—21，B171023—B171029】

陝甘總督兼甘肅巡撫長麟題報秋禾收成分數

嘉慶五年十二月七日

題。

五。

六年正月二十日。

六年二月一日至户。

該部知道。

兵部尚書兼都察院右都御史、總督陝甘等處地方軍務兼理糧餉并兼管甘肅巡撫事兼理茶馬覺羅臣長麟謹題：爲彙報秋禾實收分數，恭請睿鑒事。

據代辦甘肅布政使事蘭州道蔡廷衡呈稱：查得各省年歲收成分數，例應題報。兹據各屬將秋禾實收分數開報到司，相應詳請核題。等情。呈詳到臣。該臣查得，各省年歲實收分數例應題報。兹據代辦甘肅布政使蔡廷衡將甘肅省蘭州、鞏昌、平凉、慶陽、甘州、凉州、寧夏、西寧捌府，并秦州、階州、涇州、肅州、安西伍直隸州，各將所屬嘉慶伍年秋禾收成分數，逐一開列，彙報前來。

查蘭州府屬之皋蘭縣秋禾收成陸分有餘，河州秋禾收成陸分，狄道州秋禾收成柒分，沙泥州判秋禾收成柒分，渭源縣秋禾收成柒分有餘，金縣秋禾收成陸分，靖遠縣秋禾收成柒分有餘。統計蘭州府屬，除紅水縣丞、循化廳地氣寒冷，向不種秋外，共收成陸分有餘。

鞏昌府屬之隴西縣秋禾收成伍分有餘，寧遠縣秋禾收成柒分，伏羌縣秋禾收成捌分有餘，西和縣秋禾收成柒分有餘，安定縣秋禾收成捌分，會寧縣秋禾收成柒分有餘，通渭縣秋禾收成捌分，漳縣秋禾收成柒分有餘。統計鞏昌府屬，除岷州、洮州廳地氣寒冷，向不種秋外，共收成柒分有餘。

平涼府屬之平涼縣秋禾收成捌分，華亭縣秋禾收成柒分有餘，莊浪縣丞秋禾收成柒分，隆德縣秋禾收成捌分，固原州秋禾收成捌分有餘，静寧州秋禾收成陸分有餘，鹽茶廳秋禾收成柒分。統計平涼府屬秋禾收成共柒分有餘。

慶陽府屬之寧州秋禾收成柒分有餘，安化縣秋禾收成柒分有餘，合水縣秋禾收成柒分，正寧縣秋禾收成柒分有餘，環縣秋禾收成柒分有餘。統計慶陽府屬秋禾收成，共柒分有餘。

甘州府屬之撫彝廳秋禾收成捌分有餘，張掖縣秋禾收成捌分有餘，山丹縣秋禾收成柒分有餘，東樂縣丞秋禾收成捌分。統計甘州府屬秋禾收成，共捌分。

涼州府屬武威縣除被旱地畝外，秋禾收成肆分有餘。永昌縣除被旱地畝外，秋禾收成叁分有餘。鎮番縣除被旱地畝外，秋禾收成肆分有餘。古浪縣秋禾收成陸分有餘，平番縣秋禾收成陸分。統計涼州府屬秋禾收成，共伍分。

寧夏府屬之靈州秋禾收成柒分，寧夏縣秋禾收成柒分有餘，寧朔縣秋禾收成柒分，中衛縣秋禾收成柒分有餘，平羅縣秋禾收成柒分有餘，花馬池州同秋禾收成柒分有餘。統計寧夏府屬秋禾收成，共柒分有餘。

西寧府屬之貴德廳秋禾收成捌分有餘，碾伯縣秋禾收成柒分有餘。統計西寧府屬，除巴燕戎格廳，西寧、大通貳縣地氣寒冷，向不種秋外，共收成捌分。

秦州直隸州并所屬秦州秋禾收成捌分，清水縣秋禾收成柒分有餘，秦安縣秋禾收成柒分有餘，禮縣秋禾收成陸分，徽縣秋禾收成柒分有餘，兩當縣秋禾收成捌分有餘，三岔州判秋禾收成柒分。統計秦州屬秋禾收成，共柒分有餘。

階州直隸州并所屬階州秋禾收成陸分有餘，文縣秋禾收成捌分有餘，成縣秋禾收成捌分，西固州同秋禾收成玖分。統計階州屬秋禾收成，共捌分。

涇州直隸州并所屬涇州秋禾收成伍分有餘，崇信縣秋禾收成柒分有餘，靈臺縣秋禾收成陸分有餘，鎮原縣秋禾收成陸分有餘。統計涇州屬秋禾收成，共陸分有餘。

肅州直隸州并所屬肅州秋禾收成捌分有餘，高臺縣秋禾收成捌分，王子莊州同秋禾收成捌分，毛目縣丞秋禾收成捌分有餘。統計肅州屬秋禾收成，共捌分有餘。

安西直隸州并所屬安西州秋禾收成玖分有餘，敦煌縣秋禾收成玖分有餘，玉門縣秋禾收成玖分。統計安西州屬秋禾收成，共玖分有餘。

查甘肅捌府、伍直隸州屬通省牽算，秋禾實在收成柒分有餘。等情。呈請具題前來，臣覆核無异。除揭帖照例分送外，相應具題，伏祈皇上睿鑒，敕部查照施行。再，“陝甘總督關防”經臣帶赴軍營，此本係借用甘肅按察司印信，合并陳明。謹具題聞。

嘉慶伍年拾貳月初柒日。

兵部尚書兼都察院右都御史、總督陝甘等處地方軍務兼理糧餉并兼管甘肅巡撫事兼理茶馬覺羅臣長麟。

【貼黄】

兵部尚書兼都察院右都御史、總督陝甘等處地方軍務兼理糧餉并兼管甘肅巡撫事兼理茶馬覺羅臣長麟謹題：爲彙報等事。

該臣查得，各省年歲實收分數例應題報。兹據代辦甘肅布政使事蘭州道蔡廷衡將甘肅省蘭州、鞏昌、平凉、慶陽、甘州、凉州、寧夏、西寧捌府，并秦州、階州、涇州、肅州、安西伍直隸州，并所屬嘉慶伍年秋禾收成分數，逐一開列，彙報前來。查蘭州府屬收成陸分有餘，鞏昌府屬收成柒分有餘，平凉府屬收成柒分有餘，慶陽府屬收成柒分有餘，甘州府屬收成捌分，凉州府屬收成伍分，寧夏府屬收成柒分有餘，西寧府屬收成捌分，秦州屬收成柒分有餘，階州屬收成捌分，涇州屬收成陸分有餘，肅州屬收成捌分有餘，安西州屬收成玖分有餘。統計甘肅省捌府、伍直隸州，通省牽算，收成柒分有餘。等情。前來。臣覆核無异。謹具題聞。

【《明清檔案》A302—37，B171089—B171092】

陝甘總督兼甘肅巡撫長麟題請核銷甘肅各屬節年額支歲貢花紅旗匾銀兩

嘉慶五年十二月七日

題。

九。

六年三月初五下户、禮。

該部察核具奏。

兵部尚書兼都察院右都御史、總督陝甘等處地方軍務兼理糧餉并兼管甘肅巡撫事兼理茶馬覺羅臣題：爲咨覆事。

據代理甘肅布政使事蘭州道蔡廷衡呈，蒙前任總督陝甘宜部院案驗，嘉慶元年肆月貳拾伍日，準户部咨，陝西司案呈，户科抄出前署陝甘總督陝西巡撫秦承恩題銷甘肅省乾隆伍拾陸、伍拾柒兩年各屬支過歲貢花紅、旗匾銀兩一案。乾隆陸拾年玖月貳拾陸日題，拾壹月拾叁日奉旨："該部察核具奏。欽此欽遵。"于本日抄出到部。隨將蘭州等府、州屬歲貢花名原册移查禮部去後。今于乾隆陸拾年拾貳月貳拾日，準禮部查明，咨覆到部。

該臣等查得，前署陝甘總督陝西巡撫秦承恩將甘肅省乾隆伍拾陸、伍拾柒兩年所出歲貢并補支乾隆伍拾叁、伍拾肆、伍拾伍等年歲貢花紅、旗匾銀兩造册具題前來。查册開，舊管銀叁百叁拾伍兩伍錢柒分玖厘。等語。查前項舊管銀兩，臣部核對上年奏銷案内實存數目相符，應毋庸議。

一，新收：原估蘭州、鞏昌貳府，秦州、階州貳州屬額解乾隆伍拾陸、伍拾柒兩年銀伍拾柒兩伍分貳厘，岷州解司銀貳兩隨餉原估銀壹百壹拾玖兩肆錢，共銀壹百柒拾捌兩肆錢伍分貳厘。等語。查前項新收銀兩，臣部核對各該年地丁兵馬奏銷册内數目相符，應毋庸議。

一，開除：乾隆伍拾陸、伍拾柒兩年蘭州等各府、廳、州、縣額出歲貢陸拾捌名，每名應領花紅、旗匾銀貳兩叁錢貳分捌厘，共銀壹百伍拾捌兩叁錢肆厘。隨將原册移查禮部，覆稱：除姓名相符者毋庸聲覆外，惟莊浪縣丞歲貢"石鐘藍"係"石錘藍"，相應咨覆，自行查辦。等語。查乾隆貳年貳月内，據原任江蘇巡撫邵基以江省額編歲貢旗匾銀兩各屬多寡有無各异，請照舉人盤費之例，將通省額編銀兩合計各學出貢名數，均勻派給。經臣部覆准通行，一體遵照在案。令乾隆伍拾陸、伍拾柒兩年所出歲貢，據該督册報李毓采等陸拾捌名，除禮部查覆姓名相符歲貢陸拾柒名支過花紅、旗匾銀壹百伍拾伍兩玖錢柒分陸厘，户部按册核算與應給銀數相符，應准開銷外，其莊浪縣丞歲貢"石鐘藍"與禮部查覆歲貢册造"石錘藍"名字不符，所有支過花紅、旗匾銀貳兩叁錢貳分捌厘未便准銷，應令該督轉飭，將因何不符緣由查明聲覆，到日再行核銷。

一，補支慶陽府領乾隆伍拾叁年歲貢李元升花紅、旗匾銀貳兩叁錢貳分捌厘，又漳縣等府、廳、州、縣領乾隆伍拾肆、伍拾伍兩年歲貢包繼科等拾名花紅、旗匾銀貳拾叁兩貳錢捌分。隨將原册移查，禮部覆稱：核與歲貢册造姓名相符。等語。查前項補支慶陽府乾隆伍拾叁年歲貢李元升花紅、旗匾

銀貳兩叁錢貳分捌厘，又漳縣等府、廳、州、縣乾隆伍拾肆、伍拾伍兩年歲貢包繼科等拾名花紅、旗匾銀貳拾叁兩貳錢捌分。既經禮部查覆，歲貢姓名相符，所有支過花紅、旗匾銀兩，户部按册核算，與應給銀數亦屬相符，應准開銷。

一，實存銀叁百叁拾兩壹錢壹分玖厘。等語。查前項實存銀兩，臣部核與應存數目相符，應令該督轉飭造入下屆奏銷册内，送部查核。再，查該省歲貢花紅、旗匾銀兩，各屬每年額解銀貳拾玖兩伍錢捌分陸厘，隨餉估撥銀伍拾玖兩，領除支用外，尚有餘剩，歸入實存項下造報，節經辦理在案。上届奏銷案内，經臣部以實存銀數過多，議令除每年額解銀兩外，其不敷銀兩，即與存剩銀内動支，毋庸估撥。等因。在案。

今此案花紅、旗匾估撥銀兩係乾隆伍拾陸、伍拾柒兩年應支之項，業已按年預行估給，應准其循舊動支。仍令該督轉飭嗣後，伍拾捌年遵照原議，俟前項存剩銀兩支給完日再行按年估撥。等因。嘉慶元年叁月貳拾叁日題，本月貳拾伍日奉旨："依議。欽此。"相應移咨。等因。咨院行司。蒙此，遵即檄行各屬轉飭遵照在案。

兹據蘭州、鞏昌、平凉、慶陽、甘州、凉州、寧夏、西寧捌府，秦州、階州、涇州、肅州肆直隸州，并據循化、狄道、河州、洮州、岷州、固原、静寧、寧州、古浪、平羅、靈州、宜禾等府、廳、州、縣各報稱：乾隆伍拾捌年，該處應額出歲貢壹名，每名應需花紅、旗匾銀貳兩叁錢貳分捌厘，其餘各屬係空貢之年，并未額出歲貢，亦未請領花紅、旗匾銀兩。乾隆伍拾玖年，該府、州并所屬各額出歲貢壹名，每名額支花紅、旗匾銀貳兩叁錢貳分捌厘，所有領過銀兩理合造册請銷。并據河州、狄道州、循化廳、岷州、固原州、静寧州、寧州、古浪縣、靈州、平羅縣、大通縣、秦州、階州、涇州、肅州、安西州、玉門縣、敦煌縣各報稱：該廳、州、縣該年并未額出歲貢，亦未領花紅、旗匾銀兩，無憑造册請銷。等情。各造報到司。

據此，該代理甘肅布政使事蘭州道蔡廷衡查看得，甘省各屬額設歲貢花紅、旗匾銀兩一案，除乾隆伍拾陸柒兩年所出歲貢領過花紅、旗匾銀兩業經前司造册請銷外，所有乾隆伍拾捌玖兩年額出歲貢領過花紅、旗匾銀兩行據各屬造册請銷前來，本司覆核無异。相應分年照造花名細數清册，并簡明管、收、除、在四柱總册，一并詳請核題。再，查乾隆陸拾年甘省各府、廳、州、縣係空貢之年，額出歲貢仍屬無幾，請俟嘉慶元年各屬應貢之年額出歲貢，支完銀兩之日，循照往例一并造册請銷，合并聲明。等情。呈詳到臣。

該臣查得，甘省各屬乾隆伍拾捌玖兩年額支歲貢花紅、旗匾銀兩一案例應題銷。兹據代理甘肅布政使事蘭州道蔡廷衡詳稱：乾隆伍拾捌年分，甘省各廳、州、縣係空貢之年，額出歲貢無多。惟蘭州府并所屬之河州、狄道州，鞏昌府并所屬之岷州、洮州廳，平凉府并所屬之固原州、静寧州，慶陽府并所屬之寧州，甘州府、凉州府并所屬之古浪縣，寧夏府并所屬之靈州、平羅縣，西寧府、直隸秦州、階州、涇州、肅州等貳拾貳處，每處額出歲貢壹名，共額出歲貢貳拾貳名，每名支花紅、旗匾銀貳兩叁錢貳分捌厘，共支銀伍拾壹兩貳錢壹分陸厘。乾隆伍拾玖年分，甘省各府、廳、州、縣係應貢之年内，蘭州府并所屬之皋蘭縣、金縣、靖遠縣、渭源縣，鞏昌府并所屬之洮州廳、伏羌縣、隴西縣、會寧縣、寧遠縣、安定縣、通渭縣、西和縣、漳縣，平凉府并所屬之平凉縣、隆德縣、莊浪縣丞，慶陽府并所屬之安化縣、正寧縣、合水縣、環縣，甘州府并所屬之張掖縣、山丹縣，凉州府并所屬之武威縣、永昌縣、鎮番縣、平番縣，寧夏府屬之寧夏縣、寧朔縣、中衛縣，西寧府并所屬之西寧縣、碾伯縣，秦州直隸州屬之秦安縣、禮縣、清水縣、徽縣、兩當縣，階州直隸州屬之文縣、成縣，涇州直隸州屬之崇信縣、靈臺縣、鎮原縣，肅州直隸州屬之高臺縣，迪化直隸州等伍拾處，每處額出歲貢壹名，共額出歲貢伍拾名，每名支花紅、旗匾銀貳兩叁錢貳分捌厘，共支銀壹百壹拾陸兩肆錢。以上乾隆伍拾捌玖兩年，通共領過花紅、旗匾銀兩之歲貢柒拾貳名，共銀壹百陸拾柒兩陸錢壹分陸厘，經前司在于花紅、旗匾款内照數動支訖。兹據各屬造册請銷，并據通渭、静寧、凉州、武威、文縣等府、州、縣俱將乾隆伍拾陸柒等年奏銷册落未支銀兩照數支領，一并造册請銷前來。

再，查乾隆伍拾陸柒兩年司總簡明册造實在項下存剩銀叁百叁拾兩壹錢壹分玖厘。今乾隆伍拾捌玖兩年新收原估蘭州、鞏昌貳府，秦州、階州貳州屬估撥提收，并岷州額徵解司等項銀伍拾玖兩伍分貳厘，連前舊管，貳共銀叁百捌拾玖兩壹錢柒分壹厘。内除補支通渭、静寧等府、州、縣乾隆伍拾陸柒并額支甘屬伍拾捌玖等年歲貢花紅、旗匾銀壹百柒拾玖兩貳錢伍分陸厘外，通盤核計，止該實存銀貳百玖兩玖錢壹分伍厘。等情。造具細數清册，并簡明總册，一并呈賫，請題前來，臣覆核無异。除册送部科并將揭帖照例分送外，相應具題，伏祈皇上睿鑒，敕部核覆施行。再，“陜甘總督關防”經臣帶赴軍營，此本係借用甘肅按察司印信，合并陳明。謹題請旨。

嘉慶伍年拾貳月初柒日。

兵部尚書兼都察院右都御史、總督陜甘等處地方軍務兼理糧餉并兼管甘肅巡撫事兼理茶馬覺羅臣長麟。

【《明清檔案》A302—38，B171093—B171099】

陜甘總督兼甘肅巡撫長麟題報甘肅省各營兵丁借支銀數

嘉慶五年十二月二十二日

題。

廿五。

正月二十日。

六年二月廿二下户、兵。

該部察核具奏。

兵部尚書兼都察院右都御史、總督陝甘等處地方軍務兼理糧餉并兼管甘肅巡撫事兼理茶馬覺羅臣長麟謹題：爲遵旨議奏事。

據代辦甘肅布政使事蘭州道蔡廷衡詳稱：案奉部覆，陝甘兵丁借支接濟銀兩，如因地方被灾歉收，兵食不足，或因糧價昂貴，買食維艱，均關糊口急需，勢難緩待。酌定借銀數目不准過多，其坐扣限期，惟地方實在被灾歉收者，准其緩作陸季扣還，其餘總定以肆季扣還，畫一辦理。至所借銀兩若令逐案具題，未免紛繁。應令于出借之後，各隨時咨部，統于年底造册，彙案題報。等因。久經備移各提、鎮、營遵奉在案。前準督標、甘肅提標，凉州、寧夏、西寧、肅州、河州、靖遠等標協營各移稱：駐札地方，嘉慶伍年糧價昂貴，兵丁買食維艱，請照原議，預借餉銀，以濟兵艱。兵馬壹名借銀貳兩至肆兩，步兵壹名借銀壹兩伍錢至叁兩，守兵壹名借銀貳兩，以資接濟。前來。節經陸續呈請，咨部在案。兹值年底彙報之期，所有各兵借過銀款數目相應造册，呈請具題。等情。到臣。

據此，該臣查得，甘肅省各提、鎮、協、營兵丁接濟銀兩，前準部咨：馬兵每名借銀肆兩，步兵每名借銀叁兩，守兵每名借銀貳兩，令于出借之後，隨時咨部，統于年底造册彙題。等因。通行遵照在案。兹據代辦甘肅布政使事蘭州道蔡廷衡詳稱：督標伍營實在馬戰兵壹千伍百貳拾柒名，每名借銀肆兩，共銀陸千壹百捌兩，步戰兵壹千伍百柒拾玖名，每名借銀叁兩，共銀肆千柒百叁拾柒兩，于嘉慶伍年玖月貳拾玖日借支。

甘肅提標伍營實在馬戰兵貳千陸百壹拾柒名，每名減半，借銀貳兩，共銀伍千貳百叁拾肆兩。步戰兵壹千伍百玖拾壹名，每名減半，借銀壹兩伍錢，共銀貳千叁百捌拾陸兩伍錢，于本年玖月貳拾叁日借支。

凉州鎮屬標協各營堡實在馬戰兵貳千陸百壹拾叁名，每名借銀肆兩，共銀壹萬肆百伍拾貳兩。步戰兵貳千柒拾叁名，每名借銀叁兩，共銀陸千貳百壹拾玖兩。守兵貳千玖百捌拾壹名，每名借銀貳兩，共銀伍千玖百陸拾貳兩。于本年叁月貳拾玖、肆月初叁及拾月初叁等日借支。

寧夏鎮屬標路各營堡實在馬戰兵貳千伍百貳拾肆名，每名借銀肆兩，共銀壹萬玖拾陸兩。步戰兵壹千肆百叁拾伍名，每名借銀叁兩，共銀肆千叁百伍兩。守兵貳千玖百叁拾貳名，每名借銀貳兩，共銀伍千捌百陸拾肆兩。于本年拾月初陸日借支。

西寧鎮屬標路各營堡實在馬戰兵叁千壹百捌拾柒名，每名借銀叁兩，共銀玖千伍百陸拾壹兩。步戰兵叁千伍百貳拾捌名，每名借銀貳兩，共銀柒千伍拾陸兩。守兵壹千壹百伍拾名，每名借銀壹兩伍錢，共銀壹千柒百貳拾伍兩。于嘉慶肆年拾貳月拾叁日借支。

肅州鎮屬各營堡實在馬戰兵壹千陸百伍拾叁名，每名借銀肆兩，共銀陸千陸百壹拾貳兩。步戰兵壹千伍百捌拾陸名，每名借銀叁兩，共銀肆千柒百伍拾捌兩。于嘉慶伍年拾月初玖、拾壹月初叁等日借支。

河州鎮屬循化等營實在馬戰兵伍百柒名，每名借銀肆兩，共銀貳千貳拾捌兩。步戰兵伍百叁拾捌名，每名借銀叁兩，共銀壹千陸百壹拾肆兩。守兵壹千貳拾肆名，每名借銀貳兩，共銀貳千肆拾捌兩。于本年叁月貳拾玖，玖月貳拾陸、貳拾玖等日借支。

靖遠協并李旺堡實在馬戰兵貳百玖拾名，每名借銀肆兩，共銀壹千壹百陸拾兩。步戰兵貳百壹拾壹名，每名借銀叁兩，共銀陸百叁拾叁兩。守兵壹百叁拾捌名，每名借銀貳兩，共銀貳百柒拾陸兩。于本年肆月初陸日起至拾月初陸等日借支。

以上標協各營堡實在馬步守兵通共借銀玖萬捌千捌百叁拾肆兩伍錢，俱在司庫存貯嘉慶伍年兵餉銀内借支。遵照原議，自嘉慶伍年夏秋貳季并嘉慶陸年春夏貳季起，在于關領餉銀内分作肆季扣還歸款，統俟扣收完日，另詳報部。等情。造册呈賫前來，臣覆核無异。除册送部外，臣謹具題，伏祈皇上睿鑒，敕部核覆施行。再，“陝甘總督關防”經臣帶赴軍營，此本係借用甘肅按察司印信，合并陳明。謹題請旨。

嘉慶伍年拾貳月貳拾貳日。

兵部尚書兼都察院右都御史、總督陝甘等處地方軍務兼理糧餉并兼管甘肅巡撫事兼理茶馬覺羅臣長麟。

【貼黄】

兵部尚書兼都察院右都御史、總督陝甘等處地方軍務兼理糧餉并兼管甘肅巡撫事兼理茶馬覺羅臣長麟謹題：爲遵旨議奏事。

該臣查得，甘肅省各提、鎮、標、協、營兵丁接濟銀兩，前準部咨：馬兵每名借銀肆兩，步兵每名借銀叁兩，守兵每名借銀貳兩，令于出借之後，隨時咨部，統于年底造册彙題。等因。通行遵照在案。兹據代辦甘肅布政使事蘭州道蔡廷衡詳稱：甘肅各提、鎮、標、協、營堡馬步守兵通共借銀玖萬捌千捌百叁拾肆兩伍錢，俱在司庫存貯嘉慶伍年兵餉款内借支，分作肆季扣還歸款，統俟扣收完日，另詳報部。等情。造册呈賫前來，臣覆核無异。除册送部外，臣謹具題請旨。

【《明清檔案》A302—115，B171457—B171460】

嘉慶六年（1801）

△諭著加恩寧夏前營游擊永泰以原品休致准其解任回旗調理

嘉慶六年二月初二日

嘉慶六年二月初二日，奉旨：“長麟奏甘肅寧夏前營游擊永泰現因患病、懇請回旗調理一摺。永泰在甘堵剿賊匪，頗爲奮勉出力，且從前出師金川，曾受槍傷，今因染患吐血病症，不能帶兵，著加恩，以原品休致，准其解任，回旗調理。該部知道。欽此。”

【《嘉慶道光兩朝上諭檔》第6册，第25頁第83條】

陝甘總督兼甘肅巡撫長麟題報前任縣官徵銀全完原參處分請准議結

嘉慶六年二月五日

題。

陸。

二月二十一日。

陸年叁月初一日下户。

該部查議具奏。

兵部尚書兼都察院右都御史、總督陝甘等處地方軍務兼理糧餉并兼管甘肅巡撫事兼理茶馬覺羅臣長麟謹題：爲請定等事。

據代理甘肅布政使事蘭州道蔡廷衡、按察使司按察使姜開陽會詳稱：蒙總督陝甘部院覺羅長麟案驗，嘉慶伍年閏肆月拾玖日，準户部咨，陝西司案呈，户科抄出前任陝甘總督松筠題甘肅省嘉慶叁年地丁錢糧奏銷未完一案，應將經徵初參未完壹分以上之中衛縣知縣文楠照例降職壹級，停其升轉，戴罪徵收。等因。嘉慶伍年叁月貳拾陸日題，本月貳拾捌日奉旨：“依議。欽此。”相應抄單移咨陝甘總督可也。等因。準咨行司。蒙此，隨即備移轉飭遵照在案。

茲據署中衛縣事漳縣知縣李超林詳稱：遵查卑縣嘉慶叁年地丁正耗錢糧奏銷册落前任文楠經徵未完正耗銀叁百伍拾叁兩壹錢伍分捌厘，正耗糧伍千貳百壹石肆升肆合，草貳萬肆千陸百柒拾叁束貳分壹厘。奉部議，以降職壹級，停其升轉，戴罪徵收。茲查未完前項銀糧内，除奉免拾分之叁，正耗銀壹百伍兩玖錢肆分柒厘，正耗糧壹千伍百陸拾石叁斗壹升叁合貳勺，草柒千

肆百壹束玖分陸厘，止應徵柒分，正耗銀貳百肆拾柒兩貳錢壹分壹厘，正耗糧叁千陸百肆拾石柒斗叁升捌勺，草壹萬柒千貳百柒拾壹束貳分伍厘。前縣文楠嘉慶肆年徵完正耗糧壹百捌拾玖石捌斗玖合捌勺，草肆百柒拾壹束，現于嘉慶肆年帶徵册内造報查核。又于嘉慶伍年徵完正耗銀貳百肆拾肆兩捌錢伍分陸厘内，于是年柒月初陸日解地丁銀貳百壹拾貳兩玖錢壹分捌厘，初玖日解耗羨銀叁拾壹兩玖錢叁分捌厘，實未完正耗銀貳兩叁錢伍分伍厘，正耗糧叁千肆百伍拾石玖斗貳升壹合，草壹萬陸千捌百束貳分伍厘。卑職已于嘉慶伍年一并徵收全完，業已報明在案。其徵完糧草實貯倉廠，銀兩已于是年拾貳月初陸日解司，是文楠已無催徵之責。所有原奉議處降職壹級，停其升轉，戴罪徵收之案，相應循例詳請減議完結。等情。由該署縣李超林轉詳到司。準此，本司等覆查無异，相應詳請核題。等情。呈詳到臣。

該臣查得，定例，經徵正雜錢糧議處各官，除係自行催徵全完者，准其開復。如係分賠、代賠，例無承追之責者，皆非本員追完，可比其原參處分減等議處完結。兹據代理甘肅布政使蘭州道蔡廷衡、按察使姜開陽會詳稱：查得甘省嘉慶叁年地丁奏銷册落前任中衛縣知縣文楠經徵未完正項銀叁百柒兩玖分叁厘，耗羨銀肆拾陸兩陸分伍厘，正項糧肆千伍百貳拾貳石陸斗肆升柒合，耗羨糧陸百柒拾捌石叁斗玖升柒合，草貳萬肆千陸百柒拾叁束貳分壹厘。奉部議，以降職壹級，停其升轉，戴罪徵收。兹查文楠未完前項銀糧内，于嘉慶肆年柒月拾玖日欽奉恩旨，寬免拾分之叁，地丁正項銀玖拾貳兩壹錢貳分捌厘，耗羨銀壹拾叁兩捌錢壹分玖厘，正項糧壹千叁百伍拾陸石柒斗玖升肆合壹勺，耗羨糧貳百叁石伍斗壹升玖合壹勺，草柒千肆百壹束玖分陸厘，止應徵柒分，地丁正項銀貳百壹拾肆兩玖錢陸分伍厘，耗羨銀叁拾貳兩貳錢肆分陸厘，正項糧叁千壹百陸拾伍石捌斗伍分貳合玖勺，耗羨糧肆百柒拾肆石捌斗柒升柒合玖勺，草壹萬柒千貳百柒拾壹束貳分伍厘。又，前縣文楠嘉慶肆年徵完正項糧壹百陸拾伍石伍升貳合，耗羨糧貳拾肆石柒斗伍升柒合捌勺，草肆百柒拾壹束，現于嘉慶肆年帶徵册内造報查核。又于嘉慶伍年徵完地丁正項銀貳百壹拾貳兩玖錢壹分捌厘，耗羨銀叁拾壹兩玖錢叁分捌厘内，于是年柒月初陸日解地丁銀貳百壹拾貳兩玖錢壹分捌厘，初玖日解耗羨銀叁拾壹兩玖錢叁分捌厘，實未完地丁正項銀貳兩肆分柒厘，耗羨銀叁錢捌厘，正項糧叁千石捌斗玖勺，耗羨糧肆百伍拾石壹斗貳升壹勺，草壹萬陸千捌百束貳分伍厘，已據現署縣李超林于嘉慶伍年一并報徵全完。其徵完銀兩已于是年拾貳月初陸日解司，均應于嘉慶伍年帶徵册内造報查核。今前任文楠已無催徵之責，其原議降職壹級，停其升轉，戴罪徵收之案，據現署中衛縣知縣李超林轉請减議完結，由司會詳請題前來，臣覆核無异。除揭帖照例分送部科外，相應具題，伏祈皇上睿鑒，敕部議覆施行。再，“陝甘總督關防”經臣帶赴軍營，此本係借用甘肅按察司印信，合并陳明。謹題請旨。

嘉慶陸年貳月初五日。

兵部尚書兼都察院右都御史、總督陝甘等處地方軍務兼理糧餉并兼管甘肅巡撫事兼理茶馬覺羅臣長麟。

【貼黄】

兵部尚書兼都察院右都御史、總督陝甘等處地方軍務兼理糧餉并兼管甘肅巡撫事兼理茶馬覺羅臣長麟謹題：爲請定等事。

該臣查得，定例，經徵正雜錢糧議處各官，除係自行催徵全完者，准其開復。如係分賠、代賠，例無承追之責者，皆非本員追完，可比其原參處分减等議處完結。兹據代理甘肅布政使事蘭州道蔡廷衡、按察使姜開陽會詳稱：查得嘉慶叁年地丁奏銷册落前任中衛縣知縣文楠經徵未完銀糧内，除奉免拾分之叁，正耗銀壹百伍兩零，正耗糧壹千伍百陸拾石叁斗零，草柒千肆百壹束零，止應徵正耗銀貳百肆拾柒兩零，正耗糧叁千陸百肆拾石柒斗零，草壹萬柒千貳百柒拾壹束零。該縣文楠于嘉慶肆年徵完正耗糧壹百捌拾玖石捌斗零，草肆百柒拾壹束，現于嘉慶肆年帶徵册内造報查核。又于嘉慶伍年徵完正耗銀貳百肆拾肆兩零，于是年柒月初陸、初玖等日解司兑收貯庫訖。實未完正耗銀貳兩零，正耗糧叁千肆百伍拾石玖斗零，草壹萬陸千捌百束零。現署中衛縣知縣李超林已于嘉慶伍年一并徵收全完，于是年拾貳月初陸日解收司庫，均應于嘉慶伍年帶徵册内造報查核，前任知縣文楠已無催徵之責。所有原議降職壹級，停其升轉，戴罪徵收之案，轉請减等議處完結。等情。由司會詳請題前來，臣覆核無异。相應具題請旨。

【《明清檔案》A303—34，B171637—B171641】

陝甘總督兼甘肅巡撫長麟題報副將病故

嘉慶六年二月五日

題。

二月二十一日。

六年三月初一日下兵。

兵部知道。

兵部尚書兼都察院右都御史、總督陝甘等處地方軍務兼理糧餉并兼管甘肅巡撫事兼理茶馬覺羅臣長麟謹題：爲報明副將病故日期事。

準署固原提督臣慶成咨，據護潼關協都司王永會呈稱：署本協副將如寧，于嘉慶伍年拾壹月貳拾柒日，偶患風痰病症，調治不愈，于貳拾捌日病故，理合呈報。等情。據此，除委員查驗，并查明任内有無未清錢糧事件，取具承查印甘各結，至日另移外，先將署副將如寧病故日期移請具題。等情。到臣。

準此，該臣查得，武職守備以上官員病故，例應題報。兹署固原提屬潼關協副將如寧，得患風痰病症，調治不愈，于嘉慶伍年拾壹月貳拾捌日病故。經署固原提督臣慶成移報，除委員接署，并查驗明確，及任内者無未清錢糧事件，取具承查印甘各結，至日另咨送部外，所有署潼關協副將揀發副將如寧病故日期，理合恭疏題報，伏祈皇上睿鑒，敕部查照施行。再，“陝甘總督關防”現在帶赴軍營，此本借用甘肅按察司印信，合并陳明。謹具題聞。

嘉慶陸年貳月初伍日。

兵部尚書兼都察院右都御史、總督陝甘等處地方軍務兼理糧餉并兼管甘肅巡撫事兼理茶馬覺羅臣長麟。

【貼黄】

兵部尚書兼都察院右都御史、總督陝甘等處地方軍務兼理糧餉并兼管甘肅巡撫事兼理茶馬覺羅臣長麟謹題：爲報明副將病故日期事。

該臣查得，武職守備以上官員病故，例應題報。兹署固原提屬潼關協副將揀發副將如寧，得患風痰病症，調治不愈，于嘉慶伍年拾壹月貳拾捌日病故。經署固原提督臣慶成移報，除委員接署，并查明任内有無未清錢糧事件，取具承查印甘各結，至日另咨送部外，所有署潼關協副將揀發副將如寧病故日期，理合恭疏題報，謹具題聞。

【《明清檔案》A303—35，B171643—B171644】

△諭著傳諭寧夏將軍等并沿途各督撫一體飭屬嚴拿務獲遣犯富克京額

嘉慶六年三月初七日

軍機大臣字寄盛京將軍、吉林將軍、寧夏將軍，直隸、山西、河南、陝甘各督撫。

嘉慶六年三月初七日，奉上諭：“秀林奏，遣犯富克京額，係寧夏駐防滿洲閑散，因脱逃二次，發遣吉林當差之犯，今復敢在配脱逃，情殊可惡。富克京額，本係寧夏駐防脱逃後，或潛回寧夏，或在途逗遛，均未可定。著傳諭該將軍等并沿途各督撫，查照該犯年貌清單，一體飭屬嚴拿務獲，毋致遠揚漏網。將此各諭令知之。欽此。”遵旨寄信前來。

【《嘉慶道光兩朝上諭檔》第 6 册，第 76 頁第 244 條】

陝甘總督兼甘肅巡撫長麟題請升補州官

嘉慶六年三月十四日

題。

四月初一日。

六年五月初二日下吏。

該部議奏。

兵部尚書兼都察院右都御史、總督陝甘等處地方軍務兼理糧餉并兼管甘肅巡撫事兼理茶馬覺羅臣長麟謹題：爲要缺知州需員，詳請題升，以重地方事。

據代理甘肅布政使事蘭州道蔡廷衡、按察使司按察使姜開陽會詳稱：竊照河州知州明福病故遺缺，係繁、疲、難叁項緊要滿缺，例應在外揀調。本署司等在于通省對品人員内詳加揀選，并無應調滿員。惟查有寧夏縣知縣興恒年肆拾柒歲，正藍旗滿洲永禄佐領下人，由監生捐筆帖式，補授禮部筆帖式。乾隆伍拾叁年拾貳月引見，奉旨記名以知縣。伍拾陸年，選授秦安縣知縣，是年柒月拾貳日到任。調補今職，陸拾年柒月拾叁日到任。嘉慶叁年，補行元年大計卓异保薦，現署狄道州知州。該員才情練達，辦事實心，本任歷俸已滿伍年，以之升補河州知州，實堪勝任。查該員任内參罰雖在拾案以内，惟有地丁正耗錢糧催徵未完降職處分，與例稍有未符。但河州番、回雜處，治理不易，向係滿缺。該員在甘年久，風土人情，較爲熟悉。此外滿員内逐加遴選，更無合例之員，人地實在相需，且係大計卓异應升人員，合無仰懇准以該員題請升補，于要缺，實有裨益。如蒙俞允，興恒係以知縣請升知州，俟部覆到日，咨引見。等情。呈詳到臣。

該臣查得，河州知州明福病故遺缺係繁、疲、難叁項緊要滿缺，例應在外揀調。兹據代理甘肅布政使事蘭州道蔡廷衡等會詳稱：查有寧夏縣知縣興恒年肆拾柒歲，正藍旗滿洲永禄佐領下人，由監生捐筆帖式，補授禮部筆帖式。乾隆伍拾叁年拾貳月引見，奉旨記名以知縣用。伍拾陸年，選授秦安縣知縣，是年柒月拾貳日到任。調補今職，陸拾年柒月拾叁日到任。嘉慶叁年，補行元年大計卓异保薦，現署狄道州知州。該員才情練達，辦事實心，本任歷俸已滿伍年，以之升補河州知州，實堪勝任。查該員任内參罰雖在拾案以内，惟有地丁正耗錢糧催徵未完降職處分，與例稍有未符。但河州番、回雜處，治理不易，向係滿缺。該員在甘年久，風土人情，較爲熟悉。此外甘省滿員内逐加遴選，更無合例之員，人地實在相需，且係大計卓异應升人員，准以該員題請升補，于要缺，實有裨益。如蒙俞允，興恒係以知縣請升知州，俟部覆到日，照例給咨引見。等情。會詳請題前來。臣查興恒，年壯才優，辦事精詳，以之升補河州知州，人地實在相需，堪以勝任，實與要缺有裨。至所遺寧夏縣一缺，係衝、繁、疲、難肆項要缺，容臣另行揀員請補。相應具題，伏祈皇上睿鑒，敕部議覆施行。

再，該員本任内有一件奏銷等事：經徵嘉慶叁年地丁正耗銀糧未完壹分以上降職壹級，停其升轉，戴罪徵收。又一件彙報等事：嘉慶叁年催徵元年民借籽口、銀糧未完，初參降俸貳級，戴罪督催。又一件彙報事：嘉慶叁年催徵貳年民借籽口、銀糧未完，初參降俸貳級，戴罪督催。又一件彙報等事：嘉慶□□年出借貧民籽口、銀糧催徵未完，初參降俸□級，戴罪督催。又一件欽奉等事：嘉慶元年賞過老民絹棉米肉等項，折給銀兩造報舛錯，罰俸叁個月。又一件通行事：寧夏鎮標後營出征兵丁王義初參脱逃未獲壹案，罰俸玖個月。又一件通行事：寧夏縣承緝逃兵王義貳參未獲壹案，罰俸壹年。以上柒案，俸銀未完。又一件奏銷等事：嘉慶肆年地丁正耗錢糧未完不及壹分壹案。又一件奏銷等事：寧夏、平羅貳縣經徵嘉慶叁年馬廠地租銀兩完不及半壹案。以上貳案已經咨參，未準部議。再，“陝甘總督關防”現在帶赴軍營，此本係借用甘肅按察司印信陳明。謹題請旨。

嘉慶陸年叁月拾肆日。

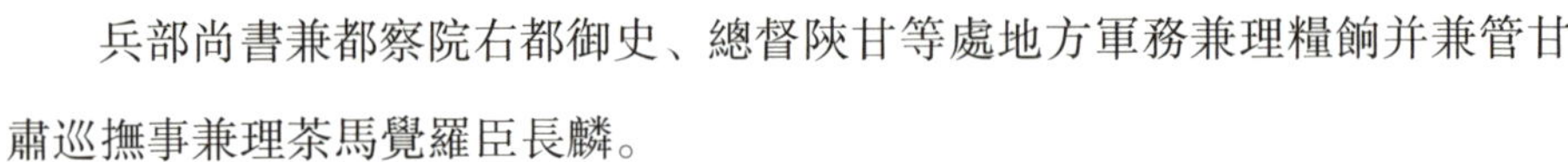

兵部尚書兼都察院右都御史、總督陝甘等處地方軍務兼理糧餉并兼管甘肅巡撫事兼理茶馬覺羅臣長麟。

【貼黄】

兵部尚書兼都察院右都御史、總督陝甘等處地方軍務兼理糧餉并兼管甘肅巡撫事兼理茶馬覺羅臣長麟謹題：爲要缺知州需員等事。

該臣查得，河州知州明福病故遺缺係繁、疲、難叁項緊要滿缺，例應在外揀調。兹據代理甘肅布政使事蘭州道蔡廷衡等會詳稱：查有寧夏縣知縣興恒年肆拾柒歲，正藍旗滿洲永禄佐領下人，由監生捐筆帖式，補授禮部筆帖式。乾隆伍拾叁年拾貳月引見，奉旨記名以知縣用。伍拾陸年，選授秦安縣知縣，是年柒月拾貳日到任。調補今職，陸拾年柒月拾叁日到任。嘉慶叁年，補行元年大計卓异保薦，現署狄道州知州。該員才情練達，辦事實心，本任歷俸已滿伍年，惟有降職處分與例稍有未符。但河州番、回雜處，向係滿缺，甘省滿員内逐加遴選，更無合例之員，以之升補河州知州，人地實在相需，堪以勝任。如蒙俞允，興恒係以知縣請升知州，俟部覆取日，照例給咨引見。等情。會詳請題前來。臣查興恒，年壯才優，辦事精詳，以之升補河州知州，人地實在相需，堪以勝任，實與要缺有裨。謹題請旨。

【《明清檔案》A303—120，B172007—B172011】

△諭著長麟奏請將甘省各廳州縣緩徵舊欠

嘉慶六年五月十九日

長麟奏請將甘省各廳、州、縣緩徵舊欠一摺，上年，甘省被賊、近賊及水、旱等災各州縣曾經降旨，將嘉慶五年并帶徵各年舊欠錢糧緩至本年徵收。今據奏稱，各該處青苗雖已長發，第雨澤稍遲，未能十分暢茂。等語。現值啓徵之際，該省民力一時尚未復元，若新舊同時并徵，不無拮据。著加恩，將階州并所屬之文縣、西固州同、武威、鎮番、永昌六州縣，本年應徵錢糧緩至大秋後開徵，春節年應徵舊欠緩至來年麥秋後分作二年帶徵。至鞏昌府屬之岷州、西河、隴西、寧遠、伏羌、洮州、通渭、安定、漳縣、會寧，平凉府屬之平凉、静寧、隆德、華亭、莊浪縣丞，秦州并所屬之秦安、清水、禮縣、徽縣、兩當、三岔州判，階州所屬之成縣，蘭州府屬之狄道、沙泥州判、河州、皋蘭、金縣、渭源、靖遠、涇州，并所屬之崇信、鎮原，慶陽府屬之環縣、安化，寧夏府屬之寧夏、寧朔、平羅，甘州府屬之山丹，凉州府屬之平番、古浪，四十一廳、州、縣，除本年錢糧仍照舊開徵外，其節年應徵舊欠，均著緩至來年麥秋後分作二年帶徵，以示軫念黎元、有加無已至意。該部即遵諭行。欽此。

【《嘉慶道光兩朝上諭檔》第6册，第190頁第553條】

陝甘總督兼甘肅巡撫長麟爲民宅被劫題參疏防武職

嘉慶六年五月二十一日

題。

六月二十四日。

六年七月十五日下兵、刑。

程儀等，著議處具奏。該部知道。

兵部尚書兼都察院右都御史、總督陝甘等處地方軍務兼理糧餉并兼管甘肅巡撫事兼理茶馬覺羅臣長麟謹題：爲報明事。

案查前據暫管潼關協副將王永會呈，據署同州汛千總薛信呈稱，準大荔縣移，據縣屬西坊村民張崇德投稱：緣身同兄張崇興出外營生，家留妻扈氏，現在患病。身女年少，家再無人。身于嘉慶伍年拾壹月初拾日回家，身妻聲稱于本年玖月貳拾肆日，夜約有三更時候，被賊爬墻挖孔進内，扭開西腰房門鎖，竊去箱内衣物，又在西厦房門限下挖空入室。妻扈氏驚覺，瞥見有賊數人，當即喊叫，被賊人臨時行强用言嚇唬，女人害怕，莫敢聲張。賊人點燈然火照亮，搜劫箱内衣物銀活。補報到案。訊明共估賊銀貳拾捌兩零。等情。當經會同該縣勘驗屬實，除差目嚴緝凶賊外，理合呈報。等情。經臣批飭，選差幹兵，協同縣捕，勒限嚴緝凶賊，務獲究報，并查取應參職名在案。

除文職職名應聽陝西巡撫臣陸有仁題參外，該臣查得，陝西大荔縣民張崇德家被賊數人臨時行强，搜劫衣物一案。前據營員詳報，經臣批飭，勒緝凶賊，并查取疏防職名去後。兹準署陝西固原提督慶成咨稱：查此案應以嘉慶伍年玖月貳拾肆失事之日起，扣至嘉慶陸年正月貳拾肆日，肆個月疏防限滿，凶賊尚未弋獲。所有武職疏防職名，專汛承緝官代理同州汛千總事、經制外委、加貳級、又軍功加壹級紀録伍次程儀，兼轄督緝官署陝西潼關協副將、紀録捌次、候補副將如寧。查如寧已于嘉慶伍年拾壹月貳拾捌日病故，計督緝兩個月零肆日。暫管陝西潼關協副將事、護中軍都司王永會自拾壹月貳拾捌日接緝起，至嘉慶陸年正月貳拾肆日止，計緝壹個月零貳拾陸日，均未滿限。再，失事地方并無墩鋪防兵，合并聲明。等因，移揭前來。

除仍移飭嚴緝凶賊、務獲究報外，所有武職疏防各職名，理合恭疏題參，伏祈皇上睿鑒，敕部議處施行。再，臣現在軍營承辦陝省事件，例得展限。又，“陝甘總督關防”現在帶赴軍營，此本係借用甘肅按察使印信，合并陳明。爲此具本，謹題請旨。

嘉慶陸年伍月貳拾壹日。

兵部尚書兼都察院右都御史、總督陝甘等處地方軍務兼理糧餉并兼管甘肅巡撫事兼理茶馬覺羅臣長麟。

【貼黄】

兵部尚書兼都察院右都御史、總督陝甘等處地方軍務兼理糧餉并兼管甘肅巡撫事兼理茶馬覺羅臣長麟謹題：爲報明事。

該臣查得，陝西大荔縣民張崇德家被賊數人臨時行强，搜劫衣物一案。前據營員詳報，經臣批飭，勒緝凶賊，并查取疏防職名去後。兹準署陝西固原提督慶成咨稱：查此案應以嘉慶伍年玖月貳拾肆日失事之日起，扣至嘉慶陸年正月貳拾肆日，肆個月疏防限滿，凶賊尚未弋獲。所有武職疏防職名，專汛承緝官代理同州汛千總事、經制外委程儀，兼轄督緝官署陝西潼關協副將、候補副將如寧。查如寧已于嘉慶伍年拾壹月貳拾捌日病故，計督緝兩個月零肆日。暫管陝西潼關協副將事、護中軍都司王永會自拾壹月貳拾捌日接緝起，至嘉慶陸年正月貳拾肆日止，計緝壹個月貳拾陸日，均未滿限。再，失事地方并無墩鋪防兵，合并聲明。等因。移揭前來。除仍移飭嚴緝凶賊、務獲究報外，所有武職疏防各職名，理合恭疏題參。謹題請旨。

【《明清檔案》A304—100，B172491—B172493】

陝甘總督兼甘肅巡撫長麟題請調署縣官

嘉慶六年六月四日

題。

七月初一日。

六年八月十四日下。

該部議奏。

兵部尚書兼都察院右都御史、總督陝甘等處地方軍務兼理糧餉并兼管甘肅巡撫事兼理茶馬覺羅臣長麟謹題：爲口外縣缺緊要，再行詳請題調事。

據署理甘肅布政使事蘭州道蔡廷衡、按察使司按察使姜開陽會詳稱：竊照阜康縣知縣景明邊俸年滿遺缺，先經本署司等請以秦安縣知縣達楷題調。奉部議駁，以秦安縣知縣李培榮尚未引見准升靈州知州，該員未能即赴秦安之任，與現任揀調之例不符，行令另選合例之員調補。等因。本署司等遵即在于通省知縣内再加遴選。查甘省内地滿洲漢軍知縣共有陸員，内除安化縣達洪阿係曾歷邊缺之員，寧遠縣悦寧已請調昌吉縣知縣，寧夏縣興恒已請升河州知州，西寧縣恩光已請升迪化直隸州知州，通渭縣圖善前經調口，業經部駁外，止有隴西縣知縣楊光祖壹員，雖屬漢軍，但甫經到任，人地亦不甚相宜，實無堪調之員。惟查前經題請調署之秦安縣知縣達楷，年伍拾歲，係鑲紅旗滿洲凌慧佐領下人，由刑部筆帖式，保送知縣，揀選引見，奉旨發往甘肅差遣委用。伍拾伍年貳月到甘，蒙奏署平羅知縣，伍拾陸年陸月初捌日到任。嗣調綏來縣知縣，未經到任，伍拾捌年伍月，丁母憂回旗，服滿仍赴甘省委用。嘉慶元年叁月到甘，蒙題署安定縣知縣，未經到任，嘉慶貳年，丁父憂回旗。服滿，因未實授，仍赴甘肅候補。肆年柒月貳拾貳日，到軍營差委。嗣蒙題署今職，伍年陸月初叁日，先行委署到任，本年貳月拾叁日，奉文准署。該員才具明白，辦事勤奮，實與阜康邊缺相宜。且李培榮業已引見准升，現據達楷申報，于本年貳月拾叁日奉文准署到任。除造入貳月分月册咨部外，今以該員調署阜康縣知縣，與現任揀調之例相符，任内現無降革留任處分。惟有咨參一件，亦未奉準部議，合再詳請鑒核具題，准將達楷調署阜康縣知縣，俾口外地方要缺得人。如蒙俞允，該員係對品調補，毋庸送部引見，仍俟扣滿年限，另請實授，合并聲明。相應會詳，呈請鑒核具題，并請移咨烏嚕木齊都統知照。等情。呈詳到臣。

該臣查得，阜康縣知縣景明邊俸年滿遺缺，前經臣以秦安縣知縣達楷請調。接準部咨，以秦安縣知縣李培榮尚未引見准升靈州知州，該員未能即赴秦安之任，與現任調補之例不符，行令另選合例之員調補。等因。行據署甘肅布政使事蘭州道蔡廷衡、按察使姜開陽會詳稱：遵即在于通省知縣内，再加逐一遴選，實無合例堪調之員。惟查前經題請調署之秦安縣知縣達楷，年伍拾歲，係鑲紅旗滿洲凌慧佐領下人，由刑部筆帖式，保送知縣，揀選引見，奉旨發往甘肅差遣委用。伍拾伍年貳月到甘，蒙奏署平羅縣知縣，伍拾陸年陸月初捌日到任。嗣調綏來縣知縣，未經到任，伍拾捌年伍月，丁母憂回旗，服滿仍赴甘省委用。嘉慶元年叁月到甘，蒙題署安定縣知縣，未經到任，嘉慶貳年，丁父憂回旗。服滿，因未實授，仍赴甘肅候補。肆年柒月貳拾貳日，到軍營差委。嗣蒙題署今職，伍年陸月初叁日，先行委署到任，本年貳月拾叁日，奉文准署。該員才具明白，辦事勤奮，實與阜康邊缺相宜。且李培榮業已引見准升，現據達楷申報，于本年貳月拾叁日奉文准署到任。今以該員調署阜康縣知縣，與現任調補之例相符。等情。覆會詳請題前來。

臣查達楷，年力强壯，心地明白，以之調署阜康縣知縣，俾口外地方要缺得人。如蒙俞允，該員係對品調補，毋庸送部引見，仍俟扣滿年限，另請實授。至所遺秦安縣員缺，係疲、難中缺，甘省現有應補人員，容臣揀員請補。除揭帖照例分送部科外，相應具題，伏祈皇上睿鑒，敕部議覆施行。再，該員任内有一件報明事：秦安縣流犯石功扎死李謝氏等貳命并自□身死壹案，已經咨參，未奉部議。此外再無參罰案件。再，此本係借用甘肅按察司印信，合并陳明。謹題請旨。

嘉慶陸年陸月初肆日。

兵部尚書兼都察院右都御史、總督陝甘等處地方軍務兼理糧餉并兼管甘肅巡撫事兼理茶馬覺羅臣長麟。

【貼黄】

兵部尚書兼都察院右都御史、總督陝甘等處地方軍務兼理糧餉并兼管甘肅巡撫事兼理茶馬覺羅臣長麟謹題：爲口外縣缺緊要等事。

該臣查得，皐康縣知縣景明邊俸年滿遺缺，前經臣以秦安縣知縣達楷請調。接準部咨，以秦安縣知縣李培榮尚未引見准升靈州知州，該員未能即赴秦安之任，與現任調補之例不符，行令另選合例之員調補。等因。行據署甘肅布政使事蘭州道蔡廷衡等會詳稱：遵即在于通省知縣内，再加逐一遴選，實無合例堪調之員。惟查前經題請調署之秦安縣知縣達楷，年伍拾歲，係鑲紅旗滿洲凌慧佐領下人，由刑部筆帖式，保送知縣，揀選引見，奉旨發往甘肅差遣委用。伍拾伍年貳月到甘，蒙奏署平羅縣知縣，伍拾陸年陸月初捌日到任。嗣調綏來縣知縣，未經到任，伍拾捌年伍月，丁母憂回旗，服滿仍赴甘省委用。嘉慶元年叁月到甘，蒙題署安定縣知縣，未經到任，嘉慶貳年，丁父憂回旗。服滿，因未實授，仍赴甘肅候補。肆年柒月貳拾貳日，到軍營差委。嗣蒙題署今職，伍年陸月初叁日，先行委署到任，本年貳月拾叁日，奉文准署。該員才具明白，辦事勤奮，實與皐康邊缺相宜。且李培榮業已引見准升，現據達楷申報，于本年貳月拾叁日奉文准署到任，今以該員調署皐康縣知縣，與現任調補之例相符。等情。覆會詳請題前來。臣查達楷，年力强壯，心地明白，以之調署皐康縣知縣，俾口外地方要缺得人。相應具題請旨。

【《明清檔案》A304—137，B172619—B172623】

陝甘總督兼甘肅巡撫長麟題請核銷甘肅皋蘭等處嘉慶五年采買糧石用過價銀

嘉慶六年十月一日

題。

十三。

十月十八日。

六年十一月廿九日下户。

該部察核具奏。

兵部尚書兼都察院右都御史、總督陝甘等處地方軍務兼理糧餉并兼管甘肅巡撫事兼理茶馬覺羅臣長麟謹題：爲奏聞事。

據甘肅布政使司布政使王文涌呈，蒙總督陝甘長部院牌開，案照本部院于嘉慶伍年拾月初柒日具奏酌請采買皋蘭、固原貳州縣常平倉糧以備供支一摺，内開：奏爲酌請采買皋蘭、固原貳州縣常平倉糧以備供支，恭摺具奏，仰祈聖鑒事。據代辦甘肅布政使事蘭州道蔡廷衡詳稱：蘭州府屬之皋蘭縣、平凉府屬之固原州爲督提貳標重兵駐札之所。皋蘭縣每年供支兵馬糧料需用叁萬壹千餘石，每年額徵糧僅止玖千餘石。固原州需用糧貳萬伍千餘石，每年額徵糧僅止伍千餘石。均屬不敷供支，向俱動支常平倉糧。兼之該貳州縣地廣人稠，路當衝要，常平借糶及囚遞口糧等項需用較多，歲有缺額。若于别屬州縣估撥運用，脚價較多，轉滋糜費。嘉慶貳年，經前代辦督臣英善奏請，皋蘭縣買補糧捌萬石，固原州買補糧伍萬石，迄今已逾肆載，動存無幾。其節年民欠糧石，上年荷蒙恩旨，分别免緩。現在該州縣存貯倉糧爲數無多，請將皋蘭縣采買倉斗糧伍萬石，固原州采買倉斗糧叁萬石，以資儲備。等情。詳請具奏前來。

臣查甘省額貯倉糧節年動用多有缺額，現貯倉糧不敷來年動用，必須及時籌辦。但來歲豐歉難以預料，若僅籌備壹年之需，萬一來歲收成歉薄，則次歲供支又屬不敷。此時既經籌辦，必須儲備兩年之糧，始可有備無患。查皋蘭縣本年秋收雖覺歉薄，但係省會首邑，向爲糧食積聚之區，現在價值中平。固原州夏收玖分，糧價亦賤。若即乘時采買，均屬無妨民食。應請即飭皋蘭縣采買倉斗糧肆萬石，固原州采買倉斗糧叁萬石，以備供支。并請查照從前奏定章程，上色不得過貳兩，下色不得過壹兩貳錢，責成本管道、府親身督率，照依時價，公平購買。臣仍與兩司隨時留心訪察，如果市價稍昂，即飭令停止。倘有勒派閭閻、短發價值等弊，亦即從嚴參辦，務期倉糧得歸實貯，地方無虞擾累。所需銀兩先于司庫酌款動支，俟事竣，請撥還項，理合恭摺具奏，伏祈皇上睿鑒，謹奏。等因。

又蒙長部院牌開，案照本部堂于嘉慶伍年拾月初柒日具奏酌請采買皋蘭、固原貳州縣常平倉糧以備供支一摺，兹于本年拾月貳拾日，奉到硃批："另有旨。欽此。"又同日，欽奉上諭："長麟奏請采買皋蘭、固原貳州縣常平倉糧一摺，内稱該州縣爲督提貳標重兵駐札之所，額徵糧石不敷供支，向俱動支常平倉。自嘉慶貳年奏請買補之後，迄今已逾肆載，存貯倉糧爲數無多，奏請采買。等語。該處倉糧關係兵糈等項，自應及時籌辦，以備供支。該督既稱皋蘭向爲糧食積聚之區，現在價值中平，固原夏收玖分，糧價亦賤，乘時采買，無妨民食。著照所請，皋蘭縣采買倉斗糧肆萬石，固原州采買倉斗糧叁萬石，并著查照從前奏定章程，上色不得過貳兩，下色不得過壹兩貳錢。該督仍應隨時留心訪察，如市價稍昂，即令停止。倘不肖官吏勒派閭閻、短發價值，即嚴參究辦。務期倉糧得歸實貯，地方無虞擾累，方爲妥善。所需銀兩，准其先于司庫酌款動支，事竣，請撥還項。該部知道。摺并發。欽此。"等因。俱行到司。

蒙此，該甘肅布政使王文涌查得，皋蘭、固原貳州縣倉貯糧石實在不敷動支，仰蒙奏請采買倉斗糧柒萬石，以資應用。所需糧價銀兩，先于司庫借款動支，事竣請撥還項，仍責成本管道、府督率公平購買。如市價稍昂，即令報明停止。等因。當經前署司飭行皋蘭、固原貳州縣遵辦，并責成本管道、府督率公平購買，毋任短價累民。仍令將買獲糧石、用過價銀照例造具册結、倉收報銷去後。兹據造具册結、倉收由本管道、府依次核確，加結移送前來，本司覆核無异。所有造到册結、倉收相應加具印結，詳請核題。等情。呈詳到臣。

該臣查得，嘉慶伍年，皋蘭、固原貳州縣采買糧石用過價值銀兩，例應造具册結、倉收，題請核銷。兹據甘肅布政使王文涌詳稱：準蘭州道蔡廷衡結，據蘭州府知府龔景瀚結，據皋蘭縣知縣胡琲册報：皋蘭地方，係屬衝途，原從司庫領獲采買糧價銀陸萬玖千兩，前署縣黎建三自嘉慶伍年拾壹月拾叁日采買起，至拾貳月貳拾貳日止，共買倉斗小麥肆萬石，折京斗小麥伍萬柒千壹百肆拾貳石捌斗伍升柒合壹勺，每倉石照依拾壹貳兩月時估，實用銀壹兩柒錢肆分叁厘，共用銀陸萬玖千柒百貳拾兩。内除該縣已領銀陸萬玖千兩，尚該縣庫墊用未領銀柒百貳拾兩。

又準平慶道祝曾結，據平凉府知府閻曾履結，據固原州翟漢册報：固原地方，係屬衝途，原從司庫領獲采買糧價銀伍萬肆千壹百玖拾肆兩肆錢。自嘉慶伍年拾壹月初玖日采買起，至拾貳月貳拾玖日止，買獲倉斗粟米叁千玖百石，每石照依拾壹貳兩月時價，實用銀壹兩玖錢壹分柒厘，共用銀柒千肆百柒拾陸兩叁錢。買獲倉斗小麥壹萬玖千捌百石，每石照依拾壹貳兩月時價，實用銀壹兩捌錢叁厘，共用銀叁萬伍千陸百玖拾玖兩肆錢。買獲倉斗豌豆陸千叁百石，每石照依拾壹貳兩月時價，實用銀壹兩柒錢肆分玖厘，共用銀壹萬壹千壹拾捌兩柒錢。以上共買獲倉斗米、麥、豆叁色糧叁萬石，折京斗糧肆萬貳千捌百伍拾柒石壹斗肆升貳合玖勺，共用過糧價銀伍萬肆千壹百玖拾肆兩肆錢。

以上皋蘭、固原貳州縣嘉慶伍年共采買倉斗糧柒萬石，折京斗糧壹拾萬石，共用糧價銀壹拾貳萬叁千玖百壹拾肆兩肆錢，按册核算及查對各月報時價均屬相符，并與奏定例價大路州縣上色在貳兩以内有減無浮，應請准銷。至前項用過糧價銀壹拾貳萬叁千玖百壹拾肆兩肆錢内，在司庫乾隆陸拾年兵餉款内請撥銀壹萬兩，嘉慶貳年兵餉款内借發銀壹萬兩，嘉慶伍年兵餉款内借發銀貳萬兩，候撥兵餉款内借發銀肆萬玖千兩，捐監備用款内借發銀貳萬壹千兩，地丁款内借發銀壹萬壹百玖拾肆兩肆錢，京庫養廉款内借發銀壹千伍百兩，備貯款内借發銀壹千伍百兩，共借發銀壹拾貳萬叁千壹百玖後肆兩肆錢。又，皋蘭縣借墊縣庫銀柒百貳拾兩。以上共銀壹拾貳萬叁千玖百壹拾肆兩肆錢，均係候支兵餉等項之需，祈請大部將前項借墊銀兩在于鄰近省分以元寶撥解來甘，以便提還原借各款。至該貳用縣采買糧石俱係照依時價，公平購買，該管道、府不時稽查，其中并無勒買、短價情弊。等情。加具司結，同各撤册結、倉收呈賫請題前來，臣覆核無异。除册結、倉收分送部科外，相應具題，伏祈皇上睿鑒，敕部核覆施行。謹題請旨。

嘉慶陸年拾月壹日。

兵部尚書兼都察院右都御史、總督陝甘等處地方軍務兼理糧餉并兼管甘肅巡撫事兼理茶馬覺羅臣長麟。

【貼黄】

兵部尚書兼都察院右都御史、總督陝甘等處地方軍務兼理糧餉并兼管甘肅巡撫事兼理茶馬覺羅臣長麟謹題：爲奏聞事。

該臣查得，嘉慶伍年皋蘭、固原貳州縣采買糧石用過價值銀兩，例應造具册結、倉收題銷。玆據甘肅布政使王文涌詳稱：查皋蘭、固原貳州縣嘉慶伍年共采買倉斗糧柒萬石，折京斗糧壹拾萬石，共用糧價銀壹拾貳萬叁千玖百壹拾肆兩零。在于司庫借發，請于鄰近省分撥還歸款。至該貳州縣采買糧價，俱係照依時估，公平購買，并無勒派、短價情弊。等情。加具司結，同各撤册結、倉收呈賫請題前來，臣覆核無异。除册結、倉收分送部科外，謹題請旨。

【《明清檔案》A306—127，B173803—B173809】

陝西寧夏總兵官呂瀚題報會同考試武舉外場事竣日期

嘉慶六年十月十五日

【注】鎮守陝西寧夏等處地方副將、管總兵官事呂瀚：爲恭報微臣會同考試武舉外場事竣日期事。

竊臣前準護蘭州撫臣徐杞咨，會考試武舉外場，臣隨于乾隆陸年玖月貳拾貳日自寧夏起程，赴蘭監射業，將起程日期題報在案。今于拾月拾叁日考試武舉外場事竣，臣理宜回署。但時屆冬初，臣應遵例巡查營汛。今即于拾月拾伍日自蘭州起程，由臣屬中衛營地方起，遍歷各營，照例巡查。除另疏題報外，所有微臣會同考試武舉外場事竣日期，理合恭疏題報，伏乞皇上睿鑒施行。除具題外，理合具揭。須至揭帖者。

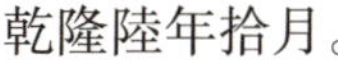

乾隆陸年拾月。

【注】此前有闕幅。

【《明清檔案》A307—20，B173939】

△諭著成順補授寧夏府知府

嘉慶六年十一月初五日

嘉慶六年十一月初五日，内閣奉上諭："甘肅寧夏府知府員缺，著成順補授。欽此。"

【《嘉慶道光兩朝上諭檔》第6册，第446頁第1262條】

△諭内閣著張桐補授蘭州府循化同知

嘉慶六年十一月初六日

嘉慶六年十一月初六日，内閣奉上諭："甘肅寧夏府知府員缺，已將成順補授。其所遺甘肅蘭州府循化同知員缺，著張桐補授。欽此。"

【《嘉慶道光兩朝上諭檔》第6册，第447頁第1268條】

陝西總督兼甘肅巡撫長麟題請核銷甘肅各營買補馬匹用過價銀

嘉慶六年十一月二十二日

題。

二。

十二月十一日。

六年十二月十八日下兵、户。

該部察核具奏。

兵部尚書兼都察院右都御史、總督陝甘等處地方軍務兼理糧餉并兼管甘肅巡撫事兼理茶馬覺羅臣長麟謹題：爲飛咨等事。

據辦理甘肅軍需報銷局事務布政使王文涌、署按察使蔡廷衡、蘭州道蔡廷衡詳稱：查湖北、川陝等處教匪滋事，節蒙奏調甘省漢土官兵前往堵剿。所有各提、鎮、營買補調解川省、陝省軍營并盛京官兵乘騎馬匹應需價值銀兩，兹準准甘肅、固原貳提標，并凉州、寧夏、西寧、肅州、河州伍鎮，暨督標中營，各將買補嘉慶肆年調解馬匹用過價值銀兩造册請銷前來。相應彙提簡明總撒各册，同各提、鎮、營造到買補馬數、毛齒、日期清册，一并詳賫，鑒核具題。等情。到臣。

據此，該臣查得，甘省各提、鎮、營嘉慶肆年肆月内前經略公勒保調解川省軍營馬肆百匹，捌玖月内解送陝省備供盛京官兵乘騎馬叁千叁百匹。貳共馬叁千柒百匹。内除撥補甘標、肅州貳提鎮出群孳生馬貳百玖拾肆匹，又除固原提標并宜君營馬肆百肆拾柒匹由陝省支發造銷外，止該甘省各營買補馬貳千玖百伍拾玖匹，每匹例價銀捌兩，共銀貳萬叁千陸百柒拾貳兩，俱係實用實銷，并無浮冒。等情。造册請銷前來，臣覆核無异。

除册送部外，臣謹具題，伏祈皇上睿鑒，敕部核覆施行。至軍需報銷第捌案實存銀壹百陸拾陸萬肆千伍百貳拾捌兩玖錢貳分陸厘，内除此第玖案共用銀貳萬叁千陸百柒拾貳兩外，實存銀壹百陸拾肆萬捌百伍拾陸兩玖錢貳分陸厘。再，臣前赴漢中辦理善後事宜，所有一切題咨事件，交甘肅布政使代印，合并陳明。爲此具本，謹題請旨。

兵部尚書兼都察院右都御史、總督陝甘等處地方軍務兼理糧餉并兼管甘肅巡撫事兼理茶馬覺羅臣長麟。

【貼黄】

兵部尚書兼都察院右都御史、總督陝甘等處地方軍務兼理糧餉并兼管甘肅巡撫事兼理茶馬覺羅臣長麟謹題：爲飛咨等事。

該臣查得，甘省各提、鎮、營嘉慶肆年肆月内前經略公勒保調解川省軍營馬肆百匹，捌玖月内解送陝省備供盛京官兵乘騎馬叁千叁百匹。貳共馬叁千柒百匹，内除撥補甘標、肅州貳提鎮出群孳生馬貳百玖拾肆匹，又除固原提標并宜君營馬肆百肆拾柒匹由陝省支發造銷外，止該甘省各營買補馬貳千玖百伍拾玖匹，每匹例價銀捌兩，共銀貳萬叁千陸百柒拾貳兩，俱係實用實銷，并無浮冒。等情。造册請銷前來，臣覆核無异。除册送部外，臣謹具題請旨。

【《明清檔案》A308—10，B174469—B174471】

陝西總督兼甘肅巡撫長麟題報州印篆文模糊請准鑄换

嘉慶六年十二月十日

題。

三。

正月十九日。

七年二月廿下禮。

該部知道。這本後銜年月未經另頁書寫，不合，著飭行。

兵部尚書兼都察院右都御史、總督陝甘等處地方軍務兼理糧餉并兼管甘肅巡撫事兼理茶馬覺羅臣長麟謹題：爲請换印信事。

據甘肅布政使司布政使王文涌呈，據固原州知州翟方震詳稱：遵查卑州印信係于乾隆肆拾年拾月内奉禮部頒發"乾"字第壹萬肆千柒百叁拾柒號固原州清篆印信壹顆，歷年已久，篆文模糊，難昭信守，例應更换。又據平凉縣知縣趙質彬詳稱：遵查卑縣印信係于乾隆肆拾貳年正月内奉禮部頒發"乾"字第壹萬肆千捌百玖拾伍號平凉縣清篆印信壹顆，歷年已久，篆文模糊，難昭信守，例應更换。又據鎮原縣知縣陳昇恩詳稱：遵查卑縣印信係于乾隆拾陸年閏伍月内奉禮部頒發"乾"字第伍千捌百陸拾壹號鎮原縣清篆印信壹顆，歷年已久，篆文模糊，難昭信守，例應更换。各等情。經該州縣查造原頒年月、號數、印模清册，詳請更换到司。據此，該甘肅布政使王文涌看得府、廳、州、縣印信，如有篆文模糊，例應隨時請换，以昭信守。今固原州、平凉縣、鎮原縣等叁處原頒印信既據該州縣詳報，歷年已久，篆文模糊，各造具原頒年月、號數、印模清册，呈請更换前來，本司覆核無异。相應詳請具題，更换鑄給，以昭信守。等情。呈詳到臣。

該臣查得，各官印信年久，篆文模糊，例應題請换鑄新印，以昭信守。兹據甘肅布政使王文涌詳稱：固原州印信係乾隆肆拾年拾月内奉部頒發，平涼縣印信係乾隆肆拾貳年正月內奉部頒發，鎮原縣印信係乾隆拾陸年閏伍月內奉部頒發。俱因歷年已久，篆文模糊，各造具印模清册，詳請具題，更換前來，臣覆查無异。除印模清册分送部科外，相應具題，伏祈皇上睿鑒，敕部換鑄施行。再，臣前赴漢中辦理善後事宜，“陝甘總督關防”經臣帶赴軍營，此本係借用甘肅按察司印信，合并陳明。謹題請旨。

嘉慶陸年拾貳月初拾日。

兵部尚書兼都察院右都御史、總督陝甘等處地方軍務兼理糧餉并兼管甘肅巡撫事兼理茶馬覺羅臣長麟。

【貼黄】

兵部尚書兼都察院右都御史、總督陝甘等處地方軍務兼理糧餉并兼管甘肅巡撫事兼理茶馬覺羅臣長麟謹題：爲請換印信事。

該臣查得，各官印信年久，篆文模糊，例應題請換鑄新印，以昭信守。兹據甘肅布政使王文涌詳稱：固原州印信係乾隆肆拾年拾月內奉部頒發，平涼縣印信係乾隆肆拾貳年正月內奉部頒發，鎮原縣印信係乾隆拾陸年閏伍月內奉部頒發。俱因歷年已久，篆文模糊，各造具印模清册，詳請具題更換前來，臣覆查無异。除印模清册分送部科外，謹題請旨。

【《明清檔案》A308—89，B174797—B174799】

陝西總督兼甘肅巡撫長麟題報嘉慶四年鹽課錢糧

嘉慶六年十二月十三日

題。

七。

正月十九日。

七年二月廿一日下户。

該部察核具奏，册并發。

兵部尚書兼都察院右都御史、總督陝甘等處地方軍務兼理糧餉并兼管甘肅巡撫事兼理茶馬覺羅臣長麟謹題：爲就近責成，以便行催事。

據甘肅布政使司布政使王文涌呈，蒙前任甘肅巡撫石部院牌開：案照雍正叁年拾月貳拾日，準户部咨，令將花馬小池并臨、鞏貳府鹽課錢糧仍歸甘肅巡撫奏銷。等因。遵照在案。除嘉慶叁年鹽課奏銷業經造賫題報外，所有肆年鹽課奏銷當經移催去後。兹準蘭州道蔡廷衡移稱：蘭州府屬并改歸之靖遠縣嘉慶肆年鹽課土鹽稅銀，并按丁加引、加增課銀，共應徵銀柒百壹拾貳兩貳錢玖分肆厘，俱已通完。又，鞏昌府屬并秦、階貳直隸州屬嘉慶肆年鹽課并按丁加引、加增課銀，共應徵銀伍年壹百柒拾壹兩壹錢叁分柒厘，俱已通完。又準寧夏道福永移稱：嘉慶肆年花馬小池鹽課并加增及新增，共應徵銀壹萬肆千伍百叁拾叁兩叁錢貳分叁厘，照數通完。内除存留祭祀等項銀叁拾貳兩玖錢玖分玖厘外，實解交司庫銀壹萬肆千伍百兩叁錢貳分肆厘。各造具册籍前來，本司覆加查核，相應彙造清册，同實收一并呈賫核題。等情。呈詳到臣。

該臣查得，鹽課錢糧例應按年題報。除嘉慶叁年額徵鹽課經臣照例題報外，所有嘉慶肆年鹽課奏銷，據甘肅布政使王文涌詳，准蘭州道蔡廷衡移稱：蘭州府屬并改歸之靖遠縣嘉慶肆年鹽課土鹽稅銀，并按丁加引、加增鹽課，共應徵銀柒百壹拾貳兩貳錢玖分肆厘，俱已通完。又，鞏昌府屬并秦、階貳直隸州屬嘉慶肆年鹽課，并按丁加引、加增課銀，共應徵銀伍千壹百柒拾壹兩壹錢叁分柒厘，俱已通完。又準寧夏道福永移稱：嘉慶肆年花馬小池鹽課并加增及新增，共應徵銀壹萬肆千伍百叁拾叁兩叁錢貳分叁厘，俱已通完。内除存留祭祀等項銀叁拾貳兩玖錢玖分玖厘外，實解交司庫銀壹萬肆千伍百兩叁錢貳分肆厘。造具清册、實收，詳賫請題前來，臣覆核無异。除備造清册同實收分送户部户科外，理合繕造黄册壹本，恭呈御覽，伏祈皇上睿鑒施行。再，“陝甘總督關防”經臣帶赴漢中，此本係借用甘肅按察司印信，合并陳明。爲此具本，專差承差徐國寶等捧賫。謹具題聞。

嘉慶陸年拾貳月拾叁日。

兵部尚書兼都察院右都御史、總督陝甘等處地方軍務兼理糧餉并兼管甘肅巡撫事兼理茶馬覺羅臣長麟。

【貼黄】

兵部尚書兼都察院右都御史、總督陝甘等處地方軍務兼理糧餉并兼管甘肅巡撫事兼理茶馬覺羅臣長麟謹題：爲就近責成等事。

該臣查得，鹽課錢糧例應按年題報。除嘉慶叁年額徵鹽課經臣照例題報外，所有嘉慶肆年鹽課奏銷，據甘肅布政使王文涌詳，准蘭州道蔡廷衡移稱：蘭州府屬并改歸之靖遠縣嘉慶肆年鹽課土鹽税銀，并按丁加引、加增鹽課，共應徵銀柒百壹拾貳兩零，俱已通完。又，鞏昌府屬并秦、階貳直隸州屬嘉慶肆年鹽課并按丁加引、加增課銀，共應徵銀伍千壹百柒拾壹兩零，俱已通完。又准寧夏道福永移，稱嘉慶肆年花馬小池鹽課并加增及新增，共應徵銀壹萬肆千伍百叁拾叁兩零，俱已通完。内除存留祭祀等項銀叁拾貳兩零外，實解交司庫銀壹萬肆千伍百兩零。造具清册、實收，詳賫請題前來，臣覆核無异。除備造清册同實收分送部科外，理合繕造黄册，恭呈御鑒。謹具題聞。

【《明清檔案》A308—103，B174861—B174863】

陝西總督兼甘肅巡撫長麟題請核銷甘省常平采買捐納等項糧石收支動存細數

嘉慶六年十二月十九日

題。

四。

正月十九日。

七年二月廿一日下户。

該部察核具奏。

兵部尚書兼都察院右都御史、總督陝甘等處地方軍務兼理糧餉并兼管甘肅巡撫事兼理茶馬覺羅臣長麟謹題：爲移咨事。

據甘肅布政使司布政使王文涌呈：遵查甘省各屬嘉慶伍年常平糧石，例應造册請銷。兹據蘭州、鞏昌、平凉、慶陽、甘州、凉州、寧夏、西寧捌府，并秦州、階州、涇州、肅州、安西伍直隸州及哈密廳，各將所屬嘉慶伍年倉貯、常平、采買、捐納等項糧石收支動存細數造具奏銷清册前來。相應造具簡明省總及河東、河西收支細數各總清册，登明造銷。各款案由同各府、州、廳撤册，并各屬嘉慶元貳叁肆伍等年已未完秄口及叁年減糶糧石，遵奉部示，造具總册，一并呈賫核題。再，甘州、凉州、西寧叁府府册路遠未到，現在飭催，俟至日，即爲補賫，合并聲明。等情。呈詳到臣。

該臣查得，甘肅省常平、采買、捐納等項糧石收支動存細數例應按年題銷。兹據甘肅布政使王文涌詳稱：查册開，嘉慶伍年，舊管項下共貯各項京斗糧貳百叁拾陸萬叁千柒百伍拾玖石叁斗柒升伍合壹勺，白炒麵貳百捌拾伍斤伍兩柒錢壹分。新收項下共收各項京斗糧貳拾貳萬柒千叁百玖拾捌石叁斗叁升捌勺。開除項下共除各項京斗糧肆拾壹萬叁千壹百壹拾伍石伍斗捌升貳合柒勺。實在項下共貯各項京斗糧貳百壹拾柒萬捌千肆拾貳石壹斗貳升叁合貳勺，白炒麵貳百捌拾伍斤伍兩柒錢壹分。相應照造簡明省總及河東、河西收支細數各總清册，登明造銷。各款案由同各府、州、廳撤册并各屬嘉慶元貳叁肆伍等年已未完秄口及叁年減糶糧石，遵奉部示，造具總册，呈賫請題前來，臣覆核無异。

除册送户部户科并將揭帖照例分送外，相應具題，伏祈皇上睿鑒，敕部核覆施行。再，臣前赴漢中辦理善後事宜，"陝甘總督關防"帶赴軍營，此本係借用甘肅布政司印信，合并陳明。謹題請旨。

嘉慶陸年拾貳月拾玖日。

兵部尚書兼都察院右都御史、總督陝甘等處地方軍務兼理糧餉并兼管甘肅巡撫事兼理茶馬覺羅臣長麟。

【貼黄】

兵部尚書兼都察院右都御史、總督陝甘等處地方軍務兼理糧餉并兼管甘肅巡撫事兼理茶馬覺羅臣長麟謹題：爲移咨事。

該臣查得，甘肅省倉貯常平、采買、捐納等項糧石收支動存細數，例應按年題銷。茲據甘肅布政使王文涌詳稱：查册開嘉慶伍年，舊管共貯京斗糧貳百叁拾陸萬叁千柒百伍拾玖石零，白炒麵貳百捌拾伍斤零，新收共收京斗糧貳拾貳萬柒千叁百玖拾捌石零，開除共除京斗糧肆拾壹萬叁千壹百壹拾伍石零，實在共貯京斗糧貳百壹拾柒萬捌千肆拾貳石零，白炒麵貳百捌拾伍斤零。等情。造具簡明總册，同各撒册并各屬嘉慶元貳叁肆伍等年已未完耔口及叁年減糶糧石總册呈賫請題前來，臣覆核無异。除册分送部科外，謹題請旨。

【《明清檔案》A309—61，B175317—B175319】

嘉慶七年（1802）

△諭内閣蘇寧阿等奏寧夏滿兵糧餉請仍照舊例支給

嘉慶七年四月初一日

嘉慶七年四月初一日，内閣奉上諭：“蘇寧阿等奏寧夏滿兵糧餉請仍照舊例支給一摺。此事姜開陽條奏時，朕即以爲難行，因交新疆將軍大臣及陝甘總督等查奏。昨據保寧興奎及惠齡等奏到，均以爲于兵丁生計有礙，已降旨將新疆等處糧餉令仍照舊辦理矣。兵丁應得糧石，嚮來酌給折色，原因各該處糧價較賤，俾兵丁得資羨餘，行之日久，若改支本色，不但伊等生計頓形拮据，且支放本色過多，邊儲或因之缺少，更屬非計。嗣後内地及新疆兵丁糧餉應支折色者，均著照舊例支給，俾兵食、倉儲兩有裨益。摺并發。欽此。”

【《嘉慶道光兩朝上諭檔》第7册，第82頁第242條】

△諭内閣蘇寧阿毋庸接署寧夏將軍印務

嘉慶七年四月十六日

嘉慶七年四月十六日，内閣奉上諭：“蘇寧阿奏請暫辦甘肅提督事務，俟卸事後再接署寧夏將軍印務一摺。現在寧夏將軍有雙喜在彼護理，毋庸再行更替。蘇寧阿著專署甘肅提督印篆，俟楊遇春剿賊完竣、赴提督之任，蘇寧阿即交代來京，聽候簡用。欽此。”

【《嘉慶道光兩朝上諭檔》第7册，第106頁第293條】

△諭陝甘總督惠齡奏查明寧夏府屬一州四縣被水情形應行緩徵處所

嘉慶七年九月二十三日

軍機大臣字寄陝甘總督惠。

嘉慶七年九月二十三日，奉上諭：“惠齡奏，查明甘省皋蘭、河州等州縣被水情形一摺。據稱，蘭州、凉州、肅州所屬各州縣，勘不成灾。惟寧夏府屬一州四縣地勢最低之區，秋禾淹浸，難望有收。等語。著惠齡即速查明應行緩徵處所，一面停徵，一面具奏。此外有無應行加恩之處，一并奏聞，候朕降旨。至另片奏，甘省應需兵糧較急，自應及時采買，亦著查明。現在亟需采買若干，需銀若干，迅速覆奏。其可緩者，稍遲再爲買補可也。將此諭令知之。欽此。”遵旨寄信前來。

【《嘉慶道光兩朝上諭檔》第 7 册，第 329 頁第 834 條】

△諭内閣著加恩將寧夏縣等屬之河忠等堡被淹地畝本年應徵新舊錢糧俱緩至來歲麥收後帶徵

嘉慶七年九月二十七日

嘉慶七年九月二十七日，内閣奉上諭：“前據王文涌奏，甘肅被灾州縣情形當經降旨，令該司妥爲撫恤，查明速奏。兹據奏，寧夏等五州縣雖被水，不致成灾，但收成歉薄，民力未免拮据。等語。著加恩，將寧夏縣屬之河忠等十三堡、寧朔縣屬之宋澄等十二堡、平羅縣屬之外尾閘等二十三堡、中衛縣屬之頭塘灘等三十三處、靈州屬之胡家等十堡被淹地畝本年應徵新舊錢糧，俱緩至來歲麥收後帶徵，俾得從容完納，以紓民力。該部知道。摺并發。欽此。”

【《嘉慶道光兩朝上諭檔》第 7 册，第 335 頁第 852 條】

△奏查惠齡奏報甘肅寧夏等屬被灾摺内聲明再行奏請加恩

嘉慶七年九月二十七日

查本月二十三日，惠齡奏報甘肅寧夏等屬被灾摺内聲明，飛飭藩司，查明具詳，再行奏請加恩。等語。先經奉旨，令王文涌查明應行蠲緩之處，先行出示停徵，由驛具奏。今據該藩司奏到，臣等謹擬寫恩旨進呈。謹奏。

九月二十七日。

【《嘉慶道光兩朝上諭檔》第 7 册，第 336 頁第 853 條】

△諭加恩賞借寧夏寧朔等州縣籽種口糧分別給賑蠲緩等事

嘉慶七年十月十三日

軍機大臣字寄盛京將軍，直隸、江蘇、安徽、江西、浙江、福建、山東、山西、湖北、陝西、甘肅各督撫。

嘉慶七年十月十三日，奉上諭："本年，奉天廣寧等城所屬地方被水淹浸。直隸定興、安肅、清苑、滿城、景州、交河等州縣蝗蝻滋生，收成稍減。江蘇海州、沭陽、碭山等州縣被水、被旱，秋禾失收。安徽望江、宣城、宿州、靈壁等州縣兼被水旱，田禾受傷。江西南昌、瑞州等府屬水旱成灾，傷損地畝。浙江西安、龍游等州縣得雨稍遲，秋收歉薄。福建邵武縣山水陡發，衝没低田。山東德州、長清、淄川、新城等州縣被旱、被蝗，禾稼受傷。山西猗氏、聞喜等縣及托克托城、薩拉齊兩廳間被水灾，晚禾淹損。湖北公安、松滋、江夏、咸寧等州縣均被水旱，收成減少。陝西涇陽、三原等州縣麥收失望。甘肅寧夏、寧朔等州縣被水歉收。節經加恩，賞借籽種、口糧，分別給賑蠲緩，小民自不致失所。第念各該省間被偏灾地方收成歉薄，明春青黄不接之時，尚恐民力不無拮据。著傳諭該將軍及各督撫等，即行體察情形。如有應需展賑及量爲接濟之處，據實詳查覆奏，候朕于新正降旨加恩。將此各諭令知之。欽此。"遵旨寄信前來。

【《嘉慶道光兩朝上諭檔》第7册，第354頁第900條】

工部尚書緼布題覆甘肅各營征兵帶缺藥鉛等項補製事

嘉慶七年十二月十五日

題。

七年十二月十七日下工。

依議。

工部尚書臣組布等謹題：爲題估甘省各營補製嘉慶三四五等年節次征兵帶缺藥鉛等項需用工料銀兩事。

工科抄出陝甘總督惠齡題前事。内開：據辦理甘肅軍需局事務布政使王文涌、按察使蔡廷衡、蘭州道隆興詳，蒙前任陝甘總督部院覺羅長麟案驗，嘉慶五年十一月十四日，準兵部咨，武庫司案呈，準陝甘總督長麟咨，甘省各營補製嘉慶三四兩年征兵帶缺軍火，其軍火數目據該督咨稱：業經統隨官兵花名册籍陸續并案，詳請咨部，自可毋庸重造。等語。但元二兩年既經專案補製，其三四兩年數目亦應專案造報，庶辦理得以核實。應咨該督轉飭各營，將嘉慶三四兩年征兵帶缺軍火分晰細數，造册送部，到日再行核辦。等因。到院行局。

蒙此，當經備移轉飭，遵照查造去後。嗣準各提、鎮、營暨督標中營各將所屬嘉慶三四兩年以及五年節次奉調出征官兵帶缺鉛藥、火繩、封口、群子等項各數目分晰造具清册，業經專案彙詳，呈蒙咨部立案，以便造估補製，并通移轉飭，遵照在案。兹準甘肅、陝西二提督，并凉州、寧夏、西寧、肅州、河州五鎮，暨督標中營，永固、静寧、靖遠、永昌、莊浪、凉州城守等協營，各將所屬各營補製嘉慶三四五等年節次奉調出征兵丁帶缺槍炮、鉛藥、火繩、封口、群子等項照例造具應需工料銀兩細數估册，移送請轉前來。本司道等按册核算，數目均屬相符，所有造到估册，相應詳請核題。等情。到臣。

據此，該臣查得，前準部咨，令將甘省各營補製嘉慶三四兩年征兵帶缺鉛藥、火繩等項分晰細數，專案造册，送部核辦。等因。當經轉飭，遵照查造去後。兹據辦理甘肅軍需局事務布政使王文涌等詳查，甘肅、陝西二提督，并凉州、寧夏、西寧、肅州、河州五鎮，暨督標中營，永固、静寧、靖遠、永昌、莊浪、凉州城守等協營補製嘉慶三四五等年節次出征兵丁帶缺槍炮鉛藥、火繩等項，通共估需工料銀貳萬玖千肆百叁拾柒兩肆錢柒分柒厘。按照各册核算，數目均屬相符，應請準其在于司庫軍需銀内動支補製，以實軍儲。除移令造具奏銷清册，另爲呈請核銷外，所有各提鎮標、協、營造到估册呈賫前來，臣覆核無异。除册送部外，臣謹具題，伏乞皇上睿鑒，敕部核覆施行。再，臣現在陝省辦理堵剿善後事宜，所有一切題咨事件，交甘肅布政使代印，合并陳明。爲此謹題請旨。嘉慶七年六月初八日題，八月十四日奉旨："該部察核具奏。欽此欽遵。"于本日抄出到部。

隨經臣部以册開補製藥鉛等項應否准製，并買運硝磺鉛斤、程途里數是否相符，節次移查兵部去後。今于嘉慶七年十一月初六日，準兵部覆稱：查甘省各營補製嘉慶三四五等年征兵帶缺藥鉛、火繩，核與該督造報册内相符，其帶缺之項自應准其補製。至買運硝磺鉛斤、程途里數俱係總開，并未將相距各站名目、里數詳細開載，無憑查核。相應將原抄册送回工部。各等因。咨覆到部。

該臣等查得，陝甘總督惠齡疏稱：查得前準部咨，令將甘省各營補製嘉慶三四兩年征兵帶缺鉛藥、火繩等項分晰細數，專案造册，送部核辦。等因。當經轉飭，遵照查造去後。兹據辦理甘肅軍需局事務布政使王文涌等詳查，甘肅、陝西二提督，并凉州、寧夏、西寧、肅州、河州五鎮，暨督中營，永固、静寧、静遠、永昌、莊浪、凉州城守等協營補製嘉慶三四五等年節次出征兵丁帶缺槍炮鉛藥、火繩等項，通共估需工料銀貳萬玖千肆百叁拾柒兩肆錢柒分柒厘，按照各册核算，數目均屬相符，應請准其在于司庫軍需銀兩動支補製，以實軍儲。除移令造具奏銷清册，另爲呈請核銷外，所有各提鎮標、協、營造到估册呈賫前來，臣覆核無异。除册送部外，臣謹具題。等因。前來。查甘省各營補製嘉慶三四五等年節次出征兵丁帶缺藥鉛、火繩等項，據該督將估需工料銀兩造册具題，當經臣部以册開補製帶缺藥鉛等項應否准製，并買運硝磺鉛斤、程途里數是否相符，節次移查兵部。今準兵部覆稱：查甘省各營補製帶缺藥鉛等項核明相符，准其補製。其買運硝磺鉛斤、程途里數，俱係總開，并未將相距各站名目、里數詳細開載，無憑查覆。各等語。臣部查買運硝磺鉛斤、程站里數不能俱由驛站先經奏明，通行各省將水陸程途里數詳晰開送，由州縣以上遞行加結，送部查核在案。今此案買運硝磺鉛斤等項、程途里數應將原册發還該督，轉飭于報銷册内，將相距各站名目、里數據實詳細開載，并查照臣部原奏確切查明，遞行加具印結，同原估册具題，送部核辦，并知照户部。臣等未敢擅便，謹題請旨。

嘉慶柒年拾貳月拾伍日。

工部尚書、總管内務府大臣、鑲紅旗漢軍都統、管理太醫院御藥房□□□□局御膳房、暢春園清漪園等處事務、協管佐領、降三級留任臣緼布，經筵日講起居注官、太子太保、掌翰林院事、工部尚書臣彭元瑞，左侍郎、兼管圓明園園庭事務、管理總理工程處西洋四堂事務、鑲白旗滿洲副都統、總管内務府大臣、降三級留任臣蘇楞額，左侍郎臣劉躍雲，右侍郎管理錢法堂御茶膳房暢春園事務、鑲白旗漢軍副都統、總署正藍旗滿洲副都統、總管内務府大臣臣明德，右侍郎臣蔣曰綸，虞衡清吏司郎中臣柏克慎，郎中臣克星額，郎中臣孟東德，員外郎臣德慶，員外郎臣李世淮，主事臣九德，主事臣蘇當阿，主事臣雷學海，主事臣李熉。

【《明清檔案》A312—137，B177349—B177353】

嘉慶八年（1803）

△諭内閣著加恩借給被水歉收之寧夏寧朔平羅中衛靈州五州縣籽種口糧等

嘉慶八年正月初四日

嘉慶八年正月初四日，内閣奉上諭："陝甘兩省上年被灾各州縣，業經降旨，分别賑恤，展緩兼施，小民自可無虞失所。但念今春青黄不接之時，民食究恐不無拮据。著加恩，將陝西省被水成災六分之渭南、華州、華陰、潼關四廳、州、縣極貧户口，并成災七分、八分之極次貧民，均展賑一個月，概予折色，即在司庫地丁項下動支，仍借給常社倉糧。其成災五分之朝邑、大荔二縣貧民及渭南、華州、華陰、潼關四廳、州、縣，成災五分、六分次貧，并收成稍歉之留壩、沔縣、漢陰、安康、石泉、檜林等六廳縣無力貧民，亦著加恩，照例借給常社倉糧。至甘肅省被水歉收之寧夏、寧朔、平羅、中衛、靈州五州縣，著加恩，借給籽種、口糧。俾兩省灾黎均資接濟。該督撫其董率印委各員實心經理，務使閭閻咸沾實惠，以副朕敷錫春祺，有加無已至意。該部即遵諭行。欽此。”

【《嘉慶道光兩朝上諭檔》第 8 册，第 6 頁第 20 條】

△諭著傳諭賽冲阿即回寧夏特清額即回甘州各將所領之兵帶回等事

嘉慶八年八月初四日

軍機大臣字寄寧夏將軍賽、甘肅提督特。

嘉慶八年八月初四日，奉上諭：“本日，據貢楚克扎布等奏，查辦青海凶番一案，不日即可完結。等語。該處番衆現經畏懾官兵，退回番地，俟將賊目獻出，交回贓物後，即可竣事。若賽冲阿、特清額等再行帶兵前往，聲勢過大，轉恐該番等心生疑懼，著傳諭賽冲阿即回寧夏，特清額即回甘州，辦理本任事務，各將所領之兵帶回。蘇寧阿俟特清額到任交卸後，即行起程來京，候朕另行簡用。至賽冲阿嚮來未經見朕，著于本年冬間來京陛見。將此傳諭賽冲阿、特清額，并諭蘇寧阿知之。欽此。”遵旨寄信前來。

【《嘉慶道光兩朝上諭檔》第 8 册，第 281 頁第 730 條】

△諭著傳諭賽冲阿俟冬底年班前來陛見

嘉慶八年八月十六日

軍機大臣字寄寧夏將軍賽。

嘉慶八年八月十六日，奉上諭："賽冲阿奏帶凱撤官兵回任一摺内稱，回任後，即行奏請陛見。等語。前因青海番衆業經畏懾官兵，退回番地，不日即可完結，已降旨，令賽冲阿、特清額于本年冬間來京陛見，硃：各回本任，不必帶兵前往。并令賽冲阿。該將軍自尚未接奉前旨，著傳諭賽冲阿回任後辦理本任一切事宜，此時且不必亟于來京，俟冬底年班前來陛見可也。將此諭令知之。欽此。"遵旨寄信前來。

【《嘉慶道光兩朝上諭檔》第 8 册，第 305 頁第 793 條】

△諭内閣著加恩寧夏平羅等縣再予緩徵

嘉慶八年十月十三日

嘉慶八年十月十三日，内閣奉上諭："甘肅皋蘭等廳、州、縣前因河水泛漲，淹没秋禾地畝，冲塌房屋，曾諭令該督查明成灾地方，有應行蠲緩之處迅速具奏。兹據惠齡奏稱，查明皋蘭等廳、州、縣被水處所水退即涸，無礙收成，現已照例賑恤，不致失所。惟寧夏府屬之寧夏、平羅二縣馬廠租地田禾淹没，應請緩徵。等語。寧夏、平羅二縣馬廠租地因地處窪下，積水難以遽消，上年秋間被水，曾經緩徵，今夏田禾又遭淹没，民力未免拮据。著加恩，再予緩徵，俾得從容輸納，以示朕恩施無已至意。該部知道。欽此。"

【《嘉慶道光兩朝上諭檔》第 8 册，第 386 頁第 1010 條】

嘉慶九年（1804）

△諭内閣著加恩將寧夏平羅及秦州等州縣無力貧民查明借給籽種口糧

嘉慶九年正月初四日

嘉慶九年正月初四日，内閣奉上諭："甘肅寧夏、平羅二縣地方上年間被水灾，業經降旨緩徵，窮黎自可不虞失所。第今春青黄不接之時，仍恐民食維艱。其秦州、秦安、皋蘭、沙泥、張掖、永昌、静寧、階州等八州縣，昨據惠齡奏，因本年秋雨過多，被淹地畝收成未能豐稔，小民拮据，情形與寧夏等屬相同。等語。著加恩，將寧夏、平羅及秦州等州縣無力貧民查明，借給籽種、口糧，俾得人資鼓腹，以副朕覃敷闓澤至意。該部即遵諭行。欽此。"

【《嘉慶道光兩朝上諭檔》第9册，第3頁第7條】

△諭著傳旨申飭惠齡何得輒因微雪煩勞驛站

嘉慶九年二月十一日

軍機大臣字寄陝甘總督惠。

嘉慶九年二月十一日，奉上諭："本日，惠齡由驛具奏之摺僅係恭報甘省得雪日期，并無他摺。惠齡前奏上年冬月糧價情形，經朕批詢，得雪與否，令其具奏，并未諭令由驛馳遞。惠齡接奉硃批後，或因該省已得大雪，入土深透，或因各府州屬地方俱已稟報得雪，渥澤均沾。繕摺由驛馳奏，未爲不可。此次不過彙報正月分得雪情形，且據稱，寧夏、西寧兩府屬尚未稟報，而省城得雪積地又止二寸有餘，何得輒因微雪煩勞驛站。惠齡久任封疆，何不曉事如此？著傳旨申飭。將此諭令知之。欽此。"遵旨寄信前來。

【《嘉慶道光兩朝上諭檔》第9册，第42頁第119條】

△諭内閣陝西布政使慶章甘肅寧夏府知府慶炆均著不必回避

嘉慶九年七月十六日

嘉慶九年七月十六日，内閣奉上諭："那彦成奏，陝西布政使慶章、甘肅寧夏府知府慶炆俱係族伯，旗分各别，雖例不回避，據實奏明請旨。等語。慶章、慶炆二員，均著不必回避。欽此。"

【《嘉慶道光兩朝上諭檔》第 9 册，第 304 頁第 808 條】

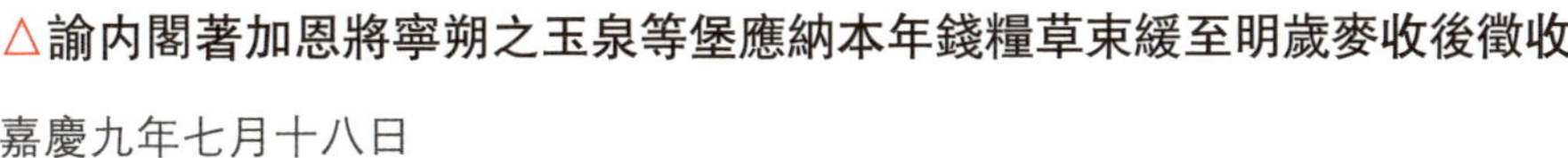

△諭内閣著加恩將寧朔之玉泉等堡應納本年錢糧草束緩至明歲麥收後徵收

嘉慶九年七月十八日

嘉慶九年七月十八日，内閣奉上諭："蔡廷衡奏，甘肅皋蘭等四縣因山水陡發，宣泄不及，致被冲失牲畜、房屋、田禾，淹斃人口。又，寧朔縣屬之玉泉等堡被水冲決渠埂，淹浸田禾，秋成難望。等語。該處被灾情形較重，雖經該藩司等散給一月口糧，但本年應徵錢糧若照舊徵收，民力究未免拮据。著加恩，將皋蘭、西寧、碾伯、金縣被水各莊及寧朔之玉泉等堡應納本年錢糧、草束，緩至明歲麥收後徵收，以紓民力。如再有應行給賑之處，并著查明據實具奏，用副朕軫念灾黎至意。該部知道。欽此。"

【《嘉慶道光兩朝上諭檔》第 9 册，第 317 頁第 840 條】

△諭内閣著加恩將靈州中衛所屬各處本年應納銀糧草束均一體緩至明歲麥收後徵收等

嘉慶九年八月十六日

嘉慶九年八月十六日，内閣奉上諭："本年，甘省皋蘭等五縣各莊堡間被水淹，前經蔡廷衡具奏到時，業經加恩緩徵，并令查明應行給賑之處，據實具奏。玆據那彦成奏，續查明碾伯縣屬之青石崖等處，及大通縣之東、西、北三鄉于七月間山水驟發，地畝、房屋復被冲壞。又，靈州、中衛所屬前此被淹之處，因未能宣泄，秋禾無成。統計甘省被灾各處，查明惟西寧、碾伯、大通三縣村莊情形較重。等語。碾伯、大通所屬續有被淹之處，又靈州、中衛所屬各處秋禾無成，雖俱經散給一月口糧，但本年應徵錢糧若照舊徵收，民力不無拮据。著加恩，將本年應納銀、糧、草束均一體緩至明歲麥收後徵收，仍俟冬間酌看情形，妥爲接濟。至西寧、碾伯、大通三縣所屬村莊，既據查明被灾六七八分不等，情形較重，朕心尤深廑念。著加恩，將該三縣被水地方，核其成數、灾分數，查明極次户口，照例分别給賑，以資糊口。該署督務當督飭所屬認真經理，俾實惠及民，毋任侵欺遺漏，以副朕軫念灾區，不使一夫失所至意。該部知道。摺并發。欽此。”

【《嘉慶道光兩朝上諭檔》第 9 册，第 361 頁第 963 條】

△諭内閣著加恩將平羅縣被水之聚寶屯八堡本年應徵銀糧草束緩至來年麥熟後徵收

嘉慶九年十二月初七日

嘉慶九年十二月初七日，内閣奉上諭：“那彦成奏，續查平羅縣被水之聚寶屯八堡，請將本年應徵銀、糧、草束緩至明歲麥熟後徵收。等語。該縣聚寶屯八堡共被淹地八百三十九頃有零，雖山水旋即退涸，秋禾受傷，僅止二三四分，漂没夏禾，亦多撈獲，不致成灾。但收成究屬歉薄，若仍照舊催徵，民力未免拮据。著加恩，將聚寶屯八堡本年應徵銀、糧、草束緩至來年麥熟後徵收，以紓民力。仍著該督察看情形，如明春青黄不接之時，民力仍屬缺乏，再行酌量借給籽種、口糧，俾資接濟，以示朕軫念灾黎至意。

欽此。"

【《嘉慶道光兩朝上諭檔》第9册，第561頁第1449條】

嘉慶十年（1805）

△諭内閣著加恩將靈州寧朔中衛等五州縣著酌借兩月口糧并著查明缺乏籽種各户一體分别借給等

嘉慶十年正月初六日

嘉慶十年正月初六日，内閣奉上諭："甘肅臯蘭等州縣上年被水成灾，節經降旨，分别蠲緩撫恤，小民自不致失所。惟念今春青黄不接之時，民力恐不免拮据。著加恩，將西寧、碾伯、大通三縣，無論極次貧民，再賞給一月口糧。其臯蘭、金縣、靈州、寧朔、中衛等五州縣，著酌借兩月口糧，并著查明缺乏籽種各户，一體分别借給。再，該省上年尚有被雹之區，雖勘不成灾，收成究屬歉薄，著該督察看情形，將實在拮据之户一并酌借籽種、口糧，以示朕始和錫慶、闓澤旁敷至意。該部即遵諭行。欽此。"

【《嘉慶道光兩朝上諭檔》第10册，第3頁第9條】

△諭内閣著何道生補授寧夏府知府

嘉慶十年二月初四日

嘉慶十年二月初四日，内閣奉上諭："甘肅寧夏府知府員缺，著何道生補授。欽此。"

【《嘉慶道光兩朝上諭檔》第10册，第33頁第85條】

署陝甘總督管甘肅巡撫事方維甸題請核銷甘省奉調湖北等處剿匪官兵馱運軍械等項用過銀兩

嘉慶十年二月二十三日

題。

六。

三月初六日。

十年四月廿日下工、户、兵。

該部察核具奏。

陝西巡撫兼署陝甘總督、管甘肅巡撫事臣方維甸謹題：爲奏聞事。

準前署督臣那彦成移交，據蘭州軍需報銷局、甘肅布政使司布政使蔡廷衡、按察使司按察使崇禄、蘭州道瞿曾輯會詳呈，案查此次湖北、川陝等處教匪滋事，節蒙奏調甘省漢土官兵前往堵剿，所有軍需案内動用一切銀糧，自第壹案至伍拾玖案，業經先後造册呈請核題在案。今將嘉慶元貳叁等年奉調前赴湖北、川陝等處堵剿官兵馱運外帶軍械需用車輛、馬、騾，搭蓋棚槽用過工料銀兩列爲第陸拾案。

查定例，進剿漢土官兵應需馱運外帶軍械、車輛、馬、騾，前伍日到站守候，在各州縣首站住喂。按照定例，每馬、騾貳拾匹頭搭蓋棚槽壹間，每間例價銀伍錢。前將事例詳請咨明，内部核覆允准，通飭各屬遵照在案。兹據蘭州、鞏昌、平凉、慶陽、甘州、凉州、寧夏、西寧捌府，并秦州、階州、涇州、肅州肆直隸州，轉據所屬各廳、州、縣，將嘉慶元年起至嘉慶叁年年底止，先後節次奉調前赴湖北、川陝等處堵剿賊匪漢土官兵馱運外帶軍械，需用車輛、馬、騾，前伍日到站守候，搭蓋棚槽用過工料銀兩造册，由該管府、州彙核請銷前來。相應彙造簡明總册，同照造各撒册一并詳賫核題。等情。移交到臣。

該臣查得，甘省各廳、州、縣嘉慶元年起至嘉慶叁年年底止，先後節次奉調前赴湖北、川陝等處堵剿賊匪漢土官兵馱運外帶軍械，需用車輛、馬、騾，前伍日到站守候，搭蓋棚槽用過工料銀兩例應造銷。玆據蘭州軍需報銷局甘肅布政使蔡廷衡、按察使崇禄、蘭州道瞿曾輯會詳稱：查得舊管軍需報銷第伍拾玖案，實在項下共存部撥軍需銀壹百肆拾萬壹千陸百玖拾叁兩玖錢貳分捌厘。新收無項。開除：

一，除冊造蘭州府屬循化、狄道、河州、皋蘭、金縣、靖遠、渭源、沙泥、紅水等廳、州、縣、州判、縣丞，將嘉慶元貳叁等年供支派赴川陝等處進剿各提、鎮、營官兵馱運外帶軍械需用車輛、馬、騾數目多寡不一，共用馬、騾壹萬柒千柒百捌拾柒匹頭壹分玖厘，照例每馬、騾貳拾匹頭搭蓋棚槽壹間，共棚槽捌百捌拾玖間叁分伍厘陸毫，每間例價銀伍錢，共用工料銀肆百肆拾肆兩陸錢柒分柒厘。

一，除冊造鞏昌府屬安定、會寧、通渭、隴西、寧遠、伏羌、岷川、西和、漳縣、洮州等廳、州、縣，嘉慶元貳叁等年供支派赴川陝等處進剿各提、鎮、營官兵馱運外帶軍械需用車輛馬、騾數目多寡不一，共用馬、騾貳萬肆千叁百捌拾玖匹頭柒分玖厘，照例每馬、騾貳拾匹頭搭蓋棚槽壹間，共棚槽壹千貳百壹拾玖間肆分捌厘捌毫，每間例價銀伍錢，共用工料銀陸百玖兩柒錢肆分貳厘。

一，除冊造平凉府屬静寧、固原、隆德、鹽茶、平凉等廳、州、縣，嘉慶元貳叁等年供支派赴湖北、川陝等處進剿各提、鎮、營官兵馱運外帶軍械需用車輛、馬、騾數目多寡不一，共用馬、騾壹萬柒千貳百壹拾玖匹頭伍分肆厘，照例每馬、騾貳拾匹頭搭蓋棚槽壹間，共棚槽捌百陸拾間玖分柒厘陸毫，每間例價銀伍錢，共用工料銀肆百叁拾兩肆錢捌分捌厘。

一，除冊造慶陽府屬寧州、安化、合水等州縣嘉慶元貳兩年供支派赴湖北、川陝等處進剿慶陽營官兵馱運外帶軍械需用車輛、馬、騾數目多寡不一，共用馬、騾貳百叁拾匹頭柒分陸厘，照例每馬、騾貳拾匹頭搭蓋棚槽壹間，共棚槽壹拾壹間伍分叁厘捌毫，每間例價銀伍錢，共用工料銀伍兩柒錢陸分玖厘。

一，除册造甘州府屬撫彝、張掖、山丹、東樂等廳縣縣丞嘉慶元貳叁等年供支派赴川陝等處進剿各提、鎮、營官兵馱運外帶軍械需用車輛、馬、騾數目多寡不一，共用馬、騾壹千肆百肆拾陸匹頭捌分叁厘，照例每馬、騾貳拾匹頭搭蓋棚槽壹間，共棚槽柒拾貳間叁分肆厘壹毫，每間例價銀伍錢，共用工料銀叁拾陸兩壹錢柒分。

一，除册造凉州府屬武威、永昌、鎮番、石浪、平番等縣嘉慶元貳叁等年供支派赴川陝等處進剿各提、鎮、營官兵外帶軍械，需用車輛、馬、騾數目多寡不一，共用馬、騾叁千伍百貳拾玖匹頭柒分伍厘，照例每馬、騾貳拾匹頭搭蓋棚槽壹間，共棚槽壹百柒拾陸間肆分捌厘陸毫，每間例價銀伍錢，共用工料銀捌拾捌兩貳錢肆分貳厘。

一，除册造寧夏府屬寧夏、寧朔、靈州、中衛、平羅等州縣嘉慶元貳兩年供支派赴川陝等處進剿各鎮營官兵外帶軍械，需用車輛、馬、騾數目多寡不一，共用馬、騾貳千伍百陸匹頭捌分柒厘，照例每馬、騾貳拾匹頭搭蓋棚槽壹間，共棚槽壹百貳拾伍間叁分肆厘叁毫，每間例價銀伍錢，共用工料銀陸拾貳兩陸錢柒分壹厘。

一，除册造西寧府屬西寧、大通、碾伯、貴德、巴燕戎格等廳縣嘉慶元貳叁等年供支派赴川陝等處進剿各鎮營官兵外帶軍械，需用車輛、馬、騾數目多寡不一，共用馬、騾貳千柒百柒匹頭柒分叁厘，照例每馬、騾貳拾匹頭搭蓋棚槽壹間，共棚槽壹百叁拾伍間叁分捌厘陸毫，每間例價銀伍錢，共用工料銀陸拾柒兩陸錢玖分貳厘。

一，除册造直隸秦州并所屬秦安、清水、禮縣、徽縣、兩當、三岔等州、縣、州判嘉慶元貳叁等年供支派赴川陝等處堵剿官兵外帶軍械，需用車輛、馬、騾數目多寡不一，共用馬、騾陸千伍百肆拾伍匹頭叁分伍厘，照例每馬、騾貳拾匹頭搭蓋棚槽壹間，共棚槽叁百貳拾柒間貳分陸厘肆毫，每間例價銀伍錢，共用工料銀壹百陸拾叁兩陸錢叁分叁厘。

一，除册造直隸階州并所屬文縣、成縣、西固州同嘉慶元貳叁等年供支派赴川陝等處堵剿各鎮營官兵外帶軍械，需用車輛、馬、騾數目多寡不一，共用馬、騾捌千壹百肆拾捌匹頭叁分，照例每馬、騾貳拾匹頭搭蓋棚槽壹間，共棚槽肆百柒間肆分壹厘肆毫，每間例價銀伍錢，共用工料銀貳百叁兩柒錢柒厘。

一，除册造直隸涇州嘉慶元貳叁等年供支派赴湖北、川陝等處堵剿各提、鎮、營官兵外帶軍械，需用車輛、馬、騾數目多寡不一，共用馬、騾貳千叁拾捌匹頭壹分，照例每馬、騾貳拾匹頭搭蓋棚槽壹間，共棚槽壹百壹間玖分伍毫，每間例價銀伍錢，共用工料銀伍拾兩玖錢伍分貳厘。

一，除册造直隸肅州并所屬高臺縣嘉慶貳年供支派赴興漢一帶堵剿肅州鎮屬各營官兵外帶軍械，需用車輛、馬、騾壹百伍拾貳匹頭叁分壹厘，照例每馬、騾貳拾匹頭搭蓋棚槽壹間，共棚槽柒間陸分壹厘伍毫，每間例價銀伍錢，共用工料銀叁兩捌錢柒厘。

以上總共請銷銀貳千壹百陸拾柒兩伍錢伍分，實在存剩軍需銀壹百叁拾玖萬玖千伍百貳拾陸兩叁錢柒分捌厘。查前項官兵馱運外帶軍械馬、騾在站守候，搭蓋棚槽用過銀兩俱係實用實銷，并無浮冒，應請准銷。至存剩軍需銀兩，俟報銷第陸拾壹案内入于舊管項下滚接造報。等情。造具簡明總册，同各撒册一并呈賫請題，移交前來，臣覆核無异。除册分送部科外，相應具題，伏祈皇上睿鑒，敕部核覆施行。謹題請旨。

嘉慶拾年貳月貳拾叁日。

陝西巡撫兼署陝甘總督、管甘肅巡撫事臣方維甸。

【貼黄】

陝西巡撫兼署陝甘總督、管甘肅巡撫事臣方維甸謹題：爲奏聞事。

該臣查得，甘省各廳、州、縣嘉慶元年起至嘉慶叁年年底止，先後節次奉調前赴湖北、川陝等處堵剿賊匪漢土官兵馱運外帶軍械，需用車輛、馬、騾前伍日到站守候，搭蓋棚槽用過工料銀兩例應造銷。玆準前署督臣那彦成移交，據蘭州軍需報銷局甘肅布政使蔡廷衡等會詳稱：查得總共請銷銀貳千壹百陸拾柒兩零。等情。造具簡明總册，同各撒册一并呈賫請題，移交前來，臣覆核無异。除册分送部科外，謹題請旨。

【《明清檔案》A314—56，B178163—B178169】

△諭著陝甘總督倭什布等體察寧夏寧朔二縣所製火藥情形會商妥辦

嘉慶十年五月初七日

軍機大臣字寄陝甘總督倭、陝西巡撫方。

嘉慶十年五月初七日，奉上諭："據寧夏將軍興奎等奏，去秋今春，兩次操閲，兵丁演放鳥槍，聲小力微，詢明此項火藥係寧夏、寧朔二縣雇覓民工製造，不甚得法，不如緑營官兵自行製造者合用，請將寧夏、寧朔二縣製造火藥之費移交寧夏緑營製造。等語。鳥槍爲營伍利器，必須火藥配製如法，演放方爲得力。今寧夏、寧朔二縣所製火藥不能合用，自應設法辦理。但思陝甘滿洲駐防兵丁不僅寧夏一處，所用火藥是否俱係民工製造，演放能否得力，何以寧夏一營必須移交緑營辦理。抑或滿洲營火藥配造本自合式，惟寧夏、寧朔二縣製造工本偷減，是以未能合用，亦未可定。著該督等體察情形，會商妥辦。如有應須交緑營製造之處，即當奏明，畫一辦理。將此諭令知之。欽此。"遵旨寄信前來。

【《嘉慶道光兩朝上諭檔》第10册，第215頁第500條】

△諭著陝甘總督倭什布查勘明確固原等被水受旱各地方分別成災分數即行由驛具奏候加恩

嘉慶十年閏六月初六日

軍機大臣字寄陝甘總督倭。

嘉慶十年閏六月初六日，奉上諭："倭什布奏蘭州黄河驟漲情形一摺，與日前玉寧等奏報相同，已于摺内批示。又，另片奏稱，蘭州省城得雨深透，南鄉雨中帶雹，其東、西、北三鄉止得雨二三寸。金縣、西寧、涇州、固原等州縣俱各報得雨一二寸、三五寸不等，夏禾已屬無濟，秋禾尚可有成。其未得雨地方，夏秋難望有收。等語。甘省地方，本係土瘠民貧，兹據該督所奏情形，蘭州所屬既有被水冲淹之處，而金縣、西寧等州縣又復被旱成災，民瘼攸關，朕心深爲憫惻。前經降旨，令該督查明撫恤，所有業經被災各處，若必待奏請施行，轉恐緩不濟急。該督如已將被災各村莊户口逐一查明，即酌量籌款，先行賑濟，務使實惠在民，毋任吏胥侵漁舞弊。其被水受旱各地方如有應行蠲緩之處，著該督查勘明確，分別成災分數，即行由驛具奏，候朕加恩，不可稍有諱飾。將此諭令知之。欽此。"遵旨寄信前來。

【《嘉慶道光兩朝上諭檔》第10冊，第352頁第832條】

△諭内閣著倭什布派委員即將寧夏府庫查明有無虧短侵挪并存貯元寶是否尚有假銀在内據實稟報等

嘉慶十年閏六月二十八日

嘉慶十年閏六月二十八日，内閣奉上諭："寧夏將軍興奎等奏稱，該營兵餉例由寧夏府庫支，本年閏六月，所領餉銀内有攙雜鉛鐵元寶一錠，當傳該府何道生公同驗看。據何道生回稱，伊于六月接任後，查看庫貯兵餉，不

敷支放。原係飭令寧夏縣李棠蔭通融措辦，該將軍當于本營公項内另行動款補發，據實陳奏，請旨究辦。等語。該府庫存貯滿營兵餉銀兩自有定數，該府接任後，既查明庫貯不敷支放，自應及早詳稟，預爲籌備，何得輒委縣令通融措辦。或因領解遲延，抑或貯庫後私行挪移動用，均未可定。著倭什布派委明幹道員即將寧夏府庫逐一盤驗，查明有無虧短侵挪，并存貯元寶是否尚有假銀在内，據實稟報。知府何道生，著先行解任，聽候查辦。知縣李棠蔭既經該府委令措款，何以輒將攙雜鉛鐵之銀混入充數，恐有督項情弊，著革職拿問，交倭什布飭提經手人役研訊此項假銀究係來自何處，務期水落石出。如該縣有私行抵換等弊，即一并按例定擬具奏。欽此。”

【《嘉慶道光兩朝上諭檔》第 10 册，第 408 頁第 957 條】

陕甘總督兼甘肅巡撫倭什布題報甘肅各營補製征兵帶缺鉛藥火繩等項用銀遵駁更造請銷

嘉慶十年七月十八日

題。

十三。

八月初四日。

十年九月十九日下工、户、兵。

該部察核具奏。

總督陝甘等處地方軍務兼理糧餉并兼管甘肅巡撫事兼理茶馬臣倭什布謹題：爲報銷事。

據辦理甘肅軍需報銷局事務布政使蔡廷衡、按察使崇禄、蘭州道瞿曾輯、候補道隆興會詳稱，案奉嘉慶捌年伍月初柒日，準工部咨，虞衡司案呈，工科抄出陝甘總督惠齡題前事。等因。嘉慶柒年捌月拾貳日題，拾月初貳日奉旨："該部察核具奏。欽此欽遵。"抄出到部。

隨經臣部查，甘肅省各提鎮標、協、營補製嘉慶元貳兩年征兵帶缺鉛藥、火繩等項，先據陝甘總督覺羅長麟將估需工料銀兩造册具題送部，經臣部行令，俟製竣之日，將用過工料銀兩造册送部查核在案。今據陝甘總督惠齡造册題銷，經臣部以册開采買硝磺道路里數是否相符，移查兵部。兹準兵部覆稱：并未將各站相距名目、里數分晰開報，無從查覆。等語。所有前項用過工料銀兩，臣部亦難核准。應將原册發還陝甘總督，轉飭查照臣部奏准通行，將采買硝磺經由道路里數，由州縣以上遞行，加具切實印結，隨案送部具題，到日再行查核。等因。嘉慶捌年閏貳月拾貳日題，本月拾肆日奉旨："依議。欽此。"相應移咨陝甘總督欽遵查照可也。等因。到院行局。

蒙此，該辦理甘肅軍需報銷局事務布政使蔡廷衡、按察使崇禄、蘭州道瞿曾輯、候補道隆興會查得，軍需第拾柒案請銷甘省各提鎮標、協、營補製嘉慶元貳兩年節次出征兵丁帶缺鉛藥、火繩、炮子、戰箭等項用過工料銀兩奏銷一案，接準部覆，以册造采買硝磺并未將各站相距名目、里數分晰開報，無從查核，應將原册發還，轉飭查照奏准通行，將采買硝磺經由道路名目、里數，由州縣以上遞行加具切實印結，隨案送部具題，到日再行核辦。等因。當將□發原册備移，轉飭遵照造報及復屢催去後。兹準甘肅、固原貳提督，并凉州、寧夏、西寧、肅州、河州伍鎮，暨督標中營，各將所屬標協各營補製嘉慶元貳兩年征兵帶缺鉛藥、火繩等項用過工料銀兩，并買運硝磺鉛斤、相距程途里數逐一分晰開明，另造細數奏銷册籍，同原册一并移送請銷前來。所有造到撤册，相應提造簡明總册，同原發各册一并詳賫核題。等情。到臣。

據此，該臣查得，甘肅省各提鎮標、協、營補製元貳兩年節次出征兵丁帶缺鉛藥、火繩等項用過工料銀兩一案，經前任督臣惠齡造具奏銷册籍，具題請銷。接準部覆，以册造采買硝磺并未將各站相距名目、里數分晰開造，

無從查核，應將原册發還，轉飭查照奏准通行，將采買硝磺經由道路名目、里數，由州縣以上遞行加具切實印結，隨案送部具題，到日再行核辦。等因。當經轉飭遵照造報去後。兹據辦理甘肅軍需報銷局事務布政使蔡廷衡、按察使崇禄、蘭州道瞿曾輯、候補道隆興等會查得，軍需第拾柒案請銷甘省各提鎮標、協、營補製元貳兩年節次出征兵丁帶缺鉛藥、火繩、炮子、戰箭等項用過銀兩，查舊管軍需報銷第拾陸案實在項下，其存部撥軍需銀貳百陸拾貳萬玖千柒百壹拾壹兩柒錢玖分玖厘。新收無項。開除：

一，除甘肅提標中營并永固協肆册，造報所屬各營補製嘉慶元年拾月并貳年正肆柒等月内派出征兵帶缺槍炮鉛丸、封口、群子共重貳萬肆千叁百斤，生鐵封口、群子共重叁千壹百伍拾斤，熟鐵炮子柒百陸拾伍斤拾兩，槍炮火藥壹萬柒千貳拾伍斤，槍炮火繩捌萬捌千玖百肆拾丈，戰箭叁萬壹百柒拾枝，毛單子貳百捌拾壹塊，羊皮水火袋、鐵火筒各貳百柒拾陸個，各計用過銀數不等，共用過工料銀伍千貳百貳拾肆兩捌錢肆分陸厘。

一，除固原提標中營并静寧、靖遠貳協伍册，造報所屬各營補製嘉慶元年叁陸拾等月并貳年肆柒玖等月内派出征兵帶缺槍鉛丸壹萬伍千肆百捌拾柒斤拾肆兩，火藥壹萬肆千壹百捌斤柒兩，火繩柒萬壹千捌百貳拾文，生鐵、炮子、封口、群子玖百陸拾伍斤，各計用過銀數不等，共用過工料銀貳千玖百捌拾肆兩壹錢陸分伍厘。

一，除凉州鎮標中營并永昌、莊浪貳協暨凉州城守營柒册，造報所屬各營補製嘉慶元年陸拾兩月并貳年肆玖兩月内派出征兵帶缺槍鉛丸壹萬柒千貳百玖拾捌斤捌兩，火藥壹萬壹千捌百玖拾陸斤肆兩，槍炮火繩柒萬陸千肆百捌拾叁丈貳尺，生鐵封口、群子玖千玖拾柒斤，各計用過銀數不等，共用過工料銀叁千柒拾叁兩伍錢壹分肆厘。

一，除寧夏鎮標中營貳册，造報所屬各營補製嘉慶元年叁月起至貳年玖月止，頭貳叁肆起派出征兵帶缺槍炮鉛丸、封口、群子壹萬柒千壹百伍拾斤，火藥壹萬貳千壹百玖拾捌斤，火繩陸萬陸千壹百捌拾丈，生鐵封口貳百貳拾伍斤，各計用過銀數不等，共用過工料銀貳千捌百柒拾叁兩柒錢貳分壹厘。

一，除西寧鎮標中營壹册，造報所屬各營補製嘉慶元年拾月，并貳年肆月内派出征兵帶缺槍炮鉛丸玖千玖百肆拾斤拾兩，火藥伍千伍拾斤，槍炮火繩叁萬柒千貳百丈，各計用過銀數不等，共用過工料銀壹千伍百柒拾陸兩陸錢捌分肆厘。

一，除肅州鎮標中營壹册，造報所屬各營補製嘉慶貳年柒月内派出征兵帶缺槍炮鉛丸、封口、群子壹萬壹千壹百叁拾柒斤捌兩，火藥伍千貳百陸斤肆兩，槍炮火繩叁萬貳百捌拾丈，生鐵封口、群子貳百肆拾叁斤拾貳兩，各計用過銀數不等，共用過工料銀壹千肆百肆拾兩陸錢柒分陸厘。

一，除河州鎮標中營貳册，造報所屬各營補製嘉慶元年拾月起，至貳年拾貳月止，派出征兵帶缺槍鉛丸壹萬叁千貳百捌拾肆斤貳兩柒錢，火藥捌千□拾捌斤拾兩，火繩伍萬捌千玖拾陸丈捌尺，各計用過銀數不等，共用過工料銀貳千壹百伍拾兩貳錢壹分陸厘。

一，除督標中營叁册，造報督標伍營補製嘉慶元年拾月并貳年柒玖兩月内派出征兵帶缺槍炮鉛丸壹萬貳千伍百玖拾伍斤，火藥壹萬叁千伍百斤，火繩壹萬捌千叁百叁拾丈，生鐵封口、群子伍百柒拾伍斤，熟鐵炮子玖百斤，各計用過銀數不等，共用過工料銀壹千柒百貳兩柒錢伍分。

以上甘省各提鎮標、協、營共補製嘉慶元貳兩年節次征兵帶缺槍炮、鉛丸、封口、群子壹拾貳萬壹千壹百玖拾叁斤拾兩柒錢，槍炮火藥捌萬柒千貳拾貳斤玖兩，槍炮麻火繩肆拾肆萬柒千叁百叁拾丈，生鐵封口、群子壹萬肆千貳百伍拾伍斤拾貳兩，熟鐵炮子壹千陸百陸拾伍斤拾兩，戰箭叁萬壹百柒拾枝，毛單子貳百捌拾壹塊，羊皮水火袋、鐵火筒各貳百柒拾陸個，通共用過工料銀貳萬壹千貳拾陸兩伍錢柒分貳厘，實在存剩軍需銀貳百陸拾萬捌千陸百捌拾伍兩貳錢貳分柒厘。查前項存剩軍需銀兩已入于報銷第拾捌案舊管項下滚接造報，至請銷各提鎮標、協、營補製前項鉛藥、火繩等項用過工料銀兩，俱係照例實用實銷，并無浮冒。其買運硝磺鉛斤、相距程站名目、里數，據各兹□□稱，已于報明册内備細開載。

再，此案内部飭取印結，自應遵照通飭，由州縣以上遞行加結。但查軍需報銷第捌案，甘省各提鎮標、協、營補製，自乾隆陸拾年起，至嘉慶貳年閏陸月止，節次撥解興安、西安等處調用鉛藥、火繩、炮子等項用過工料銀兩，業經造具細數報銷册籍，于嘉慶柒年伍月拾陸日接準工部咨覆，查買運硝磺鉛斤、程站里數不能俱由驛站行走，先經通行各省將水陸程途里數詳細開造，由州縣以上遞行加結，送部查核去後。嗣據陝甘總督覺羅長麟將陝甘貳省買運硝磺鉛斤、程途里數分晰開明，造具册結，送部在案。此案運脚□□俱于前次册報相符，所有該省造報補製撥缺鉛藥、火繩、工料運脚銀兩應准開銷。等因。遵奉在案。

今此案各營補製嘉慶元貳兩年節次征兵帶缺鉛藥、火繩案内買運硝磺鉛斤、行走程站里數，俱于前次軍需報銷第捌案各營補製，自乾隆陸拾年起，至嘉慶貳年閏陸月止，撥解興安、西安等處調用鉛藥、火繩案内買運硝磺鉛斤係屬一途，并未另有買運之地。其工料運脚銀兩，原係照例一律開報，實與前次軍需報銷第捌案各營補製撥解興安等處軍火内部准銷之案相符。若逐案通飭州縣遞行加結，不惟徒繁案牘，且甘省地方遼闊，俟通省查全，勢必稽延時日，轉恐有礙報銷。應請查照軍需報銷第捌案各營補製撥缺鉛藥、火繩案内買運硝磺鉛斤、程站里數核對准銷，實爲公便。所有造到撒册，相應提造簡明總册，同原發各册一并呈賫。等情。前來，臣覆核無异。除各册送部外，臣謹具題，伏祈皇上睿鑒，敕部核覆施行。謹題請旨。

嘉慶拾年柒月拾捌日。

總督陝甘等處地方軍務兼理糧餉并兼管甘肅巡撫事兼理茶馬臣倭什布。

【貼黄】

總督陜甘等處地方軍務兼理糧餉并兼管甘肅巡撫事兼理茶馬臣倭什布謹題：爲報銷事。

該臣查得，甘肅省各提鎮標、協、營補製元貳兩年節次出征兵丁帶缺鉛藥、火繩等項用過工料銀兩一案，經前任督臣惠齡造具奏銷册籍，具題請銷。接準部覆，以册造采買硝磺，并未將各站相距名目、里數分晰開造，無從查核，應將原册發還，轉飭查照奏准通行，將采買硝磺經由道路名目、里數由州縣以上遞行加具切實印結，隨案送部具題，到日再行核辦。等因。當經轉飭遵照造報去後。兹據辦到甘肅軍需報銷局事務右政使蔡廷衡、按察使崇禄、蘭州道瞿曾輯、候補道隆興等會查得，甘省各標、協、營補製嘉慶元貳兩年節次出征兵丁帶缺鉛藥、火繩等項，通共用過工料銀貳萬壹千貳拾陸兩零，按册核算，均屬相符。所有造到撤册，相應提造簡明總册，同原發各册一并呈賫前來，臣覆核無异。除各册送部外，臣謹具題請旨。

【《明清檔案》A315—96，B178921—B178928】

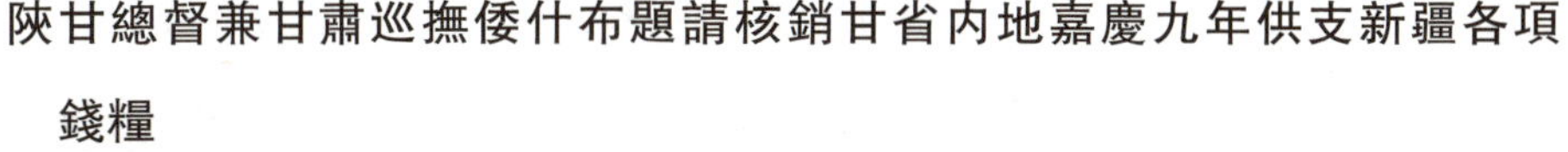

陜甘總督兼甘肅巡撫倭什布題請核銷甘省内地嘉慶九年供支新疆各項錢糧

嘉慶十年八月十三日

題。

□。

九月初一日。

十年十月□日下户、兵、工。

該部察核具奏。

總督陜甘等處地方軍務兼理糧餉并兼管甘肅巡撫事兼理茶馬臣倭什布謹

題：爲請定新疆奏銷之章程，仰祈聖鑒事。

據甘肅布政使司布政使蔡廷衡呈，遵查甘省内地文武各屬奉文供支過新疆一切銀、糧、草束等項各數目，俱係按年造册，彙請題銷。兹據蘭州、鞏昌、平凉、甘州、凉州、寧夏、西寧，并秦州、階州、涇州、肅州、安西等府、州屬，暨准甘肅、固原、凉州、寧夏、西寧、肅州、河州等提鎮協、營，各將所屬嘉慶玖年壹歲奉文供支派往撤回新疆各處屯防、聽差、辦事各官役、兵丁、書識應需行裝、鹽菜、口糧、盤脚、廩口、接運銀鞘、辦解官物、車價、馬草等項造册請銷前來。相應提造簡明總册，加具印結，同各屬造到撒册一并詳賫，加結題銷。再，此案照例扣限陸個月。又，自安西州至蘭州計程貳千壹百壹拾里，以日行伍拾里計算，該扣程限肆拾貳日，連正限統應扣至捌月拾貳日爲滿，今于限内詳賫，合并聲明。等情。呈詳到臣。

該臣查得，甘肅□□地每年□□新疆各項錢糧，前經會議章程，按年分晰造册題銷在案。兹據甘肅布政使蔡廷衡查得，嘉慶玖年壹歲，甘肅省内地文武各屬奉文供支新疆一切銀、糧、草束等項，舊管無項。新收：共銀壹萬叁千壹百肆拾壹兩陸錢陸分伍厘。内：一，收文武各屬領獲司庫銀玖千陸百柒拾叁兩叁錢捌分玖厘。一，收各屬墊用銀叁千叁百捌拾叁兩壹錢叁分陸厘。一，收安西州領獲安肅道庫銀捌拾伍兩壹錢肆分。一，收采買京斗粳米壹拾貳石玖斗肆升捌合；一，收倉貯京斗粳米捌合叁勺。貳共京斗粳米壹拾貳石玖斗□□□合叁勺。一，收采買京斗粟米伍石貳斗□□□合肆勺；一，收倉貯京斗粟米壹百石壹斗叁升肆合。貳共京斗粟米壹百伍石叁斗肆升陸合肆勺。一，收倉貯炒麵壹拾肆斤。一，收倉貯京斗小麥捌拾壹石柒斗捌升叁合柒勺。照例每小麥壹京石辦磨白麵壹百捌斤，共合白麵捌千捌百叁拾貳斤拾兩肆錢。一，收采買柒斤重草伍百壹拾貳束；一，收廠貯柒斤重草貳百玖拾肆束；一，收廠貯拾斤重草壹百壹拾貳束。折柒斤重草壹百陸拾束叁，共柒斤重草玖百陸拾陸束。

開除：共銀壹萬貳千玖百捌拾柒兩伍錢肆分壹厘。京斗粳米壹拾□石玖斗伍拾陸合叁勺，京斗粟米壹百伍石□斗肆升陸□□□，倉貯炒麵壹拾肆斤。京斗小麥捌拾壹石柒斗捌升叁合柒勺。照例每小麥壹京石辦磨白麵壹百捌斤，共合白麵捌千捌百叁拾貳斤拾兩肆錢柒斤。重草捌百陸束，拾斤草壹百壹拾貳束，折柒斤重草壹百陸拾束。貳共柒斤草玖百陸拾陸束。

一，除采買京斗粳米壹拾貳石玖斗肆升捌合，每石照依各該處各月時價不等，共用銀貳拾伍兩肆錢陸分叁厘。

一，除采買京斗粟米伍石貳斗壹升貳合肆勺，每石照依各該處各月時價不等，共用銀陸兩叁錢陸分肆厘。

一，除采買柒斤重草伍百壹拾貳束，每束照依部價折銀壹分，共用銀伍兩壹錢貳分。

一，除肅州、西寧貳鎮并莊浪協册造嘉慶玖年壹歲供支奉派換防官兵支過俸裝銀兩，内除官員借俸銀兩俟班滿回營之日照數坐扣，落入實在項下造報外，止該兵丁肆名，每名支領行裝銀壹拾伍兩，共銀陸拾兩。

一，除肅州、寧夏貳鎮并永固協册造嘉慶玖年從塔爾巴哈臺撤回屯田收獲糧石外，委兵丁陸拾捌名，每名奉賞壹月鹽菜銀玖錢，共銀陸拾壹兩貳錢。

一，除甘州、固原、涼州、寧夏、肅州、靖遠、永固、洮、岷、秦州等提鎮標、協、營册造從烏什阿克蘇、吐魯番、庫車、塔爾巴哈臺、葉爾羌等處班□撤回外委馬兵買補騎操馬價以及銅廠、硝局、軍臺，并無遺誤。兵丁奉賞壹月鹽菜并故兵減半之半恤賞銀兩，各計支數目不等，共用銀壹千陸百肆拾兩叁錢。

一，除蘭州、鞏昌、平涼、甘州、涼州、寧夏、西寧，并直隸秦州、涇州、肅州、安西等府、州屬册造嘉慶玖年壹歲供支奉派口外各處換班辦事官役兵丁并撥運、餉鞘、押弁，以及聽差官兵支過鹽菜、口糧、車價、例馬、草束等項各計支事例不一，共支銀肆百壹拾伍兩壹錢陸分柒厘。京斗粳米壹拾貳石捌斗捌升玖合玖勺，京斗粟米肆拾石陸升壹合壹勺，白麵伍千玖百貳拾叁斤玖兩陸錢，炒麵壹拾肆斤，柒斤重草玖百陸拾陸束，内應銷口外草貳百貳拾束，應扣口内草柒百肆拾陸束。

一，除甘州、涼州、西寧、直隸肅州等府、州屬册造嘉慶玖年壹歲供支派往口外管糧官員借俸騾脚并找支進口官兵沿途短領鹽菜、口糧、接運新疆綢緞包裹、車價以及司庫撥解經費滿餉委員盤脚等項各計支事例不一，共用銀陸百肆拾肆兩□錢貳厘，京斗粳米陸升陸合肆勺，京斗粟米貳斗陸升伍合陸勺。

一，除肅州、武威、皋蘭、高臺等州縣册造嘉慶玖年辦解新疆各處農具，并硯臺、算盤、鐵釘、螞蝗以及接運農具各物車價、各計物料價值銀數不等，共用銀伍百貳拾肆兩伍厘。

一，除肅州、武威、皋蘭、張掖、高臺等州縣册造嘉慶玖年辦解新疆各處歲需并加添以及接運紙札各物車價，各計物料價值銀數不等，共用銀柒千叁百貳拾肆兩叁錢柒分貳厘。

一，除直隸涇州，平涼、鞏昌貳府，蘭州府屬金縣册造接運各省撥解協甘餉鞘各驛額設所車□□照例添雇民車運送，用過脚價銀兩數目，各計支程途遠近不等，共支銀柒百肆拾捌兩玖錢叁分玖厘。

一，除蘭州府屬皋蘭縣并涼州、甘州、肅州等府、州屬册造供支接運撥解新疆各處調取歲需新疆經費俸餉等項銀兩，應需車輛各驛額車不敷，照例添雇民車運送，用過脚價銀兩數目，各計支程途遠近不等，共支銀肆百伍拾捌兩伍錢玖分伍厘。

一，除安西、肅州、甘州、涼州、蘭州、鞏昌、平涼、寧夏、涇州等府、州屬册造嘉慶玖年供支新疆各處班滿撤回陝甘各營官兵、跟役，并帶回故兵骨殖，應需口糧、炒麵、車價等項，各計支數目程途遠近不等，共支銀伍百玖拾壹兩玖錢捌分陸厘，京斗粟米陸拾伍石壹升玖合柒勺，白麵貳千陸百陸拾壹斤捌錢。

一，除肅州、甘州、凉州、蘭州、鞏昌、平凉、寧夏、涇州等府、州屬册造嘉慶玖年供支新疆各處病故滿漢官員靈柩各回旗籍，例需抬夫并扶柩家人、跟役口食銀兩，各計支數目程途遠近不等，共支銀玖拾肆兩肆錢肆分陸厘。

一，除肅州、武威、皋蘭、涇州、寧夏等府、州屬册造嘉慶玖年供支新疆各處印房年滿回籍，并丁憂回京官員跟役，以及班滿換回仵作支過騾脚銀兩，各計支程途遠近不等，共支銀壹百肆拾柒兩伍錢貳分。

一，除安西、肅州、甘州、凉州、蘭州、鞏昌、平凉、涇州等府、州屬册造嘉慶玖年供支口糧各處差派，恭繳硃批，并進貢瓜膏等物官役廪口，以及奉旨升授兵部尚書明亮官眷回京車價銀糧數目，各計支程途遠近不等，共支銀壹百壹拾捌兩肆錢肆厘，白麵貳百肆拾捌斤。

一，除蘭州、鞏昌、甘州、凉州、寧夏、秦州、階州、涇州、肅州、安西等府、州屬册造嘉慶玖年供支陝甘各營派往新疆各處換班聽差外委兵書壹拾貳員名，應需車輛脚價，各計支程途遠近不等，共支車價銀伍拾伍兩壹錢伍分捌厘。又，前項兵書壹拾壹名，每名各折支駝價銀陸兩，共支銀陸拾陸兩。

實在：共應繳銀壹百伍拾肆兩壹錢貳分肆厘。内署靖逆營游擊事、赤金營都司烏什喜借支壹年俸銀貳拾柒兩叁錢玖分肆厘，巴燕戎格營游擊孫維賢借支壹年俸銀叁拾玖兩叁錢叁分陸厘，岔口營都司陳全義借支壹年俸銀貳拾柒兩叁錢玖分肆厘，巴燕戎格通判保昌借支壹年俸銀陸拾兩。

查前項開除糧石、麵斤、草束等項，準據文武各屬册登，俱係照依各該處現行時估并部價以及節年准銷定例據實采買，按例計站、計斤，并程途遠近供支解送，實用實銷。至各屬采買粳粟、米石、草束等項，原因倉廠并無存貯，照依時估采買，并無浮冒，應請查核。至動用倉貯米麥、麵斤，應請作正開銷。其武職各員在于口内沿途支過例馬草柒百肆拾陸束，每束照依部價折銀壹分，共銀柒兩肆錢陸分，應請遵照原議，在于各該營馬乾銀内照數扣收還項，沿途各屬原支草束作正開銷。

再，查新收項下共銀壹萬叁千壹百肆拾壹兩陸錢陸分伍厘，内除請銷銀壹萬貳千玖百捌拾柒兩伍錢肆分壹厘外，又文武各員應繳借俸銀壹百伍拾肆兩壹錢貳分肆厘，請俟各該員班滿回任之日，照數扣還原款。再，前項原動銀壹萬叁千壹百肆拾壹兩陸錢陸分伍厘，内除領獲司庫實支銀玖千陸百陸拾叁兩叁錢捌分玖厘，領獲安肅道庫銀□拾伍兩壹錢肆分。貳共銀玖千柒百伍拾捌兩伍錢貳分玖厘，應請在于各原動款内作正開銷。尚該各屬墊用銀叁千叁百捌拾叁兩壹錢叁分陸厘，俟各屬請領至日，應請在于司庫新疆經費款内核發歸款。

再，查嘉慶捌年册落銀兩已歸入後案登答案内查登歸結，此册舊管項下無庸再爲重造，以歸簡易。再，查肅州、安西貳州供支駝價兵書壹拾壹名，較各州縣供支車價官兵壹拾貳員名計少壹名，係各該州將甘肅提標中營派往哈密廳差外委壹員李俊因不應支駝價，是以不符。等情。造具簡明總册，加具司結，同各屬造到撒册，一并詳賫請題前來，臣覆核無异。除加具印結同原册結分送部科外，相應具題，伏祈皇上睿鑒，敕部核覆施行。謹題請旨。

嘉慶拾年捌月拾叁日。

總督陝甘等處地方軍務兼理糧餉并兼管甘肅巡撫事兼理茶馬臣倭什布。

【貼黄】

總督陝甘等處地方軍務兼理糧餉并兼管甘肅巡撫事兼理茶馬臣倭什布謹題：爲請定等事。

該臣查得，甘肅省内地每年供支新疆各項錢糧，前經會議章程，按年分晰造册，題銷在案。兹據甘肅布政使蔡廷衡查得，嘉慶玖年壹歲，甘肅省内地文武各屬供支新疆一切銀糧、麵斤、草束等項造具簡明總册，加具司結，同各撒册呈賫請題前來，臣覆核無异。除加具印結同原册結分送部科外，謹題請旨。

【《明清檔案》A315—121，B179039—B179046】

△諭内閣將所有寧朔寧夏平羅靈州四州縣被水各莊堡本年應徵新舊正借銀糧草束緩至來年麥秋後徵收

嘉慶十年八月十四日

嘉慶十年八月十四日，内閣奉上諭："前因倭什布奏甘省寧朔縣田禾被水情形，當經降旨，飭令據實查辦，候朕加恩。兹據覆奏勘明，寧朔縣積水疏消，不致成灾，并續報被水州縣委員確勘，分别辦理。等語。靈州屬之漢柏等四堡及東路一、二、三、四、五牌等處，因山水猛發，一時未能宣泄，被灾較重。著即查明户口，加恩，賞加一月口糧。其寧夏縣屬之王洪等十三堡、寧朔縣屬之玉泉等十一堡、平羅縣屬之通福等四堡，雖被水之後，旋即疏消，業據勘明，不致成灾，但秋收究屬歉薄。所有寧朔、寧夏、平羅、靈州四州縣被水各莊堡，本年應徵新舊正借銀、糧、草束緩至來年麥秋後徵收，以紓民力，仍于冬春之間，察看情形，再行酌借籽種、口糧，俾資接濟。

"又據奏稱，古浪縣城東山水陡發，下游田禾俱被淹浸，并將河西渠道冲斷，直逼城根。經甘凉道等派撥民夫開挖引河，積水消退。因該民夫口食無資，飭縣借給口糧四百石，以資工作。等語。該縣民夫等奉派開挖引河，保護城垣、田禾，實爲踴躍趨公，所有借食口糧四百石，即著加恩賞給，毋庸于來歲徵還，以示朕軫念窮黎、恩施無已至意。欽此。"

【《嘉慶道光兩朝上諭檔》第10册，第487頁第1154條】

△諭著傳諭甘肅督撫等體察寧朔靈州寧夏平羅等被灾情形據實詳查覆奏候新正降旨加恩

嘉慶十年十月十四日

軍機大臣字寄盛京將軍、奉天府尹，直隸、江蘇、安徽、浙江、河南、山東、山西、湖北、湖南、陝西、甘肅各督撫。

嘉慶十年十月十四日，奉上諭："本年，奉天承德、遼陽等五州縣及正紅旗界内，夏秋間，雨雹成灾，直隸收成豐稔，惟安州等州縣未涸地畝及南宫、河間二縣積水村莊稍形歉薄。江蘇淮揚府屬被水成灾，江寧、徐海等屬續經被旱，并松、太二屬木棉歉收。濱海地方，間被風潮，泰州所屬各場，雨水過多。安徽懷寧、全椒等州縣，間被水旱。浙江杭、嘉、湖等府屬被水，春花、蠶絲，亦屬歉薄。河南新鄉等州縣，雨澤愆期，上蔡、臨漳等縣，被水歉收。山東濟南、武定、青州三府屬與山西平陽、蒲州、解、絳、霍五府州屬均經被旱。湖北安陸、漢陽、荆門等府州屬襄水泛漲，各堤垸均有漫溢。湖南澧州屬堤垸連年被水。陝西延、綏二府屬被旱，長安等四十三廳、州、縣并軍屯秋收歉薄。甘肅皋蘭、隴西等廳縣，或雨水稀少，或雨水過多，河流驟漲，寧朔、靈州、寧夏、平羅等處莊堡被水，節經隨時降旨加恩，分别蠲緩撫恤，小民糊口有資。第念來春青黄不接之際，尚恐民力不無拮据。著傳諭該將軍、府尹、督撫等體察情形，如有應行量爲接濟之處，據實詳查覆奏，候朕于新正降旨加恩。將此各諭令知之。欽此。"遵旨寄信前來。

【《嘉慶道光兩朝上諭檔》第10册，第622頁第1476條】

陝甘總督兼甘肅巡撫倭什布題報甘肅省嘉慶九年朋馬銀兩

嘉慶十年十月十八日

題。

十一月初七日。

十年十二月初六日下兵、户。

該部察核具奏。

總督陝甘等處地方軍務兼理糧餉并兼管甘肅巡撫事兼理茶馬臣倭什布謹題：爲請定歲底奏報，以肅馬政事。

據甘肅布政使蔡廷衡詳稱，案查甘肅省各提、鎮、協、營朋合銀兩并官兵馬匹例應按年造册送部，今准各提、鎮、協、營陸續造送前來。覆查無异，理合遵照部頒册式造具清册，相應呈請核題。等情。到臣。據此，該臣查得，甘肅省各提、鎮、協、營朋合銀兩，并官兵馬匹例應按年分晰題報。兹據甘肅布政使蔡廷衡詳查得，甘省嘉慶玖年各提、鎮、協、營陸續造送前來。查陝甘督標，甘肅、烏嚕木齊貳提督，并凉州、寧夏、西寧、肅州、河州、巴里坤陸鎮，靖遠、慶陽、静寧叁協營，及寧夏部郎奉撥守兵，舊管：嘉慶捌年拾貳月底止，朋合皮臟銀兩在于嘉慶捌年朋合册内造報，此册内毋庸重造。新收：嘉慶玖年正月起，至拾貳月底止，官兵共扣朋合銀叁萬柒千伍百陸拾伍兩貳□□厘，桩銀壹千壹百玖拾玖兩，皮臟銀壹千□□陸拾貳兩伍錢。

開除：嘉慶玖年正月起，至拾貳月底止，朋合銀伍千叁百捌拾叁兩貳錢肆分伍厘，内除在于欽奉上諭事案内，供支莊浪廳并武威、永昌、古浪叁縣各寺院喇嘛嘉慶玖年衣單口食銀叁百陸拾柒兩貳錢肆分伍厘。又于特飭定議等事案内，應支各提、鎮、營買補馬匹動用銀貳千貳百肆拾捌兩。又于沿邊等事案内，供支口内各廳、州、縣嘉慶玖年塘站倒馬價銀貳千貳百捌兩。又于欽奉上諭事案内，供支肅州鎮標安西協嘉慶玖年供差倒馬價銀□□伍拾貳兩。又于報明買補馬匹事案内，支□□□城守營買補屯防退回外委馬壹匹，價銀捌兩。

實在：嘉慶玖年拾貳月底止，朋合銀叁萬貳千壹百捌拾壹兩玖錢陸分叁厘，每百以貳兩合算，共應解部飯食銀陸百肆拾叁兩陸錢叁分玖厘，止該銀叁萬壹千伍百叁拾捌兩叁錢貳分肆厘。查前項實在銀兩于乾隆拾陸年閏伍月内在于咨會撥解俸銀事案内，請奉户部題準，嗣後朋合銀兩除支給各提、鎮、營倒馬價銀外，餘剩銀兩，儘數留給西海各王台吉每年俸銀之需。仍將留備俸銀毋庸造報緣由，在于朋合奏銷案内聲明，造報兵部查核。等因。□□在案。今嘉慶玖年實在銀叁萬壹千伍百□□捌兩叁錢貳分肆厘，内除差兵盤費款内候支各提、鎮、營嘉慶玖年差兵盤費銀叁千柒百捌拾陸兩，其支過銀兩細數在于差兵奏銷册内開銷。又，支給巴里坤鎮標、古城、木壘叁營牧馬兵丁嘉慶玖年壹歲鹽菜銀貳千伍百玖拾捌兩陸錢，尚該實在銀貳萬伍千壹百伍拾叁兩柒錢貳分肆厘，應照數留給青海各王台吉俸銀之需。桩銀壹千壹百玖拾玖兩，皮臟銀壹千伍百陸拾貳兩伍錢，每百以貳兩合算，共應解部飯食銀伍拾伍兩貳錢叁分，止該銀貳千柒百陸兩貳錢柒分。

又，各提、鎮、營額例馬貳□□□壹拾匹，外委千把總騎馬伍百叁拾捌匹，額外外委騎馬壹百伍拾伍匹，各兵騎操馬貳萬柒千陸百陸拾貳匹。舊管：嘉慶捌年拾貳月底止，官例馬貳千貳百壹拾匹。官馬貳萬捌千叁百伍拾伍匹，内外委馬叁百柒拾匹，額外外委馬壹百貳拾伍匹，各兵騎操馬貳萬壹千壹百貳拾肆匹，新疆屯防外委馬伍拾陸匹，兵丁馬壹千肆百玖拾柒匹，緩補兵丁馬貳拾叁匹，摘撥安塘兵丁馬壹匹，緩補外委馬伍匹，緩補兵丁馬壹千叁百玖拾伍匹，摘撥安西供差馬貳拾肆匹，摘撥安塘并幫安西供差馬肆拾叁匹，奉派進征外委騎去馬肆拾捌匹，額外外□□□馬貳拾伍匹，兵丁騎去馬叁百叁拾捌匹，□安留營馬伍拾壹匹，額外外委留營馬肆匹，兵丁留營馬叁千壹拾叁匹，兵丁留營撥缺馬貳匹，調缺未補馬壹百柒匹，軍營退回未補外委馬捌匹，額外外委馬壹匹，兵丁馬玖拾伍匹。

新收：嘉慶玖年正月起，至拾貳月底止，朋銀買補倒斃過伍馬貳百捌拾壹匹，分領伊犁孳生番貢并屯兵遺營及哈密聽差外委遺營撥補倒斃過叁、過肆、過伍馬貳千捌百肆拾肆匹，朋銀買補屯防退回外委馬壹匹，朋銀買補倒斃供差馬貳拾柒匹，屯防退回外委馬捌匹，兵丁馬貳百壹拾貳匹，緩補兵丁馬壹匹，軍營退□□□騎回馬壹拾壹匹，額外外委騎回馬壹□□□，兵丁騎回馬貳拾肆匹，外委騎缺領騎孳生馬貳匹，外委騎缺未補領騎赤金湖馬柒匹，分領赤金湖馬内撥補軍營騎缺未補屯防外委遺營馬壹匹，外委騎缺領騎赤金湖馬壹拾叁匹，額外外委騎缺領騎征兵買補留營馬叁匹，兵丁騎缺領騎買補馬叁拾叁匹，兵丁騎缺領騎孳生馬肆拾肆匹，兵丁騎缺領騎赤金湖馬玖拾玖匹，外委騎缺領騎買補馬陸匹，額外外委騎缺領騎買補馬柒匹，兵丁騎缺領騎買補馬伍匹，兵丁騎缺未補領騎赤金湖馬柒拾伍匹，分領赤金湖馬内撥補軍營騎缺未□□□□丁遺營馬壹匹，外委領騎原遺馬壹拾□匹，額外外委領騎原遺馬叁匹，兵丁領騎原遺馬壹千貳拾伍匹，外委騎缺未回馬貳匹，兵丁騎缺未回馬伍匹，買補軍營倒斃外委馬壹拾柒匹，額外外委馬壹拾匹，兵丁馬陸拾匹，撥補調解軍營屯兵遺營候撥馬伍匹，軍營騎缺撥補屯防外委遺營候撥馬壹匹，軍營騎缺撥補屯防兵丁遺營候撥馬壹匹，退變買補軍營倒缺馬貳拾壹匹，奉派屯防外委馬壹匹，奉派哈密聽差外委遺營撥缺馬壹匹，接頂事故外委馬貳拾匹，額外外委馬陸匹，兵丁馬壹千貳百伍拾肆匹。

開除：嘉慶玖年正月起，至拾貳月止，□倒斃過伍馬貳千捌百叁拾陸匹，倒斃過肆馬貳百肆拾陸匹，倒斃過叁馬肆拾叁匹，倒斃供差馬貳拾柒匹，奉派跟隨署總兵吴亨衍前赴鐵爐壩軍營防堵兵丁騎去馬壹拾肆匹，奉派哈密聽差外委遺營撥缺馬壹匹，奉派屯防外委馬壹匹，撥補軍營騎缺外委遺營候撥馬壹匹，撥補軍營騎缺兵丁遺營候撥馬壹匹，撥補軍營調缺兵丁馬伍

匹，屯防退回外委馬玖匹，兵丁馬貳百壹拾貳匹，緩補兵丁馬壹匹，軍營退回外委馬伍拾貳匹，額外外委馬貳拾陸匹，兵丁馬壹千貳百叁拾伍匹，退變買補軍營倒缺馬貳拾壹匹，軍營倒斃外委馬壹拾柒匹，□□外委馬壹拾匹，兵丁馬陸拾匹，接頂事□□委馬貳拾匹，額外外委馬陸匹，兵丁馬壹千貳百伍拾肆匹。

實在：嘉慶玖年拾貳月底止，官例馬貳千貳百壹拾匹，官馬貳萬捌千叁百伍拾伍匹，內外委馬肆百貳拾柒匹，額外外委馬壹百伍拾壹匹，兵丁馬貳萬貳千陸百貳拾貳匹，新疆屯防外委馬伍拾匹，兵丁馬壹千貳百玖拾匹，緩補兵丁馬貳拾貳匹，摘撥安塘兵丁馬壹匹，緩補外委馬伍匹，緩補兵丁馬壹千叁百玖拾陸匹，摘撥安西供差馬貳拾肆匹，摘撥安塘并幫安西供差馬肆拾叁匹，奉派進征外委騎去馬壹拾肆匹，額外外委騎去馬貳匹，□□騎去馬壹百肆拾貳匹，外委留營馬肆拾□□□，外委留營馬壹匹兵丁留營馬壹千玖百捌拾捌匹，兵丁留營撥缺馬貳匹，調缺未補馬壹百柒匹，軍營退回未補外委馬貳匹，額外外委馬壹匹，兵丁馬貳拾伍匹。

遵式造具清册，呈賫前來，臣覆核無异。除朋馬各册送部外，臣謹具題，伏祈皇上睿鑒，敕部核覆施行。專差承差徐國寶、馬相儒賫捧，謹題請旨。

嘉慶拾年拾月拾捌日。

總督陝甘等處地方軍務兼理糧餉并兼管甘肅巡撫事兼理茶馬臣倭什布。

【貼黄】

總督陝甘等處地方軍務兼理糧餉并兼管甘肅巡撫事兼理茶馬臣倭什布謹題：爲請定歲底奏報等事。

該臣查得，甘省各提、鎮、協、營朋合銀兩并官兵馬匹例應按年分晰題報。兹據甘肅布政使蔡廷衡詳查，甘省各提、鎮、協、營嘉慶玖年朋合銀兩并馬匹册籍，遵式造具清册呈賫前來，臣覆核無异。除朋馬各册送部外，臣謹具題請旨。

【《明清檔案》A316—68，B179391—B179397】

陝甘總督兼甘肅巡撫倭什布題報驗看應襲雲騎尉人員請發標學習

嘉慶十年十月二十一日

題。

十一月初八日。

十年十二月初六日下兵。

該部議奏。

總督陝甘等處地方軍務兼理糧餉并兼管甘肅巡撫事兼理茶馬臣倭什布謹題：爲請襲等事。

據甘肅布政使蔡廷衡呈稱，案奉嘉慶玖年正月貳拾伍日，準兵部咨，武選司案呈，兵科抄出本部題前事。内開：原任甘肅花馬池營外委李貴係出師陝甘等處打仗陣亡，議給雲騎尉世職，襲次完時，給與恩騎尉，世襲罔替。今既查明該故員李貴嫡長子李文才現年拾柒歲，例應承襲。等語。查與定例相符，應准其承襲雲騎尉世職。查李文才年未及歲，照例給與半俸，俟及歲時，仍令驗看具題，俟題准後，就近發標學習，准食全俸。扣至叁年期滿，出具考語，保題給咨，送部引見。等因。于嘉慶捌年拾貳月拾捌日題，本月貳拾日奉旨："依議。欽此。"相應知照可也。等因。咨院行司。

該甘肅布政使蔡廷衡查得，前奉部咨題准，出師陝甘等處打仗陣亡寧夏鎮屬花馬池營外委李貴之嫡長子、准襲雲騎尉世職李文才年未及歲，照例給與半俸，俟及歲時，仍令驗看具題，俟題准後，就近發標學習，准食全俸。扣至叁年期滿，出具考語，給咨送部引見。等因。遵奉在案。兹準寧夏道王榮棨移，據兼署寧夏府知府陳松詳，據署靈州知州陳繼光詳稱：遵查奉派出征堵剿賊匪打仗陣亡寧夏鎮屬花馬池營經制外委李貴之子李文才，前于嘉慶捌年請襲時年甫拾柒歲，扣至本年拾玖歲，年已及歲，造具履歷清册，連人送驗，呈請核題。等情。呈詳到臣。

該臣查得，奉准承襲雲騎尉世職李文才，年已及歲，應照例驗看具題。兹據甘肅布政使蔡廷衡呈准，據道、府、州依次詳查，陣亡花馬池營外委李貴之子李文才，前于嘉慶捌年請襲時，年甫拾柒歲，扣至本年拾玖歲，造具年歲履歷清册，呈請核題。等情。由司覆核，詳請驗看，具題前來，臣覆核無异。除將該世職驗看，俟奉准部覆後，發標學習，准食全俸。扣至叁年期滿，出具考語，給咨送部引見，并將履歷清册分送部科外，相應具題，伏祈皇上睿鑒，敕部核覆施行。謹題請旨。

嘉慶拾年拾月貳拾壹日。

總督陝甘等處地方軍務兼理糧餉并兼管甘肅巡撫事兼理茶馬臣倭什布。

【貼黄】

總督陝甘等處地方軍務兼理糧餉并兼管甘肅巡撫事兼理茶馬臣倭什布題：爲請襲等事。

該臣查得，奉准承襲雲騎尉世職李文才，年已及歲，應照例驗看具題。兹據甘肅布政使蔡廷衡詳查陣亡花馬池營外委李貴之子李文才，前于嘉慶捌年請襲時，年甫拾柒歲，扣至本年拾玖歲，造具年歲履歷清册，呈請驗看，具題前來，臣覆核無异。除驗看并將履歷清册分送部科外，謹題請旨。

【《明清檔案》A316—78，B179429—B179431】

嘉慶十一年 (1806)

△諭著陝西巡撫方維甸查明知縣陳珙繁在寧朔地方所獲高種秋等犯是否籍隸寧朔等事

嘉慶十一年正月初七日

軍機大臣字寄陝西巡撫方。

嘉慶十一年正月初七日，奉上諭："據方維甸奏，甘泉邪匪案内逃逸之要犯高種秋、王樹等十二名全數拿獲一摺，覽奏俱悉。此案王興善等聽信高種秋妖言，出錢糾衆，謀爲不軌，實屬目無法紀，經方維甸親往督拿，先後獲犯十餘名口。玆復將高種秋等十二犯全數拿獲，不致遠揚勾結，辦理甚爲妥速。知縣陳珙繁在寧朔地方督率人役，將高種秋等十一犯拿獲，尚屬能事。著該撫查明所獲各犯是否籍隸寧朔，如本係該縣境内居民，則平日失察之咎，即可加恩寬免。若所獲各犯并無籍隸該縣之人，該撫即應據實奏明，送部引見，候朕酌量施恩。至此案首夥各犯，該撫現已提訊，務當詳細根究，分别凌遲、斬決，定擬具奏，即于該處正法。此外勾結附和之人，自應查拿懲辦，但供出之人必須訪查確係要犯，再行緝捕審辦，不可過事株連，或致有挾仇誣扳情事。該撫惟當詳慎辦理、勿致拖累無辜爲要。現在要犯全獲，地方寧謐，據該撫摺内稱，已知會提督楊遇春無庸前赴延安，并令總兵張鳳即回榆林，臬司敦柱、副將吴亨衍各回本任。等語。自應如此辦理。"遵旨寄信前來。

【《嘉慶道光兩朝上諭檔》第 11 册，第 16 頁第 25 條】

△諭陝甘總督倭什布應聽寧朔知縣方維甸自行審擬具奏毋庸派員提解王興善等犯

嘉慶十一年正月初九日

軍機大臣字寄陝甘總督倭。

嘉慶十一年正月初九日，奉上諭："倭什布奏拿獲妖言惑衆首夥匪犯一摺。據稱，派委文武幹員迎赴前途，將該犯等押解來省，親加研鞫。等語。此案王興善等聽從高種秋等糾衆斂錢，在陝西甘泉一帶滋事。先經方維甸馳赴延安督拿，并分派兵役，前往與陝境接壤之慶陽、寧夏地界查緝。該撫親提獲犯王興善等三名及續獲之陳學詩等九名口審訊，昨已據奏。高種秋等十二犯全數拿獲，業經降旨，令該撫提集各犯詳細研訊分別，定擬具奏。其知縣陳珙繁是否應加獎勵，并令查明具奏。此時該撫駐札延安，諒已接奉此旨，就近遵照辦理。若復由寧朔將案犯解至蘭州，不惟路途遥遠，恐有疏虞，且此内如有應與陝省拿獲各匪質訊之處，仍須解往質對，豈不徒多轉折。倭什布應聽方維甸自行審擬具奏，毋庸派員提解也。將此傳諭倭什布，并諭方維甸知之。欽此。"遵旨寄信前來。

【《嘉慶道光兩朝上諭檔》第11册，第20頁第32條】

陝甘總督兼甘肅巡撫倭什布題請補授都司

嘉慶十一年二月十三日

題。

二月三十。

十一年三月十四日下兵。

該部議奏。

總督陝甘等處地方軍務兼理糧餉并兼管甘肅巡撫事兼理茶馬臣倭什布謹題：爲請補都司事。

嘉慶拾年拾壹月拾玖日，準兵部咨，武選司案呈，嘉慶拾年拾月拾叁日，將補行引見之題補陝西延綏鎮標左營游擊馬俊帶領引見，奉旨："馬俊，准其補授陝西延綏鎮標左營游擊。欽此。"查馬俊給與札付并限票，令其赴任，其所遺陝西鎮羌堡都司係題補之缺，陝甘貳省、四川松潘一鎮輪缺案内應用預保人員，現無預保應掣之員，令于現任人員内揀選題補。等因。到臣。

準此，該臣查得，陝西延綏鎮屬鎮羌堡都司馬俊升補延綏鎮標左營游擊遺缺，接準部咨，令于現任人員内揀選題補。等因。臣隨于陝甘貳省現任合例人員内詳加揀選，考驗得西寧鎮標左營守備羅玉，年力壯盛，弓馬可觀，以之請補延綏鎮屬鎮羌堡都司，實堪勝任。查該員現年肆拾柒歲，係甘肅高臺縣人，曾經出征循化、陝省等處，打仗帶傷，著有勞績，歷俸已滿年限，任内并無參罰服制事件，請補前項員缺，與例相符。再，該員係叁年期滿，案内應行引見之員。除查取該員履歷，至日另文給咨送部外，臣謹會同陝西固原提督臣楊遇春合詞具題，伏祈皇上睿鑒，敕部議覆施行。謹題請旨。

嘉慶拾壹年貳月拾叁日。

總督陝甘等處地方軍務兼理糧餉并兼管甘肅巡撫事兼理茶馬臣倭什布。

【貼黄】

總督陝甘等處地方軍務兼理糧餉并兼管甘肅巡撫事兼理茶馬臣倭什布謹題：爲請補都司事。

該臣查得，陝西延綏鎮屬鎮羌堡都司馬俊升補延綏鎮標左營游擊遺缺，接準部咨，令于現任人員内揀選題補。等因。臣隨于陝甘貳省現任合例人員内詳加揀選，考驗得西寧鎮標左營守備羅玉，年力壯盛，弓馬可觀，以之請補延綏鎮屬鎮羌堡都司，實堪勝任。查該員歷俸已滿年限，任内并無參罰服制事件，請補前項員缺，與例相符。除查取該員履歷至日送部外，臣謹合詞具題請旨。

【《明清檔案》A317—139，B180249—B180250】

陝甘總督兼甘肅巡撫倭什布題報游擊病故

嘉慶十一年二月十三日

題。

十一年三月十三日下兵。

兵部知道。

總督陝甘等處地方軍務兼理糧餉并兼管甘肅巡撫事兼理茶馬臣倭什布謹題：爲報明游擊病故日期事。

準陝西固原提督臣楊遇春咨，準陝安鎮王兆夢咨，據署鎮標中營游擊何文韜呈，據鎮標左營游擊馬良棟之子馬開泰稟稱：伊父于嘉慶拾年陸月內由軍營奉撤回營，因傷勞復發，兼患時疾病症，醫治不愈，于嘉慶拾年拾貳月初玖日病故，理合聲明。等情。查已故左營游擊馬良棟，籍隸四川雜谷廳人，由行伍。曾經出師金川，著有微勞，叠蒙遞升西寧鎮屬大通協營都司。于嘉慶叁年，奉派帶領撒拉官兵在于四川太平一帶進剿賊匪，打仗出力，賞戴花翎。復追賊至陝西一帶，遇賊打仗，左手帶石傷壹處，列爲貳等。又，在官莊壩打仗，左腿帶矛傷壹處，傷列貳等。于嘉慶肆年題補陝安鎮標左營游擊，于拾年陸月內奉撤回營，因傷勞復發，兼染時疾病故，并無別情。該故員任內亦無未清錢糧事件。所有取到嫡親甘結，理合加具承查印結及該故員原領札付、功札一并呈報。等情。轉報到提督。移咨到臣。

準此，該臣查得，武職守備以上官員病故，例應題報。兹陝安鎮標左營游擊馬良棟由軍營撤回，傷勞復發，兼患時疾病症，調治不愈，于嘉慶拾年

拾貳月初玖日病故。準陝西固原提督臣楊遇春移咨前來，臣覆查無异。除承查嫡親印甘各結及原領札付、功札另咨送部外，所有陝安鎮標左營游擊馬良棟病故日期，理合恭疏題報，伏祈皇上睿鑒，敕部查照施行。謹具題聞。

嘉慶拾壹年貳月拾叁日。

總督陝甘等處地方軍務兼理糧餉并兼管甘肅巡撫事兼理茶馬臣倭什布。

【貼黄】

總督陝甘等處地方軍務兼理糧餉并兼管甘肅巡撫事兼理茶馬臣倭什布謹題：爲報明游擊病故日期事。

該臣查得，武職守備以上官員病故，例應題報。兹陝安鎮標左營游擊馬良棟由軍營撤回，傷勞復發，兼患時疾病症，調治不愈，于嘉慶拾年拾貳月初玖日病故。準陝西固原提督臣楊遇春移咨前來，臣覆查無异。除承查嫡親印甘各結及原領札付、功札另咨送部外，所有陝安鎮標左營游擊馬良棟病故日期，理合恭疏題報，謹具題聞。

【《明清檔案》A317—140，B180251—B180252】

陝甘總督兼甘肅巡撫倭什布題報陣亡把總議給世職請准其子承襲

嘉慶十一年二月十三日

題。

二月三十。

十一年四月十六日下兵。

該部議奏。

總督陝甘等處地方軍務兼理糧餉并兼管甘肅巡撫事兼理茶馬臣倭什布謹題：爲移付事。

據甘肅布政使蔡廷衡呈案，奉兵部咨，武選司案呈，準職方司付稱：陝西巡撫方維甸咨，進剿川陝賊匪打仗陣傷亡故各官造册送部核辦。等因。應將册開打仗陣亡陝西下馬關營把總楊宗雄，均照例，給與雲騎尉世職，襲次完時，給與恩騎尉，世襲罔替。等因。具題。奉旨："依議。欽此。"相應移付前來。查陣亡把總楊宗雄，係甘肅人，相應行文該督，飭令地方官查明該故員應襲之人，造具支派宗圖、印甘各結送部。若年已及歲，即令該總督驗看具題，俟奉旨後，收標學習，准食全俸。其年未及歲，即將宗圖册結查核具題請襲。等因。咨院行司。備移飭遵去後。

玆據甘肅布政使蔡廷衡呈，準護平慶道閻曾履移，據平凉府知府閻曾履詳，據固原州知州翟方震詳稱：遵查奉派出征陝西平利縣屬偏窪地方，與賊打仗陣亡下馬關營把總楊宗雄，實係固原州民籍，奉旨給與雲騎尉世職，襲次完時，給與恩騎尉，世襲罔替。查該故員止生壹子楊連陞，現年拾歲，并無過繼違礙等弊，例應承襲。所有送到宗圖册結，相應詳請先行具題承襲，仍俟年歲合例時，再爲詳請驗看，發標學習。等情。呈詳到臣。

該臣查得，前準部咨，令將在于陝西平利縣屬偏窪地方與賊打仗陣亡陝西下馬關營把總楊宗雄，給與雲騎尉世職，襲次完時，給與恩騎尉，世襲罔替，查明應襲之人具題請襲。等因。轉行遵照去後。玆據甘肅布政使蔡廷衡呈，準護平慶道閻曾履移，據平凉府知府閻曾履詳，據固原州知州翟方震詳稱：遵查奉派出征陝西平利縣屬偏窪地方與賊打仗陣亡下馬關營把總楊宗雄之嫡長子楊連陞，現年拾歲，并無過繼違礙等弊，例應請襲。理合造具宗圖册結，加具印結，由府道依次加結移送前來。該甘肅布政使蔡廷衡覆查，陣亡把總楊宗雄之子楊連陞既經由籍查明，實係該故員之嫡長子，應請照例承襲雲騎尉世職。查楊連陞年未及歲，所有送到宗圖册結，相應詳請先行具題承襲，仍俟年歲合例時，再爲呈送驗看，照例辦理。等情。前來，臣覆核無异。除宗圖册結分送部科外，相應具題，伏祈皇上睿鑒，敕部核覆施行。謹題請旨。

嘉慶拾壹年貳月拾叁日。

總督陝甘等處地方軍務兼理糧餉并兼管甘肅巡撫事兼理茶馬臣倭什布。

【貼黄】

總督陝甘等處地方軍務兼理糧餉并兼管甘肅巡撫事兼理茶馬臣倭什布謹題：爲移付事。

該臣查得，前準部咨，令將在于陝西打仗陣亡下馬關營把總楊宗雄給與雲騎尉世職，襲次完時，給與恩騎尉，世襲罔替。查明應襲之人，具題請襲。等因。轉行遵照去後。兹據甘肅布政使蔡廷衡呈，查出征陝西打仗陣亡把總楊宗雄之嫡長子楊連陞，現年拾歲，實係該故員之嫡長子，例應承襲。查楊連陞年未及歲，所有送到宗圖册結，應請先行具題承襲。等情。前來，臣覆核無异。除宗圖册結分送部科外，謹題請旨。

【《明清檔案》A317—141，B180253—B180255】

△諭内閣交倭什布等揀員奏請與寧夏府知府何道生對調等事

嘉慶十一年五月二十九日

嘉慶十一年五月二十九日，内閣奉上諭："據倭什布等奏，寧夏府知府何道生與臬司劉大懿係屬兒女姻親，應行回避，照例于陝西知府内揀員對調。請于同州府知府洪範、鳳翔府知府王駿猷、漢中府知府朱紱三員内欽定一員，與何道生對調。等語。所奏殊屬非是。外省有應行回避人員，在于總督兼轄省分。對調者，該督撫應酌量缺分繁簡，遴選合例之員奏明，請旨調補。即或該省可調人員内，多與例未符，無指名以對調之人，亦應于扣除各員之外，慎選一二人，出具切實考語，分别差等奏明，候朕簡用。今倭什布將洪範等三員籠統聲叙，未注考語、履歷，并人地是否相宜之處，亦未據奏明，各直省從無如此辦理者，倭什布摺，著駁回。其寧夏府知府一缺，仍交該督等揀員奏請與何道生對調。欽此。”

【《嘉慶道光兩朝上諭檔》第11册，第427頁第899條】

户部尚書禄康題覆甘肅省嘉慶六年雇覔防守城池民夫支過口食銀兩開銷事

嘉慶十一年六月十四日

題。

三。

王蟦。

十一年六月十六下户。

依議。

經筵講官、太子少保、内大臣、協辦大學士、户部尚書、鑲白旗滿洲都統步軍統領臣宗室禄康等謹題：爲軍需等事。

户科抄出陝甘總督倭什布題銷甘肅軍需第八十四案，嘉慶陸年叁肆伍等月内賊匪闌入甘境，各屬雇覔防守城池民夫支過口食錢合銀兩一案，嘉慶拾年拾壹月貳拾日題，拾貳月貳拾日奉旨：“該部察核具奏。欽此欽遵。”于本日抄出到部。

該臣等查得，陝甘總督倭什布將甘肅軍需第八十四案，嘉慶陸年叁肆伍等月内賊匪闌入甘境，各屬雇覔防守城池民夫支過口食錢合銀兩造册，具題請銷前來。查疏册内開：

一，舊管：軍需銀伍拾壹萬玖千陸百貳拾玖兩叁錢肆厘。等語。查前項舊管銀兩，臣部核對第八十三案實存銀數相符，應毋庸議。

一，開除：西和、鹽茶、固原、秦州、清水、静寧、隆德、華亭、秦安、兩當、徽縣、三岔、成縣、崇信、靈臺、禮縣、階州等十七廳、州、縣，嘉慶陸年叁肆伍等月内賊匪冉學勝、高二等逆闌入甘境，各該處係被賊之區，防守城池，照鹽茶軍需成案并嘉慶叁年賊匪高均德、李全等竄甘防守之例，雇夫貳千名及壹千名，每名日支口食錢捌拾文，各計起裁日期、夫數，多寡不一，共用口食錢合銀壹拾壹萬壹千貳百貳拾肆兩。又，靖遠、岷州、隴西、安定、會寧、寧遠、伏羌、通渭、平凉、莊浪、西固、白馬關、涇州、鎮原、文縣等一十五廳、州、縣，各該處係近賊地方，防守城池，照鹽茶軍需成案并嘉慶叁年賊匪高均德、李全等竄甘防守之例，雇夫叁百名及壹千名，每名日支口食錢陸拾文，各計起裁日期、夫數，多寡不一，共用口食錢合銀貳萬捌千玖百貳拾兩。以上共請銷銀壹拾肆萬壹百肆拾肆兩。等語。

查嘉慶肆伍陸柒等年，賊匪闌入甘境，雇覓守城民夫數目、起裁月日，先據該督造册咨部，經臣部查鹽茶軍需成案雇覓民夫防守城池卡隘被賊地方，大州縣不得過貳千名，小州縣不得過壹千名，每名日支口食錢捌拾文。近賊地方，大州縣不得過壹千名，小州縣不得過叁百名，每名支日口食錢陸拾文。奏准照辦。今查所送各册，各處防守城池雇夫數目均與原定章程、准雇數目不符，行令確核删減。其賊匪未到，及已經出境以後，不得藉詞留設多名，致滋糜費。等因。核駁。

嗣據該督分晰造册咨覆，復經臣部查，被賊之隴西縣雇夫貳千伍百名，秦州雇夫肆千名，階州雇夫貳千肆百名，應照大州縣例，准其造報各貳千名。又，隆德、西和、洮州、清水、兩當等廳、州、縣各雇夫貳千名，應照小州縣例，准其造報各壹千名。又，近賊之臯蘭、平凉雇夫柒百至壹千并壹千貳百及貳千名，應照大州縣例，准其造報壹千名。靖遠、金縣各雇夫壹千名，應照小州縣例，准其造報各叁百名。其餘多雇名數，概飭删除。又，被賊之鹽茶、秦安、會寧、安定、通渭、伏羌、岷州、寧遠、固原、静寧、禮縣、徽縣、文縣、成縣、華亭、莊浪、崇信、漳縣、西固、三岔、靈臺、白

馬關等廳、州、縣，雇夫壹千名至貳千名。近賊之涇州、狄道、沙泥、渭源、鎮原等州縣，雇夫叁百名至壹千名，均與章程准雇名數無浮，准其入册造報。至所稱賊匪將次臨境，及甫經出境以後，不得不酌量情形，少留餘日，實有不能于入境之後始行雇募，出境之日，即行全撤之處，核其所登，尚屬實在情事，應如所咨辦理，核覆在案。是以前據該督題報第六十九、七十一等案，雇夫防守城池支給口食錢文各案内，均經臣部駁令，查照奏定章程准雇名數，分别減銷各數目另册具題，再行核辦。

今據册造，被賊滋擾之鹽茶、固原、静寧三廳、州、縣各雇夫貳千名，華亭、秦安、崇信、靈臺等四縣及三岔州判各雇夫壹千名，與原定章程雇夫數目相符。至秦州、階州應照大州縣例各雇夫貳千名，今册造秦州雇夫肆千名，階州雇夫貳千肆百名。其禮縣、徽縣、成縣、西和、隆德、清水、兩當等七縣應照小州縣例，各雇夫壹千名，今册造均雇夫貳千名。計多雇夫肆百名至壹千名及貳千名不等。又，近賊之岷州、安定、會寧、寧遠、伏羌、通渭、涇州等七州縣各雇夫壹千名。鎮原縣、西固州同、白馬關州判、莊浪縣丞等四處各雇夫叁百名，亦與原定章程相符。其隴西縣雇夫壹千叁百名，平凉縣雇夫壹千貳百名，應照大州縣例，各准其雇夫壹千名。計多雇夫叁百、貳百名不等。又，近賊之文縣雇夫陸百名，靖遠縣雇夫壹千名，均應照小州縣例，衹應各雇夫叁百名。計多雇夫叁百、柒百名不等。所有每名日支口食錢捌拾、陸拾文，共支錢合銀壹拾肆萬壹百肆拾肆兩。臣部均難議准，應令該督遵照章程，核准名數，另册題報核銷。其多開夫數支給口食錢文并令該督分别確删，著落原辦官名下追繳歸款，報部查核。一，實存軍需銀叁拾柒萬玖千肆百捌拾伍兩叁錢肆厘，入于次案舊管項下滚接造報。等語。查此案舊管銀伍拾壹萬玖千陸百貳拾玖兩叁錢肆厘，内除本案開支銀壹拾肆萬壹百肆拾肆兩外，實應存銀叁拾柒萬玖千肆百捌拾伍兩叁錢肆厘。臣部核算應存銀數相符，應于次案舊管項下查核。臣等未敢擅便，謹題請旨。

嘉慶拾壹年陸月拾肆日。

經筵講官、太子少保、内大臣、協辦大學士、户部尚書、鑲白旗滿洲都統步軍統領、坐贓從寬留任臣宗室禄康等，經筵講官、太子少保、文淵閣直閣事尚書、世襲雲騎尉、降二級留任又革職留任臣戴衢亨，【注】經筵講官、吏部左侍郎、兼署右侍郎、正白旗滿洲副都統、管理圓明園八旗國子監事、待教習庶吉士臣玉麟，左侍郎臣趙秉冲，右侍郎管理錢法事務、兼工部左侍郎、總管内務府大臣、正紅旗滿洲副都統、管理御茶膳房正辦處事務、兼管圓明園事務、管理清漪園等處事務、管理工程處花爆作事務、降一級留任臣蘇楞額，經筵講官、右侍郎管理經濟事務、兼署吏部右侍郎、教習庶吉士臣劉鐶之，郎中臣蘇成額，郎中臣德慶，郎中臣楊毓江，郎中臣董淇，郎中臣林紹光，郎中臣張大維，郎中臣吴應咸，員外郎臣宗室德莊，員外郎臣覺羅麟祥，員外郎臣瑺弼，員外郎臣慶福，員外郎臣錢學彬，員外郎臣任蘭祐，主事臣任額勒德恩，主事臣韋運標，主事臣趙學轍，主事臣張業南，額外主事臣明昌，額外主事臣歐陽厚均，額外主事臣牛坤，七品官臣王啓文，七品官臣李湘茝，七品官臣王炘，司務臣三多，額外司務臣范光灼。

【注】銜名：“經筵講官太子少保文淵閣直閣事尚書世襲雲騎尉降二級留任又革職留任臣戴衢亨”。

【《明清檔案》A320—95，B181885—B181890】

△諭方維甸等奏寧陝鎮標兵丁二三百名滋事搶掠前往查辦等事

嘉慶十一年七月十六日

軍機大臣字寄陝西巡撫方、固原提督楊。

嘉慶十一年七月十六日，奉上諭：“方維甸等奏寧陝鎮標兵丁二三百名滋事搶掠，前往查辦一摺。寧陝鎮新募兵丁多係鄉勇改充，早慮及伊等不能

安静寧貼，今竟藉停止米折爲辭，糾集二三百人，爬進該廳舊城搶掠，又復竄赴新城教場屯聚，實屬可恨已極。方維甸接據該廳禀報後，即與札爾杭阿面商，密派滿營兵一千名、軍標兵一千名、撫標兵五百名豫備調遣，并咨會總兵王兆夢、副將祝廷彪各預備兵五百名分投堵拿。先令總兵楊芳帶兵二百回陝，所辦俱是。楊遇春由川進京，行抵西安，聞知寧陝鎮兵丁滋事之信，即會商帶兵馳往查辦。能以公事爲重，殊屬可嘉，即著方維甸、楊遇春二人進山督率辦理。至札爾杭阿請于將軍、副都統内酌量一二人帶兵前往之處，札爾杭阿現已年老，祥保亦未經歷行陣，應令蘇勒芳阿帶兵前往。此外如總兵張鳳等久在軍營出力之人，亦可酌量調遣。倘現調之兵尚不敷辦理，即當于陝省各營再爲調派，但總須于陳兵内擇其曾經出征打仗者，方能得力，不可派調新兵，致多瞻顧。

“此時方維甸等，當一面派兵堵截要隘，一面派明幹文武大員前往剴切曉諭，以該兵丁仰荷豢養生成，至優極渥。即以米折一項，業經奏蒙聖恩，給與折銀四錢。此時各鎮新兵安分守法，即當將米折之項分别給予爾等，有何迫不及待，竟敢肆行搶劫，此實罪由自取。但其中必有起意爲首之犯，其餘多係逼脅附和。若能將罪魁縛獻，則此内爲從之犯，即可貸其一死。倘憫不畏法，尚不自行投出，即當調派各路大兵，擒剿無赦。如此明白宣示，如該犯等將爲首各犯獻出，即當嚴行究辦，其業經爬城肆搶者，俱應正法，此外尚可從寬發遣。倘竟敢相率抗拒，即當并力剿辦，大示懲創，勿令日久蔓延，致滋裹脅，此爲至要。并查明如何起事根由，或實係因停止米折，抑或另有别情。倘查係地方文武各官激而生變，即著方維甸嚴參具奏。仍曉諭新設各營兵丁，現在已一體准給米折，爾等得此養贍，正可安心操練。俾伊等聞知，各懷欣感，蓋臻鎮定。

“至此次方維甸摺報由四百里馳奏，尚覺遲緩。此後奏報辦理情形俱著用五百里。一經辦竣，即用六百里馳奏。摺内著方維甸、楊遇春一同列名。

倘辦理尚覺費手，或須德楞泰赴彼督辦，伊此時留京辦事，并不隨往木蘭，儘可派往帶兵。如果需伊前往，即著方維甸等迅速具奏。將此由五百里，傳諭方維甸、楊遇春，并諭札爾杭阿知之。欽此。”遵旨寄信前來。

【《嘉慶道光兩朝上諭檔》第 11 冊，第 546 頁第 1166 條】

△諭方維甸等奏接據探報并入山察看情形

嘉慶十一年七月十八日

軍機大臣字寄陝西巡撫方、固原提督楊。

嘉慶十一年七月十八日，奉上諭：“方維甸等奏接據探報并入山察看情形一摺。據稱，行至石羊關，途次接據探報，寧陝鎮新兵糾約放火搶掠，署總兵楊之震、署游擊羅全亮力竭被戕，都司党順身受矛傷七處。賊匪約有三四百人，由孫家梁竄向甘家砭。等語。該犯等竟係糾約叛逆，殊堪痛恨。前因方維甸等奏，報該犯等滋事情形，不過二三百人爬墻搶掠，旋即竄出廳城，并未殺人，是以諭令派員曉諭，如果縛獻首犯，則其餘附和之徒，即可量從末減。今既已放火戕官，肆意搶掠裹脅，豈可復事姑息，竟當悉力剿捕，大示懲創。且甘家砭距四畝地華陽江口甚近，該處各營汛均有新兵，若該犯等竄往勾結，更爲可慮。

“此時方維甸等入山剿辦，并令楊芳于原調兵丁二百名外，再挑兵一千三百名，游棟雲帶兵一千五百名。總兵張鳳亦經調派預備，所辦俱是。楊芳、游棟雲、張鳳久歷戎行，先經令方維甸等酌量調派，令該撫等已飛咨檄調，適與朕旨相合。但恐賊數增多，不可無大員督剿。現已降旨，令德楞泰同札克塔爾并帶領侍衛章京數員馳往督辦。寧陝一帶地勢情形，德楞泰、札克塔爾二人最爲熟悉，辦理更易得手。昨因該鎮新兵内籍隸四川者居多，業經諭令勒保密派豐紳、田朝貴等酌帶官兵，以查閲七盤關爲名，馳赴七盤關、廣元一帶駐札防堵，杜其入川之路。德楞泰未到之前，方維甸，楊遇春惟當嚴密圍捕，迅速殲除，不可專候德楞泰到彼，致有稽延。方維甸，俟德楞泰到後，如無需伊在彼，即回赴省城料理糧餉等事。所有奏報剿辦情形，即著德楞泰一人列名。倘于德楞泰未到以前，方維甸等業已撲滅净盡，所有該處善後事宜，即著德楞泰在彼經理，俾臻妥善。

"至被戕之楊之震、羅全亮，受傷之黨順，俱係武職，恐該員等平日不無克扣糧餉、苦累兵丁情事。党順身受矛傷七處，恐亦未必能調養平復。著方維甸等查明此數員内如有克扣等事，業已被戕，即毋庸置議。倘平日居官尚好，實因變生，倉猝力竭被戕，即當奏明，給予恤典。其署同知李晶親向賊衆曉諭，并未被賊傷害，係屬接據探報之詞。著方維甸等查明該員如何曉諭賊匪未被傷害情形，如果所禀屬實，即可免議。設或該犯等滋事之時，該員避匿偷生，迨至賊衆竄逃之後，該員又復捏詞粉飾，方維甸等即當一并嚴參，治以應得之罪。仍遵照前旨，究明該犯等起事根由，據實具奏。

"再，前據方維甸等奏，請來京陛見，業經諭，俟臬司敦柱回任，朱勛與方維甸輪替來京。茲寧陝鎮現有應辦要務，朱勛、方維甸俱不必即來陛見。已降旨，令敦柱隨同德楞泰馳驛前赴寧陝軍營，所有拿獲滋事各犯，即交該臬司審訊，俟剿捕事宜完竣，朱勛先行來京陛見，方維甸，俟朱勛回陝後，再行前來可也。將此由五百里諭令知之。欽此。"遵旨寄信前來。

【《嘉慶道光兩朝上諭檔》第 11 册，第 554 頁第 1185 條】

△諭倭什布奏續報寧陝新兵滋事情形并調兵迎剿事

嘉慶十一年七月二十六日

軍機大臣字寄陝甘總督倭。

嘉慶十一年七月二十六日，奉上諭："倭什布奏續報寧陝新兵滋事情形，并調兵迎剿一摺。據稱，新兵四百餘人放火焚燒該鎮等衙署，經護總兵楊之震等倉卒抵禦，同時被害。等語。與方維甸前奏情形相同，惟所稱楊之震等跟役三名搶得總兵印信呈繳一節，未據方維甸奏及。該跟役等當倉卒之際，能知印信爲重，搶得呈繳，尚屬可嘉。著倭什布查明該跟役三名，酌加獎賞。其總兵印信，即委員送交楊芳收用。至楊芳帶兵二百名，爲數較少，自應酌量添撥。倭什布以該處新兵恐其聲氣相通，勢難得力，仍飭于固原添調兵一千名，所見甚是。但此等新兵散布各營，該督當早爲剴切撫諭，俾各知感畏，安分守法，不致潛被勾結爲要。此時方維甸等帶兵進山，數百逆匪自當即日剿除净盡，倭什布現已帶兵前進，仍遵昨旨，不必再赴陝境。惟當于甘省交界各隘口，分投嚴密，防堵截拿，勿任一名竄逸。將此由四百里諭令知之。欽此。”遵旨寄信前來。

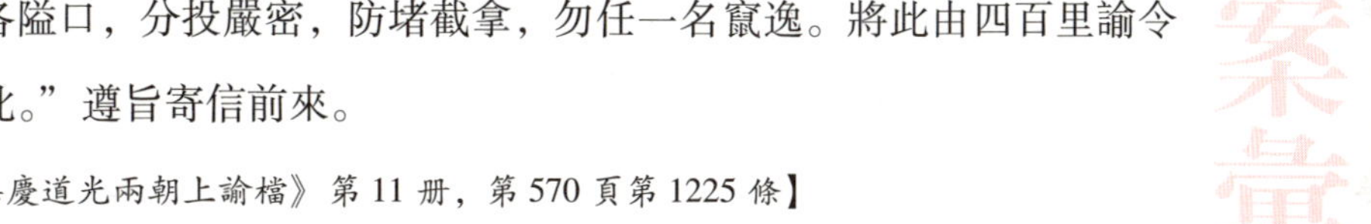

【《嘉慶道光兩朝上諭檔》第11册，第570頁第1225條】

△諭方維甸等奏山内新兵安撫寧貼并兼程探剿緣由

嘉慶十一年七月二十八日

軍機大臣字寄陝西巡撫方、固原提督楊。

嘉慶十一年七月二十八日，奉上諭：“方維甸等奏山内新兵安撫寧貼，并兼程探剿緣由一摺，覽奏已。患寧陝鎮屬新兵較多，該撫等因帶兵入山，恐訛傳剿洗，新兵致滋惶惑，當即明白宣示，以官兵祇誅叛匪，并不株累無辜，俾新兵俱各畏服，所辦甚得要領，與朕前次諭旨適相吻合。惟此項新兵滋事，現經該撫等訪察，係兵丁陳達順、額外外委陳先倫、兵丁王俸等爲首。該犯等業經入伍，食糧并有。充當額外外委之人，乃膽敢肆行不法，謀爲叛逆，實可痛恨。所有首逆陳達順等三犯，于拿獲後，即當凌遲處死。其向謀之兵丁王文龍、蒲拜、于田、洪全、陳才、劉月盛、康朝俸等均屬目無法紀，擒獲後，俱應按例嚴辦。硃：加重。

“至所稱該逆等起事緣由，係因該管員弁禁止營中結盟，責治稍嚴，心懷怨恨。陳達順等探知本年六月係加增米折屆滿之期，遂捏稱自七月後不但不給加增米折，并四錢米折，亦不准給。密布謡言，以致人多附和。等語。所奏訪察情形，尚未明確。該管官弁如果祇因禁止營中結盟，將該兵丁嚴加責懲，原屬分内應行管事之事，乃該逆等竟因此率衆滋擾，戕害該管員弁，則楊之震、羅全亮之抵禦被害，情實可憫，仍當照例給予恤典。若該管員弁實有尅扣餉項，苦累兵丁，釀成事端之處，則其被戕，亦無足惜，自可置之不議。此一節，仍著方維甸等訪查確切，據實具奏，不可稍有徇隱。署同知李晶既查無督項情事，現在逐處曉諭兵民，多已相安復業，自當令其照舊供職，毋庸再行查辦。至逆匪竄入寧陝廳城，獄囚十名亦皆劫放，所有自行投回之絞犯郭老么、王統祥、王進得、王春、李文、魏幗太等六名尚知畏法，著即施恩，減等發落。其未經投回之四犯，俟拿獲時，照例辦理。硃：加重。

“又，另片奏，近年調派寧陝、陝安、漢中及固原、河州官兵搜捕零匪，均係支領剿兵錢糧，此次所調官兵入山，懇請照剿兵錢糧支給，以足兵食。等語。著照所請支給。但此次剿辦叛兵，與搜捕零星邪匪，係截然兩事。現在所調官兵，祇應照内地剿捕定例支給，劃清界限，不可稍有牽混，致啓浮冒之漸。至方維甸等現已帶兵兼程趨往漢中一帶迎截，務須會合兵力，一鼓殲擒，不可因雨多河水盛漲，又蹈從前軍營惡習，致涉延緩。并一面飛咨豐紳、倭什布于甘肅川省毗連地方嚴密堵截，勿任竄逸，方爲妥善。總之，此等叛匪既敢于充當兵丁之後結盟滋事，實屬孽由自作，惟有盡行剪除，不留餘孽。該撫等惟當實力剿捕，迅速殄除，勿令日久蔓延。其未經附逆新兵，仍當明白曉諭，妥爲安撫，俾各守營伍，勿被叛兵煽惑，庶幾多一寧貼之兵，即少一從賊之人，剿捕更易竣事。將此由四百里諭令知之。欽此。”遵旨寄信前來。

【《嘉慶道光兩朝上諭檔》第 11 册，第 570 頁第 1226 條】

△諭方維甸等奏整頓兵力分路截剿賊匪緣由

嘉慶十一年八月初九日

軍機大臣字寄欽差大臣一等侯德、陝西巡撫方、固原提督楊。

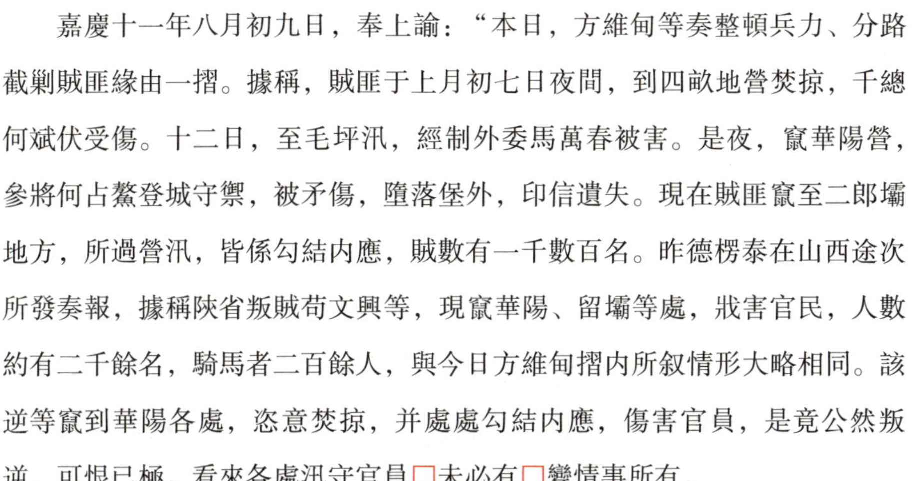

嘉慶十一年八月初九日，奉上諭："本日，方維甸等奏整頓兵力、分路截剿賊匪緣由一摺。據稱，賊匪于上月初七日夜間，到四畝地營焚掠，千總何斌伏受傷。十二日，至毛坪汛，經制外委馬萬春被害。是夜，竄華陽營，參將何占鰲登城守禦，被矛傷，墮落堡外，印信遺失。現在賊匪竄至二郎壩地方，所過營汛，皆係勾結内應，賊數有一千數百名。昨德楞泰在山西途次所發奏報，據稱陝省叛賊苟文興等，現竄華陽、留壩等處，戕害官民，人數約有二千餘名，騎馬者二百餘人，與今日方維甸摺内所叙情形大略相同。該逆等竄到華陽各處，恣意焚掠，并處處勾結内應，傷害官員，是竟公然叛逆，可恨已極。看來各處汛守官員□未必有□變情事所有。

"此外被害外委馬萬春，即著咨部賜恤，參將何占鰲、千總何斌伏如被傷不能就痊，亦著照例賜恤。其前此方維甸奏到被戕之署總兵楊之震、署游擊羅全亮及被傷之都司党順等，如不能平復，此時亦不必再查賊匪起事根由，俱著加恩，分别賞恤。此外查有被戕兵丁，亦照此辦理。所有節次被害之官員兵丁内，如查有由鄉勇充當新兵在營拔用者，尚當加一等賜恤，并著德楞泰等通諭各處新兵，以爾等同係入營充伍之人，當明大義。現在新兵内守汛陣亡之人爲國捐軀，俱蒙皇上天恩，特行加等賞恤。汝等若能認真出力，踴躍戰守，不爲叛賊所惑，將首逆各犯奮勇殲擒，自即當加倍升賞，不可不自知顧惜，奮勉立功。如此明白曉諭，庶各處新兵心志堅定，不致再被賊匪勾結。

“至爲首逆犯，前據方維甸奏稱，係陳達順、陳先倫、王倖三人，王文龍、蒲拜、于田[①]、洪全、陳方、劉月盛、康朝倖六人同謀。而昨日德楞泰奏摺内則稱，係苟文興爲首，此外另有孫貴、王大才、陳先龍等數人。德楞泰發摺時尚在晋省，已探明爲首之人。方維甸在本省地方，距賊甚近，豈轉未詳探得實。著再確查具奏，并即懸立賞格，如有能擒獲首逆者，即照徐添德等逆之例，兵丁賞銀一千兩，擢予官職，官員則加倍優擢。此外伊等奏到，各賊目如兵丁内有能拿獲者，賞銀五百兩，官員加恩升擢，俾闔營大小官兵，共知鼓勵，奮勉争先。將首夥各逆按名殲擒，庶易蕆事。

“至現在賊匪因阻水，在佛葉坪、栗子垻一帶游奕。該處距漢中甚近，尤當防其奔突，必須趁其阻水之際，一鼓殲除，不可不趕緊剿辦。德楞泰接奉此旨，即著迅速行走，馳抵該處，率同楊遇春等設法剿除。現在川省已有田朝貴、唐文淑等在彼堵剿，倭什布亦已帶兵二千餘名由鳳縣迎頭剿捕，正可三面攻圍，制賊死命。設尚覺兵力不敷，德楞泰酌量應于何處酌調，即一面奏聞，一面調撥，不可遲緩。方維甸，俟德楞泰到營後，著即馳回省城，將糧餉及地方事宜，督同藩司朱勛妥爲經理。此時方維甸未回省，以前巡撫衙門各事即照所請，先著朱勛代拆代行。至前任臬司敦柱業已丁憂回旗，將來省城有撫藩二人，足資經理。新任臬司素納，年力正壯，著即飭令前往軍營，遇有拿獲叛賊，正可交令審辦。所有陜省此時需用餉項已降旨，令同興于山西省撥銀四十萬兩解往備用。方維甸等，惟當于一切支應事宜，遵奉前旨，查照定例，妥協經理，毋涉牽混。將此由五百里諭令知之。欽此。”遵旨寄信前來。

【《嘉慶道光兩朝上諭檔》第 11 册，第 594 頁第 1273 條】

---

①于田：原作“子田”，據嘉慶十一年七月二十八日條上諭改。

△諭方維甸等五百里奏報連日趕勦賊匪情形且所奏殊不明晰

嘉慶十一年八月十一日

軍機大臣字寄欽差大臣一等侯德、陝西巡撫方、固原提督楊。

嘉慶十一年八月十一日，奉上諭："本日，遞到方維甸等五百里奏報。朕以爲必係勦賊得勝捷音，及加披閲，衹係奏報連日趕勦賊匪情形，并未趕上接仗，且所奏殊不明晰。據稱，聞西江口新兵亦在江口營起事滋擾，與賊匪響應，已有數十人，擾及八里關大道。等語。此數十人者，係江口營新兵另起滋事，該營兵丁共有若干名，滋事者是否衹此數十人，未據聲叙明。

"又據稱，初一日傍晚，有洋縣逃來民人喊稱，是日午後，賊匪潛分一股竄至洋縣東北攻擾，曾縣官督率民夫防守，不料西城外來有數十人執打官兵旗幟、衣帽，與官兵無异，聲稱來縣協防。民夫正在遲疑，賊匪即放箭爬城而上，城上隨即火起，縣官不知下落。等語。該處爬城之數十人，均屬官兵裝束，又係何處賊匪，是否即係江口營之數十人，并未詳細聲叙。且前據德楞泰在山西途次奏稱，探聞此次賊匪係苟文興[1]爲首，硃。今方維甸等業已馳赴勦擊，距賊甚近，自應確探首惡何人，躡踪圍捕，乃摺内仍未叙及一字，亦未查明賊踪現在竄往何處，實不可解。硃：方維甸曾充軍機章京，所見各次軍報不知凡幾，試問有此聲叙不清之摺奏乎？

"又據稱，漢中新兵已經調出，現在城守空虚，當即飛飭游擊馬德等帶領軍標兵一千名馳赴漢中，以防該匪竄出。等語。漢中係屬郡城，前據探知賊匪等向彼奔竄，自應將該營兵丁酌留守城，何以全行調出，以致城守空虚，此時轉須另撥軍標兵丁前往防禦。方維甸等或因漢中營係屬新兵，慮有勾結，是以全數調出。但既經調用，又不令向前勦賊，該兵丁等以奉調前

---

①于"苟文興"之"苟"字右旁有"×"符號。

來，未邀差遣，不免心生疑貳，妄萌他念，是則殊有關係。

“又據稱，寧陝總兵楊芳本將先派固原兵二百名帶來，途中聞該匪竄擾各營，楊芳輕騎先由斜峪關入山，一路安撫新兵，由平坎銀母寺前進。等語。楊芳係總兵大員，既經帶兵剿賊，何以又忽輕騎入山？是否因所帶之兵落後，未能趕上，未免過形輕率。看來方維甸等辦理竟無把握，朕心深爲廑念。著德楞泰接奉此旨，加緊趲〔儹〕行赴彼督辦。前經諭知德楞泰，此間現有吉林、黑龍江官兵約四十名，擬令温春富翰預備帶往，令德楞泰酌量需用與否，奏聞定奪。德楞泰到後，如亟需此項馬隊，即速由五百里馳奏，屆時木蘭行圍已竣，即可派令遄行。此外，巴圖魯侍衛等嚮來帶兵出力者，如果需用，即著指名奏請派往。至陝省兵丁究恐不足深恃，現已諭令勒保飭知豐紳帶兵數千名赴陝協剿，不得僅于邊境堵禦。本年春間，因臺灣用兵，曾令川省飭調屯練兵丁二千名。今已諭知勒保仍令預爲遴派，聽候應調，如德楞泰處現調兵力不敷，即一面奏聞，一面飛咨勒保，將此項屯練調往，可資得力。此外，鄰近省分如尚有得用之兵可以調用者，亦不妨一面奏聞，一面咨調，以期迅速蕆事。

“此次滋事匪徒，必當痛加殲洗，以靖地方。如果及早撲滅，固屬甚善。即或竟至勾脅多人，亦務須認真剿辦。此時方維甸等動稱大雨連日，山水漲發，無船可渡，未免又蹈從前軍營疲玩之習。德楞泰奮勇有素，務當倍加奮迅，鼓勵官兵，上緊督辦，不可稍有遲延。一入陝境，探知賊匪爲首實係何人，現在實有若干人，如何奔竄情形，即行迅速馳奏，以慰廑注。外賞給德楞泰蜜餞荔支一瓶，著附報發交祗領。將此由六百里，傳諭德楞泰，并諭方維甸等知之。欽此。”遵旨寄信前來。

【《嘉慶道光兩朝上諭檔》第11冊，第605頁第1292條】

△諭倭什布奏探明叛賊南竄洋縣現在分路截剿緣由

嘉慶十一年八月十七日

軍機大臣字寄陝甘總督倭。

嘉慶十一年八月十七日，奉上諭："倭什布奏，探明叛賊南竄洋縣，現在分路截剿緣由一摺。據稱，該逆縣于前月二十日擾至西江口營，有本營新賊六七十人内應，以致失守，護游擊守備田得被戕。該逆等光令百餘人沿河奔竄，意在踩淺偷渡，經留壩文武督兵，斃賊二名，餘匪驚竄折回，合同大股，東竄原公，擾至洋縣，爬城而上。等語。該逆等擾至西江口營，戕害營官，將衙署、軍械、卷宗等項焚毀殆盡，可恨已極。看來此股叛賊即係寧陝匪，本欲乘間偷渡，竄入棧道，自係探知西路已有官兵前來，是以折向東南奔竄。此時方維甸等正由東南進兵迎剿，倭什布以伊若帶兵前進，恐西路空虛，不免顧此失彼，派令游棟雲帶兵一千五百名星夜馳赴城固、洋縣一帶合剿，所見甚是。倭什布現在率同官兵五百名仍在鳳縣一帶督飭，緊守要隘。又據另調寧夏兵一千五百名、督標兵五百名，趕赴行營會集，此項官兵不日自可調到。合計該督處兵力已有二千五百名，足敷分布。務當督飭將備于各要隘一律嚴防，遇有賊匪西竄，即應迎頭截擊，就近撲滅。設防禦稍有不力，致令該匪竄入棧道，則惟倭什布是問。

"至西江口營被戕之護游擊守備田得，已諭令咨部賜恤。該備自係由行伍升授今職。著倭什布查明，如係陳兵出身，即著照例咨部賜恤。倘該員亦係新兵出身，或從前由鄉勇得有軍功拔補今職，此次復能奮勇捐軀，即著加等賜恤。其西江口營新賊内應者，祇六七十人，該營新兵自必不止此數，此外共尚有若干名。當逆匪滋擾時，新兵等是否均能認真守禦，抑竟有觀望不前情事。如其中果有奮勉出力致被戕害者，自應加等賞恤。或雖未被戕，有能深明大義、堅不從賊者，亦當量加優獎，以示撫綏。并著倭什布詳細查明具奏。將此由四百里諭令知之。欽此。”遵旨寄信前來。

【《嘉慶道光兩朝上諭檔》第 11 册，第 626 頁第 1330 條】

△諭寧夏寧朔二縣之河忠玉泉等堡災黎急宜撫綏安集等

嘉慶十一年八月十八日

軍機大臣字寄陝甘總督倭。

嘉慶十一年八月十八日，奉上諭：“昨已降旨，諭令倭什布督兵，在西路要隘嚴密堵禦。兹據奏稱，徽縣、兩當東南一帶路徑分峽甚多，官兵若分路防守，不若合兵一處，四出偵探迎擊。等語。南山各峪口路徑甚多，勢難隨處布列。該督以兵分恐致見單，不若合聚一處較爲得力，著即照所請，督率官兵，妥爲防守。如有賊匪竄近，即當奮力迎擊，以剿爲堵，毋稍疏縱懈，致令竄入。切不可因兵力不敷，再行雇募鄉勇，幫同堵禦。其民間有自行團練保衛室廬者，聽其自便，亦無庸官爲經理也。

“又據奏，寧夏、寧朔二縣之河忠、玉泉等堡，及皋蘭縣之劉家灘、西寧縣之曾家寨等處，均有被水淹没田禾、冲刷人口房屋之事，此等灾黎，急宜撫綏安集。現據倭什布分飭道府，馳往查勘。該督此時帶兵出省，著飭知蔡廷衡于該道、府等報到查勘情形時，應如何接濟賑恤之處，即令該藩司具摺，由驛馳奏，候旨施恩，不必俟稟知該督轉行具奏。將此由五百里報，便傳諭倭什布，并諭蔡廷衡知之。欽此。”遵旨寄信前來。

【《嘉慶道光兩朝上諭檔》第 11 册，第 629 頁第 1334 條】

陝甘總督兼甘肅巡撫倭什布題報夏田麥豆實收分數

嘉慶十一年九月二十一日

題。

十三。

十月十三。

十一年十月廿五下户。

該部知道。

總督陝甘等處地方軍務兼理糧餉并兼管甘肅巡撫事兼理茶馬、革職留任臣倭什布謹題：爲彙報夏田麥、豆實收分數，恭請睿鑒事。

據甘肅布政使司布政使蔡廷衡詳稱，竊查各直省年歲收成分數壹案，前奉廷議，令各該督撫隨時具摺奏報外，再將通省之夏收、秋收分數分繕兩本具題，交部科查察。等因。奉旨："依議。欽此欽遵。"在案。該甘肅布政使蔡廷衡查得，甘肅省嘉慶拾壹年夏田麥、豆約收分數，據各屬先後呈報前來，當經開摺呈請，具奏在案。兹據各屬將麥、豆實收分數具報到司，相應核明，詳請具題。再，查甘肅省捌府并無管轄地畝，無憑開報分數。其各該府、州屬本年麥、豆實收分數分晰總撒，統爲開報，并無遺漏。等情。呈詳到臣。

該臣查得，各省每年麥、豆實收分數例應題報，兹據甘肅布政使蔡廷衡將甘肅省嘉慶拾壹年夏田麥、豆實收分數逐一開列，彙報前來。

查蘭州府屬之皋蘭縣貳麥收成捌分有餘，河州貳麥收成玖分，金縣貳麥收成玖分，靖遠縣貳麥收成柒分有餘，渭源縣貳麥收成柒分有餘，狄道州貳麥收成捌分有餘，循化廳貳麥收成捌分有餘，沙泥州判貳麥收成捌分，紅水縣丞貳麥收成捌分。

鞏昌府屬之隴西縣貳麥收成捌分有餘，伏羌縣貳麥收成捌分有餘，安定縣貳麥收成捌分，漳縣貳麥收成柒分有餘，西和縣貳麥收成柒分有餘，岷州貳麥收成玖分，通渭縣貳麥收成捌分有餘，會寧縣貳麥收成捌分有餘，寧遠縣貳麥收成捌分有餘，洮州廳貳麥收成捌分。

平凉府屬之平凉縣貳麥收成捌分，静寧州貳麥收成捌分，華亭縣貳麥收成捌分有餘，隆德縣貳麥收成捌分，莊浪縣丞貳麥收成捌分有餘，固原州貳麥收成捌分有餘，鹽茶廳貳麥收成玖分。

慶陽府屬之寧州貳麥收成玖分，安化縣貳麥收成玖分，合水縣貳麥收成玖分，正寧縣貳麥收成玖分，環縣貳麥收成玖分。

甘州府屬之撫彝廳貳麥收成捌分有餘，張掖縣貳麥收成捌分有餘，山丹縣貳麥收成捌分有餘，東樂縣丞貳麥收成捌分。

凉州府屬之武威縣貳麥收成柒分有餘，永昌縣貳麥收成柒分有餘，鎮番縣貳麥收成柒分有餘，古浪縣貳麥收成捌分有餘，平番縣貳麥收成捌分有餘。

寧夏府屬之寧夏縣貳麥收成捌分有餘，寧朔縣貳麥收成捌分有餘，靈州貳麥收成捌分，中衛縣貳麥收成捌分有餘，平羅縣貳麥收成捌分有餘，花馬池州同貳麥收成捌分。

西寧府屬之巴燕戎格廳貳麥收成柒分，貴德廳貳麥收成捌分，西寧縣貳麥收成捌分，碾伯縣貳麥收成玖分，大通縣貳麥收成玖分。

秦州直隸州貳麥收成玖分，并所屬之清水縣貳麥收成捌分有餘，秦安縣貳麥收成玖分，禮縣貳麥收成玖分，徽縣貳麥收成捌分有餘，兩當縣貳麥收成柒分有餘，三岔州判貳麥收成捌分有餘。

階州直隸州貳麥收成捌分有餘，并所屬之西固州同貳麥收成捌分有餘，文縣貳麥收成捌分有餘，成縣貳麥收成捌分有餘。

涇州直隸州貳麥收成捌分有餘，并所屬之崇信縣貳麥收成捌分，靈臺縣貳麥收成捌分，鎮原縣貳麥收成玖分。

肅州直隸州貳麥收成玖分，并所屬之王子莊州同貳麥收成捌分有餘，高臺縣貳麥收成捌分，毛目縣丞貳麥收成柒分有餘。

安西直隸州貳麥收成捌分，并所屬之敦煌縣貳麥收成捌分有餘，玉門縣貳麥收成捌分。等情。各申報前來。

查甘肅捌府、伍直隸州屬、柒拾叁廳、州、縣、州同、州判、縣丞總計牽算貳麥收成捌分有餘。除咨會鄰省督撫知照外，相應彙疏具題，伏祈皇上睿鑒，敕部查照施行。再，臣現在陝西鳳縣一帶防剿叛賊，一切題咨案件奏明交甘肅布政使代印，合并陳明。謹具題聞。

嘉慶拾壹年玖月貳拾壹日。

總督陝甘等處地方軍務兼理糧餉并兼管甘肅巡撫事兼理茶馬、革職留任臣倭什布。

【貼黄】

總督陝甘等處地方軍務兼理糧餉并兼管甘肅巡撫事兼理茶馬、革職留任臣倭什布謹題：爲彙報等事。

該臣查得，各省每年麥、豆實收分數例應題報。兹據甘肅布政使蔡廷衡將甘肅省嘉慶拾壹年夏田麥、豆實收分數逐一開列，彙報前來。查得蘭州、鞏昌、平凉、慶陽、甘州、凉州、寧夏、西寧、秦州、階州、涇州、肅州、安西捌府，伍直隸州屬，柒拾叁廳、州、縣、州同、州判、縣丞，總計牽算貳麥收成捌分有餘，謹具題聞。

【《明清檔案》A322—52，B182843—B182846】

陝甘總督兼甘肅巡撫倭什布題報守備患病情實請准解任調理

嘉慶十一年十月八日

題。

兵部議奏。

總督陝甘等處地方軍務兼理糧餉并兼管甘肅巡撫事兼理茶馬、革職留任臣倭什布謹題：爲病軀難以供職，懇請解任調理事。

准署陝西固原提督臣楊芳咨，據綏德州屬之清澗縣知縣冀蘭泰詳，據寧陝鎮屬華陽營厚畛子守備陳表移稱：守備現年肆拾捌歲，係陝西榆林府懷遠縣人，寄居清澗縣。前因請假回籍葬親，適途次染患眼疾，現今日久，視物不清，兼之半身麻木，雖經多方調理，一時難望痊愈。恐假滿回任，力疾戀棧，貽誤公務。懇請解任調理，病痊再圖報效。等情。當經署陝西固原提督臣楊芳令該縣并委護綏德城守營都司麻緒先會同查驗屬實，取具親供承查各結，一并由提督移送到臣。

准此，該臣查得，定例内開：武職除年老有疾告休者不復起用外，其有年力未衰，一時患病，平日居官尚好，題請解任調理，俟病愈之日，送部引見，仍以原缺補用。等因。在案。兹寧陝鎮屬華陽營厚畛子守備陳表染患眼疾日久，視物不清，兼之半身麻木，難以就職，懇請解任調理。經署陝西固原提督臣楊芳委員查驗屬實，取具親供承查各結，由提督移送前來。臣查守備陳表既因患病，一時難望就痊，應准其解任調理，俟病愈之日，照例起用。除取到各結先行送部，所有該員原領札付及任内有無未清錢糧事件，俟查取至日另咨送部外，臣謹會同署陝西固原提督臣楊芳合詞具題，伏祈皇上睿鑒，敕部議覆施行。再，臣現在陝省帶兵堵剿，所有一切題咨事件經臣奏明，令甘肅布政使代印，合并陳明。謹題請旨。

嘉慶拾壹年拾月初捌日。

總督陝甘等處地方軍務兼理糧餉并兼管甘肅巡撫事兼理茶馬、革職留任臣倭什布。

【貼黄】

總督陝甘等處地方軍務兼理糧餉并兼管甘肅巡撫事兼理茶馬、革職留任臣倭什布謹題：爲病軀難以供職等事。

該臣查得，定例内開：武職除年老有疾告休者不復起用外，其有年力未衰，一時患病，平日居官尚好，題請解任調理。等因。在案。兹寧陝鎮屬華陽營厚畛子守備陳表染患眼疾日久，視物不清，兼之半身麻木，難以就職，懇請解任調理。經署陝西固原提督臣楊芳委員查驗屬實，取具親供承查各結，由提督移送前來。臣查守備陳表既因患病，一時難望就痊，應准其解任調理，俟病愈之日，照例起用。除取到各結送部外，臣謹會同署陝西固原提督臣楊芳合詞具題請旨。

【《明清檔案》A322—86，B182989—B182991】

△諭著傳諭甘肅督撫等體察寧夏寧朔平羅等處被灾情形詳查據實具奏候新正降旨加恩

嘉慶十一年十月十四日

軍機大臣字寄盛京將軍、奉天府尹，直隸、江蘇、安徽、河南、湖南、陝西、甘肅、四川、雲南各督撫。

嘉慶十一年十月十四日，奉上諭：“本年，奉天省巨流河、渾河等處因雨水泛漲，承德、廣寧、遼陽、海城、蓋平各莊屯地畝多被淹浸。直隸省霸州等十九州縣被水，秋收稍歉。安州、新安、雄縣、博野、任邱地勢低窪，情形較重，隆安、寧晋、新河、南宫河間積水占地，并永定河漫口下游之永清、東安、武清俱有偏灾。江蘇省淮南、淮北地方及楊、徐、海所屬被水各州縣涸復遲早未定。海州、泰州二屬[①]鹽場成灾。安徽省鳳、泗二屬民衛田地被水歉收。河南省温縣、孟縣内黄、安陽、湯陰因河水漫溢，晚禾被淹。湖南省常德、澧州所屬堤垸間有冲潰，民間蓋蔵漂没。陝西省留壩、鳳河棧

①屬：原作“屨”，據上下文意改。

道一帶，山水陡發成灾，北山北邊地方土瘠民貧，附近上年灾區，生計稍薄。又，寧陝、洋縣、城固、孝義、鄠縣、盩厔、郿縣及留壩、石泉，鎮安、寶鷄、岐山、西鄉，當秋成時，被賊滋擾，損傷田禾。甘肅省漳縣、岷州、兩當、寧夏、寧朔、平羅、皋蘭、西寧均被水灾。四川省太平、雷波、綦江、珙縣偏隅被水。雲南省浪穹縣猝被水灾，秋成失望。節經隨時加恩，分别蠲緩撫恤，小民糊口有資。第念來春青黄不接之際，民力尚恐不無拮据。著傳諭該將軍、府尹、督撫等體察情形，如有應行量爲接濟之處，詳查據實具奏，候朕于新正降旨加恩。將此各諭令知之。欽此。”遵旨寄信前來。

【《嘉慶道光兩朝上諭檔》第 11 册，第 789 頁第 1667 條】

△諭著解任固原提督楊遇春等官員任免事

嘉慶十一年十一月三十日

軍機大臣字寄陝甘總督全、四川總督勒、陝西巡撫方。

嘉慶十一年十一月三十日，奉上諭：“昨因薛大烈到京，詢據奏稱，方柴關接仗時，蘇勒芳阿、游棟雲、田朝貴所帶西安滿營及固原、河州、四川川北官兵，均一見賊匪，紛紛逃散。等語。實屬大干軍紀。已降旨，諭令德楞泰、全保、方維甸嚴查懲辦，并得薛大烈奏片發交閲看矣。此次寧陝滋事，叛賊其勢并非猖獗。即方柴關接仗時，官兵并未被賊衝突，乃見賊數稍多，即行紛紛潰散，似此毫無紀律，是國家養兵練卒，緩急全不足恃，所關甚巨，不可不嚴行整頓。

“此内除帶領西安滿營兵丁之蘇勒芳阿已另降旨解任，交德楞泰查辦外，至楊遇春係固原提督，寧陝新兵即其所轄，現乃有糾聚謀叛之事，已屬咎無可辭，今伊本標之固原兵復敢臨陣逃散，可見招募時并不慎重。選擇入伍後，又不盡心訓練。看來楊遇春竟不勝提督之任。楊芳本任寧陝鎮總兵，

此次又曾署任固原提督，平日馭兵過寬，管教不方，以致兵丁目無法紀。游棟雲係河州鎮總兵，此次帶領標兵剿賊，該兵丁等竟敢臨陣潰散，所司何事，厥咎維均。楊遇春、楊芳、游棟雲，均著解任，交全保、方維甸查明。方柴關打仗時，官兵内先行跑散者，實係何營兵丁，每營各有若干名，即法不及衆，亦當將首先跑散各犯訊問明確，定擬正法，其次則問擬發遣，至輕者，亦當予以責革。并將楊遇春、楊芳、游棟雲分别參奏。楊遇春、楊芳二人即應開缺，其帶兵官弁有潰散者，均應嚴參懲辦。硃：革職□拿。至田朝貴，係川北鎮總兵，乃所轄兵丁，亦致漫無軍紀若此，并著解任，交勒保，遵照以上指示情節，嚴切查辦，用示懲誡，而飭戎行。此事據薛大烈奏稱，未曾親見，得自傳聞，該督撫等惟當詳查確訪，核實辦理，勿致稍有枉縱。

“至兵丁等隸籍營伍，衣帽亦當整齊。至出征打仗，器械尤貴得力，乃招募時，率以無賴充數。至于衣履不完不能差操，尚安望其衝鋒臨敵耶？軍器以弓箭、鳥槍爲重，此次調派兵丁，弓箭、鳥槍無幾，多係長矛，已屬不合。而矛杆長至二丈有餘，矛頭又復過輕，何以適用？此皆武備大政所關，該督撫等務當悉心籌酌，歸入善後事宜，設立章程，妥議具奏，以期營伍日就整肅，此爲最要。其各該處兵丁，應扣俸餉係何款項，共有若干，并著遵奉昨旨，迅速查明核辦，毋致兵丁稍形苦累。至固原提督員缺，已將薛大烈調補。寧陜鎮總兵員缺，著全保于陜甘所屬副將内遴選實堪勝任者，保奏二三員，候朕簡放。將此由五百里諭令知之。欽此。”遵旨寄信前來。

【《嘉慶道光兩朝上諭檔》第 11 册，第 20925 頁第 1965 條】

△諭内閣著薛大烈調補固原提督等官員任免事

嘉慶十一年十一月三十日

嘉慶十一年十一月三十日，内閣奉上諭：“楊遇春現已解任，固原提督員缺，著薛大烈調補。其直隸提督員缺，著色克過阿補授。所遺天津鎮總兵員缺，著多隆武補授。欽此。”

【《嘉慶道光兩朝上諭檔》第 11 冊，第 926 頁第 1966 條】

△奏叛匪冲散陝西固原等兵丁等事

嘉慶十一年十一月三十日

一，方柴關札克塔爾、楊遇春接仗時，先已頗有斬擒，後經叛匪等埋伏，將陝西固原、河州、西安滿營以及四川川北兵丁均經冲散，帶兵官係游棟雲、蘇勒芳阿、田朝貴等，其先行跑散者薛大烈，未曾親見，不敢冒稟。

一，此次徵調兵丁，實不得力。細察其情，緣該兵等自元年出師時，例有借支俸賞行裝。又自二年至十年，該管官弁復在糧臺，均有借支粘補衣履、鞍馬銀兩。每兵一名，欠項數十兩至一二十兩不等。凱撤後，按季分扣，未免度日拮据。兼有事故，兵丁糧缺，不得不隨時募補。至土著百姓聞有扣項，不願入伍。其現時招募者，均係無籍貧人，有衣無帽，素不知耻。入伍後，衹可將就糊口，差操尚且不能，何能臨敵用命。

一，兵丁出征，器械舊治，每兵一千名内鳥槍六百杆，撒袋三百副，長矛一百杆。今次出師，兵丁鳥槍、弓箭無幾，每兵一千，長矛多至七八百杆，且係以竹爲杆，長至二丈有餘，矛頭輕重不過二兩有餘。竹杆長不得力，矛頭輕不能殺賊。賊目蒲大芳帶傷，未能扎斃，是竹杆誤事之明驗也。

一，兵丁馬匹每春冬每匹日給乾銀四分，夏秋每匹日給乾銀三分。若令兵丁自爲喂養，實在不敷。今擬以官弁朋槽喂養，是積少成多，庶不致累兵疲馬。是否有當，伏乞代奏。

十一月三十日。

【《嘉慶道光兩朝上諭檔》第 11 冊，第 926 頁第 1967 條】

△諭固原提督薛大烈著馳驛前往新任

嘉慶十一年十二月初二日

嘉慶十一年十二月初二日，奉旨：“固原提督薛大烈，著馳驛前往新任。欽此。”

【《嘉慶道光兩朝上諭檔》第11冊，第931頁第1977條】

△諭分別核議固原提督楊遇春等

嘉慶十一年十二月初三日

軍機大臣字寄西安將軍一等侯德、陝甘總督全、陝西巡撫方。

嘉慶十一年十二月初三日，奉上諭：“昨因方柴關兵丁潰逃一案大干軍紀，降旨將提督楊遇春、總兵楊芳、游棟雲一并解任，交德楞泰等查明參辦，但就伊三人情罪比較，亦有重輕，當分別核議。楊芳，本係寧陝鎮總兵，平日沽名釣譽，馭兵過寬，以致養成桀驁，糾衆倡亂，其罪較重。且署理固原提督，所有固原、河州潰散之兵，皆其管轄不嚴、選派不精所致，此時自應嚴參治罪。伊從前在軍營稍有微勞，尚不致終于擯弃，現在寧陝新兵前赴新疆換防，或即責令楊芳管帶前往，俟到彼謫戍數年，效力贖罪。如果自知愧奮，再行酌量施恩。至楊遇春，係固原提督，兼轄寧陝，自有應得之咎，但伊自補固原提督之後，常在軍營，并未到任，即回籍補行穿孝，所有寧陝叛案，非伊任内之事，即檄調固原征兵，亦非該提督簡派。念其剿辦邪匪，曾著勞績，且于該處情形熟悉，尚可量從寬貸。該提督現已解任，將來仍可降補總兵，留于陝甘兩省。著德楞泰等酌看情形，如此時寧陝鎮總兵一缺，未可遽行裁撤，即著將楊遇春補授，資其撫馭。如此時即應裁撤，俟有他鎮總兵，再將該員補用。

“至寧陜裁鎮一事，必須慎重。現在該處兵丁，除已被官兵誅戮及换防新兵，均無庸補缺。此外額兵尚多，若一時裁汰名糧，恐該兵丁等失其職業，又致滋生事端，德楞泰、全保、方維甸，當悉心籌畫。如此時必應裁撤，或先將該兵丁等分隸别營，作爲額外兵丁，仍照舊支給原食糧餉。此項兵丁將來如有事故，其缺即可裁去。如此不動聲色，逐漸辦理，并無遽行裁撤之迹，該兵丁等相安無事，較爲妥協。設或伊等酌看情形，尚可稍緩辦理，亦即據實奏明，另爲區處，總不可冒昧輕率爲要。

“其河州鎮總兵游棟雲，于管帶本鎮之兵不能約束，致有潰散，并著德楞泰查明潰散情形，同解任副都統蘇勒芳阿，一并參奏懲治，以示儆戒。至薛大烈，現已補授固原提督，令其馳驛前往。如伊到陜後新疆换防一事，尚未辦竣，著德楞泰等會同薛大烈妥辦。如業已辦竣，飭令前赴新任。所有新疆换班兵丁内，其降匪二百餘名，前已有旨，令伊等造册具奏，德楞泰等務須詳細開造，將回疆十城某城分派若干，是何名姓，均一一填注明晰，以便諭知各該處辦事大臣嚴加管束。將此由五百里諭令知之。欽此。”遵旨寄信前來。

【《嘉慶道光兩朝上諭檔》第 11 册，第 934 頁第 1981 條】

△諭查明懲辦西安軍標滿兵及固原河州川北等營官兵在方柴關打仗時臨陣潰散之事

嘉慶十一年十二月十四日

嘉慶十一年十二月十四日，内閣奉上諭：“前因德楞泰奏稱，此次剿辦寧陜叛匪，所有隨徵之西安軍標滿兵及固原、河州、川北等營官兵在方柴關打仗時，均有臨陣潰散之事，實屬漫無紀律，已飭令德楞泰等分别查辦。昨扎勒杭阿到京，當令軍機大臣詢問。據稱，此次蘇勒芳阿帶領滿營官兵聞派在方柴關打仗，因抵賊不住，間有傷亡敗走者，嗣于兵丁回營後，留心訪查，纔知有臨陣逃走之事。等語。軍行貴紀律嚴明，官兵如有臨陣脱逃情事，即當查明懲辦。今西安滿兵于打仗時，見賊即行潰散，大干軍紀。

"扎勒杭阿到任未久，平素不能整頓營伍，其咎尚輕，但于蘇勒芳阿帶兵回營，伊既訪知有臨陣逃走之兵，自應即時查究，奏明辦理，乃竟置之不問，亦未據實具奏，希圖徇隱，殊屬非是。扎勒杭阿，著交部嚴加議處。副都統祥保在任有年，不能認真訓練，以致官兵不知軍紀，廢弛已極。且此次官兵等臨陣逃走一事，扎勒杭阿既經訪聞，該副都統豈竟毫無覺察，乃亦相率緘默，咎實難辭。祥保，著退出乾清門，仍交部嚴加議處，并著即來京，聽候部議。至蘇勒芳阿，係帶兵大員，不能管束兵丁，任令逃散，其咎較重。著革職拿問，交與德楞泰、全保、方維甸，或將伊提至漢中，或回至省城，就近向其嚴切訊究，令將脱逃兵丁共若干名，據實指出，查訊明確，定擬具奏。如究出蘇勒芳阿竟亦有私自走避情事，尤當嚴行按律懲治，以肅戎行，不得稍有含混。欽此。"

【《嘉慶道光兩朝上諭檔》第 11 册，第 969 頁第 2060 條】

△諭德楞泰等會奏換防兵丁陸續起程及籌辦善後情形

嘉慶十一年十二月十七日

軍機大臣字寄西安將軍一等侯德、陝甘總督全、陝西巡撫方。

嘉慶十一年十二月十七日，奉上諭："德楞泰等會奏換防兵丁陸續起程及籌辦善後情形一摺。據稱，寧陝各起換防兵丁接續間日起程行走，甚爲安静，計本月二十日前後，均可全數就道。等語。看來降匪等此次前赴新疆換防，尚屬安分守法。至新疆防兵，多有未届班滿者，惟喀什噶爾、烏什、阿克蘇、塔爾巴哈臺四處正届班滿，此次派出兵丁，即分派該四處正届班滿。

此次派出兵丁，即分派該四處换防，計降匪二百二十餘名，每城祇分駐數十名，尚易管束。德楞泰等俟各營兵册送齊時，即遵照前旨，詳細造册速奏。其裁減寧陜兵額一事，此時自未便全數裁汰。據稱，酌量歸并，陸續裁減，所見甚是。現在議定歸并各兵照舊支食名糧，俟所并營分出有額缺，將該兵丁頂補，并當明白示諭，以此次係因裁減兵額，硃：非裁減，銀、米不過。是以將爾等歸并他營，惟一時未能補缺，恐爾等養贍無資，特蒙皇上格外加恩，仍賞給爾等名糧，静候頂補，俾生計有資，自不致妄生疑慮。此項歸伍之兵將來遇有事故缺出，毋庸復行募補。

“至寧陜鎮總兵一缺，尚未議裁。楊遇春于南山情形，素爲熟習，且得兵心，雖曾任固原提督，未經到任。此次標兵見賊潰散，并非由伊平素不能訓練所致。現據奏稱，方柴關打仗時，楊遇春派出緑營馬隊，親隨官弁十餘人在第四横岡之北近山前進，可見伊所帶弁兵猶能前進禦賊，尚無不合。惟于德楞泰受降一節，伊明知辦理錯誤，未經阻止，又不據實具奏，其咎止于如此，業已由提督降補總兵，已足示懲。楊遇春，即著補授寧陜鎮總兵，并令即行接印任事，亦無庸再行詢問也。

“又據全保等奏訪查官兵臨陣潰散大概情形一摺。據稱，方柴關接仗時，步兵最前近賊者，係川北弁兵，占住第四横岡。經步賊數千攻撲，川北兵始猶攬殺，迨林内伏賊突起，川兵先行潰散。賊匪遂抄至河邊，蜂擁而來，各兵不能站住，亦即退回。等語。是臨陣各兵係川兵首先逃散。田朝貴前已解任，現又諭知勒保將游擊劉元明等一并解任，嚴切究訊，并就近傳詢彦畢勒外，但全保等此次所詢員弁，皆係陜甘人員，恐不免諉過川兵，冀圖掩飾，未可遽信爲真。德楞泰、全保均甫經到任，此次軍標及甘省官兵失律，乃倭什布之罪，與德楞泰、全保，方維甸無涉，無所用其回護。前已降旨，將游棟雲解任，蘇勒芳阿亦已革職拿問。德楞泰、全保、方維甸，惟當會同詳細研鞫，務令據實供吐，并明白開導，以官兵遇賊潰散，有干軍紀，無論先後，皆有應得之罪。惟事當核實，總不可稍有屈抑含混。現奉諭旨，交四川總督勒保訊問川北官兵，無難得實，爾等若不及早供出，設經川省訊明，或實係西安滿營，河州、固原等營兵内有首先潰散者，豈不罪上加罪乎？至德楞泰等三人此時本無不合，若稍有瞻徇，查辦不實，轉不能辭咎矣。凛之慎之。將此由五百里[①]，諭令知之。仍即據實速奏。欽此。”遵旨寄信前來。

【《嘉慶道光兩朝上諭檔》第 11 册，第 976 頁第 2074 條】

△諭德楞泰等遞到參奏楊芳楊遇春分别治罪降補

嘉慶十一年十二月二十日

軍機大臣字寄西安將軍德、四川總督勒、陝甘總督全、陝西巡撫方。

嘉慶十一年十二月二十日，奉上諭：“德楞泰等遞到參奏楊芳、楊遇春分别治罪降補一摺，已于摺内批示。楊芳聞，係營伍字識出身，洊膺恩擢，即衝鋒打仗，亦非所長，乃身爲專閫大員，平日馭兵不能嚴明，訓練一味姑息，以博寬厚之名，致令兵丁不知軍紀，桀驁者，糾衆倡亂，怯懦者，臨陣潰逃，其咎實難寬宥。德楞泰等議，將楊芳革職遣戍，自應如此辦理。至派令帶領中營城守營兵丁前赴塔爾巴哈臺一節，亦可不必。兵丁等沿途行走，本有原派員弁管帶，無須楊芳管束。况伊似此寬柔，又焉能管束兵丁耶？楊芳，著革職，發往伊犁，交與松筠，派令效力贖罪。

“至楊遇春，戰功較著，且管兵有方，衆心知感。伊擢任固原提督後并未到任，此次寧陝叛案及固原等營官兵潰散，皆非伊任内之事，自應量予從寬。前已降旨，將楊遇春降補寧陝鎮總兵，嗣後惟當責令妥爲管轄，務使營

---

①里：此字原脱，據上諭書例補。

伍日就整肅，勿再懈弛干咎。至换防各降匪，此時自已安静，全數起程。德楞泰等，即當遵照節次諭旨，詳細造册，迅速具奏。此次奏到詳議、各章程，已敕交軍機大臣會同兵部議奏。俟奏上時，再行裁定發往。

“又據勒保奏到前赴漢中會查潰散兵丁一摺，據稱，此事所關甚重，若僅就川省官兵一面之詞，殊難憑信，竊恐全保等衹就陝省官兵查訊情形，亦有難以定案之處。等語。官兵等臨陣潰散，大干軍紀，此時聞有查辦之信，兩省官兵勢必互相推諉。前據全保、方維甸奏稱，詢據陝省備弁等供，有川兵先行潰散之語，當即降旨飭諭，以陝省人員自不免希圖諉過，所言未足盡信，令伊等再行確查。但自軍營來京之人，如薛大烈未調固原提督以前，何所瞻徇，又特依順保亦非陝甘人員，伊二人于召見時，均稱川兵先行潰散，所言非盡無因。今勒保前來會辦，更無畛域可分，惟當會同德楞泰、全保、方維甸虚衷秉公，詳查確訪，核實辦理。總之，查明果係川兵先行潰散屬實，則勒保自有應得處分。然伊究未親身帶兵臨敵，其咎尚輕。若稍存回護，查辦不實，則獲戾轉重。如係西安滿兵及固原、河州等兵先行潰散，則德楞泰、全保，均係甫經莅任，并非由伊等管教不嚴所致，方維甸更非其所轄，均無不合。若查辦不能確實，則轉不能辭咎矣。凛之慎之。

“又，勒保奏此次德楞泰辦理降匪錯謬一摺，所論公當之至，一字不可更易，已于摺内用硃筆圈出。勒保現赴漢中會晤德楞泰，著即將此摺面給閲看。德楞泰、勒保，素相契好，朕所深知，想伊閲此摺所奏，亦必帖然心服。德楞泰此次調集多兵，并不振旅進剿，率准投誠，又不分别懲辦，輒令降匪各歸原伍，種種乖方，本應褫職治罪，因念其剿辦教匪勞績實多，特從貰宥。嗣後德楞泰惟當倍加感奮，將營伍事宜，盡心妥辦，即現在查辦潰散各兵一事，務當詳慎妥協，以贖前愆。若再稍涉枉縱，則不能再邀寬貸矣。將此由五百里諭令知之。欽此。”遵旨寄信前來。

【《嘉慶道光兩朝上諭檔》第11册，第987頁第2096條】

嘉慶十二年（1807）

△諭內閣著將寧夏寧朔平羅三縣被水成災村堡加恩賞給一月口糧

嘉慶十二年正月初四日

嘉慶十二年正月初四日，內閣奉上諭："上年，甘肅省寧夏、寧朔、平羅等三縣被水較重，節經加恩，蠲緩賑恤，小民自可無虞失所。第念入春後青黄不接之際，民力尚不無拮据。著將寧夏、寧朔、平羅三縣被水成災村堡，無論極次貧民，查照原報户口，加恩，賞給一月口糧，所需糧石即在各該縣倉貯動用。至該三縣曾經被水勘不成災各堡，并著于春間酌借籽種、口糧，俾資接濟，以示朕加惠歉區、始春敷愷至意。欽此。"

【《嘉慶道光兩朝上諭檔》第12册，第5頁第12條】

△諭德楞泰等奏到川省綏定府城新兵滋事

嘉慶十二年正月十一日

軍機大臣字寄西安將軍德、陝甘總督全、陝西巡撫方、固原提督薛。

嘉慶十二年正月十一日，奉上諭："本月初十日申刻，據德楞泰等奏到川省綏定府城新兵滋事一摺。當即指示一切，令軍機大臣擬寫諭旨，于次日發去。十一日早間，旋據德楞泰等奏到，接據川省文武官員稟報，綏定滋事叛匪，業經副將桂涵等帶兵于麻柳場地方勦殺全勝，將首逆孔傳世、王得先并劉姓等三名擒獲，其餘殺斃生擒者甚衆。餘匪僅止二十餘人，現在緊跟搜捕，綏定文武官員均未被傷。等語。川省綏定新兵敢于糾衆焚燒衙署，搶劫居民，不法已極，實堪痛恨。昨降旨，飭令嚴辦，不可姑息。玆仰賴上天嘉佑，得以迅速撲滅，不致蔓延、荼害生民，實深欣慰。已另降諭旨，令勒保即馳赴綏定，查明起事緣由，并剿捕出力人員，據實具奏。德楞泰等接到稟報，已將前調派之陝省滿營軍標并緣營官兵飛檄停止，現在陝省邊界寧謐無事，但飭知毗連川省地方文武官弁，如綏定剿剩之餘匪二十餘人有潛行逃竄入界者，立即拿獲，報明嚴辦。

"其方柴關潰兵一案，昨據德楞泰已等查明大概情形，係屬先勝後敗，尚非遇賊即退。此時勒保已回川省，諭令查辦綏定叛匪事竣後，即接查川北潰兵之事，不必再來漢中。所有西安滿營及陝甘綠營官員兵丁前此潰逃情罪，著德楞泰、全保、方維甸、薛大烈即會同提質，明確奏明，懲辦可也。將此由五百里諭令知之。欽此。"遵旨寄信前來。

【《嘉慶道光兩朝上諭檔》第12冊，第21頁第37條】

△諭德楞泰等奏瓦石坪新兵滋事派兵剿捕緣由

嘉慶十二年正月二十三日

軍機大臣字寄西安將軍一等侯德、四川總督勒、陝甘總督全、陝西巡撫方、固原提督薛。

嘉慶十二年正月二十三日，奉上諭："德楞泰等奏瓦石坪新兵滋事、派兵剿捕緣由一摺。據稱，接據西鄉縣文武稟報，十二日二更時，瓦石坪汛新兵聚集三十餘人，搶去矛杆、旗幟、銀兩，裹脅百餘人，竄至大池垻屯扎，并未戕官殺人，亦未燒毀兵房。復據陝安道陳祁探稟，該匪約有三百餘人，一路搶掠裹脅，向細辛垻奔竄。等語。此項新兵因何起事，摺內尚未據切實查明。既云聚集多人，將矛杆、旗幟、銀兩大肆搶劫，是業已糾衆倡亂，何以稱并未戕官殺人？該處所設守備一員、千總一員、外委二員，彼時均在何處？該汛兵丁共有三百名，除滋事三十餘人之外，其餘二百六十餘人是否尚知守法？何以該官兵等不行剿捕？該匪沿途裹脅有三百餘人向細辛垻奔竄，究欲竄往何處？其爲首者，係屬何人？前日甫有綏定新兵滋事之案辦理完竣，而刻下又有此案，看來各處新兵均未免因德楞泰辦理寧陝一案失之寬縱，以致紛紛效尤，不可不大示創懲，以昭炯戒。

“現在該匪等所竄地方，與巴山老林相近，若不及早滅浄，稍致蔓延辦理，恐又費手。摺内雖稱薛大烈、楊遇春已先後帶兵一千八百名分投會剿，猶恐兵力稍單，辦理延緩，德楞泰自當即行挑帶勁兵親往督辦。此旨到後，著全保、方維甸仍駐漢中辦理地方事件及查辦方柴關潰兵之案，德楞泰迅即帶兵前往，勿再遲逾。伊于寧陝一案，辦理失當，惟當勉贖前愆。此次帶兵到時，不但不可存招撫謬見，即或賊匪畏懼乞降，亦不可率予寬宥。惟當將首夥各犯悉數殲擒，大申國憲，方不致再有蠢動，尤不可任逃逸山内，致稽時日。至該處既接連川境，賊匪等聞知北面有兵，或思南竄，是川境防堵事宜，亦關緊要。勒保現在綏定查辦該處叛案，未能親至邊界，著即迅派得力將領如桂涵、羅思舉等，挑帶官兵，速赴川陝邊界地方，迎頭會剿，以期兩面合擊，剋日辦浄，不致逃竄漏網，是爲至要。仍著德楞泰等先將滋事根由查明速奏。將此由五百里諭令知之。欽此。”遵旨寄信前來。

【《嘉慶道光兩朝上諭檔》第12册，第38頁第77條】

△諭德楞泰等奏酌留兵丁并山内巡兵

嘉慶十二年二月二十二日

軍機大臣字寄西安將軍侯德、陝甘總督全、陝西巡撫方、固原提督薛。

嘉慶十二年二月二十二日，奉上諭：“德楞泰等奏酌留兵丁，并山内巡兵一摺，覽奏俱悉。陝省南山漢南地方，現在俱已寧謐，惟漢中係扼要之區，當此叛匪甫定之後，不可不留兵彈壓。著照所請，即將征兵内漢鳳、略陽、寧羌、陽平四營陳兵六百名給予鹽糧，暫留漢中，即派薛大烈在彼駐札統領，俟過麥收之時，察看情形，再行酌撤。至山内游匪尚多，德楞泰等請挑兵一千五百名分投秩緝，自應如此辦理。所有應支分例，著准照本省會哨兵丁之例支給，俟緝捕游匪事竣，即可酌量停止。將此諭令知之。欽此。”遵旨寄信前來。

【《嘉慶道光兩朝上諭檔》第12册，第115頁第233條】

△諭内閣著固原前營游擊劉登第隆德營守備韓伯元勒令勒休等

嘉慶十二年二月二十四日

嘉慶十二年二月二十四日，内閣奉上諭："全保奏，固原前營游擊劉登第、隆德營守備韓伯元，年俱衰邁，不能騎射，請旨勒休。又，略陽營游擊德忠，人地不甚相宜，請與寧夏鎮標右營游擊柯連仲對調。等語。著照所請，游擊劉登第、守備韓伯元，俱著勒令休致。略陽營游擊員缺，著柯連仲調補。所遺寧夏鎮標右營游擊員缺，著德忠調補。該部知道。欽此。"

【《嘉慶道光兩朝上諭檔》第12册，第119頁第244條】

△諭寧夏將軍興奎奏將所帶滿兵暫留中衛親赴大通一帶查勘

嘉慶十二年五月初二日

軍機大臣字寄寧夏將軍興、察哈爾都統貢。

嘉慶十二年五月初二日，奉上諭："興奎奏，接准咨會，知賊番業已遠遁，將所帶滿兵暫留中衛，親赴大通一帶查勘一摺，覽奏俱悉。此時賊番聞官兵將至，業經遠遁，所劫牲畜并已追回。興奎接准咨會，即將所帶之兵暫留中衛，伊親赴大通，與貢楚克札布會商定奪，所見尚是。但此次賊番疊次肆劫滋擾，必須示以兵威，使知斂戢。著興奎、貢楚克札布二人察看情形，并探明賊番部族，如應即時聲討，即帶兵迅速前進，縱不殲其醜類，亦必大加懲創，俾實心震慴，方可完結。若目下情形難以進兵，或需稍緩時日，再行勦辦，則現調之兵久駐大通，徒滋糜費，不如暫行撤令歸伍，俟將賊番族分踩訪確鑿，剋期督兵進勦，再行調集，亦不爲遲。此事總責伊二人妥爲經理，務期綏靖邊圉，一勞永逸，朕亦不爲遥制也。將此由四百里諭令知之。欽此。”遵旨寄信前來。

【《嘉慶道光兩朝上諭檔》第 12 册，第 128 頁第 267 條】

△諭寧夏將軍興奎奏行抵碾伯地方迅速調兵會勦

嘉慶十二年五月十三日

軍機大臣字寄寧夏將軍興、察哈爾都統貢。

嘉慶十二年五月十三日，奉上諭：“興奎奏，行抵碾伯地方，接據稟報，賊番復至内地搶劫，迅速調兵會勦一摺，覽奏俱悉。同日，據貢楚克札布奏，野番復擾内地邊界，搶劫居民、蒙古牲畜情形一摺。所奏賊番在祁家寺、白水河等處兩次滋擾，官兵殺賊奪贜，生擒賊目，與興奎所奏大略相同。興奎于途次接據稟報，即飛調暫留中衛滿兵兼程前進，并就近咨催百祥速挑緑營兵五百名帶領前往，所辦甚是。此項賊番叠次搶掠牲畜，擾及内地居民，及聞官兵追捕，旋即遠揚。今又膽敢復來滋擾，實屬不法已極，必須聲罪致討，大加懲創。

“現據貢楚克札布奏稱，訊取獲犯完的供詞。據稱，係揣咱族番目尖木贊之侄，夥賊有一百餘人。所有上年冬間及本年二三月間爲首賊犯族分，該犯俱一一指實。興奎等惟當遵照節次諭旨，俟官兵齊集後，同時進發，將賊犯按名捕獲，以靖邊圉，而慴番族。至尖木贊，係番族頭目，曾經賞有頂戴，原令其管束番衆，俾各安分守法，今伊侄完的率同夥賊一百餘人肆意搶劫，伊即不能辭咎。著興奎等嚴訊已獲之賊，番完的如尖木贊本不知情，即當飭傳該番目，責令縛獻賊犯自贖。倘該番目竟有同謀主使情事，著即將該番目頂戴斥革，治以應得之罪。興奎現已馳赴白塔營，與貢楚克札布會商籌剿，務須相機妥辦，用副委任。將此由四百里諭令知之。欽此。”遵旨寄信前來。

【《嘉慶道光兩朝上諭檔》第 12 册，第 170 頁第 374 條】

△諭寧夏將軍興奎等奏酌調官兵相機進剿賊番

嘉慶十二年五月二十六日

軍機大臣字寄寧夏將軍興、察哈爾都統貢。

嘉慶十二年五月二十六日，奉上諭：“興奎等奏酌調官兵相機進剿賊番一摺。據稱，興奎趕抵大通，會晤貢楚克札布，面商剿辦事宜。接據巡緝官兵禀報，松布地方有賊番二三十名在彼游奕搶掠，當派西寧鎮九十帶兵進剿。賊番見官兵趕近，先行占據山梁，槍箭齊發。經官兵衝鋒直上，殺斃賊番七名，餘始畏懼奔竄。現在興奎等即擬相機進剿，大加懲辦。等語。嚮來賊番等出没無常，其狡獪伎倆往往乘間肆劫，迨一經官兵剿捕，即時聞風遠揚。乃此次輒敢恃强抗敵，竟與天兵抵拒，甚至憑高恃險，槍矢并施，其獷悍情形，實堪痛恨。此皆由歷任辦事大臣如臺布都爾嘉等縱容姑息，遇事并不認真查辦，以致該賊番藐視天威，不復心存畏懼，邊圉不靖。

“職此之故，現在該將軍督兵進剿，所有帶兵大員，前已降旨，將格布舍簡放寧夏副都統，并令馳驛前往。計此時尚未到彼，興奎等應即迅速行催，令其赴營聽用。又據另片奏，蕭福禄懇請隨營效力，亦著准其前往。該二員久歷戎行，興奎等應令督兵前敵，庶剿捕尤易得手。其所調各兵已共有三千名，計賊番屢出肆擾，至多亦不過二三百人，兵力十倍于賊，聲威不爲不壯，但不可分起前進，轉致見單。興奎等當統領師干，整隊督勦，以期一鼓集事。該處各番族中其安分守法者，業經該將軍等出示曉諭，自不至驚疑滋擾。其敢于抗拒者，即係叛逆不法之徒，興奎等正可乘此兵威，大加掃蕩。務令該番族經此番痛勦後，實在震懾天威，再不敢出而滋事，方爲一勞永逸之計。其前此搶掠蒙古牲畜之首從各犯，及此次在松布滋擾之正犯，實係何名，興奎等，俟拿獲活賊後，逐一訊明，按名嚴拿懲辦，斷不可稍事姑容，此爲最要。將此諭令知之。欽此。”遵旨寄信前來。

【《嘉慶道光兩朝上諭檔》第12册，第222頁第478條】

△諭寧夏將軍興奎奏殲斃賊番二族現在差探進勦情形

嘉慶十二年六月十三日

軍機大臣字寄寧夏將軍興、陜甘總督長、察哈爾都統貢、西寧辦事大臣那。

嘉慶十二年六月十三日，奉上諭：“興奎奏，殲斃賊番二族，現在差探進勦情形一摺。此次興奎等查明，貴德所屬卓色勒一族屢經做賊，現又逃往他受族下，與之聚合，當即派兵進勦。該賊番等敢于占住山梁，公然抗拒，實爲可恨。經官兵分路直上，不能抵敵，始行奔竄。共追殺賊番一百餘名，生擒三名，奪獲牛、羊、馬匹約計一萬有餘。賊番經此痛勦，挫其凶鋒，庶可稍示懲創。現在官兵探明賊番逃往何處，自當乘勝深入，一鼓殄除。但其餘安静番族，雖經興奎等向其面諭，各令安業，不致滋事。而此等犬羊之性，究恐無常，不可深信。此時官兵追勦賊番，步步深入，仍當嚴防後路，或多設卡座，廣爲巡邏，總須聲氣聯絡，加意防備，方可無虞。其此次奪獲之牛、羊、馬匹既有萬餘，即當查明失主，分别給領。如無失主承認，即作爲進勦官兵口糧，并備賞項。

“至摺内稱，前派都司邵能面諭尖木贊，令其縛獻賊首。該番目佯爲應允，迄今遠避，不知去向，風聞有糾約各賊番抗拒之勢。等語。尖木贊曾經賞戴翎頂，非其餘番衆可比。當此官兵查拿賊番之時，并不出力報效，轉敢糾約匪衆，抵拒官兵，似此背恩稱亂，直係叛逆。興奎等摺内，衹稱其情同叛逆，未免措辭失當，已用硃筆改示矣。該處賊番滋事，既係尖木贊爲首，必當設法擒獲，嚴行懲辦，方可以懾服番衆。且恐其糾約各族在于後路滋擾，興奎等探明該逆現在何處，即當迅速統兵進剿，不可遲逾。設兵力尚覺不敷，不妨就近酌調，以期聲威壯盛，早就肅清。

"長齡昨已陛辭出京，于何處接奉此旨，即著馳驛前往，俟到蘭州後，察探情形。如賊番業已辦理完結，自無庸再往會辦。設或剿辦尚在費手，即當親自馳赴該處，會同興奎等熟商妥辦。現在那彦成，應亦將次到彼，伊任同參贊，當與興奎帶兵同辦。貢楚克扎布已放察哈爾都統，伊俟那彦成到後，同住數日，詳悉告知辦理情形。即著啓程來京，請訓赴任。將此由四百里諭令知之。欽此。"遵旨寄信前來。

【《嘉慶道光兩朝上諭檔》第12册，第284頁第603條】

△諭寧夏將軍興奎等奏追剿卓色勒他受二族賊番情形

嘉慶十二年六月二十日

軍機大臣字寄寧夏將軍興、察哈爾都統貢。

嘉慶十二年六月二十日，奉上諭："興奎等奏追剿卓色勒、他受二族賊番情形一摺。據稱，官兵等跟追賊匪至三扎灘地方，見山溝内有騎馬番賊數十人，令通丁等前往查問。該賊番等槍箭齊發，經官兵上前攻擊，槍斃二名，殺死一名，餘賊始上嶺奔竄，共收獲牛、馬二千餘匹隻，羊一千餘隻。等語。賊番等見官兵到彼，竟敢施放槍箭，公然抗拒，其憫不畏死，實爲可恨。然一經攻擊，隨即狼狽奔逃，官兵等收獲牛、羊、馬匹多至一千有餘，是該賊番等亦無甚伎倆，看來不難剿辦。但此次官兵奪獲牲畜既有如此之多，何以所殺賊番祇有三名，殊不可解。賊番既有牲畜，自必有人防護，是否見官兵追及，捨之而逃。抑此時賊番等因抗拒奔逃，無暇顧及，任其隨處遺弃。著興奎等據查明，據實具奏。所有此項牲畜如訊明係有主之物，自當即行分別給還，倘訊無失主，即著留充軍食之用。

“至此時大兵步步深入，後路設防，關係緊要。前經降旨，令興奎等妥爲設法防範。今據奏稱，官兵先辦貴德一路，其循化所屬，尚有賊番數族，該處存留官兵無幾，實屬堪虞。等語。所慮甚是，與前降諭旨適合。現在興奎等已另派副將博勒忠阿帶督標兵一千名前往駐札，自應如此辦理。即密飭該副將加意防範，不可疏懈。設尚有應行添調兵力之處，并著隨時酌調。

“再，前曾有旨，令貢楚克札布，俟那彥成到彼後，將剿辦之事交興奎及那彥成二人經理，貢楚克札布再行回京。但現在官兵屢次剿殺，賊勢尚未窮蹙，興奎等當詳加酌量。如果大局易辦，伊二人自揣足敷經理，固屬甚善，設或辦理尚形棘手，酌量需人幫助，不妨據實速奏，不可延緩。朕當另行遴員，到彼會同辦理，將來迅速蕆功，伊二人亦與有勞績也。將此由四百里諭令知之。欽此。”遵旨寄信前來。

【《嘉慶道光兩朝上諭檔》第12冊，第311頁第654條】

△諭寧夏將軍興奎等奏剿辦三族賊番擒獲賊目審明辦理

嘉慶十二年七月初二日

軍機大臣字寄寧夏將軍興、察哈爾都統貢。

嘉慶十二年七月初二日，奉上諭：“興奎等奏剿辦三族賊番，擒獲賊目，審明辦理一摺。據稱，伊等督同游棟雲、九十等帶領官兵追趕番賊，自什噶干至章纏腦兩處共殺斃賊五十餘名，生擒賊目一名，餘賊十二名，奪獲牛、馬、羊隻一萬有零，可見番賊原無甚伎倆，一經官兵追剿，即殲擒多名，餘各紛紛逃散，尚易辦理。所有將當先番賊一名用矛刺斃落馬，餘番并力直攻。身受矛傷四處之都司吴順，著加恩，以游擊升用，遇缺，儘先即補。其餘帶傷及陣亡各官兵，著興奎等查明咨部，分别賞恤，以示獎勵。

"至興奎等稱，因探明尖木贊聚集番族數百人在朱八崖地方屯扎，現在督兵先行剿辦，所見甚是。尖木贊始則詐許縛獻賊首，既而躲避，今又聚衆屯扎，實屬刁詐可惡，即與叛逆無异。現經探明，在朱八崖地方，自應設法剿辦，以示懲創。惟摺内稱，先將尖木贊剿辦後，再折回進剿沙卜浪番族，所奏殊未明晰。興奎等既稱督兵進剿，何以又稱折回？若如所奏，豈非置逃往沙卜浪大族之三族賊番于綫路，不可不加意防範。該處道里方向情形若何，著繪具草圖，隨摺陳奏。至此次敗殘餘賊，俱逃往沙卜浪大族中，自須加以剿辦。但野番族類衆多，此次進兵，衹須懾以軍威，令其實在畏懼，將在逃賊目縛獻，不敢隱匿，即可撤兵，斷無將番賊概行殲戮之理。興奎等惟應酌量情形，妥爲辦理，以期綏靖邊圉爲要。將此由四百里諭令知之。欽此。"遵旨寄信前來。

【《嘉慶道光兩朝上諭檔》第12册，第342頁第722條】

△諭寧夏將軍興奎等奏連次攻剿賊番及酌籌添調官兵各緣由

嘉慶十二年七月二十四日

軍機大臣字寄寧夏將軍興、陝甘總督長、察哈爾都統貢、西寧辦事大臣那。

嘉慶十二年七月二十四日，奉上諭："興奎等奏連次攻剿賊番及酌籌添調官兵各緣由一摺，覽奏俱悉。此次賊番在甘壩、竹壩等處恃險抵拒，經官兵節次攻擊，殲斃賊番數十名，餘賊狂奔肆竄，看來已就窮蹙。據摺内稱，賊番等不過倚仗馬力，善于登山涉險，此外實無伎倆。等語。現在隨營馬隊官兵，恐不甚得力，雖有格布舍在彼帶領，但僅伊一人督率，未免太少。現已另降諭旨，由京揀派東三省曾經出師年力精壯、技藝趫捷之侍衛章京數名馳驛，前赴西寧，交興奎等酌派領隊，俾資得力。俟剿辦賊番完竣，即將該侍衛章京等留于彼處，交長齡、那彦成以營員補用。倘該侍衛章京等到彼後，軍務業已告蕆，亦著留于該省，硃：陝甘兩省緑營。以相當之缺補用。至賊番尖木贊，既不能縛賊自效，膽敢于揣咱等五族内挑出騎馬番子七百餘人，預備抵當官兵，即屬叛逆，必當痛加殲戮，以示懲儆。即使該犯畏罪乞命投誠，亦不得稍從寬宥。此時長齡、那彦成俱將次到彼，惟當與興奎酌籌妥辦，以期永靖邊圉。

“又據奏，現在所帶之兵已有四千五百名，除分撥外，尚覺不敷，請添調涼州兵一千名、甘州兵五百名、洮岷各營兵一千名。等語。此次剿辦賊番，原應厚集兵力，懾以軍威，以期一鼓集事，著即照所請辦理。惟所稱撒拉爾回民情殷報效，請將該土司挑備回民五百名調赴軍營一節，殊可不必。撒拉爾回民素性貪利，并非誠心幫助官兵，且亦難于駕馭。竟當停其徵調，仍諭以伊等情殷報效，尚屬可嘉。現經據情代奏，已蒙俯鑒悃忱。惟賊番勢已窮蹙，此時大兵雲集，即日掃穴擒渠，毋須復藉爾等協剿。且路途遥遠，跋涉不易，無庸整備聽調，以示體恤。其陣亡之把總馬希堯，著咨部賜恤。此外有無傷亡官兵，并著查明咨部，分别恤賞。

“又據另片奏，奪獲牛羊數目，共計十一萬有零，除調取犒賞外，俟軍務完竣，飭令變價歸入軍需項下報銷。等語。殊未得體。此項牛羊，若查問事主給還，恐該蒙古等不免以少報多，希圖冒認，轉致不敷。現在既交慶炆收管，即著該道員查明細數，交長齡、那彦成先儘接濟兵食，再酌賞軍營出力官兵。如有餘剩，俟剿辦賊番事竣後，傳旨分賞衆蒙古，俾伊等共知此項牛羊本應入官，今格外施恩賞賚，伊等自必倍加感激也。將此由四百里諭令知之。欽此。”遵旨寄信前來。

【《嘉慶道光兩朝上諭檔》第12冊，第392頁第849條】

△諭寧夏將軍興奎等奏官兵攻破沙卜浪番族焚毀賊巢剿捕殆盡并收撫投誠番族各情形

嘉慶十二年九月初四日

軍機大臣字寄寧夏將軍興、陝甘總督長、西寧辦事大臣那。

嘉慶十二年九月初四日，奉上諭：“興奎等奏官兵攻破沙卜浪番族，焚毀賊巢，剿捕殆盡，并收撫投誠番族各情形一摺，覽奏俱悉。沙卜浪番族，人數最多，素稱凶悍，今經官兵屢次攻擊，殲擒番賊多名，焚毀賊巢，餘匪零星散竄，是番族中之强横者，已大加懲創。如果畏懼投誠，即可曲從寬宥。其餘各番衆族類繁多，現在陸續乞降者，接踵而至，自俱已震懾軍威，聞風膽落。番境天氣早寒，地勢險峻，既知畏法斂戢，即可凱撤蕆事，亦不值徒疲兵力。節經降旨，指示興奎等，惟當酌量情形，相機妥辦，勿致稍稽時日。至番賊内有蒙古十一名隨同打仗，殊屬可惡。興奎等，于擒獲後，審訊明確，即一并正法，所辦甚是。仍當通行曉諭青海蒙古王公札薩克等，以爾等自世宗憲皇帝年間輸誠納款，列入版圖，世荷豢養生成，至優極渥。大皇帝嘉爾恭順，是以每遇番族擾及，輒徵調官兵，驅逐懲辦，不惜重費帑金，皆係因惠愛蒙古，曲加保護。爾蒙古具有天良，方感戴之不遑，何至去而從賊。乃此次剿捕沙卜浪賊番，竟有蒙古十一人在内，訊係四五年前携眷投入，或被掠入夥，均給番賊牧放牛羊，隨同打仗，殊出情理之外，實屬罪不容誅。該王公札薩克等失察之咎無可解免，本應將該犯等解至蒙古地界正法梟示，并將該王公札薩克等予以懲處，俾知儆戒。今蒙大皇帝格外施恩，俯念爾等係糊塗蒙古，且從賊之犯必係爾等屬下之尤爲不肖者，已將該犯等訊明後，即在番地正法，以全爾等顔面，并將爾等失察罪愆從寬免議，爾等惟當知感知愧，嚴行管束屬下人等，務各安分守法，長此蒙恩。倘復有滋事不法情事，必當分别治罪，斷不能再邀寬恕。其各凛慎無忽。

“又據摺内稱，尖木贊逃往極西南之竹林壩一帶老林藏匿。等語。前經降旨，諭令查明尖木贊如何逃逸情形，據實具奏。今興奎等既已探明該番目踪迹，即當先行曉諭降番，令其將伊獻出，以憑核辦。至此次剿辦賊番，興奎于貢楚克札布妄拿尖木贊之處未能阻止，又不参奏現有應得之咎，長齡、那彦成俱甫經到彼，均無庸加以奬叙。其帶兵各員，如百祥、格布舍、蕭福禄以及各將弁等，如有實在出力者，興奎等當于撤兵竣事後，核其勞績，據實保奏，候朕施恩，但不可稍有冒濫。將此由四百里諭令知之。欽此。”遵旨寄信前來。

【《嘉慶道光兩朝上諭檔》第 12 册，第 405 頁第 885 條】

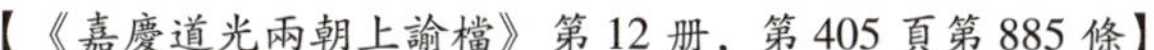

△諭寧夏將軍興奎等奏官兵搜捕沙卜浪餘匪并番衆畏懼乞降情形

嘉慶十二年九月初九日

軍機大臣字寄寧夏將軍興、陝甘總督長、西寧辦事大臣那。

嘉慶十二年九月初九日，奉上諭：“興奎等奏官兵搜捕沙卜浪餘匪，并番衆畏懼乞降情形一摺。賊番搶劫滋事，擾及内地居民，節經官兵攻擊，殲獲甚多。其沙卜浪一族，人數最衆，在番境中尤爲强悍。今官兵叠次剿捕，先後生擒擊斃賊犯多名，奪獲牲畜數萬，焚毁賊巢，實已痛加懲創。該番衆震懾軍威，番目桑爾吉等畏懼投誠，詣營乞命，自應寬其一綫，施恩收撫。其應行先撤官兵，即照所請撤回，免致糜費。至奪獲牛羊牲畜，著先行酌量賞還蒙古，并諭以該賊番等所搶蒙古牛羊，諒自不止此數，但既經被劫之後，除食用、倒斃外，所剩無幾。今蒙大皇帝施恩，賞給爾等，當領回孳生

游牧，硃：不可起貪得之念。近因爾蒙古不能自固藩籬，以致番賊屢經滋擾。現在調集官兵，痛加攻剿，不惜重費帑金，皆係爲保護蒙古起見。詎爾等屬下人等竟有投往番境從賊抗拒者，實出情理之外。此次姑從寬貰，免治爾等失察之罪，嗣後惟應加意管束，振作自强，以期永承恩眷。并諭以此次番衆頂經發誓，十分畏服，不致復有他慮。惟是番衆族類繁多，難保無一二不肖匪徒乘間竄擾，爾蒙古當隨時自行驅逐，即如内地民人良莠不一，亦難保無乘間盜竊情事，不得因番族經此次被剿帖服之後，遽爾稍涉大意也。

"其出力官兵并喇嘛、撒拉爾回兵，均著將所獲牛羊酌量賞給。撒拉回兵，此時如已撤回，并著傳喚祗領。至摺内稱，番衆敬信喇嘛，較蒙古爲甚，現在擬令延嘉胡土克圖妥爲曉諭該喇嘛，如果出力圖報，事竣後，即著據實保奏，或錫以嘉名，或加之賞賚，用示獎勵。惟所稱循化所屬之季屯等五屯地方土民，與沙卜浪番族居住相近，平日俱有嫌隙。今見官兵剿捕，遂乘勢搶掠該番族田禾、牲畜等物，現已嚴札循化廳等，令將該土民所搶贜物查明，照數交出，以備將來還給。等語。此則不必。土民因素被番族欺凌，乘勢搶劫報復。其所搶牛羊牲畜，即使嚴飭追還，亦斷不能如數。或該番族因所得不償所失，復行稟求，又將如何補給。此時如業已追還則已，如尚未追出，即無庸紛紛查追，致滋煩擾。興奎等惟當嚴飭土民，毋再攘奪番族牲畜、物件。并曉諭番族，以爾等既已投誠，即與内地民人無异。大皇帝一視同仁，從無歧視。嗣後務當安分守法，各安生業。倘有土民擾及，必當嚴辦。如此則番族、土民俱各感激畝戢，不致再滋事端。至番目尖木贊之侄既已來營投首，自係尖木贊遣令前來試探，興奎等當妥爲撫諭，令其迅速投出，再行全撤大兵，俾邊境永臻寧謐，更爲完善。其另摺保奏各員，已令軍機處存記，俟大兵全撤奏到時，再行降旨。將此由四百里諭令知之。欽此。"

遵旨寄信前來。

【《嘉慶道光兩朝上諭檔》第12册，第418頁第923條】

△奏俟興奎等五百里奏報到日再一并擬寫恩旨進呈

嘉慶十二年九月初九日

頃面奉諭旨："將興奎等保奏軍營出力文武各員擬寫分别加恩諭旨。"臣等查，興奎等于數日内竣事，即由五百里馳奏，擬先將各員分别加恩之處，敬謹存記。俟興奎等五百里奏報到日，再一并擬寫恩旨進呈。謹奏。

九月初九日。

【《嘉慶道光兩朝上諭檔》第12册，第419頁第924條】

△諭寧夏將軍興奎等奏番族投誠歸命并番目尖木贊來營投首

嘉慶十二年九月十六日

軍機大臣字寄寧夏將軍興、陝甘總督長、西寧辦事大臣那。

嘉慶十二年九月十六日，奉上諭："興奎等奏番族震懾軍威，投誠歸命，并番目尖木贊來營投首、邊境敉寧一摺，覽奏俱悉。番衆賦性蠢頑，聞有一二匪徒鼠竊狗偷，搶掠牲獸，向所不免。乃本年春夏之間，該番賊等竟敢肆意攘奪，擾及邊民，爲害行旅，實屬孽由自作、罪不容誅，是以調集官兵，頒發帑項，飭令聲罪致討。經官兵節次攻擊，殲擒賊犯多名，該番衆等畏懼乞降，聞風踵至。其沙卜浪一族，在番衆中最爲强悍，官兵痛加殲戮，焚毁賊巢。該番族喪膽驚魂，頭目完木古等懇乞大喇嘛諾爾布帶領詣營，投首乞命，頂經發誓，不敢再滋事端。并據該喇嘛出具甘結保狀，是該番衆畏威悔罪，實出至誠。前經叠降諭旨，以番衆良莠不一，務須分别剿撫。原不欲犁庭掃穴，將番族悉予殲除，今既震懾投誠，自應法外施仁，寬其一綫。仍著興奎等諭令延嘉胡土克圖等，向番衆明白曉示，自此次曲從寬貫之後，務各安分守法，倘再作奸犯科，必當重加懲辦。

“至番目尖木贊，因從前屢次辦理番案，當差出力，曾經賞給翎頂，身受厚恩。此次賊番滋擾，理宜力圖報稱。乃始則隨營效力，既又乘間潛逃，雖據興奎等傳訊，該番目幫貼烏拉運送糧餉，并無叛逆情事。即伊侄才楞所供，該番目預備抗拒官兵、分受贓物等事，亦訊係挾嫌污衊。祇因貢楚克札布輕聽浮言，妄行捕捉，是以避匿遠揚。但該番目既自問并無罪愆，于貢楚克札布派兵往拿時，即應自行投案，何至遽行逃遁。本應褫革示懲，姑念其旋即來營，著從寬摘去翎枝，降爲七品頂戴，仍令其照舊當差。并傳知該番目，嗣後如果倍加感奮，管束各番衆，安静斂戢，二三年後，仍當奏請恩施，賞還翎頂。若再不知愧勉，致番衆故智復萌，或有滋擾情事，即將伊從嚴治罪，法不姑貸。

“此時番境寧輯，邊塞肅清，前調官兵即可全行凱撤。興奎、長齡、那彦成于旋抵貴德籌議善後章程後，即著各回本任。興奎自調赴西寧督辦軍務，尚爲妥協，本應加以獎叙，惟伊于貢楚克札布妄拿尖木贊一事不能阻止，又不據實劾參，實有應得之咎。前已有旨，令軍機大臣會同行在兵部議處具奏，當經軍機大臣等議以革職。曾諭令于軍務告蕆時，再行核辦。兹念其帶兵出力，功過尚足相抵，著加恩，免其革職，無庸交部議叙。長齡、那彦成均馳抵軍營未久，旋即竣事，亦無庸交部議叙。其奪獲牛羊牲畜，仍著遵照前旨，分賞喇嘛蒙古、出力官兵、撒拉爾回兵，無庸賞還番衆。或該喇嘛等于頒賞祇領後，私行分給番衆，亦聽其自便可也。

“再，前次揀派前往軍營帶兵之侍衛章京孟興保等六員，曾經諭令長齡等，俟軍務告蕆，即將該員等留于陝甘，以營員補用。惟念該員等弓馬雖俱嫻熟，而于緑營漢字事件，恐未必盡能諳悉，著長齡將該員等帶回省城，逐加考驗，如能通曉漢文，堪以營員補用者，即酌量奏留補用。倘不能認識漢字，僅止技藝奮勇，即著奏明，仍令由驛回京供職。將此由五百里諭令知之。欽此。”遵旨寄信前來。

【《嘉慶道光兩朝上諭檔》第 12 册，第 433 頁第 965 條】

△諭寧夏將軍興奎等奏查明貢楚克札布妄拿番目尖木贊緣由

嘉慶十二年九月二十三日

軍機大臣字寄寧夏將軍興、陝甘總督長、西寧辦事大臣那。

嘉慶十二年九月二十三日，奉上諭："興奎等奏遵旨查明貢楚克札布妄拿番目尖木贊緣由一摺。據稱，尖木贊于本年六月來至甘垻大營時，貢楚克札布同提督百祥等均至興奎帳房籌商進剿沙卜浪之事，貢楚克札布因尖木贊不肯進營領賞，疑其反復，即欲乘夜擒拿。經興奎與提鎮等力言勸阻，而貢楚克札布立意甚堅。未經定議，旋經提鎮等復懇興奎往貢楚克札布帳房商勸。貢楚克札布輒云，是伊一人立意辦理，若有一人不遵，即指名参奏。隨于是夜派百祥、蕭福禄、游棟雲、九十等帶兵搜捕。因人馬踏冰過渡，夜静有聲，尖木贊知覺逃遁，并無抗拒官兵情事。等語。此次興奎、貢楚克札布等統領官兵進剿賊番族，尖木贊并無叛逆情事。貢楚克札布輕聽人言，以尖木贊素與番賊分贜等，挑備馬賊七百人，欲與官兵抗拒，不察虚實，并因其不肯進營領賞，益疑其反覆無常，率欲乘夜往擒，已爲錯誤。當經興奎及百祥等四人力勸至再，猶復堅不聽從，并稱有一人不遵，伊即指名参奏，詞意决絶，實屬任性乖張。且伊既以尖木贊必當擒拿，鋭意辦理，即當親自督同提鎮等帶兵前往，而又怠惰不出，高卧帳中，僅委之百祥等帶兵黴夜查拿，任令疏縱，尤屬錯謬無能。貢楚克札布前已革職，降旨令德楞泰及沿途督撫于其來京途次押解來京，覆加審訊。此時業經查明，無可再訊，應即治罪示儆。著傳諭沿途各督撫，于此旨到時，查明貢楚克札布行至何處。傳旨，即照軍機大臣等所議，發往烏魯木齊，自備資斧，效力贖罪。

"興奎于貢楚克札布任性妄拿之時，雖經勸阻二次，旋即聽其所爲，以致辦理失當，本當照議革職，因其剿辦賊番，統兵尚爲出力，功過足以相抵。前經降旨寬免，其自請嚴議之處，毋庸再行交議。至百祥、蕭福禄、游棟雲、九十四員，此次帶兵剿辦賊番，俱尚出力。百祥昨經興奎等保奏到時，曾經賞還花翎，并交部議叙。其蕭福禄等亦曾有旨，交興奎等核其勞績，請旨施恩。但伊四人于貢楚克札布欲拿尖木贊之時，雖經用言勸阻，既經貢楚克札布派令往捕，即當密往拿獲，何以被尖木贊知覺潜逃，看來百祥等本不欲擒拿尖木贊之心，未經認真圍捕，以致尖木贊知覺逃遁。而于尖木贊既經脱逃之後，又不帶兵緊追，實有應得之咎。百祥除賞還花翎、免其追繳外，其交部議叙之處，著撤回。蕭福禄、游棟雲、九十，均無庸再行保奏，伊四員亦無庸再行議處。

"至興奎等摺内請旨，將尖木贊可否賞還原用翎頂之處，尖木贊雖尚知恭順，但伊于官兵往拿之時，自當束身聽命，將并無叛逆情事到案供明，何得輒行潜逃，不肯受補，亦當量加懲處。著興奎仍遵照前旨，賞給七品頂戴，并傳令奮勉當差，管束番族，俟一二年後，再行奏聞請旨。又據摺内奏稱，大兵進剿沙卜浪時，竟有蒙古代賊寄頓牲畜之事，殊爲可恨。此次官兵進剿賊番，原因蒙古被番衆欺凌，代爲剿辦。乃前日官兵于拿獲賊番内，即訊有蒙古引路、分臟、幫同打仗者，而此時復查有代賊寄頓牲畜之事，尤出情理之外，不可不嚴辦示懲。著興奎等即行詳悉查明具奏。將此傳諭興奎等，并諭沿途各督撫知之。欽此。"遵旨寄信前來。

【《嘉慶道光兩朝上諭檔》第 12 册，第 448 頁第 999 條】

△諭寧夏將軍興奎等奏籌議西寧善後事宜五條

嘉慶十二年十月初五日

軍機大臣字寄寧夏將軍興、陝甘總督長、西寧辦事大臣那。

嘉慶十二年十月初五日，奉上諭："興奎等奏籌議西寧善後事宜五條，繕寫清摺呈覽。朕詳加披閲，所議多有可行，惟嚴諭各寺喇嘛不准濫與番子念經一條，于理不通。番族賦性愚頑，幸賴其敬重喇嘛，尚可勸令爲善。即如此次沙卜浪滋事之初，喇嘛諾爾布即曾再四勸諭，以官兵到時，不可抗拒，并因其不肯受勸，即欲另住焚修，將來一切不管。該賊番果心存畏懼，仍向該喇嘛跪地哀求，欲其保救。經該喇嘛等帶同前赴大營，頂經罰誓，是其信服有素，正可藉喇嘛以化導冥頑。若如興奎等所議，嗣後各寺喇嘛不准與做賊黑人念經，豈不阻其向善之心，而堅其爲惡之念。且如伊等原議，如該喇嘛等希圖布施，不分黑白，濫與念經，一經查出，并將喇嘛嚴辦。如此則將來設有滋事之人，訊出喇嘛曾與念經，并須將各寺喇嘛紛紛查辦，尤多窒礙。此一條，毋庸置議。

"又，黄河北岸派兵駐守，并換班巡查一節，自應如此辦理。惟摺内未提及青海蒙古派兵隨同防守，尚未周到。應傳諭蒙古等，以此時剿辦賊番大局已定，所有一切邊界，本當交爾等自行防守。今天朝以爾等積弱之餘，加恩衛護，特派兵六百名，加給口糧，在彼嚴密巡查，代爲防守，爾等豈有轉不派兵自衛之理。即爾等所派兵數不能如天朝六百名之多，亦當酌量派撥二三百名隨同防守，庶爲得體。

"又，嚴禁通事人等不許私入番地一條，所議甚是。漢人私入番地，來往勾結，不但誆騙貲財、牲畜，致啓番衆劫奪之漸，甚且透漏内地消息，指示内地路徑，其釀惡不可勝言。嗣後非但通事人等不准私入番地，即内地民人，凡有通曉番語者私自潛往，即係漢奸，亦當普行禁止，以杜勾結。

"又，清查蒙古户口一條。蒙古屬下之人東西散處，往往逃入番族。自當查明户口，清册送存青海衙門，以便查核。至摺内稱，近來蒙古竟有穿戴番子衣帽，毫無區别者，尤爲可恨。蒙古服色，循用已久，今竟穿戴番子衣帽，即屬忘本。不但彼此混淆，且遇有番子搶掠等事，無從辨别，所關非細。著嚴諭蒙古王公等，即將此等違法穿戴者上緊查拿，嚴行懲辦，不可姑息。其循、貴兩廳同知，不拘用旗、漢人員，以資治理一條，均如所議行。

“又，另摺稱，河北蒙古二十五旗逃避番賊，有住居日月山卡内者二十餘户，逃至丹噶爾汛内者一百七十餘户，現在派總兵九十驅逐。等語。所辦殊未妥協。蒙古臣服已久，近年爲番族所迫，逃入内地。今官兵剿定賊番之後，惟當向其勸諭，以賊番業經畏懼天威，不敢再有侵犯，爾等儘可自回原住地方，照常游牧，不必在此躲避。該蒙古等自亦情願撤回，不致久占。或再設立鄂博，明立地界，并嚴諭民人、蒙古、番子各守禁限，毋許攙雜，自不致再有彼此侵軼之事，可期邊圉永臻寧謐。將此諭令知之。欽此。”遵旨寄信前來。

【《嘉慶道光兩朝上諭檔》第 12 冊，第 470 頁第 1052 條】

△諭寧夏將軍興奎等奏拿獲引路蒙古審明定擬并查明寄頓番子牲畜各緣由

嘉慶十二年十月十二日

軍機大臣字寄寧夏將軍興、陝甘總督長、西寧辦事大臣那。

嘉慶十二年十月十二日，奉上諭：“興奎等奏拿獲引路蒙古，審明定擬，并查明寄頓番子牲畜各緣由一摺。此案靈且一犯，身係蒙古，乃輒敢帶領番子打劫牲畜，本應加等治罪，因其究係迫于一時威逼，稍有可原。靈且，著照所請，發往黑龍江給索倫打呼爾兵丁爲奴，以示懲創。其頓寄牲畜一事，現經查明。蒙古代爲牧放，在大兵未經進剿以前，自可無庸查辦。至節次奪獲牲畜，除接濟兵食等用外，若將所餘牲畜分賞蒙古，恐轉滋紛擾争競。等語。現在興奎等既查出蒙古有爲番子帶路之事，又未曾出兵效力，自無庸再加恩賞。所有餘剩牲畜，著留爲嗣後分賞防河兵丁之用。將此諭令知之。欽此。”遵旨寄信前來。

【《嘉慶道光兩朝上諭檔》第12冊，第477頁第1064條】

△諭寧夏將軍興奎等奏請于黄河北岸撥兵屯田

嘉慶十二年十一月初三日

軍機大臣字寄寧夏將軍興、陕甘總督長、西寧辦事大臣那。

嘉慶十二年十一月初三日，奉上諭："前日興奎等奏請于黄河北岸撥兵屯田一摺。朕披閱之下，即覺事不可行。因係邊防事宜，不厭集思廣益，復交廷臣詳議。兹據慶桂等會議奏上，所見悉同，此事斷難辦理。已降旨，依議行矣。

"屯田，自古稱爲邊防良法，有寓兵于農之意。近年湖南苗疆底定，經理屯田，數年以來，極爲寧謐。然揆之西寧現在情形，則與湖南迥异。湖南苗寨均在山内，其屯田處所，本係邊内地畝，并無妨占之處。且該處既設有防兵，若頻年戍守，無所依賴，勢難久駐。自不若創興屯田，俾戍兵人自爲守，倍收捍禦之益。今興奎等所議屯田地方在于蒙古界内，未免妨礙伊等游牧。現在蒙古被番賊侵凌，自情願官兵代爲戍守，將來日久事定，伊等或又以生計窮蹙，于游牧究有妨礙，籲懇施恩，將何以應之。且戍兵衹三千名，亦不足以示威。至此次用兵之故，係因番賊竄及大通，滋擾内地，是以大加剿辦。至其平日向蒙古等搶竊牲畜，本屬常有之事。即蒙古呈報遺失牲畜數目，亦往往不實，豈能逐案爲之查辦，儘可加以駁斥。今在蒙古地界屯田之後，該蒙古等必將遇事瀆求，何以塞其無厭之請。况設兵安屯，原爲防備番賊、保護蒙古起見，設將來禾稼在地，賊番覬覦生心，有所侵犯，則更非搶奪蒙古牲畜可比，勢難置之不辦，豈不愈滋邊釁。再或蒙古屬下人等，亦不免有效尤偷竊之事，則辦理更難。此事竟不必行。

"至該處邊疆要地，本年賊番因蒙古帶路，兩次擾及大通，自當籌議經久。著興奎等查照舊章，妥爲設法，祇須申嚴邊備，自固藩籬，使番賊不能竄擾内地，勿致輕啓事端，是爲至要。將此諭令知之。本日，慶桂等議摺并發給閲看。欽此。”遵旨寄信前來。

【《嘉慶道光兩朝上諭檔》第 12 册，第 509 頁第 1155 條】

△頭等將弁寧夏城守營把總陸安邦等名單

嘉慶十二年十二月初一日

列入頭等將弁五十三員名。……寧夏城守營把總陸安邦。……寧夏鎮標前營外委怡大勇。……寧夏鎮標右營外委劉聘，寧夏鎮標右營外委宋相連，中衛營外委俞得，玉泉營外委劉玘朋。……

列入二等將弁二十六員名。……固原提標左營難蔭候補千把總海麒。……花馬池營額外外委孔寅，横城營額外外委俞殿奎，靈州營額外外委王天俸，平羅營額外外委馬志修。……中衛營效力武舉萬士奇。……署寧夏鎮標前營把總蔭生丁一彪，寧夏府寧夏縣蔭生馬佑，寧夏府寧朔縣難蔭把總邵殿成，寧夏府寧夏縣難蔭把總杜定邦。……

【《嘉慶道光兩朝上諭檔》第 12 册，第 595 頁第 1352 條】

嘉慶十三年（1808）

△諭内閣著積朗阿調補寧夏道員等官員任免事

嘉慶十三年二月二十二日

嘉慶十三年二月二十二日，内閣奉上諭：“據長齡奏寧夏道王棨棨患病，呈請回籍調理，現委蘭州道積朗阿接署，并請旨簡放一摺。寧夏地控邊疆，事務繁劇，且有吉蘭泰鹽務需員經理，該道積朗阿既熟悉該處情形，所有寧夏道員缺，即著積朗阿調補。其所遺蘭州道員缺，著嚴烺補授。欽此。”

【《嘉慶道光兩朝上諭檔》第 13 册，第 78 頁第 177 條】

△諭著陜甘總督長齡詳悉訪查寧夏鄉民聚集揪毆知縣陳珙繁事

嘉慶十三年三月二十一日

軍機大臣字寄陜甘總督長。

嘉慶十三年三月二十一日，奉上諭：“興奎奏，寧夏鄉民聚集千餘人，揪毆知縣陳珙繁，當即親詣查勘，閭閻安堵，詢之該道、廳，稟稱始知該民。等因。挖修渠工，聽得此刻所給口糧、錢文，將來秋間，加倍徵收，是以吵鬧。等語。該處唐、漢、惠農三渠，每年于清明時修浚，自係循照舊例之事。該鄉民等輒以風聞將來有加倍多收之語，膽敢赴署吵嚷，并將知縣推跌，扯破衣服，似此聚衆毆官，爲數至千餘人之多，案關重大。長齡係該省總督，想已接到地方官稟報，自即一一確查。惟此案在場人數衆多，必欲追究係何人動手毆官，恐彼此推諉，轉無從質證。惟應將造意爲首之犯查究明確，照例嚴辦數人，以昭炯戒。餘人出示安撫，勿令滋生事端。

“至該縣陳珙繁稟稱，承辦渠工，每夫口糧按日給發。旋因鄉民先要一月口食，該縣不允，赴道署稟商。鄉民尾至，經該縣禁阻不止，輒被揪毆。等語。果如所稟情節，該縣似尚無不合。即秋間加倍多收之語，亦係百姓得之傳聞，并無實據。但恐該縣稟詞不無捏飾，或竟有短發夫價、斂怨激變。等情。俱未可定。著長齡詳悉訪查，務得確情，另行據實參辦。現在總以拿獲起意首犯爲要也。將此傳諭長齡，并諭興奎知之。欽此。”遵旨寄信前來。

【《嘉慶道光兩朝上諭檔》第 13 册，第 128 頁第 305 條】

△諭陝甘總督長齡奏寧夏鄉民聚衆辱官現委藩司嚴查究辦

嘉慶十三年四月初九日

軍機大臣字寄陝甘總督長。

嘉慶十三年四月初九日，奉上諭："長齡奏寧夏鄉民聚衆辱官，現委藩司嚴查究辦一摺。此事前經興奎于上月奏到，當即降旨，令該督親往該處，將造意爲首之犯究明，按律嚴辦，并詳悉訪查該縣陳珙繁有無短發夫價、斂怨激變。等情。據實具奏。長齡接奉後，自已遵照前旨，親往確查。藩司蔡廷衡據該督奏稱，現已委赴寧夏，應即飭令回至省城辦理地方事件可也。將此諭令知之。欽此。"遵旨寄信前來。

【《嘉慶道光兩朝上諭檔》第 13 册，第 168 頁第 395 條】

△諭陝甘總督長齡奏查勘平羅中衛等處各村莊被灾分别賑恤一律勘辦

嘉慶十三年八月初七日

嘉慶十三年八月初七日，内閣奉上諭："據長齡奏查勘臯蘭等各州縣被灾輕重，分别賑恤，并續報偏被水、雹等處，一律勘辦一摺。本年，甘省因黄河水勢漲發，臯蘭等縣猝被水灾，節經長齡奏報，當即降旨，諭令馳往勘辦。兹據奏到，業經勘明各處，除并未成灾外，所有臯蘭大雁灘等一百四十九村莊實成灾七八九十分不等，亟宜趕發初賑。金縣、隴西、平羅、靖遠、中衛等處各村莊多有淹浸，雖較臯蘭稍輕，亦應一律予以賑恤。該督務當嚴飭該管道府暨委員，按户給放，俾灾黎均沾實惠。

"又，濱河之寧夏縣河忠等六堡，續經被水冲淹，西寧縣紅莊等村，間有被水冲刷地畝之區，巴燕戎格廳山土倒壞，田房被壓，著即查明地畝成灾分數、極次貧民户口、賑糧數目，照例題報。其勘不成灾之伏羌、寧朔、靈州、大通等四州縣，雖被水、被雹較輕，惟收成究屬歉薄，小民均不免拮据。著與成災之皋蘭等七縣，被水、被壓之西寧、巴燕戎格二廳、縣，應徵新舊正借錢糧、草束，一體加恩，緩至明歲麥收後徵收，以紓民力，用副朕軫念灾區至意。該部知道。摺并發。欽此。”

【《嘉慶道光兩朝上諭檔》第 13 冊，第 498 頁第 1197 條】

嘉慶十四年（1809）

△諭内閣著加恩將平羅中衛寧夏等九廳縣被灾處所展賑一月口糧等

嘉慶十四年正月初二日

嘉慶十四年正月初二日，内閣奉上諭：“上年，甘肅皋蘭等九廳縣被水、被雹，業經緩賑兼施，灾黎自已得所。惟念春間青黄不接之時，民力恐尚形竭蹶。著加恩，將皋蘭、金縣、隴西、平羅、靖遠、中衛、寧夏、西寧、巴燕戎格等九廳、縣被灾處所，無論極次貧民，展賑一月口糧。其伏羌、寧朔、靈州、大通等四州縣及附近灾區秋收較歉之處，并著加恩，酌借籽種、口糧，分别接濟。該督惟當飭屬認真經理，用副朕始和布澤、普迓春祺至意。該部即遵諭行。欽此。”

【《嘉慶道光兩朝上諭檔》第 14 冊，第 2 頁第 8 條】

△諭内閣著蘇成額補授寧夏道員等官員任免事

嘉慶十四年七月十四日

嘉慶十四年七月十四日，内閣奉上諭：“甘肅寧夏道員缺，著蘇成額補授。山東登萊青道員缺，著陳文駿補授。山東運河兵備道員缺，著徐國楠授。欽此。”

【《嘉慶道光兩朝上諭檔》第 14 册，第 433 頁第 1057 條】

△諭陝甘總督松筠等定議具奏所有秦州鞏昌二營應否改歸固原河州分轄

嘉慶十四年七月十八日

軍機大臣字寄陝甘總督松。

嘉慶十四年七月十八日，奉上諭："和寧奏營制情形今昔不同，酌改提鎮分轄一摺。據稱，秦州、鞏昌二營舊隸固原鎮總兵管轄，嗣因固原鎮總兵移駐河州，即將該二營歸洮岷協專轄，河州鎮統轄。今固原駐有提督，秦州一營距固原較近，請改歸固原提督徑轄。其鞏昌一營由洮岷專轄，亦屬窵遠，請改歸河州鎮徑轄。等語。各省營制統轄，自應按道里遠近，因時制宜，俾該提鎮等于一切稽查徵調事宜，均歸簡便。所有秦州、鞏昌二營應否改歸固原、河州分轄之處，著交新任總督松筠會同楊遇春體察現在情形，定議具奏，再降諭旨。將此諭令知之。欽此。"遵旨寄信前來。

【《嘉慶道光兩朝上諭檔》第 14 册，第 450 頁第 1108 條】

△諭陝甘總督松筠請來京陛見等事

嘉慶十四年十月十五日

軍機大臣字寄陝甘總督松。

嘉慶十四年十月十五日，奉上諭："松筠奏，接奉諭旨，遵將應辦各案審訊完竣，再請來京陛見。等語。甘肅爲新疆門户，地近邊陲，一切事宜，均關緊要。松筠素能辦事，是以于革退將軍後，遂擢用總督。今甫經到任，即有游擊楊殿弼被控冒領缺曠乾銀及署固原州知州吕榮揑報重灾冒請撫恤之案，已明降諭旨，將此二案應訊各員革職，交該督審辦矣。看來甘肅吏治，近日諸事廢弛，恐尚不止此，亟須力加整頓。松筠將現在應辦各案訊明完竣後，于地方一切事宜，務當嚴密訪查，經理妥善，即來歲春間，再行奏請，來京陛見，亦不爲遲。至藩司蔡廷衡，在甘最爲年久，叠經護理督篆，嚮來于地方應辦事務尚屬留心，何以于楊殿弼冒領缺曠乾銀延擱多時，不行審辦，恐不免有徇情受賄情弊。即提督百祥雖不識漢文，豈亦不懂漢話？何以于冒領銀内聽從楊殿弼以二千五百兩歸入提署公庫，挪補番案墊用之款，亦恐有與楊殿弼商同舞弊情事。著松筠一并嚴審確實，定擬具奏。將此諭令知之。欽此。”遵旨寄信前來。

【《嘉慶道光兩朝上諭檔》第 14 册，第 620 頁第 1508 條】

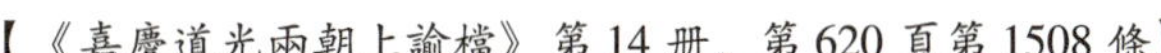

△諭内閣著祝廷彪補授寧夏鎮總兵

嘉慶十四年十月二十六日

嘉慶十四年十月二十六日，内閣奉上諭：“甘肅寧夏鎮總兵員缺，著祝廷彪補授。欽此。”

【《嘉慶道光兩朝上諭檔》第 14 册，第 645 頁第 1576 條】

△諭著陝甘總督松筠審辦寧夏縣民吴鑒控案等事

嘉慶十四年十月二十六日

軍機大臣字寄陝甘總督松。

嘉慶十四年十月二十六日，奉上諭：“松筠奏，署都司廣泰等濫刑斃命、行賄私和一案，已降旨，將廣泰革職，該府縣解任，并將總兵汪啓解任，一并訊辦矣。總兵汪啓，聲名本屬平常，前日據都察院奏，寧夏縣民吴鑒控案稱，該郡文武各官，貪利骫法，臚列多款，并有聽戲聚賭、取妾作樂等事。

如果款迹屬實，大干法紀。已有旨，交松筠審辦。今松筠又查出汪啓不能管轄營員，任令釀成命案，又不據實稟揭。且于補製軍裝未能如式，廢弛已極。著松筠秉公查明，據實核辦，不可姑息。

“又據該督奏請，于年底來京陛見一摺。松筠在外年久，不特伊瞻戀出于至誠，朕亦時時戀廑，但甘省諸事廢弛，正資整頓，一時未得署篆之人，松筠惟當仰體朕不得人之苦衷，且勿亟于請覲。著于應訊各案，逐一詳細審辦完竣之後，仍遵前旨，俟朕派署有人，再行諭令起程可也。將此諭令知之。欽此。”遵旨寄信前來。

【《嘉慶道光兩朝上諭檔》第 14 册，第 645 頁第 1578 條】

△諭陝甘總督松筠交代起程并奏覆訊固原州捏報重灾案内各供詞

嘉慶十四年十二月十一日

軍機大臣字寄署陝甘總督勒。

嘉慶十四年十二月十一日，奉上諭：“勒保、松筠奏行抵蘭州接印任事，松筠交代起程，并松筠奏覆訊固原州捏報重灾案内各供詞二摺。該省應審案件，不止固原州捏報灾户一事，尚有甘州冒領馬乾銀兩，咨提應訊之造意捏寫册稿之局書張洽一犯；并署都司廣泰棍責營兵郭伏廷，枷號即日斃命；汪啓補製軍裝、銅鐵器具，斤秤不敷；廣泰賣放私挖金砂民人；寧夏民人吴鑒具控該郡文武貪利骫法、臚列款迹等案，皆須嚴行查辦。此時勒保業已接印任事，著將以上各案秉公審訊，切勿因暫權督篆，稍有推諉。于那彦成未到以前，趕緊辦理，能多訊出幾案，即辦結幾案，一俟那彦成到彼，逐一交代勒保，再回四川本任可也。將此諭令知之。欽此。”遵旨寄信前來。

【《嘉慶道光兩朝上諭檔》第 14 册，第 729 頁第 1812 條】

嘉慶十六年（1811）

△諭内閣著加恩將固原鹽茶隆德靈州中衛花馬池等十八廳州縣再賞給一月口糧等

嘉慶十六年正月初四日

嘉慶十六年正月初四日，内閣奉上諭：“上年，甘肅皋蘭等三十三廳、州、縣間有先後被旱、被水地畝，節經降旨，分别蠲緩，并撥帑賑恤。小民糊口有資，無虞失所。惟念東作方興，青黄不接，貧農蓋藏未裕，恐不免拮据。著加恩，將原報情形較重之皋蘭、金州、沙泥、靖遠、紅水、隴西、會寧、安定、通渭、固原、鹽茶、静寧、隆德、平番、靈州、中衛、花馬池、靈臺十八廳、州、縣，按照上年普賑户口，再賞給一月口糧，仍借給口糧、籽種。其情形較輕及附近歉收各州縣，并著酌借籽種、口糧，以資接濟。該督務須飭屬認真經理，俾小民益臻寬裕，用副朕履端布闓、加惠閭閻至意。該部即遵諭行。欽此。”

【《嘉慶道光兩朝上諭檔》第 16 册，第 1 頁第 3 條】

嘉慶十八年（1813）

△諭著陝甘總督那彦成據實密奏甘肅上年彌補銀究竟幾年即可彌補全完

嘉慶十八年三月初二日

軍機大臣字寄陝甘總督那。

嘉慶十八年三月初二日，奉上諭：“據那彦成奏，甘肅上年彌補銀二十萬八千餘兩，均係署任藩司德克精阿辦理。經該督查驗存庫，擬令新任藩司親加秤驗，將此項另作一款專片附奏，以後均照此辦理，不必俟十年限期，便可彌補全完，伏祈訓示。等語。所奏殊不明晰，無可訓示。甘省應行彌補銀兩共係若干，原定限期係何年限，其所稱上年彌補銀二十萬八千餘兩，統前計算，已完若干，未完若干，照上年章程辦理，不須十年，究竟幾年即可彌補全完。著該督再逐一查明，分晰聲叙，據實密奏。俟奏到時，再行諭示。其所奏令德克精阿接本任道篆，暫留省城幫辦藩司奏銷采買撥運事竣，再回固原道署之處，著照所請行。將此諭令知之。欽此。”遵旨寄信前來。

【《嘉慶道光兩朝上諭檔》第 18 冊，第 63 頁第 163 條】

△諭内閣著常文補授寧夏道員

嘉慶十八年五月二十七日

嘉慶十八年五月二十七日，内閣奉上諭：“甘肅寧夏道員缺，著常文補授。欽此。”

【《嘉慶道光兩朝上諭檔》第 18 冊，第 163 頁第 474 條】

△奏寧夏道所遺之缺例應請旨簡放

嘉慶十八年五月二十七日

據吏部知會甘肅寧夏道，興科親老改補京職，所遺之缺，例應請旨簡放。臣等謹擬寫空名諭旨，并將各項應用道員名單進呈，伏候簡放。謹奏。

【《嘉慶道光兩朝上諭檔》第 18 冊，第 163 頁第 475 條】

嘉慶十九年（1814）

△諭陝甘總督長齡等奏痛剿陳四尹朝貴龔貴等股匪三次連得勝仗并現在分路進剿緣由

嘉慶十九年二月初一日

軍機大臣字寄陝甘總督長、固原提督二等男楊、陝西巡撫朱。

嘉慶十九年二月初一日，奉上諭："長齡等奏痛剿陳四、尹朝貴、龔貴等股匪三次，連得勝仗，并現在分路進剿緣由各摺。此次吴廷剛所剿陳四分股之賊尹朝貴股匪，于十二日趕抵吴家堡。適祝廷彪到彼，與之會合，進兵大加剿殺。當將首逆尹朝貴生擒，殲獲六百餘人。旋又探知陳四股匪在黄草坪民房屯踞，復分兵三路，乘夜進攻。賊匪燒斃、淹死及殲獲者又有七百餘人，并訊明尤九一犯已被夥賊戮斃。

"又，楊芳等所剿沔縣賊匪，將龔貴一股在三元壩地方，督率馬步官兵奮勇剿殺，先後殲賊六百餘名。各路官兵剿賊，均屬奮勉出力，著發去四喜玉搬指五個、瓷翎管十個、鼻烟壺五個、小刀十柄、小荷包二十個、一兩重銀牌三千面，分賞各路奮勇將弁兵丁，并著長齡等將各該路帶兵將領官兵查明，秉公保奏。長齡等，俟各路剿辦完竣，再加懋賞。現在長齡已親赴東江口寧陝一帶，督同吴廷剛、馬元追剿尹朝貴、陳四股内東竄零匪，楊遇春親赴留壩一帶，率同何占鰲追剿龔貴股匪，其沔縣游奕之吴奇、譚貴股匪，已派游棟雲會同楊芳剿辦。又，賽冲阿所剿折回江北之苗小一股匪，亦派祝廷彪馳往會剿，朱勛等在峪外防堵。

"各處股匪均有專員認定剿辦，不至顧此失彼。惟當緊躡窮追，各剿各股，將首逆夥黨就地掃除净盡，統于前二月内一律辦竣。長齡察看陝境肅清，毫無遺孽，即由六百里加緊奏聞，以慰廑注。伊等當共加奮勉，朕惟計日以待捷音之至也。將此由六百里諭令知之。欽此。”遵旨寄信前來。

【《嘉慶道光兩朝上諭檔》第19册，第37頁第112條】

△諭陝甘總督長齡等奏生擒首逆陳四并尹朝貴零匪全數殄滅

嘉慶十九年二月初五日

軍機大臣字寄陝甘總督長、固原提督二等男楊、陝西巡撫朱。

嘉慶十九年二月初五日，奉上諭：“本日，長齡等奏生擒首逆陳四并尹朝貴、零匪全數殄滅一摺。所辦甚好。已降旨，將該督及吴廷剛、祝廷彪等分别施恩矣。惟閱摺内稱，寶鷄縣東河橋地方，有不知姓名賊匪千餘人，執旗搶掠，現已入山，有赴隴州之勢。等語。此股是否係龔貴股匪，抑係各處零匪復行聚合，現在長齡已親自帶同特依順保、色爾滚益滿漢官兵二千名，由斜峪關探踪進剿，務須迅速撲滅，勿任四散旁竄。現在東竄股匪剿除净盡，又有吴廷剛、祝廷彪兩路勝兵，長齡等酌看情形，何路緊要，即令該鎮等前往協助。或分往，或合往，隨宜調度，朕亦不爲遥制。

“至沔縣境内吴奇、譚貴一股竄匪人數較多，楊芳在彼剿辦，又有游棟雲帶兵前往協助，日内已否得有勝仗，殄除净盡。又，楊遇春現辦龔貴一股，并賽冲阿跟剿之苗小一一股，日内曾否掃除，漢江一帶，及棧道内外，是否均已肅清，并著迅速奏聞。總期于前二月内，一律辦竣，伫候捷音。將此由六百里諭令知之。欽此。”遵旨寄信前來。

【《嘉慶道光兩朝上諭檔》第19册，第44頁第131條】

△諭著解任寧夏府同知吴邦墉

嘉慶十九年閏二月初五日

同日，奉旨："這所參濫刑斃命之寧夏府同知吴邦墉，著解任，交該署督提同案内人證，秉公嚴審，定擬具奏。欽此。"

【《嘉慶道光兩朝上諭檔》第 19 册，第 124 頁第 334 條】

△諭内閣著馮大中補授寧夏府知府

嘉慶十九年閏二月二十八日

同日，内閣奉上諭："甘肅寧夏府知府員缺，著馮大中補授。欽此。"

【《嘉慶道光兩朝上諭檔》第 19 册，第 179 頁第 498 條】

△奏寧夏府知府王賜均降調出缺例應請旨簡放

嘉慶十九年閏二月二十八日

頃據吏部知會，甘肅寧夏府知府王賜均降調出缺，例應請旨簡放。臣等謹擬寫空名諭旨，同各項記名人員名單，一并進呈，恭候簡放。謹奏。

閏二月二十八日。

【《嘉慶道光兩朝上諭檔》第 19 册，第 179 頁第 499 條】

△諭著傳諭甘肅督撫等查勘平羅縣屬等處著迅速辦理并將來春應否接濟之處一并查明具奏

嘉慶十九年十月十四日

軍機大臣字寄盛京將軍，直隸、江蘇、安徽、江西、浙江、山東、山西、河南、陝西、甘肅、湖北各督撫，傳諭兩淮鹽政。

嘉慶十九年十月十四日，奉上諭："本年，奉天遼陽等處沿河地畝被水。直隸豐潤等十五州縣被旱、被水、被雹、被蟲。江蘇句容等五十七廳、州、縣被旱、被水，又通州、泰州、海州三分司所屬各場間有被旱、被水處所。山東章邱等二十六州縣被蟲。山西保德等九州縣及托克托城廳等處被旱、被霜。河南光州等四州縣被旱，又睢州等五州縣被水。陝西寶鷄等四廳、縣，膚施等二縣被雹，鳳縣等八廳、縣，潼關等三廳、州、縣被水，榆林等七州縣被霜。甘肅皋蘭等六廳、州、縣被旱、被霜。節經該將軍、督撫、鹽政等奏到，朕已加恩，分別蠲緩賑恤，小民糊口有資，諒可無虞失所。

"惟念來春青黄不接之時，民力不無拮据。著傳諭該將軍、督撫、鹽政等體察情形，如有應須接濟之處，速即查明，據實覆奏，務于年内奏到，候朕于新正降旨加恩。再，安徽合肥等五十一州縣被旱、被水，江西德興、浮梁二縣被水，浙江仁和等十六州縣被旱。又，西安等三縣被水，甘肅平羅縣屬等處被水，湖北安陸、德安二府屬缺雨，已據該督撫等奏明查勘，亦著迅速辦理，并將來春應否接濟之處，一并查明具奏。將此諭令該將軍、督撫、鹽政知之。欽此。"遵旨寄信前來。

【《嘉慶道光兩朝上諭檔》第19册，第778頁第2025條】

嘉慶二十年 (1815)

△諭内閣著加恩將鹽茶靈州中衛平羅寧朔等八廳州縣酌借籽種口糧

嘉慶二十年正月初一日

同日，内閣奉上諭："上年，甘肅省皋蘭等八廳、州、縣被旱、被霜、被水，節經降旨，分别緩徵撫恤，小民自可無虞失所。惟念東作方興，籽種未免缺乏，青黄不接之際，亦恐貧民糊口維艱，著加恩，將皋蘭、紅水縣丞、靖遠、鹽茶、靈州、中衛、平羅、寧朔等八廳、州、縣酌借籽種、口糧，俾資接濟，用副朕子惠黎元、覃敷春澤至意。該部即遵諭行。欽此。"

【《嘉慶道光兩朝上諭檔》第 20 册，第 1 頁第 2 條】

△諭著富明補授寧夏府知府

嘉慶二十年正月二十五日

同日，内閣奉上諭："甘肅寧夏府知府員缺，著富明補授。欽此。"

【《嘉慶道光兩朝上諭檔》第 20 册，第 39 頁第 108 條】

△諭户部尚書景安等奏續查出固原隆德等各州縣虧缺倉糧動用采買價銀據實參奏

嘉慶二十年十二月二十一日

軍機大臣字寄欽差户部尚書景、倉場侍郎朱、陝甘總督先。

嘉慶二十年十二月二十一日，奉上諭："景安等奏續查出平凉、固原、隆德、静寧、會寧各州縣虧缺倉糧，動用采買價銀，據實參奏一摺。平凉等州縣情弊與先經查出之涇州相仿，則甘省各屬似此者，諒必所在皆是。景安等每到一處，參奏一處，殊非辦法。其所請，俟各道員結報後，再令隨帶司員分投往查，亦屬未協。昨已有旨，令先福協同景安等查辦，景安等，著即先赴省城，與先福面晤酌商。先福到任未久，藩司嚴烺更係甫經到任，皆無所用其回護。硃：倘有回護，一體治罪。著先福督同藩司，先將各屬虧缺倉糧動用采買價銀各情弊逐一確查，務令和盤托出。景安、朱理二人再親往抽查驗明該總督、藩司等所報是否真確。其前任侵蝕虧缺者情罪爲重，後任挪移墊放者情罪較重。查明彙總參奏，分晰辦理。其此次所參之前任隆德縣知縣常久、静寧州知州徐銑、涇州知州張萬年俱著解任，行提歸案訊辦。至將來州縣内應行革職、解任、提訊之員必多，其該管上司亦必多有獲咎開缺者。昨已有旨，令景安等會同酌商奏請簡發人員，即遵旨由驛速奏可也。將此由四百里諭令知之。欽此。”遵旨寄信前來。

【《嘉慶道光兩朝上諭檔》第 20 册，第 696 頁第 1794 條】

嘉慶二十一年 (1816)

△諭内閣著加恩將平羅鹽茶廳靈州寧夏寧朔及花馬池州同所轄地方等均酌借籽種口糧

嘉慶二十一年正月初四日

嘉慶二十一年正月初四日，内閣奉上諭：“上年，甘肅臯蘭等廳、州、縣收成歉薄，業經降旨，分别緩徵，小民自無虞失所。惟念該處地瘠民貧、蓋藏素鮮，今春青黄不接之際，民食不無拮据。著加恩，將臯蘭、金縣、靖遠、安定、隴西、平羅、西寧、鹽茶廳，并勘不成灾之狄道、静寧、會寧、通渭、寧遠、漳縣、靈臺、秦安、清水、靈州、碾伯、大通、秦州、兩當、平凉、寧夏、寧朔及花馬池州同所轄地方，均酌借籽種、口糧，俾資接濟，用副朕覃敷春澤、惠愛黎元至意。該部即遵諭行。欽此。”

【《嘉慶道光兩朝上諭檔》第21冊，第4頁第11條】

△諭户部尚書景安等查明實據具奏那彥成于商同陳祁浮銷揑奏等款

嘉慶二十一年閏六月十三日

軍機大臣字寄欽差户部尚書景、刑部侍郎朱。

嘉慶二十一年閏六月十三日，奉上諭："前因那彥成明白回奏摺内，于商同陳祁浮銷揑奏等款不肯承認，是以降旨，令景安等查明實據具奏，以便質訊。嗣那彥成拿解到京，經大學士等會同審訊，已據那彥成將陳祁與伊商同那移賑銀，并用賑餘歸還，例不准銷脚價等項，實未捐廉名。等情。全任供認。此次景安等奏到混冒賑銀稟帖賬彥各確據，無庸再向那彥成覆訊。其續經查出浮銷皋蘭、靖遠、靈州三處運送適中脚價及采買兵糧銀四萬三千八百餘兩，有該州縣印領可憑，與前次查有印領之十二萬餘兩均屬冒銷有著之款，應歸入一例核辦。惟陳祁提入内署無著銀二萬四千兩是否那彥成侵蝕，關係罪名輕重，雖據那彥成指天誓日，實無染指情事，其言固不可信，亦不能竟指那彥成曾經分受，景安等此時惟確查此一款最爲緊要。昨據那彥成供稱，此項係報銷時作爲户部使費。已降旨，令景安等提審庫官王國表等，令其據實供吐。本日，景安等繳到賑銀主簿内載，七月初三日，内署提銀二萬四千兩，下接寫‘又除補入二月初三日發給隴西縣樊玉軸辦理賑案動用委員盤費紙張銀四百八十二兩零’字樣。樊玉軸是否即係當日委員，抑或另有派委之人，其所領盤費銀兩是否運送此二萬四千兩進京，抑係送至浙江陳祁家中，著景安等提到該委員，嚴切審訊，無難水落石出。

“又據額特布奏，查抄陳祁家産，審出陳祁前在甘肅時寄信家中置買産業，囑令親戚出名立契。或陳祁當日即以此項銀兩置買田産，已飭令確查寄書置産年月，以憑核對。又，陳祁任藩司時，有管事家人孟祥係陝西渭南人，陳奎係陝西榆林人，張維係陝西西安人，劉安係陝西武功人，俱在署中派管門印事務。現降旨，令朱勛向各原籍查緝解送刑部。該家人等在甘年久，此時或仍在甘省官署服役，亦未可定。著景安等即向甘省大小官員嚴密查訪，如有在甘者，立即就近飭拿，嚴行審訊。以陳祁派伊管理門印，其所作情弊，斷無不知究竟。十六年七月初三日提入内署銀二萬四千兩作何使用，令其據實供吐，得有確據。先由五百里具奏，一面將應質之人迅速解部備質可也。將此由五百里諭令知之。欽此。”遵旨寄信前來。

【《嘉慶道光兩朝上諭檔》第 21 册，第 345 頁第 849 條】

△諭内閣著宜清要補授寧夏道員

嘉慶二十一年七月十五日

同日，内閣奉上諭：“甘肅寧夏道員缺，著宜清要補授。欽此。”

【《嘉慶道光兩朝上諭檔》第 21 册，第 400 頁第 1005 條】

△奏原任固原州知州李堯詢等案犯清單

嘉慶二十一年七月十六日

謹原任固原州知州李堯詢將甘省十六年以後新虧數在二萬兩以上，定擬斬決解部監追者六員，一萬兩以上，定擬斬候解部監追者四員，五千兩以上，擬以革職留任追繳者二十三員，五千兩以下，擬以降二級留任追繳者二十四員，分别開列清單，恭呈御覽。計開：……

原任固原州知州李堯詢，實虧正項銀三萬九千三百八十五兩二錢四分二厘四毫。……二萬兩以上，解甘監禁查明辦理者一員。……

一萬兩以上，定擬斬候解部監追者四員。……已革前署隆德縣知縣郭廷光，實虧正項銀一萬八千二百八十一兩四錢四厘六毫。再，該員尚有十五年以前舊虧銀兩，另入舊虧單内。……以上四員，解部監追。……

五千兩以上，擬以革職留任追繳者二十三員。又，已離甘省者二員。……前署隆德縣知縣常久，實虧正項銀九千八百六十九兩八錢五分八厘二毫。……前署靈州知州沈鵬，實虧正項銀八千百四十二兩六分二厘五毫。……署靈州知州丁兆祺，實虧正項銀八千四百八十二兩七錢七分六厘七毫。……前任靈州知州丁榮熙，實虧正項銀九千九百五十九兩八錢二分七厘五毫。再，該員尚有十五年以前舊虧銀兩，另入舊虧單内。……

五千兩以下，擬以降二級留任追繳者二十四員。又，已離甘省者二十員：……原任寧夏縣知縣李敦源，實虧正項銀一千六百三兩一錢二分二厘三毫。……署寧夏縣知縣陸泳淇，實虧正項銀一千四百六十九兩三錢七分。……署寧夏縣知縣程際韶，實虧正項銀八百七十六兩九錢五分四厘。……原任寧朔縣知縣翟茫，實虧正項銀三百六十四兩七錢五分五厘。……原任寧夏縣知縣崔景瀫,實虧正項銀一百九十兩一錢四分六厘。……署固原州知州趙宜暄，實虧正項銀一千三百三十五兩一錢八分九厘一毫。再，該員尚有十五年以前舊虧銀兩，另入舊虧單内。……署隆德縣知縣李清葵，實虧正項銀五百四十二兩一錢五分一厘七毫。再，該員尚有十五年以前舊虧銀兩，另入舊虧單内。原任寧夏縣知縣興恒，實虧正項銀四百七十九兩五錢三分一厘。再，該員尚有十五年以前舊虧銀兩，另入舊虧單内。……原任寧夏縣知縣鄧秉綸，實虧正項銀一百五兩。再，該員尚有十五年以前舊虧銀兩，另入舊虧單内。……

五千兩以下，業經病故者八員：……原任寧朔縣知縣張應鵬，實虧正項銀一百三十二兩一錢四分六厘。再，該員尚有十五年以前舊虧銀兩，另入舊虧單内。

七月十六日。

【《嘉慶道光兩朝上諭檔》第21冊，第407頁第1011條】

△奏甘肅十五年以前舊虧各員數目清單

嘉慶二十一年七月十六日

謹將甘肅十五年以前舊虧各員數目開列清單，恭呈御覽。計開：

現在甘省者二十七員。現任鹽茶廳同知凌士濤，舊虧未完銀五萬三千六百三十四兩六錢二分七厘二毫。……現任中衛縣知縣翟樹滋，舊虧未完銀三萬九千九百五十二兩一分三厘二毫。……原任寧夏府知府王賜均，舊虧未完銀二萬三百十四兩五錢九分二厘八毫。……原任靈州知州丁榮熙，舊虧未完銀九千七百三十六兩四錢三分八厘八毫。……現署固原州知州趙宜暄，舊虧未完銀七千七百三十八兩三錢六分二厘。……前署寧朔縣知縣朱廷楷，舊虧未完銀三千四十四兩二錢一分。……現署隆德縣知縣李清葵，舊虧未完銀一千四十一兩五錢八分七厘。……原任花馬池州同李大□，舊虧未完銀三百十四兩六錢二分二厘。以上二十七員。共實未完舊虧銀三十一萬九千五百八十九兩五錢七厘七毫。

現已離甘者六十二員。原任固原州知州翟方震，舊虧未完銀六萬四千七百四十八兩二錢五分七厘。原任靈州知州圖善，舊虧未完銀四萬九千二十兩一錢八厘九毫。……原任靈州知州楊芳燦，舊虧未完銀九千九百四十八兩七錢五分五厘八毫。……前署中衛縣知縣金宜，舊虧未完銀八千一百六十七兩六錢九分三厘五毫。……原任靈州知州徐學采，舊虧未完銀七千八十兩九錢四分一厘。原任隆德縣知縣吕榮，舊虧未完銀六千五百八十七兩三錢四分一厘。……原任寧夏府水利同知陳松，舊虧未完銀二千三百六十八兩九錢一分九厘。……原任花馬池州同邊廷禧，舊虧未完銀一千九百三十二兩一錢三分。……原任寧夏縣知縣張利溥，舊虧未完銀一千八百一兩三錢一分四厘。……原任靈州知州朱續曾，舊虧未完銀一千九十八兩九錢六分八毫。……前署隆德縣知縣王保澄，舊虧未完銀七百五十四兩一錢七厘。……原任寧夏縣知縣李棠蔭，舊虧未完銀一百七十一兩一分八厘一毫。……以上共六十二員，共未完舊虧銀五十九萬四百四十二兩五錢七分七厘。

現已離甘省無著者二十員。……原任鹽茶廳同知曹用菜，舊虧未完銀一萬一千五百二十一兩四錢七分八厘三毫。……原任中衛縣知縣李超林，舊虧未完銀五千四百九十一兩四分五厘。……原任靈州知州豐延泰，舊虧未完銀二千一百五十九兩二錢六分八厘。……以上二十員，共未完舊虧未完銀八萬三千九百三十三兩五錢八分三厘三毫。

七月十六日。

【《嘉慶道光兩朝上諭檔》第 21 册，第 417 頁第 1012 條】

嘉慶二十三年（1818）

△諭内閣著加恩將靈州中衛等十一州縣酌借籽種口糧分別本色折色動支散給

嘉慶二十三年正月初八日

嘉慶二十三年正月初八日，内閣奉上諭：“上年，甘肅省臯蘭等州縣偶被偏灾，業經降旨緩徵，小民自可無虞失所。惟念該省地瘠民貧，蓋藏素鮮，所有被灾處所及毗連灾區收成歉薄地方貧農糊口維艱，恐致有妨耕作，著加恩，將靈州、中衛、涇州、靈臺、鎮原、寧遠、武威、秦州、秦安、肅州、安西十一州縣酌借籽種、口糧，分別本色、折色動支散給，以示朕軫懷民瘼〔莫〕、普錫春祺至意。該部即遵諭行。欽此。”

【《嘉慶道光兩朝上諭檔》第 23 册，第 9 頁第 18 條】

△諭著陝甘總督長齡即查明王鋐站係何州縣驛地訊明劉寶現在何處飭拿到案

嘉慶二十三年正月二十四日

軍機大臣字寄陝甘總督長。

嘉慶二十三年正月二十四日，奉上諭："本日，由驛遞到斌静奏事夾板一副，拆閱時，包封内夾板外藏有寧夏已革千總劉寶控告總兵游棟雲呈詞款單二紙。朕詳加披閱，所控各款俱指該總兵骪法營私，大干法紀，必應查明究辦。其呈注明由王鋐站申，著長齡即查明王鋐站係何州縣驛地，傳提該驛吏役，訊明劉寶現在何處，飭拿到案。先將呈内所控游棟雲各款向其逐一研訊，如果屬實，游棟雲現在由甘起程，赴京陛見。已有旨，飭令速回蘭州候訊，俟游棟雲到日，令其質對明確，秉公據實具奏。至劉寶控告上官，以呈詞夾入奏摺包封之内，有無同謀之人，一并訊明，治以應得之罪。劉寶原呈款單，俱著發給閱看，將此諭令知之。硃：由四百里。欽此。"遵旨寄信前來。

【《嘉慶道光兩朝上諭檔》第23冊，第29頁第68條】

△諭内閣著多隆武補授寧夏鎮總兵

嘉慶二十三年四月初三日

嘉慶二十三年四月初三日，内閣奉上諭："甘肅寧夏鎮總兵員缺，著多隆武補授。欽此。"

【《嘉慶道光兩朝上諭檔》第23冊，第143頁第356條】

嘉慶二十四年（1819）

△諭内閣著加恩將鹽茶等八廳州縣等借給籽種口糧

嘉慶二十四年正月初四日

嘉慶二十四年正月初四日，内閣奉上諭："上年，甘肅省皋蘭等廳、州、縣偶被偏灾，業經降旨緩徵，并賞借口糧，小民自可無虞失所。惟念該省地瘠民貧、蓋藏素鮮，所有被灾處所，及收成歉薄地方，貧農糊口維艱，恐致有妨耕作，著加恩，將皋蘭、西和、徽縣、靈臺、鹽茶、武威、肅州、高臺八廳、州、縣及肅州州同、東樂縣丞照該督酌定數目，借給籽種、口糧，分别本色、折色動支散放，用示朕始和布闓、加惠歉區至意。該部即遵諭行。欽此。"

【《嘉慶道光兩朝上諭檔》第 24 册，第 5 頁第 13 條】

△諭陝甘總督長齡奏酌籌餘存草束并添補驛站公費

嘉慶二十四年十一月三十日

軍機大臣字寄陝甘總督長。

嘉慶二十四年十一月三十日，奉上諭："長齡奏酌籌餘存草束并添補驛站公費一摺。甘肅河西各州縣，每歲額徵草四百五十七萬餘束，除備供各營喂馬外，歲有贏餘。現已積存草一千六百餘萬束，日久黴爛，全歸無用。自不若量爲變通，著即照所議分别減價售賣，此後新徵草束酌留二年之用，所餘悉准其隨時售賣，將價銀解存司庫。其凉、莊、寧夏滿營采買馬草，即于此項内動支，餘剩銀兩津貼河東有驛之皋蘭等九州縣及循化、貴德、巴燕戎格近番三廳，以資調劑。至草束色樣、斤重各處不同，并著該督詳核價值，毋任該州縣意爲高下其瘠苦。各廳、縣以此項酌增公費，應加何分别支給之處，并著體察情形，一并妥議章程具奏。將此諭令知之。欽此。”遵旨寄信前來。

【《嘉慶道光兩朝上諭檔》第 24 册，第 629 頁第 1812 條】

嘉慶二十五年（1820）

△諭内閣著加恩將寧夏寧朔平羅等十七州縣酌借籽種口糧

嘉慶二十五年正月初一日

嘉慶二十五年正月初一日，内閣奉上諭：“上年，甘肅省成縣等州縣被水，業經降旨，分别撫恤，小民自可無虞失所。惟念該省地瘠民貧、蓋藏素鮮，今春青黄不接之時，民力不無拮据。著加恩，將成縣、鎮原、徽縣、秦州、秦安、西寧、平凉、寧夏、伏羌九州縣被水村莊酌借籽種、口糧，以資接濟。又，静寧、涇州、靈臺、寧朔、平羅、階州、狄道、莊浪縣丞等八州縣被水、被雹，亦著一體借給籽種、口糧，均即以本色散放，俾小民口食有資，兼可及時耕作，用示朕方春行慶、惠普邊陲至意。該部即遵諭行。欽此。”

【《嘉慶道光兩朝上諭檔》第 25 册，第 3 頁第 9 條】

△諭内閣著加恩將靈州等五州縣未完新舊錢糧均緩至明年秋收後啓徵

嘉慶二十五年十一月十三日

嘉慶二十五年十一月十三日，内閣奉上諭：“長齡奏，被灾州縣懇請緩徵一摺。本年，甘省靈州等處被灾稍重，秋收歉薄，農民未免拮据。著加恩，將靈州、狄道、靈臺、河州、鎮源五州縣未完新舊錢糧，均緩至明年秋收後啓徵，以紓民力。該部知道。欽此。”

【《嘉慶道光兩朝上諭檔》第 25 册，第 526 頁第 1468 條】

道光朝

道光元年（1821）

△諭内閣著加恩中衛縣附近災區各村莊借給口糧八千石固原州借給口糧折色銀四千兩等

道光元年正月初六日

道光元年正月初六日，内閣奉上諭：“上年，甘肅省中衛等州縣被水、被雹，業經分別蠲緩賑恤，小民自可無虞失所。惟念今春青黄不接之時，蓋藏未裕，民食維艱，著加恩，將皋蘭縣借給口糧六千五百石，寧遠縣借給口糧二千石，伏羌縣借給籽種糧二千石，西和縣借給籽種糧二千石，安化縣借給籽種糧二千石，寧州借給口糧二千石，秦安縣借給籽種糧二千石，禮縣借給口糧二千石，肅州借給口糧三千石，肅州州同借給籽種糧一千石，安西州借給口糧四千石，中衛縣附近災區各村莊借給口糧八千石，固原州借給口糧折色銀四千兩，俾小民口食有資，兼可及時耕作，用示朕惠愛烝黎、覃敷春澤至意。該部即遵諭行。欽此。”

【《嘉慶道光兩朝上諭檔》第26册，第4頁第17條】

△奏固原城守營游擊胡超福建連江營游擊德斌等交軍機處記名

道光元年二月十二日

本日，據該班章京稟稱：“上年十二月十四日，暨本年正月二十一日，有兵部帶領引見之陝西固原城守營游擊胡超、福建連江營游擊德斌先後奉旨，交軍機處記名。該二員俱係應用參將之員，本月初九日，蘭州城守營參將德楞額奉旨補放副將，其遺缺未經開單請簡，理合據實檢舉。等語。臣等謹將蘭州城守營參將一缺，擬寫空名諭旨，開單進呈，恭候簡放。所有疏漏之章京，應請旨交部議處，臣等亦請交部察議。謹奏。”

二月十二日。

【《嘉慶道光兩朝上諭檔》第26册，第69頁第178條】

△諭内閣固原州知州史夢蛟升補山西遼州知州等

道光元年三月初九日

道光元年三月初九日，内閣奉上諭：“長齡奏，遴員升調要缺州縣一摺。趙宜暄，著准其升補安西直隸州知州，照例送部引見。史夢蛟，前已降旨，升補山西遼州知州，其固原州知州等缺，著該督另行揀員奏補。欽此。”

【《嘉慶道光兩朝上諭檔》第26册，第101頁第322條】

△諭著傳諭甘肅督撫等據實覆奏中衛等州縣被水被旱被雹情形

道光元年十月十五日

軍機大臣字寄盛京將軍、奉天府尹，直隸、江蘇、安徽、山東、河南、陝西、甘肅、福建、浙江、湖北、四川各督撫，傳諭兩淮鹽政。

道光元年十月十五日，奉上諭："本年，直隸安肅等二十七州縣被水、被雹。江蘇句容等三十七州、縣、衛被水、被旱。安徽南□等四州縣被水。山東章邱等五十七州、縣、衛被水，寧海州等三州縣被蟲，朝城縣被水、被蟲。河南原武等五縣被水。陝西鄜州等五州縣被水，榆林縣被雹。甘肅中衛等十七州縣被水、被旱、被雹。節經各該省奏到，均已隨時降旨加恩，分別蠲緩賑恤，小民諒可不至失所。惟念來春青黄不接之時，民力或不免拮据。著傳諭該督撫等體察情形，如有應需接濟之處，即查明據實覆奏，務于封印前奏到，候朕于新正降旨加恩。

"再，盛京奉天府屬之鳳凰城等處被水，錦州府屬之古城子等處被風、被蟲。安徽鳳陽等十州縣被水，當塗等八州縣被旱。河南濬縣等十一縣被水。甘肅鹽茶等七廳、州、縣、衛被旱，固原州、環縣二州縣被水。福建淡水并噶瑪蘭二廳屬田禾同時被風雨損傷。浙江天台、松陽二縣被旱，淳安縣被水。湖北保康等八州縣被水。四川大寧、巫山二縣被水，兩淮、板浦等三場被水，已據該將軍、府尹、督撫、鹽政等奏明查勘，亦著迅速辦理，并將來春應否接濟之處一并查明，于封印前奏聞，將此諭知各該將軍、府尹、督撫等，并傳諭兩淮鹽政知之。欽此。"遵旨寄信前來。

【《嘉慶道光兩朝上諭檔》第26冊，第471頁第1565條】

△諭著陝甘總督朱勛等催令汪什代克等九族及鹽池盤踞之番户遵照前約遷移渡河等事

道光元年十二月二十一日

軍機大臣字寄署陝甘總督朱、西寧辦事大臣松。

道光元年十二月二十一日，奉上諭："朱勛等奏，汪什代克等九族番子及鹽池一帶挖鹽之番户，遵俟冰橋結凍後，飭令盡數渡河。惟今夏驅逐番帳

之時，有藴依、雙勿二族聞風遠竄，屢至沿邊一帶，并竄至大通縣邊界搶掠，覓踪追捕，剿斃多名。明歲春融，再行設法驅逐。倘鹽池等處各番狡黠延挨，必須多派官兵押令遷徙。等語。循化、貴德所屬野番插帳居住，亟應押令回巢，其聞風遠竄之藴依、雙勿兩族沿邊搶掠，尤當嚴行驅除。著該署督等飭知各廳營，一俟冰槁結凍，催令汪什代克等九族及鹽池盤踞之番户遵照前約，遷移渡河，藴依、雙勿兩族亦即次第設法驅逐。如該野番遲逾背約，即著察看情形，會同酌派官兵，如期押令搬徙。總當熟籌妥計，相機辦理，勿使再來搶劫，固不可草率從事，有名無實，亦不可操之過急，激成事端。將此諭，令知之。欽此。”遵旨寄信前來。

【《嘉慶道光兩朝上諭檔》第 26 册，第 611 頁第 1997 條】

道光二年（1822）

△諭内閣著加恩將中衛靈州寧夏寧朔平羅等十九州縣被灾較重地方酌借籽種口糧

道光二年正月初八日

道光二年正月初八日，内閣奉上諭：“上年，甘肅省中衛等廳、州、縣被水、被旱、被雹，業經降旨，分别蠲緩賑恤，小民自可無虞失所。惟念該省地瘠民貧、蓋藏素鮮，今春青黄不接之時，民力不無拮据。著加恩，將中衛、靈州、寧夏、寧朔、平羅、靖遠、皋蘭、紅水、渭源、安定、會寧、岷州、平番、西寧、寧州、隴西、武威、古浪、鎮原十九州縣被灾較重地方，酌借籽種、口糧，以資接濟。又，洮州、静寧、涇州、靈臺四廳、州、縣，通渭、西和、華亭、王子莊州同、安西、敦煌六州縣，上年亦係被灾歉收，并著一體借給籽種、口糧，均即以本色散放，俾小民及時耕作，口食有資。所需糧石即在各該處倉貯額徵糧内動用，如有不敷，准其動用常平倉糧及司庫存貯，糧價折色散給，用示朕始和布闓、惠普邊陲至意。該部即遵諭行。欽此。”

【《嘉慶道光兩朝上諭檔》第 27 册，第 7 頁第 30 條】

△諭内閣著照長齡所請加恩將靈州等六州縣所有應納新舊錢糧草束緩至來歲秋後啓徵

道光二年十月初一日

道光二年十月初一日，内閣奉上諭：“長齡奏，勘明甘肅各屬夏秋田禾被灾地方分别辦理一摺。甘肅省本年被水、被雹、被霜各處，據長齡查明具奏，除涇州等六州縣勘不成灾外，其洮州等十四處于被灾後俱令農民改種晚秋，應俟秋成，勘明情形，另爲辦理。惟静寧、靈州、渭源、靖遠、西寧、碾伯六州縣收成均屬歉薄，民力不無拮据。所有應納新舊錢糧、草束，著照所請加恩，緩至來歲秋後啓徵。即行刊刻謄黄，張貼曉諭，以杜欺冒。至河州、東鄉、柏楊嶺、南鄉、何家溝等處水衝山塌，致斃男女一百三十四名口，牛、羊、驢、騾四百六十四頭隻，衝壓房屋二百八十七間，被灾較重，著即照急賑之例，速委妥員會同該州妥爲撫恤，務期實惠及民，以副朕軫念灾黎至意。該部知道。欽此。”

【《嘉慶道光兩朝上諭檔》第 27 册，第 529 頁第 1768 條】

道光三年（1823）

△諭知邱樹棠飭歸綏道岳祥會同寧夏道宜清安復勘蒙古争執地界

道光三年三月初一日

軍機大臣字寄陝甘總督那。

道光三年三月初一日，奉上諭：“那彦成奏，道員會勘蒙古争界，意見不同，請欽派大員復勘一摺。此案河東杭錦旗貝子端多布色楞與河西阿拉善王瑪哈巴拉争執地界，經寧夏、歸綏二道復勘，歸綏道岳祥聽杭錦旗一面之詞，以致意見不合。兩議詳報，經該督查明，兩旗檔案載，雍正十一年及乾隆五年，欽奉諭旨，俱以黄河爲界。黄河東徙西徙，非由人力，應以流水河身爲據，杭錦旗不應以河流故道妄啓訟端。即以黄河故道而論，亦不應影射庫柯諾爾之名，將阿拉善與烏拉特交界地方妄思侵占。案關外藩争控牧界，自不容稍有偏畸，致滋争訟。那彦成于此案，著毋庸回避。現已有旨，諭知邱樹棠飭該道岳祥迅速前往甘肅，仍會同寧夏道宜清安復勘，那彦成俟該道會勘後，即提同兩旗人證，及該部郎副盟長等秉公酌斷，折服杭錦旗之心，以息訟源，而昭公允。將此諭令知之。欽此。”遵旨寄信前來。

【《嘉慶道光兩朝上諭檔》第 28 册，第 82 頁第 276 條】

△諭内閣著甘肅中衛協石空寺堡守備福格等俱以原品休致

道光三年八月二十九日

道光三年八月二十九日，内閣奉上諭：“那彦成奏，守備、游擊年力就衰，請以原品休致。等語。甘肅中衛協石空寺堡守備福格、凉州鎮標中軍游擊王大福，俱著以原品休致。該員等均經出征川陝打仗受傷，應否給與俸禄，以養餘年，著兵部照例辦理。該部知道。欽此。”

【《嘉慶道光兩朝上諭檔》第 28 册，第 330 頁第 1130 條】

△諭内閣著瑞慶補授寧夏道員

道光三年十月初五日

同日，内閣奉上諭：“甘肅寧夏道員缺，著瑞慶補授。欽此。”

【《嘉慶道光兩朝上諭檔》第 28 册，第 381 頁第 1321 條】

△奏寧夏道係衝繁難要缺例應請旨簡放

道光三年十月初五日

查甘肅寧夏道係衝、繁、難要缺，例應請旨簡放。謹將應用道員名單進呈，伏候欽定。至平凉府知府係衝、繁選缺，應由吏部照例辦理。謹奏。

【《嘉慶道光兩朝上諭檔》第 28 册，第 381 頁第 1322 條】

△諭著那彦成奏寧夏道員缺緊要請以劉斯嵋調補

道光三年十月二十九日

軍機大臣字寄陝甘總督那。

道光三年十月二十九日，奉上諭："那彦成奏，寧夏道員缺緊要，請以劉斯嵋調補。所遺鞏秦階道，即請以簡放之員補授。等語。昨經降旨，將劉斯嵋補授浙江鹽運使，寧夏道前已簡放瑞慶，鞏秦階道已將直隸大順廣道富祥調補。所有寧夏道一缺，著該督俟瑞慶、富祥到任後留心察看，如須酌量對調之處，據實奏明辦理。如該道等均于寧夏道缺人地未宜，著該督于陝甘道員内另揀一員奏請調補可也。將此諭令知之。欽此。"遵旨寄信前來。

【《嘉慶道光兩朝上諭檔》第 28 册，第 414 頁第 1433 條】

△諭内閣那彦成奏酌借貧民口糧

道光三年十一月十九日

道光三年十一月十九日，内閣奉上諭："那彦成奏，酌借貧民口糧一摺。

甘省皋蘭等州縣，本年夏秋禾偶被偏灾，經該督查明，時届寒冬，民力拮据，自應酌借口糧，以資接濟。加恩，著准借給皋蘭縣口糧五千一百石，隴西縣口糧折色銀一千兩，伏羌縣口糧一千石，通渭縣口糧一千石，漳縣口糧折色銀八百兩，静寧州口糧折色銀一千兩，隆德縣口糧一千石，安化縣口糧一千石，平羅縣口糧五千石，秦州口糧四千五百石，秦安縣口糧一千石，清水縣口糧一千石，禮縣口糧二千石，涇州口糧二千五百石，崇信縣口糧一千石，靈臺縣口糧一千石，共本色倉斗糧二萬七千一百石，折色銀二千八百兩。所借糧石在于倉貯額糧内支放，如有不敷，即動用常平糧石散給，其折色銀兩在于司庫寄貯糧價款内借發。該督仍責成該管道府委員會同該州縣按户散放，如有胥役人等剋扣滋弊，即行嚴參究辦，務使閭閻均沾實惠，毋致失所，用示朕軫念窮黎至意。該部知道。欽此。”

【《嘉慶道光兩朝上諭檔》第 28 册，第 440 頁第 1530 條】

道光四年 (1824)

△諭内閣那彦成奏寧夏將軍丁憂出缺請旨簡放

道光四年正月三十日

道光四年正月三十日，内閣奉上諭：“那彦成奏寧夏將軍丁憂出缺請旨簡放一摺。寧夏副都統卓爾琿保本年年班出京，將次回任，所有寧夏將軍著即派卓爾琿保署理，格布舍俟到京百日孝滿後，仍回寧夏將軍之任。欽此。”

【《嘉慶道光兩朝上諭檔》第 29 册，第 29 頁第 106 條】

△諭内閣那彦成奏寧夏渠工請借項興修

道光四年三月初六日

道光四年三月初六日，内閣奉上諭："那彦成奏寧夏渠工請借項興修一摺。甘肅寧夏等三縣民田全賴各渠之水以時引灌，近因渠底日久淤墊，該督委員會同該管道周歷履勘分别應挑、應改之處，工大費多，民力實難舉辦。所有估需工料銀二萬九千九百一十七兩零，著准其于司庫籌款借給興修，仍于受水户民名下按畝攤徵還款。内漢延渠借銀三千七百八十兩，著自本年秋後起分作二年徵還。惠農渠借銀五千四百四十五兩零，該渠尚有應還二年借修將軍等塀銀兩，年限未滿，著自五年秋後起分三年徵還。昌潤渠請借連倉抵發共銀二萬六百九十一兩零，該渠借項既多，田地又少，兼以連年歉收，户民貧乏，著自本年秋後起分六年徵還，以紓民力。該督即飭該管道具領銀兩，趕緊購料鳩工，督率印委各員，分段照估，實力修築，勒限立夏以前完工具報，務期一律堅固深通，俾農民永資利賴。欽此。"

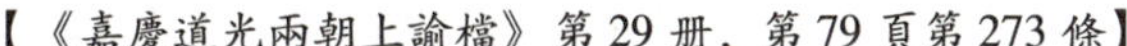
【《嘉慶道光兩朝上諭檔》第29册，第79頁第273條】

△諭内閣那彦成奏秋收歉薄地方請緩徵錢糧

道光四年十一月二十四日

道光四年十一月二十四日，内閣奉上諭："那彦成奏，秋收歉薄地方請緩徵錢糧一摺。甘肅省本年河州等廳、州、縣夏秋禾偶被偏災，經該督委員會同各地方官分别辦理，兹據勘明，除漳縣等處秋成尚屬有收、毋庸查辦外，惟皋蘭等州縣收成歉薄，民力拮据，自係實在情形。加恩，著照所請，准其將皋蘭、河州、狄道、靖遠、金縣、渭源、沙泥州判、隴西、西和、安定、會寧、通渭、寧遠、静寧、隆德、莊浪縣丞、東樂縣丞、武威、古浪、平番、西寧、碾伯、大通、靈州等二十四處，應徵本年新舊錢糧、草束，緩至來年秋後徵收，以紓民力。至漳縣等處，仍著該督隨時察看，如須酌借籽種、口糧，以資接濟，即行據實具奏。該部知道。欽此。”

【《嘉慶道光兩朝上諭檔》第29冊，第431頁第1501條】

道光五年（1825）

△諭内閣著加恩借給隆德縣固原州平羅縣等口糧籽種等

道光五年正月初六日

道光五年正月初六日，内閣奉上諭：“上年，甘肅省皋蘭等州縣被灾，業經降旨，分别緩徵，借給口糧，小民自可無虞失所。惟念今春青黄不接之時，户鮮蓋藏，民力仍不免拮据。著加恩，借給皋蘭縣正二兩月口糧三千石，籽種三千石。河州籽種二千石，渭源縣籽種一千五百石，靖遠縣籽種二千石。金縣正二兩月口糧一千石，籽種一千石。狄道州口糧二千石。伏羌縣正二兩月口糧一千石，籽種五百石。安定縣正二兩月口糧二千五百石，籽種一千五百石。會寧縣正二兩月口糧二千五百石，籽種一千五百石。通渭縣二月分口糧一千石，籽種一千石。寧遠縣正二兩月口糧一千五百石。漳縣正二兩月口糧一千石。静寧州正二兩月口糧二千石，籽種一千石。隆德縣正二兩月口糧一千五百石，籽種一千石。莊浪縣丞正二兩月口糧一千石。固原州籽種一千五百石。安化縣正二兩月口糧一千石。撫彝廳正二兩月口糧二千石。張掖縣正二兩月口糧三千石。山丹縣正二兩月口糧二千石。東樂縣丞正二兩月口糧一千石，籽種一千石。武威縣正二兩月口糧三千石，籽種一千石。永昌縣正二兩月口糧一千石。古浪縣正二兩月口糧一千石，籽種一千石。平番縣正二兩月口糧三千石，籽種一千石。中衛縣正二兩月口糧二千石。平羅縣正二兩月口糧一千五百石。西寧縣籽種二千石。碾伯縣正二兩月口糧一千五百石。大通縣籽種一千五百石。秦州籽種一千五百石。秦安縣籽種二千石。禮縣正二兩月口糧一千石。徽縣正二兩月口糧一千石。涇州正二兩月口糧一千五百石。靈臺縣正二兩月口糧一千石。鎮原縣正二兩月口糧一千石。崇信縣籽種一千石。肅州正二兩月口糧二千五百石。肅州州同正二三三月口糧一千石。高臺縣正二兩月口糧二千石。毛目縣丞籽種五百石。安西州籽種二千石。共倉斗糧八萬五千石，即在各該處額徵糧内動用。如額徵不敷，另動常平倉糧支放。此内皋蘭、静寧、固原三州縣倉貯額徵糧石，除估撥兵糧及借放上年冬底口糧所存無幾，著即在該處倉貯預買糧内動用，以資接濟，用示朕春祺溥被、惠洽邊陲至意。該部即遵諭行。欽此。"

【《嘉慶道光兩朝上諭檔》第 30 册，第 4 頁第 13 條】

△諭内閣鄂山奏勘明秋成歉收地方懇請緩徵并酌借平羅寧夏等八州縣貧民口糧

道光五年十一月初六日

道光五年十一月初六日，内閣奉上諭："鄂山奏，勘明秋成歉收地方，懇請緩徵，并酌借貧民口糧一摺。本年，甘肅省皋蘭等八州縣被雹、被水，補種晚秋，收成歉薄，閭閻未免拮据。據該署督查明，懇請恩施。著照所請加恩，將皋蘭、金縣、隴西、安定、岷州、平羅、靈臺、寧夏八州縣被雹、被水地方應徵新舊錢糧、草束，著緩至來年秋後啓徵。此内安定、寧夏二縣情形較輕，既經緩徵錢糧，無須再爲接濟。其皋蘭等六州縣歉收，貧民時屆寒冬，仍恐艱于口食，准借皋蘭縣口糧四千石，金縣口糧一千五百石，岷州口糧一千石，靈臺縣口糧一千石，平羅縣口糧一千六百石，隴西縣口糧折色銀一千兩。各州縣所借糧石，著于倉貯額徵糧内動用，其額徵不足之處，以常平糧石散放。惟皋蘭縣倉貯額徵糧石估撥兵糧之外存剩無幾，准于該縣預買糧内動用。隴西縣應借折色銀兩，准于司庫寄貯糧價款内借發。著即刊刻謄黄，遍行曉示，責成該管道府委員會同該州縣按户散放，如有胥役人等從中剋扣滋弊，即將印委各員嚴參究辦，務期實惠及民，用副朕軫念邊氓至意。該部知道。欽此。”

【《嘉慶道光兩朝上諭檔》第30册，第370頁第1295條】

道光六年（1826）

△諭内閣著加恩借給平羅縣寧夏縣等口糧耔種

道光六年正月初六日

道光六年正月初六日，内閣奉上諭：“上年，甘肅省皋蘭等州縣被水、被雹，業經降旨，分别緩徵，并借給口糧，小民自可不至失所。惟念今春東作方興，貧民尚形缺乏，著加恩，借給皋蘭縣耔種本色糧二千石，正二兩月口糧三千石。金縣耔種本色糧六百石，正二兩月口糧六百石。隴西縣耔種折色銀一千兩，正二兩月口糧折色銀一千兩。岷州耔種本色糧八百石。安定縣耔種本色糧一千石。會寧縣耔種本色糧五百石，折色銀五百兩，正二兩月口糧折色銀一千兩。華亭縣耔種本色糧八百石。平羅縣正二兩月本色口糧一千石。秦安縣耗種本色糧八百石。清水縣正二兩月本色口糧五百石。寧夏縣正二兩月本色口糧一千石。崇信縣耔種本色糧五百石。共倉斗糧一萬三千一百石，折色銀三千五百兩。所借糧石即在各該處額徵糧内動用，如額徵不敷，另動常平倉糧支放。其皋蘭縣倉貯額徵糧石無多，著于該縣倉貯預買糧内動用，以資接濟，用示朕春祺溥被、惠洽邊陲至意。該部即遵諭行。欽此。”

【《嘉慶道光兩朝上諭檔》第31册，第4頁第19條】

△諭著程祖洛派委妥員秉公嚴審河南羅山縣民人鄭珠全按律定擬具奏

道光六年五月初六日

道光六年五月初六日，奉旨："此案河南羅山縣民人鄭珠全前以伊子鄭選身死不明，在該省控告開檢審虛，擬軍發配甘肅中衛縣安置。兹該犯在配繕寫封章，遣次子鄭雨來京呈遞，是否實有冤抑，必須徹底根究。著交程祖洛派委妥員，檢驗明確，親提人證、卷宗，秉公嚴審，按律定擬具奏。抱告鄭雨該部照例解往備質，并著陝甘總督派員將鄭珠全解赴豫省，以憑具結開檢。欽此。"

【《嘉慶道光兩朝上諭檔》第 31 册，第 155 頁第 540 條】

道光七年（1827）

△諭内閣著加恩借給寧朔縣等口糧籽種

道光七年正月初五日

道光七年正月初五日，内閣奉上諭："上年，甘肅省寧夏等州縣被水、被雹，業經降旨，分别蠲緩，給予口糧，小民自可無虞失所。惟念今春青黄不接之時，户鮮蓋藏，民力仍不免拮据。著加恩，借給皋蘭縣正二兩月口糧三千石，籽種二千石。渭源縣籽種六百石。會寧縣正二兩月口糧一千石，籽種一千石。西和縣籽種五百石。洮州廳正二兩月口糧五百石。伏羌縣籽種一千石。張掖縣正二兩月口糧二千石。武威縣正二兩月口糧一千五百石，籽種一千五百石。古浪縣正二兩月口糧一千石，籽種一千石。平番縣二三兩月口糧一千五百石，籽種一千五百石。寧朔縣正二兩月口糧一千石，籽種一千石。西寧縣籽種一千石。秦州籽種一千石。秦安縣籽種五百石。禮縣籽種五百石。兩當縣正二兩月口糧五百石，籽種五百石。鎮原縣正二兩月口糧八百石，籽種八百石。共借倉斗糧二萬七千二百石，即在各該處額徵糧内動用，如額徵不敷，另動常平倉糧支放。其皋蘭縣倉貯額徵糧石，除估撥兵糧外，所存無幾。著即在該縣倉貯預買糧内動用，以資接濟，用示朕春祺普被、惠洽邊陲至意。該部即遵諭行。欽此。”

【《嘉慶道光兩朝上諭檔》第 32 册，第 5 頁第 15 條】

△諭内閣鄂山奏甘肅寧夏寧朔靈州等被災各屬請緩徵錢糧

道光七年九月初二日

道光七年九月初二日，内閣奉上諭：“鄂山奏甘肅被災各屬請緩徵錢糧一摺。甘肅省各州縣，本年五六月間先後被災地方，據該署督委員勘明，除皋蘭、河州、狄道、渭源、隴西、華亭、兩當等七州縣不致成災，寧遠、伏羌、安定、平番、秦州、清水、靈臺等七處，或因續得雨澤，或已改種晚秋，無庸查辦外，惟被水較重之寧夏、寧朔、靈州等三州縣民力未免拮据，所有本年應納新舊錢糧，加恩，著照所請，准其緩至來歲秋後啓徵，以紓民力。至未經勘覆之平羅，并續報被雹、被水之西和、固原、中衛、禮縣、徽縣、階州、成縣等州縣，著該署督，俟秋成後，勘明分數，據實具奏。該部知道。欽此。”

【《嘉慶道光兩朝上諭檔》第 32 册，第 251 頁第 927 條】

道光八年（1828）

△諭著昇寅署理寧夏將軍慶山與副都統噶普唐阿互參各款會同逐一秉公查辦

道光八年三月十八日

軍機大臣字寄署陝甘總督、陝西巡撫鄂。

道光八年三月十八日，奉上諭："前因寧夏將軍慶山與副都統噶普唐阿互相揭參，特派昇寅前往，會同鄂山查辦。本日，又據噶普唐阿奏稱，寧夏滿營通益庫所存恩賞等項及另存馬價銀兩，慶山到任一年有餘，未經查過，僅派協領阿璽達一員管理。該副都統屢催會查，推諉日期，彌補顯然。迨遲至二月初會同抽查，大數尚未虧缺，惟一色新紙包封。今查出官拴馬虧缺四百五十七匹，并未隨時買補，現飭該協領等趕緊采買足額。等語。著將兩次具奏各摺鈔寄鄂山閱看，昇寅已于本月十八日自京起程，鄂山計算昇寅于何日可抵甘肅境，即將奏銷事宜暫交該藩司局員等詳核辦理，迎赴前途，會晤昇寅。作速前往到彼後，即傳旨，著昇寅、署理寧夏將軍將慶山等互參各款會同逐一秉公查辦，勿令稍有不實，不盡致干咎戾。將此諭令知之。欽此。"遵旨寄信前來。

【《嘉慶道光兩朝上諭檔》第 33 冊，第 67 頁第 220 條】

△寧夏鎮總兵郭繼昌等名單

道光八年三月二十一日

……甘肅西寧鎮總兵榮玉材，寧夏鎮總兵郭繼昌，肅州鎮總兵劉瑞，涼州鎮總兵哈豐阿，巴里坤鎮總兵德克登額。

【《嘉慶道光兩朝上諭檔》第 33 冊，第 69 頁第 228 條】

△俸深道員名單[①]

道光八年四月十二日

俸深道十員。……甘肅寧夏道瑞慶，厢藍，滿洲監生。

【《嘉慶道光兩朝上諭檔》第33册，第93頁第326條】

道光九年（1829）

△諭内閣著兵部將楊發田大武俱調補固原提標營守備

道光九年正月二十五日

道光九年正月二十五日，内閣奉上諭："昨日兵部將擬補甘肅寧遠堡守備楊發、陝西撫標左營守備田大武帶領引見。該二員年力精壯，均堪造就，著交楊芳隨時訓練，策勵成材，并著兵部將楊發、田大武俱調補固原提標營守備，俾得就近隨同學習，用示朕培養人材之至意。欽此。"

【《嘉慶道光兩朝上諭檔》第34册，第23頁第80條】

△諭内閣著阿達順補授寧夏府知府

道光九年八月十八日

道光九年八月十八日，内閣奉上諭："甘肅寧夏府知府員缺，著阿達順補授。欽此。"

---

①《嘉慶道光兩朝上諭檔》道光八年六月二十四日第569條、道光九年七月十一日第911條、道光九年十一月初九日第1478條、道光十年四月二十三日第455條、道光十年六月十六日第816條、道光十年九月十五日第1234條、道光十一年正月二十四日第84條、道光十一年九月十七日第1172條、道光十一年十月十八日第1329條、道光十四年四月二十三日第455條、道光十六年六月十六日第816條等均載俸深道十員名單，寧夏均衹載："甘肅寧夏道瑞慶，厢藍，滿洲監生。"爲省文，這11條均不再録其文。

【《嘉慶道光兩朝上諭檔》第 34 冊，第 319 頁第 1072 條】

△奏查寧夏府係衝繁疲難最要缺

道光九年八月十八日

查甘肅寧夏府係衝、繁、疲、難最要缺。謹奏。

【《嘉慶道光兩朝上諭檔》第 34 冊，第 319 頁第 1073 條】

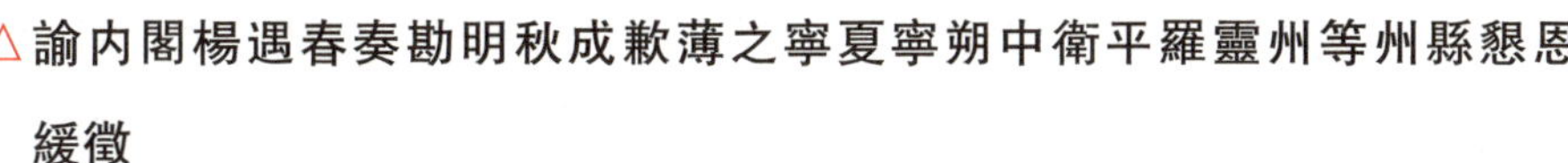

△諭內閣楊遇春奏勘明秋成歉薄之寧夏寧朔中衛平羅靈州等州縣懇恩緩徵

道光九年十一月二十四日

道光九年十一月二十四日，內閣奉上諭："楊遇春奏勘明秋成歉薄地方懇恩緩徵一摺。甘肅皋蘭等州縣本年疊被水旱，夏秋禾苗間有傷損，若令新舊糧賦同時并徵，民力恐有未逮，自應量予調劑。加恩，著照所請。所有隴西、狄道、張掖、武威、寧州、碾伯、寧夏、寧朔、中衛、平羅、靈州等州縣偏被災傷各村莊，并被災較重之皋蘭、涇州、靈臺、崇信四州縣，本年應徵新舊正借錢糧、草束，一并緩至來年秋後啓徵，以紓民力。該部知道。欽此。"

【《嘉慶道光兩朝上諭檔》第 34 冊，第 448 頁第 1561 條】

△諭內閣著即斥革固原提標後營雲騎尉世職張有昇

道光九年十二月初八日

道光九年十二月初八日，內閣奉上諭："楊遇春奏查閱營伍一摺。固原提標後營雲騎尉世職張有昇久病不愈，著即斥革。所遺雲騎尉世職，照例查辦。額外外委陳俊文、陸成、顔永慶弓馬生疏，惟年力尚强，俱著降爲馬兵，勒限練習，以觀後效。該部知道。欽此。”

【《嘉慶道光兩朝上諭檔》第 34 册，第 459 頁第 1620 條】

△諭内閣著准寧夏鎮總兵史善載開缺

道光九年十二月二十一日

道光九年十二月二十一日，内閣奉上諭：“楊遇春奏總兵因病懇請開缺一摺。甘肅寧夏鎮總兵史善載，著准其開缺，回籍調理。所遺員缺，著中福補授。欽此。”

【《嘉慶道光兩朝上諭檔》第 34 册，第 482 頁第 1709 條】

△諭内閣著以程棟升補固原州知州

道光九年十二月二十一日

道光九年十二月二十一日，内閣奉上諭：“楊遇春奏請升補要缺知州一摺。著照所請，甘肅固原州知州，准其以程棟升補，照例送部引見。該部知道。欽此。”

【《嘉慶道光兩朝上諭檔》第 34 册，第 482 頁第 1710 條】

道光十年（1830）

△諭内閣著海凌阿署理固原提督等官員任免事

道光十年九月初四日

道光十年九月初四日，内閣奉上諭：“固原提督，著海凌阿署理，即行馳驛前往，毋庸來京請訓。所有直隸宣化鎮總兵，著那彦成委員署理。欽此。”

【《嘉慶道光兩朝上諭檔》第35册，第319頁第1175條】

△諭著鄂山馳抵甘省密訪嚴查固原州中衛縣等虧短倉庫等事

道光十年九月十四日

軍機大臣密寄署陝甘總督、陝西巡撫鄂。

道光十年九月十五日，奉上諭：“有人陳奏，甘肅藩司方載豫把持通省公事，上年承辦軍需，于例外混開揑報銀十九萬數千餘兩。該省州縣倉庫亦多虧短，固原州知州程棟接收前任交代倉庫兩項各虧短數萬，中衛縣知縣艾椿年接收前任交代虧空七八萬。道光八年，楊遇春將藩庫存銀四十餘萬兩發交州縣，采買穀石，該督閲兵時親見各州縣將豫買之項多半虧短。又稱，該省無一縣無坐省之書吏，無一官不受省書之愚。省書居住省垣，弊端百出。州縣付與空白印領，代領藩庫銀兩，托言墊辦，任其侵漁。甚至應領各項州縣并不知何月何日領出，迨日久清算，數目混淆，反詭名墊借，揑飾彌縫，以致輾轉侵那，釀成虧空。各等語。藩司爲錢糧總匯，必當自礪廉隅，稽查弊竇。若如所奏，該藩司竟至把持公事，揑報軍需銀兩，于州縣虧短倉庫各項不能實力清查，殊屬大干法紀。著鄂山馳抵甘省後，即行密訪嚴查。如果屬實，即應據實密奏，毋得稍有瞻徇。至省書一項，舞弊營私，必應嚴禁，即著一并查明具奏。現值軍興之際，文武大員，俱必經由甘省，該署督如稍有徇隱，將來經朕詢出，或别經發覺，惟該署督是問。將此諭令知之。原摺二件，并著鈔寄閲看。欽此。”遵旨寄信前來。

十一月十六日，堂上拆封。

【《嘉慶道光兩朝上諭檔》第35册，第342頁第1229條】

△諭内閣著穆常阿補授寧夏府知府

道光十年十月十六日

同日，内閣奉上諭："甘肅寧夏府知府員缺，著穆常阿補授。欽此。"

【《嘉慶道光兩朝上諭檔》第 35 冊，第 393 頁第 1384 條】

△諭鄂山遵旨密查藩司方載豫事件

道光十年十月二十二日

軍機大臣字寄署陝甘總督、陝西巡撫鄂。

道光十年十月二十二日，奉上諭："據鄂山奏，遵旨密查藩司方載豫事件，所奏均悉。至該省州縣倉庫兩項，據該署督訪聞，固原州、中衛縣均有虧短，現已行擬交代卷宗來省委員核算，著即將虧空確數查明，據實嚴參懲辦。其豫買倉糧一事，現在雖據詳報，均已采買完竣，難保該州縣不將積存額徵之常糧，或采買未支之兵糧混相指抵。至楊遇春前奏各州縣實虧銀兩，并此外有無那墊款項，必應一并查明。惟現將各州縣倉庫銀、糧統行盤查，并確查豫買穀數，若仍選派甘肅人員，恐不免被其欺混。新任鞏秦階道程德潤不日到甘，無所用其回護。雲麟現署西安府，前該署督奏調時已有旨，令其無庸前往，著酌量如西安府有人接署，即令該員前往甘肅，與同知郭維暹、知縣李希曾等隨同程德潤調取各州縣盤查卷宗，詳細核算，分別正雜各款，據實呈辦核定後，仍委結實可靠之員前赴各處，逐加盤驗，奏明辦理。至此次軍需，著通飭各州縣將承辦車馬一切隨時領銀備辦，務須實用實銷，不准有那墊名目，以杜牽混。其甘肅坐省書吏實爲州縣之蠹，其弊甚大，著即設法革除，毋稍寬貸。將此諭令知之。欽此。"遵旨寄信前來。

【《嘉慶道光兩朝上諭檔》第 35 冊，第 405 頁第 1416 條】

道光十一年（1831）

△諭内閣著新升雲南鶴麗鎮總兵馬金魁准其暫留署理寧夏鎮總兵

道光十一年二月二十二日

道光十一年三月二十二日，内閣奉上諭：“楊遇春奏，升任總兵請暫留署缺。等語。著照所請，新升雲南鶴麗鎮總兵馬金魁，准其暫留署理寧夏鎮總兵，俟接篆有人，再行交卸，前赴新任。該部知道。欽此。”

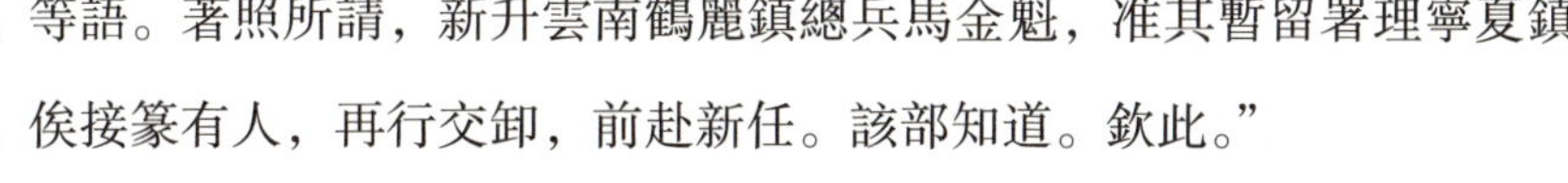

【《嘉慶道光兩朝上諭檔》第 36 册，第 150 頁第 331 條】

△緣事降革蒙恩録用未復原官武職人員名單

道光十一年八月初三日

緣事降革蒙恩録用、未復原官武職人員名單。……原任甘肅寧夏鎮總兵游棟雲，守備，患病回籍，年七十歲。……

【《嘉慶道光兩朝上諭檔》第 36 册，第 341 頁第 969 條】

△緣事革職及遣戍并釋回未邀録用人員名單

道光十一年八月初三日

緣事革職，及遣戍，并釋回未邀録用人員名單。……原任寧夏副都統噶普唐阿，革職，年六十歲。……

【《嘉慶道光兩朝上諭檔》第 36 册，第 342 頁第 970 條】

△裁陝西花馬池鹽大使等

道光十一年十一月二十日

……嘉慶十八年，裁陝西花馬池鹽大使一人，寧陝廳四畝地巡檢一人。

【《嘉慶道光兩朝上諭檔》第 36 册，第 502 頁第 1502 條】

道光十二年（1832）

△諭内閣著蔣文慶補授寧夏道員

道光十二年五月十八日

道光十二年五月十八日，内閣奉上諭："甘肅寧夏道員缺，著蔣文慶補授。欽此。所遺員缺，著該省督撫揀員調補，其所遺之缺，著隆泰補授。欽此。"

【《嘉慶道光兩朝上諭檔》第 37 册，第 231 頁第 627 條】

△奏查寧夏道係衝繁難要缺

道光十二年五月十八日

查甘肅寧夏道係衝、繁、難要缺。謹奏。

【《嘉慶道光兩朝上諭檔》第 37 册，第 232 頁第 628 條】

△諭内閣著和世泰補授寧夏將軍等官員任免事

道光十二年八月二十一日

道光十二年八月二十一日，内閣奉上諭："徐錕，著調補福州將軍。特依順保，著調補西安將軍。所遺寧夏將軍，著和世泰補授。欽此。”

【《嘉慶道光兩朝上諭檔》第 37 册，第 440 頁第 1167 條】

△諭所有寧夏將軍印務即交存華暫行署理等官員任免事

道光十二年九月十一日

軍機大臣字寄新授伊犁將軍特。

道光十二年九月十一日，奉上諭：“本日，已另降清字諭旨，將特依順保調補伊犁將軍矣。特依順保甫由寧夏調任西安，計此時未必啓程。該將軍接奉諭旨，和世泰，想尚未到。所有寧夏將軍印務，即交存華暫行署理，照例馳驛速赴新任，無庸來京請訓。將此諭令知之。欽此。”遵旨寄信前來。

【《嘉慶道光兩朝上諭檔》第 37 册，第 479 頁第 1305 條】

△諭内閣楊遇春奏寧夏滿洲營應需明歲共糧不敷估支暫請加增采買

道光十二年十月二十八日

道光十二年十月二十八日，内閣奉上諭：“楊遇春奏駐防滿洲營應需明歲共糧不敷估支，暫請加增采買一摺。寧夏滿洲營歲需兵馬糧料向在寧夏、寧朔二縣倉貯糧内估支，如有不敷，再行采買。嗣經户部奏定采買章程，滿洲營不得過一萬五千石。兹據該督查明，寧夏、寧朔二縣倉貯糧石業已全數估撥，并將本年應徵新糧酌量搭估，尚不敷糧二萬七千七百六十七石零，必須采買，以免短絀，自係實在情形。著照所請，准其照數采買，以資兵食，一俟該二縣倉貯充裕，著即遵照部議辦理。該部知道。欽此。”

【《嘉慶道光兩朝上諭檔》第 37 册，第 652 頁第 1767 條】

道光十三年（1833）

△諭著四川提督楊芳迅速妥辦所有勦捕一切事宜

道光十三年三月十四日

軍機大臣字寄固原提督調任四川提督楊。

道光十三年三月十四日，奉上諭："四川提督桂涵因病出缺，本日明降諭旨，以楊芳調補。該提督接奉諭旨，即將固原提督印信交中軍參將護理，迅速前赴四川新任。川省越嶲廳曲曲烏夷勾通漢奸，在大樹堡一帶焚掠峨邊、清溪兩處，亦有熟夷滋擾。經桂涵帶兵勦辦，清溪大路已就肅清。其大樹堡夷匪聞風畏懼解散，惟要犯馬林尚未捡獲。現派那彦寶兼署提督，馳往接辦，并添調官兵，防堵峨邊要隘。現在賊勢窮蹙，無難勦捕速竣。該提督久經行陣，渥受厚恩，著即兼程馳赴富林軍營接篆任事，一俟到營，即傳旨諭知那彦寶回成都將軍本任。所有勦捕一切事宜，著該提督迅速妥辦，以專責成。如要犯馬林尚未就獲，必當設法捡拿，并將餘匪蕩掃净盡，勿留□孽，毋許稍有遷延，致糜帑餉，方爲不負委任。該□督未抵軍營以前，此旨務宜慎密，不可宣露，致□泄漏，是爲至要。將此由五百里諭令知之。欽此。"遵旨寄信前來。

【《嘉慶道光兩朝上諭檔》第38册，第142頁第383條】

△諭固原提督楊芳調補四川提督等官員任免事

道光十三年三月十四日

軍機大臣字寄陝甘總督楊。

道光十三年三月十四日，奉上諭："四川提督桂涵因病出缺，朕因四川員缺緊要，已明降諭旨，以楊芳調補。其固原提督，以胡超調補矣。所有甘肅提督，著楊遇春遴員接署。俾胡超交卸後，即赴固原新任。至固原提督胡超未到任以前，亦著該督迅速派員署理。將此諭令知之。欽此。"遵旨寄信前來。

【《嘉慶道光兩朝上諭檔》第38册，第143頁第384條】

△諭内閣著胡超調補固原提督

道光十三年三月十四日

道光十三年三月十四日，内閣奉上諭："四川提督，著楊芳調補。固原提督，著胡超調補。均著速赴新任，毋庸來京請訓。欽此。"

【《嘉慶道光兩朝上諭檔》第38册，第143頁第387條】

△諭内閣著成世瑄補授寧夏府知府

道光十三年六月十五日

道光十三年六月十五日，内閣奉上諭："甘肅寧夏府知府員缺，著成世瑄補授。欽此。"

【《嘉慶道光兩朝上諭檔》第38册，第310頁第860條】

道光十四年（1834）

△諭内閣楊遇春奏秋收歉薄地方固原州等請借冬月口糧

道光十四年十月十九日

道光十四年十月十九日，内閣奉上諭："楊遇春奏秋收歉薄地方請借冬

月口糧一摺。本年，甘肅省各屬間有被旱、被雹、被水之處。玆據該督查明，皋蘭等八州縣秋收均屬歉薄，民力不無拮据。自應酌借口糧，以資接濟。加恩，著照所請，准其借給皋蘭縣本色倉斗糧六千石，折色銀六千兩。金縣本色倉斗糧二千五百石。安定縣折色銀二千兩。會寧縣本色倉斗糧一千石，折色銀一千兩。固原州本色倉斗糧三千石，折色銀三千兩。安化縣本色倉斗糧三千石。涇州本色倉斗糧四千石，折色銀四千兩。靈臺縣本色倉斗糧三千石。所借糧石，准其在于倉貯額徵常平糧内動用。其折色銀兩，准于司庫舊寄貯糧價款内借給散放。該督即刊刻謄黄，遍行曉諭，并責成該管道府委員會同該地方官按户監放，勿任吏胥舞弊。務使實惠及民，用副朕軫念邊黎之至意。該部知道。欽此。”

【《嘉慶道光兩朝上諭檔》第 39 册，第 402 頁第1232 條】

道光十五年（1835）

△諭内閣著加恩將被灾較重之隆德縣鹽茶廳等借給口糧折色銀等

道光十五年正月初七日

道光十五年正月初七日，内閣奉上諭：“上年，甘肅皋蘭等二十九廳、州、縣被雹、被水、被旱，業經降旨，分别緩徵，并借給冬月口糧，小民自可無虞失所。惟念今春青黄不接之時，民力未免拮据。著加恩，將被灾較重之靖遠縣借給正二兩月口糧本色倉斗糧二千石，籽種本色倉斗糧一千石。平凉縣正二兩月口糧折色銀一千五百兩，本色倉斗糧一千五百石。隆德縣正二兩月口糧本色倉斗糧三千石。鹽茶廳正二兩月口糧本色倉斗糧三千石。秦州春季籽種本色倉斗糧四千石。鎮原縣正二兩月口糧本色倉斗糧二千石。所借糧石，著在各該處倉貯額徵糧内動用。如額徵不敷，動用常平。其折色銀兩，著在司庫舊寄貯糧價款内借給散放，以資接濟。該督即刊刻謄黄，遍行曉諭，務令實惠及民，無任吏胥舞弊，用副朕春祺錫羡、惠洽邊圉至意。該部即遵諭行。欽此。”

【《嘉慶道光兩朝上諭檔》第40冊，第10頁第22條】

道光十六年（1836）

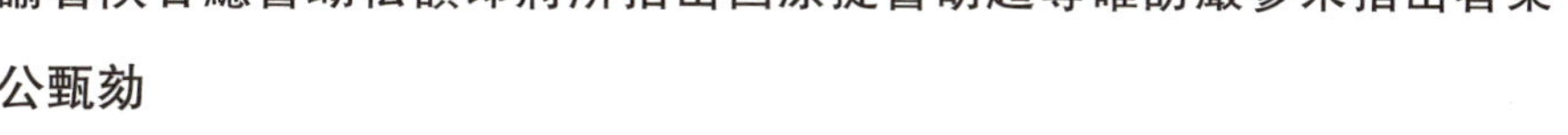

△諭著陝甘總督瑚松額即將所指出固原提督胡超等確訪嚴參未指出者秉公甄劾

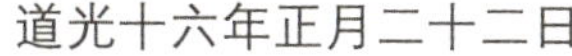

道光十六年正月二十二日

軍機大臣字寄陝甘總督瑚。

道光十六年正月二十二日，奉上諭：“有人奏，甘肅省吏治，近多廢弛，即如平凉府知府繆廷槐操守卑污，每遇詞訟，藉端勒索，考試各屬文童案首及前十名全行賄賣，該處士民有細大不捐之號。又，秦州直隸州知州李清杰在任十年，性耽安逸，吸食鴉片，署中時常演戲，任聽家人小秦在外招摇，曾有罷市之事，通省皆知。又，該省兵丁向稱得力，近來日益驕悍，罔知畏憚。上年四月間，因皋蘭縣給發兵糧不能潔净，兵丁聚衆挾制，蘭州府知府出而彈壓，許爲换給净糧，始行解散。該督甫經到任，顢頇了事，既不將滋事兵丁嚴拿究辦，又不將辦理不善之皋蘭縣一并參處，兵心輕視，各營難免效尤。又，固原提督胡超，不自檢束，剋扣兵餉，置辦戲裝，裁汰老弱名糧，至爲畜養優伶之用，衆兵不服，十四年間，幾至鼓噪，幸楊遇春閱兵到彼，彈壓無事。該提督至今不知悛改，該督節制固原，豈得毫無聞見。又，該省于道光十年間辦理盤查，計通省短缺倉糧六十餘萬石，因所存糧價與市價不敷，發商生息分。十二年，采買歸補。現在駐札重兵之區，倉貯空虚，糧皆不足，請將該省司庫備貯銀兩酌撥數十萬豫爲采買，以實倉儲。等語。

“甘肅省爲西陲門户，控制新疆，幅員極廣，番回雜處，撫馭綦難。全在該省總督實力整頓，認真經理，吏治不可不肅，捍衛不可不嚴，倉儲不可不實。若劣員稍事姑容，僚屬何知儆惕。著該督即將所指出者，確訪嚴参，未指出者，秉公甄劾。至兵丁桀驁不馴，提鎮大員漫無表率，何以申明紀律、訓練采防。該提督駐札固原，該督有節制之責，著將該提督不自檢束情形，嚴密確查，據實具奏。至該省倉糧是否缺額，可否將備貯銀兩酌撥買補，著該督通盤籌畫，悉心妥議，以爲有備無患。該省情形雖不始于今日，惟邊疆緊要，豈容玩視不辦，相率因循。瑚松額到任未久，如能將該省吏治廢弛、兵丁驕悍、倉貯空虚實在情形，并指出各員劣迹確查具奏，尚可寬其未經嚴参查辦之咎。倘意存徇隱，含混搪塞，則是該督甘心自蹈欺飾，其咎更重。凛之慎之。將此論令知之。欽此。”遵旨寄信前來。

【《嘉慶道光兩朝上諭檔》第 41 册，第 20 頁第 72 條】

△諭内閣准瑚松額奏以李慶蕤調補寧夏縣知縣

道光十六年七月二十九日

道光十六年七月二十九日，内閣奉上諭：“瑚松額奏請揀員調補要缺知縣一摺，著照所請。甘肅寧夏縣知縣員缺，准其以李慶蕤調補。該部知道。欽此。”

【《嘉慶道光兩朝上諭檔》第 41 册，第 330 頁第 1150 條】

道光十七年（1837）

△諭内閣著加恩將被灾較重之固原州等酌借口糧籽種

道光十七年正月初五日

道光十七年正月初五日，内閣奉上諭：“上年，甘肅省皋蘭等廳、州、縣、州判、縣丞地方被水、被旱、被雹，業經降旨緩徵，并借給口糧，小民自可無虞失所。惟念今春青黄不接之時，民力未免拮据。著加恩，將被灾較重之皋蘭縣酌借正二兩月口糧折色銀四千兩，籽種折色銀四千兩。渭源縣正二兩月口糧折色銀一千兩。金縣正二兩月口糧折色銀一千兩，籽種折色銀一千兩。靖遠縣正二兩月口糧折色銀二千兩，籽種折色銀二千兩。伏羌縣籽種折色銀一千兩。通渭縣正二兩月口糧折色銀一千兩。西和縣正二兩月口糧折色銀五百兩，籽種折色銀五百兩。固原州正二兩月口糧折色銀一千兩，籽種折色銀一千兩。莊浪縣丞正二兩月口糧折色銀一千兩。安化縣籽種折色銀二千兩。永昌縣正二兩月口糧折色銀二千兩，籽種折色銀二千兩。古浪縣正二兩月口糧折色銀二千兩，籽種折色銀二千兩。碾伯縣正二兩月口糧折色銀一千兩，籽種折色銀一千兩。秦安縣籽種折色銀一千兩。所有折色銀兩，著即在于司庫盤查糧價款内借給支放，以資接濟。該督即刊刻謄黄，徧行曉諭，務使實惠及民，毋任吏胥舞弊，用示朕乘春布闓、惠洽邊陲至意。該部即遵諭行。欽此。”

【《嘉慶道光兩朝上諭檔》第 42 册，第 5 頁第 10 條】

△諭内閣准瑚松額奏以吴道彰升補靈州知州

道光十七年八月二十九日

道光十七年八月二十九日，内閣奉上諭：“瑚松額奏遴員請升要缺知州一摺。著照所請，甘肅靈州知州員缺，准其以吴道彰升補，照例送部引見。該部知道。欽此。”

【《嘉慶道光兩朝上諭檔》第 42 册，第 319 頁第 1204 條】

△諭内閣瑚松額奏秋成歉薄固原鹽茶寧夏寧朔靈州中衛平羅等地方懇請緩徵

道光十七年十一月初八日

道光十七年十一月初八日，内閣奉上諭：“瑚松額奏秋成歉薄地方懇請緩徵一摺。本年，甘肅河州等州、縣、縣丞地方間有被雹、被水、被旱、被霜之處，業經該督勘明，自應量予恩施。加恩，著照所請，所有被灾較重之河州、狄道、渭源、靖遠、安定、會寧、洮州、固原、鹽茶、寧州、平番、寧夏、寧朔、靈州、中衛、平羅、碾伯等十七廳、州、縣，應徵本年新舊正借錢糧、草束，著緩至道光十八年秋後徵收，以紓民力。該督即刊刻謄黄，遍行曉諭，務使實惠及民，毋任吏胥舞弊，用副朕軫念民依至意。該部知道。欽此。”

【《嘉慶道光兩朝上諭檔》第 42 册，第 428 頁第 1571 條】

△諭内閣瑚松額奏秋收歉薄固原州等地方請借冬月口糧

道光十七年十一月初八日

道光十七年十一月初八日，内閣奉上諭：“瑚松額奏，秋收歉薄地方請借冬月口糧一摺。本年，甘肅皋蘭縣等所屬地方間有被雹、被旱、被水、被霜之處，秋收均屬歉薄，民力不無拮据，自應量予接濟。加恩，著照所請，所有酌借皋蘭縣折色銀八千兩，金縣折色銀二千兩，靖遠縣折色銀二千兩，會寧縣折色銀二千兩，固原州折色銀二十兩，安化縣折色銀一千兩，寧州折色銀二千兩平番縣折色銀三千兩，秦州折色銀五千兩，均著准其在于司庫盤查糧價款内借給散放。該督即刊刻謄黄，遍行曉示，務使實惠及民，毋任吏胥舞弊，以副朕惠愛邊黎至意。該部知道。欽此。”

【《嘉慶道光兩朝上諭檔》第 42 冊，第 429 頁第 1572 條】

道光十八年 (1838)

△諭内閣著加恩將被灾較重之固原州隆德縣等州縣酌借口糧籽種等

道光十八年正月初二日

道光十八年正月初二日，内閣奉上諭：“上年，甘肅省皋蘭等州縣被灾歉收，業經降旨加恩，分別遞緩，小民自可無虞失所。惟念今春青黄不接之時，民力未免拮据。著加恩，將被灾較重之皋蘭縣酌借正二兩月口糧折色銀六千兩，籽種折色銀四千兩。隴西縣正二兩月口糧折色銀一千兩，籽種折色銀一千兩。安定縣正二兩月口糧折色銀一千兩，籽種折色銀一千兩。岷州正二兩月口糧折色銀二千兩。洮州廳正二兩月口糧折色銀二千兩。平凉縣正二兩月口糧折色銀二千兩。固原州正二兩月口糧折色銀二千兩。隆德縣籽種折色銀一千兩。華亭縣籽種折色銀一千兩。寧州正二兩月口糧折色銀二千兩。正寧縣正二兩月口糧折色銀一千兩。靈臺縣籽種折色銀一千兩。東樂縣丞地方籽種折色銀一千兩。中衛縣正二兩月口糧折色銀三千兩。所有折色銀兩，著即在于司庫盤查糧價款内借給散放，以資接濟。該督即刊刻謄黄，遍行曉諭，務使實惠及民，毋任吏胥舞弊，用示朕春膏普錫、惠洽邊陲至意。該部即遵諭行。欽此。”

【《嘉慶道光兩朝上諭檔》第 43 冊，第 2 頁第 5 條】

△諭内閣著昌伊蘇補授寧夏鎮總兵等官員任免事

道光十八年正月十五日

道光十八年正月十五日，内閣奉上諭：“湖南鎮筸鎮總兵員缺，著祥福調補授。欽此。所遺甘肅寧夏鎮總兵員缺，著昌伊蘇補授。”

【《嘉慶道光兩朝上諭檔》第 43 册，第 15 頁第 47 條】

道光十九年 (1839)

△諭内閣著加恩酌借固原州等口糧籽種等

道光十九年正月初八日

道光十九年正月初八日，内閣奉上諭：“上年，甘肅皋蘭等州縣被灾，曾降旨加恩，緩徵錢糧，小民自可無虞失所。惟念今春青黄不接之際，民力恐有拮据。著加恩，酌借皋蘭縣正二兩月口糧折色銀三千兩，籽種折色銀三千兩。固原州正二兩月口糧折色銀一千兩，籽種折色銀一千兩。寧州正二兩月口糧折色銀五百兩，籽種折色銀五百兩。環縣正二兩月口糧折色銀五百兩，籽種折色銀五百兩。秦州籽種折色銀四千兩。所有折色銀兩，均在于司庫盤查糧價款内借給散放，以資接濟。該督即刊刻謄黄，遍行曉諭，務使實惠及民，毋任吏胥舞弊，用示朕履端布惠、澤及邊陲至意。該部即遵諭行。欽此。”

【《嘉慶道光兩朝上諭檔》第 44 册，第 8 頁第 21 條】

△奏遵旨將甘肅寧夏防禦薩勒杭阿赫翎額二員詳加訊問

道光十九年六月二十一日

臣等遵旨，將甘肅寧夏防禦薩勒杭阿、赫翎額二員詳加訊問。據稱，前任將軍和世泰、副都統存華每遇生辰，該處武弁兵丁等俱送水禮，如扁幛、猪、羊、鷄、鴨之類。自道光十三年起，即攤扣錢糧，由户司承辦。衆弁兵皆屬情願，并未勒派。迨十六年，倡議扣項，修造廟宇，攤款較多，所有饋送水禮，一切即在此内動用。旋于十八年停止是實。等語。臣等核，與隆文查奏原摺情節相符。謹奏。

【《嘉慶道光兩朝上諭檔》第 44 册，第 268 頁第 910 條】

△已革寧夏將軍和世泰具親供

道光十九年七月三十日

具親供。已革將軍和世泰。

竊和世泰于道光十二年間，仰蒙皇上天恩，莅任寧夏將軍，至十八年間卸任。詎在任内，一時愚昧，諭令協領等修造署内房屋，并購買零星物件，聽其動用庫款。又聽其設法在兵丁借項及月放官兵銀錢内扣出歸還，并爲我作生日等事，均不敢諉爲不知。從前在任所畫扣留借項稿件，已蒙查出。其那郎阿等所呈帳簿，既有我用過銀錢帳目在内，我亦無可質辯。總是和世泰糊塗，孤負皇上天恩，祇求從重治罪。今蒙會訊，所具親供是實。

【《嘉慶道光兩朝上諭檔》第 44 册，第 317 頁第 1099 條】

△諭内閣瑚松額奏勘明秋成歉薄寧夏寧朔靈州中衛平羅等十九州縣州判地方懇請緩徵錢糧

道光十九年十一月二十八日

道光十九年十一月二十八日，内閣奉上諭：“瑚松額奏勘明秋成歉薄地方懇請緩徵錢糧一摺。甘肅省本年夏秋禾苗間有被旱、被雹、被霜，民力未免拮据，自應量予調劑。加恩，著照所請。所有被灾較重之臯蘭、河州、狄道、靖遠、隴西、華亭、静寧、安化、武威、平番、寧夏、寧朔、靈州、中衛、平羅、崇信、靈臺、鎮原、沙泥州判等十九州、縣、州判地方，應徵本年新舊正借銀、糧、草束，著准其緩至明歲秋後徵收，以紓民力。該督即刊刻謄黄，遍行曉諭，務使實惠及民，毋任吏胥舞弊，用副朕軫念歉區至意。該部知道。欽此。"

【《嘉慶道光兩朝上諭檔》第 44 册，第 486 頁第 1756 條】

道光二十年（1840）

△諭内閣瑚松額奏請將歉收隆德固原寧夏寧朔靈州平羅花馬池等十九州縣州同州判地方緩徵

道光二十年十一月初三日

道光二十年十一月初三日，内閣奉上諭："瑚松額奏請將歉收地方緩徵一摺。甘肅皋蘭等州縣本年被灾較重，收成歉薄，民力未免拮据。加恩，著照所請。所有皋蘭、渭源、金縣、靖遠、沙泥、寧遠、安定、會寧、隆德、固原、環縣、寧夏、寧朔、靈州、平羅、花馬池、崇信、靈臺、鎮原等十九州、縣、州同、州判地方，應徵本年新舊正項錢糧、草束，著緩至明歲秋後徵收，以紓民力。該署督即刊刻謄黄，遍行曉諭，務使實惠及民，毋任吏胥舞弊，以副朕軫念民依至意。該部知道。欽此。"

【《嘉慶道光兩朝上諭檔》第 45 册，第 447 頁第 1603 條】

道光二十一年（1841）

△諭内閣著雲麟補授寧夏道員

道光二十一年正月二十二日

道光二十一年正月二十二日，内閣奉上諭："甘肅寧夏道員缺，著雲麟補授。欽此。"硃。

【《嘉慶道光兩朝上諭檔》第 46 册，第 19 頁第 82 條】

△奏查寧夏道係衝繁難要缺

道光二十一年正月二十二日

查寧夏道係衝、繁、難要缺。謹奏。

【《嘉慶道光兩朝上諭檔》第 46 册，第 19 頁第 83 條】

道光二十二年（1842）

△陝甘總督富呢揚阿奏請冉廣綸調補綏來縣知縣摺

道光二十二年五月十八日

……謹將伏羌縣知縣冉廣綸任内參罰案件，開具清單，恭呈御覽。計開：

一件署中衛縣任内，軍犯吴達江、流犯張清體在配同逃，限内拿獲一名，罰俸一年。又，徒犯吴考考子等在配同逃，罰俸一年。又，民人李川，毆傷包添桃身死，承審遲延，罰俸一年。又，賊犯張保、聽從張進碌盗開郝庭桐尸柩，剥去尸衣，初參未獲，住俸。又，賊犯張保、聽從張進碌盗開郝庭桐尸柩，剥去尸衣，二參限内卸事，罰俸一年。又，中衛縣知縣鄭元吉接收該員交代遲延，罰俸一年。又，道光十八年，地丁未完，降職一級，戴罪徵收。又，經徵草束未完，降俸二級，戴罪催追。又，伏羌縣任内，軍犯李六在配脱逃，罰俸一年。又，徒犯尤新順在配脱逃，罰俸一年。又，軍犯李灝祥在配脱逃，罰俸一年。又，道光十九年，地丁未完，停升罰俸一年，戴罪徵收。以上十二案，俸銀未完。

又，署中衛縣任内，民人戴緒毆傷吴俞氏，右手腕骨折成廢，承審遲延一案。又，當商張玉成被竊當號銀物，初參出詳遲延一案。又，武舉張立本當鋪被竊銀物，出詳遲延一案。又，伏羌縣任内，軍犯汪和尚在配脱逃，限内拿獲一案。又，軍犯任常受等在配同逃，限内被鄰省拿獲一案。又，道光十八年，地丁初扣一年限，未完不及一分一案。以上六案已經咨參，未准部覆。

【《陝甘總督任内奏稿》第1册，第15頁至22頁】

△陝甘總督富呢揚阿奏爲遴員委署提鎮協各篆務摺

道光二十二年五月十八日

奏爲遴員委署提鎮等篆務，恭摺奏聞，仰祈聖鑒事。

竊照現署陝西固原提督之甘肅西寧鎮總兵昌伊蘇，已奉旨調補伊犁鎮總兵，所有原署固原提督篆務，自應另行委員接署，以便該鎮交卸，前赴調任。臣隨于各鎮總兵内，詳加遴選，查得河州鎮總兵徐華清，久歷戎行，老成幹練，堪以署理。其所遺河州鎮篆務，查有現署靖遠協副將之永昌協副將站柱，才具明敏，前曾署理河州鎮篆，熟悉情形，堪以委署。其所遺靖遠協副將事務，查有平凉城守營游擊崔連魁，諳練操防，堪以委護。除分飭遵照外，理合恭摺具奏，伏乞皇上聖鑒。謹奏。

道光二十二年五月十八日具奏委署固原提鎮協各篆務一摺，于道光二十二年六月二十三日，奉硃批："知道了。欽此。"

【《陝甘總督任内奏稿》第1册，第27頁至31頁】

△陝甘總督富呢揚阿奏報甘省本年三月分糧價及四月得雨情形摺

道光二十二年五月十八日

奏爲恭報道光二十二年三月分糧價及四月得雨情形，仰祈聖鑒事。

竊查甘肅省本年二月分糧價，及三月得沾雨雪緣由，業經代辦總督事務之藩司程奏報在案。玆據藩司程德潤查明本年三月分糧價，及四月得雨分寸、日期，詳請具奏前來。臣查甘肅各屬，本年四月内得雨一二三寸及深透不等，正值田禾長發之際，得此膏澤，大爲有裨。糧價雖較上月稍昂，而民情安貼，地方静謐，堪以仰慰聖懷。惟查崇信縣、狄道州據報間有被雹地方，除已飭司委員查勘，另行核辦外，所有查明本年三月分糧價，及四月得雨情形，敬繕清單，恭呈御覽，伏乞皇上聖鑒。謹奏。

道光二十二年六月二十三日，奉硃批："知道了。欽此。"……

糧價清單：

謹將道光二十二年三月分甘肅各屬地方米、麥、豆、青稞、糜子各項糧價，開具清單，恭呈御覽。……

寧夏府屬價中。

粟、粟、米，每京石價銀一兩二錢四厘至一兩四錢二分八厘，較上月貴七厘。

小麥：每京石價銀一兩二錢一分一厘至一兩四錢一分七厘，較上月貴三厘。

莞豆：每京石價銀一兩二錢四厘至一兩四錢二分一厘，較上月貴七厘。

糜子：每京石價銀六錢二厘至七錢八厘，較上月貴一厘。……

四月分得雨清單：

謹將甘肅省各屬道光二十二年四月分得雨日期、分寸，開具清單，恭呈御覽。……

平凉府屬：

……鹽茶廳：四月初五日得雨一寸餘，二十八日得雨二寸。……

固原州：四月初五六兩日得雨一寸餘，十五日得雨二寸，二十八日得雨二寸。……

隆德縣：四月初五六兩日得雨一寸餘，十五日得雨一寸，二十八日得雨一寸。……

寧夏府屬：

靈州：四月初三日得雨不及一寸。

中衛縣：四月二十七八兩日得雨一寸。

【《陜甘總督任內奏稿》第1冊，第45頁至48頁、57頁至59頁、68頁至69頁、81頁至83頁、87頁至88頁、90頁】

△陜甘總督富呢揚阿奏請以寧夏道雲麟調鎮迪道摺

道光二十二年六月十一日

奏爲新疆道員丁憂，遵例揀員，調補遺缺，請旨簡放，以重職守，仰祈聖鑒事。

竊照新疆鎮迪道圖壁，現准部咨丁憂，其缺行令在外揀選。查鎮迪道係衝、繁、難邊遠緊要滿缺，應于内地現任旗員内揀調。兹據藩臬兩司詳稱，查有寧夏道雲麟，年五十四歲，係正黄旗内務府漢軍進士，引見以知縣即用，簽分陜西。嘉慶十九年九月到省，二十一年題補白河縣知縣，嗣調三原縣知縣，升補孝義廳同知。道光六年，回疆不靖，調赴喀什噶爾軍營，辦理糧務出力，保奏奉旨："賞戴花翎。"派辦蘭肅兩局軍需報銷完竣，保奏奉旨："雲麟，著先换知府頂戴記名，遇有知府缺出，請旨簡放。欽此。"是年，大計卓异。十年，奏補漢中府知府。十一年，并案引見，奉旨："雲麟，准其同知任内，卓异加一級，補授漢中府知府。欽此。"十二年二月到任。十五年，大計卓异。十八年正月，丁母憂，回旗守制。二十年四月，服闋起復，奉旨補授山西平陽府知府，六月到任。二十一年正月，奉旨："甘肅寧夏道員缺，著雲麟補授。欽此。"四月到任。

該員守潔才優，辦事結實，前在口外回疆，辦理軍務。自補放寧夏道，莅任又經年餘，邊疆情形，頗爲熟悉，以之調補鎮迪道，實堪勝任，人地亦甚相宜，會詳請奏前來。臣到任未久，例不加考。惟該道曾任陝西漢中府知府，臣前在陝西巡撫任内，悉其明幹有爲，堪膺繁要。合無仰懇聖恩，俯念新疆道缺需員，准以雲麟調補鎮迪道，洵于邊方有裨。如蒙俞允，該道係對品調補，毋庸送部引見。其所遺寧夏道缺，應請旨即賜簡放，以重職守。爲此恭摺具奏，并繕該員參罰清單，敬呈御覽，伏乞皇上聖鑒訓示。謹奏。

兹于本年七月十八日，奉硃批："另有旨。欽此。"

同日，奉到道光二十二年六月二十九日，内閣奉上諭："富奏請調補道員并簡放遺缺一摺。雲麟，著准其調補甘肅鎮迪道，所遺寧夏道員缺，著彭玉雯補授。欽此。"

謹將寧夏道雲麟任内參罰案件，開具清單，恭呈御覽。計開：

一件山西平湯府知府任内，署太平縣靳廷鈺接收陳維屏交代，據册率轉，罰俸一個月。又，曲沃縣遞解徒犯范可杰中途脱逃，僉差不慎，罰俸一個月。又，兼理平陽府通判聯綬接收史敬程交代，據册率轉，罰俸一個月。又，甘肅寧夏道任内，署花馬池州同官謙接收楊濤交代，督催不力，罰俸三個月。以上四案，俸銀未完。

【《陝甘總督任内奏稿》第1册，第99頁至111頁】

△陝甘總督富呢揚阿附奏潘榞署理寧夏道一片

道光二十二年六月十一日

再，寧夏道雲麟現經臣奏請調補鎮迪道，應令先行出口任事，所有寧夏道篆務，自應委員接署，以便該道交卸起程。兹據藩臬兩司會詳，查有現應卸護安肅道之候補知府潘榞，老成歷練，辦事認真，堪以委護寧夏道篆。其潘㮹未接護以前，暫令寧夏府知府齡椿，就近兼護，并請具奏前來。除批飭遵照外，理合附片奏聞，伏乞皇上聖鑒。謹奏。

兹于本年七月十八日，奉硃批："覽。欽此。"

【《陝甘總督任內奏稿》第1册，第113頁至116頁】

△陝甘總督富呢揚阿奏請以西寧府經歷胡承志升阜康縣摺[1]

道光二十二年六月十一日

……參罰清單

謹將西寧府經歷胡承志任內參罰案件，開具清單，恭呈御覽。計開：……

又，署隆德縣任內，道光十九年下忙解銀遲延，罰俸六個月。又，隆德縣知縣張繼魯，接收該員交代遲延，罰俸一年。又，軍犯許狗、流犯姜三刀在配同逃，罰俸一年。以上十五案，俸銀未完。

【《陝甘總督任內奏稿》第1册，第126頁至127頁、131頁至132頁】

△陝甘總督富呢揚阿奏四月糧價五月得雨情形摺

道光二十二年六月十一日

奏爲恭報道光二十二年四月分糧價，及五月得雨情形，仰祈聖鑒事。

竊查甘肅省本年三月分糧價，及四月得沾雨雪緣由，業經奏報在案。兹據藩司程德潤查明本年四月分糧價，及五月得雨分寸、日期，詳請具奏前來。臣查甘肅各屬，本年五月內得雨一二三寸及深透不等，正值夏禾結實、

①道光二十年（1840），胡承志代理華亭縣事，嗣經委署隆德縣知縣。

秋禾長發之際，得此膏澤，大有裨益。糧價雖較上月稍昂，而民情安貼，地方静謐，堪以仰慰聖懷。惟安定縣據報有被雹地方，除已飭司委員查勘、另行核辦外，所有查明本年四月分糧價，及五月得雨情形，敬繕清單，恭呈御覽，伏乞皇上聖鑒。謹奏。

道光二十二年七月十八日，奉硃批：“知道了。欽此。”……

糧價清單：

謹將道光二十二年四月分甘肅各屬地方米、麥、豆、青稞、糜子各項糧價，開具清單，恭呈御覽。……

寧夏府屬價中。

粟米：每京石價銀一兩二錢一分一厘至一兩四錢三分二厘，較上月貴四厘。

小麥：每京石價銀一兩二錢一分八厘至一兩四錢二分一厘，較上月貴四厘。

莞豆：每京石價銀一兩二錢三分二厘至一兩四錢二分八厘，較上月貴七厘。

糜子：每京石價銀六錢九厘至七錢一分一厘，較上月貴三厘。……

五月分得雨清單：

謹將甘肅省各屬道光二十二年五月分得雨日期、分寸，開具清單，恭呈御覽。……

平凉府屬：

……固原州：五月十二日得雨二寸，十五日得雨二寸餘。……

隆德縣：五月十二日得雨一寸餘。……

寧夏府屬：

寧夏縣：五月十八日得雨一寸餘。

寧朔縣：五月十八日得雨一寸餘。

花馬池州同：五月十八日得雨一寸。

中衛縣：五月二十五日得雨一寸餘。

【《陝甘總督任内奏稿》第 1 册，第 183 頁至 186 頁、195 頁至 197 頁、206 頁至 207 頁、219 頁至 221 頁、227 頁至 228 頁】

△諭内閣著彭玉雯補授寧夏道員等官員任免事

道光二十二年六月二十九日

道光二十二年六月二十九日，内閣奉上諭：“富呢揚阿奏請調補道員并簡放遺缺一摺。雲麟，著准其調補甘肅鎮迪道。所遺寧夏道員缺，著彭玉雯補授。欽此。”硃。

【《嘉慶道光兩朝上諭檔》第 47 册，第 180 頁第 813 條】

△奏查寧夏道係衝繁難要缺

道光二十二年六月二十九日

查寧夏道係衝、繁、難要缺。謹奏。

【《嘉慶道光兩朝上諭檔》第 47 册，第 180 頁第 814 條】

△陝甘總督富呢揚阿奏報甘省夏禾約收分數摺

道光二十二年七月十一日

奏爲恭報甘肅省夏禾約收分數，仰祈聖鑒事。

竊查歷年夏禾，將次登場，例應將約收分數，先行奏報。玆據藩司程德潤查明甘肅省二麥約收分數，開摺詳報前來。臣覆加查核，内洮州等三廳、州同約收八分有餘，會寧等四州縣約收八分，河州等二十八廳、州、縣、州同、縣丞約收七分有餘，渭源等十四廳、州、縣、州同、縣丞約收七分，皋蘭等二十四廳、州、縣、州判約收六分有餘，涇州等三州、縣、縣丞約收六分。以上八府、五直隸州所屬，均匀牽算，統計約收七分有餘。除俟二麥登場碾打後，查明實在分數，另行題報外，所有本年甘肅省夏禾約收分數，理合循例恭摺具奏，并繕清單，敬呈御覽，伏乞皇上聖鑒。謹奏。

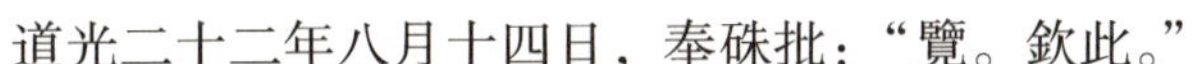
道光二十二年八月十四日，奉硃批："覽。欽此。"

夏禾約收分數：

謹將甘肅省各屬，道光二十二年夏禾約收分數，開具清單，恭呈御覽。計開：

約收八分有餘者，洮州廳、貴德廳、西固州同。

約收八分者，會寧縣、安西州、敦煌縣、玉門縣。

約收七分有餘者，河州、寧遠縣、西和縣、固原州、華亭縣、莊浪縣丞、正寧縣、合水縣、撫彝廳、山丹縣、鎮番縣、寧夏縣、寧朔縣、循化廳、西寧縣、大通縣、秦州、秦安縣、清水縣、禮縣、徽縣、階州、文縣、成縣、高臺縣、肅州州同。

約收七分者，渭源縣、安定縣、通渭縣、岷州、隴西縣丞、鹽茶廳、安化縣、環縣、東樂縣丞、古浪縣、中衛縣、花馬池州同、巴燕戎格廳、毛目縣丞。

約收六分有餘者，皋蘭縣、狄道州、金縣、靖遠縣、沙泥州判、隴西縣、伏羌縣、平凉縣、静寧州、隆德縣、寧州、張掖縣、武威縣、永昌縣、平番縣、靈州、丹噶爾廳、碾伯縣、兩當縣、三岔州判、崇信縣、靈臺縣、鎮原縣、肅州。

約收六分者，涇州、平羅縣、紅水縣丞。

【《陝甘總督任内奏稿》第1册，第255頁至267頁】

△陝甘總督富呢揚阿奏報本年四月糧價五月雨水摺

道光二十二年七月十一日

奏爲恭報道光二十二年五月分糧價，及六月得雨情形，仰祈聖鑒事。

竊查甘肅省本年四月分糧價，及五月得雨緣由，業經奏報在案。兹據藩司程德潤查明本年五月分糧價，及六月得雨分寸、日期，詳請具奏前來。臣查甘肅各屬，本年六月内得雨一二三四五寸及深透不等，正值秋禾將次成熟之際，得此膏澤，大有裨益。糧價雖較上月稍昂，而民情安貼，地方静謐，堪以仰慰聖懷。惟皋蘭、靖遠、西寧、碾伯、岷州、固原、寧州、安化、環縣、寧遠、靈州、寧夏、寧朔、中衛、平羅等州縣，據報間有被雹、被水地方。除已飭司委員查勘、另行核辦外，所有查明本年五月分糧價，及六月得雨情形，敬繕清單，恭呈御覽，伏乞皇上聖鑒。謹奏。

道光二十二年八月十四日，奉硃批："知道了。欽此。"……

五月分糧價清單：

謹將道光二十二年五月分甘肅各屬地方米、麥、豆、青稞、糜子各項糧價，開具清單，恭呈御覽。……

寧夏府屬價中。

粟米：每京石價銀一兩二錢一分八厘至一兩四錢三分五厘，較上月貴三厘。

小麥：每京石價銀一兩二錢二分五厘至一兩四錢二分八厘，較上月貴七厘。

莞豆：每京石價銀一兩二錢三分九厘至一兩四錢三分五厘，較上月貴七厘。

糜子：每京石價銀六錢九厘至七錢一分四厘，較上月貴三厘。……

七月十一日奏六月分得雨清單：

謹將甘肅省各屬道光二十二年六月分得雨日期、分寸，開具清單，恭呈御覽。……

平凉府屬：

……隆德縣：六月初十日得雨不及一寸，二十七八兩日得雨三寸餘。……

寧夏府屬：

寧夏縣：六月初六七兩日得雨三寸餘，初十、十一兩日得雨二寸餘，十二至十四等日得雨深透。

寧朔縣：六月初六七兩日得兩三寸餘，初十、十一日得雨二寸餘，十二至十四等日得雨深透。

靈州：六月初六七兩日得雨三寸餘，十三日得雨三寸餘。

平羅縣：六月十二至十四等日得雨深透。

中衛縣：六月初八九兩日得雨一二寸不等，十二至十四等日得雨深透。

【《陝甘總督任内奏稿》第 1 册，第 269 頁至 273 頁、283 頁 285 頁、294 頁至 295 頁、307 頁至 309 頁、315 頁至 317 頁】

△陝甘總兵名單

道光二十二年八月初十日

陝甘總兵名單。……寧夏鎮總兵王應熊。……

【《嘉慶道光兩朝上諭檔》第 47 册，第 221 頁第 995 條】

△陝甘總督富呢揚阿奏飭蘭州府知府怡昌護署蘭道各缺一片

道光二十二年八月二十二日

再，甘肅蘭州道唐樹義，因保舉欽奉硃筆圈出，請咨赴部引見。所有蘭州道篆務，查有蘭州府知府怡昌，才識老練，辦事細心，堪以委令，就近兼護。又，凉州府知府兆那蘇圖，在于大計卓异案内，赴部引見，所有凉州府印務，查有前署西寧府卸事，尚未回任之寧夏水利同知保忠，安詳明練，辦事認真，堪以委署。據藩臬兩司具詳前來，除批令分飭遵照外，理合附片奏聞，伏乞皇上聖覽。謹奏。

兹于本年九月三十日，奉硃批："覽。欽此。"

【《陝甘總督任内奏稿》第 1 册，第 373 頁至 377 頁】

△陝甘總督富呢揚阿奏報甘省各屬夏秋禾被災情形摺

道光二十二年八月二十二日

奏爲勘明甘省各屬地方夏秋禾苗被雹、被水情形，請俟秋成勘辦，仰祈聖鑒事。

竊查崇信等一十八州縣地方，本年夏秋禾苗，間有被雹、被水之區，當即飭司委員，前往查辦，節經奏明在案。兹據藩司程德潤將被災各處先後督飭印委各員，會同勘明，分别議詳，請奏前來。臣覆查田禾被雹之環縣，已據該縣會同委員勘明，受傷較輕，不致成災，毋庸查辦外，其狄道、崇信、固原、安化、寧州、西寧、碾伯、安定等八州縣被雹之區，亦據正委各員會勘明確。或因續得雨澤，或因受傷尚輕，均係一隅中之一隅，多已改種晚秋，不致成灾，應請統俟秋成，察看情形，另爲核辦。此外尚有前已具奏被雹、被水之皋蘭、靖遠、岷州、寧遠、寧夏、寧朔、靈州、平羅、中衛等州縣，并續報被雹之金縣，俱經委員往勘，尚未覆到，俟查報至日，一并歸入秋成案内，彙核辦理。所有查明偏被灾傷地方，請俟秋成勘辦緣由，理合恭摺具奏，伏乞皇上聖鑒。謹奏。

本年九月三十日，奉硃批："知道了。欽此。"

【《陝甘總督任内奏稿》第 1 册，第 385 頁至 389 頁】

△陝甘總督富呢揚阿奏本年六月分糧價及七月得雨情形摺

道光二十二年八月二十二日

奏爲恭報道光二十二年六月分糧價，及七月得雨情形，仰祈聖鑒事。

竊查甘肅省本年五月分糧價，及六月得雨緣由，業經奏報在案。兹據藩司程德潤查明本年六月分糧價，及七月得雨分寸、日期，詳請具奏前來。臣查甘肅各屬，本年七月内得雨一二三寸及深透不等，正值秋禾將次刈穫之際，得此膏澤，實爲有裨。糧價與上月相同。民情安貼，地方静謐，堪以仰慰聖懷。所有查明本年六月分糧價，及七月得雨情形，理合繕具清單，恭呈御覽，伏乞皇上聖鑒。謹奏。

本年九月三十日，奉硃批："知道了。欽此。"……

糧價清單：

謹將道光二十二年六月分甘肅各屬地方米、麥、豆、青稞、糜子各項糧價，開具清單，恭呈御覽。……

寧夏府屬價中。

粟米：每京石價銀一兩二錢一分八厘至一兩四錢三分五厘，與上月相同。

小麥：每京石價銀一兩二錢二分五厘至一兩四錢二分八厘，與上月相同。

莞豆：每京石價銀一兩二錢三分九厘至一兩四錢三分五厘，與上月相同。

糜子：每京石價銀六錢九厘至七錢一分四厘，與上月相同。……

八月二十二日奏七月分得雨清單：

謹將甘肅省各屬道光二十二年七月分得雨日期、分寸，開具清單，恭呈御覽。……

平凉府屬：

……固原州：七月十四五兩日得兩三寸。……

寧夏府屬：

靈州：七月十八日得雨深透。

【《陝甘總督任内奏稿》第1册，第392頁至394頁、403頁至405頁、414頁至415頁、427頁至431頁】

△陝甘總督富呢揚阿奏甘省本年七月分糧價及八月得雨情形摺

道光二十二年九月二十一日

奏爲恭報道光二十二年七月分糧價，及八月得雨情形，仰祈聖鑒事。

竊查甘肅省本年六月分糧價及七月得雨緣由，業經奏報在案。兹據藩司程德潤查明本年七月分糧價，及八月得雨分寸、日期，詳請具奏前來。臣查甘肅各屬，本年八月内得雨一二三寸及深透不等，正值秋禾漸次登場，得此膏澤，土脉滋潤。糧價與上月相同。民情安貼，地方静謐，堪以仰慰聖懷。所有查明本年七月分糧價，及八月得雨情形，理合繕具清單，恭呈御覽，伏乞皇上聖鑒。謹奏。

道光二十二年十月二十四日，奉硃批："知道了。欽此。"……

糧價清單：

謹將道光二十二年七月分甘肅各屬地方米、麥、豆、青稞、糜子各項糧價，開具清單，恭呈御覽。……

寧夏府屬價中。

粟米：每京石價銀一兩二錢一分八厘至一兩四錢三分五厘，與上月相同。

小麥：每京石價銀一兩二錢二分五厘至一兩四錢二分八厘，與上月相同。

莞豆：每京石價銀一兩二錢三分九厘至一兩四錢三分五厘，與上月相同。

糜子：每京石價銀六錢九厘至七錢一分四厘，與上月相同。

【《陝甘總督任内奏稿》第 2 册，第 487 頁至 490 頁、499 頁至 501 頁、510 頁至 511 頁】

△陝甘總督富呢揚阿附奏飭委秦州邵煜等署平凉府各缺一片

道光二十一年十月十四日

再，平凉府知府達昌阿，現在據報丁憂。除照例另疏具題外，所遺平凉府印務，查有秦州直隸州知州邵煜，明幹有爲，堪以委署。所有秦州直隸州印務，查有禮縣知縣彭裔雲，老成勤慎，堪以委署。又，寧夏府知府齡椿，在于大計卓异，并七年俸滿案内，應行給咨，赴部引見。所有寧夏府印務，查有肅州直隸州知州梁栖鸞，練達安詳，堪以委署。據藩臬兩司具詳前來，除批飭遵照外，理合附片奏聞，伏乞皇上聖鑒。謹奏。

道光二十一年十一月十五日，奉硃批：“覽。欽此。”

【《陝甘總督任内奏稿》第 2 册，第 543 頁至 548 頁】

△陕甘總督富呢揚阿奏甘省秋禾約收分數摺

道光二十二年十月十四日

奏爲查明甘省秋禾約收分數，恭摺奏聞，仰祈聖鑒事。

竊查甘省秋禾約收分數，例應九十月間具奏。兹據藩司程德潤將本年各府州屬秋禾約收分數查明，詳報前來。臣覆加查核，其中約收八分者，階州等州、縣、州同六處；約收七分有餘者，撫彝等廳、州、縣、州同、縣丞十六處；約收七分者，伏羌等縣、州判、縣丞八處；約收六分有餘者，鹽茶等廳、州、縣、州同、縣丞十九處；約收六分者，涇州等州縣十處；約收五分有餘者，河州等州、縣、州判、縣丞七處。以上六十六廳、州、縣、州同、州判、縣丞等處，高低牽算，通計秋禾約收六分有餘。至循化、巴燕戎格、丹噶爾、洮州、岷州、西寧、大通、紅水縣丞等八廳、州、縣縣丞，地方氣候早寒，向不種植秋禾，合并陳明。所有本年甘省秋禾約收分數，理合恭摺具奏，并繕清單，敬呈御覽，伏乞皇上聖鑒。謹奏。

道光二十二年十月十四日具奏。本年十一月十五日，奉硃批："覽。欽此。"

秋禾分數清單

謹將甘肅省道光二十二年秋禾約收分數開列清單，恭呈御覽。計開：

約收八分者，階州、通渭縣、西和縣、鎮番縣、成縣、西固州同。

約收七分有餘者，撫彝廳、貴德廳、固原州、安西州、肅州、渭源縣、華亭縣、合水縣、張掖縣、山丹縣、徽縣、兩當縣、文縣、高臺縣、王子莊州同、莊浪縣丞。

約收七分者，伏羌縣、會寧縣、永昌縣、中衛縣、禮縣、玉門縣、三岔州判、毛目縣丞。

約收六分有餘者，鹽茶廳、秦州、皋蘭縣、金縣、隴西縣、安定縣、安化縣、正寧縣、武威縣、古浪縣、平番縣、寧夏縣、寧朔縣、秦安縣、清水縣、崇信縣、敦煌縣、花馬池州同、東樂縣丞。

約收六分者，涇州、寧州、靈州、靖遠縣、隆德縣、環縣、碾伯縣、靈臺縣、鎮原縣、平羅縣。

約收五分有餘者，河州、狄道州、静寧州、寧遠縣、平凉縣、沙泥州判、隴西縣丞。

【《陝甘總督任内奏稿》第 2 册，第 553 頁至 565 頁】

△陝甘總督富呢揚阿奏甘省本年八月分糧價及九月得沾雨雪摺

道光二十二年十月十四日

奏爲恭報道光二十二年八月分糧價，及九月得沾雨雪情形，仰祈聖鑒事。

竊查甘肅省本年七月分糧價，及八月得雨緣由，業經奏報在案。兹據藩司程德潤查明本年八月分糧價，及九月得沾雨雪分寸、日期，詳請具奏前來。臣查甘肅各屬，本年九月内得雨深透，并得雪一二三寸不等。秋禾登場，土脉滋潤。糧價與上月相同。民情安貼，地方静謐，堪以仰慰聖懷。所有查明本年八月分糧價及九月得沾雨雪情形，理合繕具清單，恭呈御覽，伏乞皇上聖鑒。謹奏。

道光二十二年十月十四日具奏。本年十一月十五日，奉硃批：“知道了。欽此。”……

糧價清單：

謹將道光二十二年八月分甘肅各屬地方米、麥、豆、青稞、糜子各項糧價，開具清單，恭呈御覽。……

寧夏府屬價中。

粟米：每京石價銀一兩二錢一分八厘至一兩四錢三分五厘，與上月相同。

小麥：每京石價銀一兩二錢二分五厘至一兩四錢二分八厘，與上月相同。

莞豆：每京石價銀一兩二錢三分九厘至一兩四錢三分五厘，與上月相同。

糜子：每京石價銀六錢九厘至七錢一分四厘，與上月相同。……

十月十四日奏九月分得雨雪清單：

謹將甘肅省各屬道光二十二年九月分得沾雨雪日期、分寸，開具清單，恭呈御覽。……

平凉府屬：

……鹽茶廳：九月二十一日，得雪一寸餘。……

固原州：九月二十一日，得雪三寸餘。

隆德縣：九月二十一日，得雪二寸餘。

【《陝甘總督任内奏稿》第2册，第581頁至584頁、593頁、602頁至603頁、615頁至619頁】

△陝甘總督富呢揚阿奏甘省采買二十三年兵馬糧料摺

道光二十二年十月二十九日

奏爲遵例酌請采買糧石，以供兵糈，仰祈聖鑒事。

竊查甘肅地處邊陲，駐札滿漢各營重兵，歲需兵馬糧料，例應于年前核估，以便屆期支放。現值題估滿漢各營道光二十三年兵馬糧料之期，除凉州、莊浪、寧夏三滿營糧料業經另案咨部派買，其緑營兵馬糧料，臣諄飭藩司程德潤撙節核估，并令遵照前准部咨，酌估各屬倉貯預買，及鄰封撥運糧石，并買獲盤查案内虧糧，以省采買去後。兹據查明，倉貯充裕，并預買撥運，以及買獲盤查案内虧糧，足敷供支之各廳、州、縣毋庸采買外，惟皋蘭、安定，會寧、通渭、洮州、涇州、肅州、平凉、静寧、固原、隆德、武威、平番、寧朔、靈州、階州、文縣、西固等廳、州、縣、州同，尚不敷倉斗糧七萬九千九百三十一石六斗八升二合七勺。倉貯既不敷估支，附近又無糧可撥，應請照例采買，按例價合算，約需銀一十五萬六千九百四十六兩七錢三分七厘。仍照向例，令藩司先行籌款借發，乘此新糧入市之際，趕緊購買，以備供支。仰懇聖恩，敕部在于鄰近省分，撥銀解甘歸款，除將采買糧數，及各處倉貯，并撥運糧石，分款造具清册，咨送户部外，所有遵例估買兵糈緣由，理合循例，恭摺具奏，伏乞皇上聖鑒訓示。謹奏。

道光二十二年十月二十九日具奏。道光二十二年十二月初五日，奉硃批："户部議奏。欽此。"

【《陝甘總督任内奏稿》第2册，第661頁至667頁】

△陝甘總督富呢揚阿奏甘省本年秋成歉薄懇請緩徵錢糧摺

道光二十二年十月二十九日

奏爲勘明秋成歉薄地方，懇請緩徵錢糧，以紓民力，恭摺具奏，仰祈聖鑒事。

竊查本年崇信等一十八州縣地方，間有被雹、被水之區，前經奏明，統俟秋成，再行勘辦在案。嗣又據河州、隴西、會寧、平凉、静寧、隆德、華亭、環縣、武威、平番、秦州、階州、文縣、成縣、涇州、靈臺、鎮原、沙泥等一十八州、縣、州判具報，夏秋禾苗被風、被霜、被雹、被水，亦即委員一并勘辦去後。兹據印委各員先後查勘明確，由藩司程德潤分晰議詳前來。

臣查，本年夏間被灾各地方原奏勘辦者一十八處，又續報被灾者一十八處。内除隴西、安定、岷州、華亭、平番、秦州、階州、文縣、成縣等九處禾苗偏被灾傷，僅係一隅中之一隅，收成不致甚歉，民力尚可支持，毋庸另議外，其被灾稍重之武威、碾伯二縣，收成究屬歉薄，請將應徵各年舊欠銀、糧、草束，緩至來年秋後啓徵，其本年應徵銀、糧、草束，仍令照常徵收。至被灾較重之皋蘭、河州、狄道、金縣、靖遠、寧遠、會寧、平凉、静寧、隆德、固原、安化、寧州、環縣、寧夏、寧朔、靈州、中衛、平羅、西寧、涇州、崇信、靈臺、鎮原、沙泥等二十五州、縣、州判地方，收成歉薄，民力均屬拮据，所有應徵本年新舊正借銀、糧、草束，合無仰懇聖主天恩，准其緩至來年秋後徵收，以紓民力。如蒙恩允，俟奉到諭旨，即當敬刊謄黄，遍行張挂，以廣皇仁，而杜欺冒。爲此恭摺具奏，伏乞皇上聖鑒訓示。謹奏。道光二十二年十月二十九日具奏，道光二十二年十二月初五日，奉硃批："另有旨。欽此。"

道光二十二年十一月十九日，内閣奉上諭："富奏請緩徵秋成歉薄地方錢糧一摺。甘肅武威等州縣地方，本年夏秋禾苗被灾，收成歉薄，民力未免拮据，加恩，著照所請，所有被灾稍重之武威、碾伯二縣，著准其將應徵各年舊欠銀、糧、草束，緩至來年秋後啓徵。其本年應徵銀、糧、草束，仍著照常徵收。至被灾較重之皋蘭、河州、狄道、金縣、靖遠、寧遠、會寧、平凉、静寧、隆德、固原、安化、寧州、環縣、寧夏、寧朔、靈州、中衛、平羅、西寧、涇州、崇信、靈臺、鎮原、沙泥等二十五州、縣、州判地方，應徵本年新舊正借銀、糧、草束，著准其緩至來年秋後徵收，以紓民力。該督即刊刻謄黄，遍〔編〕行曉諭，務使實惠及民，毋任吏胥舞弊，用副朕軫念歉區之至意。該部知道。欽此。"

【《陝甘總督任内奏稿》第 2 册，第 669 頁至 677 頁。亦見《嘉慶道光兩朝上諭檔》第 47 册，第 442 頁第 1697 條】

△陝甘總督富呢揚阿奏同知例應回避摺

道光二十二年十一月二十四日

奏爲同知例應回避，恭摺具奏，仰祈聖鑒事。

竊查定例，外官有關係刑名錢穀、考核糾參者，不分遠近，係族中，俱令官小者回避。如督撫兩司及統轄全省之道員，有本族之人，俱令回避另補。總督有兼轄兩省、三省者，其應行回避、另補之員，本省雖無可調之缺，所轄之鄰省，亦准酌量改調。至理事同知、通判，各省額缺無多，如遇回避之員，令該督撫給咨赴部，俟有缺出，引見補授。等語。茲新授甘肅寧夏理事同知五福，現經領憑到省。該員係臣族曾侄孫，應行照例回避。查甘肅鄰省，係陝西、四川，陝西係臣兼轄，惟四川現有理事同知，應否對調，抑給咨赴部候補。其所遴寧夏理事同知，由部另行員補授。現□□據藩司具詳請奏前來，理合恭摺具奏，伏乞皇上聖鑒，敕部議覆遵行。謹奏。

道光二十三年正月初一日，奉硃批："吏部議奏。欽此。"

【《陝甘總督任内奏稿》第2册，第691頁至695頁】

△陝甘總督富呢揚阿奏爲調派官兵領過俸裝懇請緩免摺

道光二十二年十一月二十四日

奏爲調派清江浦進征折回官兵領過俸賞行裝，并借項銀兩，懇恩分别緩免，以示體恤，仰祈聖鑒事。

竊查此次嘆夷滋事，前奉諭旨："挑選陝甘省精兵一千名，馳赴清江浦，交麟慶調遣。等因。欽此。"臣遵即在于陝西固原提屬派兵五百名，漢中鎮屬派兵一百名，河州鎮派兵二百名，寧夏鎮派兵二百名，并派將弁管帶前往。内陝西漢中鎮屬，并西安城守西鳳等營，共派官兵二百餘員名，起程時，均在陝省支領俸裝銀兩。所有甘省各營共派官兵八百餘員名應需俸賞、行裝，已由各地方官并司庫支領起程訖。今此項官兵，因毋須調遣，已奉旨飭令無論行抵何處，即行折回歸伍。除飛行前途，飭即遵照折回外，惟是該官兵等，均未到營打仗，其原領之俸賞、行裝，并例借銀兩，自應如數繳還。第查該官兵所領前項銀兩，當調派起程時，置裝安家，俱已費用。若于回營後，追期扣還，在官弁已屬難支，而兵丁更加拮据。

伏查道光十年，回疆二次軍需，奉調京營、吉林、黑龍江甲兵，以及四川、陝、甘各緑營官兵，因行至中途，奉文止回，其原領之俸賞、行裝等銀，曾經前督臣楊奏奉恩旨："所有該兵丁等原領賞裝銀兩，概免繳還。其滿漢官弁所領俸賞，及借項銀兩，并滿漢兵丁借項銀兩，均著自道光十年夏季起，分作四年，在于應得俸廉餉銀内，按季扣還，以示體恤。欽此欽遵。"在案。此次奉調清江浦進征折回陝甘各營官兵，事同一律。現據藩司援案詳請，核奏前來。合無仰懇天恩，准將前項止回兵丁原領賞裝銀兩，概免繳還，其官弁所領俸賞及借項，并兵丁例借銀兩，均請自道光二十三年春季起，分作四年，在于應得俸廉餉銀内，按季扣還，以示體恤，而廣皇仁。恭候命下之日，行知陝省，一律照辦。爲此恭摺具奏，伏乞皇上聖鑒訓示。謹奏。

道光二十二年十一月二十四日具奏，二十三年正月初三日，奉硃批："另有旨。欽此。"

同日，奉上諭。

道光二十二年十二月十三日，内閣奉上諭："富呢楊阿奏官兵領借銀兩請分别緩免一摺。陝甘各營官兵調赴清江浦進征，現因毋須調遣，中途折回，所有該兵丁等原領賞裝銀兩，概免繳還。其官弁所領俸賞及借項，并兵丁例借銀兩，均著自道光二十三年春季起，分作四年，在于應得俸餉銀内，按季扣還，一示體恤。該部知道。欽此。"

【《陝甘總督任内奏稿》第2册，第707頁至716頁】

△陝甘總督富呢揚阿奏甘省本年九月糧價十月得雪摺

道光二十二年十一月二十四日

奏爲恭報道光二十二年九月分糧價，及十月得雪情形，仰祈聖鑒事。

竊查甘肅省本年八月分糧價，及九月得沾雨雪緣由，業經奏報在案。茲據藩司程德潤查明本年九月分糧價，及十月得雪分寸、日期，詳請具奏前來。臣查甘肅各屬，本年十月内得雪一二寸不等，土脉滋潤。糧價與上月相同。民情安貼，地方静謐，堪以仰慰聖懷。所有查明本年九月分糧價，及十月得雪情形，理合繕具清單，恭呈御覽，伏乞皇上聖鑒。謹奏。

道光二十二年十一月二十四日具奏，二十三年正月初一日，奉硃批："知道了。欽此。"

……糧價清單：

謹將道光二十二年九月分甘肅各屬地方米、麥、豆、青稞、糜子各項糧價，開具清單，恭呈御覽。……

寧夏府屬價中。

粟米：每京石價銀一兩二錢一分八厘至一兩四錢三分五厘，與上月相同。

小麥：每京石價銀一兩二錢二分五厘至一兩四錢二分八厘，與上月相同。

豌豆：每京石價銀一兩二錢三分九厘至一兩四錢三分五厘，與上月相同。

糜子：每京石價銀六錢九厘至七錢一分四厘，與上月相同。

【《陝甘總督任内奏稿》第2册，第717頁至720頁、737頁至739頁、748頁至749頁】

△陝甘總督富呢揚阿奏甘省官紳士民捐助軍餉奏請獎叙摺

道光二十二年十二月初四日

奏爲甘省紳民捐輸海疆經費，懇恩分别獎叙，以昭激勸，仰祈聖鑒事。

竊查前奉上諭："穆等奏遵議帑項軍儲一摺。國家經費有常，必應量入爲出。現在軍務緊要，費巨用繁，在外籌畫一費，即在内省撥一項。著各該督撫體察輿情，熟籌良法，其應如何因地制宜，于經費實有裨益，而仍無拂于民情，即行條議具奏。至應徵一切新舊正雜錢糧，亦著統行查核，轉飭按款，依限徵收，無使短絀。等因。欽此。"當經恭録行司，遵照妥辦去後。兹據藩司程德潤、臬司王兆琛詳，據各府廳、州、縣陸續申報，通省官紳士民，咸以食毛踐土，渥沐皇仁，值此軍儲繁巨之時，無不情切輪將，願伸報效，計共捐銀一十八萬八千八百兩，俱已解交司庫，由司詳請具奏，并分晰捐數多寡，開摺聲請獎叙前來。

臣查甘省土瘠民貧，素鮮殷實之户，現在所捐銀數無多，原無裨于經費，惟該鄉民等，情殷報效，亦未便阻其急公向義之忱。應請恩准賞收，敕部抵估甘省道光二十三年兵餉，藉可少省撥運之煩。所有捐輸紳民人等，除銀數不敷議叙者，由本省獎以花紅、匾額外，其捐資較多之官紳士民，查照定例章程，分别等差，按名開具清單，仰懇聖主恩施，俯予獎叙，以示鼓勵而昭激勸。爲此恭摺具奏，伏乞皇上聖鑒訓示。謹奏。

道光二十三年正月初八日，奉硃批："吏部議奏。欽此。"

官紳商民捐輸軍餉銀兩姓名清單：

謹將甘省捐輸應請獎叙之官紳士民，開具清單，恭呈御覽。計開：……

靈州生員賀綸，中衛縣生員馬程萬、監生萬錫福、商民畢漢卿，民人房樹功、畢仲年、萬元科……各捐銀三百兩。以上二十四名，應請照依捐輸海疆章程，給予八品頂戴。……

寧夏縣民人王相，寧朔縣民人蔡之乾……各捐銀二百二十兩。寧夏縣民人姚文和、王文元各捐銀二百一十兩。……中衛縣民人房生禄、朱桂林，平羅縣廪生俞思晋……各捐銀二百兩。以上七十九名，應請照依捐輸海疆章程，給予九品頂戴。

【《陝甘總督任内奏稿》第 2 册，第 777 頁至 800 頁】

△陝甘總督富呢揚阿奏飭屬查禁私錢摺

道光二十二年十二月十九日

奏爲遵旨奏聞，仰祈聖鑒事。

竊查前准部咨，欽奉上諭："御史徐培深奏請飭禁私錢一摺。私鑄例禁綦嚴，自應隨時懲辦。著各直省督撫一體飭屬查禁，責成各州縣，隨時訪拿究辦。并于年終出具境内并無私鑄及行使小錢印結，詳報督撫，于年終具奏一次。毋得視爲具文，以肅錢法。等因。欽此。"當經嚴飭各州縣，隨時訪查，有犯必懲，并剴切出示，嚴禁在案。

兹據藩司程德潤詳報，轉據蘭州、鞏昌、平凉、慶陽、甘州、凉州、寧夏、西寧八府，并秦州、階州、涇州、肅州、安西五直隸州，各將所屬查明，所管境内，道光二十二年一歲并無私鑄，亦無行使小錢，出具印結，申送前來。除存案備查，并飭令該司督飭各屬，仍當隨地隨時嚴密查禁，毋得日久生懈，以重錢法外，理合遵旨奏聞，伏乞皇上聖鑒。謹奏。

道光二十三年正月二十二日，奉硃批："知道了。欽此。"

【《陝甘總督任内奏稿》第 2 册，第 835 頁至 839 頁】

△陝甘總督富呢揚阿奏千總甄别不及額數摺

道光二十二年十二月十九日

奏爲甄别千總不及額數，循例恭摺奏聞，仰祈聖鑒事。

竊查例載，各省年終甄别千總及數者，于咨内聲明。如果無衰庸戀缺、應行甄别之處，令該督撫等，將無可劾參緣由，切實聲明具奏。等語。臣查陝甘二省各營千總，每年共應甄别五員。本年陝省勒休漢中鎮屬漢鳳營分防黄牛鋪汛千總杜天輝，甘省勒休甘肅提標前營千總羅延，烏魯木齊提屬鞏寧城守營千總楊俊，降補把總甘肅提標後營千總王永會，陝甘二省共衹四員，甄劾尚未及數。准前署陝西固原提督臣徐、甘肅提督臣馬、烏魯木齊都統臣惠、烏魯木齊提督臣中咨稱："查本年各營千總内，除已勒休、降補杜天輝等員外，餘皆年力强壯，弓馬去得，差操勤慎，無衰庸戀缺、應行參劾之員，咨請具奏前來。"臣覆查無异。至督標各營千總，臣詳加考驗，年力才技，均堪供職。除將本年甄别千總開具清單，咨部查核外，所有甄别千總不及額數緣由，理合循例具奏，伏乞皇上聖鑒。謹奏。

道光二十三年正月二十二日，奉硃批："兵部知道。欽此。"

單：

道光二十二年分，陝甘二省甄别過在營千總人員數目清單。計開：……

前經六年俸滿保送，并預保後，又届三年期滿留任候升者二員：固原提標後營千總吴元誠……

初次六年俸滿留任者五員。……固原提屬蘆塘營千總孫漢……

初次六年俸滿保送者十二員……固原提標右營千總米進倉……寧夏鎮標右營千總李福良……

【《陝甘總督任内奏稿》第2册，第843頁至847頁、851頁至861頁】

△陝甘總督富呢揚阿奏甘省道光二十二年十月糧價及十一月得雪情形摺

道光二十二年十二月十九日

奏爲恭報道光二十二年十月分糧價，及十一月得雪情形，仰祈聖鑒事。

竊查甘肅省本年九月分糧價，及十月得雪緣由，業經奏報在案。玆據藩司程德潤查明本年十月分糧價及十一月得雪分寸、日期，詳請具奏前來。臣查甘肅各屬，本年十一月内得雪一二寸不等。祥霙渥沛，土脉滋潤。糧價較上月平減。民情安貼，地方静謐，堪以仰慰聖懷。所有查明本年十月分糧價及十一月得雪情形，理合繕具清單，恭呈御覽，伏乞皇上聖鑒。謹奏。

道光二十三年正月二十二日，奉硃批：“知道了。欽此。”……

糧價清單：

謹將道光二十二年十月分甘肅各屬地方米、麥、豆、青稞、糜子各項糧價開具清單，恭呈御覽。……

寧夏府屬價中。

粟米：每京石價銀一兩二錢一分一厘至一兩四錢二分八厘，較上月賤七厘。

小麥：每京石價銀一兩二錢一分八厘至一兩四錢二分一厘，較上月賤七厘。

莞豆：每京石價銀一兩二錢三分二厘至一兩四錢二分八厘，較上月賤七厘。

糜子：每京石價銀六錢六厘至七錢一分一厘，較上月賤三厘。

【《陝甘總督任内奏稿》第 2 册，第 883 頁至 886 頁、895 頁至 897 頁、906 頁至 907 頁】

道光二十三年（1843）

△諭著寧夏將軍舒倫保等各就所轄營分倍加訓練斷不可存偷安姑息之見

道光二十三年二月十九日

軍機大臣字寄大學士四川總督寶、陝甘總督富、雲貴總督桂、陝西巡撫李、雲南巡撫張、貴州巡撫賀、西安將軍布、寧夏將軍舒、成都將軍廉、四川提督齊、陝西提督胡、甘肅提督周、雲南提督汪、貴州提督張、涼州副都統文。

道光二十三年二月十九日，奉上諭："現在各省官兵均已撤回歸伍，因思兵可百年不用，不可一日無備。誠恐該官兵等于歸伍之後，貪圖安逸，怠于操防，以致技藝生疏、鋭氣不振，著寶興、富呢揚阿、桂良、李星沅、張澧中、賀長齡、布彦圖、舒倫保、廉敬、齊慎、胡超、周悦勝、汪道誠、張國相、文祥各就所轄營分，倍加訓練，期于精益求精，斷不可存偷安姑息之見，稍弛備禦。至抬炮、抬槍爲軍中利器，尤宜寬爲儲備，勤加練習，俾聲勢相聯，施放有準，方可臨敵制勝。各該督撫、將軍、提督、副都統等均係受恩深重之人，務須先事豫籌，有備無患。倘稍存大意，任聽廢弛，將來遇有徵調，臨陣不能得力，朕惟該督撫、將軍、提督、副都統是問，恐不能當此重咎也。其各勉之懔之。將此各諭令知之。欽此。"遵旨寄信前來。

【《嘉慶道光兩朝上諭檔》第48册，第81頁第227條】

道光二十四年（1844）

△諭内閣准富呢楊阿奏以李大融調補寧夏縣知縣

道光二十四年六月十三日

道光二十四年六月十三日，内閣奉上諭："富呢楊阿奏遴員調補要缺知縣一摺。著照所請，甘肅寧夏縣知縣員缺，准其以李大融調補。該部知道。欽此。”

【《嘉慶道光兩朝上諭檔》第49册，第210頁第724條】

△諭内閣李星沅奏西安寧夏駐防翻譯鄉試請再展期

道光二十四年十月初六日

道光二十四年十月初六日，内閣奉上諭：“李星沅奏，陝甘駐防翻譯鄉試請再展期一摺。西安、寧夏翻譯各生現止九名應試，其續經送部之凉州、莊浪考取翻譯各生員，應一律准其合考。惟據稱，歲晚路遥，應試各生恐難克期而至。著照所議，將試期展至來年二月十六日舉行，以示體恤。該部知道。欽此。”

【《嘉慶道光兩朝上諭檔》第49册，第354頁第1236條】

△諭内閣富呢揚阿奏勘明歉收之寧夏靈州平羅花馬池等十七州縣州同州判地方懇請緩徵

道光二十四年十一月十四日

道光二十四年十一月十四日，内閣奉上諭：“富呢揚阿奏勘明歉收各州縣懇請緩徵一摺。甘肅皋蘭等州縣本年被灾地方，現據勘明，收成歉薄，若新舊并徵，民力未免拮据。加恩，著照所請。所有被灾稍重之張掖、武威、平番、西寧、碾伯等五處應徵各年舊欠銀、糧、草束，著緩至來年秋後啓徵。其本年應徵銀、糧、草束，仍照常徵收。被灾較重之皋蘭、河州道、狄道、靖遠、沙泥、寧遠、安定、平凉、華亭、寧夏、靈州、平羅、花馬池、涇州、崇信、靈臺、鎮原等十七州、縣、州同、州判地方，應徵本年新舊正借銀、糧、草束，著緩至來年秋後徵收，以紓民力。該督即刊刻謄黄，遍行曉諭，務使實惠均沾。毋任吏胥舞弊，用示朕軫念歉區至意。該部知道。欽此。”

【《嘉慶道光兩朝上諭檔》第 49 册，第 428 頁第 1411 條】

△諭内閣著加恩鄧廷楨賞换二品頂帶并交部議叙等

道光二十四年十二月初四日

道光二十四年十二月初四日，内閣奉上諭：“前因甘肅省荒地較多，特降旨，令鄧廷楨親歷周勘，設法招墾。兹據奏稱，各屬履勘完竣，計共查出荒熟地一萬九千四百餘頃。又，番貢地以段折畝一千五百餘頃。又，寧夏鎮馬廠歸公地一百餘頃，分别差等，酌量升科。該藩司奉派專辦，所到之處，勸諭詳明，妥速蕆事，甚屬可嘉。著加恩，賞换二品頂帶，并交部議叙。其隨帶委員及各州縣，著擇其尤爲出力、查地較多者，詳明該督，酌量保奏，候朕施恩，無許冒濫。欽此。”

【《嘉慶道光兩朝上諭檔》第 49 册，第 455 頁第 1509 條】

道光二十五年 (1845)

△諭内閣著楊能格補授寧夏道員

道光二十五年八月十七日

道光二十五年八月十七日，内閣奉上諭：“甘肅寧夏道員缺，著楊能格補授。欽此。”硃。

【《嘉慶道光兩朝上諭檔》第 50 册，第 385 頁 1026 條】

△奏查寧夏道係衝繁難要缺

道光二十五年八月十七日

查寧夏道係衝、繁、難要缺。謹奏。

【《嘉慶道光兩朝上諭檔》第 50 册，第 385 頁第 1027 條】

道光二十六年（1846）

△諭内閣加恩著借給被灾較重之隆德縣等來春籽種折色銀

道光二十六年正月初二日

道光二十六年正月初二日，内閣奉上諭："上年，甘肅洮州等廳、州、縣被雹、被水、被旱、被風，業經降旨緩徵。并據奏明，隨時撫恤，小民自可無虞失所。惟念今春青黄不接之時，民力未免拮据。加恩，著借給被灾較重之皋蘭縣來春籽種折色銀八千兩，渭源縣來春籽種折色銀一千兩，隴西縣來春籽種折色銀二千兩，安定縣來春籽種折色銀三千兩，會寧縣來春籽種折色銀二千兩，平凉縣來春籽種折色銀一千兩，静寧州來春籽種折色銀二千兩，隆德縣來春籽種折色銀三千兩，清水縣來春籽種折色銀一千兩，禮縣來春籽種折色銀三千兩，徽縣來春籽種折色銀一千兩，涇州來春籽種折色銀一千兩，崇信縣來春籽種折色銀三千兩。所需銀兩，准其在于司庫新寄貯糧價款内借銀一萬兩，舊寄貯糧價款内借銀一萬兩，清查已徵未報銀、糧、草價款内借銀一萬一千兩，給領散放，以資接濟。該署督即刊刻謄黄，遍行曉諭，務使實惠均沾。毋任吏胥舞弊，用副朕陽和布闓、澤沛邊疆至意。該部即遵諭行。欽此。"

【《嘉慶道光兩朝上諭檔》第 51 册，第 2 頁第 8 條】

△諭内閣林則徐奏參護理副將

道光二十六年正月十八日

道光二十六年正月十八日，内閣奉上諭："林則徐奏參護理副將一摺。甘肅護理永固協副將、陝西漢鳳營游擊馬希賢，于番務吃緊之際，經該署督等責成策應，輒敢藉詞推諉，實屬畏葸巧猾，著即革職。至所稱甘省現辦番務，正亟需人，所有固原提督所轄各營内之參將李伏、秦起奉，游擊毛鴻鵬、張廷秀，都司牛鳳山、徐椿、劉允和等七員，均係經歷行陣，著准其調赴甘肅，以備差委。餘著照所議辦理。該部知道。欽此。"

【《嘉慶道光兩朝上諭檔》第 51 册，第 21 頁第 58 條】

△諭内閣著王增謙補授寧夏道員

道光二十六年三月二十八日

道光二十六年三月二十八日，内閣奉上諭："甘肅寧夏道員缺，著王增謙補授。欽此。"硃。

【《嘉慶道光兩朝上諭檔》第 51 册，第 88 頁第 312 條】

△諭内閣著岳齡補授寧夏府知府

道光二十六年十月二十四日

道光二十六年十月二十四日，内閣奉上諭："甘肅寧夏府知府員缺，著岳齡補授。欽此。"硃。

【《嘉慶道光兩朝上諭檔》第 51 册，第 376 頁第 1210 條】

△奏查寧夏府係衝繁疲難最要缺

道光二十六年十月二十四日

查寧夏府係衝、繁、疲、難最要缺。謹奏。

【《嘉慶道光兩朝上諭檔》第 51 冊，第 376 頁第 1211 條】

△諭內閣著富隆額補授寧夏鎮總兵等官員任免事

道光二十六年十二月初一日

道光二十六年十二月初一日，內閣奉上諭："甘肅寧夏鎮總兵，著富隆額補授。硃。陝西延綏鎮總兵，著金萬全補授。欽此。"硃。

【《嘉慶道光兩朝上諭檔》第 51 冊，第 423 頁第 1348 條】

△諭內閣寧夏鎮總兵王應熊著以原品休致等

道光二十六年十二月初一日

道光二十六年十二月初一日，內閣奉上諭："布彥泰奏請將年力就衰、廢弛營伍之總兵休致一摺，所奏甚是。甘肅寧夏鎮總兵王應熊，年力就衰，辦公竭蹶，著以原品休致。其應否賞俸之處，著兵部查明，照例辦理。陝西延綏鎮總兵趙龍田，聲名平常，性耽安逸，營伍諸形廢弛，著即勒令休致。欽此。"

【《嘉慶道光兩朝上諭檔》第 51 冊，第 423 頁第 1349 條】

△諭内閣彦泰奏請將换防官兵酌减均攤

道光二十六年十二月二十二日

道光二十六年十二月二十二日，内閣奉上諭："布彦泰奏請將换防官兵酌减均攤。等語。據稱，察漢托洛亥防兵，專由西寧、河州二鎮派往，該二鎮嚮來應派口外防兵，統歸甘肅凉州、肅州、寧夏等營抵派。每届更换之年，新兵到防，始將在防之兵撤回，往還將及一載。各本營空缺兵數不下數千，設遇調遣，未免緩不濟急，自係實在情形。嗣後甘肅凉州、肅州各提鎮三營應派新疆换防官兵，著量减四成，由陝西提標、陝安、漢中、延綏及甘肅寧夏、烏嚕木齊巴里坤提鎮各營按額均攤，以重營伍，而肅邊防。該部知道。欽此。"

【《嘉慶道光兩朝上諭檔》第 51 册，第 452 頁第 1450 條】

道光二十七年（1847）

△諭著寧夏將軍舒倫保等奏接准布彦泰飛咨挑選弁兵請旨派往

道光二十七年八月二十五日

軍機大臣字寄寧夏將軍舒、副都統伊。

道光二十七年八月二十五日，奉上諭："舒倫保等奏接准布彦泰飛咨，挑選弁兵，請旨派往一摺。據稱，西路回匪滋事，該處進兵較近，現准咨調，當即挑選官員十員、精壯兵丁五百名，應需器械、馬匹均已豫辦齊備，并據該將軍等自稱，均經屢次出師，願圖報效。等語。所奏可嘉。現在攻剿回匪，已由伊犁等處調兵一萬餘名，將來應否添調，著該將軍等挑備齊全，候旨遵行，并著飛咨布彦泰、奕山知悉。將此諭令知之。欽此。"遵旨寄信前來。

【《嘉慶道光兩朝上諭檔》第 52 册，第 309 頁第 928 條】

△諭内閣准布彦泰奏以毓科補授寧夏府知府等官員任免事

道光二十七年十一月二十八日

道光二十七年十一月二十八日，内閣奉上諭：“布彦泰奏請揀員調補省會要缺知府一摺。著照所請。甘肅蘭州府知府員缺，准其以岳齡調補。所遺寧夏府知府員缺，即以毓科補授。該部知道。欽此。”

【《嘉慶道光兩朝上諭檔》第 52 册，第 481 頁第 1350 條】

道光二十八年（1848）

△諭内閣著索文補授寧夏鎮總兵

道光二十八年正月十二日

道光二十八年正月十二日，内閣奉上諭：“甘肅寧夏鎮總兵，著索文補授。欽此。”

【《嘉慶道光兩朝上諭檔》第 53 册，第 12 頁第 40 條】

△諭内閣寧夏鎮屬花馬池營藍翎參將謝天貴賞换花翎玉泉營游擊薩保著賞戴花翎

道光二十八年正月二十五日

道光二十八年正月十五日，内閣奉上諭：“奕山奏，續行查出打仗出力之員，懇請鼓勵等語。寧夏鎮屬花馬池營藍翎參將謝天貴，著賞换花翎。玉泉營游擊薩保，著賞戴花翎。該部知道。欽此。”

【《嘉慶道光兩朝上諭檔》第 53 册，第 32 頁第 91 條】

△諭靈州營參將雙來著加恩改爲革職留任

道光二十八年五月初二日

道光二十八年五月初二日，奉旨："甘肅靈州營參將雙來，著加恩，改爲革職留任。欽此。"

【《嘉慶道光兩朝上諭檔》第 53 册，第 145 頁第 464 條】

△諭内閣寧夏道朱煌著送部帶領引見

道光二十八年八月二十五日

道光二十八年八月二十五日，内閣奉上諭："甘肅寧夏道朱煌，著送部帶領引見。欽此。"

【《嘉慶道光兩朝上諭檔》第 53 册，第 271 頁第 914 條】

△諭内閣著顧椿補授寧夏道員

道光二十八年八月二十五日

道光二十八年八月二十五日，内閣奉上諭："甘肅寧夏道員缺，著顧椿補授。欽此。"硃。

【《嘉慶道光兩朝上諭檔》第 53 册，第 271 頁第 915 條】

△奏查寧夏道係衝繁難要缺

道光二十八年八月二十五日

查甘肅寧夏道係衝、繁、難要缺。謹奏。

【《嘉慶道光兩朝上諭檔》第 53 冊，第 271 頁第 916 條】

△諭内閣著吉泰補授寧夏道員

道光二十八年八月二十五日

道光二十八年八月二十六日，内閣奉上諭："甘肅寧夏道員缺，著吉泰補授。欽此。"硃。

【《嘉慶道光兩朝上諭檔》第 53 冊，第 272 頁第 920 條】

△奏查寧夏道係衝繁難要缺

道光二十八年八月二十五日

查甘肅寧夏道係衝、繁、難要缺。謹奏。

【《嘉慶道光兩朝上諭檔》第 53 冊，第 272 頁第 921 條】

△諭内閣著新授甘肅寧夏道顧椿以道員仍歸原班照例選用

道光二十八年八月二十五日

道光二十八年八月二十六日，内閣奉上諭："本日，召見新授甘肅寧夏道顧椿，身體軟弱，難勝邊要之缺，著以道員仍歸原班，照例選用。該部知道。欽此。"

【《嘉慶道光兩朝上諭檔》第 53 冊，第 272 頁第 922 條】

△諭内閣布彦泰奏勘明秋成歉薄之寧夏寧朔靈州中衛平羅等地方請緩徵錢糧

道光二十八年十一月初九日

道光二十八年十一月初九日，内閣奉上諭："布彦泰奏勘明秋成歉薄地方請緩徵錢糧一摺。甘肅渭源等處地方本年夏秋禾苗被蟲、被雹、被霜、被水，收成歉薄，若照常徵收，民力實有未逮。加恩，著照所請。所有被災稍重之渭源、伏羌、隴西縣丞、西和、華亭、寧州、寧夏、寧朔、靈州、中衛、平羅、西寧、崇信、靈臺等十四處，應徵各年舊欠正借銀、糧、草束，均著緩至來年秋後啓徵。至被災較重之金縣、安定、會寧、平涼、静寧、固原、隆德、涇州等八處，應徵本年新舊正借銀、糧、草束，均著緩至來年秋後徵收，以紓民力。該督即刊刻謄黄，遍行曉諭，務令實惠均沾。毋任吏胥舞弊，用副朕軫念歉區至意。餘著照所擬辦理。該部知道。欽此。"

【《嘉慶道光兩朝上諭檔》第53册，第398頁第1249條】

道光二十九年（1849）

△諭内閣布彦泰奏勘明秋成歉薄隆德寧夏寧朔靈州中衛平羅等地方懇請緩徵錢糧

道光二十九年十一月初九日

道光二十九年十一月初九日，内閣奉上諭："布彦泰奏，勘明秋成歉薄地方懇請緩徵錢糧一摺。本年，甘肅皋蘭等廳、州、縣、州判、縣丞地方被災歉收，若令照常徵輸，民力恐有未逮。加恩，著照所請。所有被災稍重之河州、狄道、靖遠、沙泥州判、隴西、隴西縣丞、階州、崇信等八處，應徵各年舊欠正借銀、糧、草束，均著緩至來年秋後啓徵。其本年應徵銀、糧、草束，仍令照常催徵。至被災較重之皋蘭、渭源、金縣、静寧、隆德、寧州、武威、寧夏、寧朔、靈州、中衛、平羅、涇州、靈臺等十四處，應徵新舊正借銀、糧、草束，均著緩至來年秋後徵收，以紓民力。該督即刊刻謄黄，遍行曉諭，務使實惠均沾，毋任吏胥舞弊，用副朕軫念歉區至意。該部知道。欽此。”

【《嘉慶道光兩朝上諭檔》第 54 册，第 506 頁第 1318 條】

道光三十年（1850）

△諭内閣著向榮調補授固原提督等官員任免事

道光三十年七月十九日

道光三十年七月十九日，内閣奉上諭：“固原提督，著向榮調補授。欽此。湖南提督，著余萬清補授。硃。

【《嘉慶道光兩朝上諭檔》第 55 册，第 316 頁第 907 條】

△二品以上廢員清單

道光三十年七月二十一日

二品以上廢員清單。

前任鑲黄旗蒙古都統福克津。

前任喀拉沙爾辦事大臣副都統銜金和。

前任寧夏將軍公和世泰。

前任寧夏副都統宗室存華。

前任正白旗滿洲都統輔國將軍宗室奕紀。

前任直隸秦寧鎮總兵宗室鄂爾端。

前任正白旗滿洲副都統不入八分輔國公宗室綿性。硃。

前任廣東羅定協副將喀孔阿。

前任烏魯木齊領隊大臣藍翎侍衛琦琛。

前任江南徐州鎮總兵順保。

前任阿克蘇辦事大臣頭等侍衛宗室輯瑞。

前任正紅旗蒙古副都統駐藏辦事大臣孟保。

前任甘肅永固城守營副將長春。

前任甘肅涼州鎮總兵楊録之。

前任駐藏幫辦大臣藍翎侍衛覺羅崇恩。

前任和闐辦事大臣副都統達明阿。

前任正紅旗漢軍副都統哈密辦事大臣鍾方。

前任盛京將軍因病回京公宗室禧恩。

前任直隸馬蘭鎮總兵容照。

前任吉林將軍經額布。

前任湖南綏靖總兵祥麟。

前任浙江台州協副將慶存。

前任廣東肇慶城守營副將慶宇。

前任廣東督標中軍副將達邦阿。

前任正白旗滿洲副都統文蔚。

前任伊犁領隊大臣二等侍衛宗室奕經。

前任甘肅西寧鎮總兵站住更名站泰。

前任克布多參贊大臣副都統宗室果勒明阿。

硃十四。實止圈出十三員。[①] 硃筆當即繳進。

【《嘉慶道光兩朝上諭檔》第 55 册，第 319 頁第 922 條】

△諭内閣著雙銳補授寧夏鎮總兵等官員任免事

道光三十年九月十三日

道光三十年九月十三日，内閣奉上諭：“甘肅提督，著索文補授。寧夏鎮總兵，著雙銳補授。索文所署固原提督，著琦善派員署理。欽此。”

【《嘉慶道光兩朝上諭檔》第 55 册，第 418 頁第 1199 條】

△諭内閣著陶煜文補授固原提督

道光三十年九月二十三日

道光三十年九月二十三日，内閣奉上諭：“固原提督，著陶煜文補授。欽此。”

【《嘉慶道光兩朝上諭檔》第 55 册，第 427 頁第 1244 條】

①硃筆圈出的十三位官員分别是綿性、琦琛、順保、輯瑞、孟保、長春、覺羅崇恩、鍾方、禧恩、容照、經額布、文蔚、奕經。

咸豐朝

咸豐元年（1851）

△諭著薩迎阿將所指琦齡前在固原州等地任内虧空代賠實數確切查明具奏并將余魁等劣迹訪查嚴行訊辦

咸豐元年二月初八日

軍機大臣字寄正白旗滿洲都統、前任伊犁將軍薩。

咸豐元年二月初八日，奉上諭："有人奏，陝甘總督琦善之胞弟琦齡前在固原州、安定縣各任内虧空甚巨，荒報完繳，率請開復，令各屬代爲彌補，以致無處不虧。寧夏虧處最多，秦州、肅州、平羅、寧朔等處均有虧缺。因代琦齡賠補，虧空得免參撤。又有余魁、曹玉盤踞甘省，出入衙門，行私納賄。曹玉向與劣幕孫芷清朋比爲奸，余魁前經犯案，追繳捐照，遞回原籍，近乃詭入皋蘭籍貫，干預公事。等情。事關大吏祖護親屬，移累屬員，清查不實不盡，虧缺之員應參不參，甚至縱容犯案棍徒仍前逗留干預，均應徹底查究。著薩迎阿將所指琦齡及各州縣虧空代賠實數確切查明具奏，并將余魁等劣迹訪查，嚴行訊辦。原奏片鈔給閲看。將此諭令知之。欽此。"

遵旨寄信前來。

【《咸豐同治兩朝上諭檔》第 1 冊，第 44 頁第 151 條】

△諭内閣王懿德奏審明道員列款稟揭一案分别定擬

咸豐元年八月初三日

咸豐元年八月初三日，内閣奉上諭："王懿德奏審明道員列款稟揭一案分别定擬一摺。此案前署甘肅固原州知州李懷庚于該道提審路循閔控案，將人證發交收管，輒行釋放。又于道役陳世全控案，并不訊明原委，輒行掌責革役。又，未能將差役私用鎖鐐詐贓情弊查明究辦，實屬聽斷疏率。前任平慶涇道范懋德揭參屬員各款，雖多失實，尚係因公起見。惟于例案未明，率稱藩臬府縣通同一氣，不爲訊辦，并以猜疑臆度之見，臚列浮詞，牽涉多員，呈求入告，殊屬不知輕重。

"除案内各員現已查明，應分别免議回任，均照所擬辦理外，李懷庚、范懋德，均著交部，分别議處。范懋德仍遵前旨，送部引見。其原審此案遲延疏忽各員，并著該部查取職名，照例議處。餘著刑部議奏。欽此。"

【《咸豐同治兩朝上諭檔》第 1 冊，第 241 頁第 806 條】

△諭内閣加恩著照提督例賜恤固原提督成玉

咸豐元年十一月初七日

咸豐元年十一月初七日，内閣奉上諭："前任陝西固原提督成玉久歷戎行，著有勞績，上年因病開缺，准令回旗調理。茲聞溘逝，殊堪軫惜。加恩，著照提督例賜恤。任内一切處分，悉予開復。應得恤典，該衙門察例具奏。欽此。"

【《咸豐同治兩朝上諭檔》第 1 册，第 467 頁第 1390 條】

△已革平羅縣知縣緣評親供

咸豐元年十一月初四日

具親供。已革平羅縣知縣緣評供。

緣革員于上年七月，因清查造册錯誤調省。十月間，奉藩臬兩司委審番案。嗣番犯由西寧解省，兩司過堂，革員隨同首府步守在臬署分案審訊。步守先派革員同已革知縣趙桂芳會審，蒙犯格窩等三名數日狡供未認。嗣又分審番犯十數名，該卯上堂時，有即認搶劫不諱者，有衆犯同供而本犯仍復狡展者。間予掌責，并未用過非刑。計前後審過番案五日，嗣將清查册更正造完竣，并交代算清，即奉檄飭回任，有呈報到任日期可憑。薩大人查辦此案，將革員擬以重罪，且稱有意逢迎故入人罪。等語。查革員回任之時，琦總督尚在西寧，何從授意迎合。且番犯由西寧解省，已經取有重大案件供情，非平人可比。革員審訊數日，并未刑逼，又未定供上詳，何得謂之“故入”。今蒙審訊，所供是實。

【《咸豐同治兩朝上諭檔》第 1 册，第 490 頁第 1441 條】

△諭内閣舒興阿奏勘明甘肅寧夏寧朔固原靈州等各屬被灾歉收地方懇請緩徵

咸豐元年十一月二十二日

咸豐元年十一月二十日，内閣奉上諭：“舒興阿奏勘明甘肅各屬被灾歉收地方懇請緩徵一摺。本年，甘肅省皋蘭等屬夏秋田禾間有被灾，收成均形歉薄，民力未免拮据。加恩，著照所請。所有被灾較重之碾伯縣、隴西縣丞二處，應帶徵道光三十年舊欠銀、糧、草束，著緩至來年秋後徵收。其本年新賦，仍著照常徵收。至被灾較重之皋蘭、寧夏、寧朔三縣，西寧、大通二縣，河州、狄道、固原、靈州、涇州、崇信、靈臺、鎮原等州縣共十三處，徵收未完新舊銀、糧、草束，著一并緩至來年秋後啓徵，以紓民力。該督即刊刻謄黄，遍行曉諭，務使實惠及民，毋任吏胥舞弊，用副朕軫念歉區至意。該部知道。欽此。"

【《咸豐同治兩朝上諭檔》第 1 册，第 495 頁第 1451 條】

咸豐二年（1852）

△諭内閣著尚安泰補授寧夏鎮總兵

咸豐二年二月十八日

咸豐二年二月十八日，内閣奉上諭："甘肅寧夏鎮總兵，著尚安泰補授。欽此。"硃。

【《咸豐同治兩朝上諭檔》第 2 册，第 64 頁第 220 條】

舒興阿奏報查明中衛縣城鄉地震情形并派員勘辦摺①

咸豐二年六月初二日

臣舒興阿跪奏：爲查明中衛縣城鄉地震大概情形，并現在派員勘辦緣由，謹先恭摺具奏，仰祈聖鑒事。

竊臣先據中衛縣知縣封景岷奏報，本年四月初八日起，該縣城鄉地方連次地震，摇倒居民房舍。該縣城垣，并文武衙署以及倉廒、監獄等處，亦多

①臺北故宫博物院軍機處檔。

坍塌傾圮，并壓死人口、牲畜。各等語。并據署中衛協副將嵩齡奏報前來，臣當即批令藩司黄宗漢遴委候補知州管讓馳往中衛，會同該縣封景岷并飛飭該管寧夏府知府毓科逐加履勘，先將被灾民户妥爲撫恤，毋致失所。臣一面復酌派署守備張生貴馳往，隨同署中衛協副將嵩齡等將被灾情形切實查報去後。

兹據該委員等暨寧夏府知府毓科先後奏稱，勘得中衛縣自城西二十里起至城東三十里止，共計十四村莊，連本城内外關厢均于本年四月初八日未時起至十六日止，又于二十一日起至二十三日止，城鄉地方連次地震，每日震動五六次至八九次不等，遠近輕重不一。内計城鄉居民房舍，共震倒者二萬餘間，摇損者二萬餘間，壓斃男女大小三百餘口，受傷者四百餘口。

又，本城文武衙署并倉廒、廟宇、監獄、軍庫、藥局，均各坍塌過半，城垣四圍亦多傾圮，居民糧食、衣物、牲畜盡爲倒屋壓没，糊口無資。現在該府縣等先爲量捐口食，俾得暫免流離。又續報，同時被震之該縣所屬河南、香山等堡情形，亦大略相似，該員等現已續往確查，俟勘明另報。等情。由司詳請核奏前來。

臣查中衛縣地方城鄉地震傷斃人口以及例損房屋之處甚多，該處居民猝被震灾，情殊可憫。臣現已飭令藩司迅將被灾貧民應如何酌量撫恤，倒壞房屋應如何分别修補之處，預爲區畫籌議，統俟該委員等查勘明確，詳報到日，即行妥速核辦，以期仰副聖主軫恤民瘼之至意。所有中衛縣城鄉連次地震大概情形并現在派員勘辦各縁由，謹先恭摺具奏，伏祈皇上聖鑒。謹奏。

六月初二日。

咸豐二年六月二十一日，奉硃批："欽此。"

【《明清宫藏地震檔案》（下卷貳）第698頁】

諭内閣甘肅中衛縣連次地震妥爲安撫查勘奏明動支撫恤錢糧[①]

咸豐二年六月二十一日

咸豐二年六月二十一日，内閣奉上諭："舒興阿奏中衛縣城鄉地震、派員勘辦一摺。甘肅中衛縣城鄉地方，于本年四月初八日起至二十三日，連次地震，經該督派員查明，居民房舍震倒二萬餘間，壓斃男女大小三百餘口，受傷者四百餘口。該縣城垣、衙署及倉廒、監獄等處，均多坍塌傾圮，居民糧食、衣物、牲畜，亦多被壓没，糊口無資，深堪憫惻。著該督迅委賢員前往妥爲安撫，并將同時被震各堡迅速查勘，應動支何項錢糧分别撫恤，及該縣被灾處所本年地丁錢糧應行寬免之處，一并確核奏明，妥速辦理，毋令一夫失所，以副朕惠愛黎元之至意。欽此。"

【《明清宫藏地震檔案》（下卷貳）第702頁】

舒興阿奏報中衛縣地震分别撫恤摺[②]

咸豐二年九月初八日

臣舒興阿跪奏：爲遵旨委員勘明地震情形，業將被灾户民分别妥爲撫恤，無虞失所，恭摺覆奏，仰祈聖鑒事。

竊照甘肅中衛縣城鄉地方于本年四月内連次地震，傷斃居民，經臣委員馳往勘辦，并先將大概情形繕摺具奏。咸豐二年六月二十一日，内閣奉上諭："舒興阿奏中衛縣城鄉地震、派員勘辦一摺。甘肅中衛縣城鄉地方，于本年四月初八日起，至二十三日，連次地震，經該督派員查明，居民房舍震

①臺北故宫博物院上諭檔。

②臺北故宫博物院軍機處檔。

倒二萬餘間，壓斃男女大小三百餘口，受傷者四百餘口。該縣城垣、衙署及倉廒、監獄等處，均多坍塌傾圮，居民糧食、衣物、牲畜，亦多被壓没，糊口無資，深堪憫惻。著該督迅委賢員前往妥爲安撫，并將同時被震各堡迅速查勘，應動支何項錢糧分别撫恤，及該縣被灾處所本年地丁錢糧應行寬免之處，一并確核奏明，妥速辦理，毋令一夫失所，以副朕惠愛黎元之至意。欽此。”

仰見我皇上痌瘝在抱，軫念灾黎有加無已。臣查，本年四月初八等日，甘肅中衛縣城鄉連次地震，臣接據該縣稟報，先經飭司委員候補知州管讓馳往中衛，會同該縣封景岷并該管寧夏府知府毓科逐加履勘，先將被灾户民妥爲撫恤。嗣臣與屬司易棠因核該縣猝被震灾情形較重，且續報縣屬香山等堡亦同時被震，必須妥速籌辦。隨復添委卸任皋蘭縣知縣張兆辰前往，會同該府毓科等履勘賑去後。

節據該府等詳報，查明該處城鄉連次地震，實在被灾居民共七千五百三十一户，震倒民間房屋二萬四百六十四間，摇損坍壞民房二萬九百二十六間，壓斃男女大小三百二十五口，受傷男女大小四百一十八口。當被灾之始，小民糊口無資，嗷嗷待哺，由該府縣等先行捐廉，給予口食，俾免枵腹。傷斃人口，給棺殮埋。受傷者，量予醫藥，兹復逐户確查。内除力能自贍及倒塌房舍已自行修葺，堪以栖止不計外，計查明實在極貧民共三千五百四十七户，内大口一萬四千七百四十二口，小口九千四百八十七口，又無力修復房屋共八千一百三十六間。該府等察看民情，實形拮据，當即散給一月口糧，内大口日給倉斗糧五合，小口減半，共用過倉斗小麥二千九百二十二石八斗二升五合。其震倒房舍，係屬土屋，工料較省，每間議給修費三百文，共用錢二千四百四十串八百文。所需錢、麥，先在倉庫存儲項下動用，由該府縣及委員等按户親身散給，并未假手吏胥，俾小民得沾實惠。現在民情漸安，各謀生計，不致流離失所。至所動糧石、錢文，該管寧夏道吉泰等現經捐可得五千五百兩，足敷歸補原動倉庫錢、麥。其城垣、衙署、倉廒、監獄等項，均屬緊要工程，容另切實估計核辦。等情。由道司以次核明，詳請具奏前來。

臣查此次中衛縣城鄉猝遭地震，勘已成灾，應即懔遵諭旨，妥爲安撫。經臣歷次委員詳勘確查，妥速籌辦，現據該府毓科等勘明，先于被灾之始捐給口食。兹復查明極貧户口，散給一月口糧。震倒房屋無力修復者，并給與修費。現在民情安帖，無虞失所。至被灾地方本年應繳地丁錢糧應否寬緩以及冬末春初應否量于接濟，容俟由司查明，另行分别辦，以冀仰副聖主惠愛黎元之至意。

所有動用倉庫錢文、糧石，應即在于該道府等公捐銀内撥補還墊。若有餘剩，即存備該縣各項工程之用。其城垣等等，應俟勘估明確，另爲籌辦。除將給散過口糧小麥、修費錢文飭令分晰造册核實報銷外，所有遵旨委員勘明中衛縣地震情形，業將被灾户民分别妥爲撫恤，無虞失所緣由，理合恭摺覆奏，伏祈皇上聖鑒。謹奏。

九月初八日。

咸豐二年九月廿八日，奉硃批："知道了。身任疆圻，當體會朕心，妥爲撫恤，時刻置諸懷抱，勿稍遺忘。欽此。"

【《明清宫藏地震檔案》（下卷貳）第707頁】

舒興阿奏遵旨查明甘省地震歉收地方來春毋庸接濟摺①

咸豐二年十二月初四日

奏。

舒興阿地震歉收地方春毋庸接濟由。

①臺北故宫博物院軍機處檔。

十二月二十二日。

臣舒興阿跪奏：爲遵旨查明甘省本年地震歉收各地方來春民力不至拮据，應請無庸另議接濟，恭摺覆奏，仰祈聖鑒事。

竊臣承準軍機大臣字寄。咸豐二年十月初三日，奉上諭："本年甘肅中衛縣地震成灾。等因。欽此。"仰見皇上軫念灾黎、恩加無已之至意。臣遵即飭司確查妥議酌辦去後。兹據藩司易業查明各屬被灾情形，具詳請奏前來。臣伏查甘肅中衛縣地方本年四月間地震成灾，節經臣奏明委員查勘捐給口糧修費，并現據藩司詳稱，業經被灾之户，本年應完錢糧，另議蠲免，小民均已無虞失所。至皋蘭等二十六廳、州、縣、州判、縣丞地方，本年夏秋，田禾間被水、旱、霜、雪、雹灾，前據各屬申報，經臣先後委員查勘明確，均止一隅中之一隅，例不成灾，已于秋成勘辦案内，收被灾較輕之寧縣等縣州并沙泥州應完錢糧照舊催徵。其收成歉薄之河州等二十州、縣、縣丞地方應徵新舊錢糧、草束，業經臣奏請分别緩徵，以紓民力。各在案。兹臣復詳加體察，中衛縣被震地方，既已量爲賑恤，其應徵錢糧并歉收各屬錢糧，均經分别蠲緩，來春青黄不接之時，民力當不至拮据，應請無庸另議接濟。所有遵旨體察緣由，理合恭摺覆奏，伏祈皇上睿鑒。謹奏。

十二月初四日。

咸豐二年十二月二十二日，奉硃批："知道了。欽此。"

【《明清宫藏地震檔案》（下卷貳）第712頁】

咸豐三年（1853）

△諭内閣奕山布彦泰奏遵保喀什噶爾禦賊出力官兵開單呈覽

咸豐三年正月二十七日

咸豐三年正月二十七日，内閣奉上諭："奕山、布彦泰奏遵保喀什噶爾禦賊出力官兵開單呈覽一摺。上年夏秋間，夷匪鐵完庫里等先後入卡滋擾，經該城辦事領隊大臣特克星額、幫辦大臣總兵桂齡親督弁兵，迅速剿捕。該弁兵等亦均能奮勉出力，著有微勞，自應量予恩施，以昭激勸。特克星額，著賞戴花翎。副委營長伊犁錫伯營佐領奇車布、中營陝西固原蘆塘營游擊勒豐額，均著賞戴花領，以應升之缺升用。副委營長伊犁索倫營佐領吉新布、寧夏鎮平羅營守備富隆阿，均著賞戴花領。甘州游擊博勒忠武、巴里坤塔爾訥沁、都司慶奎、中營甘州藍翎守備鐵紹恩，均著以應升之缺，儘先升用，先換頂帶。委營長伊犁佐領烏林布，委參領錫伯營防禦塔欽阿，委驍騎校索倫營領催額爾根阿，錫伯營藍翎領催呢克布，涼州安遠營都司海一士，涼州紅水營藍翎守備惠奇，烏嚕木齊濟木薩千總王承德，署庫爾喀喇烏蘇千總藍翎武舉何步雲，署陝安白土營千總武舉吴逢選，巴里坤鎮標千總許登科，寧夏鎮標千總高英耀，甘州提標把總任錫齡，瑪納斯藍翎把總馬忠福，署永昌營把總雲騎尉鞠北祥，陝西蒲城把總吴發禄，寧夏平羅營把總恩騎尉劉仲元，寧夏洪廣營把總葉昌，烏嚕木齊提標經制外委張春林，涼州鎮標經制外委張元慶，古城營經制外委于占元，肅州鎮標經制外委李天保，寧夏鎮標經制外委白尚潤，漢中略陽營額外外委楊澤，署永固營額外外委馬兵馬香，肅州布隆吉爾額外外委王珠，寧夏鎮標額外外委黄仲明，印房部缺筆帖式蘇博圖，均著以應升之缺升用委官。伊犁巴燕岱前鋒郭仁泰，著以前鋒校，儘先升用。固原提標藍翎千總馬榮，著以應升之缺升用，先換頂帶。漢中寧羌營千總鄔步雲，寧夏中衛營把總馮鑒，肅州臨水營額外外委包吉，均著賞戴藍翎，以應升之缺升用。烏嚕木齊瑪納斯藍翎馬兵馬成龍，噶遜營藍瓴馬兵韓進伏，漢中留壩營六品軍功馬兵段作松，均著以額外外委拔補。烏嚕木齊提標把總許兆元，漢中鎮標把總劉國順，庫爾喀喇烏蘇額外外委王鳳，伊犁滿洲營前鋒訥莫肯、馬甲伊克唐阿，伊犁錫伯營委領催蔣安泰、業車蘇，伊犁索倫營甲兵塔爾興、阿臺本阿，肅州橋灣營馬兵魯榮，涼州鎮步兵王得春，

陝安鎮白土營步兵傅世英，瑪納斯營馬兵甘寅、海萬福，肅州赤金營步兵王得成，庫爾喀喇烏蘇步兵王立貞，烏嚕木齊鞏寧營馬兵鄧林，城守營步兵唐殿昌，甘州提標馬兵王加亨、王登第，巴里坤鎮步兵賈席珍、馬天保，凉州鎮步兵倪魁，瑪納斯馬兵丁連升，巴里坤馬兵閻譜，古城營馬兵高希、孔漠中，定遠營步兵張智，肅州威虜堡馬兵劉正祥，陝西高州營馬兵章士英，延綏鎮步兵王尚清，寧夏花馬營守兵鄭興業，平羅營馬兵馬玉興，玉泉營馬兵高登元，寧夏鎮標馬兵周萬貴，平羅營守兵王斌，均著賞戴藍翎。其隨營辦理文案糧運之印房章京富僧額，糧餉章京覺羅岳昌，均著俟年滿以知州歸部，儘先選用。印房幫辦章京藍翎主事職銜訥穆楝額，著以知州歸陝甘省，儘先補用。糧餉部缺筆帖式佛爾果布，著以本城章京，遇缺即補。印房經書房吉盛、馬衍，功糧餉經書王永隆、陳吉禄，均著扣滿五年，抵作九年，班内即選，并先發執照。貼書孟斗南、鄭如玉，均著俟得缺後扣滿五年，抵作九年，班内選用，并先發執照。合營兵丁，著再賞給一月鹽菜銀兩，以示體恤。餘著照所議辦理。該部知道。欽此。”

【《咸豐同治兩朝上諭檔》第 3 冊，第 34 頁第 99 條】

△諭内閣著明昆補授寧夏府知府

咸豐三年四月二十一日

咸豐三年四月二十一日，内閣奉上諭：“甘肅寧夏府知府員缺，著明昆補授。欽此。”硃。

【《咸豐同治兩朝上諭檔》第 3 冊，第 169 頁第 572 條】

△奏查寧夏府係衝繁疲難最要缺

咸豐三年四月二十一日

查寧夏府係衝、繁、疲、難最要缺。謹奏。

【《咸豐同治兩朝上諭檔》第 3 冊，第 169 頁第 573 條】

△陝西甘肅總兵名單

咸豐三年五月初七日

陝西河州鎮總兵吉順現在軍營。

甘肅西寧鎮總兵雙鋭。

甘肅寧夏鎮總兵穆特恩泰。

甘肅肅州鎮總兵雙來現在軍營。

【《咸豐同治兩朝上諭檔》第 3 冊，第 194 頁第 640 條】

咸豐四年（1854）

△諭成凱奏寧夏滿洲營八旗官員捐輸鑄錢經費

咸豐四年八月二十三日

咸豐四年八月二十三日，内閣奉上諭："成凱奏寧夏滿洲營八旗官員捐輸鑄錢經費一摺。此項捐輸錢文，著賞收所有該協領等應得獎叙，著該將軍酌擬具奏，候朕施恩。餘著照所擬辦理。欽此。"

【《咸豐同治兩朝上諭檔》第 4 冊，第 230 頁第 687 條】

咸豐五年（1855）

△陝甘總督易棠覆奏會議哈勒津庫察開采銀礦章程

咸豐五年六月初三日

奏爲遵旨會議具奏恭摺，仰祈聖鑒事。

内閣抄出陝甘總督易棠覆奏會議哈勒津庫察開采銀礦章程一摺。咸豐五年五月十一日，奉硃批：“軍機大臣會同户部議奏，單并發。欽此欽遵。”抄出。據原奏内稱，前奏哈勒津庫察開采銀礦章程一案，業經户部奏請，轉行阿拉善親王，再行會議詳細妥善章程，并抄録喀喇沁現辦原案，交臣悉心體察，有無可以參酌比較之處。奉硃批：“依議。著易棠于兩司中派一人前往妥辦，俟議定後，迅速覆奏，勿令不肖委員故意刁難。欽此。”臣當即飭委甘肅臬司常績前往，會同阿拉善親王貢桑珠爾莫特查照户部指詢各情，詳議妥善章程，并將喀喇沁現辦章程有無可以參酌比較之處悉心體察，妥辦籌議，呈請核辦。

兹據該臬司常績詳稱，該司于咸豐五年正月初六日，帶同隨員全縣知縣王桐馳抵寧夏迤西定遠營蒙古地方，與阿拉善扎薩克親王貢桑珠爾莫特面爲商詢，隨會同該親王帶領隨員及蒙古官員等馳抵哈勒津庫察會勘得，山場周圍約二百餘里，四隅有小山數處，遠近平坦，各地言産有礦苗，有舊日空過之處，亦有未挖而苗綫透露及未顯苗之處，當飭帶來夫役三十餘名分速采挖六日，共獲荒砂一萬餘斤，計每工每日衹獲砂五六十斤，核與前報約計斤數不符。詰據蒙古官員、夫役人等僉稱，從前采挖礦苗，深至三四尺，尚不費力，今挖至丈餘，俱係大石，礦苗夾雜，多寡不一，必須將石鑿開，方能取砂，窺其情形，采挖較難。等語。當即交工匠十名安爐提煉，每荒砂一百斤煉鉛十斤、十餘斤不等，由鉛煉銀一兩有餘。并詰據工匠回稱，銀出于鉛，獲鉛不多，煉銀愈少，并非煉不如法，亦無隱飾情弊。煉分銀兩，餘鉛僅四斤有餘。該司會同該親王，將户部指詢各情及喀喇沁現辦章程悉心體察，并原議六條未盡事宜，參酌比較。緣事屬創始，地内所産，難以豫定。今酌議趕緊招商，先安夫役多名試采四個月，所需經費由該親王籌墊。如果實在旺盛，辦有成效，將夫役、工匠及礦砂各數目隨時酌定升課。其試采期内煉獲銀兩，即作該處蓋房、挖井、置辦器具之用。俟有成效，所有工本、正耗、運費等項，擬照喀喇沁現辦定章，分作十成辦理，以示體恤。

今既該旗自行招商，采辦酌議，正耗解費銀兩由該旗派蒙古官員按季解交寧夏道庫候撥，選派殷實可靠蒙古職官赴廠督辦，并委寧朔縣及寧夏理藩院司員，輪流于春秋兩次會同蒙古官員赴廠稽查彈壓。實缺人員，毋庸議給薪水，并派撥兵役赴廠巡查。若有滋事之人，分别蒙漢交管轄官員辦理。其煉盡白鉛四斤有餘，亦擬照銀兩十成，分别正耗解交寧夏道庫咨司備撥，其餘官爲采買，不准商販。所有解運正耗鉛斤脚價，擬請在于一分五厘運銀脚價内開銷。除由該親王招商備辦，俟奉旨後，即行試采，謹將所議章程六條繕單呈覽，俟奉旨後，由臣行文該蒙古遵照試采。等語。

臣等伏查，前據陜甘總督易深奏請開采哈勒津庫察山銀礦摺内聲稱，該處礦廠由蒙古自備資斧，開采煎煉，擬用挖砂去役一千名，煎煉工匠四百名，每人每日約可煉銀一兩。煎出銀鉛，由蒙古派員解交寧夏道庫。等因。奉旨交臣等會議，臣等以所稱匠役口食由蒙古自備，將來礦務日旺，需用日繁，勢必不支，應酌議開銷，方免該蒙古苦累。并以每砂百斤僅得銀一兩，與熱河礦砂每百斤出銀二三十兩不符，請飭該督轉行阿拉善親王，將臣等指詢各情再行會議詳妥，請旨遵辦，并鈔録喀喇沁辦礦章程咨行在案。

今據該督奏稱，飭委甘肅臬司常績前往會同詳議，并馳抵哈勒津庫察會勘山場，與該親王悉心體察，將原議未盡事宜參酌比較，繕具清單，奏請試采。臣等詳核所奏及單開各條，如升課按十成核算，以六成歸商，二成五分爲正課，三分五厘爲耗銀，一分五厘爲運費，其餘一成賞給阿拉巴圖當差，并選派蒙古職官赴廠督辦，寧朔縣與理藩院司員會同赴廠稽查。工匠、夫役取具保結，派撥兵役，以資防範各款，均與喀喇沁章程大約相同，應如所奏辦理。惟前奏挖砂夫役可容千人，每人每日約可得銀一兩，兹復奏稱，飭帶夫役三十餘名分途采挖，計每工每日祇獲砂五六十斤，核與前報斤數不符。自係開采之初，綫道隱現無常，故成色多寡不定。查該處山場既有二百餘里之遥，其樸厚情形已可概見。誠能廣募人夫，多開硐口，即以現在礦砂核計，每日夫役千人可獲銀五六百兩，已不爲少。如加工深入，取獲堂礦豐旺，自必倍常，原非初采時所能懸擬。應如所請，由該旗自行招商試采四個月，所需經費由該親王籌墊，煉獲銀兩作爲置辦器具等項之用。并令該督揀選公正幹員前往督查，將夫役、工匠及礦砂出産煉獲各數目隨時核實，具報升課。該蒙古既有分成，以資當差，自當力圖報效。其地方官及理藩院司員皆係實缺，責有專歸，均應核實妥辦，勿令商人隱徇侵漁，以多報少。總期礦務日旺，課耗日增，于經費方有裨益。至所徵課耗，應照熱河銀廠按月報部查核，于年終奏銷一次。課銀深鑿廠號、年月、姓名字樣，解存寧夏道庫另款存儲，聽候部撥，不得作爲督項之用。其鉛斤除抽課外，官爲收買，不准商販。惟價每百斤約需若干，原奏未經議及。將來出産豐積，或由本廠鑄錢，或運甘肅省城配鑄，以爲搭放兵餉之用，并由該督因地制宜，悉心籌畫，奏明辦理。仍會同派員輪流稽查彈壓，嚴飭員弁、兵役人等實力奉行，勿使閑散游民混入滋事，以靖邊陲，而肅礦務。理合將會議緣由，恭摺具奏，是否有當，伏乞皇上聖鑒。再，此摺係户部主稿，合并聲明。謹奏。

臣奕訢，臣彭藴章，臣穆蔭，臣杜翰，臣賈楨，臣文慶，臣朱鳳標，臣宗室載齡差，臣基溥署。

咸豐五年六月初三日，奉旨："依議。欽此。"

【《咸豐同治兩朝上諭檔》第5册，第197頁第435條】

咸豐六年（1856）

△諭著陝甘總督易棠據實覆奏西寧寧夏等處兵丁因請餉滋鬧事

咸豐六年六月十二日

軍機大臣字寄陝甘總督易。

咸豐六年六月十二日，奉上諭：“勝保奏，西寧、寧夏等處兵丁因請餉滋鬧，蘭州省城復有兵衆圍繞總督衙署，打碎藩司段大章、知府劉仲瑊肩輿之事，并漢回匪黨于關内外搶劫，或假冒野番，或勾結番匪，行旅爲之裹足，甚至餉銀、奏摺均被搶掠，請飭整頓。等語。甘肅省地處邊陲，凡約束兵丁，防範番匪，在在均關緊要。前據易棠奏稱，西寧鎮標兵丁因餉銀改發糧石，聚衆閧鬧，設法解散。各州縣兵丁亦多恃衆要求請發銀兩，抗不領糧，亦經地方官調劑息事。現據勝保所奏情形，該兵丁等尤屬凶横，何以未見該督奏聞。甘肅餉銀雖山西等省陸續撥解，不能足數，所有各營兵丁，易棠仍須督飭將弁設法駕馭，妥爲約束，毋令習成藐玩，致生事端，尤不可苟且目前，彌縫了事。致番賊搶劫餉銀、奏摺，雖經易棠具奏，惟是否漢回匪徒假冒野番，抑係勾結番賊入卡搶掠，必當嚴行查辦，以靖地方。斷不可養癰貽患，自干咎戾。著易棠據實覆奏。將此諭令知之。欽此。”遵旨寄信前來。

【《咸豐同治兩朝上諭檔》第 6 冊，第 169 頁第 462 條】

△諭内閣著吉長補授寧夏道員

咸豐六年十二月十五日

咸豐六年十二月十五日，内閣奉上諭：“甘肅寧夏道員缺，著吉長補授。

欽此。”硃。

【《咸豐同治兩朝上諭檔》第 6 册，第 374 頁第 1002 條】

△奏查寧夏道係衝繁難要缺

咸豐六年十二月十五日

查寧夏道係衝、繁、難要缺。謹奏。

【《咸豐同治兩朝上諭檔》第 6 册，第 374 頁第 1003 條】

咸豐七年（1857）

△諭内閣樂斌奏請酌改提標官兵領餉章程

咸豐七年三月二十日

咸豐七年三月二十日，内閣奉上諭：“樂斌奏請酌改提標官兵領餉章程一摺。陜西提標各營官兵俸餉及提屬西安城守等九營俸餉，向由陜西藩庫支領，惟提屬固原城守等十八營俸餉銀兩，係在甘肅藩庫支領。兩省支發章程未能一律，以致領項多寡不同，辦理未免兩歧。所有陜西提屬各營官兵應領俸餉等銀，著照所請，統歸陜西藩庫支放，以昭畫一。餘著照所議辦理。欽此。”

【《咸豐同治兩朝上諭檔》第 7 册，第 98 頁第 258 條】

△諭内閣樂斌奏勘明平羅等各屬被灾地方請將新舊錢糧分别緩徵

咸豐七年十二月初一日

咸豐七年十二月初一日，内閣奉上諭：“樂斌奏勘明各屬被灾地方、請將新舊錢糧分別緩徵一摺。甘肅省各廳、州、縣、州判、縣丞地方，本年夏秋之間，田禾間有被雹、被水、被旱、被風，并有被霜、被雪之區，收成歉薄，若將新舊錢糧照常徵收，民力未免拮据。加恩，著照所請。所有皋蘭、靖遠、隴西、西和、安化、平羅、徽縣、崇信、靈臺、鎮原等十縣未完新舊銀、糧、草束，均著緩至咸豐八年秋後徵收。河州、狄道、沙泥州判、安定、隴西縣丞、固原、鹽茶、寧夏、寧朔、靈州、中衛、碾伯、涇州等十三處，帶徵各年舊欠銀、糧，均著緩至咸豐八年秋後徵收，以紓民力。該督即刊刻謄黃，遍行曉諭，務使實惠均沾，毋任吏胥舞弊，用副朕軫念災區至意。該部知道。欽此。”

【《咸豐同治兩朝上諭檔》第 7 冊，第 440 頁第 1161 條】

咸豐八年（1858）

△諭托雲保奏寧夏官兵困苦情形請飭陝甘總督迅發餉銀

咸豐八年五月初九日

軍機大臣字寄陝甘總督樂。

咸豐八年五月初九日，奉上諭：“托雲保奏寧夏官兵困苦情形、請飭陝甘總督迅發餉銀一摺。寧夏滿洲營餉銀，向由甘肅藩庫按季支領，自餉銀折減後，不能如期領到，官兵枵腹堪虞。其應支馬乾銀兩，自上年夏季起，至今分文未支，更形拮据。雖經該將軍借款接濟，而庫款久懸，亦需歸是。所有陝甘省欠發寧夏滿洲營本年春季并現屆夏季餉銀、米折、馬乾銀兩，及上年夏、秋、冬三季馬乾等項，著樂斌即照折減章程，一并迅速支發，毋稍遲延。嗣後官兵俸餉、米折、馬乾等項，務當按季支發，毋許拖欠，以恤兵力。將此由四百里諭令知之。欽此。”遵旨寄信前來。

【《咸豐同治兩朝上諭檔》第 8 冊，第 218 頁第 488 條】

△諭内閣著吴惠元補授寧夏道員

咸豐八年六月十九日

咸豐八年六月十九日，内閣奉上諭："甘肅寧夏道員缺，著吴惠元補授。欽此。"硃。

【《咸豐同治兩朝上諭檔》第 8 册，第 289 頁第 722 條】

△奏查寧夏道係衝繁難要缺

咸豐八年六月十九日

查寧夏道係衝、繁、難要缺。謹奏。

【《咸豐同治兩朝上諭檔》第 8 册，第 289 頁第 723 條】

咸豐九年（1859）

△諭内閣著英綬補授寧夏道員

咸豐九年七月十八日

咸豐九年七月十八日，内閣奉上諭："甘肅寧夏道員缺，著英綬補授。欽此。"硃。

【《咸豐同治兩朝上諭檔》第 9 册，第 375 頁第 995 條】

△奏查寧夏道係衝繁難要缺

咸豐九年七月十八日

查寧夏道係衝、繁、難要缺。謹奏。

【《咸豐同治兩朝上諭檔》第 9 册，第 376 頁第 996 條】

△諭内閣樂斌奏寧夏寧朔靈州中衛等十七處各屬秋成歉薄請將舊欠錢糧緩徵

咸豐九年十二月初九日

咸豐九年十二月初九日，内閣奉上諭："樂斌奏甘肅各屬秋成歉薄，請將舊欠錢糧緩徵一摺。甘肅省皋蘭等廳、州、縣各地方，本年夏秋，田禾間有被雹、被旱、被水、被霜之處，收成不無歉薄，若將新舊錢糧照常徵收，民力實有未逮。加恩，著照所請。所有皋蘭、河州、狄道、靖遠、沙泥州判、隴西、静寧、安化、寧州、寧夏、寧朔、靈州、中衛、涇州、崇信、靈臺、鎮原等十七處，除本年新賦照常徵收外，其帶徵各年舊欠錢糧，均著緩至明年秋後啓徵，以紓民力。該督即刊刻謄黄，遍行曉諭，務使實惠均沾。毋任吏胥舞弊，以副朕軫念歉區至意。該部知道。欽此。"

【《咸豐同治兩朝上諭檔》第 9 册，第 683 頁第 1840 條】

咸豐十年（1860）

△諭内閣著成瑞補授寧夏鎮總兵

咸豐十年三月初八日

咸豐十年三月初八日，内閣奉上諭："甘肅寧夏鎮總兵員缺，著成瑞補授。欽此。"

【《咸豐同治兩朝上諭檔》第 10 册，第 120 頁第 328 條】

△諭内閣前任固原提督孔廣順著賞假三個月在防所調理

咸豐十年三月十四日

咸豐十年三月十四日，内閣奉上諭：“曾望顔奏，在籍提督傷疾復發，懇請賞假。等語。前任固原提督孔廣順，著賞假三個月，在防所調理。欽此。”

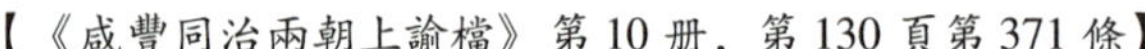
【《咸豐同治兩朝上諭檔》第10册，第130頁第371條】

△諭内閣著鄭魁士補授寧夏鎮總兵

咸豐十年七月十五日

咸豐十年七月十五日，内閣奉上諭：“甘肅寧夏鎮總兵員缺，著鄭魁士補授。欽此。”硃。

【《咸豐同治兩朝上諭檔》第10册，第464頁第1334條】

△諭吏部具奏議准隆德縣知縣吕際韶升補丹噶爾同知

咸豐十年十月十九日

行在辦理軍機處：爲咨行事。

本日，吏部具奏議准甘肅隆德縣知縣吕際韶升補丹噶爾同知一摺。聲明九月十七日，由内閣抄出到部，係八月奉硃批：“交吏部議奏。”僅有月分，并無日期。本日，面奉諭旨，令“查明辦理。欽此”。查此件既係八月内欽奉硃批，何以遲至九月十七日，始由内閣發抄，且并無欽奉硃批日期，係由何處遲滯遺漏之處，希即查明聲覆，以便轉奏。

又，本月初一日，户部議覆慶廉奏改撥軍餉一摺，欽奉硃筆：“閣抄因何遲滯，查明辦理。欽此。”本處已于是日行文咨查，迄今未遽聲復，未便再稽時日，相應一并咨催，務期迅速查覆，毋稍稽遲可也。須至咨者。

右咨。

留京軍機大臣文。

【《咸豐同治兩朝上諭檔》第 10 册，第 638 頁第 1890 條】

△諭内閣福濟奏固原寧夏平羅靈州等各屬歉收地方懇恩分别緩徵

咸豐十年十二月二十六日

咸豐十年十二月二十六日，内閣奉上諭：“福濟奏甘肅各屬歉收地方懇恩分别緩徵一摺。本年，甘肅皋蘭等縣，田禾被雹、被旱、被水，受傷較重，收成歉薄，若將新舊錢糧照常徵收，民力未免拮据。加恩，著照所請。所有皋蘭縣未完新舊錢糧、草束，著一并緩至咸豐十一年秋後徵收。其河州、狄道、渭源、金縣、靖遠、隴西、安定、固原、安化、寧州、寧夏、平羅、靈州、靈臺、鎮原十五州縣情形較次，著將帶徵各年舊欠錢糧緩至咸豐十一年秋後啓徵，本年應徵新賦仍照常徵收，以紓民力。該署督即刊刻謄黄，遍行曉諭，務使實惠均沾，毋任吏胥舞弊，用副朕軫念灾區至意。該部知道。欽此。”

【《咸豐同治兩朝上諭檔》第 10 册，第 752 頁第 2223 條】

同治朝

同治二年（1863）

△諭内閣恩麟奏請將拿獲鄰境匪犯多名之知縣等獎勵

同治二年三月十七日

同治二年三月十七日，内閣奉上諭："恩麟奏請將拿獲鄰境匪犯多名之知縣等獎勵一摺。甘肅中衛縣并紅水縣丞所轄之八道水等處，突有匪徒嘯聚，搶劫行旅，拒捕傷人，經署皋蘭縣知縣鄧承偉訪聞，即率典史委員等酌帶幹捕民勇馳往掩捕。適中衛、紅水等處兵役亦到，立將匪徒馬奴兒等十六名捡獲，并會同西路委員宋繼昌等拿獲匪首馬順得等三名，均經解省正法。緝捕尚屬勤能，自應量予獎勵。署皋蘭縣知縣鄧承偉，著以直隸州知州，先用候補。府經歷施來庭，著俟補缺後，以知縣用。皋蘭縣典史劉存仁，著賞給六品頂戴。委用知縣宋繼昌，著歸本班前先補用，并賞加知州銜，分缺先用。典史李穖，著歸分缺先前補用，以示鼓勵。餘著照所議辦理。該部知道。欽此。"

【《咸豐同治兩朝上諭檔》第13册，第123頁第287條】

△諭内閣恩麟奏請將秋成歉薄地方固原靈州平羅等應徵新舊錢糧分别緩徵

同治二年三月十七日

同治二年三月十七日，内閣奉上諭："恩麟奏請將秋成歉薄地方應徵新舊錢糧分别緩徵一摺。上年，甘肅皋蘭等廳、州、縣田禾被水、被霜、被凍、被風，秋收歉薄，若將新舊錢糧照常徵收，民力實有未逮。加恩，著照所請。所有皋蘭、固原、靈州、平羅等四州縣，應徵同治元年未完新舊錢糧、草束，著緩至本年秋後徵收。其河州、狄道、渭源、靖遠、沙泥州判、隴西、安定、鹽茶、安化、寧州、寧夏、寧朔、碾伯、涇州、崇信、靈臺、鎮原等十七廳、州、縣，除同治元年應徵新賦照常徵收外，其帶徵各年舊欠錢糧、草束，均著緩至本年秋後啓徵，以紓民力。該護都即刊刻謄黄，遍行曉諭，務使實惠均沾，毋任吏胥舞弊，用示軫念灾區至意。餘著照所議辦理。該部知道。欽此。"

【《咸豐同治兩朝上諭檔》第 13 册，第 123 頁第 288 條】

△諭前任寧夏將軍奕梁等奏寧夏滿營窮困難堪請飭撥協餉

同治二年五月二十日

議政王軍機大臣字寄寧夏將軍慶、前任寧夏將軍奕、陝甘總督熙、山西巡撫英。

同治二年五月二十日，奉上諭：稿抄起。"奕梁等奏寧夏滿營窮困難堪，請飭撥協餉，摘抄止。并現在軍務情形，阿拉善官兵路被回匪截殺各摺片，摘二字。覽奏均悉。摘抄起。寧夏滿營官兵俸餉，去年夏季尚欠五千有餘，秋冬及今歲春夏等季共欠十一個月，分毫未獲領到。官兵月支糧料，自去歲十一月起，寧夏、寧朔二縣亦未供支。該官兵糊口無資，官員之家日僅一餐者，殊屬不少，兵丁啼飢號寒，不堪其苦。摘抄止。甚至困窮無告，甘心自盡。覽其陳奏各情，實堪矜憫，亟應連籌接濟，救飢軍而拯危急。摘抄起。著英桂于應解協甘餉項内迅速籌撥銀五六萬兩，由平遥小路取道解赴寧夏，俾資周濟。此項餉銀需用甚迫，該撫務當趕緊籌解，毋得遲延推諉。摘抄止。

"寧夏回匪于投誠後，復與漢民構釁，屢攻洪廣、平羅兩城，而仍以漢民不遵安撫、恣殺回衆等詞具禀，詭謀百出，反側無常。雖已由奕梁等飭令專辦，撫局之寧夏道侯雲登設法排解，而現在漢回互鬥情形勢又復熾，應如何妥速查辦、力弭釁端之處，著熙麟妥爲兼顧。慶昀未到任以前，奕梁責無旁貸，務當與熙麟會同籌商，力支危局，毋得稍有疏虞。

"又據奕梁片奏，阿拉善官兵于四月初四日行抵平羅邊口，突有回匪數千暗藏埋伏，開放大炮，戕害官四員，兵丁、跟役一百六十三名，受傷八十一名，遺失駝、馬、軍械甚多。該回匪攔截要道，所解官兵現駐草地。等語。阿拉善王官兵甫抵平羅邊口，何以即有回匪數千埋伏？且該官兵于回匪設伏至數千之多，何至毫無覺察，致遭挫失，恐有不實不盡。駐扎草地之兵，現在是否業已前進，并此項阿拉善官兵是否尚屬可用，均著慶昀詳細查明，據實具奏。將此由五百里諭令知之。欽此。"遵旨寄信前來。

摘抄交户部。

【《咸豐同治兩朝上諭檔》第13册，第228頁第530條】

△諭慶昀奏探訪寧夏一帶軍務暨寧夏旗營困苦并奕梁等奏請飭催寧夏府解交生息等銀兩

同治二年五月二十一日

議政王軍機大臣字寄寧夏將軍慶、副都統常、陝甘總督熙，傳諭甘肅布政使、護理陝甘總督恩麟。

同治二年五月二十一日，奉上諭："慶昀奏探訪寧夏一帶軍務暨寧夏旗營困苦各摺片，并奕梁等奏請飭催寧夏府解交生息等銀兩一片，覽奏均悉。慶昀沿途探訪各情，與奕梁等迭次奏報，大略相同，惟阿拉善與平羅縣連界之磴口地方，回民既經阿拉善王逐入内地，難保不沿途焚掠，并入回黨，更恐其潛行勾結，希圖報復。該將軍務當加意嚴防，并飭阿拉善旗一體防範，毋稍疏懈。平羅士民先後在該將軍行次聯名遞呈，有寧夏道差委彭令來平招安。該令名爲招安，其實抑漢扶回。并平羅團練拿獲奸細，訊有寧夏令彭慶章私給回信，囑令先據府城之供。等語。是否該士民等迫于急憤，架詞聳聽，抑係該令甘心叛逆，著熙麟、恩麟等確切查明。如果通賊屬實，即行從嚴懲辦，毋稍輕縱。

"昨據奕梁等奏，阿拉善兵行抵平羅邊口，即遇回匪埋伏，致官弁兵丁傷亡多名，當經諭令慶昀等查奏。本日，據慶昀奏，到阿拉善兵傷亡各數，與奕梁所奏，大致相同，可見事非無因。現在是否尚在達武口屯扎，仍著慶昀確查。如果可用，即著進扎平羅，以資得力。現在寧郡迤東，節節回匪滋擾，文移摺奏繞道，未免稽遲，必須由草地達京，方能妥速。著兵部理藩院飛札阿拉善、鄂爾多斯等旗，并殺虎口管站部員，凡遇有馳奏事件，即行换遞，以免遲誤。

"另片奏，寧夏旗營每日衹領錢數十文，難供一飽。等語。昨據奕梁等奏，已飭山西撫臣于應解協甘餉項内迅籌五六萬兩遞解矣。此項餉銀到時，即可妥爲散放，以期士飽馬騰，有裨戰守。摘抄起。奕梁等片奏，寧夏旗營去年夏季兵餉五千餘兩，該省由寧夏府庫收粥廠生息、地丁各項撥充，迄今尚未解交，及寧夏營各項生息銀兩向由寧夏府按月、按季發交，現欠四千七百餘兩。等語。該營待餉孔殷，此等有著之款，豈容地方官任意延宕，著熙麟、恩麟嚴飭該府迅速籌給，毋稍遲延干咎。摘抄止。將此由六百里諭知慶

昀、常陞、熙麟，并傳諭恩麟知之。欽此。”遵旨寄信前來。

摘抄交户部。

【《咸豐同治兩朝上諭檔》第 13 册，第 236 頁第 539 條】

同治三年（1864）

△諭内閣著三壽補授寧夏道員

同治三年正月二十九日

同治三年正月二十九日，内閣奉上諭：“甘肅寧夏道員缺，著三壽補授。欽此。”

【《咸豐同治兩朝上諭檔》第 14 册，第 25 頁第 53 條】

△諭著劉長佑于所部帶兵各員或直隸鎮協各員内遴選材能勝任者保舉數員等事

同治三年二月初五日

議政王軍機大臣字寄直隸總督劉。

同治三年二月初五日，奉上諭：“現在署直隸提督訥欽帶兵，由山西歸綏一帶赴寧夏防剿，日行日遠。直省地方甫就肅清，所有各標營整頓操練各事宜，均關緊要，直隸提督印務不可一日無人，以專責成。著劉長佑于所部帶兵各員或直隸鎮協各員内遴選材能勝任者，保舉數員，并將各該員履歷及其材略謀勇明晰開列具奏，候旨派署。將此諭令知之。欽此。”遵旨寄信前來。

【《咸豐同治兩朝上諭檔》第 14 册，第 29 頁第 66 條】

△諭内閣恩麟奏請將擅自離任之員平羅縣石嘴子主簿梁棟懲辦

同治三年五月二十一日

同治三年五月二十一日，内閣奉上諭："恩麟奏，請將擅自離任之員懲辦。等語。甘肅署平羅縣石嘴子主簿儘先補用未入流梁棟值寧夏賊氛密邇之時，藉稱署事期滿，另委有人，擅自離任，繞赴凉州，顯係意存規避。梁棟，著即行革職，從重發往新疆，充當苦差，以示懲儆。該部知道。欽此。"

【《咸豐同治兩朝上諭檔》第 14 册，第 172 頁第 429 條】

△諭内閣著李季高補授寧夏鎮總兵

同治三年七月初五日

同治三年七月初五日，内閣奉上諭："甘肅寧夏鎮總兵員缺，著李季高補授。欽此。"

【《咸豐同治兩朝上諭檔》第 14 册，第 221 頁第 550 條】

△諭内閣著舒濟補授寧夏府知府

同治三年七月初五日

同治三年七月初五日，内閣奉上諭："甘肅寧夏府知府員缺，著舒濟補授。欽此。"

【《咸豐同治兩朝上諭檔》第 14 册，第 221 頁第 551 條】

△**奏查寧夏府知府係衝繁疲難要缺**

同治三年七月初五日

查甘肅寧夏府知府係衝、繁、疲、難要缺。謹奏。

【《咸豐同治兩朝上諭檔》第14冊，第221頁第552條】

△**交正藍旗漢軍准督辦已革寧夏鎮總兵定安奉旨允准留營差遣事**

同治三年七月二十五日

交正藍旗漢軍准督辦。

甘肅軍務都咨稱，據已革寧夏鎮總兵定安稟稱，該革員接到家信，知蒙前任陝甘總督熙附片奏請留營差遣，奉旨允准。等因。祈將欽奉諭旨，查覆前來。查本處并無此項明文，希貴旗即向該革員家屬將家信内所稱奏留差遣一片係得自何處何人，及欽奉諭旨日期，一并詢問明確，呈明隆宗門漢軍機處，以憑辦理可也。

此交。

【《咸豐同治兩朝上諭檔》第14冊，第249頁第638條】

同治四年 (1865)

△**諭内閣著孫家穀補授寧夏府知府**

同治四年閏五月二十五日

同治四年閏五月二十五日，内閣奉上諭："甘肅寧夏府知府員缺，著孫家穀補授。欽此。"

【《咸豐同治兩朝上諭檔》第15冊，第267頁第588條】

△奏查寧夏府係衝繁疲難最要缺

同治四年閏五月二十五日

查甘肅寧夏府係衝、繁、疲、難最要缺。謹奏。

【《咸豐同治兩朝上諭檔》第 15 册，第 267 頁第 589 條】

同治五年（1866）

△諭著寧夏將軍穆圖善妥籌兼顧花馬池駐扎直隸官兵全數撤回等事

同治五年十月十八日

軍機大臣字寄督辦甘肅軍務、寧夏將軍穆。

同治五年十月十八日，奉上諭："劉長佑奏請將花馬池駐扎直隸官兵全數撤回。等語。畿輔地方緊要，現議練兵設防，各標所存之兵一經挑撥，則大小營汛頗形空虚。甘省花馬池尚有直隸官兵二千名駐扎，現在寧靈一帶回衆就撫，地方較爲安静，無須多兵彈壓。著穆圖善妥籌兼顧，將此項兵丁二千名斟酌撤留情形，于直隸兵額無缺，亦于甘肅防守不致貽誤，方爲周妥。原片著抄給閲看。將此由五百里諭令知之。欽此。"遵旨寄信前來。

【《咸豐同治兩朝上諭檔》第 16 册，第 284 頁第 790 條】

△諭内閣著書齡補授寧夏道員

同治五年十一月初五日

同治五年十一月初五日，内閣奉上諭："三壽，著調補甘肅鎮迪道，所遺寧夏道員缺，著書齡補授。欽此。"

【《咸豐同治兩朝上諭檔》第 16 册，第 318 頁第 865 條】

同治六年（1867）

△諭内閣著李佑清補授寧夏鎮總兵

同治六年四月二十五日

同治六年四月二十五日，内閣奉上諭：“甘肅寧夏鎮總兵員缺，著李佑清補授。欽此。”

【《咸豐同治兩朝上諭檔》第17册，第136頁第329條】

△諭内閣著朱學篤補授寧夏府知府

同治六年七月初八日

同治六年七月初八日，内閣奉上諭：“甘肅寧夏府知府員缺，著朱學篤補授。欽此。”

【《咸豐同治兩朝上諭檔》第17册，第221頁第573條】

△諭著寧夏將軍穆圖善即密察訐帖奏明嚴辦

同治六年七月二十二日

軍機大臣密寄寧夏將軍、署陜甘總督穆。

同治六年七月二十二日，奉上諭：“昨日，穆圖善奏報米拉溝勝仗一摺，拆封時，于黄紙内、白紙外夾有訐帖一件，殊堪詫异。其字句不成文理，意係訐告穆圖善辦理未妥起見。穆圖善必非眼同封摺，致奸人施其伎倆，文案營務等處，竟容若輩溷迹，實非敬慎辦事之道。著即密察，奏明嚴辦。原帖，著抄給閲看。將此由五百里密諭知之。欽此。”遵旨寄信前來。

【《咸豐同治兩朝上諭檔》第 17 册，第 330 頁第 606 條】

△諭山西巡撫趙長齡陜西巡撫喬松年各按照穆圖善奏定撥解協濟甘省糧餉

同治六年九月初七日

軍機大臣字寄山西巡撫趙、陜西巡撫喬。

同治六年九月初七日，奉上諭：“穆圖善奏，甘省糧餉异常缺乏，請飭山、陜將每月協餉迅解。等語。穆圖善前在寧夏軍營奏定，陜西每月協餉二萬兩，又由山西按月仍解銀四萬餘兩。乃各該省自奉撥後，或已報停解，或久無報解。甘省軍事棘手，現交秋令，邊塞嚴寒，若不早爲接濟，大局何堪設想。著趙長齡、喬松年各按照該署督奏定每月協濟銀數，趕緊源源撥解，以應急需，毋稍延緩。將此由五百里諭令知之。欽此。”遵旨寄信前來。

抄交户部。

【《咸豐同治兩朝上諭檔》第 17 册，第 274 頁第 745 條】

△諭内閣穆圖善奏遵保賢員寧夏府知府李宗賓等

同治六年十月二十四日

同治六年十月二十四日，内閣奉上諭：“穆圖善奏遵保賢員各片。據稱，署甘肅蘭州府知府舒之翰，沈毅有爲，好謀能斷。署寧夏府知府李宗賓，才識宏通，克襄艱巨。署甘凉道甘州府知府崇福，卓識超群，才堪匡濟。補用知府、代理平番縣知縣鐵珊，有爲有守，通達治體。涇州直隸州知州余士穀，才德兼優，誠心任事。署秦州直隸州知州鄧承偉，器識沈潛，有爲有守。候補知府、署武威縣知縣朱百川，才優識裕，辦事勤能。補用同知、直隸州知州、張掖縣知縣姚近斗，精明穩練，心地樸誠。升用直隸州知州、大通縣知縣劉存仁，持躬端謹，處事安詳。前署靈州知州尹泗，才明守潔，躁釋矜平。莊浪茶馬同知韓梅，磊落光明，才堪肆應。洮州同知、署鎮番縣知縣景春，端詳謹慎，悃愊無華。各等語。以上各員，均著俟甘肅軍務完竣，再行送部引見。該部知道。欽此。”

【《咸豐同治兩朝上諭檔》第 17 册，第 324 頁第 879 條】

△諭豐紳三壽奏詳查寧夏滿營情形并請挑補馬甲

同治六年十一月初十日

軍機大臣字寄署陝甘總督、寧夏將軍穆，護理寧夏將軍、副都統豐，傳諭署寧夏副都統、甘肅鎮迪道三壽。

同治六年十一月初十日，奉上諭：“豐紳、三壽奏詳查寧夏滿營情形，并請挑補馬甲各摺片，覽奏均悉。寧夏滿城，自經兵燹之後，兵丁缺額甚多。房屋坍塌，馬匹倒斃，與夫軍械之遺失、庫儲之虧短，均係實在情形，自當整頓，復還舊觀。惟餉項尚未充足，地方凋敝太甚，衹可從容籌辦，逐漸清釐。滿營空缺，既無閑散壯丁可以挑補，而京旗及各省駐防道里又遠，派撥較難，著俟全省稍就肅清、糧餉充足，再行設法撥補，以實營伍。官房、軍械兩項，既據該署將軍等奏稱，尚可通融敷用，即著暫行設法籌辦，俟餉銀充裕，再行分別修理製造。其馬匹短缺過甚，著俟晋省餉項撥解較多，即當趕緊買補，以備操防。通益庫公項從前發商息銀應如何催收，并當年本銀現歸何處，著穆圖善轉飭該府州縣地方官查明辦理，務須公項有著，俾資辦公之用。所請將馬甲空缺，于步甲養育兵内，擇其十歲以上者，挑選借補，著豐紳等酌奪餉項辦理。將此諭知穆圖善、豐紳，并傳諭旨。”寄信前來。

【《咸豐同治兩朝上諭檔》第 17 册，第 351 頁第 931 條】

同治七年（1868）

△諭著寧夏將軍穆圖善即懍遵前諭迅速查明訐帖

同治七年正月二十四日

軍機大臣密寄寧夏將軍、署陝甘總督穆。

同治七年正月二十四日，奉上諭：“上年七月二十二日，穆圖善奏報米拉溝勝仗摺内夾有訐帖一件，當經諭令穆圖善密察嚴辦，事閱半年，該署督并未覆奏。是否至今未奉此旨？著即凜遵前諭，迅速查明，據實具奏。是日，密寄諭旨及訐帖均令軍機處再行抄給穆圖善閱看矣。將此由五百里密諭知之。欽此。”遵旨寄信前來。

【《咸豐同治兩朝上諭檔》第 18 册，第 13 頁第 28 條】

△諭伊勒屯等奏同知員缺緊要請旨辦理

同治七年二月二十三日

軍機大臣字寄寧夏將軍、署陝甘總督穆。

同治七年二月二十三日，奉上諭：“伊勒屯等奏，同知員缺緊要，請旨辦理。等語。巴里坤鎮西廳同知一缺關係緊要，現當軍務方殷，員缺未便久曠。穆圖善上年所保各員，諒必均勝繁劇，著該署督即于各該員内揀派一員前往署理，并迅催實缺人員到任，以重職守，毋得稍存推諉。將此由四百里諭令知之。欽此。”遵旨寄信前來。

【《咸豐同治兩朝上諭檔》第 18 册，第 36 頁第 95 條】

△諭著穆圖善傳諭前署寧夏副都統三壽准其開缺回旗并令善山保署理寧夏副都統

同治七年四月初三日

軍機大臣字寄寧夏將軍、署陝甘總督穆，傳諭前署寧夏副都統、甘肅鎮迪道三壽。

同治七年四月初三日，奉上諭："本日，據三壽奏，患病未痊，懇請開缺調理。已明降諭旨，准其開缺回旗，并令善山保署理寧夏副都統矣。寧夏地方緊要，不可無大員統率。金順現在東路剿賊，到任尚需時日，著穆圖善傳知善山保即赴署任，三壽俟善山保到任後，再行交卸回旗。將此諭知穆圖善，并傳諭三壽知之。欽此。"遵旨寄信前來。

【《咸豐同治兩朝上諭檔》第 18 冊，第 133 頁第 248 條】

△諭著陝西布政使林壽圖仍遵前旨將西安糧臺各事宜照舊妥爲經理毋許推諉等事

同治七年六月二十九日

軍機大臣字寄欽差大臣、陝甘總督、一等恪靖伯左，寧夏將軍、署陝甘總督穆，欽差、工部尚書、署山西巡撫鄭，傳諭陝西布政使林壽圖。

同治七年六月二十九日，奉上諭：摘抄起。"前因林壽奏請裁撤西安糧臺，當令左宗棠酌度具奏。兹據左宗棠奏稱，西安所設甘肅後路糧臺，原爲支應慶涇諸軍而設，西安糧臺一撤，秦隴餉道中斷。平、慶、涇、固一帶，實兩省孔道，糧臺專設，秦安遠道轉輸，亦有鞭長莫及之虞。西安所設甘肅後路糧臺，斷不可撤。等語。左宗棠身任兼圻，自應總權兩省，通盤籌畫。既據酌度定議，即著林壽圖仍遵前旨，將西安糧臺各事宜，照舊妥爲經理，毋許推諉。并著左宗棠隨特提撥協甘各餉，通融接濟，俾得餉項有著，克贍飢軍。摘抄止。

“甘省荒瘠情形，既爲該大臣所深悉，且現存兵數尚有百四十餘營之多，軍士待哺嗷嗷，豈能枵腹荷戈。雖先秦後隴，勢有固然，而唇齒相依，實爲安危所繫，該大臣務當妥籌兼顧，以濟急需，不可稍存歧視，致虞嘩潰。摘抄起。山西協涇慶之餉，著鄭敦謹照舊撥解西安糧臺，以歸簡易。穆圖善即行轉飭林壽圖，于協餉到時，隨時提撥，以資接濟。摘抄止。將此由六百里諭知左宗棠、穆圖善、鄭敦謹，并傳諭林壽圖知之。欽此。”遵旨寄信前來。

【《咸豐同治兩朝上諭檔》第18册，第263頁第508條】

△諭李瀚章奏籌解應撥甘餉

同治七年六月二十九日

軍機大臣字寄寧夏將軍、署陜甘總督穆，浙江巡撫李。

同治七年六月二十九日，奉上諭：“李瀚章奏籌解應撥甘餉一摺。浙江省應撥甘省餉銀尚欠解上年五六兩月銀各五萬兩，現經李瀚章籌撥銀五萬兩，作爲上年五月分應解之款，由上海轉運局轉解陜甘後路糧臺，著穆圖善派員前往迎提，以期迅速。甘省待餉孔殷，所有上年六月分浙江省應撥協餉銀五萬兩，仍著李瀚章趕緊如數籌解，毋稍遲延。將此由五百里諭令知之。欽此。”遵旨寄信前來。

【《咸豐同治兩朝上諭檔》第18册，第264頁第509條】

△諭署寧夏將軍副都統金順奏稱關帝靈應請頒匾額

同治六年三月二十九日

查上年三月二十九日，據署寧夏將軍副都統金順奏稱，關帝靈應，請頒匾額。奉旨允准。旋經南書房恭書“功昭靈武”匾額，由臣等加封，交兵部遞至寧夏，交金順祇領懸挂。兹據兵部文稱，轉據前任陝西巡撫喬松年咨稱，遞至甘泉縣甄家灣，遇賊遺失，懇請補發前來。理合奏明請旨，仍交南書房照前頒匾額，恭書一方發下，後由臣等加封，交兵部遞交豐紳祇領懸挂，以答神庥。謹奏。

【《咸豐同治兩朝上諭檔》第 18 册，第 328 頁第 703 條】

△諭内閣都察院奏翰林院侍講學士常恩遣抱以親屬殉難懇請旌恤

同治七年九月二十一日

同治七年九月二十一日，内閣奉上諭：“都察院奏，翰林院侍講學士常恩遣抱以親屬殉難，懇請旌恤。等詞。赴該衙門呈訴，據稱伊妹前署陝西固原參將景文之妻那拉氏，于同治二年間，景文在固原殉難時，該氏及其女慧格、侄女容格、妾徐氏、家人戴庭禮之妻張氏并其子女同時殉難，殊〔殉〕堪憫惻。均著交部，分別旌恤。欽此。”

【《咸豐同治兩朝上諭檔》第 18 册，第 346 頁第 752 條】

△諭内閣豐紳等奏寧夏滿營節次出力官兵開單請獎

同治七年十月初六日

同治七年十月初六日，内閣奉上諭：“豐紳等奏寧夏滿營節次出力官兵開單請獎一摺。甘肅寧夏滿營官兵自同治二年以來，疊次緝捕土匪，護解軍火糧餉，尚屬勤奮，自應量予鼓勵。所有單開之協領阿芳阿，著賞加副都統銜。瑪魯堪，著賞換花翎。穆精額，著賞戴花翎。佐領凌雲、裕通，均著以協領，儘先補用，先換頂戴，凌雲并賞戴花翎。烏爾恭額，著賞戴花翎。蘇勒善等三員，均著賞換花翎。防禦達禮哈等八員，均著賞戴花翎。驍騎校感慶等二員，均著賞給五品花翎。魁壽等五員，均著賞換五品花翎。前鋒罕都吞等三名，均著以驍騎校，儘先即補，并賞給六品藍翎。興泰等十名，均著賞給六品藍翎。萬林，著以驍騎校，儘先升用。該部知道。單并發。欽此。”

【《咸豐同治兩朝上諭檔》第 18 册，第 389 頁第 830 條】

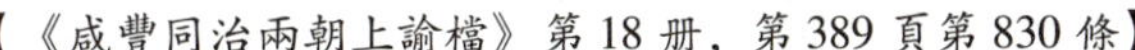

同治八年（1869）

△諭寧夏將軍副都統金順等理藩院奏據阿拉善親王呈稱歷次籌墊臺費銀五萬餘兩當經諭令户部指款撥還

同治八年七月二十日

軍機大臣字寄綏遠城將軍定、署寧夏將軍副都統金、護理寧夏將軍副都統豐、庫倫辦事大臣張阿。

同治八年七月二十日，奉上諭：“前因理藩院奏，據阿拉善親王呈稱，歷次籌墊臺費銀五萬餘兩，當經諭令户部指款撥還。玆據奏稱，查有圖什業圖汗等部落應抵解部庫銀五萬兩，約計尚未起程，請將此項抵撥。等語。著張廷岳、阿爾塔什達，即將前項銀五萬兩，迅速派員改解綏遠城，即由定安派員解送寧夏，并將銀兩起程日期先行知照金順、豐紳，酌派弁兵，會同綏遠城委員護送至阿拉善旗交收，毋稍疏忽，將此各諭令知之。欽此。”遵旨寄信前來。

抄交户部。

【《咸豐同治兩朝上諭檔》第 19 册，第 197 頁第 485 條】

同治九年（1870）

△諭左宗棠奏遵保陝北肅清及克復靈州出力員弁開單請獎

同治九年閏十月二十五日

查本年閏十月二十五日，左宗棠奏遵保陝北肅清及克復靈州出力員弁開單請獎一摺。內周嵩壽、陳宗謨、趙國培、承鎔、范廷華五員均請免補本班，以知縣仍留各原省歸候補班。前先補用周嵩壽、趙國培并請賞加同知銜，趙國培并請賞戴藍翎。彼時恭繕諭旨，誤寫"周嵩壽等五員，均著免補本班，以知縣仍留各原省歸候補班。前先補用周嵩壽等二員并賞戴藍翎"，實係繕寫錯誤。茲據該章京查明，自行檢舉，理合奏明，請旨更正。仍將是日繕寫錯誤之章京查取職名，交部議處。臣等未經看出，亦屬疏忽。應請分別交各該衙門察議，是否有當，伏候聖裁。謹御印奏。

同治九年十一月二十五日，奉旨："依議。欽此。"

【《咸豐同治兩朝上諭檔》第 20 册，第 372 頁第 924 條】

同治十一年（1872）

△諭內閣著鐵珊補授寧夏府知府

同治十一年二月十五日

同治十一年二月十五日，內閣奉上諭："甘肅寧夏府知府員缺，著鐵珊補授。欽此。"

【《咸豐同治兩朝上諭檔》第 22 册，第 35 頁第 76 條】

△奏查寧夏府係衝繁疲難最要缺

同治十一年二月十五日

查甘肅寧夏府係衝、繁、疲、難最要缺。謹奏。

【《咸豐同治兩朝上諭檔》第22册，第36頁第77條】

△諭內閣豁免隆德固原鹽茶寧夏寧朔靈州等各屬額徵地丁銀糧等項

同治十一年三月初十日

同治十一年三月初十日，內閣奉上諭："左宗棠奏查明被灾最重各屬，請將額徵地丁銀、糧等項豁免一摺。甘肅蘭州府等府州屬迭被賊擾，田地荒蕪，若將額徵銀、糧等項照常徵收，民力未免拮据。加恩，著照所請。所有蘭州府屬之河州、狄道、渭源、金縣、靖遠、紅水縣丞、沙泥州判，鞏昌府屬之隴西、安定、會寧、岷州，平凉府屬之平凉、隆德、固原、華亭、鹽茶，慶陽府屬之安化、寧州、正寧、合水、環縣，寧夏府屬之寧夏、寧朔、靈州，涇州屬之鎮原、靈臺等二十六廳、州、縣，自同治元年起至八年止，每年額徵地丁正項銀十六萬八千八百五十四兩零，耗羨銀二萬五千二百二十五兩零，正項糧十七萬七千二百三十三石零，耗羨糧二萬六千五百八十五石零，草三十六萬七千七百七十二束零，著執行豁免，以恤民艱。餘著照所議辦理。該督即刊刻謄黄，遍行曉諭，務使實惠均沾，毋任吏胥舞弊，用副軫念灾區至意。該部知道。欽此。"

【《咸豐同治兩朝上諭檔》第22册，第51頁第120條】

同治十二年（1873）

△諭内閣甘肅寧夏鎮總兵李佑清等均著開缺送部引見

同治十二年六月十九日

同治十二年六月十九日，内閣奉上諭："甘肅寧夏鎮總兵李佑清、湖南鹽法道白恩佑、貴州貴西道奇克慎、浙江金華府知府徐寶治，均著開缺，送部引見。欽此。"

【《咸豐同治兩朝上諭檔》第 23 册，第 132 頁第 501 條】

△諭内閣著伍維壽補授寧夏鎮總兵

同治十二年六月二十日

同治十二年六月二十日，内閣奉上諭："甘肅寧夏鎮總兵員缺，著伍維壽補授。欽此。"硃。

【《咸豐同治兩朝上諭檔》第 23 册，第 132 頁第 502 條】

△諭著鮑源深飭令藩司迅將未撥銀四萬兩統籌齊備撥交寧夏委員領解回營等

同治十二年閏六月二十四日

軍機大臣字寄山西巡撫鮑。

同治十二年閏六月二十四日，奉上諭："豐紳、謙禧奏寧夏防務緊要，請飭晋省補撥餉銀，并請籌撥火藥各摺片。寧夏滿營需餉甚亟，前經諭令鮑源深迅籌撥銀五萬兩以應急需，現在該處防務正殷，餉項愈形支絀，鮑源深僅報解銀一萬兩，實屬不敷支用。著鮑源深飭令藩司，迅將未撥銀四萬兩統籌齊備，撥交寧夏委員領解回營，俾資應用。該城需用軍火甚急，并著鮑源深即行籌撥乾潔火藥一萬斤、鉛丸一萬斤、火繩一萬丈，運解歸綏道庫存儲，以備該城派員領取。將此由四百里諭令知之。欽此。”遵旨寄信前來。

【《咸豐同治兩朝上諭檔》第 23 冊，第 142 頁第 557 條】

同治十三年（1874）

△諭內閣寧夏將軍穆圖善著加恩在紫禁城內騎馬

同治十三年二月初三日

同治十三年二月初三日，內閣奉上諭：“寧夏將軍穆圖善，著加恩，在紫禁城內騎馬。欽此。”

【《咸豐同治兩朝上諭檔》第 24 冊，第 29 頁第 58 條】

△諭著鮑源深迅飭藩司籌撥寧夏滿營餉銀十萬兩交該協領蘇勒圖管解回營等

同治十三年七月十九日

軍機大臣字寄西安將軍、署寧夏將軍克，山西巡撫鮑。

同治十三年七月十九日，奉上諭：“克蒙額奏請飭催晉省迅撥餉銀一摺。寧夏滿營兵餉向由山西撥解，現在該營官兵艱苦萬分，盼餉甚急，所有山西每年應撥寧夏滿營餉銀十萬兩，著鮑源深迅飭藩司，趕緊如數籌撥，毋得稍有短少，即交該協領蘇勒圖管解回營，以濟急需。其豐紳等上年奏請每年撥解現銀五萬兩，既據克蒙額奏稱不敷散放，著毋庸議。至克蒙額請飭四川、湖北、山東每月各撥解銀四千兩之處，著户部議奏。將此由四百里諭令知之。欽此。”遵旨寄信前來。

抄交户部。

【《咸豐同治兩朝上諭檔》第24册，第238頁第538條】

光緒朝

光緒元年（1875）

△諭穆圖善著即行來京陛見

光緒元年二月十一日

軍機大臣字寄寧夏將軍穆。

光緒元年二月二十一日，奉上諭："穆圖善，著即行來京陛見。該將軍所部各營并著遴派妥員暫行管帶，以資統率。將此諭令知之。欽此。"遵旨寄信前來。

【《光緒宣統兩朝上諭檔》第1册，第49頁第127條】

△諭克蒙額等奏晋餉撥解愈少請飭分撥迅解

光緒元年八月初五日

軍機大臣字寄署寧夏將軍西安將軍克、寧夏副都統謙、山西巡撫鮑。

光緒元年八月初五日，奉上諭："克蒙額等奏晋餉撥解愈少，請飭分撥迅解一摺。山西省每年應撥寧夏滿營兵餉銀十萬兩，上年兩次僅解過銀三萬兩，本年尚未報解。該營官兵困苦，望餉甚殷。著鮑源深即飭河東道每月籌撥銀五千兩，并飭藩司每季籌撥銀一萬兩，合成十萬兩之數，毋再延欠。并著鮑源深將從前裁撤楚勇每年節省應撥勇糧銀七萬二千兩查明，除按年應撥外，餘項仍解該營，以清欠款。將此由四百里諭令知之。欽此。”遵旨寄信前來。

抄交户部。

【《光緒宣統兩朝上諭檔》第 1 册，第 215 頁第 619 條】

△各省駐防三品以下革職廢員名單

光緒元年十二月十四日

各省駐防三品以下革職廢員名單：……寧夏協領色普微額，寧夏佐領善福，寧夏防禦德喜，寧夏驍騎校英山，寧夏驍騎校博爾托善，寧夏驍騎校毓靈。……

【《光緒宣統兩朝上諭檔》第 1 册，第 470 頁第 1060 條】

△滿緑各營休致廢員名單

光緒元年十二月十四日

滿緑各營休致廢員名單：……寧夏防禦色普珍，寧夏防禦伊成額，寧夏防禦尼柯布。……

【《光緒宣統兩朝上諭檔》第 1 册，第 488 頁第 1063 條】

△滿緑各營革職永不叙用廢員名單

光緒元年十二月十四日

滿緑各營革職永不叙用廢員名單：……寧夏防禦巴彦布，寧夏委參領雙壽，提督成益樹，提督游宗翠，提督黄宗耀。……

【《光緒宣統兩朝上諭檔》第1册，第489頁第1064條】

△諭克蒙額等奏兵丁缺餉滋事現在設法籌辦并自請議處等

光緒元年十二月二十七日

軍機大臣字寄欽差大臣、督辦新疆軍務大學士、陝甘總督、一等恪靖伯左，署寧夏將軍西安將軍克、寧夏副都統謙、山西巡撫鮑。

光緒元年十二月二十七日，奉上諭：摘抄交户、兵部起。“克蒙額等奏兵丁缺餉滋事，現在設法籌辦，交户部止。并自請議處一摺。摘抄交户部。據稱，寧夏滿營兵餉，本年僅據山西解到銀一萬兩，兵丁盼餉無期，聚衆喧嘩。協領蘇勒圖將糧料價銀領出携回，尚未發給。該兵丁夤夜滋鬧，蘇勒圖立時身亡。現在借款散放，請飭部撥餉。等語。著克蒙額等查明蘇勒圖因何身故，有無别項情節，并糧料價銀已否查獲，即行據實具奏。克蒙額、謙禧及八旗協領、佐領等，事前既未能豫防，臨事復不能彈壓，均著交部議處。交兵部止，交户部起。該營需餉孔亟，著户部借撥銀十萬兩，即行迅速解往。克蒙額等咨商左宗棠借撥銀二三萬兩，該督已否撥解，著即趕緊籌撥，以濟要需，俟該營撥款解到，劃還歸款。山西應解寧夏滿營兵餉銀十萬兩，鮑源深務當督飭藩司如數籌解，毋再遲延。交户部止。將此由五百里諭令知之。欽此。”遵旨寄信前來。

摘抄交户、兵部。

【《光緒宣統兩朝上諭檔》第 1 册，第 552 頁第 1136 條】

光緒二年 (1876)

陝甘總督左宗棠奏以總兵借補參將緣由摺

光緒二年正月初七日

欽差大臣、大學士、督辦新疆軍務、陝甘總督、二等恪靖侯加一等輕車都尉臣左宗棠跪奏：爲遴員借補要缺參將，恭摺具陳，仰祈聖鑒事。

竊臣前據寧夏鎮總兵官譚拔萃呈稱，鎮屬花馬池營參將李成虎自同治十一年擬補斯缺，至今數年，尚未到任，亦無實在下落。該營地處邊隅，一切操防彈壓，最關緊要。所有參將員缺，未便久懸，自應照依部章，奏請開缺，另行揀員請補，以重地方。請查核酌辦。等情。前來。臣查，前準兵部來咨，補缺已逾二年，久未到任者，一并開缺，揀選合例人員分别擬補。等因。具奏奉旨："依議。欽此。"遵轉飭，遵照在案。

兹甘肅寧夏鎮屬花馬池營參將李成虎既，係久無音耗員缺，未便虚懸，應即請旨開缺，另行揀選請補。臣隨查得，補用總兵李積慶，久經戰陣，明白勇往，以之借補，實堪勝任，于營伍邊防，均有裨益。合無仰懇天恩，俯念員缺緊要，准以補用總兵李積慶借補花馬池營參將。如蒙俞允，應請飭部先給署札，仍俟軍務告竣，再行給咨，赴部引見，以符定制。除飭取該員履歷清册另咨送部查照外，謹會同署甘肅提臣陶世貴合詞恭摺具陳，伏乞皇太后、皇上聖鑒，訓示施行。謹奏。

光緒二年正月初七日。

軍機大臣奉旨："兵部議奏。欽此。"

【《宫中檔光緒朝奏摺》第 1 輯，第 149 頁】

陝甘總督左宗棠奏請揀員借補副將員缺摺

光緒二年正月二十二日

欽差大臣、大學士、督辦新疆軍務、陝甘總督、二等恪靖侯加一等輕車都尉臣左宗棠跪奏：爲揀員借補陝甘副將、參將、游擊等要缺，以重邊防，恭摺仰祈聖鑒事。

竊照甘肅永昌協副將、鎮海協副將、甘肅提標中營參將、陝西漢鳳營游擊各員缺，原請以總兵銜，儘先即補副將。甘肅提標左營游擊陳元萼總兵銜，奉旨發往甘肅，儘先補用副將。馬鴻圖副將銜，儘先參將。現署甘州城守營參將耆年副將銜，補游擊，後以參將，儘先升用。寧夏鎮屬靈州營守備董福等升補。先後奉到諭旨："兵部議奏。欽此。"嗣疊準兵部議覆，副將陳元萼、馬鴻圖，參將耆年、游擊董福儘先名次在後，遽請補授，核與定章不符。等因。咨行查照前來。

臣維甘肅永昌、鎮海兩協及甘肅提標中營參將、陝西漢鳳營游擊各員缺，前奏仍以原揀各員請補者，原因人地相需，故請飭部准予變通辦理。兹部咨既復以原揀各員不合例章，悉予議駁，自未便再四瀆請。謹另揀記名提督、格洪額巴圖魯劉端冕，樸實勇幹，戰功卓著，堪以借補甘肅永昌協副將員缺。記名提督、法什尚阿巴圖魯周紹濂，樸勇穩練，素得士心，堪以借補甘肅鎮海協副將員缺。提督銜記名總兵、博奇巴圖魯范秉誠，久經戰陣，明白勇往，堪以借補甘肅提標中營參將員缺。記名提督勉勇、巴圖魯劉正高，穩練樸慎，曉暢戎機，堪以借補陝西漢鳳營游擊員缺。以上各員，現均統帶營勇，分防要地，若蒙天恩，准以該員等借補各缺，應請飭部先給署札，俟軍務告蕆，再行給咨，赴部引見。其該各員未到任之先，仍請以原揀副將陳元萼、馬鴻圖，參將耆年、游擊董福，暫留署任，庶于營務有裨，于例亦合。所有借補各員履歷，除飭取至日另咨送部外，謹會同陝西提督臣雷正綰、署甘肅提督臣陶世貴合詞具奏，伏乞皇太后、皇上聖鑒，訓示施行。謹奏。

光緒二年正月二十二日。

軍機大臣奉旨："兵部議奏。欽此。"

【《宮中檔光緒朝奏摺》第 1 輯，第 158 頁】

檔案彙編

陝甘總督左宗棠奏爲揀員請補成縣要缺摺

光緒二年四月初二日

欽差大臣、大學士、督辦新疆軍務、陝甘總督、二等恪靖侯加一等輕車都尉臣左宗棠跪奏：爲揀員請補成縣知縣要缺，以重地方，恭摺具陳，仰祈聖鑒事。

竊查甘肅成縣知縣陳日新調補海城縣知縣，奉準部覆：坐光緒元年六月十一日行文，照例減半扣算二十八日，應于七月初九日到甘作爲開缺日期。等因。當經行司遵照。兹據甘肅布政使崇保、按察使成定康詳稱，案查光緒元年七月分，甘省出有成縣、碾伯縣、禮縣、靖遠縣四缺係同日所出選缺，當將簽掣次序呈請，咨部在案，所有掣定第三之成縣知縣係稍疲一項簡缺，自應照例揀員請補。查前奉吏部銓選變通章程內開：雲貴、甘肅升調補缺要缺知縣一項，初任候補并揀發委用，以及到省在後各員，均准通融揀選題補。部選各缺，道、府以至未入流，亦照請補要缺章程，無論何項缺出，擇其人地相宜之員請補，俟軍務告竣，另起序補班次。等語。

今成縣一缺，該司等在于各項應補知縣內逐加遴選，人地皆不相宜。惟查有分缺間補用知縣蕭子馥，年四十四歲，四川德陽縣人，由廩貢生，遵例報捐光禄寺署正嗣遵籌餉事例，改捐知縣，分發省分試用，并加同知升銜，遵即赴部，于同治十三年正月二十八日，經欽派大臣驗看，當堂繕寫履歷，簽掣甘肅。二月十三日，經吏部帶領引見，奉旨："著照例發往。欽此。"二十日領照，隨即在部告假，回籍修墓，假滿工竣，起程赴甘。十三年九月初四日，到省繳照，經臣驗寫，履歷查對，筆迹相符，咨部准予留省補用，嗣在西征糧臺加捐分缺間補用免試用。光緒元年十二月二十五日，奉準部覆在案。

該臬司成定康甫經到任，未便加考，該藩司崇保查，該員蕭子馥年力富强，辦事勤慎，以之請補成縣知縣，實堪勝任，理合援照人地相宜之例，詳請奏補。等情。前來。臣查蕭子馥，年壯力强，才具開展，玆請補成縣知縣，洵堪勝任。合無仰懇天恩，俯念要缺需員，准以分缺間補用知縣蕭子馥補授成縣知縣，以資治理。如蒙俞允，該員係以知縣請補知縣，銜缺相當，毋庸送部引見。仍俟試俸年滿，如果"稱職"，另請銷去"試"字。是否有當，爲此恭摺具陳，伏乞皇太后、皇上聖鑒訓示。再，該員并無參罰案件，合并陳明。謹奏。

光緒二年四月初二日。

軍機大臣奉旨："吏部議奏。欽此。"

【《宫中檔光緒朝奏摺》第1輯，第216頁】

△諭寧夏滿營需餉孔急所有山西四川河東協餉著即迅速解清毋再延欠

光緒二年十二月十四日

軍機大臣字寄護理四川總督、山東巡撫文，前山西巡撫鮑。

光緒二年十二月十四日，奉上諭："克蒙額等奏，摘五字交户、工部。寧夏滿營協餉，山西應撥銀四萬兩，僅撥銀一萬兩；河東應撥銀三萬兩，僅撥銀一萬五千兩；四川應解銀三萬兩，僅撥銀二萬兩。甫經籌解，請飭速解。等語。寧夏滿營，需餉孔急，所有山西應協之餉，著鮑源深督飭藩司按年撥給，毋再延欠。其四川、河東協餉，著文格、鮑源深飭令藩司及該道，即將本年匀撥該營之數迅速解清，并按年照數源源籌撥，俾資應用。原片均著抄給閱看。抄交户、工部起。另片奏請飭山西撥解軍火。等語。著鮑源深籌撥火藥一萬斤、鉛丸一萬斤、火繩一萬丈，解赴歸綏道庫，由克蒙額等派員領用。所有火藥等項工料，即由該營歷年積欠餉内，照數核銷，以清款目。止。將此由四百里諭令知之。欽此。"遵旨寄信前來。

摘抄交户、工部。

【《光緒宣統兩朝上諭檔》第2册，第424頁第1062條】

陝甘總督左宗棠奏請揀員補授知縣員缺摺

光緒二年四月初二日

欽差大臣、大學士、督辦新疆軍務、陝甘總督、二等恪靖侯加一等輕車都尉臣左宗棠跪奏：爲揀員請補隆德縣知縣要缺，以重地方，恭摺仰祈聖鑒事。

竊據甘肅布政使崇保、按察使成定康會詳稱，甘肅隆德縣知縣阮嘉言告病，係光緒元年七月初五日由部行文，按照限減半扣算二十八日，應于八月初二日到甘，作爲開缺日期。查光緒元年八月分，甘省出有鎮原、隆德二縣，係同日所出，選缺當將隆德縣簽掣第一，鎮原縣簽掣第二，截缺報部在案。除鎮原縣知縣另行揀補外，所有隆德縣知縣係衝、難二項中缺，自應照例揀員請補。查前奉吏部銓選變通章程，内開：雲貴、甘肅升調補缺要缺知縣一項，初任候補并揀發委用，以及到省在後各員，均准通融揀選題補。部選各缺，道、府以至未入流，亦照請補要缺章程，無論何項缺出，擇其人地相宜之員請補，俟軍務告竣，另起序補班次。等語。

今隆德縣一缺，該司等在于各項應補知縣内逐加遴選，人地皆不相宜。

惟查有候班前補用知縣田芬，年四十七歲，陜西延安府定邊縣人。由咸豐辛酉①科拔貢，于同治三年投效寧夏將軍穆圖善軍營差遣。五年，于收復寧靈案内，經穆圖善奏請，以直隸州州判，不論雙單月，遇缺即選。八月初二日，奉旨允准。八年七月，復經署寧夏將軍金順于河防解嚴案内奏請加同知銜，并賞戴藍翎。是月十二日，奉旨允准。旋經統領老湘軍提督劉松山留營差遣，經臣于陜北肅清并克復靈州案内保奏，請以知縣，不論雙單月，遇缺儘先即選。九年閏十月，奉旨允准。又經統領卓勝軍提督金運昌調營隨征差遣，十年九月初九日，于蕩平金積堡賊巢寧靈肅清案内，經臣保奏，請免選本班，以知縣留甘，歸候補班前補用。是年十月初三日，奉旨允准。隨將營中經手事件交清，請咨赴京。十三年二月二十八日，經吏部奏請，欽派王大臣驗看，三月十六日帶領引見，奉旨："知縣田芬，著照例發往。欽此。"領照起程赴甘，于八月二十三日到省，業經試著一年期滿甄别，以原官留省補用。在案。

該臬司成定康甫經到任，未便加考。該藩司崇保查，該員田芬，年壯才明，辦事詳慎，以之請補隆德縣知縣，實堪勝任，理合援照人地相宜之例，詳請具奏。等情。前來。臣查田芬，年力正强，才具明晰，兹請補隆德縣知縣，洵堪勝任。合無仰懇天恩，俯念要缺需員，准以候補班前補用知縣。田芬補授隆德縣知縣，以資治理。如蒙俞允，該員係以知縣請補知縣，銜缺相當，毋庸送部引見。仍俟試俸年滿，如果"稱職"，另請銷去"試"字。是否有當，爲此恭摺具陳，伏乞皇太后、皇上聖鑒訓示。再，該員并無參罰案件，合并陳明。謹奏。

光緒二年四月初二日。

軍機大臣奉旨："吏部議奏。欽此。"

①咸豐辛酉：咸豐十一年（1861）。

【《宫中檔光緒朝奏摺》第 1 輯，第 214 頁】

陝甘總督左宗棠奏請報馬步各軍分起出關摺

光緒二年四月十三日

欽差大臣、大學士、督辦新疆軍務、陝甘總督、二等恪靖侯加一等輕車都尉臣左宗棠跪奏：爲微臣馳抵肅州，資遣馬步各軍分起出關，恭摺馳報，仰祈聖鑒事。

竊臣于二月二十一日，由蘭州拜摺啓行，沿途整隊前進，三月十三日駐軍。肅州總理行營營務、三品卿銜、二品頂戴法福凌陳巴圖魯劉錦棠先率馬步全軍駐于城北，記名提督、新授漢中鎮總兵譚上連領所部先進，記名提督、寧夏鎮總兵譚拔萃繼之，記名提督、陝安鎮總兵余虎恩又繼之。四月初三日，劉錦棠親率漢回馬步各軍禡旗啓行，擬抵安西州，後分起以次前進。蓋師過哈密，行戈壁中，糧糗可裹帶以趨，柴薪草束可儲峙以待，惟水泉缺乏。雖多方疏浚，不能供千人百騎一日之需，非分起續進不可也。現據譚上連稟，已抵巴里坤，譚拔萃已行近哈密，余虎恩已過安西。臣因古城所收俄糧尚祇四批，金順緘牘頻來，需糧甚急，稱非得三百六十萬斤，不能見新。臣允于巴里坤取糧百萬斤，哈密取糧二百六十萬斤，以供軍食。而古城所收俄糧四批，亦概付之，計新糧可資接續矣。惟劉錦棠馬步二十五營所需軍食本指巴哈存糧轉運古城，茲兩處已分濟金順，雖餘糧尚多，而一時運脚難期周轉，缺乏堪虞。除前雇商駝萬隻由安西、哈密徑運古城外，復由肅州儘官、民、商三項車輛裝糧、料，運古城，以廣儲峙。幸歸化、包頭、寧夏商駝之運巴里坤者，踴躍如常，存糧尚敷轉饋。劉錦棠到哈密後，計古城儲峙稍充，即率各營長驅大進，直擣賊巢。戰事當在五月閏月之際，屆時節近秋初，新穀遍野有糧，可因轉戰而前，士氣自倍。臣與劉錦棠熟商進兵機宜，以先遲後速爲穩者，此也。幸蘭州、凉、甘各屬俱霈春霖，肅州、安西于三月二十一二等日同沾優渥，農祥有光，豐稔可期，如天之福。關内外幸獲豐年，則就近采運供支，營費亦可漸圖撙節，而西征大局庶期速振矣。所有分起出關事宜，謹據實陳明，伏乞皇太后、皇上聖鑒訓示。謹奏。

光緒二年四月十三日。

軍機大臣奉旨："另有旨。欽此。"

【《宫中檔光緒朝奏摺》第1輯，第232頁】

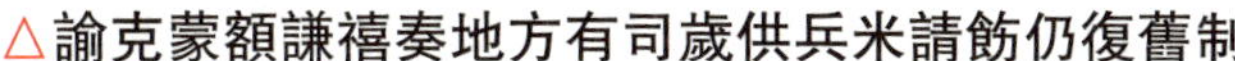

△諭克蒙額謙禧奏地方有司歲供兵米請飭仍復舊制

光緒二年十二月十四日

光緒二年十二月十四日，内閣奉上諭："克蒙額、謙禧奏地方有司歲供兵米、請飭仍復舊制一摺。據稱，寧夏滿營每年應支俸粟米石并馬匹、料草等項，向在寧夏府屬各州縣徵收糧内估撥。舊例以粟米及小麥兩項分别供支，同治六七年以後，該州縣輒以四色搭放，官兵自行糶换米石，實屬不敷食用。請飭自明年爲始，仍以粟、麥備撥。至例馬、拴馬向俱撥有料草，近年兵丁拴馬，該州縣不能全數供支。現因操防緊要，擬籌款續補馬數百匹，請飭各州縣將例馬、拴馬應需料草，仍照舊例，全數供支，俾得隨時續補。等語。各州縣應撥寧夏滿營俸米關繫兵食，自應量加體恤，著左宗堂查照向章，察看地方情形，斟酌辦理。其馬匹料草應否全數供支，著一并妥籌，奏明辦理。欽此。"

【《光緒宣統兩朝上諭檔》第2册，第425頁第1063條】

光緒三年（1877）

陝甘總督左宗棠奏陝甘各武官無可薦舉摺

光緒三年四月十五日

欽差大臣、大學士、督辦新疆軍務、陝甘總督、二等恪靖侯加一等輕車都尉臣左宗棠跪奏：爲陝甘各提、鎮、營副、參、游、都、守、千總等官俱屬循分供職，無可薦舉，恭摺仰乞聖鑒事。

竊臣前準兵部咨開，查定例，直省副將、參將、游擊、都司、守備、千總，每二年半薦舉一次。該督撫等盡心詳察，必須才技優長，年力精壯，馭兵有術，紀律嚴明，給餉無虚，兵民相安，任内并無違礙事故者，每省准其薦舉一二人，專疏保題給咨，送部引見。如無賢能出色之員，毋庸薦舉。若將有盗案例應降級、降調，及私罪降革、留任之員薦舉，及薦舉後規任内有劣迹之處，將原薦舉之上司，俱照軍政例議處。此外如有劣員，一并糾參，照軍政八法例，分别議處。等語。查自同治十一年軍政之年起，扣至光緒元年，已届二年半薦舉之期，各省緑營武職如有應行薦舉及參劾人員，查照定例辦理。等因。當經移行遵照。

兹準陝西撫臣譚鍾麟、陝西提督臣雷正綰、署甘肅提督臣陶世貴、署烏魯木齊提督臣成瑞咨覆，撫標并陝西、甘肅、烏魯木齊三提督，暨陝安、漢中、延綏、河州、西寧、肅州、寧夏、涼州、巴里坤九鎮，并臣標五營副將、參將、游擊、都司、守備、千總等官俱屬循分供職，并無堪膺薦舉，亦無應劾之員。等因。咨請核辦前來。臣覆加察核，陝甘二省，現無庸劣應行參劾之員，其陝西撫標以及陝甘各提鎮標，并臣標五營各員，俱屬循分供職，無可薦舉，謹會同陝西撫臣譚鍾麟、陝西提臣雷正綰、署甘肅提臣陶世貴、署烏魯木齊提臣成瑞合詞恭摺具奏，伏乞皇太后、皇上聖鑒訓示。再，此案陝甘二省程途遥遠，往返查詢有需時日，是以稍延，合并陳明。謹奏。

光緒三年四月十五日。

軍機大臣奉旨："兵部知道。欽此。"

【《宫中檔光緒朝奏摺》第1輯，第523頁】

陝甘總督左宗棠奏請改墾荒民應試年分摺

光緒三年四月十五日

欽差大臣、大學士、督辦新疆軍務、陝甘總督、二等恪靖侯加一等輕車都尉臣左宗棠跪奏：爲甘肅墾荒户民請變通入籍應試年分，以廣招徠，恭摺具陳，仰祈聖鑒事。

竊臣準甘肅學政臣許應騤咨開，據鞏昌府知府顔士璋禀稱，鞏昌所屬州縣，地畝荒蕪，急應廣爲招徠，以資耕墾，惟入籍應試年分，若不稍爲變通，誠恐無人應募。因就領地承糧之多寡，分别入籍報考之次序，開列條款，呈請核辦前來。查該府所陳各情，核與例載康熙十年題准安插墾荒武弁永駐入籍，均准應試之例，尚屬相符。等因。咨行到臣，當經飭行甘肅藩司核議去後。

兹據藩司崇保詳稱，甘省自經兵燹，通省田土率多荒蕪，節經飭令各屬認真清厘，廣爲招墾，限年升科，以復舊制。今議將各廳、州、縣招徠新户，就所領之地扣算承糧在一石以上者，即以領照之日作爲入籍之年，按册照内注明之兄弟子侄，准其一體應試。領地承糧在四五斗以上者，按册照内注明之本户及子侄，即于下次科試，准其報考。領地承糧在二三斗者，按册照内注明之本户及子孫，俟下次歲試，准其報考。均行文原籍扣考。如無原籍可歸，及有違礙事故，仍衹准其種地承糧，不准應試，俟地方規復，仍照例，非入籍二十年，不准報考，如此變通辦理，庶廣招徠。等情。核與康熙十年題准安插墾荒武弁永駐入籍納糧當差，其子弟均准考試之例相符。并稱甘省如平慶涇固道屬之各廳、州、縣，蘭州道屬之狄道、河州、金縣、渭源，鞏秦階道屬之隴西、安定、會寧、秦安、清水、兩當，寧夏道屬之寧靈廳、靈州，鎮迪道屬各廳、州、縣，近來招徠墾荒之户，除土著不計外，尚有安插兵勇以及外省商賈流寓之民，均應一體照辦，以昭公普。等情。詳請具奏前來，臣覆核無异。相應請旨，飭部議覆。謹會同甘肅學政、詹事府少詹事臣許應騤合詞恭摺具奏，伏乞皇太后、皇上聖鑒，訓示施行。謹奏。

光緒三年四月十五日。

軍機大臣奉旨："該部議奏。欽此。"

【《宫中檔光緒朝奏摺》第1輯，第526頁】

陝甘總督左宗棠奏請以鄭蘭薰署理平羅摺

光緒三年五月十八日

欽差大臣、大學士、督辦新疆軍務、陝甘總督、二等恪靖侯加一等輕車都尉臣左宗棠跪奏：爲請署知縣要缺，以裨地方，恭摺仰祈聖鑒事。

竊據甘肅布政使崇保、按察使史念祖會詳稱，竊照甘肅平羅縣知縣熊運昌告病，奉準部覆，係光緒二年九月初五日行文，照例減半扣算二十八日，應于十月初二日到甘，作爲開缺日期。查光緒二年十月分，甘省出有金縣、平羅縣二缺，因係同月所出選缺，當經照例掣簽，將平羅縣掣爲第一，金縣掣爲第二，截缺報部在案。今簽掣第一之平羅縣知縣係疲、難中缺，自應照例揀員請補。查前奉吏部銓選變通章程，内開：雲貴、甘肅升調補缺知縣要缺一項，初任候補并揀發委用，以及到省在後各員，均准通融揀選題補。部選各缺，道、府以至未入流，亦照請補要缺章程，無論何項缺出，擇其人地相宜之員請補，俟軍務告竣，另起序補班次。等語。

今平羅縣一缺，該司等在于各項應補知縣内逐加遴選，人地皆不相宜。惟查有大挑試用知縣鄭蘭薰，年五十六歲，廣西象州人。由廪生應同治壬戌[①]恩科，補行戊午[②]正科，本省鄉試中式第五十二名舉人。辛未[③]科會試，大挑一等。經欽派王大臣挑取一等，引見，奉旨："著以知縣分發試用。欽此。"簽掣甘肅領照，回籍候取。嗣奉文飭赴甘肅試用，毋庸再候。咨取請咨，赴甘試用。十二年八月初四日到省，業經試用年滿甄别，以原官留省補用在案，現署甘肅安化縣知縣。

該臬司史念祖，甫經到任，例不加考。該藩司崇保查，該員鄭蘭薰，年富力强，辦事穩慎，以之請署平羅縣知縣，實堪勝任，人地亦極相宜。等情。詳請具奏前來。臣查，該員鄭蘭薰，安詳謹飭，年力尚强，兹請署平羅縣知縣，洵堪勝任。合無仰懇天恩，俯念要缺需員，准以大挑試用知縣鄭蘭薰署理平羅縣知縣，以資治理。如蒙俞允，該員係知縣請署知縣，銜缺相當，毋庸送部引見。仍俟試署年滿，如果"稱職"，另請實授。是否有當，爲此恭摺具陳，伏乞皇太后、皇上聖鑒訓示。再，該員并無參罰案件，合并陳明。謹奏。

光緒三年五月十八日。

軍機大臣奉旨："吏部議奏。欽此。"

【《宫中檔光緒朝奏摺》第1輯，第554頁】

---

①同治壬戌：同治元年（1862）。
②戊午：咸豐八年（1858）。
③辛未：同治十年（1871）。

△諭著山西巡撫譚鍾麟體察情形派員前往甘肅寧夏中衛一帶産購米設局收儲等事

光緒三年九月初九日

軍機大臣字寄前工部右侍郎閻，山西巡撫、一等威毅伯、曾陝西巡撫譚。

光緒三年九月初六日，奉上諭："給事中尋鑾煒奏籌備山西荒政，請飭將各州縣已徵未解錢糧提歸藩庫各摺片。山西本年被旱成灾，叠經降旨，撥給帑銀、漕米，籌辦賑撫。該給事中以陝西亦被旱灾，民間處處遏糶，請飭山西、陝西巡撫，不分畛域，合籌共計，出示曉諭沿河一帶居民，如有商販運米，不得阻撓攔截。并請將陝西采買湖廣米石，寬爲籌備分濟。山西省南各屬購運諸費，由山西籌款歸還。等語。著曾國荃、譚鍾麟會同熟商妥籌辦理。至所稱平蒲各屬阻于地勢，天津所購之米未易運到，請飭該撫就近在河東道庫先提銀數萬兩，由地方官督同公正紳士，擇地設局平糶，或分設粥廠，以期迅速，并著曾國荃酌度籌辦。

"甘肅寧夏、中衛一帶産米甚多，由河運直達晋省沿河各岸，運費亦尚節省。著該撫體察情形，派員前往采購，設局收儲，待來春河流冰泮順流而下，庶來年青黄不接之時，得資接濟。該省本年春徵錢糧，聞民間業經完納者不少，該地方官以報灾在先，可冀蠲減，難保無侵漁中飽情弊。著曾國荃確切查明已徵未解之項，儘數提歸藩庫，以重帑項。

"山西被灾甚重，朝廷軫念灾區，深恐實惠不能及民，以致流離失所。閻敬銘寄寓晋省，本日已明降諭旨，派令稽查該省賑務。該侍郎深受國恩，實心任事，現值灾黎待賑孔亟之時，務當迅速起程，周歷灾區，認真查核，不得稍涉推諉。所有應用經費，著曾國荃酌量籌給。將此由四百里諭令知之。欽此。"遵旨寄信前來。

【《光緒宣統兩朝上諭檔》第3册，第288頁第683條】

陝甘總督左宗棠奏請以胡韵蘭補知階州摺

光緒三年十月十三日

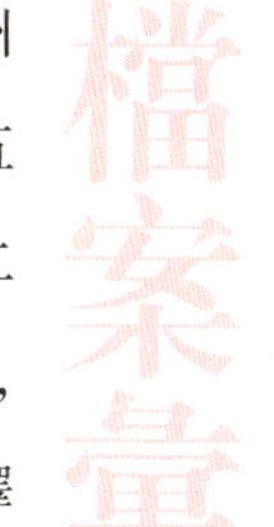

欽差大臣、大學士、督辦新疆軍務、陝甘總督、二等恪靖侯加一等輕車都尉臣左宗棠跪奏：爲請補直隸州知州要缺，以裨地方，恭摺仰祈聖鑒事。

竊據甘肅布政使崇保、按察使史念祖會詳稱，竊查甘肅階州直隸州知州顧超奉準部覆，開缺另補，係于光緒三年三月十七日奉旨，應以奉旨後第五日，三月二十二日由部行文之日起，按照限減半扣算二十八日，應于四月二十日到甘，作爲開缺日期，業已截缺報部。所遺之階州直隸州知州係簡缺，曾經聲明扣留，由甘揀補在案。究竟地當隴蜀要衝，兵燹之餘，應爲地擇人，以資治理。查前奉吏部銓選變通章程，内開：雲貴、甘肅升調補缺知縣要缺一項，初任候補并揀發委用，以及到省在後各員，均准通融揀選題補。部選各缺，道、府以至未入流，亦照請補要缺章程，無論何項缺出，擇其人地相宜之員請補，俟軍務告竣，另起序補班次。又，勞績保留之，曾經分發驗看到省，續經保升、捐升及降革開復、奏升未經引見人員，均准暫緩赴部，遇有缺出，准酌量題署升署，俟接準部覆後，軍務稍鬆，并案給咨赴部。等因。

今階州直隸州知州係簡缺，該司等在于各項應補人員内逐加遴選，人地多不相宜。惟查有勞績遇缺前儘先補用直隸州知州胡韵蘭，年四十五歲，湖北江夏縣人。由附生，應咸豐己未[1]恩科。本省鄉試中式舉人。同治二年揀選知縣。四年，考取覺羅官學漢教習。五年，經前督臣楊岳斌奏請揀發，是

①咸豐己未：咸豐九年（1859）。

年十二月十三日，由吏部帶領引見，奉旨："胡韵蘭，著以知縣發往甘肅差遣委用。欽此。"七年四月初九日到省，委署平羅縣知縣，代理寧朔縣知縣。經前署督臣穆圖善在于收復渭源縣城案内彙保。九年七月十五日，奉旨："著俟補缺後，以直隸州知州補用。欽此。"旋因提借滿營官兵月糧，經前寧夏副都統金順奏參革職留營。十年，奏請開復，并免繳捐復銀兩。是年四月二十二日，奉旨："著照所請。該部知道。欽此。"復委代理寧朔縣事。經臣在于城防案内彙保。是年十二月十二日，奉旨："著免補知縣，以直隸州知州，不論繁簡，遇缺前，儘先補用，并賞戴花翎。欽此。"十一年十二月二十五日，聞訃丁繼母憂，報明守制，請咨回籍。十二年十月二十日到籍。光緒元年三月二十五日服闋起復，由籍仍赴甘肅補用。二年七月二十三日到省。

現經代理寧夏縣知縣人司等查，該員胡韵蘭，年壯才明，辦事穩慎，且在甘有年，熟悉地方情形。前署各縣印務，辦理一切，諸臻妥協，若以補階州直隸州知州，人地極爲相宜，理合援照變通請補章程，詳請具奏。等情。前來。臣查，該員胡韵蘭，老成練達，才可有爲，以之請補階州直隸州知州，洵堪勝任。合無仰懇天恩，俯念要缺需員，準以儘先補用直隸州知州胡韵蘭補授階州直隸州知州，以裨地方。如蒙俞允，俟奉準部覆後，照例給咨，送部引見。仍俟試俸年滿，如果"稱職"，另請銷去"試"字。該員任内并無參罰案件，合并陳明，恭摺具陳，伏乞皇太后、皇上聖鑒訓示。謹奏。

光緒三年十月初三日。

軍機大臣奉旨："吏部議奏。欽此。"

【《宫中檔光緒朝奏摺》第1輯，第655頁】

陝甘總督左宗棠奏報寧夏官兵歲需糧草摺

光緒三年十一月初二日

欽差大臣、大學士、督辦新疆軍務、陝甘總督、二等恪靖侯加一等輕車都尉臣左宗棠跪奏：爲遵旨查明寧夏滿營歲需兵糧，并例馬料草，應就現在地方情形酌量辦理，恭摺具陳，仰祈聖鑒事。

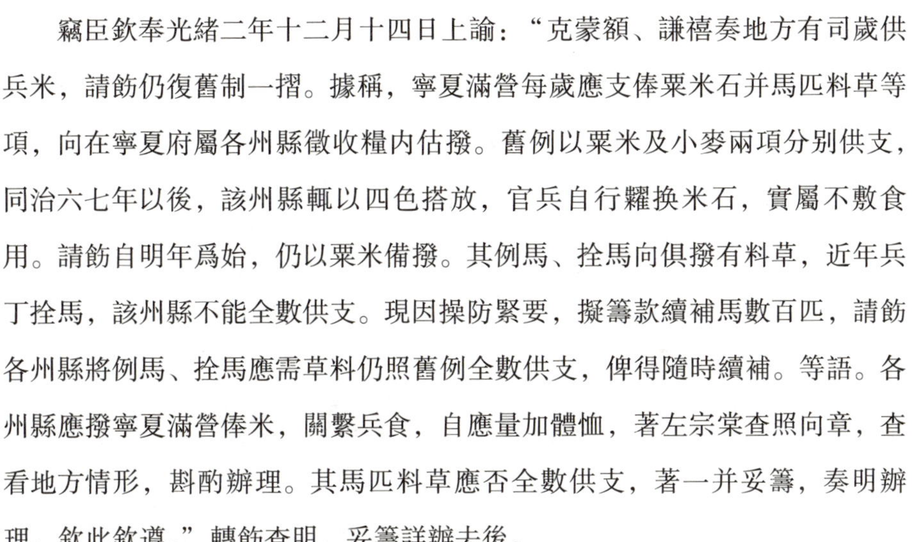

竊臣欽奉光緒二年十二月十四日上諭："克蒙額、謙禧奏地方有司歲供兵米，請飭仍復舊制一摺。據稱，寧夏滿營每歲應支俸粟米石并馬匹料草等項，向在寧夏府屬各州縣徵收糧内估撥。舊例以粟米及小麥兩項分别供支，同治六七年以後，該州縣輒以四色搭放，官兵自行糶换米石，實屬不敷食用。請飭自明年爲始，仍以粟米備撥。其例馬、拴馬向俱撥有料草，近年兵丁拴馬，該州縣不能全數供支。現因操防緊要，擬籌款續補馬數百匹，請飭各州縣將例馬、拴馬應需草料仍照舊例全數供支，俾得隨時續補。等語。各州縣應撥寧夏滿營俸米，關繫兵食，自應量加體恤，著左宗棠查照向章，查看地方情形，斟酌辦理。其馬匹料草應否全數供支，著一并妥籌，奏明辦理。欽此欽遵。"轉飭查明，妥籌詳辦去後。

兹據甘肅藩司崇保詳，據寧夏府知府李宗賓禀稱，寧夏滿營官兵俸粟米石、料草等項，承平時係由寧夏、寧朔二縣按月供支。如該縣徵糧不敷，係由靈州、中衛、平羅三州縣提撥協濟。如仍不敷，始由司庫籌撥銀兩采買供支。兵燹後，兵糧無出，始由寧夏、寧朔、靈州、平羅等州縣按畝捐糧，儘收儘支，并無定額。至同治十二、十三年及光緒元年，滿營兵糧迭次遞加至一萬七千餘石，各州縣竭力協濟，由滿營委員前往守催辦理，已屬拮据异常。光緒二年，連閏一歲，滿營應需糧、料二萬五千餘石，隨即分飭照辦。各州縣以撥糧由寧夏、寧朔、靈州、平羅等州縣按畝捐糧，儘收儘支，并無定額，至同治十二、十三年及光緒元年，滿營兵糧迭次遞加至一萬七千餘

石，各州縣竭力協濟，由滿營委員前往守催辦理，已屬拮据异常。光緒二年，連閏一歲，滿營應需糧、料二萬五千餘石，隨即分飭照辦。各州縣以撥糧過多，稟請減撥。幸中衛縣儲有陳糧，賴以無誤。今將軍克蒙額復奏請查照向例，嚴飭各廳、州、縣將奉撥糧石概以粟米、小麥備供，不准以豆抵米，四色雜支。查各該州縣均按徵收色樣搭配供支，若概需粟米、小麥，勢必不敷指撥。又，兵丁例馬二千六百三十八匹，内除報明先後買補馬四百匹，業已估撥料草，尚有例馬二千二百三十八匹，核計一歲應需料一萬五千一百六石五斗，草二十六萬八千五百六十束，爲數過巨。各州縣值兵燹之餘，耕墾驟難，復額徵糧，搜括維艱，若再加以添撥，委實無從措手。司庫久空，又無款可墊，自應就現在地方情形酌籌辦理。

查現在寧夏滿營官兵每歲應需俸粟米糧一萬七千六百七十九石，官例馬應需本色料二千九百九十二石五斗，已經拴買兵例馬四百匹，應需半本料二千五百二十石，本色草四萬八千束。該司酌議，官員俸米由寧夏府屬各廳、州、縣先儘上色麥、粟米支放，若米、麥不敷，准以上色豌豆抵官俸，米内不准再搭下色青豆，其馬料准以豌豆、青豆各半供支。似此變通辦理，庶各屬徵收尚無妨礙，而兵丁食用亦資敷衍。此項寧夏各屬撥供滿營兵糧，惟中衛距滿營三百六十里，應照向例，州縣協撥兵糧每石每百里准銷脚糧一斗五升之例，減半爲每石百里准銷脚糧七升五合，以資挽運，俟寧夏府城倉廒修復之日，再照舊例辦理。

再，查寧夏滿營尚有未買補兵例馬二千二百三十八匹，若全數買補，所需料草爲數甚巨，無款可籌，應酌量先准買馬五百匹，計每歲需倉斗料三千一百五十石，草□萬束。寧夏各屬無款供支，擬將此項馬料折銀三千一百五十兩，草束折銀六百兩，二共銀三千七百五十兩，按照定章，每兩折銀八錢五分，共折銀三千一百八十七兩五錢，在于寧夏厘金項下撥給滿營自行采買。其餘兵例馬一千七百三十八匹暫緩買補。等情。詳請具奏前來。

臣查，寧夏地方久經兵燹，民間元氣未復，各州縣徵收驟難如額，實屬共見共聞。崇保所擬撥支滿營歲需米石、料草，雖與舊章未符，而時局所限，不能不從權辦理。將軍克蒙額等，于地方情形，尚未深悉，宜有不諒之詞。臣欽奉旨，斟酌妥籌，未敢遷就附和。所有查明寧夏滿營官兵歲需兵糧、料草，就現在情形，酌量辦理緣由，理合恭摺具奏，伏乞皇太后、皇上聖鑒，敕下寧夏將軍遵照施行。謹奏。

光緒三年十一月初二日。

軍機大臣奉旨："著照所議辦理。即由左宗棠知照寧夏將軍遵行。該部知道。欽此。"

【《宫中檔光緒朝奏摺》第 1 輯，第 672 頁】

△諭克蒙額奏北路游匪擾及阿拉善地籌辦防堵

光緒三年十一月二十八日

軍機大臣字寄欽差大臣、督辦新疆軍務、大學士、陝甘總督、一等恪靖伯左，寧夏將軍克，副都統謙。

光緒三年十一月二十八日，奉上諭："克蒙額奏，北路游匪擾及阿拉善地籌辦防堵一摺。本年七八月間，突有騎馬游勇，各帶槍械，由北界烏拉特西公旗竄入沙金套海等處，搶掠焚殺，旋即遁回烏拉特旗游牧。克蒙額現已資令阿拉善旗派兵會剿，并派官員帶隊在石嘴子沿邊一帶扼要探擊。即著克蒙額、謙禧督飭派出官軍實力剿捕，務將此股游匪悉數殲除，毋任紛竄。寧夏滿、緑兩營兵力單薄，不敷分布，著左宗棠酌撥隊伍，迅速前往助守，以資厚集。將此由五百里諭令知之。欽此。"遵旨寄信前來。

【《光緒宣統兩朝上諭檔》第 3 冊，第 452 頁第 998 條】

光緒四年（1878）

陝甘總督左宗棠奏余虎恩等賞都尉謝恩摺

光緒四年五月初二日

欽差大臣、大學士、督辦新疆軍務、陝甘總督、二等恪靖侯加一等輕車都尉臣左宗棠跪奏：爲據情代奏，恭謝天恩事。

竊據記名提督、陝西安鎮總兵余虎恩，記名提督、署甘肅寧夏鎮總兵譚拔萃，陝西遇缺題奏道羅長祐，提督黄萬鵬、董福祥、陳建厚、蕭元亨、戴宏勝，記名提督、巴里坤鎮總兵席大成，提督陶生林、譚慎典、張春發、湯仁和、李隆賓、潘長清、桂錫楨、張俊、湯彦和，總兵侯名貴、夏辛酉呈稱，接奉恭録行知，準兵部火票遞到，光緒四年二月十二日，内閣奉上諭："提督余虎恩、譚拔萃，前經賞給騎都尉世職，均著改爲一等輕車都尉。世職道員羅長祐，著賞給雲騎尉世職，并賞穿黄馬褂。提督黄萬鵬，前以賞給雲騎尉世職，著改爲騎都尉。世職董福祥、陳建厚，均著賞給雲騎尉世職。蕭元亨、戴宏勝，前經賞給雲騎尉世職，均著改爲騎都尉世職。騎都尉世職提督席大成，著賞加一雲騎尉世職。陶生林，前經賞給雲騎尉世職，著改爲騎都尉世職。譚慎典、張春發、湯仁和、李隆賓、潘長清，均著賞給雲騎尉世職。桂陽楨，著賞穿黄馬褂，并賞給三代正一品封典。提督張俊、總兵侯名貴、提督湯彦和、總兵夏辛酉，均著賞穿黄馬褂。欽此。"謹即恭設香案，望闕叩頭謝恩。

伏念虎恩等萬里從戎，三邊于役。供臂使于紫漠，幸翦鴟張；邀首薦于丹宸，欽承鳳詔。或賞延于世，垂裕而累葉承恩，或采焕于身，被服而中央表色。鴻施渥被，鰲戴莫勝，惟有敬肄邊籌，庶异族各安乎疆索，共修戎律，冀天威永奠夫昆侖。所有感奮榮幸下忱，懇爲據情代奏，恭謝天恩前來。理合恭摺代奏，伏乞皇太后、皇上聖鑒。謹奏。

光緒四年五月初二日。

軍機大臣奉旨："知道了。欽此。"

【《宮中檔光緒朝奏摺》第2輯，第4頁】

陝甘總督左宗棠奏以周錫文補撫民通判摺

光緒四年五月初九日

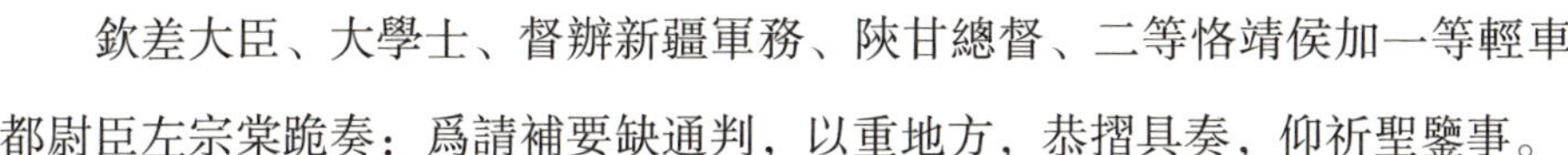

欽差大臣、大學士、督辦新疆軍務、陝甘總督、二等恪靖侯加一等輕車都尉臣左宗棠跪奏：爲請補要缺通判，以重地方，恭摺具奏，仰祈聖鑒事。

竊據甘肅布政使崇保、按察使史念祖會祥稱，竊照新設之甘肅化平川直隸撫民通判定爲要缺，奉準部咨，係于同治十一年六月初五日行文，按照限減半，扣算二十八日，應于七月初四日到甘，作爲見缺日期，業已截缺報部在案。其員缺係要缺，例應在外揀選。查前奉吏部銓選變通章程，内開：雲貴、甘肅升調補缺，道府丞倅、州縣以及佐雜各要缺，將現任各員按照應升官階任内，無論有無升案，并是否到任實授，以及歷俸試俸未經期滿各員，准擇其人地相宜者，一律升調。又，知縣要缺一項，初任候補并揀發委用，以及到省在後各員，均准通融揀選題補。其試用人員，無論正佐，如遇要缺，一并准其請補。等語。

今新設之化平川直隸撫民通判係要缺，該司等在于現任對品人員内揀選調補，人地皆不相宜。隨于各項應補人員内逐加遴選，惟查有勞績改指甘肅儘先補用通判周錫文，年三十六歲，係湖南長沙府寧鄉縣人。由俊秀，投效軍營，于同治十一年在于陝省甘捐總局遵例報捐監生，加捐州同，雙月選用。于防剿秦隴回逆并剿貴州上游股匪案内出力，經四川督臣吳棠彙案保奏，奉上諭："選用州同周錫文，著免選本班，以通判留于四川儘先補用。

欽此。”十二年九月，在西征糧臺遵例捐離原省，改指甘肅，仍歸原保班次，儘先補用，請咨赴部驗看，當堂繕寫履歷，于十三年二月十三日經吏部帶領引見，奉旨：“著照例發往。欽此。”領照赴甘，五月二十四日到省，繳照驗寫履歷，查對筆迹相符，咨部准予留省補用。業經試看期滿，甄别留省，以原官不論繁簡補用。各在案。委署化平川直隸撫民通判，于光緒二年六月二十一日到任。于關隴肅清案内經臣彙案保奏，二年二月初四日，奉上諭：“候補通判周錫文，著俟補缺後，以直隸州知州仍留原省補用，先换頂戴。欽此。”

該司等查，該員周錫文，年力精壯，辦事實心，且到甘數載，熟悉地方情形。現署新設之化平川直隸撫民通判，籌辦招撫安插一切善後事宜，諸臻妥協，以之奏補新設之化平川直隸撫民通判，實堪勝任，人地亦極相宜。援照人地相宜之例，會詳請奏前來。臣查，該員周錫文，年力正强，才具明晰，以之請補新設化平川直隸撫民通判，實堪勝任，人地極其相宜。合無仰懇天恩，俯念要缺需員，准以勞績儘先補用通判周錫文補授化平川直隸撫民通判，洵于地方有裨。如蒙俞允，該員係以通判請補通判，銜缺相當，應毋庸送部引見。仍俟試俸年滿，如果“稱職”，另請銷去“試”字。該員周錫文任内并無參罰案件，相應陳明。是否有當，爲此恭摺具奏，伏祈皇太后、皇上聖鑒訓示。謹奏。

光緒四年五月初九日

軍機大臣奉旨：“吏部議奏。欽此。”

【《宫中檔光緒朝奏摺》第2輯，第8頁】

△諭著寧夏府同知林有松開復原官

光緒四年五月十二日

前選甘肅寧夏府同知林有松，旨："著開復原官。"

【《光緒宣統兩朝上諭檔》第 4 册，第 162 頁第 482 條】

陝甘總督左宗棠奏報甘肅五月分雨糧價摺

光緒四年七月十一日

欽差大臣、大學士、督辦新疆軍務、陝甘總督、二等恪靖侯加一等輕車都尉臣左宗棠跪奏：爲恭報甘肅省光緒四年五月分糧價雨澤情形，恭摺仰祈聖鑒事。

竊查甘肅省光緒四年四月分市糧價值并得沾雨澤情形，業經幫辦臣劉典會列臣銜，具摺奏報在案。兹查五月分，蘭州等八府、六直隸州屬具報，得沾雨澤自一二三四五六寸及一尺有餘，深透不等。正值夏麥收穫、秋禾生長之際，獲此膏澤，實于農田大有裨益，民情欣悦。又查狄道、皋蘭、隴西、平羅、大通五州縣，間有被雹之處，業經臣飭司委員查勘，應俟查明，酌量辦理。至通省糧價，或與上月相同，或較上月間有增減。惟關外哈密廳應報米糧時估價值，現因軍務甫竣，未據報司。據藩司崇保核詳前來，臣覆核無异。理合恭摺具奏，并繕糧價清單，恭呈御覽，伏乞皇太后、皇上聖鑒訓示。謹奏。

光緒四年七月十一日。

軍機大臣奉旨："知道了。欽此。"

【《宫中檔光緒朝奏摺》第 2 輯，第 39 頁】

△諭内閣左宗棠等奏甘肅現辦禁種罌粟情形請將查禁不力及實在出力各員分别懲勸

光緒四年七月十九日

光緒四年七月十九日，内閣奉上諭："左宗棠等奏甘肅現辦禁種罌粟情形，請將查禁不力及實在出力各員分别懲勸各摺片。栽種罌粟，有害民食，例禁綦嚴。此次甘肅經左宗棠等督飭司道設法勸禁，已著成效，辦理尚屬認真。所有查禁不力之儘先題奏道，寧夏府知府李宗賓業因另案撤任，著暫行革職，并案查辦，候補直隸州知州。代理寧夏縣知縣胡韵蘭，著撤銷請補階州直隸州知州之案，察看酌量另補。靈州知州孫承弼卸署平羅縣事，兩當縣知縣任懋修卸署中衛縣事，碾伯縣知縣邵杜，均因另案撤任，著并案查辦。寧朔縣知縣賀昇運失察縣境栽種罌粟，撤任後，旋即查拔净盡，著免其置議，開缺另補。其查禁尤爲出力之寧靈廳同知喻光容，著賞加知府銜。署中衛縣知縣劉然亮，著交部，從優議叙。署寧夏府知府張家槐、署平羅縣知縣吕恕、代理寧夏縣知縣李日乾、代理靈州知州德蔭，均著交部議叙。署甘肅寧夏鎮總兵馮南斌督飭兵勇，隨同鋤拔，甚爲得力，著交部，照一等軍功例議叙。餘著照所議辦理。各省栽種罌粟，前經諭令，嚴行查禁，仍著各該督撫實力奉行，分别懲勸，毋得視爲具文。欽此。"

【《光緒宣統兩朝上諭檔》第 4 册，第 216 頁第 662 條】

△諭内閣著海容補授寧夏府知府

光緒四年七月二十四日

光緒四年七月二十四日，内閣奉上諭："甘肅寧夏府知府員缺，著海容補授。欽此。"

【《光緒宣統兩朝上諭檔》第 4 冊，第 217 頁第 669 條】

△奏查寧夏府知府係衝繁疲難最要缺等

光緒四年七月二十四日

查四川順慶府知府係衝、繁、難要缺，甘肅寧夏府知府係衝、繁、疲、難最要缺。謹奏。

【《光緒宣統兩朝上諭檔》第 4 冊，第 217 頁第 670 條】

△諭内閣譚鍾麟奏外省官員采運米糧助賑請旨奬勵

光緒四年十月初三日

光緒四年十月初三日，内閣奉上諭：“譚鍾麟奏外省官員采運米糧助賑，請旨奬勵一摺。上年陝西亢旱成災，糧缺價昂，經譚鍾麟商令湖南、湖北暨甘肅寧夏各官紳代爲采買糧石，分道解運，均能源源接濟，全活災黎甚多，尚屬著有微勞，自應量予奬勵。江西補用道朱昌琳，著賞加按察使銜。湖南候補道王加敏、署寧夏鎮總兵馮南斌，均著交部，從優議叙。副將周有全，著以總兵記名簡放。知府徐章佩，著賞加道銜。餘著照所議辦理。該部知道。欽此。”

【《光緒宣統兩朝上諭檔》第 4 冊，第 286 頁第 859 條】

陝甘總督左宗棠奏龔炳嵐補廣武營游擊摺

光緒四年十月二十八日

欽差大臣、大學士、督辦新疆軍務、陝甘總督、二等恪靖侯加一等輕車

都尉臣左宗棠跪奏：爲揀員借補游擊員缺，以重營伍，恭摺仰祈聖鑒事。

竊臣疊準部咨大銜借補小缺章程，内開：提、鎮借補副、參、游止，副、參、游借補都、守止。各等因。知照前來。兹出有甘肅寧夏鎮屬廣武營游擊葉廣勝病故遺缺，謹按借補章程，遴選得記名遇缺簡放提督龔炳嵐，戰陣勇往，深明紀律，堪以借補。如蒙天恩，俯准借補，應請敕部發給署札，俟防務告蕆，再行給咨，赴部引見，以符定制。除將該員履歷清册隨摺送部查核外，臣會同署甘肅提臣陶世貴合詞恭摺具奏，伏乞皇太后、皇上聖鑒，訓示施行。謹奏。

光緒四年十月二十八日

軍機大臣奉旨："兵部議奏。欽此。"

【《宫中檔光緒朝奏摺》第2輯，第86頁】

陝甘總督左宗棠奏請迅速簡補寧夏道缺摺

光緒四年十月二十八日

欽差大臣、大學士、督辦新疆軍務、陝甘總督、二等恪靖侯加一等輕車都尉臣左宗棠跪奏：爲要缺道員呈請終養，請旨開缺回籍，并懇迅賜簡放，恭摺具陳，仰祈聖鑒事。

竊據甘肅寧夏道魏喻義禀稱，親母李氏，現年八十二歲，疊接家書，老病侵尋。上年七月，因地滑失足，傷折股骨，延醫調治，迄今未愈，每日呻吟床蓐，急盼該道歸養。雖有兩弟在家，又皆患病，不能親奉湯藥。用敢瀝陳下情，懇請具奏開缺回籍終養前來。臣查，現任官員凡親年八十以上者，無論其家有無次丁，例准回籍終養。□該道魏喻義親母李氏年逾八旬，核與乞養例相符。合無仰懇天恩，俯准寧夏道魏喻義開缺回籍養親，所遺寧夏道缺係邊方要缺，應請旨迅賜簡放，以重職守。除將賫到供給咨送吏部查照外，謹據實恭摺具奏，伏乞皇太后、皇上聖鑒，訓示施行。再，該員任內并無經手未完事件，以及參罰規避情事，合并陳明。謹奏。

光緒四年十月二十八日。

軍機大臣奉旨："□□□□旨。欽此。"

【《宫中檔光緒朝奏摺》第 2 輯，第 87 頁】

△諭克蒙額謙禧奏請旨催解協餉

光緒四年十一月二十六日

軍機大臣字寄西安將軍、前寧夏將軍克，寧夏將軍善，四川總督丁，山西巡撫、一等威毅伯、曾寧夏副都統謙。

光緒四年十一月二十六日，奉上諭：摘抄起。"克蒙額、謙禧奏請旨催解協餉一摺。寧夏滿營餉銀前經户部奏明，將四川、山西及河東道應解之款，令各該省于八月前撥解一半，年内埽數解清。兹據該將軍等奏稱，僅據四川報解銀一萬兩，山西報解銀四千兩，河東道并未報解。等語。該營兵餉支絀，待用孔殷，著丁寶楨、曾國荃迅將本年四川、山西及河東道應撥餉銀務于年内埽數籌解，以濟急需，毋得再有遲延。止。

"另片奏，甲兵魁蔭等夤夜聚衆，藉詞餉項不繼，倡議勒捐，復謀劫掠，當經派兵捕拿，現已辦理完竣。等語。仍著該將軍副都統督飭官兵隨時巡查，如有不法兵丁藉端滋事，即行嚴拿懲辦，以肅營規。將此由五百里諭令知之。欽此。"遵旨寄信前來。

摘抄交户部。

【《光緒宣統兩朝上諭檔》第 4 册，第 360 頁第 1045 條】

△諭内閣著耆彬補授寧夏道員

光緒四年十一月二十八日

光緒四年十一月二十八日，内閣奉上諭："甘肅寧夏道員缺，著耆彬補授。欽此。"

【《光緒宣統兩朝上諭檔》第 4 册，第 365 頁第 1058 條】

△奏查寧夏道係衝繁難要缺

光緒四年十一月二十八日

查甘肅寧夏道係衝、繁、難要缺。謹奏。

【《光緒宣統兩朝上諭檔》第 4 册，第 365 頁第 1059 條】

光緒五年（1879）

△諭善慶等奏請飭照案籌撥軍火

光緒五年六月二十七日

軍機大臣字寄山西巡撫、一等威毅伯曾。

光緒五年六月二十七日，奉上諭："善慶等奏請飭照案籌撥軍火。等語。寧夏滿營操演槍炮所需火藥等項，節經奏准由山西籌撥。近來該營例操之外，復添馬隊鳥槍，需用軍火較前加增，自應迅速籌撥。著曾國荃查照前案，再行籌撥乾潔火藥一萬斤、鉛丸一萬斤、火繩一萬丈，毋稍短欠。所有一切工料等項，即由歷年積欠寧夏滿營餉内照數核銷。仍一面知照善慶等派員前往領解，以資應用。將此諭令。"知旨寄信前來。

【《光緒宣統兩朝上諭檔》第 5 册，第 224 頁第 686 條】

光緒六年（1880）

陝甘總督左宗棠奏查學政試各屬無劣迹摺

光緒六年正月二十六日

欽差大臣、大學士、督辦新疆軍務、陝甘總督、二等恪靖侯加一等輕車都尉臣左宗棠跪奏：爲查明學政考試各屬并無劣迹，恭摺具奏，仰祈聖鑒事。

竊照學政考試有無劣迹，應于年底查明具奏，當經飭司分行各屬查報去後。兹據署甘肅藩司楊昌濬、臬司史念祖會詳稱，轉據各府、州查得，光緒五年，甘肅學政臣許應騤科試，遇平凉、慶陽、寧夏三府，并涇州、固原二直隸州，均已試竣，按臨所至，校閱公明，并未延請本地紳士入幕及拜望紳宦故舊。該府、州承充提調，凡有應稟事宜隨時接見，在官言官，從無一人私謁。等情。由司詳請具奏前來，臣覆查無异。除咨部查照外，理合恭摺奏聞，伏祈皇太后、皇上聖鑒。謹奏。

光緒六年正月二十六日。

【《宫中檔光緒朝奏摺》第2輯，第230頁】

△諭内閣左宗棠奏神靈顯應請頒扁額

光緒六年二月二十四日

光緒六年二月二十四日，内閣奉上諭："左宗棠奏神靈顯應，請頒扁額一摺。甘肅寧夏、寧朔兩縣地方，上年夏間，蟲孽滋生，經地方文武各官敬詣劉猛將軍神廟，虔誠禱祝，立就撲滅，不致成灾，實深寅感。著南書房翰林恭書扁額一方，交左宗棠祗領，敬謹懸挂寧夏劉猛將軍廟，以答神庥。

欽此。”

【《光緒宣統兩朝上諭檔》第6册，第47頁第149條】

△諭内閣左宗棠奏神靈顯應請頒扁額

光緒六年五月十七日

光緒六年五月十七日，内閣奉上諭：“左宗棠奏神靈顯應，請頒扁額一摺。甘肅寧夏滿城關帝廟，夙著靈异，從前回匪叛亂，庇護危城。嗣後每遇旱蟲偏灾，祈禱立應，實深寅感。著南書房翰林恭書扁額一方，交左宗棠祗領，敬謹懸挂寧夏關帝廟，以答神庥。欽此。”

【《光緒宣統兩朝上諭檔》第6册，第147頁第402條】

△諭善慶等奏寧夏滿營城垣等工請先行提款擇要興修并請飭浙江迅解欠款

光緒六年五月二十三日

軍機大臣字寄寧夏將軍善、副都統謙、浙江巡撫譚。

光緒六年五月二十三日，奉上諭：“善慶等奏寧夏滿營城垣等工請先行提款，擇要興修，并請飭浙江迅解欠款一摺。寧夏滿營修理城垣、衙署、兵房等工，前經户部奏明，在浙江厘金項下撥解銀三萬兩，擇要興修，現在浙江僅解到銀一萬兩。該處工程緊要，若必待款項解齊，始行興修，轉致遲誤。善慶等請提銀三千兩，先行擇要興修。即照所請，著善慶、謙禧責成該協領等認真修理，不准稍有浮冒。此項工程，准其實用實銷。餘著照所議辦理。該處應修工程甚多，所需款項仍難稍緩，著譚鍾麟即將欠解之二萬兩速行籌撥，俾資應用，毋再遲延。將此由四百里諭令知之。欽此。”遵旨寄信前來。

抄交户、工部。

【《光緒宣統兩朝上諭檔》第 6 册，第 149 頁第 410 條】

光緒七年（1881）

△已革工部員外郎王夢熊供

光緒七年九月初十日

已革工部員外郎王夢熊供。

現年五十五歲，係甘肅隆德縣人。因同治五年奉前任陝甘總督楊岳斌派委，飭辦糧石，供應軍食。各捐户給有獎札，至今未邀請獎，無以對人。又于同治八年，被家丁李升秀等挾嫌誣陷。嗣經臬司審訊，改供完結，情實不甘。又于光緒三年，因辦賑饑，革員業已助捐糧石、銀兩，本道魏光燾等復將革員家中糧石全行封抄。爲此來京，在景山後叩閽。所供是實。

【《光緒宣統兩朝上諭檔》第 7 册，第 243 頁第 815 條】

△諭内閣著寧夏府知府海容開缺送部引見

光緒七年九月二十日

光緒七年九月二十日，内閣奉上諭："楊昌濬奏請將玩視民瘼之知府開缺，送部引見一摺。甘肅寧夏府知府海容玩視民瘼，事事未能整頓合宜，難期振作，著開缺，送部引見。所遺員缺，著陶模補授。欽此。"

【《光緒宣統兩朝上諭檔》第 7 册，第 253 頁第 849 條】

△奏查寧夏府知府係衝繁疲難最要缺

光緒七年九月二十日

查甘肅寧夏府知府係衝、繁、疲、難最要缺。謹奏。

【《光緒宣統兩朝上諭檔》第 7 冊，第 253 頁第 850 條】

光緒八年（1882）

△前甘肅寧夏府知府海容著以原品休致

光緒八年十月初六日

前甘肅寧夏府知府海容，旨：“著以原品休致。”

【《光緒宣統兩朝上諭檔》第 8 冊，第 309 頁第 848 條】

△前甘肅寧夏府知府海容著以主事用

光緒八年十月初六日

前甘肅寧夏府知府海容，旨：“著以主事用。”

【《光緒宣統兩朝上諭檔》第 8 冊，第 309 頁第 849 條】

光緒九年（1883）

△諭著繼良補授寧夏知府

光緒九年正月二十六日

光緒九年正月二十六日，內閣奉上諭：“甘肅寧夏知府員缺，著繼良補授。欽此。”

【《光緒宣統兩朝上諭檔》第 9 册，第 35 頁第 77 條】

△奏查寧夏府知府係衝繁疲難最要缺

光緒九年正月二十六日

查甘肅寧夏府知府係衝、繁、疲、難最要缺。謹奏。

【《光緒宣統兩朝上諭檔》第 9 册，第 35 頁第 78 條】

光緒十年（1884）

△諭内閣譚鍾麟奏神靈顯應請頒扁額并加封號

光緒十年二月十四日

光緒十年二月十四日，内閣奉上諭：“譚鍾麟奏神靈顯應，請頒扁額并加封號一摺。甘肅肅州金塔堡關帝、城隍、龍神各廟，并固原州及靈州、花馬池城隍神，均素著靈异，每遇地方灾患，祈禱輒應，寅感實深。著南書房翰林恭書金塔堡關帝、城隍、龍神，固原州城隍廟扁額各一方，交譚鍾麟祗領，敬謹懸挂。至所請敕加封號之處，著禮部議奏。欽此。”

【《光緒宣統兩朝上諭檔》第 10 册，第 44 頁第 98 條】

光緒十一年（1885）

△諭内閣著黄自元補授寧夏府知府

光緒十一年二月十二日

光緒十一年二月十二日，内閣奉上諭：“甘肅寧夏府知府員缺，著黄自元補授。欽此。”

【《光緒宣統兩朝上諭檔》第 11 册，第 30 頁第 66 條】

△奏查寧夏府知府係衝繁疲難最要缺

光緒十一年二月十二日

查甘肅寧夏府知府係衝、繁、疲、難最要缺。謹奏。

【《光緒宣統兩朝上諭檔》第 11 册，第 30 頁第 67 條】

△諭内閣著馮南斌補授寧夏鎮總兵

光緒十一年三月十二日

光緒十一年三月十二日，内閣奉上諭："甘肅寧夏鎮總兵員缺，著馮南斌補授。欽此。"

【《光緒宣統兩朝上諭檔》第 11 册，第 73 頁第 127 條】

△奏查寧夏鎮總兵係陸路缺

光緒十一年三月十二日

查甘肅寧夏鎮總兵係陸路缺。謹奏。

【《光緒宣統兩朝上諭檔》第 11 册，第 73 頁第 128 條】

△諭内閣劉錦棠奏總兵積勞病故請飭從優議恤

光緒十一年四月初九日

光緒十一年四月初九日，内閣奉上諭："劉錦棠奏總兵積勞病故，請飭從優議恤一摺。記名提督、甘肅寧夏鎮總兵譚拔萃于咸豐、同治年間隨同已故提督劉松山帶兵剿賊，轉戰湖南、江西、安徽、河南、山東、山西、直隸、陝西、甘肅等省，嗣經隨同劉錦棠出關，叠克各城，戰功卓著。兹以積勞身故，殊堪軫惜。加恩，著交部，照提督軍營立功後在營病故例，從優議恤，并將生平戰績宣付國史館立傳，以彰勞勛。欽此。”

【《光緒宣統兩朝上諭檔》第 11 冊，第 88 頁第 194 條】

光緒十二年（1886）

△諭奕榕常星阿奏職官任性妄爲請旨解任訊辦

光緒十二年二月二十一日

軍機大臣字寄前寧夏將軍奕、寧夏副都統常、廣西巡撫張。

光緒十二年二月二十一日，奉上諭：“奕榕、常星阿奏職官任性妄爲，請旨解任訊辦一摺。據稱，甘肅寧夏鑲白旗蒙古佐領奇克伸布有濫責商民情事，經該將軍等派員解案審辦，先期潛匿，托稱前赴張曜軍營。等語。營員任性妄爲，并不赴案，聽候查訊，輒敢私自潛行，實屬膽玩。奇克伸布，著先行解任，即由該將軍等咨明陝甘總督，通行傳解，集案訊明定擬，并著張曜查明該員如已銷鈔到營，即行派員押解陝甘總督衙門歸案審訊。摘鈔起。防禦哈達哈，奉委要差，漫不經心，著交部議處。止。原摺著鈔給張曜閱看。將此各諭令知之。欽此。”遵旨寄信前來。

摘鈔交兵部。

【《光緒宣統兩朝上諭檔》第 12 冊，第 83 頁第 144 條】

△俸深道員名單[1]

光緒十二年八月十七日

俸深道員名單：……甘肅寧夏道福裕。正紅旗，蒙古蔭生。……

【《光緒宣統兩朝上諭檔》第12册，第293頁第663條】

△諭内閣曾國荃等奏已故提督戰績卓著懇恩立傳入祀

光緒十二年十一月初四日

光緒十二年十一月初四日，内閣奉上諭："曾國荃等奏已故提督戰績卓著，懇恩立傳入祀一摺。已故烏魯木齊提督金運昌，叠經統帶卓勝軍轉戰直、東、皖、豫各省及陝甘關外，所向克捷，卓著勤勞，著將生平戰績，宣付國史館立傳，并准入祀陝西金積堡、安徽臨淮卓勝軍昭忠祠，其妾王氏、馬氏、張氏于該提督病故後，先後身殉，均著照例旌表。該衙門知道。欽此。"

【《光緒宣統兩朝上諭檔》第12册，第398頁第863條】

光緒十三年（1887）

△諭著李鴻章慶裕飭屬妥爲照料固原提督雷正綰所部馬步九營以利遄行等

光緒十三年正月十三日

軍機大臣字寄户部大學士、直隸總督、一等肅毅伯李，盛京將軍、兼管

---

①《光緒宣統兩朝上諭檔》光緒十二年十二月二十三日第1077條、光緒十三年二月二十六日第230條《俸深道員名單》亦載："甘肅寧夏道福裕，正紅旗，蒙古蔭生。"爲省文，下文不再録其文。

奉天府府尹慶，陝甘總督譚，傳諭陝西固原提督雷正綰。

光緒十三年正月十三日，奉上諭：“雷正綰所部馬步九營前經調駐營口，復諭令移扎鳳凰邊門。該提督統軍久戍，頗著勤勞，朝廷時深廑念。現在邊防安靖，自應遣撤回甘，俾資休息。著雷正綰統率所部，仍回固原本任。該軍經過地方，著李鴻章、慶裕飭屬妥爲照料，以利遄行。至到甘後，應如何裁汰歸并、分布駐扎，著譚鍾麟會商雷正綰，體察情形，酌量辦理。應領月餉，由譚鍾麟核明給發。其江蘇、浙江月協該軍每年共銀三十四萬八千兩，應由户部撥歸海軍衙門，以濟東三省練軍餉需。將此諭知户部，并由四百里諭知李鴻章、慶裕、譚鍾麟，并傳諭雷正綰知之。欽此。”遵旨寄信前來。

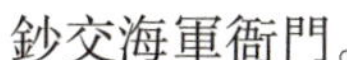

鈔交海軍衙門。

【《光緒宣統兩朝上諭檔》第 13 冊，第 13 頁第 26 條】

△諭著加恩陝西固原提督雷正綰前在奉天營口防所修建營盤借用奉省練餉銀賞給該軍毋庸歸還

光緒十三年二月初二日

光緒十三年二月初二日，内閣奉上諭：“陝西固原提督雷正綰前在奉天營口防所修建營盤，借用奉省練餉銀一萬二千七百餘兩，現據慶裕奏稱，雷正綰已如數備齊，咨請兑收。等語。該提督統軍久戍，頗著勤勞，此項銀兩，著加恩，賞給該軍，毋庸歸還，以示體恤。欽此。”

【《光緒宣統兩朝上諭檔》第 13 冊，第 56 頁第 96 條】

△諭内閣著世杰補授寧夏道員

光緒十三年二月二十七日

光緒十三年二月二十七日，内閣奉上諭："甘肅寧夏道員缺，著世杰補授。欽此。"

【《光緒宣統兩朝上諭檔》第13册，第92頁第234條】

△奏查寧夏道係衝繁難要缺

光緒十三年二月二十七日

查甘肅寧夏道係衝、繁、難要缺。謹奏。

【《光緒宣統兩朝上諭檔》第13册，第92頁第235條】

△諭引見補放西安寧夏驍騎校各一缺擬陪之前鋒伊勒屯羅林均著記名

光緒十三年四月二十九日

交鑲黄旗蒙古。

本日，引見補放西安、寧夏驍騎校各一缺，擬陪之前鋒伊勒屯羅林。奉旨："均著記名。欽此。相應傳知貴旗，欽遵辦理可也。"

此交。

四月二十九日。

【《光緒宣統兩朝上諭檔》第13册，第168頁第511條】

甘肅學政秦澍春奏恭報考試過各屬科考摺

光緒十三年九月二十八日

甘肅學政臣秦澍春跪奏：爲恭報微臣考試過甘肅各屬科考，暨階州、慶陽、寧夏三屬歲、科并考各情形，仰祈聖鑒事。

竊臣于今年二月初六日出棚考試，鞏昌、階州、秦州、平凉、固原、涇州、慶陽、寧夏等屬，先準陝甘總督臣譚鍾麟咨，據慶陽六屬州、縣、縣丞禀稱，慶城考棚大半傾圮，地方瘠苦，修舉維艱，請將歲、科考試仍舊調至涇州附棚考取，以從簡便而示體恤。等情。移咨核辦前來。

臣查，慶陽附考涇棚，歷經辦有成案，當與督臣咨商，准如所請。本年閏四月間考試，涇州遂并慶陽合棚考試。由涇州轉至寧夏，順路回省，旋于七月初四日，出棚考試西寧、凉州、甘州三府科考。由甘州試竣回省，清厘册卷，以便報部。通省科考，祇餘蘭州一府現交冬令，地方過寒，未便考試，擬俟明春，再爲接辦。查各屬科試人數，與歲考不相上下，均皆如額取進。其歲、科并考之處，階州人數較多，文武學額照數取足。慶陽、寧夏二府應試人稀，遵照定章，任缺無濫。計共扣學額，慶陽府學歲試二名，科試三名，又武童六名。合水縣學歲試一名，科試二名，又武童五名。環縣學歲、科各一名，又武童二名。寧夏府學歲試四名，科試六名。寧夏縣學歲試二名，科試五名。寧朔縣學歲、科各三名，寧靈廳學歲、科各一名，均照例不補。莊浪、凉州滿營科考，寧夏滿營歲、科并考，亦均照章取録。新疆之鎮西、迪化兩屬歲、科考試，本年六月準新疆巡撫臣劉錦棠將各場册卷嚴密包封，咨送到臣，臣細心校核，亦各取進如額。合省文風仍以秦州爲最，其餘各學亦多可造之才。士習樸誠，確守場規，尚少弊竇。臣于發落時，勖以敦品勵學，各奮前修，以仰副盛朝培養人才之至意。所有臣考過各屬科考暨歲、科并考各情形，謹恭摺具陳，伏乞皇太后、皇上聖鑒。再，臣所經過地方，秋雨較多，收成尚好，民情安静，堪慰宸廑。謹奏。

光緒十三年九月二十八日。

知道了。

【《宫中檔光緒朝奏摺》第3輯，第437頁】

光緒十四年 (1888)

△諭内閣著加恩寧夏將軍維慶照將軍例賜恤

光緒十四年三月初八日[①]

光緒十四年三月初八日，内閣奉上諭："寧夏將軍維慶由侍衛承襲侯爵，歷任副都統、駐藏大臣，洊升將軍。宣力有年，恪勤盡職。兹聞溘逝，悼惜殊深。著加恩，照將軍例賜恤。任内一切處分，悉予開復。應得恤典，該衙門察例具奏。賞銀二千兩，由甘肅藩庫給發。靈柩回旗時，沿途地方官妥爲照料，准其入城治喪。該將軍子孫幾人，著該旗查明具奏，候旨施恩。欽此。"

【《光緒宣統兩朝上諭檔》第14册，第95頁第194條】

常星阿奏陳寧夏協領因病休致摺

光緒十四年十月二十九日

奴才常星阿跪奏：爲寧夏滿營協領患病，難期速痊，呈請休致，恭摺具陳，仰祈聖鑒事。

竊臣于光緒十四年十月十五日，據副都統銜正黄、正紅兩旗滿洲花翎協

①本條在《光緒宣統兩朝上諭檔》第16册光緒十六年三月初八日第475條、第20册第967條重出。不再録文。

領訥勒亨額呈稱，共食錢糧俸禄四十一年，于咸豐四年四月間，跟隨寧夏副都統伊勒當阿出湖北兵，在雙廟子、和尚橋、楊店、三岔埠、馬溪河、灄口、黄陂縣等處共打仗八次，殺賊二名，生擒一名，出兵一次。同治元年閏五月間，隨同頭起佐領委營總柏成出靈州兵，在山徑沙溝、楊家橋、孫家濠，山邊沙梁、胡家堡、郭家橋等處剿捕回匪，并解靈州城圍，共打仗八次，殺賊三名，生擒一名，奪獲鳥槍一杆，出兵一次。自同治二年寧夏軍興以來，守城三載。當賊匪登梯入城之際，迎頭堵截，與賊巷戰，立將賊匪攻退。繼因賊匪屢攻滿城，節次縋城而下，在□園長湖、沙窩邊良田渠口，碱湖大道樊家廟、吴家橋等處，與賊迎敵誘戰，并攻打賊壘，先後共打仗三十二次，殺賊九名，奪獲賊馬一匹，大旗一杆。

因節年守城打仗殺賊尤爲出力，經將軍穆圖善保，于同治五年三月二十二日奉旨："訥勒亨額，著賞戴藍翎。欽此。"又于同治七八年間，疊有董志原大股陝匪竄入寧境，逼近城垣，節次出隊堵剿，在威遠堡、蘭峰寺、長湖、大廟等處先後共與賊接仗二十六次，奪獲大旗一杆。因帶隊堵剿殺賊甚多，經護將軍豐紳、副都統謙禧保奏，于同治十年十二月十二日奉上諭："訥勒亨額，著以協領儘先補用，先换頂戴。欽此。"復因剿辦寧夏後路竄匪，疏通運道，并襲破賊圩，在事出力，經將金順保奏，于同治十一年五月十三日奉上諭："訥勒亨額，著賞换花翎。欽此。"同治九、十等年，節次奉派出隊，會合各軍圍攻蘇家燒房，王疃納閘通昌、通貴等堡巨巢一律踏平，共出隊二十三次。因遇賊攻撲迎剿，奮勇殺賊，疊有斬擒，經護將軍豐紳擇尤保奏，于同治十三年五月十七日奉上諭："訥勒亨額，著賞加副都統銜。欽此。"復因協領任上六年期滿，并保堪膺簡用，照例給咨送京，于光緒十年閏五月二十五日，經兵部帶領引見，奉上諭："□軍機處記名。欽此欽遵。"各在案。

現年五十六歲。前在湖北軍營，膀腿染受潮濕，時發時愈。兹因年近六旬，氣血漸衰，感受邪風，觸動舊疾。現在左膀不利，舉動維艱，醫藥罔效，難期速痊，理合據實呈請休致。等因。據此，當派協領桂齡查看得，協領訥勒亨額，現因患病，觸動舊疾，醫藥罔效，舉動維艱屬實。等語。結報前來，奴才覆核無异。相應循例，專摺具奏，仰懇天恩俯准協領訥勒亨額原品休致，以示體恤之處，出自逾格鴻慈。除將該員履歷造具滿漢清册，照例咨照兵部核議外，所有協領患病、難期速痊、呈請休致緣由，理合恭摺具陳，伏乞皇上聖鑒訓示。謹奏請旨。

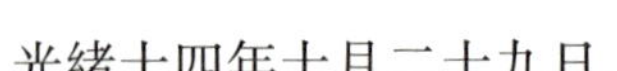

光緒十四年十月二十九日。

議照所請。兵部知道。

【《宫中檔光緒朝奏摺》第 4 輯，第 114 頁】

常星阿奏請飭部核銷欠餉數目摺

光緒十四年十月二十九日

奴才常星阿跪奏：爲陳明寧夏滿營欠餉補發數目，請旨飭部核銷，以清案牘，恭摺仰祈聖鑒事。

竊寧夏滿營光緒九年分支發俸餉實數，前已造册，咨送甘省請銷。昨準户部咨開，以承造銷册未循舊制，補發欠餉未先報明，咨令奴才查覆。等因。承準此，除查照舊制，更造款册，送由陝甘總督并案聲覆核銷外，至滿營歷年欠發餉數，近來艱窘情形，敬爲我皇太后、皇上陳之。

查寧夏滿營自遭兵燹後，實存官七十七員，領催、前鋒、馬甲、步甲、養育兵、匠役共一千五百零七名，曾于同治六年經前護將軍豐紳奏明有案。自光緒二年正月十九日，經前任將軍克蒙額奏，自本年以後，照八五折支章程計算，每年實需俸餉等項銀十萬兩。此實存官兵、實需餉款之大概也。寧夏滿營從前指有專餉，指撥者多，接到者少，緣各省豐歉有不同，是以解數有衰旺。計自同治五年起，至光緒元年止，共解到銀二十九萬餘兩，實欠解銀七十餘萬兩。所有各省報解之數，與寧夏滿營報收之數，部中亦皆有案可稽。此歷年軍餉實收、實解之大概也。收數如此，需款如彼，則歷年欠發之巨可知。兵衆如此，餉絀如彼，則旗丁困窮之甚可知。計自光緒二年起，至光緒十一年止，由山西、四川、湖北、江漢關等處共解到銀八十萬九千餘兩，尚有山西、四川等省欠發銀九萬餘兩。雖從前造銷時未即聲明欠數，實緣應需實收、實支之數，部中已皆有案可稽，故于簡明奏銷册内未曾詳列。此官兵俸餉歷年欠發之大概也。

部臣以未支款項，不准率行補發。奴才伏查，自光緒十一年起，部議指撥新餉案内聲明，不准率行補發，不准以新餉填補舊欠。等語。是不准補發實自十一年始，十一年以後，不准補發，實恐挪動新餉起見。寧夏滿營光緒九年補發此項欠餉，係在未定新章以前動用。前項詢款，亦非十一年以後新餉，此補發欠餉，尚無不合之大概也。

寧夏滿營自遭兵燹，困頓异常，所有以前欠項如何籌給，尚望撥款清發，以作軍氣。凡前項已經補支之款，其勢萬難再繳之實在情形也。合無仰懇大恩，俯念已支之款飭部准予核銷，以清案牘。其尚欠之款，容俟庫款稍充，再行陸續補支，以紓兵困，出自逾格鴻慈。所有遵照部文查明欠餉補發、擬請核銷緣由，理合繕摺具陳，伏乞皇太后、皇上聖鑒，訓示遵行。謹奏。

光緒十四年十月二十九日。

户部議奏。

【《宫中檔光緒朝奏摺》第4輯，第116頁】

△諭内閣著慶熙補授寧夏府知府

光緒十四年十一月二十三日

光緒十四年十一月二十三日，内閣奉上諭："甘肅寧夏府知府員缺，著慶熙補授。欽此。"

【《光緒宣統兩朝上諭檔》第 14 册，第 413 頁第 1207 條】

△奏查寧夏府知府係衝繁疲難最要缺

光緒十四年十一月二十三日

查甘肅寧夏府知府係衝、繁、疲、難最要缺。謹奏。

【《光緒宣統兩朝上諭檔》第 14 册，第 414 頁第 1208 條】

光緒十五年（1889）

寧夏總兵衛汝貴奏謝奉諭補授寧夏總兵摺

光緒十五年正月二十二日

記名提督、新授甘肅寧夏鎮總兵奴才衛汝貴跪奏：爲恭謝天恩，仰祈聖鑒事。

竊奴才在天津小站營次接奉大學士、直隸督臣李鴻章行知，光緒十四年十月十六日，内閣奉上諭："衛汝貴，著補授甘肅寧夏鎮總兵。欽此。"當即恭設香案，望闕叩頭謝恩。伏念奴才皖北庸愚，早從軍旅，于同治初年隨原任湖南提督周盛波統帶盛軍，剿辦髮捻各匪，轉戰南北，積官至記名提督。叠蒙拔擢，未報涓埃。光緒十年，沿海辦防，周盛波奉旨，在籍招募新軍十營來津，經督臣奏明，暫交奴才代統。復于上年十月，飭委與記名提督賈起勝，會同統領盛軍較論勛閥，本無方面之功，推序年勞，遂忝一軍之寄。茲復仰邀簡命，特予真除。

竊維寧夏地控三邊，總兵職司專閫。自揣檮昧，深懼弗勝，惟有益勵忠忱，力圖報稱，隨時隨事稟承督臣，統率將弁，認真操防，豫備緩急，不敢稍涉疏虞，以冀少酬高厚。俟交卸防務，將經手事件清厘，再當籲懇陛見。所有奴才感激下忱，謹附督臣奏事之便，繕摺叩謝天恩，伏乞皇太后、皇上聖覽。謹奏。

光緒十五年正月二十三日。

知道了。

【《宮中檔光緒朝奏摺》第 4 輯，第 287 頁】

△諭鍾泰奏請調炮械以備操防

光緒十五年二月二十七日

軍機大臣字寄前陝甘總督譚、陝甘總督楊。

光緒十五年二月二十七日，奉上諭："鍾泰奏請調炮械以備操防一摺。據稱，寧夏滿營向無新式槍炮，附近無從購辦，旗營無款可籌，請就近由陝甘總督撥給陸戰洋炮數尊，洋槍一千杆，配齊子、藥，運解到營。等語。即著該督酌量籌撥，俾資應用。將此諭令知之。欽此。"遵旨寄信前來。

【《光緒宣統兩朝上諭檔》第 15 册，第 111 頁第 254 條】

△諭內閣加恩寧夏副都統常星阿著照副都統例賜恤

光緒十五年三月二十七日

光緒十五年三月二十七日，內閣奉上諭："寧夏副都統常星阿于咸豐年間帶兵剿賊，轉戰直隸、河南、陝西、湖北、江西、安徽等省，在營二十餘年，叠受重傷，戰功卓著，洊升京旗副都統，調補寧夏副都統，均能勤慎供職。前因患病，賞假調理，兹聞溘逝，軫惜殊深。加恩，著照副都統例賜恤。賞銀一千兩，由甘肅藩庫給發。任内一切處分，悉予開復。應得恤典，該衙門察例具奏。欽此。”

【《光緒宣統兩朝上諭檔》第 19 册，第 66 頁第 233 條】

△各省陸路總兵名單①

光緒十五年十一月二十二日

……甘肅寧夏鎮總兵衛汝貴。……

【《光緒宣統兩朝上諭檔》第 15 册，第 394 頁第 1216 條】

甘新巡撫魏光燾附奏湯彦和請准免騎射片

光緒十五年十一月二十四日

再，打仗受傷人員，如實不能練習弓馬，例准免其騎射。又准部咨，嗣後請免騎射人員，即令改習槍炮。等因。兹查有署巴里坤鎮總兵湯彦和，于同治五年攻打陝西長安縣屬雨花寨，右腿受矛傷一處。是年，攻打朝邑縣，左腿受矛傷一處。九年，攻打甘肅金積堡屬馬家灘，左手臂被飛子洞穿，筋骨俱損。歷經醫治，每逢陰雨，時作疼痛，挽弓維艱，呈請奏免騎射前來。臣親加驗看，委無捏飾情弊。合無仰懇天恩，俯念該員受傷深重，賞准免其

①《光緒宣統兩朝上諭檔》第 15 册光緒十五年十一月二十六日第 1237 條、第 16 册光緒十六年正月初二日第 3 條，第 19 册光緒十九年四月初一日第 178 條、六月二十二日第 371 條《各省陸路總兵名單》亦載“甘肅寧夏鎮總兵衛汝貴”，不再重録。

騎射，改習槍炮，以示體恤，出自鴻慈。除咨部外，謹附片具陳，伏乞聖鑒訓示。謹奏。

著照所請。兵部知道。

【《宮中檔光緒朝奏摺》第4輯，第818頁】

光緒十七年（1891）

寧夏總兵衛汝貴奏爲恭謝天恩欽賞各件摺

光緒十七年正月二十日

記名提督、甘肅寧夏鎮總兵奴才衛汝貴跪奏：爲恭謝天恩，仰祈聖鑒事。

竊奴才接奉大學士、直隸總督臣李鴻章行知，光緒十七年正月初四日，内閣奉上諭："朕二旬萬壽，業經覃敷闓澤，將京外文武大員老親有年逾八十者優加賞賚。兹復據兵部及各督撫續查，海澄公黄懋澄等老親均年逾八秩，愛日承歡，允宜一體施恩，以昭盛典。甘肅寧夏鎮總兵衛汝貴之母王氏等，著各賞給御書匾額一面，紫檀三鑲，玉如意一柄，小卷江綢袍褂料二件，小卷八絲緞袍褂料二件，用示錫類、推恩至意。等因。欽此。"旋于正月十三日，由兵部頒到御書"戎校臚歡"匾額一方及欽賞各件，遵即在天津縣新城營次恭設香案，望闕叩頭謝恩。

伏念奴才猥以庸愚，渥叨拔擢。卅年疆埸，慚無薄效之呈；千里庭闈，時懔義方之訓。奴才之母王氏早蒙恩錫，疊荷榮封。八十年華，久沐生成之闓澤；九重褒賚，幸逢仁壽之昌期。新睹天章，儼九宸之對越；傳來海甸，信列校之騰歡。嘉名如意以呈祥，文綺章身而備服。凡此隆施之迭被，誠非私願所敢期。奴才惟有益勵愚忱，勉承親志。致身竭力，冀答聖朝錫類之仁；報國忘家，敢負平日教忠之語。除專弁恭賫御書匾額、欽賞各件，赴安徽合肥縣原籍，由奴才之母王氏敬謹叩領，摹泐尊藏，以彰恩寵外，所有奴才感激下忱，謹附大學士、直隸督臣奏事之便，繕摺叩謝天恩，伏乞皇上聖鑒。謹奏。

光緒十七年正月二十日。

知道了。

【《宫中檔光緒朝奏摺》第 6 輯，第 13 頁】

△各省滿蒙道員名單①

光緒十七年二月十四日

……甘肅寧夏道世杰。

【《光緒宣統兩朝上諭檔》第 17 册，第 42 頁第 91 條】

△諭内閣加恩前任寧夏將軍奕榕著照將軍例賜恤②

光緒十七年十一月初九日

光緒十七年十一月初九日，内閣奉上諭："前任寧夏將軍奕榕由侍衛洊升將軍，宣力有年，克勤厥職。嗣因患病，准其開缺，回旗調理。兹聞溘逝，軫异殊深。加恩，著照將軍例賜恤。任内一切處分，悉予開復。應得恤典，該衙門察例具奏。欽此。"

【《光緒宣統兩朝上諭檔》第 17 册，第 283 頁第 846 條】

---

①《光緒宣統兩朝上諭檔》第 17 册光緒十七年四月十四日第 238 條《各省滿蒙道員名單》亦載"甘肅寧夏道世杰"。

②《光緒宣統兩朝上諭檔》第 18 册光緒十七年十一月初九日第 36 條重出，不再録文。

甘新巡撫魏光燾奏陳照例請襲世職各員摺

光緒十七年十二月初四日

頭品頂戴、護理甘肅新疆巡撫、開缺新疆布政使臣魏光燾跪奏：爲照例請襲世職，恭摺仰祈聖鑒事。

竊據署撫標中軍參將湯秀齋、署撫標中營守備謝典禮請補昌吉縣呼圖壁、巡檢王道昌稟稱，記名提督、原任甘肅寧夏鎮屬靈武營參將楊必耀，湖南湘潭縣人。咸豐五年，由武童，投效老湘營，屢著戰功。光緒二年九月，隨同官軍進攻瑪納斯南城，力戰陣亡。經陝甘總督臣左宗棠奏准議恤，旋奉部覆，應請將陣亡提督楊必耀從優加贈太子少保銜，給騎都尉，兼一雲騎尉，襲次完時，給予恩騎尉，世襲罔替。等因。三年六月初三日具奏，本日奉旨："依議。欽此。"轉行遵照在案。

兹據該故提督之子楊光初造具宗圖履歷，親供呈請，兼襲騎都尉，兼一雲騎尉世職。等情。職等誼屬同鄉查，該員現年四十二歲，由勞績保舉都司，奏留甘肅、新疆補用，實係楊必耀嫡長子，例應兼襲，并無揑飾假冒情弊。加具印甘各結，轉請具奏前來，臣覆查無异。相應籲懇天恩，准其兼襲。俟奉部覆，照例給咨，赴部引見。除將宗圖供結分送部科外，謹恭摺具陳，伏乞皇上聖鑒訓示。再，此案改題爲奏，合并聲明。謹奏。

光緒十七年十二月初四日。

兵部議奏。

【《宫中檔光緒朝奏摺》第6輯，第815頁】

光緒十八年（1892）

△諭内閣著祝維城補授寧夏府知府

光緒十八年四月二十九日

光緒十八年四月二十九日，内閣奉上諭："甘肅寧夏府知府員缺，著祝維城補授。欽此。"

【《光緒宣統兩朝上諭檔》第 18 册，第 131 頁第 284 條】

△奏查寧夏府知府係衝繁疲難最要缺

光緒十八年四月二十九日

查甘肅寧夏府知府係衝、繁、疲、難最要缺。謹奏。

【《光緒宣統兩朝上諭檔》第 18 册，第 131 頁第 285 條】

光緒十九年（1893）

△諭内閣衛汝貴仍著補授寧夏鎮總兵

光緒十九年六月初二日

光緒十九年六月初二日，内閣奉上諭："衛汝貴現已服闋，仍著補授甘肅寧夏鎮總兵。欽此。"

【《光緒宣統兩朝上諭檔》第 19 册，第 86 頁第 323 條】

△諭内閣著惠榮補授寧夏府知府

光緒十九年八月十六日

光緒十九年八月十六日，内閣奉上諭："甘肅寧夏府知府員缺，著惠榮補授。欽此。"

【《光緒宣統兩朝上諭檔》第 19 册，第 151 頁第 477 條】

△奏查寧夏府知府係衝繁疲難最要缺

光緒十九年八月十六日

查甘肅寧夏府知府係衝、繁、疲、難最要缺。謹奏。

【《光緒宣統兩朝上諭檔》第 19 册，第 151 頁第 478 條】

光緒二十年（1894）

△諭内閣著牛師韓補授寧夏鎮總兵

光緒二十年十月初六日

光緒二十年十月初六日，内閣奉上諭："甘肅寧夏鎮總兵員缺，著牛師韓補授。欽此。"

【《光緒宣統兩朝上諭檔》第 20 册，第 495 頁第 1196 條】

△諭内閣著盛京將軍直隸總督嚴飭沿途地方官迅即押解寧夏鎮總兵衛汝貴來京

光緒二十年十一月十二日

光緒二十年十一月十二日，内閣奉上諭："前經降旨，將甘肅寧夏鎮總兵衛汝貴革職拿問，交刑部治罪。屢經催解，據報起程，迄今尚未解到，實屬延玩。著盛京將軍、直隸總督嚴飭沿途地方官，查明行抵何處，迅即押解來京，毋任逗遛。欽此。"

【《光緒宣統兩朝上諭檔》第20册，第552頁第1381條】

甘新巡撫陶模附陳受傷守備請免騎射摺

光緒二十年十二月初二日

光緒二十年十二月初二日，再查部議，打仗受傷武職員弁，必須手足受有重傷，方准請免騎射，一律考驗槍炮。等因。在案。兹據留甘儘先推補副將、署迪化城守協左旗馬隊都司、借補右旗守備徐積誠稟稱，該員于同治九年，在甘肅金積堡攻剿馬家灘，左腰受矛傷一處。同治十一年，攻克西寧小硤口，左膀受槍子傷一處。雖隨時醫愈，而筋骨俱損，挽弓維艱，懇請奏免騎射。等情。臣查，該員現在喀什噶爾駐防，當經咨署提臣黄萬鵬就近驗看，委無捏飾情弊。合無仰懇天恩俯准，將該員徐積誠免其騎射，改習槍炮，以示體恤，出自鴻慈。除咨部外，謹附片具陳，伏乞聖鑒訓示。謹奏。

著照所請。兵部知道。

【《宫中檔光緒朝奏摺》第8輯，第660頁】

光緒二十一年（1895）

△諭内閣寧夏道世杰著調補陝西潼商道等官員任免事

光緒二十一年二月初三日

光緒二十一年二月初三日，内閣奉上諭："吏部奏道員回避姻親，請以兼轄省分之缺，簡員調補一摺。甘肅寧夏道世杰，著調補陝西潼商道。周綬，著調補甘肅寧夏道。欽此。"

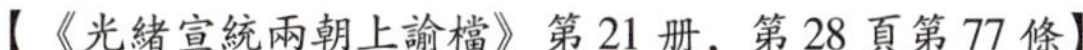

【《光緒宣統兩朝上諭檔》第21册，第28頁第77條】

△諭楊昌濬奏海城回匪糾衆爲亂派兵勦捕情形

光緒二十一年閏五月十一日

軍機大臣字寄陝甘總督楊，傳諭暫護陝西巡撫、布政使張汝梅。

光緒二十一年閏五月十一日，奉上諭："楊昌濬奏摘四字。海城回匪糾衆爲亂，派兵勦捕情形一摺。海城聚逆，前經電諭該督實力會勦。茲覽所奏，該逆糾衆爬城，戕斃知縣及眷屬、幕友、家丁人等多命，并焚劫衙署、獄庫，實屬罪不容誅。業經該督飭將獲匪龍二克等八名正法梟示，足昭炯戒。惟該匪分股四竄，恐與望城等處回民勾結煽惑，益形蔓延，著即嚴飭，派出馬步各營，合力兜勦，務將此股匪犯悉數殄除，毋任再行他竄。餘著照所議辦理。

"另片奏，摘鈔起。撤回滋事，由于游擊王振德不即帶隊赴循，爲賊所乘，致有挫失。等語。王振德，著即行革職，以示懲儆。摘鈔止。

"昨據楊昌濬電奏，河州、狄道復有回匪起事，勢甚猖獗，已令張汝梅酌派陝軍前往調遣。其董福祥所部甘軍八營前經調回甘省，現已行抵何處，著張汝梅查明，飭催迅速前進，勿稍遲延。將此由五百里諭知楊昌濬，并傳諭張汝梅知之。欽此。”遵旨寄信前來。

摘鈔交兵部。

【《光緒宣統兩朝上諭檔》第21册，第206頁第523條】

△諭楊昌濬奏官兵剿辦海城逆回獲勝情形

光緒二十一年六月初十日

軍機大臣字寄陝甘總督楊。

光緒二十一年六月初十日，奉上諭：摘鈔交吏、兵部。“楊昌濬奏官兵剿辦海城逆回獲勝情形一摺。匪犯李倡發主謀句通河州逆回馬筐筐[①]等戕官劫獄，嘯聚千餘人，蹂躪海城等三州縣，漢民慘遭荼毒。經楊昌濬派提督李培榮督飭兵團，分道進攻，兼旬之内，即行撲滅，并獲首逆多名正法，地方漸就安謐，辦理尚爲妥速。在事出力文武員弁、紳團，著准其擇優保奬，毋許冒濫。海城縣知縣惠福，同妻富察氏及伊弟妻富察氏同時遇害，情殊可憫，并被害之幕友許茂梧、家丁孫喜，均著交部議恤，以慰忠魂。鹽茶都司劉繼仁、典史方傳宗有城守監獄之責，事前疏于防範，事後又未能迅速救護，咎無可辭。李旺堡移扎七營汛署千總雷雨瑞、平遠汛把總宋安，被匪撲入，放火焚殺，亦屬咎有應得。以上四員，均著交部議處。餘著照所議辦理。鈔止。

“另摺奏剿辦河、狄回匪情形。本月初三日，據楊昌濬電奏，狄道圍解，該賊并攻河州。等語。當諭令督飭西軍各營與雷正綰合力夾擊。兹覽所奏，河、狄及西寧等匪勢狓猖，非大加懲創，不足以挫其凶鋒。即著該督速籌大枝勁旅，圍逼進攻，分投扼堵，力保完善之區。并將巴燕戎一路，嚴密

①馬筐筐：下文又作“馬匡匡”。

布置，掃蕩而前，迅速蕆〔藏〕事，毋得專待董軍到甘會剿，以致曠日持久，貽誤事機。將此由五百里諭令知之。欽此。”遵旨寄信前來。

【《光緒宣統兩朝上諭檔》第 21 冊，第 243 頁第 634 條】

△諭内閣吏部兵部會奏遵議處分固原提督雷正綰等

光緒二十一年七月二十五日

光緒二十一年七月二十五日，内閣奉上諭：“吏部、兵部會奏遵議處分一摺。陝甘總督楊昌濬、陝西固原提督雷正綰應得革職處分，均著加恩，改爲革職留任。該督等當知感奮，迅將回逆埽蕩，力贖前愆。欽此。”

【《光緒宣統兩朝上諭檔》第 21 冊，第 291 頁第 811 條】

△諭寧夏將軍鍾泰奏甘肅賊勢蔓延寧夏回衆兵單請招募勇營

光緒二十一年七月三十日

軍機大臣字寄寧夏將軍鍾。

光緒二十一年七月三十日，奉上諭：“鍾泰奏，甘肅賊勢蔓延，寧夏回衆兵單，請招募勇營一摺。寧夏地方緊要，自應預籌防堵，著准其招募練勇，至多不得過十營，務須認真選擇，不令回民混雜在内。目前亟需經費，本日已電楊昌濬酌量撥給。至軍火槍械，電飭劉坤一、王文韶查明現有若干可撥，俟覆奏到日，再行諭知飭領。嗣後練營月餉，著户部議奏。將此由五百里諭令知之。欽此。”遵旨寄信前來。

鈔交户部。

【《光緒宣統兩朝上諭檔》第 21 冊，第 297 頁第 833 條】

△諭四川山陝督撫籌撥寧夏添募練勇所需月餉

光緒二十一年七月三十日

交户部。

軍機大臣面奉諭旨："本日，鍾泰奏，寧夏添募練勇所需月餉，請飭四川、山、陝督撫籌撥的款，著户部議奏。欽此。相應傳知貴部，欽遵辦理可也。"

此交。計黏鈔摺一件。

七月三十日。

【《光緒宣統兩朝上諭檔》第 21 册，第 298 頁第 839 條】

△諭著寧夏將軍鍾泰派委妥員前赴天津領運槍械軍火

光緒二十一年八月初二日

軍機大臣字寄寧夏將軍鍾。

光緒二十一年八月初二日，奉上諭："前據鍾泰奏稱，寧夏防務緊要，需用槍械軍火，現已諭令王文韶酌撥槍二千杆，配足合膛子、藥備用，即著鍾泰派委妥員前赴天津領運。將此由五百里諭令知之。欽此。"遵旨寄信前來。

【《光緒宣統兩朝上諭檔》第 21 册，第 302 頁第 842 條】

△諭寧夏將軍鍾泰所有募成十營即著于黄河兩岸擇要布置等

光緒二十一年十一月初十日

軍機大臣字寄寧夏將軍鍾。

光緒二十一年十一月初十日，奉上諭："鍾泰奏募勇成軍，分扎要隘，并請帶隊馳赴河、狄會剿各摺片，覽奏均悉。所有募成十營，即著于黄河兩岸擇要布置。現在河冰已凍，務須嚴飭在事員弁實力防範，毋得稍有疏虞。此項勇糧，即著照行營章程開支，款項已屬不貲〔訾〕。炮隊二營，毋庸添募。前撥餉項，本日已由户部電催鹿傳霖速解矣。寧夏地方緊要，該將軍有統轄之責，自應認真防守，豈容遠離所請。前赴河、狄會剿之處，著毋庸議。將此由四百里諭令知之。欽此。"遵旨寄信前來。

光緒二十二年二月初六日。

鈔交户部。

【《光緒宣統兩朝上諭檔》第 21 册，第 442 頁第 1231 條】

光緒二十二年（1896）

△諭内閣著王鉞安補授寧夏鎮總兵

光緒二十二年正月初七日

光緒二十二年正月初七日，内閣奉上諭："甘肅寧夏鎮總兵員缺，著王鉞安補授。欽此。"

【《光緒宣統兩朝上諭檔》第 22 册，第 13 頁第 12 條】

△奏查寧夏鎮總兵係陸路缺

光緒二十二年正月初七日

查甘肅寧夏鎮總兵係陸路缺。謹奏。

正月初七日。

【《光緒宣統兩朝上諭檔》第 22 册，第 13 頁第 13 條】

四川總督鹿傳霖又陳籌撥寧夏軍餉銀兩片

光緒二十二年六月十六日

再，查前準户部電開，寧夏續請撥餉，希由貴省無論何款，再行撥給銀六萬兩速解。等因。前來。當經行司籌解去後。兹據布政使王毓藻詳稱，寧夏軍餉，待用孔殷，自應遵照籌解，用濟軍食。惟查川省各庫早已匱乏，實無别款可籌，現祇京餉項下奉撥重慶關洋税銀一十二萬兩。除二批京餉搭解銀六萬兩外，尚存銀六萬兩，悉數動撥，體鑄庫法，一副定期，于光緒二十二年四月十八日發交西商天成亨、協同慶、蔚豐厚等號承領，限定于六月初八日匯解陝甘督臣衙門交收掣領，批回回銷，以期迅速。等情。詳請奏咨前來。

臣查，回踪遠竄，寧夏一軍，業經該省奏請裁撤，此項餉銀應否仍解寧夏，殊難懸揣。現將此款解交署陝甘督臣陶模，斟酌緩急，分别轉解，合并聲明。除分咨查照外，謹附片具陳，伏乞聖鑒。謹奏。

該部知道。

【《宫中檔光緒朝奏摺》第10輯，第37頁】

△諭内閣著胡景桂補授寧夏府知府

光緒二十二年六月十八日

光緒二十二年六月十八日，内閣奉上諭：“甘肅寧夏府知府員缺，著胡景桂補授。欽此。”

【《光緒宣統兩朝上諭檔》第22册，第140頁第536條】

△奏查寧夏府知府係衝繁疲難最缺

光緒二十二年六月十八日

查甘肅寧夏府知府係衝、繁、疲、難最缺。謹奏。

六月十八日。

【《光緒宣統兩朝上諭檔》第22冊，第140頁第537條】

署陝甘總督陶模附陳揀員調署知府遺缺片

光緒二十二年六月二十六日

再，新授甘肅甘凉道明保現已到省，應飭赴新任，署甘凉道凉州府知府王儆應仍回本任，各專責成。又，寧夏府知府惠榮撤任遺缺，查有現署凉州府知府候補知府羅鎮嵩堪以調署。據藩臬兩司會詳前來，除分别檄飭遵照外，理合附片陳明，伏乞聖鑒。謹奏。

吏部知道。

【《宫中檔光緒朝奏摺》第10輯，第54頁】

署陝甘總督陶模奏陳揀員請補守備要缺摺

光緒二十二年六月二十八日

頭品頂戴、署理陝甘總督、新疆巡撫臣陶模跪奏：爲揀員請補守備要缺，以裨營伍，恭摺仰祈聖鑒事。

竊臣前準兵部咨開，陝西提標後營守備侯松齡，准其調補長武營守備，所遺陝西提標後營守備員缺，仍作爲第二輪第二缺，應用儘先人員，行令揀員請補。等因。當經轉移，遵照去後。兹準陝西固原提督雷正綰咨，實揀選得儘先補用守備同州汛千總李士貞，在固年久，營務熟悉，堪以請補，咨請核辦前來。

臣查，儘先補用守備同州汛千總李士貞，年强才裕，辦事勤能，雖儘先名次在該員之先者，尚有張心廣、楊正邦、余紹詳、胡青雲、張高亮、趙士林、夏鳴謙、張善、章志杰等九員，均與此缺人地不甚相宜，未便遷就請補。該員李士貞儘先守備名列第十，尚在部定章程二十名以内，核與奏定按名指實章程相符，以之請補斯缺，洵堪勝任，人地亦極相宜。合無仰懇天恩，俯念員缺緊要，准以該員李士貞請補陝西固原提標後營守備員缺，可期得力。如蒙俞允，該員係曾經引見之員，毋庸再行送部。應請敕部發給實授札付，以符定制。除飭取該員履歷清册另咨送部外，謹會同開缺陝西固原提督臣雷正綰合詞恭摺具奏，伏乞皇上聖鑒，訓示施行。謹奏。

光緒二十二年六月二十八日。

兵部議奏。

【《宫中檔光緒朝奏摺》第10輯，第78頁】

署陝甘總督陶模奏報甘肅禾苗被灾情形摺

光緒二十二年七月十三日

頭品頂戴、署理陝甘總督、新疆巡撫臣陶模跪奏：爲報明甘肅省光緒二十二年夏秋禾苗被灾大概情形，恭摺具陳，仰祈聖鑒事。

竊查甘肅各屬，自春徂夏，雨澤應時，收成可期中稔。惟間有稟報被雹、被水之區，當即飭司分别移行該管道、府、直隸州確查妥辦。兹據藩司曾鉌將各屬被灾大概情形，詳請具奏前來。

臣查，秦州直隸州屬之秦安縣、清水縣、徽縣，平凉府屬之静寧州，慶陽府屬之寧州，固原直隸州，階州直隸州屬之成縣，鞏昌府屬之會寧縣、安定縣，蘭州府屬之河州、皋蘭縣，凉州府屬之平番縣，各地方均于本年四、五、六等月，先後被雹、被水，損傷禾苗，輕重不一，其中間有淹斃人口、牲畜，冲塌房屋、水磨、橋梁、道路之處。小民終歲勤勞，正值夏禾結實，秋禾滋長，忽遭灾傷，殊堪憫惻。先已飭委該管道、府、州督同各地方官親往逐細覆勘，分别借給口糧，并給籽種，補種雜糧。是否不致成灾，統俟秋成查明，另行彙辦。

惟秦州直隸州屬之禮縣南鄉，并西路蒲王家莊等二十七村莊，于四月初七日午後雷雨大作，冰雹成塊，禾苗盡爲所傷。且山水陡涌，匯流入峽，淹斃男女大小二十三丁口，牛、馬、驢、羊三百餘隻。西寧府屬之碾伯縣河南教場莊，于五月初十日未刻雨雹交加，將地内田禾一律打斷。又，該縣城鄉各莊堡，于六月初四日，復降冰雹，各莊田禾被打，皆已折斷。階州直隸州屬之白馬關、東鄉、花廟子，于五月十三日午時，陡降雹雨，厚至尺餘。東北至鷄關山，西南至史家河，三十餘里夏禾全没，秋禾包穀受傷，加以連日大雨，田地冲淌甚多。循化廳屬鴻靈二族，于六月初四日午刻，有聲自西北來，風勢狂猛，雨雹大如鷄卵，合族四十餘里，禾稼盡行傷損，田地半作溝渠。蘭州府屬之金縣東北鄉，于六月初五日申刻，天降冰雹，其大如卵，積地五寸有餘，長有六十里及九十里者，禾苗概被打傷。

以上五廳、州、縣地方，被灾較重，均經飭司移行該管道、府、直隸州，并另委員，確切覆勘，動用倉糧，未停止令，將灾賑一并接續辦理。仍飭由地方官趕緊先發籽種，勸諭農民乘時補種雜糧，以冀晚收，稍資補救，而免失所。所有淹斃人口，早經各地方官捐棺殮埋。冲塌房屋，亦經飭令查明若干，照例給予銀兩，及時修蓋，以資栖止。并令將冲壞橋梁、道路趕緊修理。水冲田地、磨座查明，能否修復，錢糧應如何分别蠲緩，統俟各屬結報到日，再行彙核辦理外，合將甘省本年夏秋禾苗被灾大概情形，謹恭摺具奏，伏乞皇上聖鑒訓示。謹奏。

光緒二十二年七月十三日。

知道了。即著飭屬查明災情輕重，妥爲撫恤，毋任失所。

【《宫中檔光緒朝奏摺》第10輯，第95頁】

署陝甘總督陶模奏陳援案預估關内軍餉摺

光緒二十二年七月十三日

頭品頂戴、署理陝甘總督、新疆巡撫臣陶模跪奏：爲援案預估光緒二十三年分甘肅關内軍餉，恭摺馳陳，仰祈聖鑒事。

竊臣前準部咨，將光緒二十三年應需餉項迅速分晰奏估，以憑彙撥。等因。當即行司去後。兹據甘肅布政使曾鉌詳稱，遵查甘肅關内協餉自光緒十四年起，每年奉撥銀一百一十八萬兩，嗣經先後議減銀二十三萬七千八百餘兩，仍奉部提存司庫，每年衹准按九十四萬餘兩撙節開支。前此地方平定，尚可勉資敷衍，惟自去歲甘肅回匪變亂，籌辦防勦，需餉更巨。雖于常餉外節次另請添撥軍餉，仍多不敷所有。二十三年，甘肅關内應需常餉，擬請照舊仍按一百一十八萬兩如數指撥，准予全數開支，免其提存。一俟軍需善後，一律蕆事，仍即遵照提存，以符定章。此外，寧夏、凉州、莊浪三滿營并青海王公等餉需，自光緒十四年起，每年奉部專撥銀二十二萬兩。數年以來，滿營生齒日繁，原撥餉銀實難核減，并請仍照二十二萬兩協撥，詳請具奏前來。

臣查，關内餉項，歷年核減，已屬有絀無贏。軍興以來，費用驟增。近雖軍事漸平，人心未固，舊設防營，不敷分布，尚須將得力之營，酌留數起，以資鎮懾。明年餉需，本難預定，當此籌款竭蹶之際，惟有力期撙節，設法補苴。相應籲懇天恩，准將二十三年分關内應需軍餉，飭部照舊指撥銀共一百四十萬兩，以濟要需。俟防務如常，仍即遵照提存，以符定章。所有預估甘肅關内光緒二十三年分實需軍餉數目緣由，謹恭摺馳陳，伏乞皇上聖鑒，訓示遵行。謹奏。

光緒二十二年七月十三日。

户部議奏。

【《宫中檔光緒朝奏摺》第10輯，第97頁】

陝西巡撫魏光燾奏陳揀員請補守備要缺摺

光緒二十二年七月十三日

頭品頂戴、陝西巡撫臣魏光燾跪奏：爲揀員請補守備要缺，以裨營伍，恭摺仰祈聖鑒事。

竊查接管卷内，右營守備劉成圖借補漢中鎮屬留壩營游擊，所遺守備一缺，係第二輪第五缺，輪應儘先人員到班。前經護撫臣張汝梅以儘先守備朱墀清請補，嗣準部覆，以朱墀清儘先名次在後，其名次在前尚有張心廣等九員，行令迅揀合例人員請補。等因。前護撫臣未及核辦卸事，移交到臣。

遵查光緒十二年定章，其名次在二十名以内，均能請補。但如請補之人而以前尚有人員，須將名次在前之員逐一聲叙，或未到標，或在標，而人地不宜，再以其次人員請補。等語。兹查，册開歸標儘先守備前四名之張心廣、李榮寬、楊正邦、余紹祥均未到標，惟查有名次第五之陝西商州協標中營分防龍駒寨汛千總、藍翎、儘先守備胡青雲，現年四十九歲，甘肅固原州人。由馬兵隨營剿賊，迭著戰功，保以藍翎、千總、儘先拔補。同治十年，蕩平金積堡賊巢寧靈肅清案内保，以守備儘先補用。光緒元年，借補龍駒寨汛千總。在任多年，尚無貽誤，堪以請補撫標右營守備員缺，且與輪補章程相符。合無仰懇天恩俯准，以儘先補用守備胡青雲更補撫標右營守備。如蒙俞允，俟接准部覆後，即行給咨，送部引見，以符定制。所遺千總員缺，應由督臣另行辦理。除將該員履歷送部外，所有揀員請補撫標右營守備緣由，謹會同署陝甘總督臣陶模、陝西固原提臣雷正綰恭摺具陳，伏乞皇上聖鑒訓示。再，臣到任未及三月，例不加考，合并聲明。謹奏。

光緒二十二年七月十三日。

兵部議奏。

【《宫中檔光緒朝奏摺》第 10 輯，第 99 頁】

署陝甘總督陶模奏參庸劣文員請旨革職摺

光緒二十二年八月初七日

頭品頂戴、署理陝甘總督、新疆巡撫臣陶模跪奏：爲特參庸劣不職文員，請旨分别革職改教，以肅官方，恭摺仰祈聖鑒事。

竊維吏治之得失，地方之安危係焉，其有庸劣不職者，自應隨時嚴參。兹查有在任候補知縣、高臺縣毛目縣丞蔡世德，情性乖張。因修理衙署，擅派民錢，復創設差局，任意科斂，致交卸後，民有餘怨。試用通判李附枝，工于牟利。前辦河州厘金，收報不實，以致群相效尤，厘務減色。候補知縣柏以麗，性情粗鄙。前署海城縣事詳報命案，任意欺飾。准調海城縣知縣劉藜光，才具平庸。前在渭源縣任内值河州回亂，張皇失措，毫無布置，幸賊未攻城，不致失守。候補縣丞王榮德，遇事侵欺。代行營領餉，藉詞乾没，業經查追有案。

以上五員，均屬劣迹昭著，據布政使曾鉌、署按察使周綬會詳揭參前來，相應請旨，將在任候補知縣、高臺縣毛目縣丞蔡世德，同知用甘肅試用通判李會枝，同知銜甘肅候補知縣柏以麗，藍翎甘肅補用縣丞王榮德四員一并革職。同知銜准調海城縣知縣劉藜光係進士出身，文理尚優，請以教職歸部銓選，以儆庸劣，而肅官方。如蒙俞允，所遺海城縣知縣、毛目縣丞兩缺，甘省現有應補人員擬請扣留外補，合并聲明。所有特參庸劣不職文員，理合恭摺具陳，伏乞皇上聖鑒訓示。謹奏。

光緒二十二年八月初七日。

另有旨。

【《宮中檔光緒朝奏摺》第 10 輯，第 150 頁】

署陝甘總督陶模又陳添募馬步三營緣由片

光緒二十二年八月初七日

再，查升授陝西固原提督鄧增前由西寧率隊，出關會剿，呈請添募馬步三營，以厚兵力。所招馬隊景字左右二營，以守備楊占元、都司陳正魁分帶景字中營，步隊一營以都司王翰文幫帶，均係就地招募，于本年四月初九日點驗成軍，起支行餉，陸續開拔西進，于六月初三日行抵肅州，具報前來，臣覆查無异。除將挑募景字馬步三營成軍起餉日期咨部立案外，謹附片陳明，伏乞聖鑒。謹奏。

該部知道。

【《宮中檔光緒朝奏摺》第 10 輯，第 153 頁】

署陝甘總督陶模又陳陝西弁員互相對調片

光緒二十二年八月初七日

再，准兵部咨開，陝西河州鎮屬蘭州城守營守備員缺，准以儘先都司、河州城守營千總周迪升借補。該員本蘭州府河州人，係屬本府，例應回避，令即揀員對調。等因。臣查有陝西固原提屬西安城守協右營守備周嘉謨，係湖南寧鄉縣人，堪以調補蘭州城守營中軍守備。所遺西安城守協右營守備員缺，即以周迪升調補。均屬人地相宜，與例亦極符合。合無仰懇天恩俯准，以周迪升、周嘉謨二員互相對調。如蒙俞允，周嘉謨係引見回任之員，應請飭部先行换札，周迪升俟准部覆，即給咨，送部引見，以符定制。除查取周嘉謨履歷清册至日，另咨送部外，謹會同開缺陝西固原提督臣雷正綰合詞附片具陳，伏乞聖鑒訓示。謹奏。

兵部議奏。

【《宫中檔光緒朝奏摺》第 10 輯，第 155 頁】

署陝甘總督陶模附陳候補知州等員革職片

光緒二十二年八月初九日

再，准總統甘軍甘肅提督董福祥咨，據海城縣貢生楊鳳鳴、平遠縣紳民任永等禀，控署固原直隸州知州程敏達、署海城縣知縣柏以麗、署平遠縣知縣閔同文、陝西提標左營游擊顔咸吉，藉亂漁利，縱賊殃民。等情。鈔黏原禀，請飭查辦。等因。臣查，此案先據該貢生等以前情赴臣衙門具控，核其情節重大，當將各該牧令、游擊先後撤任。正查辦間，適董福祥咨同前由，即飭藩臬兩司遴委道、府大員前往確查，以昭慎重。據藩臬兩司會詳請奏前來，除前署海城縣候補知縣柏以麗業經臣另案奏参外，仍應請旨，將前署固原直隸州候補知州程敏達、前署平遠縣候補知縣閔同文、陝西提標左營游擊顔咸吉暫行革職，與柏以麗一并歸案查辦。俟查覆至日，再行奏明，分别辦理。謹會同開缺固原提督臣雷正綰附片具陳，伏乞聖鑒訓示。謹奏。

著照所請。該部知道。

【《宫中檔光緒朝奏摺》第 10 輯，第 158 頁】

△諭内閣陶模奏特參庸劣不職文員請旨分别懲處

光緒二十二年八月十九日

光緒二十二年八月十九日，内閣奉上諭：“陶模奏特參庸劣不職文員，請旨分别懲處一摺。甘肅在任候補知縣、高臺縣毛目縣丞蔡世德，性情乖張。修理衙署，擅派民錢，創設差局，任意科斂。試用通判李附枝，工于牟利。前辦河州厘金，收報不實。候補知縣柏以麗，性情粗鄙。前署海城縣任内詳報命案，任意欺飾。候補縣丞王榮德，遇事侵欺。代行營領餉，藉詞乾没。均著即行革職准調。海城縣知縣劉藜光，才具平庸。前在渭源縣任内值河州回亂，毫無布置，惟文理尚優，著以教職歸部銓選。餘著照所議辦理。該部知道。欽此。”

【《光緒宣統兩朝上諭檔》第 22 册，第 184 頁第 709 條】

署陜甘總督陶模又陳遵旨查辦海城逸匪片

光緒二十二年九月初一日

再，臣于本年八月初四日，承準總理各國事務衙門電寄，奉上諭：“陶模、董福祥電悉。據報關内外肅清大局已定，惟安插悍衆，收捕殘匪，應責成派出各員妥慎經理。鄧增，著赴固原提督本任，所有海城逸匪，即著該提督就近查辦，毋使漏網。一俟辦理完竣，地方平靖，即著速行馳奏，以慰謹懷。等因。欽此。”除安排悍衆，收捕殘匪，應遵旨責成派出各員妥慎經理外，查該提督鄧增帶隊駐防肅州一帶，已移行遵照赴任，并將海城逸匪就近妥爲辦理，毋使漏網，以靖地方。容俟該提督到任後辦理完竣，即行馳奏，上慰宸謹。謹先附片陳明，伏乞聖鑒。謹奏。

知道了。

【《宫中檔光緒朝奏摺》第 10 輯，第 219 頁】

署陝甘總督陶模奏報甘肅盜匪就地懲辦摺

光緒二十二年九月初一日

頭品頂戴、署理陝甘總督、新疆巡撫臣陶模跪奏：爲報明甘肅省光緒二十二年春夏二季分情重盜匪照章就地懲辦緣由，恭摺仰祈聖鑒事。

竊照甘肅地處連續，漢、番、回、撒種類不一，往往勾結爲匪，騎馬持械，搶劫爲生，甚至逞凶拒捕，傷弊事主，情勢均屬凶暴。向係照依刑部通行，隨時就地正法，按季彙報。兹查光緒二十二年春夏二季分，據中衛縣、皋蘭縣、秦州、平羅縣先後報獲盜匪向八一、林長清、李進川、朱鳳起、張新亭、黄禮沅、龍定喜即龍老三、王忹青即王老幺、線孝賢、魏剋洸、魏進工、姬司潧、王化城到案，均經批司移飭該管道、府訊供稟辦。旋據該管寧夏、蘭州等府，鞏秦階道先後審擬稟辦前來。

查該盜匪向八一、林長清、李進川、朱鳳起、張新亭、黄禮沅、龍定喜即龍老三、王忹青即王老幺、線孝賢、魏剋洸、魏進工、姬司潧十二犯，或起意圖財謀殺，或結夥持械强劫，逞凶拒捕，傷弊事主，均係情罪重大，法無可貸。經前督臣暨臣批司核覆，實屬情真罪當。除線孝賢、王忹青即王老幺、魏剋洸、朱鳳起四犯在監病故，及被捕受傷在押因傷身死，均毋庸議外，先後批飭將該犯向八一、林長清、李進川、張新亭、黄禮沅、龍定喜即龍老三、魏進工、姬司潧八犯就地正法，分别傳首犯事地方懸竿示衆，俾昭炯戒。其王化城雖聽從上盜，惟中途畏懼先逃，核其情罪較輕，已令照章鎖繫杆礅，以示懲儆。據署甘肅按察使寧夏道周綖詳請具奏前來，除仍批飭嚴緝各案逸盜，務獲究報外，所有甘肅省光緒二十二年春夏二季分情重盜匪照章就地懲辦緣由，謹開具籍貫、案由清單，恭摺具陳，伏乞皇上聖鑒，飭部查照施行。謹奏。

光緒二十二年九月初一日。

刑部知道。單并發。

【《宫中檔光緒朝奏摺》第10輯，第219頁】

新疆巡撫陶模奏報甘青肅清請旨奬敘摺

光緒二十二年九月二十三日

頭品頂戴、尚書銜甘肅提督臣董福祥，頭品頂戴、署理陝甘總督、新疆巡撫臣陶模，副都統銜西寧辦事大臣臣奎順跪奏：爲會報甘肅關内外及青海回匪一律肅清，恭摺馳陳，仰祈聖鑒事。

竊自上年三月間，循化撒回藉争教滋事，河州逆回馬永琳等乘機煽亂，省城及東南一帶處處戒嚴。五月初間，海城逆首李倡發父子復句結河回馬匡匡、趙百祥等戕官謀反，一時碾伯、巴燕戎格各屬回匪聞風響應。至六月，而全湟騷動。于是韓文秀等據西寧府城東三關，劉四伏等據北川，馬大頭、三三據西川，包良、劉伏等據北大通一帶，各擁衆數萬，四出焚掠屠殺漢民至十數萬，凶焰甚張。時甘防將卒悉赴河湟，前督臣楊昌濬以海城勢關全局，陝甘唇齒相依，急調統帶陝標馬隊守備張紹先隨同前甘肅提督李培榮等飛速進剿，兼旬之間，即就撲滅，由是東道暢通。臣奎順暨前督臣楊昌濬商派總兵鄧增等率師攻拔街子工、果什灘諸賊巢，以解循化之圍。派副將何建威等率師與狄道州知州黄燾、吏目廖葆泰内外夾攻，以解狄道之圍。派總兵牛師韓等率師收撫平戎驛賊，以解西寧之圍。當時賊衆兵單，不敷策應，雖迭經懲創，勢未少衰，并有另股回匪竄陷永昌、山丹各村堡，甘凉道梗，文報不通。

十月初四日，諭旨飭臣模署理督篆。日久，始由俄境探得電信，迅即抽調營旗，踏冰東進，遵旨疏通餉道。臣福祥奉命馳援河州，于九月間率總兵王鉞安、副將馬安良、參將張銘新等馬步營旗馳抵狄、道，六戰皆捷，遂解河圍，誅馬永琳父子及閔伏英、馬匡匡等，并搜斬逆黨四百餘名，于是河州悉平。臣福祥遂派道員張成基帶馬隊三營由循化米拉溝一帶西進，相機剿撫，遵旨添派游擊何得彪帶馬步四營往援西寧。陝西巡撫臣魏光燾今年正月提師抵湟，與臣奎順會商，先剿東三關踞匪，遂誅逆首韓文秀等，蕩平北川以進，圖多巴之賊。臣奎順派所部合鄧軍及臣福祥甘軍會剿下孫堡等處，并連解大通縣及喇課汛城圍，遂乘勝濟師以進，圖上下五莊之賊。臣福祥復派隊渡大通河，出達坂山。臣模派督標親軍副將焦大聚、新軍總兵趙有正等先後由甘州扁都口南逾祁連山以進，圖北大通之賊。二月初一日，甘軍鄧軍會克上下五莊。初七日，甘軍進攻北大通營，復其城。十一日，多巴賊斬其酋馬大頭、三三，詣湘軍乞降。三月十二日，焦大聚等會同甘軍，連破北大通各大回莊，收其餘衆，安插大通河南，俾與漢民别居，無相混雜。此各軍剿辦河湟各處之實在情形，均經先後奏明在案。

維時元惡既誅，而巴燕戎格之撒回馬成林等復句串米拉溝，逆目冶諸麻糾合水地川、甘都塘、卡爾岡三堡回衆復叛，擾及南川。而逆目劉四伏等脅衆從水峽竄出七八萬人，由青海柴達木間道蔓延關外，勢甚猖獗。臣奎順會商魏光燾及臣福祥，各派馬隊，裹糧跟追。臣奎順并飛飭蒙古王公派蒙番各兵，合力堵擊。時湘軍分統總兵龍恩思收復札什巴城，并克水地川、九莊，廓清四十餘里。適魏光燾于四月初十日奉電旨，赴陝西巡撫本任，臣福祥到湟接辦剿撫事宜，先後督飭諸軍攻下東灣、生地溝、化力坡、甘都塘、卡爾岡諸賊巢，捕誅馬成林、冶諸麻等，并搜戮湟中逸匪三千餘名，安插撫回及漢民之流亡失所者，俾各復業，于是西寧全境亦告底定。

時關外之賊警報叠至，臣等欽遵電諭，令鄧增移扎肅州一帶，力保關内完善之區。復電商署新疆巡撫臣饒應祺飭道員潘效蘇率督標親軍重復出關，會同新軍提督牛允誠等嚴堵安西、敦煌、玉門南山各隘口，分頭截擊，陣斬數千，乞撫者五六千人。該匪攻撲技窮，竄走荒磧，凍餓斃者又數萬人。劉四伏等率死黨由邑爾騰海西遁大漠，臣模電商饒應祺派隊至羅布淖爾據險設伏。七月中，劉逆至羅布淖爾東南之和兒昂地方，一鼓就擒，于是成股之賊悉經撲滅，關内關外及青海全境一律肅清。惟南山番地窮岩荒谷間有零星殘匪鼠竄偷生，已責成甘州、肅州防軍各按地段設法搜拿，不至大煩兵力矣。

臣等伏查，此次逆回構亂，嘯聚數十萬人，蹂躪地方，縱横至數千餘里，仰仗天威遠赫，次第削平。而各軍將士冒鏑衝鋒，擒渠掃穴，奔走于酷暑嚴寒之際，出入于窮荒瘴癘之中，實屬奮不顧身，异常出力。至後路防軍臺局員弁，守城之文武，團練之紳民，各省押運餉械之委員，各路賑撫難民之官吏，或嚴防要隘，或力守危城，或冒險轉輸，或招徠流散，均能力持大局，不避艱辛。除湘軍另由魏光燾專案奏奬，河州、西寧及青海關外各案由臣等分别另行具摺請奬，并歷次陣亡員弁另案辦理外，其餘出力文武員弁勇丁及上年循化、狄道、西寧解圍諸保案，業經奉旨，准擇尤保奬，并交臣模查覆酌保者，均擬歸入此次彙案，核實開單請奬。臣等公同商酌，擬以前恩奬叙，以示鼓勵，而昭激勸。所有關内外及青海一律肅清，懇將前後在事出力文武員弁暨青海蒙古王貝勒等分别請旨奬叙各緣由，謹會同陝西巡撫臣魏光燾、署理新疆巡撫布政使臣饒應祺合詞恭摺，由驛五百里馳奏，伏乞皇上聖鑒訓示。再，此摺係臣模主稿，合并聲明。謹奏。

光緒二十二年九月二十三日。

另有旨。

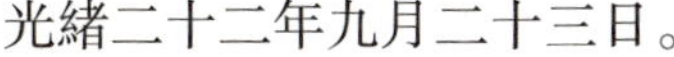
【《宫中檔光緒朝奏摺》第10輯，第252頁】

新疆巡撫陶模附陳揀員調署寧夏道缺片

光緒二十二年九月二十六日

再，署寧夏道胡宗湝調省遺缺，查有平慶涇固化道祝維城曾任寧夏府知府，熟悉情形，堪以調署。遞遺平慶涇固化道員缺，該處漢回雜處，事務較繁，查有候補道徐錫祺堪以署理。除分別檄飭遵照外，理合附片具奏，伏乞聖鑒。謹奏。

吏部知道。

【《宫中檔光緒朝奏摺》第 10 輯，第 261 頁】

新疆巡撫陶模奏陳揀員請署知縣員缺摺

光緒二十二年九月二十六日

頭品頂戴、署理陝甘總督、新疆巡撫臣陶模跪奏：爲揀員請署知縣員缺，以裨地方，恭摺仰祈聖鑒事。

竊據甘肅布政使曾鉌、署按察使周綬會詳稱，崇信縣知縣楊培之調補武威縣知縣，所遺員缺，業已截缺報部。查各省長調遺缺出例，用各項候補，并進士即用及委用、試用、大挑、議叙、捐納、截取進士、舉人各項人員。又新例，道、府以至未入流，無論何項到班，仍以五缺計算。等語。甘省知縣升調遺一項，自停止變通章程後，已用至本班捐納知縣程德音准補隆德縣知縣爲止。其次兩當縣知縣缺以截取進士知縣蘇保國請署。渭源縣知縣缺，以進士即用知縣楊增新抵補。寧朔縣知縣缺，以進士即用知縣張庭武請補。清水縣知縣缺，以海防分缺先用知縣鄧朝卿請補。均尚未奉准部覆。

今崇信縣知縣一缺，甘省現無鄭工新班，先各項花樣人員照例過班接用、大挑、正班。查大挑班内科分在先之王璠因病請假回籍，應行扣補。惟

查有大挑試用知縣陳兆康科分在先，例得請署。查該員年五十四歲，河南羅山縣舉人。光緒六年，大挑一等，以知縣用簽分甘肅領照回籍。嗣經奉文咨取赴甘，于十一年四月二十九日到省，試用年滿，甄别留用在案。歷署靖遠、西寧等縣，現署平番縣知縣，辦理一切，諸臻妥協。

該司等查，該員陳兆康安詳穩練，辦事細心，以之請署崇信縣知縣，與例相符，實堪勝任，會詳請奏前來。臣查，該員陳兆康，年强才裕，辦事勤能。合無仰懇天恩俯准，以該員陳兆康請署崇信縣知縣，實于地方有裨。如蒙俞允，銜缺相當，毋庸送部引見。仍俟試署年滿，如果“稱職”，另請實授。該員各任内并無參罰案件，謹恭摺具陳，伏乞皇上聖鑒訓示。謹奏。

光緒二十二年九月二十六日。

吏部議奏。

【《宫中檔光緒朝奏摺》第10輯，第266頁】

光緒二十三年（1897）

陕甘總督陶模奏署甘肅臬臺周綬病故摺

光緒二十三年二月十二日

頭品頂戴、陕甘總督臣陶模跪奏：爲報明署甘肅按察使寧夏道周綬在任病故日期，并所遺寧夏道員缺，請旨簡放，以重職守，恭摺仰祈聖鑒事。

竊據署甘肅皋蘭縣知縣姚世貞詳，據署甘肅按察使實缺寧夏道周綬家人杜升稟稱，家長現年六十八歲，湖南平江縣人。由陕西潼商道調補甘肅寧夏道，于光緒二十一年閏五月初二日到甘。適值回氣猖獗，奉委督辦省城城防。嗣蒙委署甘肅按察使，于是年十月十二日到任。昨因感冒風寒，服藥罔效，于二十三年二月初二日在署任内病故。由縣韓報前來。

臣查，周綬老成諳練，前在湖北襄辦軍務，爲前撫臣胡林翼所倚重。自履臬司署任，耿介不苟，治獄嚴明，辦理城防保甲，認真督飭，始終不懈。一病不起，殊爲可惜。除飭司道督同府縣將該署司身後事宜妥爲照料外，所遺寧夏道係衝、繁、難三項要缺，相應請旨，迅賜簡放，以重職守，謹恭摺具陳，伏乞皇上聖鑒。謹奏。

光緒二十三年二月十二日。

另有旨。

【《宫中檔光緒朝奏摺》第 10 輯，第 645 頁】

陝甘總督陶模奏報情重盗匪懲辦緣由摺

光緒二十三年二月二十八日

頭品頂戴、陝甘總督臣陶模跪奏：爲報明甘肅省光緒二十二年秋冬二季分情重盗匪照章就地懲辦緣由，恭摺仰祈聖鑒事。

竊照甘肅地處連續，漢、番、回、撒種類不一，往往勾結爲匪，騎馬持械，搶劫爲生，甚至逞凶拒捕，傷斃事主。近復有游勇肆行劫掠，情勢均屬凶暴。仍應按照刑部通行，隨時就地正法，按季彙報。兹查光緒二十二年秋冬二季分，據碾伯縣、平番縣、固原直隸州先後報獲盗匪鄧金魁、胡碧達、羅宋宗、李茂林、蕭老六到案，均經批司委員并飭該管道訊供稟辦，旋據該委員莊浪茶馬同知等及平慶涇固化道先後審擬稟辦前來。

查該盗匪鄧金魁、胡碧達、羅宋宗、李茂林、蕭老六五犯均係游勇，或結夥持械攔路劫殺，或起意圖財害命，或捆毆事主，强行搜劫，均係情罪重大，法無可貸。經臣批司核覆，實屬情真罪當，已先後批飭，將該犯鄧金魁、胡碧達、羅宋宗、李茂林、蕭老六五犯就地正法，分別傳首犯事地方懸杆示衆，以昭炯戒。據署甘肅按察使寧夏道周綖詳請具奏前來，除仍批飭嚴緝各案逸盗，務獲究報外，所有甘肅省光緒二十二年秋冬二季分情重盗匪照章就地懲辦緣由，謹開具籍貫、案由清單，恭摺具陳，伏乞皇上聖鑒，飭部查照施行。謹奏。

光緒二十三年二月二十八日。

刑部知道。單并發。

【《宫中檔光緒朝奏摺》第10輯，第705頁】

△諭内閣甘肅寧夏道員缺著胡景桂補授

光緒二十三年三月初五日

光緒二十三年三月初五日，内閣奉上諭："甘肅寧夏道員缺，著胡景桂補授。欽此。"

【《光緒宣統兩朝上諭檔》第23册，第52頁第169條】

△奏查寧夏道係衝繁難要缺

光緒二十三年三月初五日

查甘肅寧夏道係衝、繁、難要缺。謹奏。

【《光緒宣統兩朝上諭檔》第23册，第52頁第170條】

△諭内閣著崇俊補授寧夏府知府

光緒二十三年三月初六日

光緒二十三年三月初六日，内閣奉上諭："甘肅寧夏府知府員缺，著崇俊補授。欽此。"

【《光緒宣統兩朝上諭檔》第23册，第53頁第175條】

△奏查寧夏府知府員缺係衝繁疲難要缺

光緒二十三年三月初六日

查甘肅寧夏府知府員缺係衝、繁、疲、難要缺。謹奏。

【《光緒宣統兩朝上諭檔》第 23 册，第 53 頁第 176 條】

陝甘總督陶模又奏聞提督董福祥捐賑摺

光緒二十三年四月初一日

再，海城、平遠一帶漏網逸匪前奉諭旨查辦，業已辦理完竣，地方静謐，經臣會同甘肅提臣董福祥奏明在案。該處從前逃出難民現皆陸續還鄉歸業，惟各兹難民遭難流離，情形困苦，非急籌賑濟，無以慰來歸而資耕食。臣與藩司等正籌辦間，適提臣董福祥惓懷桑梓，情願捐助銀壹萬兩，請由司派員前往散給，不敢邀請奬叙。等情。當經飭司遵照，現已散給完竣。據甘藩司曾鉌詳請具奏前來，臣維甘肅提臣董福祥慨捐巨款，賑濟鄉閭，實屬急公好義，雖稱不敢邀奬，未便壅于上聞。合無仰懇天恩俯賜，傳旨嘉奬，以資觀感，并請敕部查明立案。再，此項銀兩係提臣董福祥自願捐散難民賑濟之需，應請毋庸造册報銷，合并陳明。謹附片具陳，伏乞聖鑒訓示。謹奏。

另有旨。

【《宫中檔光緒朝奏摺》第 10 輯，第 785 頁】

陝甘總督陶模奏陳核擬新舊秋審人犯摺

光緒二十三年四月初二日

頭品頂戴、陝甘總督臣陶模跪奏：爲核擬甘肅光緒二十三年新舊秋審人犯趙農保仔等各案，恭摺仰祈聖鑒事。

竊據兼署甘肅按察使黄雲會同布政使曾鉌、蘭州道黄雲詳稱，前準部咨，奏准變通章程，内開：應入秋審新舊人犯，迅即飭屬造具案由清册，送由臬司核明罪犯輕重，分别實、緩，將應勘人犯停止解省。該督即將擬定實緩清册奏明，咨部覆核，應入情實人犯，請旨即行處決，緩決可矜人犯，照前次變通章程分别減等發配。等因。奉旨："依議。欽此欽遵。"咨行到司，當經移行各道、府、直隸州，通飭所屬一體遵辦在案。

兹查得，光緒二十二年，原辦舊事秋審緩決人犯内，肅州絞犯李沅渟一名越獄脱逃，業經擬議，詳請具奏。入原辦新事秋審情實人犯内，奉旨勾決之静寧州斬犯王盅樺、寧州絞婦李氏二名，均經飭令處決訖。以上統共三起，計犯三名，俱應于本年秋審册内開除。其尚有原辦舊事秋審人犯内，原擬情實，二次奉旨牢固監候之安化縣絞犯劉蕾洝，又原辦情實，二次奉旨改緩之隆德縣斬犯擺蘇兒二名，與原辦緩決之文縣絞犯邢均、化平廳斬犯鄭□發、通渭縣絞犯董炭兒、寧州絞犯侯平兒、隆德縣絞犯馬增幅、中衛縣絞犯王終、洮州廳絞犯張代哇子九名，仍應分别實、緩，彙入本年舊事秋審册内辦理，并有已奉部覆，應入光緒二十三年新事秋審。大通縣絞犯趙農保仔、平凉縣絞犯朱涷至兒，鎮原縣絞犯王添益、絞犯吴跟娃，伏羌縣絞犯彭泗澤、秦州直隸州絞犯曹蘇家娃、隴西縣絞犯劉腥娃共七名，以上統共一十六起，計犯一十六名，遵照變通章程，人犯停止解勘，照依該犯等情罪酌擬實、緩，分晰新、舊，彙造年貫、案由清册，呈請具奏前來，臣覆核無异。除賫到册籍咨部核辦外，謹繕摺由驛馳陳，伏乞皇上聖鑒，飭部核覆施行。此外甘省并無應入朝審人犯，其現入秋審各犯亦無祖父子孫陣亡應行聲叙之案。此案本應循舊具題，因遵照部議變通章程辦理，是以改題爲奏，合并陳明。謹奏。

光緒二十三年四月初二日。

刑部議奏。

【《宫中檔光緒朝奏摺》第 10 輯，第 794 頁】

陝甘總督陶模附陳兩當等恤案未逾限片

光緒二十三年四月二十二日

再，前准吏部議覆，甘肅兩當縣從前陣亡之從九、張海鵬、張大鵬。又，金縣陣亡之學正劉鏋，均照四品官以下陣亡例，先行議給雲騎尉世職，襲次完時，各給予恩騎尉，世襲罔替。又，中衛縣陣亡之廩生孫繩祖照舉貢生員打仗陣亡按官員傷亡例，先行議給雲騎尉世職，襲次完時，毋庸給予恩騎尉。又，隴西縣殉難之文生馬紹曾，照九品官殉難例，先行議贈鹽運司知事銜，蔭一子，以縣主簿注册候選。仍令查明該故員生出身履歷報部，查核相符，再行分別准其襲蔭。等因。當經行據藩司飭據各該縣查造各該故員生出身履歷册籍，送部查核去後。兹準部履，核計此案已逾二年定限，應令查照定章，聲叙請恤原案并逾限緣由，奏明辦理。等因。

復行據藩司曾鉌詳稱，查從九、張海鵬等從前陣亡殉難，經前督臣譚鍾麟又順天府先後彙案請恤。光緒十九年五月，奉部題准，行令查取各該員生出身履歷。旋據兩當縣知縣蘇重熙、前署中衛縣知縣吕恕、隴西縣知縣江昌燕、金縣知縣姬愷臣于二十年十一月、十二月，二十一年四月、十一月先後查造到司。因所造履歷與司案諸多不合，屢經駁飭另造，于二十二年九月始克查明，詳咨册造。原賫年月，惟金縣有逾限期，其餘均在二年限内。往返駁查，致逾一年有餘，并非無故遲延。詳請附奏前來，臣覆核無异。謹附片具陳，伏乞聖鑒，飭部查照辦理施行。謹奏。

該部知道。

【《宫中檔光緒朝奏摺》第 10 輯，第 846 頁】

陝甘總督陶模又陳揀員委署西寧府篆片

光緒二十三年四月二十二日

再，西寧府知府胡礪鋒病故遺缺，查有調署循化廳本任貴德廳同知歐陽樂清堪以委署。署静寧州知州潘力謀調省遺缺，查有試用同知洪翼堪以委署。署平番縣知縣陳兆康調省遺缺，查有即用知縣阮士惠堪以委署。署皋蘭縣知縣姚世貞病故遺缺，查有現署高臺縣事儘先即用知縣張心鏡堪以調署。遞遺高臺縣知縣員缺，查有試用知縣盧求古堪以委署。張心鏡未到任以前，皋蘭縣篆勝應飭在省靈州知州查之屏暫行代理。據藩臬兩司會詳前來，除批飭分別給委外，理合附片陳明，伏乞聖鑒。謹奏。

吏部知道。

【《宫中檔光緒朝奏摺》第 10 輯，第 847 頁】

陝甘總督陶模附陳飭田玉廣即赴本任片

光緒二十三年四月二十二日

再，升補陝西固原提屬、西安城守協副將田玉廣赴引事竣，應即飭赴本任，以重職守。除給委外，謹附片陳明，伏乞聖鑒。謹奏。

知道了。

【《宫中檔光緒朝奏摺》第 10 輯，第 848 頁】

△諭内閣提督董福祥捐銀賑濟鄉閭交部從優議叙

光緒二十三年四月二十四日

光緒二十三年四月二十四日，内閣奉上諭：“陶模奏提督捐款濟賑請旨嘉獎。等語。甘肅海城、平遠一帶，兵燹後，難民流離失所，提督董福祥捐銀一萬兩賑濟鄉閭，洵屬好義急公，深堪嘉尚。董福祥交部，從優議叙。欽此。”

【《光緒宣統兩朝上諭檔》第23册，第86頁第323條】

陝甘總督陶模奏報酌裁兵丁節省銀糧摺

光緒二十三年四月二十六日

頭品頂戴、陝甘總督臣陶模跪奏：爲遵旨裁減甘肅緑營兵丁，節省銀、糧，及酌給裁兵遣餉銀、糧各數目據實覆陳，恭摺仰祈聖鑒事。

竊臣于本年三月十六日，承準軍機大臣字寄。光緒二十三年三月初四日，奉上諭：“户部奏，穴兵耗財過巨，亟宜大加裁汰一摺。近因庫款支絀，各省亦籌解維艱，是裁減兵勇一事，事機所迫，勢在必行。各直省將軍督撫奉到此旨，統限五月内，將裁減兵勇若干、節省餉銀若干切實覆奏。所留兵勇，務當精選訓練。鎮撫地方至所裁兵勇，應酌給遣餉銀、米之處，并著體察情形，奏明辦理。原摺著鈔給閲看。等因。欽此。”遵旨寄信前來。

仰見皇上于裁兵節餉之餘，仍寓慎重地方之至意，謹當欽遵，大加裁減，上紓宸廑，斷不敢瞻徇情面，意存見好。亦未便過事操切，貽誤地方，當與藩臬司道再四商酌。竊維甘肅地處邊陲，自前歲猝遭回亂，年餘始就平定，各廳、州、縣人民非慘被焚殺，即聞風驚避。現雖漸次歸業，而大難之後，貧窶不堪，均經奏明籌款賑撫。今春始一律播種，計此時相距秋成爲期尚遠。目下糧價多未平減，若一時裁減過衆，轉恐易滋事端。除河州鎮本標及所屬循化、保安、起臺、臨洮各營，并西寧鎮統轄地方從前被難較重，兵民情形困苦，擬請緩至二十四年秋季再行議裁外，其餘各處，截至本年夏季底止，擬請酌量先裁二成，仍按名酌給遣餉銀、糧一季，以資生計。所留八成，仍當切實訓練，暫資鎮撫，容俟來年，再當斟酌。營汛緊要偏僻地方情形，酌量再裁，另行具奏。

計督標甘肅提標涼州、肅州、寧夏三鎮及固原提督所轄駐甘各營汛，并河州鎮所屬蘭州城守營、洮岷協營、鞏昌營存營馬步守兵共一萬七千五百四十四名，此次裁減二成，計裁各兵三千五百九名。其各標營馬兵營馬本未復舊，僅有騎操馬匹尚不敷用，未能裁汰。惟固原駐甘所轄之秦州、利橋兩營屬，及化平一營，硝河一汛，并寧夏全鎮，尚是每兵一馬，共有馬四百四十二匹，計裁二成，共應裁馬八十九匹。以滿年核算，計節省餉乾草折共銀四萬二千六百六十兩一錢一分，節省兵糧馬料共糧二萬一千六百八十六石六斗，節省草一萬二千九百六十束。所裁各兵三千五百九名，按名照原支口分給予一季銀、糧作爲遣資，計應支給遣銀一萬五百七十一兩，遣糧五千三百一石五斗。至甘省舊有新添各勇營，自上年軍務肅清後，已陸續裁遣，隨時專案奏報。現時所存各勇營均駐防要隘，容再體察情形，竭力裁減，隨時具奏。其陝西各緑營應裁兵丁，俟陝藩司議詳至日，再行核辦。新疆勇營由撫臣饒應祺另行奏明辦理外，所有酌裁甘肅緑營兵丁，節省銀、糧，及酌給裁兵遣餉銀、糧各數目，據甘藩司曾鉌具詳前來，臣覆核無异。除將清册分咨户、兵二部外，謹會同寧夏將軍臣宗室鍾泰、署甘肅提臣張永清、陝西提臣鄧增合詞恭摺具陳，伏乞皇上聖鑒，訓示施行。謹奏。

光緒二十三年四月二十六日。

該部知道。

【《宫中檔光緒朝奏摺》第 10 輯，第 853 頁】

陝甘總督陶模又陳裁并提臣董福祥部片

光緒二十三年四月二十六日

再，上年十月間，河湟軍務大定，甘肅提臣董福祥來省商將所部二十營減作十二營旗，并以所部勇丁曾經出力，不忍多裁，且恐裁撤過急，另滋事端，因將西寧鎮何美玉所帶之甘軍副中營，署河州鎮本任寧夏鎮王鉞安所帶之甘軍副前營，署循化參將朱廷芳所帶之甘軍副右營，各步隊撥歸督臣管轄。從十一月初一日起，按照坐糧章程，由臣所部防軍内支餉，旋將何美玉所帶一營裁減成旗。現董福祥既遵旨添足二十營，部咨，令將督臣所部營旗極力裁并，騰餉供支。復經臣商允，于前撥三營旗内，以何美玉一旗、朱廷芳一營，仍撥還董福祥統轄，餉項截至本年四月底止，歸臣所部防軍内支給報銷。自五月初一日起，由董福祥二十營餉内給領造報，俾清界限。至原撥之甘軍副前營步隊，現經王鉞安由河州帶赴寧夏駐防，寫遠未便收還，仍歸并臣部防軍内按月支餉，容臣隨後察酌情形，分別裁留，以資節省。據甘肅糧臺布政使曾鉌詳請具奏前來，臣覆核無异。謹會同甘肅提臣董福祥附片陳明，伏乞聖鑒，飭部查照施行。謹奏。

該部知道。

【《宫中檔光緒朝奏摺》第10輯，第856頁】

陕甘總督陶模奏陳裁減兵丁酌給遣餉摺

光緒二十三年五月十一日

頭品頂戴、陝甘總督臣陶模跪奏：爲遵旨裁減陝西省緑營兵丁，節省銀、糧，及酌給裁兵遣餉銀、糧各數目，據實覆陳，恭摺仰祈聖鑒事。

竊臣欽奉諭旨，飭令裁減兵勇。等因。當即欽遵。先將甘肅緑營兵丁酌裁二成聲明，勇營隨時裁遣，由驛馳奏在案。臣查固原提標駐陝各營，及延、榆、綏、陝安、漢中各鎮，從前額設馬步守兵二萬四千八百九十五名，現實存營兵八千二百二十名，不及原額三分之一。陝省幅員遼闊，各處巡防護送稽查彈壓，在在均關緊要，委屬無可裁減。惟際此時艱，誠如聖諭，事機所迫，勢在必行，不得不于無可裁減之中力求節省。茲亦援照甘省截至本年六月底止，先汰二成，自七月初一日起，即照減定數目支放，仍酌給裁兵銀、糧一季，以資生計。其除所留各兵，容俟來年，再與陝西撫臣察酌情形，分别裁遣。除西安城守協營兵丁前于同治三年奏請改勇，僅存制兵一十五名，與撫標制兵改勇外，僅存制兵八十三名，均撥商州防堵，奉文祇開不補，應請毋庸議裁。

其撫標及西安城守協營所改勇丁，應由撫臣魏光燾酌核具奏外，計督臣所轄固原提標駐陝各營，及延、榆、綏、陝安、漢中各鎮，按二成共裁減馬步守各兵一千六百四十三名，每年節省銀二萬三千二兩二錢八分，節省兵糧馬料三千九百一十二石五斗七升四合，節省草一萬三千四百四十四束八分。所裁各兵一千六百四十三名，按名照原支口分給予一季銀、糧作爲遣資，計應支給遣銀五千七百五十兩五錢七分，遣糧八百九十五石二斗。據陝西布政使張汝梅具詳請奏前來，臣覆核無异。除將清册咨送户、兵二部外，所有裁減陝西省緑營兵丁，節省銀、糧及酌給裁兵遣餉銀、糧各數目，理合會同陝西撫臣魏光燾、陝西固原提臣鄧增合詞恭摺具奏，伏乞皇上聖鑒，訓示施行。謹奏。

光緒二十三年五月十一日。

該部知道。

【《宫中檔光緒朝奏摺》第10輯，第907頁】

陝甘總督陶模奏陳揀員借補副將要缺摺

光緒二十三年五月十九日

頭品頂戴、陝甘總督臣陶模跪奏：爲揀員借補副將要缺，以裨營伍，恭摺仰祈聖鑒事。

竊臣接准兵部咨，甘肅寧夏鎮屬中衛協副將李泰山開缺回籍修墓，遺缺係題補第二輪第二缺，應用儘先人員，行令揀員請補。等因。臣查中衛副將一缺，地處邊隅，漢回錯雜，必須久歷戎行、勇敢有爲之員，方足以資鎮懾。查有記名留甘簡用總兵，現署河州鎮總兵博多歡巴圖魯何得彪，久經行陣，歷著戰功，此次河湟軍務，隨董福祥帶隊前驅，裹瘡血戰，尤爲出力，以之借補斯缺，實于營伍、地方均有裨益，亦與部章相符。合無仰懇天恩，俯念邊圉重地員缺緊要，准以該員何得彪借補中衛協副將，以期得力。如蒙俞允，俟接准部覆後，再行給咨，送部引見，以符定制。除查取該員履歷清册咨部外，謹會同署甘肅提臣張永清合詞恭摺具陳，伏乞皇上聖鑒訓示。謹奏。

光緒二十三年五月十九日。

兵部議奏。

【《宫中檔光緒朝奏摺》第10輯，第917頁】

陝甘總督陶模奏陳分别議擬士兵控案摺

光緒二十三年五月十九日

頭品頂戴、陝甘總督臣陶模跪奏：爲查明海城、平遠二縣士民控案，分别議擬，恭摺具陳，仰祈聖鑒事。

竊前準總統甘軍甘肅提督董福祥咨，據海城縣貢生楊鳳鳴、平遠縣紳民任永等禀控前署固原直隸州知州程敏達、署海城縣知縣柏以麗、署平遠縣知縣閔同文、陝西提標左營游擊顔咸吉藉亂漁利，縱賊殃民。等情。當經臣奏請，暫行革職，一面飭司遴委妥員前往確查去後。兹據候補知府張大鏞、候補知縣史丈光、靖遠縣知縣儲英翰馳赴固原，按照原禀，逐一查明，呈由布政使曾鉌、兼署按察使黄雲議擬會詳請奏前來。

臣查，貢生楊鳳鳴、任永等分隸海城、平遠各縣，歸固原直隸州兼轄。光緒二十一年五月初間，海城逆回糾衆爲亂，戕官劫獄，竄擾平遠一帶。經前督臣楊昌濬調撥陝西撫標馬隊，會同固原提標左營游擊顔咸吉所帶馬隊跟踪追剿，迭獲勝仗。并經顔咸吉購覓回民高阿訇、鐵河州作爲眼綫，誘擒逆首李萬耿、馬伏先後正法，地方漸安。該州奏文，查辦餘匪，陸續拿獲五十二名，訊明供證確鑿，登時正法三十二名，并監斃七名，内有楊芝彦、馬貴、余阿訇、楊如雲、馬天才、買萬成、李三娃子即李三幸子、馬元祥、白布立、李麻兒、羅一約、李文富、楊保成十三名，或因挾嫌妄拿，或因供詞狡展，當由該州分别禁押，發回查訊。該紳民等以未悉數駢誅，心懷不甘，并以柏以麗前在海城署任未能嚴辦回匪，提標左營游擊顔咸吉于賊初起之時未能登時帶兵往剿，且以不應收留高阿訇、鐵河州在營作爲眼綫，旋又縱去。至閔令委署平遠時，在海城逆匪已平之後到任，辦理善後，查拿餘匪。因恐兵役搜捕滋事，阻止駐扎該處馬隊不必往拿，自傳回紳蘇灝、李國棟進署，諭拿餘匪，送縣懲辦。維時漢民廟宇被賊焚毁，適奉前任固原州匡翼之諭令該回紳等派資賠修，該回紳等乘查辦之便，兼籌賠修之費，嗣因交到賊匪内有馬保龍、馬保虎、蘇文有、李昌太、羅生明、白鳳義、馬科智、馬達五子、馬明成九名，訊無從逆實據，交保看管，另候訊辦。不期于光緒二十二年五月十八日，一并乘間潛逃，旋經閔令拿獲馬明成、馬科智、馬達五子三人，其餘逃逸無踪，以致漢民心疑賄縱。此程敏達、柏以麗、閔同文、顔咸吉被楊鳳鳴等控指藉亂漁利，縱賊殃民之所由來也。

兹經委員查訊，該原告等得悉前情，其從前所獲尚未訊明之楊芝彦等十三名，現亦查訊明確。除楊如雲、馬天才、余阿訇、買萬成、李麻兒五名實係從賊焚掠，當時漏網，法無可逭，已飭就地正法外，其楊芝彦、馬元祥、白布立、馬貴、羅一約、李文富、楊保成、李三娃子即李三幸子八名均係安分良回，委未從賊，亦均遞籍取保釋放。至顔咸吉雇用回民高阿訇、鐵河州充作眼綫，于誘擒逆首正法後，即行遣去，高阿訇等查係良民，且又誘擒逆首有功，顔咸吉并無賄縱情事。閔同文任内取保脱逃之馬保龍等九名内，經自行拿獲馬明成等三名，解送固原，歸入前次奉旨查辦逸匪案内，訊明正法。其餘馬保龍等六名現未弋獲，是否真正從逆，尚不可必。回紳蘇灝等奉諭賠修廟宇，雖經攤派，并未收取分文。原控前署固原直隸州知州程敏達、前署海城縣知縣柏以麗、前署平遠縣知縣閔同文、陝西提標左營游擊顔咸吉等，現經委員查訊，均無藉亂漁利、縱賊殃民各情事，自應分别擬結。

除前署海城縣候補知縣柏以麗經臣另案參革，應毋庸議外，其程敏達、閔同文應請開復，暫行革職處分，仍以原班候補。惟閔同文任内尚有在保脱逃、未經訊定供罪馬保龍等六犯，不能無疏忽之咎，其應得處分，聽候部議。固原提標左營游擊顔咸吉兼帶練軍馬隊，當海城逆回初起，不即帶兵馳往，本屬咎有難辭，但其時循化亂起，提督雷正綰已將標練各軍抽調七成隊伍赴河州防剿，固原城守空虚，該游擊所部不及百人，未便置之不顧。且李旺堡一役力解賊圍，擒斬首要，得以蕩平餘黨，厥功亦不可没。現準部咨開缺，足以示懲，應請仍予開復原職，另候補用。貢生楊鳳鳴等懷疑妄控，本應坐誣，第念該士民等均遭回匪殺戮之慘，情尚可原。惟訪查楊鳳鳴平日恃衿好訟，此次列名具控之任永等又係楊鳳鳴一人慫恿所致，應請將楊鳳鳴衣頂斥革，以示薄懲，其餘概請從寬免究。回紳蘇灝、李國棟雖遵諭派捐，現已查明并未收取，應毋庸議。平遠疏脱各犯係在保潛逃，已飭現署縣李瑞徵提訊保户人等有無賄縱，并差拿在逃之馬保龍等，務獲訊明有無從逆各情，另行分别辦理。是否允協，合將查明擬議緣由，謹恭摺具陳，伏乞皇上聖鑒，訓示施行。謹奏。

光緒二十三年五月十九日。

該部議奏。

【《宫中檔光緒朝奏摺》第10輯，第921頁】

△諭内閣蠲免陶模奏平羅縣馬廠地租等錢糧草束等項

光緒二十三年十二月二十三日

光緒二十三年十二月二十三日，内閣奉上諭：“陶模奏甘肅狄道州等處地方民困未蘇，請蠲免錢糧、草束等項，開單呈覽一摺。甘肅各屬，自遭兵燹後，民困未蘇。本年復被雨雹，收成歉薄，若將應徵錢糧、草束等項照常徵收，民力實有未逮。加恩，著照所請。所有狄道州、巴燕戎格廳、河州、循化廳，碾伯、大通二縣，西寧縣、沙泥州判、平番縣、洮州廳、貴德廳、平遠縣、莊浪、茶馬廳各屬正賦雜税，甘州提督課金、西寧府雜税、平羅縣馬廠地租，共應徵新舊正雜銀一萬九千二百二十六兩零，糧三萬六升三百四十一石零，草二十八萬四千二百五十八束零，課金二十四兩，均著一律蠲免，以紓民力。該督即照單開數目刊刻謄黄，遍行曉諭，務使實惠均沾，毋任吏胥舞弊，用副軫念民艱至意。餘著照所議辦理。該部知道。單并發。欽此。”

【《光緒宣統兩朝上諭檔》第 23 册，第 373 頁第 1238 條】

光緒二十四年（1898）

△諭内閣鍾泰奏因病請假回旗調治

光緒二十四年五月二十五日

光緒二十四年五月二十五日，内閣奉上諭：“鍾泰奏因病請假、回旗調治一摺。鍾泰，著賞假四個月，回旗調理。寧夏將軍，著副都統色普徵額暫行兼署。欽此。”

【《光緒宣統兩朝上諭檔》第 24 册，第 243 頁第 690 條】

檔案彙編

陝甘總督陶模奏爲據情代奏籲懇陛見摺

光緒二十四年六月初九日

頭品頂戴、陝甘總督臣陶模跪奏：爲據情代奏，籲懇陛見事。

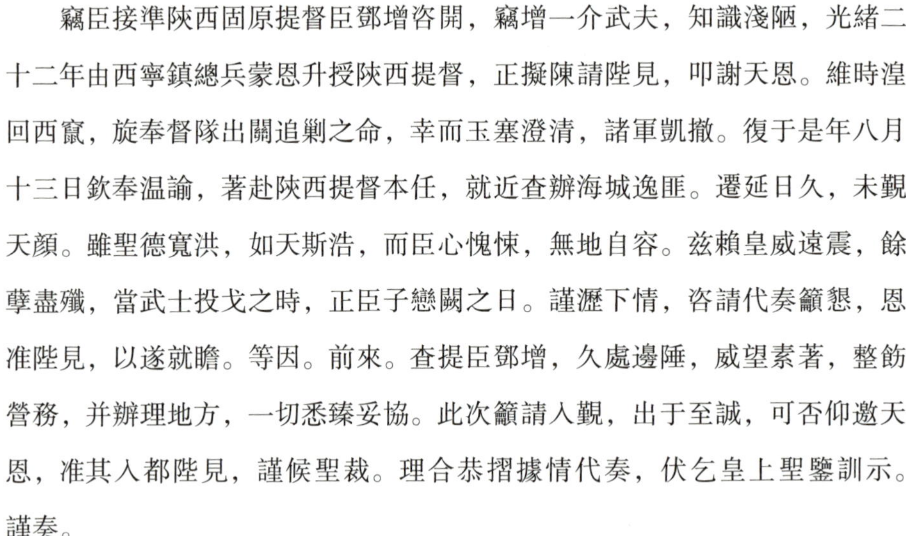

竊臣接準陝西固原提督臣鄧增咨開，竊增一介武夫，知識淺陋，光緒二十二年由西寧鎮總兵蒙恩升授陝西提督，正擬陳請陛見，叩謝天恩。維時湟回西竄，旋奉督隊出關追剿之命，幸而玉塞澄清，諸軍凱撤。復于是年八月十三日欽奉温諭，著赴陝西提督本任，就近查辦海城逸匪。遷延日久，未覲天顔。雖聖德寬洪，如天斯浩，而臣心愧悚，無地自容。兹賴皇威遠震，餘孽盡殲，當武士投戈之時，正臣子戀闕之日。謹瀝下情，咨請代奏籲懇，恩准陛見，以遂就瞻。等因。前來。查提臣鄧增，久處邊陲，威望素著，整飭營務，并辦理地方，一切悉臻妥協。此次籲請入覲，出于至誠，可否仰邀天恩，准其入都陛見，謹候聖裁。理合恭摺據情代奏，伏乞皇上聖鑒訓示。謹奏。

光緒二十四年六月初九日。

毋庸來見。

【《宫中檔光緒朝奏摺》第12輯，第30頁】

陝甘總督陶模奏陳擬令提臣校閲營旗摺

光緒二十四年七月十八日

頭品頂戴、陝甘總督臣陶模跪奏：爲調署甘肅提臣現已抵省，擬商令校閲寧夏、河州、西寧及陝西提屬駐甘防緑各營旗，藉資整頓，恭摺具奏，仰祈聖鑒事。

竊臣前接總理各國事務衙門來電，欽奉諭旨："甘肅提督，著張俊調署。

甘肅回亂初平，張俊到任，著妥爲彈壓，擇要駐扎，毋得專顧一隅。等因。欽此。”仰見皇上因地擇人，慎重邊圉，下懷莫名欽感，當即電咨遵照。維時提臣張俊尚在喀什噶爾，提督本任交卸後，東行入關，臣即咨請順道將肅州、甘州、凉州各提鎮協、標及防練各軍認真校閱在案。

兹張俊于七月初一日行抵省城，臣將屢奉諭旨，飭令整頓營務等事，面與商酌。提臣亦深以整軍經武爲當時要圖，毅然引爲己任。然應如何整頓，方能切實有效，非將通省營伍一律閱視、分别優劣，仍屬無從著手。提臣張俊公忠素著，皇上倚畀方殷，臣擬商令提臣再往寧夏、河州、西寧各鎮及陝西提屬駐甘防緑各營旗，周歷校閲，俟校畢赴任後，應如何整頓，擇要駐扎，不至專顧一隅，當遵旨擬議，另行會奏。合先恭摺具陳，伏乞皇上聖鑒訓示。謹奏。

光緒二十四年七月十八日。

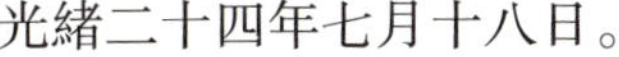

知道了。

【《宫中檔光緒朝奏摺》第12輯，第105頁】

陝甘總督陶模又陳請准提臣回籍省墓片

光緒二十四年七月十八日

再，現準提臣張俊咨稱，提督自從戎出塞，迄今二十餘年。先人墳墓，久缺展省。現奉旨調署甘肅提督，聖恩高厚，自當勉竭愚誠，以圖報稱。本不敢以一己私情，上瀆宸聽。惟甘肅本桑梓之邦，現既奏令閲視寧夏等處防緑各營隊伍，該處距原籍平遠縣、寄籍靈州均不甚遠，擬懇奏乞天恩，賞假一月，便道回籍省墓，稍盡烏私。等因。前來。合無仰懇天恩俯准，該提臣賞假一月，便道回籍省墓，俾遂孝思。謹附片具奏，伏乞聖鑒訓示。謹奏。

張俊，著賞假一個月。

【《宫中檔光緒朝奏摺》第 12 輯，第 106 頁】

陜甘總督陶模附陳揀員署理甘凉道缺片

光緒二十四年八月初一日

再，新授甘肅甘凉道、白遇道經督練甘軍、甘肅提督臣董福祥奏請留辦營務，奉旨允准。所有甘凉道員缺緊要，亟應委員署理，以重職守。臣查有甘肅候補道常祥堪以委署。又，署静寧州知州洪翼調省遺缺，查有中衛縣知縣盧世堃堪以調署。遞遺中衛縣知縣員缺，查有皋蘭縣知縣陳昌堪以調署。所遺皋蘭縣知縣員缺，查有委署狄道州尚未赴任之候補知縣蕭承恩堪以調署。其狄道州知州員缺，查有前委代理之候補知州潘力謀堪以委署。據藩臬兩司會詳前來，除分别檄飭遵照外，謹附片陳明，伏乞聖鑒。謹奏。

吏部知道。

【《宫中檔光緒朝奏摺》第 12 輯，第 146 頁】

陜甘總督陶模奏報本年各屬被灾詳情摺

光緒二十四年八月初二日

頭品頂戴、陜甘總督臣陶模跪奏：爲報明甘肅省光緒二十四年各屬夏禾被旱、被雹、被水詳細情形，謹繕清單，恭摺仰祈聖鑒事。

竊查甘肅各屬，自春徂夏，雨澤愆期，業將夏禾被旱大概情形奏報在案。乃自五月下旬以後，大雨時行，又苦霪潦，先後據階州、文縣、禮縣、環縣、皋蘭縣、成縣、固原州、碾伯縣、寧州、涇州、西固州同、海城縣、静寧州、大通縣、丹噶爾廳、西寧縣、巴燕戎格廳，靖遠縣、中衛縣、永昌縣、平遠縣、金縣、安定縣、寧靈廳、寧夏縣、寧朔縣等二十六屬稟詳申報被旱、被雹、被水及地動傾陷，禾苗、罂粟枯槁，冲没城垣、衙署、倉廒、橋梁，民房多有坍塌，人口、牲畜，間有淹斃，懇請蠲緩撫恤。各等情。經臣隨時批司飛行該管道、府、州親詣被灾處所，覆勘受傷輕重分數，將應蠲、應緩錢糧數目，據實造册，聯銜結報。并令一面籌款，將被灾貧民、淹斃人口、坍塌房屋先行趕緊分别撫恤，以免失所。因各屬被灾先後不一，地方遠近不同，尚未據一律造册結報前來。就情形而論，旱灾以階、文爲最，雹灾以固原、西固爲重，水灾以碾伯、丹噶爾、寧靈爲大，而巴燕戎格之地動傾陷，尤爲非常之灾。今夏雨大且久，山溪到處盈溢灌瀉，各川匯入黄流，水勢洶涌，爲數十年所未見。

除受旱甚輕、收成尚能中稔，應請毋庸開報外，其受旱雖輕而夏收極其歉薄，仍飭令統俟秋收如何，再行查辦，以重民瘼。至罂粟一物，到處因旱枯槁，或爲雨雹所傷，收割較上年不過二三成，間有全無所收者，應一并俟各屬查覆結報到齊，秋後分别彙辦。據甘肅藩司開具本年各屬被旱、被雹、被水詳細情形，清摺呈請，具奏前來，臣覆核無异。理合繕具清單，恭呈御覽，伏乞皇上聖鑒訓示。謹奏。

光緒二十四年八月初二日。

知道了。被灾處所，著遴派妥員查勘撫恤，毋任失所。單并發。

【《宫中檔光緒朝奏摺》第 12 輯，第 158 頁】

陝甘總督陶模又都司白天保病故出缺片

光緒二十四年八月十二日

再，臣據署甘肅凉州府平番縣知縣阮士惠呈報，寧夏鎮屬興武營都司白天保于本年四月間請假回籍措資，旋即患病，醫調未愈，于七月十八日在籍病故。所有病故日期同原領札付一并呈賫核辦。等情。前來，臣覆查無异。

相應奏明，請旨開缺。除札付咨送兵部查銷外，所遺甘肅寧夏鎮屬興武營都司員缺，陝甘現有應補人員容臣另揀請補。理合附片陳明，伏乞聖鑒。謹奏。

兵部知道。

【《宮中檔光緒朝奏摺》第 12 輯，第 181 頁】

陝甘總督陶模奏覆剿平逆回出力請獎摺

光緒二十四年八月十二日

頭品頂戴、陝甘總督臣陶模跪奏：爲查明覆陳，恭摺仰祈聖鑒事。

竊光緒二十一年，剿平海城逆回，在事出力各員，經前督臣楊昌濬開單奏請獎勵。是年十二月二十四日，奉硃批："該部議奏。單并發。欽此。"經部議，令查照獲匪章程，查明出力之員，何員尤爲出力，何員其次出力，詳晰奏覆，再行核辦。等因。具奏。光緒二十二年四月初二日，奉旨："依議。欽此欽遵。"咨行前來，當經轉飭，遵照去後。嗣據平慶涇固化道查明，分別開摺，另擬請獎前來。

臣覆查前次海城回逆滋事，勢甚猖獗，稍遲即滋蔓難圖，幸賴地方文武各員會督團練星馳堵擊，得以迅速掃平，均屬出力較著。兹飭據查明，分別尤爲出力、其次出力各員，并經臣酌量删減，仍繕具清單，恭呈御覽。合無仰懇天恩，飭部照準給獎，俾昭激勸。除各該員履歷前已咨部，應請毋庸造送外，理合恭摺覆陳，伏乞皇太后、皇上聖鑒訓示。謹奏。

光緒二十四年八月十二日。

該部議奏。單并發。

【《宮中檔光緒朝奏摺》第 12 輯，第 183 頁】

陝甘總督陶模奏陳揀員請補海城缺摺

光緒二十四年八月二十七日

頭品頂戴、陝甘總督臣陶模跪奏：爲揀員請補要缺知縣，以裨地方，恭摺仰祈聖鑒事。

竊據甘肅藩臬兩司會詳稱，海城縣知縣蔡如蘇開缺回籍修墓，奉準部覆，業已截缺報部，自應由外請補。查知縣應調缺出，現任無合例堪調之員，例准以候補人員酌補。又，曾任實缺應升知縣保歸候補班者，無論題調選缺，均准酌量補用。各等語。今海城縣知縣係繁、疲、難三項要缺，該處漢回雜居，風俗浮動，非精明諳練之員，不足以資治理。現任簡缺人員，均與此缺不甚相宜。該司等在于候補合例人員内，逐加遴選。

查有曾任實缺應升候補前先知縣徐光興，年五十三歲，湖北漢陽縣廕生。在國子監肄業，考取州判。同治七年，選授廣西安平土州判。九年五月到任，十一年奉調來甘。差遣西寧肅清案内保，以知縣仍留原省補用。關隴肅清案内保，以開缺仍以知縣改留甘肅，歸候補班。前先補用，俟補缺後，再行送部引見。以光緒四年六月初二日作爲到省日期，係曾任實缺人員，例不甄别。歷署安化縣鹽捕通判各缺，均無貽誤。

該司等查，該員徐光興，諳練樸誠，盡心民事，以之請補海城縣知縣，實堪勝任，人地亦極相宜。會詳請奏前來。臣查，該員徐光興，年强才裕，辦事穩練，在甘年久，歷署各缺，諸致妥協。合無仰懇天恩，准以徐光興補授海城縣知縣，實于地方有裨。如蒙俞允，俟奉準部覆，再行給咨，送部引見，以符定例。謹恭摺具陳，伏乞皇太后、皇上聖鑒訓示。謹奏。

光緒二十四年八月二十七日。

吏部議奏。

【《宫中檔光緒朝奏摺》第12輯，第249頁】

陝甘總督陶模奏陳揀員升補靈州知州摺

光緒二十四年八月二十七日

頭品頂戴、陝甘總督臣陶模跪奏：爲仍請以山丹縣知縣蘇重熙升補靈州知州員缺，以重地方，恭摺仰祈聖鑒事。

竊查靈州知州查之屏，勞績保升遺缺前，請以山丹縣知縣蘇重熙升補，旋經吏部覆奏，該員蘇重熙卓异，未經引見，係循例請升之員。該省雖無卓异應升合例之員，按照定例，應以各項勞績應升人員揀選升用。該督摺内并未將各項勞績應升人員聲明，有無不合例事故，及是否人地不宜，遽請以循例應升山丹縣知縣蘇重熙升補之處，礙難核議。其靈州知州要缺，應令該督在于各項勞績應升人員内揀選升補。如不合例，或人地不宜，詳細聲明，再行請補。等因。光緒二十四年五月十八日，奉旨："依議。欽此欽遵。"咨行前來。當經行司遵照去後。

兹據甘肅藩臬兩司會詳稱，遵查靈州知州係屬要缺、對品之簡缺，知州二員皆未到過本任，例不合調，卓异應升之員皆未引見，回任未能合例，亦無勞績。在任應升之員，惟有仍以循例應升之山丹縣知縣蘇重熙請升。查，該員年六十七歲，山東淄川縣廪生。同治三年甲子科舉人，考取咸安宫教習。俸滿，以知縣用簽分甘肅，于光緒九年十一月到省，補授兩當縣知縣。十五年十二月到任。十八年，大計卓异保薦。嗣經調補山丹縣知縣補行。二十一年，大計卓异保薦。歷俸早滿三年，各任内均無參罰案件。

該司等查，該員蘇重熙，經術湛深，撫循有法，在甘年久，于地方情形最爲熟悉，以之升補靈州知州，實堪勝任，人地亦極相宜。仍會詳請奏前來。臣查，該員蘇重熙，老成練達，素著循聲。合無仰懇天恩，俯念員缺緊要，仍准以山丹縣知縣蘇重熙升補靈州知州，實于地方有裨。如蒙見以符定例，謹恭摺具陳，伏乞皇太后、皇上聖鑒訓示。至所遺山丹縣知縣係繁要缺，例應扣留外補，合并聲明。謹奏。

光緒二十四年八月二十七日。

吏部議奏。

【《宫中檔光緒朝奏摺》第 12 輯，第 250 頁】

陝甘總督陶模又陳甘省改移各驛道由片

光緒二十四年八月二十七日

再，甘肅省城遞送北路寧夏一帶文報，向由皋蘭遞經西路平番，由茶馬同知所管平城、松山等驛以達中衛，再遞寧夏，道路迂遠，往往遲誤。查由皋蘭迤北水埠河一路徑遞，較爲便捷。現在茶馬同知員缺業經奏裁，其所管平城、松山兩驛自應酌量移設。飭據藩臬兩司委員會同各該地方官勘明，議擬詳復。

查省城至寧夏驛道，向自皋蘭所屬之蘭泉驛，經西路沙井驛，平番屬之苦水驛、紅城驛、在城驛，莊浪茶馬廳屬之平城驛、松山驛，紅水縣丞屬之寬溝驛、白墩子驛、三眼井驛，以達中衛縣屬之營盤驛，共計程五百三十里。今勘明，從蘭泉驛迤北，由水埠河經六墩子，過小黄崖，越一條山而達中衛，計程四百二十里。所有省城遞送寧夏公文，若改由水埠河遞送，誠爲便捷。惟該處向無驛站，應請酌量移設。

查莊浪廳屬之平城驛額馬一十三匹、夫六名，半松山驛額馬一十三匹、夫六名半，紅水屬之白墩子驛額馬一十八匹、夫九名，寬溝驛額馬一十三匹、夫六名半，三眼井驛額馬一十三匹、夫六名半。共馬七十匹，夫三十五名。擬請將平城驛移設水埠河，酌撥馬十四匹，夫七名。松山驛移設六墩子，酌撥馬一十四匹、夫七名，歸皋蘭縣經管。白墩子驛移設小黄崖，酌撥馬一十八匹、夫九名。三眼井驛移設一條山，酌撥馬一十八匹、夫九名。

查一條山雖係靖遠縣地界，惟距縣城二百二十里，鞭長莫及。而其地與紅水犬牙相錯，距紅水之寬溝城僅九十里，應與小黄崖同歸紅水縣丞經管。其紅水之寬溝一驛，尚有遞送省城、寧夏文報，仍應照舊安設。惟并無别路，公文驛事較簡，應酌量裁減。寬溝驛應減爲馬三匹、夫一名半。平城、松山兩驛既裁，其西路與寧夏往來文報，查平番與小黄崖相距一百二十五里，應由平番徑遞小黄崖，以歸簡便。小黄崖、一條山因多徑遞西路來往公文，不能不多撥夫馬。皋蘭之蘭泉驛嚮來分遞東路金家崖、南路摩雲驛、西路沙井驛、東北路蔡家河□路□□。今添設正北水埠河一路，原有夫馬，不敷應用，應撥添蘭泉驛馬三匹、夫一名半，以昭公允。似此量移變通，仍止用馬七十匹、夫三十五名，不增費，不繞道，而于遞送公文大有裨益。開具改移各驛道里細數清摺，呈請具奏前來，臣覆查無异。除將清摺送部查核外，謹附片具陳，伏乞聖鑒，飭部核覆施行。謹奏。

該部議奏。

【《宫中檔光緒朝奏摺》第12輯，第252頁】

陜甘總督陶模奏陳揀員請補都司要缺摺

光緒二十四年八月二十七日

頭品頂戴、陜甘總督臣陶模跪奏：爲揀員請補都司要缺，以裨營伍，恭摺仰祈聖鑒事。

竊臣前準兵部咨開，陜西提屬鹽茶營都司員缺，前以儘先都司丁朝瑞擬補，因限滿，并未請咨赴部，自應照章開缺。所遺都司員缺係題補第四輪第三缺，輪用預保無人應過班用第六缺揀發班内人員請補。等因。當經移行，遵照去後。兹準陜西提臣鄧增揀選得留陜揀發補用都司韓謙，營伍練達，材技優長，且在固原有年，該處地方情形，尤爲熟悉，咨請酌補前來。

臣查，鹽茶營都司員缺，係不在應行裁并之列，自應照章請補，以實營伍。該員韓謙，熟悉營務，辦事勤能，以之請補斯缺，洵堪勝任，亦與輪缺章程相符。合無仰懇天恩，俯念員缺緊要，准以該員韓謙補授陝西提屬鹽茶營都司員缺，以期得力。如蒙俞允，俟接準部覆後，即行給咨，送部引見，俾符定制。除飭取該員歷册另咨送部外，謹會同陝西提臣鄧增合詞恭摺具陳，伏乞皇太后、皇上聖鑒訓示。謹奏。

光緒二十四年八月二十七日。

兵部議奏。

【《宫中檔光緒朝奏摺》第 12 輯，第 254 頁】

陝甘總督陶模奏請獎叙查辦逸匪各員摺

光緒二十四年八月二十七日

頭品頂戴、陝甘總督臣陶模跪奏：爲請將查辦甘肅海城一帶漏網逸匪在事出力員弁、紳民懇恩獎叙，以示鼓勵，恭摺仰祈聖鑒事。

竊臣前于光緒二十三年二月初四日，奏報查辦海城逸匪摺内聲明，請將在事出力員弁、紳民擇尤請獎。是年三月初一日，奉硃批："准其酌保，毋許冒濫。欽此。"當即欽遵。咨行去後。兹準陝西提臣鄧增咨稱，查海城一帶，逸匪漏網，已經兩年，東竄西匿，拿辦非易。若操之過切，固慮激生變端，倘失之稍寬，尤恐留爲民害。揀派文武各員及地方紳民，不動聲色，設法購綫，共獲逸匪百餘名，悉數駢誅，地方毫無驚擾，伏莽亦已潛除，實由承辦各員不避嫌怨、拿辦迅速所致。論大致似與戰功有間，論籌辦實較打仗尤難。開具各員弁、紳銜名清摺，請按异常勞績從優給獎。等因。前來。臣覆查，擬保文武員紳皆屬在事出力較著，實無冒濫。謹開具清單，懇恩俯准，照給獎叙，以昭激勸。除各員弁紳履歷清册咨送吏、兵各部查核外，理合恭摺具陳，伏乞皇太后、皇上聖鑒，訓示施行。謹奏。

光緒二十四年八月二十七日。

該部議奏。單并發。

【《宮中檔光緒朝奏摺》第 12 輯，第 256 頁】

陝甘總督陶模附陳揀員委署副將員缺片

光緒二十四年十月初二日

再，署理督標左營參將、兼署督標中軍副將韓廷芝，應飭交卸左營參將事務，改爲署理中軍副將。并飭准補督標左營參將楊志勝前赴本任，各專責成。又，署理寧夏鎮屬中衛協副將譚應春，署事期滿，應行調省。遺缺，查有總兵銜留陝甘補用副將、督標前營游擊孟根和，年强才裕，熟悉營務，堪以委署。所遺督標前營游擊員缺，暫飭署理督標後營游擊、留甘補用參將黎錦春先行兼署。除分飭遵照外，謹附片具奏，伏乞聖鑒。謹奏。

兵部知道。

【《宮中檔光緒朝奏摺》第 12 輯，第 343 頁】

陝甘總督陶模奏報甘省上忙徵收銀數摺

光緒二十四年十月二十八日

頭品頂戴、陝甘總督臣陶模跪奏：爲甘肅各屬光緒二十四年上忙徵收銀兩數目，恭摺仰祈聖鑒事。

竊照甘肅各屬光緒二十三年上下忙徵收銀數，業經奏報在案。所有二十四年上忙徵收銀數，據藩司曾鉌詳稱，查甘省光緒二十四年額徵地丁起存正雜銀二十八萬八千七百九十七兩五分一厘，連秦州等處新墾地丁銀九百七十九兩六錢五分六厘，共銀二十八萬九千七百七十六兩七錢七厘。内除皋蘭縣、沙泥州判、洮州廳、華亭縣、平番縣、寧夏縣、靈州、中衛縣、寧靈廳、西固州同等處水冲地畝豁免銀五十九兩七錢二分五厘九毫，又除皋蘭縣西鄉馬家灣回民逃亡無著銀三十五兩七錢三分一厘，又除各屬荒地無從徵收銀七萬三千二百八十五兩八錢六分一厘五毫外，實應徵正雜銀二十一萬六千三百九十五兩三錢八分八厘六毫。又收渭源縣等處光緒二十四年上忙續墾升科起運銀一百七十八兩七錢九分九厘。二共應徵銀二十一萬六千五百七十四兩一錢八分七厘六毫。

今上忙已完銀一十一萬四千五十二兩二錢八分二毫，又收狄道州徵到奉文流抵二十四年起存銀四千九百五十一兩七錢，二共已完銀一十一萬九千三兩九錢八分二毫。統計係在四分以上，内已完存留經雜驛站銀四萬四千五百三十七兩九錢九分九厘二毫，照數留支。已完起運銀七萬四千一百七十九兩五錢八分一厘，均已解司。内已造入光緒二十二年秋撥册内銀三千九百一十三兩六錢七分四厘，造入二十四年秋撥册内銀一萬六千二百四十九兩二錢五分九厘，候入二十五年春撥册内銀五萬四千一十六兩六錢四分八厘，已完雜賦銀二百八十六兩四錢，亦已解司。内已造入光緒二十四年秋撥册内銀三十一兩一錢七分九厘，候入二十五年春撥册内銀二百五十五兩二錢二分一厘。未完地丁正雜銀九萬七千五百七十兩二錢七厘四毫，内未完地丁起運銀六萬四千九百七十八兩七錢五分三厘，未完存留經雜銀一萬三十五兩五錢五分九厘，未完存留驛站銀二萬一千九百九十四兩二錢六厘四毫，未完雜賦銀五百六十一兩六錢八分九厘，應歸下忙案内，一并核辦造，具總散清册，詳請具奏前來，臣覆核無异。除將清册咨送户部查核外，所有甘省各屬光緒二十四年上忙徵收銀兩數目，理合恭摺具奏，伏乞皇太后、皇上聖鑒。謹奏。

光緒二十四年十月二十八日。

户部知道。

【《宮中檔光緒朝奏摺》第12輯，第393頁】

陝甘總督陶模附爲代提臣張俊奏銷假片

光緒二十四年十月二十八日

再，調署甘肅提臣張俊前懇由臣代奏請假一月，便道回籍省墓，旋奉硃批："張俊，著賞假一個月。欽此。"當經轉咨，遵照去後。時提臣張俊業已出省，前往寧夏一帶閲視防緑營伍。兹準咨稱，于校閲後，遵旨旋里，展省先塋。現在省墓事竣，假期已滿，擬即由固原等處一律校閲回省，應請代奏銷假。等因。前來。理合據情附片代陳，伏乞聖鑒。謹奏。

知道了。

【《宮中檔光緒朝奏摺》第12輯，第297頁】

陝甘總督陶模奏報甘省秋禾約收分數摺

光緒二十四年十一月十九日

頭品頂戴、陝甘總督臣陶模跪奏：爲查明甘肅光緒二十四年秋禾約收分數，恭摺仰祈聖鑒事。

竊直省秋禾收成分數，例應按年具奏。兹據甘肅布政使曾鉌詳，據蘭州、鞏昌、平凉、慶陽、甘州、凉州、寧夏、西寧八府，并秦州、階州、固原、涇州、肅州、安西六直隸州，并所屬各廳、州、縣、州同、州判、縣丞，將光緒二十四年秋禾約收分數開摺核奏前來。臣覆加查核，約收八分者，鎮番縣一處，約收七分者，安定縣等九處，約收六分有餘者，沙泥州判等十處，約收六分者，金縣等七處，約收五分有餘者，安化縣等十三處，約收五分者，皋蘭縣等三十二處。以上八府、六直隸州所屬通盤牽算，約收五分有餘。再，查各屬除岷州、洮州廳、循化廳、丹噶爾廳、巴燕戎格廳、西寧縣、大通縣、紅水縣丞等八處向不種植秋禾外，其皋蘭縣等處禾苗有被水、旱、冰雹，均經先後飭令該管道、府親詣查勘，是否不致成灾，容另案彙辦。理合恭摺具陳，并繕具清單，恭呈御覽，伏乞皇太后、皇上聖鑒。謹奏。

知道了。

【《宮中檔光緒朝奏摺》第 12 輯，第 440 頁】

陝甘總督陶模附胡景桂暫緩北上赴任片

光緒二十四年十一月十九日

再，甘肅寧夏道胡景桂奉旨升授山東按察使，應進京陛見。惟查寧夏渠工水利，爲民命所關，胡景桂自任寧夏府及升授寧夏道，于所屬渠務，嚴加整頓，剔除積弊，百姓深受其惠。現正責令胡景桂督修寧夏中衛各渠洞，須俟春融，方能興工，非兩三月，不能蕆事，可否仰懇天恩，暫留胡景桂，藉資熟手，俟渠洞各工辦理就緒，再飭令交卸北上之處，出自逾格鴻施。謹附片具陳，伏乞聖鑒訓示。謹奏。

著照所請。

【《宮中檔光緒朝奏摺》第 12 輯，第 443 頁】

陝甘總督陶模附陳捒員委署總兵員缺片

光緒二十四年十一月十九日

再，署陝西延榆綏鎮總兵、甘肅肅州鎮總兵陳元蕚調甘另有差委遺缺，查有前署漢中鎮總兵之記名提督龍得勝，夙嫺韜略，勇敢有爲，堪以委署。

又，陝西固原提屬西安城守協副將田玉廣奉調赴京遺缺，查有副將銜留陝甘補用參將舒秀松，年力正强，操防勤奮，堪以署理。除檄行遵照外，謹附片具陳，伏乞聖鑒。謹奏。

兵部知道。

【《宫中檔光緒朝奏摺》第12輯，第448頁】

陝甘總督陶模奏報各屬被災撫恤情形摺

光緒二十四年十一月二十九日

頭品頂戴、陝甘總督臣陶模跪奏：爲遵旨查明本年甘肅各屬被災地方，來春應否接濟，俟届時察看情形，分别妥籌辦理，恭摺覆陳，仰祈聖鑒事。

竊臣承準軍機大臣字寄，光緒二十四年十月初三日，奉上諭："甘肅碾伯、寧州、大通各州縣被旱、被水、被雹，經該督查勘撫恤，小民諒可不致失所。惟念來春青黄不接之時，民力未免拮据。著傳諭該督體察情形，如有應行接濟之處，即查明據實覆奏，務于封印以前奏到，俟朕于新正降旨加恩。將此諭令知之。等因。欽此。"仰見聖主軫念民瘼，無微不至。跪誦之下，欽感難名。當即欽遵，飭查去後。

兹據布政使丁體常詳稱，查甘省本年春間雨澤愆期，夏田大半受旱，間有蟲傷。既而冰雹、大雨，山河漲發冲決，更有地動傾陷之處。據報夏災者，有階州、文縣、禮縣、環縣、臯蘭縣、成縣、固原州、碾伯縣、寧州、涇州、西固州同、海城縣、静寧州、大通縣、丹噶爾廳、西寧縣、巴燕戎格廳、靖遠縣、中衛縣、永昌縣、平遠縣、金縣、安定縣、寧靈廳、寧夏縣、寧朔縣等二十六屬，續報秋災者，有大通縣、巴燕戎格廳、平番縣、平羅縣、河州、武威縣、洮州廳等七屬，統由該管道、府、州覆勘結報。或地畝冲失蠲豁，或成災分别蠲緩，或薄收但請緩徵，現已分晰彙案，另請奏明辦理。所有各屬被灾貧民，已由各地方官隨時飭發社義倉糧，并捐廉撫恤，尚不致流離失所。至來春應否接濟，尚未據被灾各屬一律查報。甘省于此等偏灾，向係届時由各地方官察核酌請，或再借社義糧石，或由外籌款調劑，并未請動正項銀、糧，自當照案臨時酌辦。等情。詳請具奏前來，臣覆查無异。理合恭摺覆陳，伏乞皇太后、皇上聖鑒。謹奏。

光緒二十四年十一月二十九日。

知道了。

【《宫中檔光緒朝奏摺》第 12 輯，第 477 頁】

陝甘總督陶模奏查各屬夏秋禾苗灾情摺

光緒二十四年十二月初二日

頭品頂戴、陝甘總督臣陶模跪奏：爲勘明甘肅各屬夏秋禾苗被灾情形，暨應蠲緩銀、糧、草束各數目，謹繕具清單，恭摺仰祈聖鑒事。

竊照甘肅階州等廳、州、縣本年夏禾被旱、被雹、被水詳細情形，業經臣開具清單，奏奉硃批："知道了。被灾處所，著派妥員查勘撫恤，毋任失所。單并發。欽此。"當即欽遵，行司照辦去後。

兹據布政使丁體常詳，據該管道、府、州先後結稱，覆勘得階州、文縣、禮縣、環縣、成縣、寧州、西固州同、海城縣、静寧州、大通縣、丹噶爾廳、西寧縣、平遠縣、金縣、安定縣等一十五處，夏田被灾，秋禾中稔，均尚不致成灾，錢糧毋庸蠲緩。其皋蘭縣、固原州、碾伯縣、涇州、巴燕戎格廳、靖遠縣、中衛縣、永昌縣、寧靈廳、寧夏縣、寧朔縣等十一屬，夏田實已成灾六分至十分不等，錢糧應請照例分別蠲緩。或收成僅及五分，民力拮据，應請緩徵。或地畝被冲，應請蠲豁一年，另辦墾復。

又自七月下旬以後秋灾期内，據大通縣詳報，作士圖山莊于八月十三日雨後山崩，冲壓田地頗多。巴燕戎格廳詳報，窩麻寧東臺等莊于八月二十一二等日山地崩裂塌陷，莊房、田地、糧食等項，均俟覆勘另辦。平番縣詳報，于七月二十一二等日大雨河漲，北鄉、南鄉秋禾被冲，覆勘成灾六分。平羅縣禀報，大雨渠决南長渠等處，秋禾被淹，覆勘成灾十分。均應請分别蠲緩。河州兩次禀詳北鄉秋收僅及五分，覆勘屬實，應請緩徵。又，地方逋遭兵燹，絶户頗多，一時實難復額，應請蠲豁一年。武威縣詳報，黄渠、雜渠秋收較薄，民力拮据，覆勘屬實，應請緩徵。洮洲廳詳報，录麻叛産，一時無人領墾，覆勘屬實，應請蠲豁一年。

計各屬夏秋兩灾共應蠲豁正耗銀二千六百一十二兩二錢九分九厘九毫，共應蠲豁正耗糧七千六百五石四斗二升二合七勺五抄，共應蠲豁草二萬七千一百三十九束九分六厘二毫。共應緩徵銀二百六十九兩八錢六分六厘八毫，共應緩徵糧四千八百八石五斗七升三合五勺四抄，共應緩徵草一萬二千九百四十六束三分六厘五毫。其靖遠、平羅二縣事前已完正耗共銀一百六十九兩六錢二分四厘，應請流抵二十五年正賦，彙開清摺呈請，奏懇天恩，准予蠲緩流抵，以紓民力。至各屬被灾貧民，隨時飭發社義倉糧，并由各地方官捐廉撫恤，均未請領正款，應請免開細數。等情。前來，臣覆核無异。

除批司分飭被灾各屬隨時察看，如來春民力拮据，應行接濟，即行禀請籌款撫恤，毋任失所外，理合恭摺具奏，并繕具清單，恭呈御覽，伏乞皇太后、皇上聖鑒，飭部查照施行。謹奏。

光緒二十四年十二月初二日。

另有旨。

【《宫中檔光緒朝奏摺》第12輯，第481頁】

陝甘總督陶模奏報遵招五營歲需餉數摺

光緒二十四年十二月初二日

頭品頂戴、陝甘總督臣陶模跪奏：爲調署甘肅提督喀什噶爾、提督臣張俊遵旨招募五營，編立馬步營名，開具歲需餉數，恭摺代奏，仰祈聖鑒事。

竊臣接準調署甘肅提督喀什噶爾、提督臣張俊咨開，提督奉軍機大臣字寄，光緒二十四年十月十六日，奉上諭：“現在張俊署理甘肅提督，著陶模每年籌撥銀十萬兩，解交該提督招募五營，揀派營哨各員，就地認真訓練。遇有徵調，再行按照行餉發給。將此各諭令知之。欽此。”遵旨寄信前來。維時提督正在固原校閱營伍，隨即馳回省城，欽遵辦理。擬招募肅軍中、左、右、後步隊四營，肅軍前營馬隊一營，合符五營之數。按照坐糧章程核算，計馬步五營，除閏歲需銀一十三萬一千二百一十七兩二錢四分。此項銀兩，擬請飭司隨時撥解，以便散放。如有徵調，再照湘軍行糧章程核辦。所需軍裝、子、藥、帳房暨製辦旗幟、號衣經費，另案請領。除招募足額，派員擇地訓練，另請奏報外，玆開具營制餉章數目清摺，咨請分別奏咨立案。等因。前來。除將清摺照鈔送部外，謹恭摺代奏，伏乞皇太后、皇上聖鑒，飭部立案施行。謹奏。

光緒二十四年十二月初二日。

該部知道。

【《宮中檔光緒朝奏摺》第12輯，第483頁】

△諭内閣豁免陶模奏固原州中衛縣寧靈廳寧夏縣寧朔縣等屬銀糧草束

光緒二十四年十二月十五日

光緒二十四年十二月十五日，内閣奉上諭：“陶模奏甘肅各屬本年夏秋

禾苗被灾，請蠲緩銀、糧、草束，開單呈覽一摺。甘肅各屬自遭兵燹後，民困未蘇。本年復被雨雹，收成薄歉。若將應徵銀、糧、草束等項照常徵收，民力實有未逮。加恩，著照所請。所有皋蘭縣、固原州、碾伯縣、涇州、巴燕戎格廳、靖遠縣、中衛縣、永昌縣、寧靈廳、寧夏縣、寧朔縣等十一屬，應徵正耗銀二千六百一十兩零，糧七千六百五石零，草二萬七千一百束零，均著一律豁免。其應緩徵銀二百六十九兩零，糧四千八百八石零，草一萬二千九百束零，均准抵來年正賦，以紓民力。該督即照單開數目刊刻謄黄，遍行曉諭，務使實惠均沾，毋任吏胥舞弊，用副朝廷軫念民艱至意。餘著照所議辦理。該部知道。單并發。欽此。”

【《光緒宣統兩朝上諭檔》第 24 册，第 609 頁第 2126 條】

陝甘總督陶模奏陳揀員升補游擊員缺摺

光緒二十四年十二月十九日

頭品頂戴、陝甘總督臣陶模跪奏：爲揀員升補游擊員缺，以裨營伍，恭摺仰祈聖鑒事。

竊臣前準兵部咨，甘肅寧夏鎮標左營游擊員缺係題補第六輪第九缺，輪用世職，該省并無世職應補人員，即以應升人員題補。等因。當經轉飭，遵照去後。兹據寧夏鎮總兵王鉞安呈稱，查有副將銜儘先游擊寧夏鎮標後營都司鄒洪勝，久歷戎行，營伍練達，呈請升補前來。

臣查，該都司鄒洪勝，年力正强，操防勤奮，以之升補，洵堪勝任，人地亦極相宜。合無仰懇天恩，俯念員缺緊要，准以鄒洪勝升補寧夏鎮標左營游擊，可期得力。如蒙俞允，俟接准部覆後，即行給咨，送部引見，以符定制。除飭取該員歷册另咨送部外，謹會同署甘肅提臣張永清合詞恭摺具陳，伏乞皇太后、皇上聖鑒訓示。謹奏。

光緒二十四年十二月十九日。

兵部議奏。

【《宫中檔光緒朝奏摺》第 12 輯，第 556 頁】

陝甘總督陶模奏陳揀員請補參將要缺摺

光緒二十四年十二月十九日

頭品頂戴、陝甘總督臣陶模跪奏：爲揀員請補參將要缺，以裨營伍，恭摺仰祈聖鑒事。

竊臣前準部咨，甘肅寧夏鎮屬平羅營參將員缺係題補第二輪第二缺，輪用儘先人員，行令揀員請補。等因。當經轉飭揀補去後。兹據寧夏鎮總兵王鉞安呈稱，查有留陝甘儘先補用參將、現署平羅營參將易慶安，才具明練，曉暢戎機，堪以請補，呈請核辦前來。

臣查，該參將易慶安，年力正强，夙著戰功，現署斯缺，整頓營伍，尚屬認真。且儘先名次在前，以之請補，洵堪勝任，亦與輪章相符。合無仰懇天恩，俯念員缺緊要，准以易慶安補授寧夏鎮屬平羅營參將員缺，可期得力。如蒙俞允，俟接准部覆後，即行給咨，送部引見，以符定制。除飭取該員履歷清册送部外，謹會同署甘肅提臣張永清恭摺具陳，伏乞皇太后、皇上聖鑒訓示。謹奏。

【《宫中檔光緒朝奏摺》第 12 輯，第 568 頁】

光緒二十五年（1899）

陝甘總督陶模附陳揀員請補守備員缺片

光緒二十五年三月十九日

再，臣接準部咨，陝西固原提屬秦州營守備係部推之缺，應用儘先人員，該督請以提標後營守備李士貞調補。查李士貞係題缺守備，今調補應用儘先之推缺，核與輪缺章程不符，奏准仍令另揀請補。等因。當經移行，遵照去後。兹准陝西固原提臣鄧增咨開，另揀得都司銜儘先補用守備、同州汛千總習斌，曉暢戎機，辦事幹練，且在甘有年，于地方營伍，最爲熟悉，咨請奏補前來。

臣查，秦州營設處甘南，爲通川陝要區，稽查彈壓，最關緊要，非營伍諳練之員，不足以資整理。該員習斌，年壯才明，熟悉營務，以之請補斯缺，實堪勝任，人地亦極相宜，并與輪章相符。合無仰懇天恩，俯念員缺緊要，准以習斌補授陝西固原提屬秦州營守備，以資得力。如蒙俞允，俟接准部覆後，即行給咨，赴部引見，以符定制。除飭取該員履歷清册另咨送部外，謹會同陝西固原提臣鄧增合詞附片具陳，伏乞聖鑒訓示。謹奏。

兵部議奏。

【《宫中檔光緒朝奏摺》第12輯，第718頁】

△諭内閣著田玉廣補授寧夏鎮總兵

光緒二十五年三月二十一日

光緒二十五年三月二十一日，内閣奉上諭："甘肅寧夏鎮總兵員缺，著田玉廣補授，仍留于武衛軍交榮禄差遣。欽此。"

【《光緒宣統兩朝上諭檔》第 25 册，第 90 頁第 329 條】

△奏查寧夏鎮總兵係陸路缺

光緒二十五年三月二十一日

查甘肅寧夏鎮總兵係陸路缺。謹奏。

【《光緒宣統兩朝上諭檔》第 25 册，第 90 頁第 330 條】

陝甘總督陶模奏爲核擬新舊秋審各案摺

光緒二十五年四月初四日

頭品頂戴、陝甘總督臣陶模跪奏：爲核擬甘肅光緒二十五年新舊秋審人犯李根葆等各案，恭摺仰祈聖鑒事。

竊據兼署甘肅按察使蘭州道黄雲會同布政使丁體常詳稱，前準部咨，奏准變通章程，内開：應入秋審新舊人犯，迅即飭屬造具案由清册，送由臬司核明罪犯輕重，分別實、緩，將應勘人犯停止解省。該督即將即定實、緩清册奏明，咨部覆核，應入情實人犯，請旨即行處决，緩决可矜人犯，照前次變通章程，分別减等發配。等因。奉旨："依議。欽此欽遵。"咨行到司，當經移行各道、府、直隸州通飭所屬，一體遵辦在案。

兹查得，光緒二十四年，原辦新事秋審情實，奉旨已勾之山丹縣絞犯寇破連仔、皋蘭縣斬犯趙八十五即趙飛、安化縣斬犯白鎖兒，三起三名，均經奉文飭令處决訖。又，原辦緩决，應行查辦留養之高臺縣絞犯馬盅秀、靈州絞犯楊泩、隆德縣絞犯王增復，三起三名，業經奉文飭令枷責，存留養親訖。又，原辦緩决，經部奏明，奉旨减流之平番縣絞犯賈沅汰，一起一名，業經奉文飭令造册，請牌發配。又奉准部覆，應入本年新事秋審人犯内平遠

縣斬犯張五十八，一起一名，前已據報病故。以上八起，計犯八名。

除另詳請咨，并于本年秋審册内開除外，其尚有原辦舊事秋審人犯内原擬情實，四次奉旨牢固監候之安化縣絞犯劉蕾洝，又原辦緩决之文縣絞犯邢均、化平直隸廳斬犯鄭□發、通渭縣絞犯董炭兒、寧州絞犯侯平兒、隆德縣絞犯馬增幅、中衛縣絞犯王終、洮州廳絞犯張代哇仔、平凉縣絞犯朱凍至兒，鎮原縣絞犯王添益、絞犯吴跟娃，伏羌縣絞犯彭泗澤、秦州直隸州絞犯曹蘇家娃、隴西縣絞犯劉腥娃、涇州直隸州絞犯郭蛋兒、隆德縣絞犯葉生萸、伏羌縣絞犯李幅洤、皋蘭縣絞犯方三有仔、隴西縣絞犯康二兒、隆德縣絞犯楊涏讛、寧夏縣絞犯鄭交其、會寧縣絞犯藺冬冬、伏羌縣絞犯馬遂荃、平羅縣絞犯馬懷得、安化縣絞犯王佐蟻、階州直隸州絞犯劉耀德、隴西縣絞犯張澐來、平凉縣絞犯袁萇葆、永昌縣絞犯楊月、安化縣絞犯高潰庭、平羅縣絞犯劉克發、清水縣絞犯王三姓葆、秦安縣絞犯伏團商户等，共三十三起，計犯三十三名，仍應分别實、緩，彙入本年舊事秋審册内辦理。

并有已奉部覆，應入光緒二十五年新事秋審。寧州絞犯李根葆、寧朔縣絞犯趙明新，皋蘭縣絞犯王來娃仔、絞犯孫汶俊，化平直隸廳絞犯賈洤、靖遠縣絞犯劉未兒、伏羌縣絞犯王丑豆、清水縣絞犯何奉江，平羅縣絞犯雍立本、絞犯徐三兒，階州直隸州絞犯楊余娃仔即胡仲祥、武威縣絞犯張洸溯、皋蘭縣絞犯李躍膛、静寧州絞犯馬芢代仔，西和縣絞犯王月萌仔、絞犯張虎娃仔，固原直隸州絞犯馬荃居、安定縣絞犯蘇丑娃、山丹縣絞犯陳洛賫、鎮原縣斬犯祁應蘭、化平直隸廳斬犯黑萇年等，共二十一起，計犯二十一名。

以上新舊統共五十四起，計犯五十四名。遵照變通章程，人犯停止解勘，照依該犯等情罪，酌擬實、緩，分晰新、舊，彙造年貫、案由清册，呈請具奏前來，臣覆核無異。除賫到册籍咨部核辦外，謹繕摺由驛馳陳，伏乞皇太后、皇上聖鑒，飭部核覆施行。此外甘省并無應入朝審人犯，其現入秋審各犯，亦無祖父子孫陣亡應行聲叙之案。此案本應循舊具題，因遵照部議變通章程辦理，是以改題爲奏，合并陳明。謹奏。

光緒二十五年四月初四日。

刑部議奏。

【《宫中檔光緒朝奏摺》第 12 輯，第 757 頁】

陝甘總督陶模奏請海城保案酌量改獎摺

光緒二十五年四月初四日

頭品頂戴、陝甘總督臣陶模跪奏：爲前保查辦甘肅海城一帶漏網逸匪在事出力文職員紳，擬請仍按武職酌量改獎，以示鼓勵，而免向隅，恭摺仰祈聖鑒事。

竊臣前將查辦甘肅海城一帶漏網逸匪出力員紳開單奏請獎叙，奉硃批："該部議奏。單并發。欽此。"旋準兵部議，將武職按照尋常勞績定章，分别改獎。奏奉諭旨允准。開具清單，咨會到臣，遵即欽遵，咨行在案。兹準吏部咨稱，查前經該督奏報在事出力員紳係于光緒二十三年三月初一日，奉硃批，准其酌保。今于二十四年九月二十三日，該督始行開單奏獎，核計已逾一年之限，所有請獎各員，奏准照章撤銷。等因。前來。

臣查海城一役，雖係漏網逸匪，當以事隔兩年，非東竄西匿，即冒莠爲良，拿辦稍欠妥慎，勢又激成巨禍，幸賴文武員紳不動聲色，設法購綫，捕獲要匪，悉數駢誅，地方毫無驚擾，伏莽亦已潛除。論事雖屬尋常，論功實有裨大局。衹因各員于事竣後，或差委遠出，或帶隊赴防，查取銜名、履歷未免稍有遲延。至武職係同一案奏獎，業經兵部改按尋常勞績議准，而文職竟令撤銷，似覺功同賞异，實無以昭激勸而勵將來。咨准陝西提臣鄧增請仍援武職，按尋常勞績核准之案，酌量改獎前來。謹另開具清單，恭呈御覽。相應仰懇天恩俯准，照給獎叙，以免向隅。除咨吏部查照外，理合恭摺具陳，伏乞皇太后、皇上聖鑒，訓示施行。謹奏。

光緒二十五年四月初四日。

吏部議奏。單并發。

【《宫中檔光緒朝奏摺》第12輯，第759頁】

陝甘總督陶模附陳揀員署理同知等缺片

光緒二十五年四月二十六日

再，貴德同知吴人壽因病請假遺缺，查有請補循化同知王開斌堪以委署。署肅州直隸州知州何慶衍調省遺缺，查有試用直隸州知州王學伊堪以委署。署平凉縣知縣張時熙調省遺缺，查有華亭縣知縣楊鼎新堪以調署。所遺華亭縣知縣員缺，查有鎮番縣知縣錢廣思堪以調署。遞遺鎮番縣知縣員缺，查有准調玉門縣知縣、現署古浪縣事楊宸謨堪以調署。遞遺古浪縣知縣員缺，查有候補知州宋之章堪以委署。署秦安縣知縣杜紹勛調省遺缺，查有候補知縣黄壽堪以委署。固原直隸州知州張祥會撤任遺缺，查有現署皋蘭縣事即補直隸州知州蕭承恩堪以調署。所遺皋蘭縣知縣員缺，查有寧朔縣知縣張庭武堪以調署。遞遺寧朔縣知縣員缺，查有教習知縣宋運貢堪以委署。宋令未到任以前，委寧夏縣知縣杜□暫行兼攝。署寧遠縣知縣朱遠繕調省遺缺，查有候補知縣林壽鈞堪以委署。署平番縣事准補永昌縣知縣阮士惠飭赴未任，所遺平番縣知縣員缺，查有候補知縣楊廷槐堪以委署。新選隆德縣知縣潘齡皋現已到省，應即飭赴未任。署中衛縣事准升丹噶爾同知陳昌調省所遺中衛縣知縣員缺，查有候補知縣王樹枏堪以委署。據藩臬兩司先後會詳前來，除批飭給委外，理合附片陳明，伏乞聖鑒。謹奏。

吏部知道。

【《宫中檔光緒朝奏摺》第12輯，第816頁】

陝甘總督陶模又陳揀員補授都司員缺片

光緒二十五年四月二十六日

再，臣接準部咨，陝西固原提屬利橋營都司員缺係題補第四輪第九缺，輪用世職人員，今請以騎都尉朱燾補授。查朱燾，係甘肅人，發營學習，尚未期滿，赴部引見，請補陝西省都司之缺，與例不符，奏令另揀陝西省期滿世職合例人員請補。等因。

臣查，有陝西漢中鎮標學習期滿騎都尉世職陳龍書，年力富强，從公勤慎，以之請補斯缺，洵堪勝任，亦與例章相符。合無仰懇天恩，俯念員缺緊要，准以另揀陝西期滿騎都尉世職陳龍書補授陝西提屬利橋營都司員缺，以資得力。如蒙俞允，該員係曾經引見之員，毋庸再行送部。應請飭部發給實授札付，以符定制。除查取履歷清册另咨送部外，謹會同陝西固原提督臣鄧增合詞附片具奏，伏乞聖鑒訓示。謹奏。

兵部議奏。

【《宫中檔光緒朝奏摺》第12輯，第822頁】

陝甘總督陶模又陳揀員署理寧夏鎮篆片

光緒二十五年四月二十六日

再，補授甘肅寧夏鎮總兵田玉廣仍留武衛軍差遣，一時未能赴任，所遺寧夏鎮總兵印務，亟應委員署理，俾專責成。臣查，有副都統銜督標中營副將和色本，篤實穩練，有守有爲，堪以委署。遞遺督標中軍副將員缺，查有記名提督督標左營參將楊志勝，久歷戎行，才猷卓著，堪以署理。又，署肅州鎮屬金塔協副將戴福禄署事期滿遺缺，查有修墓事竣、回省銷假之永固協副將朱祥興，老成練達，堪以署理。除分別檄飭遵照外，理合附片具奏，伏乞聖鑒。謹奏。

兵部知道。

【《宫中檔光緒朝奏摺》第12輯，第824頁】

陝甘總督陶模附陳揀員請補守備員缺片

光緒二十五年四月二十六日

再，臣接準部咨，陝西固原提屬三要司營守備員缺係題補第二輪第七缺，應用儘先人員迅令揀員請補。等因。當經移行，遵照去後。兹準陝西固原提督臣鄧增咨開，揀選得藍翎儘先補用守備、秦州營千總朱得勝，營務熟悉，人亦老練，咨請酌補前來。

臣查，朱符勝雖儘先名次在後，而在前之趙士林、哈元祥、劉承基、孫蘭現居要缺，楊先庚丁母憂，張心廣、楊正邦、余紹詳、夏鳴謙、張善、章志杰、朱墀清、徐得元、蘇正福、王志才、潘得勝、石鳳鳴均于此缺不甚相宜，未便遷就。請補該員朱得勝，年力正强，操防勤奮，且在陝年久，情形熟悉，以之請補斯缺，實堪勝任，人地亦極相宜，并與輪缺章程相符。合無仰懇天恩，俯念員缺緊要，准以該員朱得勝補授三要司營守備，可期得力。如蒙俞允，俟接准部覆後，即行給咨，送部引見，以符定制。除查取該員履歷清册另咨送部外，謹會同陝西提臣鄧增合詞附片具陳，伏乞聖鑒訓示。謹奏。

兵部議奏。

【《宫中檔光緒朝奏摺》第12輯，第825頁】

陜甘總督陶模奏請獎叙平回出力文職摺

光緒二十五年五月二十二日

頭品頂戴、陜甘總督臣陶模跪奏：爲前次剿平海城逆回案内在事出力文職員紳，仍請照單奬叙，免其撤銷，以示鼓勵，恭摺具陳，仰祈聖鑒事。

竊光緒二十一年剿平甘肅海城逆回在事出力各員，經前督臣楊昌濬開單奏請奬勵，旋經部駁議，令查照獲匪章程，查明出力之員，何員尤爲出力，何員其次出力，詳晰奏復，再行核辦。等因。具奏奉旨："依議。欽此欽遵。"咨會到臣，遵即欽遵。轉飭查明，分别開單，仍懇天恩，照准給奬。復經部議，以逾限撤銷，奏奉諭旨，咨行前來。

臣維前次海城逆回滋事，勢甚猖獗，稍遲即滋蔓難圖，全賴地方文武各員會督團練，星馳堵擊，得以迅速蕩平。論事雖屬一隅，論功實關全局。武職早經兵部議給奬叙，文職既已駁令分别尤爲、其次出力，似與請保武職不無功同賞异之殊。若再因逾限，一律撤銷，似無以昭激勸而勵將來。且查文職與武職，係同時開單請奬，不過文職部駁奏復稍遲，核與實在開保逾限者，情形有間，謹仍開具清單，恭呈御覽。合無仰懇天恩俯准，照給奬叙，以免向隅。除咨吏部查照外，理合恭摺具奏，伏乞皇太后、皇上聖鑒訓示。謹奏。

光緒二十五年五月二十二日。

吏部議奏。單并發。

【《宫中檔光緒朝奏摺》第12輯，第903頁】

陜甘總督陶模附陳揀員請補守備員缺片

光緒二十五年五月二十二日

再，臣接準部咨，陜西固原提標左營守備員缺，係題補第二輪第九缺，輪用世職應補人員，行令揀員請補。等因。臣查，有陝西固原提標期滿雲騎尉世職哈輝武，年力强壯，差操勤奮，以之請補斯缺，洵堪勝任，亦與例章相符。合無仰懇天恩，俯念員缺緊要，准以期滿雲騎尉世職哈輝武補授陝西固原提標左營守備員缺，以期得力。如蒙俞允，該員係曾經引見之員，毋庸再行送部。應請飭部發給實授札付，以符定制。除查取該員履歷清册另咨送部外，謹會同陝西固原提臣鄧增合詞附片具奏，伏乞聖鑒訓示。謹奏。

兵部議奏。

再，臣前准部咨，陝甘督標左營守備員缺係題補第四輪第七缺，輪用儘先人員，行令迅揀請補。等因。兹揀選得留甘儘先游擊江德禧，戎行久歷，樸實耐勞，堪以借補，并與輪章相符。合無仰懇天恩，俯念員缺緊要，准以該員江德禧借補督標左營守備員缺，可期得力。如蒙俞允，俟接准部覆後，即行給咨，赴部引見，以符定制。除飭取該員履歷清册另咨送部外，理合附片具陳，伏乞聖鑒訓示。謹奏。

兵部議奏。

【《宫中檔光緒朝奏摺》第 12 輯，第 906 頁】

陝甘總督陶模附守備黄得福病故出缺片

光緒二十五年五月二十二日

再，臣據寧夏鎮總兵王鉞安呈稱，鎮屬玉泉營守備黄得福，得患中風病證，醫治罔效，于光緒二十五年三月初四日在任病故。等情。呈報前來，臣覆查無异。相應奏明，請旨開缺。除飭取該故員原領札付及委員承查印甘各結，另咨送部外，所遺守備員缺，陝甘現有應補人員，臣另揀請補。謹附片具陳，伏乞聖鑒。謹奏。

兵部知道。

【《宫中檔光緒朝奏摺》第12輯，第909頁】

陝甘總督陶模奏陳揀員調補玉門縣缺摺

光緒二十五年七月二十日

再，秦州直隸州知州張珩引見回省廳即飭回本任，以專責成。署巴燕戎格通判本任徽縣知縣張若金因病請假遺缺，查有候補知縣鄔緒棣堪以署理。署循化同知張作霖撤任遺缺，查有候補知州程敏達堪以署理。署安西直隸州知州廖振喬病故遺缺，查有另補同知葉克信堪以署理。葉克信未到任以前，應飭現署敦煌縣知縣張元溁就近兼護。署正寧縣知縣王開甲病故遺缺，查有即用知縣萬慶昌堪以署理。山丹縣知縣准升靈州知州蘇重熙因病請假，所遺山丹縣知縣員缺，查有請調山丹縣、秦安縣知縣劉至順應飭先行赴任。署海城縣知縣王樹棠調省遺缺，查有署監捕通判准補海城縣知縣徐光興應飭赴新任。所遺鹽捕通判員缺，查有候補同知花金綬堪以署理。署渭源縣知縣湯霖丁憂遺缺，查有候補知縣姚五經堪以署理。署丹噶爾同知黄翰章調省遺缺，查有靈臺縣知縣王堯儒堪以調署。所遺靈臺縣知縣員缺，查有成縣知縣李鷟堪以調署。遞遺成縣知縣員缺，查有候補知縣蕭慶祥堪以署理。署徽縣知縣趙鋐調省遺缺，查有平凉縣知縣唐受桐堪以署理。據藩臬兩司先後會詳前來，除分別批飭給委外，理合附片陳明，伏乞聖鑒。謹奏。

吏部知道。

【《宫中檔光緒朝奏摺》第13輯，第122頁】

陝甘總督陶模又飭令志崇等各赴新任片

光緒二十五年七月二十日

再，新授甘肅寧夏道志崇安肅道和爾賡額均已先後到省，應各飭赴新任，以專責成。除分別檄飭遵照外，謹附片具陳，伏乞聖鑒。謹奏。

知道了。

【《宫中檔光緒朝奏摺》第13輯，第123頁】

陝甘總督陶模奏報剿辦海城逆回滋事摺

光緒二十五年七月二十九日

頭品頂戴、陝甘總督臣陶模跪奏：爲海城縣回匪聚衆謀反，現已派兵剿辦完竣，地方如常安謐。請將在事出力文武員紳懇恩獎勵，以昭激勸，恭摺馳陳，仰祈聖鑒事。

竊查甘肅固原州所屬海城縣地方，漢民少而回民多。回民强悍，性又反覆無常，素稱難治。光緒二十一年，忽有戕官劫獄之變。經官軍剿撫事定後，以當時逆匪未盡伏誅，恐其漏網，復萌故志，故奏請搜緝餘匪一百餘名，悉行正法懲辦，不可謂不嚴。詎本年六月十七日晚，有回民馮老八、馬三水聚集匪黨一百餘人，頭裹白布包巾，手執白布旗號，分持火槍、刀、矛，從該縣屬大溝門鄒家堡焚殺起手，希圖大舉。經海城縣徐光興、鹽茶營都司楊振清、景字前旗管帶吕登科，一面會帶兵役前往捕拿，一面禀由陝西固原提臣鄧增轉電到蘭。臣即電復提臣，迅速加派隊伍，前往剿辦。

正值夏麥收穫之際，工作游民在彼覓食者衆，勿任裹脅滋蔓，致難收拾，復飛飭附近各屬地方文武一律派隊堵拿。其時該逆匪等已將鄒家堡墻攻破，搶掠銀物，焚毁房屋，傷斃鄒家數人。出由蕭家灣、八兑坪、殷家坪、

草廠等處，沿途焚殺，幾成燎原之勢。提臣派練軍步隊幫帶洪隆廷、練軍馬隊哨弁馬觀成各率所部兵勇馳往會剿，并飭郎永清率所部達春右旗馬隊由北路馬廠一帶攔頭迎擊，派練軍馬隊幫帶朱柳林率所部繼之，再調駐防静寧之景字左旗馬隊陳正魁率所部馳往策應。旋據吕登科報稱，十八日，率所部景字前旗步隊會同鹽茶營及縣役紳民李文道等由關橋堡一帶前進。十九日，行抵麻家坪遇賊，賊即開槍抵拒，我軍亦槍炮環擊。哨弁賴鴻章奮勇上前陣，斬賊目一名，賊勢不支，退奔山上。乘勢追殺槍斃悍賊數名，奪獲旗械、馬匹多件。天已昏黑，收隊駐扎。哨弁賴鴻章身受矛傷，勇丁帶槍傷者二名。是夜，賊忽偷遁。次日，郎永清率所部遇賊于雙河堡，即督隊急進，賊亦列陣接仗。郎永清生擒兩賊，槍斃多名，奪獲馬匹、刀、矛多件。時值洪隆廷、馬觀成、朱柳林、陳正魁、吕登科等各隊齊至，賊即披靡敗走，我軍分途跟追。至司瓦溝等處，不復見賊，而沿途抛弃賊械、馬匹甚多，知已紛紛散匿。

查該匪等多係海城本籍，即有籍隸他屬者，亦寄寓海城爲年已久。該處山深地僻，最易潛藏，若不搜拿嚴懲，净絶根株，恐兵退復出，仍復擾害地方。臣與提臣往返電商，今該處公正回紳作爲眼綫，隨同弁勇四處查緝，復懸立重賞，指名捆獻，庶真犯得以駢誅，良回不致波及。旋據各旗管帶及地方文武選派兵役，協同回紳，先後報獲僞元帥馮老八即馮百潮、僞坐帥馬三水等首從共四十餘名，電囑提臣飭委固原直隸州會營審訊。

據逆首馮老八供海城縣回民，自封爲元帥。馬三水供固原州回民，自封爲坐帥。均認同謀造反，糾約黨類，發給白布包巾、白布旗號，分携火槍、刀、矛，先從素有仇隙之鄒文典家破堡焚殺劫搶起手，一面裹脅人衆，再圖大舉。不料由蕭家灣等處一帶劫殺後，裹脅無多，遇官兵兩次打仗失利，同黨漸漸抛弃械物，各自逃散。伊等看大事難成，也就跑了。逆夥田文富等均供認，聽從謀反，沿途放火，殺人劫搶，後與官兵打仗不利，大家都各逃散

是實。各等供。

據此，提臣電商，臣以該逆首馮老八、馬三水起意謀反，結黨焚殺，實屬罪大惡極，應即凌遲。田文富等隨從謀反焚殺，亦屬法不容誅，應即正法。均就近在固原地方隨時處决，一并傳首梟示，以快人心，而寒賊膽。經提臣先後照辦電復在案。謹將處决首從各犯姓名、年歲、籍貫開具清單，恭呈御覽。其餘除被脅勉從，業經解散，應請免究外，至有名在逃各犯田百連等仍飭設法嚴緝，務獲另辦，總期不留餘孽，以奠邊氓。現在地方尚屬安堵，堪以上慰宸係。

臣查此次海城逆回滋事，變起倉卒，一日夜焚殺數村莊，勢若燎原。幸賴提臣籌調迅速，悉協機宜，各將士踴躍赴功，不數日間，元惡授首，餘黨駢誅，不致蹂躪蔓延，辦理實屬勤奮。提臣鄧增官職較崇，臣未敢擅擬。其應如何獎叙之處，伏候聖裁。其餘出力文武員紳，亦經提臣開摺，注明實在勞績，請保官階，咨送到臣。經臣覆核，委無冒濫，理合照繕清單，恭呈御覽。仰懇天恩，俯准給獎，以示鼓勵。除咨部外，謹會同陝西固原提督臣鄧增合詞恭摺具奏，伏乞皇太后、皇上聖鑒，訓示施行。謹奏。

光緒二十五年七月二十九日。

覽奏已悉。辦理尚爲妥速。鄧增，著傳旨嘉獎。其餘所請獎叙，著該部議。奏單二件并發。

【《宮中檔光緒朝奏摺》第13輯，第145頁】

陝甘總督陶模奏陳按律審辦逆倫重犯摺

光緒二十五年七月二十九日

再，新授甘肅甘凉道白遇道現已到省，應即飭赴本任，以專責成。又，甘肅寧夏道胡景桂奉旨升授山東按察使，前經附片奏明，暫留督辦寧夏中衛渠洞各工。現據報稱，均已辦理就緒，擬即進京陛見。所遺寧夏道員缺，應飭寧夏府知府崇俊就近兼護。除分别檄飭遵照外，謹附片具奏，伏乞聖鑒。謹奏。

吏部知道。

【《宫中檔光緒朝奏摺》第 13 輯，第 147 頁】

陝甘總督陶模奏請展緩本年查閲營伍摺

光緒二十五年七月二十九日

頭品頂戴、陝甘總督臣陶模跪奏：爲查閲營伍，擬請援案展緩，恭摺仰祈聖鑒事。

竊臣前奉上諭："本年輪應查閲營伍，甘肅即派陶模認真查閲。等因。欽此。"伏查練兵爲目今第一要政，甘肅營伍叠奉諭旨，飭令認真整頓，經臣隨時咨行，各提鎮于緑營及所部防練各軍切實督練，并經臣奏明，隨時更番調操在案。欽奉前因，亟應依期查閲。惟時臣正因病請假，嗣雖奏請銷假，而病體尚未復元。本擬稍加調理，即啓程出巡，適洮州、循化等處番衆頻與西國教士齟齬，隨時查辦，尚未完結。

近有海城縣回匪聚衆謀反，業經會同陝西固原提臣鄧增派隊剿辦，現雖事定，而甘省迭經回亂，民情如驚弓之鳥，往往因謡言風傳，便起釁端。各屬回族錯居，有宜立即派隊鎮壓者，有不宜遽行派隊者。微臣駐扎省城，可隨時與文武商酌，相機辦理。若一經出省，各府、州、縣距省數百里、千餘里不等，未能隨處通電，恐有貽誤。藩臬兩司到任未久，諸事時須面商。臣檢查舊案，前督臣左宗棠、譚鍾麟均有奏請暫緩巡閲之案。所有微臣此次查閲營伍，擬援案懇請展緩辦理。除仍咨行各提鎮將所部各營旗切實整飭，并由臣隨時更番調操外，所有本年查閲營伍，擬請援案展緩緣由，理合恭摺具陳，伏乞皇太后、皇上聖鑒，訓示施行。謹奏。

著照所請。兵部知道。

【《宫中檔光緒朝奏摺》第13輯，第150頁】

陝甘總督陶模奏報懲辦情重盜匪各案摺

光緒二十五年八月二十九日

頭品頂戴、陝甘總督臣陶模跪奏：爲報明甘肅省光緒二十五年春夏二季分情重盜匪照章就地懲辦緣由，恭摺仰祈聖鑒事。

竊查甘肅地處邊疆，漢、番、回、撒種類不一，加以游勇會匪往往勾結，騎馬持械，肆行劫掠，甚至逞凶拒捕，傷斃事主，情勢極其凶暴，均屬法無可貸。歷經查照刑部通行，隨時審明批飭就地正法，其有情尚可原之犯，亦經酌量，繫帶杆礅，按季彙報。

兹查光緒二十五年春夏二季分，據平番縣、靈州、循化廳等屬先後報，獲盜匪馬五十二、馬勒木贊、馬勒核木、韓由士夫、馬老七、任復沅、黄友福、劉升、卻群、更登等十犯到案，均經臣批飭各該管府訊供詳辦。旋據凉州府、寧夏府、西寧府先後復審，議擬稟辦前來。查該盜匪馬五十二、馬勒木贊、任復沅、黄友福、卻群、更登六犯，均係結夥持械，傷斃事主，搜劫財物，情罪重大，法無可貸，經臣批司核復，實屬情真，罪當難稽顯戮，已先後批飭將該犯馬五十二等六犯分别就地正法，梟首示衆，俾昭炯戒。夥盜馬勒核木、韓由士夫、馬老七、劉升，或訊係聽糾行劫，臨時别故不行，或本係在外把風，聞喊先逃，均事後分受臟物，情節較輕，除劉升業已在監病故，應毋庸議外，餘均飭令照章分别鎖繫杆礅，俟限滿，再行察看説辦。據甘肅按察使何福堃呈請具奏前來，除批飭仍行嚴緝各案逸盜、務獲究辦外，所有甘肅省光緒二十五年春夏二季分情重盜匪照章就地懲辦緣由，謹開具籍貫、案由清單，恭摺具陳，伏乞皇太后、皇上聖鑒，飭部查照施行。謹奏。

光緒二十五年八月二十九日。

刑部知道。單并發。

【《宫中檔光緒朝奏摺》第13輯，第211頁】

△諭著陶模等嚴飭各營加意防範并責成地方牧令實力撫循甘隴客回等

光緒二十五年九月初五日

軍機大臣字寄陝甘總督陶、甘肅新疆巡撫饒。

光緒二十五年九月初五日，奉上諭："有人奏，甘隴客回太衆，請飭設法鈐束，并嚴檄防軍于北路扼要防堵各摺片。甘肅回匪上年經官軍剿定後，餘孽尚多。本年五月間，新疆綏來及甘肅海城地方復有謀逆之事，雖經隨時撲滅，惟回衆良莠不齊，思患豫防，不可不善爲制馭。著陶模等嚴飭各營加意防範，并責成地方牧令實力撫循，務使懷德畏威、潛消异志。新疆密邇俄境，尤恐逆回餘黨出界竄擾，并著饒應祺派撥防軍，扼要堵截，以靖邊圉。原摺片，均著鈔給閲看。將此各諭令知之。欽此。"遵旨寄信前來。

【《光緒宣統兩朝上諭檔》第25册，第260頁第1012條】

陝甘總督陶模又請嘉獎總兵馬安良由片

光緒二十五年九月二十六日

再，臣前將剿辦甘肅海城縣回匪完竣情形，業經專摺奏報，并聲明逃匪田百連等設法嚴緝，務獲另辦在案。臣查甘肅回民最多，良莠不齊。此次在逃各犯内，惟田百連、田文魁、田五斤子，極凶悍詭詐。竊恐潛匿他處，復萌故志，經臣懸立重賞，通飭各屬文武，于回民聚集之區，密訪查拿。九月初三日，據帶隊駐防河州記名總兵馬安良稟報，海城縣逃匪田百連等聞有潛匿河境、復圖煽誘滋事之謡，當即派令幫帶補用守備馬忠孝帶領回勇，會同地方文武兵役購綫密緝。田百連等知事已露，復行逃跑。馬安良飭令弁勇分路跟追。

八月三十日，馬忠孝帶勇追至狄道所屬之白峴子山上，適與賊遇。該處四無居民，山路險峻，馬忠孝督勇進擒，該賊等倚山抗拒，拾石亂擲，連傷勇丁數人。馬忠孝開槍抵擊，該匪田百連等均中槍跌崖，田文魁、田五斤子當即殞命，田百連傷尚未死。馬忠孝割取田文魁等首級二顆，同田百連一并押解到省。臣親提田百連訊，據供稱，前在海城縣聽從馮老八等謀反，沿途放火殺人劫搶後，與官兵打仗失利逃散，伊與田文魁、田五斤子逃至河州地方，隱匿姓名，在彼煽誘。事尚未成，官兵緝拿嚴緊，伊與田文魁等商允逃往張家川另作計較。八月三十日，行至白峴子山上，官兵追來，伊等一齊抗拒，拾石亂擲，連傷勇丁數人。官兵開槍對擊，伊與田文魁等俱中槍跌崖，田文魁等身死，官兵割取首級，同伊一并解省。各等情。直認不諱。

竊查田百連等爲此次海城漏網逆匪，膽敢潛逃他處，陰圖勾結，并敢拒傷捕勇，狂悖凶横，實屬罪無可逭。查驗田百連槍傷頗重，未便稽遲，致逃顯戮，臣即按照軍法，飭令凌遲處死，同田文魁等首級一并梟示，以昭炯戒。臣查花翎儘先補用守備馬忠孝，奮勇拿賊，悉數就擒，實屬有裨大局，擬懇天恩，准其免補守備，以都司儘先補用，并請賞加參將銜，以資激勸。至記名簡放總兵馬安良，前于河湟平定，蒙恩賞穿黄馬褂，嗣經臣奏准，留該總兵帶隊駐扎河州，鈐束回衆，地方極其安謐。此次逃匪潛匿該處，復圖煽誘滋事，該總兵選派弁勇，即時追獲，解省伏誅，實屬消患無形，厥功尤偉，擬懇傳旨嘉獎，以示優异。除受傷捕勇由臣查明，分別重賞外，謹附片具陳，伏乞聖鑒訓示。謹奏。

馬安良，著傳旨嘉獎。餘著兵部議奏。

【《宫中檔光緒朝奏摺》第 13 輯，第 276 頁】

陝甘總督陶模奏陳揀員請補都司員缺摺

光緒二十五年十一月初四日

頭品頂戴、陝甘總督臣陶模跪奏：爲揀員請補都司要缺，以裨營伍，恭摺仰祈聖鑒事。

竊臣前準兵部咨開，擬補陝西延、榆、綏鎮屬定邊協營中軍都司李正安，因限滿未經赴部，應照章開缺，所遺定邊協營中軍都司係題補第五輪第三缺，輪用預保無人應過班用第六輪揀發班人員請補。等因。當經轉移，遵照去後。兹準陝西固原提督臣鄧增揀選得揀發補用都司、固原城守營守備段彦彪，年力精壯，營務熟悉，堪以請補，咨請核辦前來。

臣查，固原城守營守備段彦彪，年壯才明，操防勤奮，以之請補斯缺，洵堪勝任，亦與輪章相符。合無仰懇天恩，俯念員缺緊要，准以該員段彦彪請補定邊協營都司，以期得力。如蒙俞允，俟接准部覆，即行給咨，送部引見，以符定制。除查取該員歷册另咨送部外，謹會同陝西提臣鄧增恭摺具陳，伏乞皇太后、皇上聖鑒訓示。謹奏。

光緒二十五年十一月初四日。

兵部議奏。

【《宫中檔光緒朝奏摺》第 13 輯，第 328 頁】

陝甘總督陶模又陳揀員升補守備員缺片

光緒二十五年十一月初四日

再，臣前準兵部咨，甘肅寧夏鎮標前營守備員缺係題補第五輪第九缺，輪用應升人員，應令揀員請補。等因。臣隨在于俸滿應升人員内揀選得卓异應升、現署大靖營守備、凉州鎮標後營千總章應炯，年壯才明，辦事勤奮，以之請補，天恩俯念員缺緊要，准以卓异千總章應炯升補甘肅寧夏鎮標前營守備員缺，俾資得力。如蒙俞允，該員係已經引見回任候升之員，毋庸再行送部，應請飭部發給實授札付，以符定制。除查取該員履歷清册另咨送部外，謹會同署甘肅提督臣張永清合詞附片具陳，伏乞聖鑒訓示。謹奏。

兵部議奏。

【《宫中檔光緒朝奏摺》第 13 輯，第 328 頁】

陝甘總督陶模奏請飭部議獎出力文職摺

光緒二十五年十一月初四日

頭品頂戴、陝甘總督臣陶模跪奏：爲前保剿辦海城縣回匪在事出力武員，現準兵部議獎，文職業經吏部駁回，仍懇天恩俯准，飭部議給奬叙，俾昭激勸，恭摺仰祈聖鑒事。

竊臣前因甘肅海城縣回匪聚衆謀反，當已派兵剿辦完竣，地方安謐，謹將在事出力文武員紳開單奏請奬叙，奉硃批：“覽奏已悉，辦理尚爲妥速。鄧增，著傳旨嘉獎。其餘所請奬叙，著該部議奏。單二件并發。欽此欽遵。”在案。除武職業經兵部議給奬叙，遵照行知外，其文職奉吏部駁回，飭令將出力各員分别勞績等次及擬保員數，先行奏明立案，再行請奬。等因。

臣查海城縣此次回匪聚衆謀反，事起倉卒，當經文武員紳各率弁勇兵民合力追剿，繼以搜捕擒獻首要，悉就駢誅，不致蔓延爲害，功亦非細。前于單内請奬各員之下注明勞績，擬保官階亦略分等第，雖未先行奏明立案，衹緣事竣，旋即請奬，合計請奬文職四員、武職九員，委係毫無冒濫。武職既經兵部核給奬叙，而文職事屬一律。合無仰懇天恩俯准，飭部一并議給奬

敘，俾昭激勸，而免向隅。除咨吏部外，謹恭摺具陳，伏乞皇太后、皇上聖鑒訓示。謹奏。

光緒二十五年十一月初四日。

吏部議奏。

【《宫中檔光緒朝奏摺》第13輯，第330頁】

△諭即著寧夏將軍錫振刻期迅速前進毋稍延緩

光緒二十五年十一月十六日

軍機大臣字寄統領奉天仁字軍寧夏將軍錫。

光緒二十五年十一月十六日，奉上諭："前諭令寧夏將軍錫振前往奉天接署仁字軍統領，該員業經陛辭，尚未據報到差。奉省營務關係緊要，該員無論行抵何處，即著刻期迅速前進，毋稍延緩。將此諭令知之，沿途由五百里探投。欽此。"

【《光緒宣統兩朝上諭檔》第25册，第344頁第1340條】

陝甘總督陶模奏陳揀員請補守備各缺摺

光緒二十五年十一月二十四日

頭品頂戴、陝甘總督臣陶模跪奏：爲揀員請補守備各缺，以實營伍，恭摺仰祈聖鑒事。

竊臣前準部咨，甘肅寧夏鎮標左營守備係題補第五輪第六缺，陝甘督標前營守備係題補第六輪第六缺，陝西河州鎮標左營守備係題補第三輪第六缺，均輪用揀發人員先後，行令迅揀請補。等因。臣隨在于歸揀發班補用守備人員内揀選得，留陝甘揀發補用守備、迪化城守協左旗左哨把總沈瑚，年

强才裕，堪以請補寧夏鎮標左營守備員缺。留陝甘補缺後補用都司、揀發補用守備、新疆撫標右營千總王大興，操防勤奮，堪以請補督標前營守備員缺。揀發補用守備、督標左營千總陳政才，年壯才優，堪以請補河州鎮標左營守備員缺。均與輪缺章程相符。合無仰懇天恩俯准，以沈瑚補授甘肅寧夏鎮標左營守備員缺，王大興補授陝甘督標前營守備員缺，陳政才補授陝西河州鎮標左營守備員缺，以實營伍而重操防。如蒙俞允，俟接准部覆後，即行給咨，送部引見，以符定制。除查取該員等履歷清册另咨送部外，謹會同陝西固原提臣鄧增、署甘肅提臣張永清合詞恭摺具奏，伏乞皇太后、皇上聖鑒訓示。謹奏。

兵部議奏。

【《宫中檔光緒朝奏摺》第13輯，第357頁】

陝甘總督陶模奏查灾屬來春應行接濟摺

光緒二十五年十一月二十五日

頭品頂戴、陝甘總督臣陶模跪奏：爲遵旨查明本年甘肅各屬被灾地方來春應行接濟，俟屆時妥籌辦理，恭摺覆陳，仰祈聖鑒事。

竊臣承準軍機大臣字寄，光緒二十五年十月初三日，奉上諭：“甘肅蘭州、固原各府、州屬被雹，甘州府屬被水，灾情較重，業經諭令該督派員認真查勘，妥籌撫恤，即著迅速辦理。并將來春應否接濟之處，一并查明，于封印前奏到。此外該省有無被灾地方應行調濟撫恤之處，著該督一并查奏，候旨施恩。將此諭令知之。等因。欽此。”仰見聖主軫念民瘼，無微不至，跪誦之下，欽感難名，當即欽遵飭查去後。

兹據布政使岑春煊詳稱，查甘省本年雨澤愆期，禾苗大半受旱，并有雨、雹、大水，天降黑霜。據報夏灾者，有金縣、隆德縣、秦安縣、固原州、狄道州、安定縣、華亭縣、化平廳、渭源縣、洮州廳、張掖縣等一十一屬，續報秋灾者，有巴燕戎格廳、西寧縣、大通縣、白馬關州判、環縣、皋蘭縣、合水縣、階州、平凉縣、安化縣、西固州同、文縣等一十二屬，統由該管道、府、州覆勘結報。或地畝冲失蠲豁，或成灾分别蠲緩，或薄收但請緩徵，或尚不致成灾，現擬分晰彙案，另請奏明辦理。所有被灾各屬貧民，先已由各該地方官隨時飭發社義倉糧，并捐廉撫恤，年内尚不致失所。惟是連歲灾歉，本年灾情尤甚，民間大半窮困，明春青黄不接，實非接濟不可。甘省于此等偏灾，向係届時由各地方寫察核酌請，或再借社義糧石，或由外籌款調劑，并未請動正項銀、糧，知當照案臨時妥酌辦理。等情。詳請具奏前來，臣覆查無异。理合恭摺覆陳，伏乞皇太后、皇上聖鑒。謹奏。

光緒二十五年十一月二十五日。

知道了。

【《宫中檔光緒朝奏摺》第13輯，第362頁】

陜甘總督陶模奏報通省秋禾約收分數摺

光緒二十五年十一月二十五日

頭品頂戴、陜甘總督臣陶模跪奏：爲查明甘肅光緒二十五年秋禾約收分數，恭摺仰祈聖鑒事。

竊查直省秋禾收成分數，例應按年具奏。兹據甘肅布政使岑春煊將蘭州、鞏昌、平凉、慶陽、甘州、凉州、寧夏、西寧八府，并秦州、階州、固原、徑州、肅州、安西六直隸州，并所屬各廳、州、縣、州同、州判、縣丞光緒二十五年秋禾約收分數查明，開摺詳報前來。臣覆加查核，約收七分者，碾伯縣一處，約收六分有餘者，通渭縣等十一處，約收六分者，金縣等七處，約收五分有餘者，沙泥州判等二十三處，約收五分者，皋蘭縣等三十處。以上八府、六直隸州所屬通盤牽算，約收五分有餘。再，查各屬，除紅水縣丞、岷州、洮州廳、循化廳、丹噶爾廳、巴燕戎格廳、西寧縣、大通縣等八處向不種植秋禾外，其皋蘭縣等處禾苗有被雹、被旱、被霜，均經先後飭令該管道、府、州親詣查勘，是否不致成災，容另案彙辦理。合恭摺具陳，并繕具清單，恭呈御覽，伏乞皇太后、皇上聖鑒。謹奏。

光緒二十五年十一月二十五日。

知道了。

【《宫中檔光緒朝奏摺》第13輯，第364頁】

陝甘總督陶模奏爲甄别營員仰祈聖鑒摺

光緒二十五年十二月十九日

頭品頂戴、陝甘總督臣陶模跪奏：爲甄别營員請旨分别開缺、降補、勒休，恭摺仰祈聖鑒事。

竊臣欽奉叠次諭旨，飭令整頓營伍，臣于實缺武員及管帶營旗各官内隨時認真訪察，不敢稍涉遷就，貽誤邊陲。兹查有肅州鎮屬安西協副將治和，情性乖張，措施不當，久任邊要，實非所宜。寧夏鎮標右營游擊黄兆熊，久病未逾，難期振作。凉州鎮屬鎮羌營游擊管帶、武毅左旗馬隊崔金魁，辦事刻薄，所部士卒，多有怨言。漢中鎮屬西鄉營都司謝榮升人地不宜，并有訟案牽涉。均未便曲予寬容。相應請旨，將西鄉營都司謝榮升開去都司員缺，以守備降補花翎、儘先副將、鎮羌營游擊崔金魁除撤去管帶外，開去鎮羌營游擊員缺。以都司留甘降補寧夏鎮標右營游擊黄兆熊以原品休致。安西協副將治和開缺，送部引見，以肅戎行，而資整頓。謹恭摺具陳，伏乞皇太后、皇上聖鑒訓示。再，所遺副將、游擊、都司各員缺，陝甘現有應補人員，容臣另揀請補，合并聲明。謹奏。

光緒二十五年十二月十九日。

另有旨。

【《宫中檔光緒朝奏摺》第 13 輯，第 420 頁】

陜甘總督陶模附都司劉殿甲病故出缺片

光緒二十五年十二月十九日

再，臣據署寧夏鎮總兵和色本呈稱，署鎮屬横城營都司、陜甘督標中營都司劉殿甲，因舊患血證復發，醫治罔效，于光緒二十五年十月二十九日在署任病故。委員查驗屬實，取具承查鈐結，呈請核辦前來，臣覆核無异。相應奏明，請旨開缺。除委員承查鈐結咨送兵部外，所遺督標中營都司員缺，陜甘現有應補人員容臣另揀請補。理合附片具陳，伏乞聖鑒。謹奏。

兵部知道。

【《宫中檔光緒朝奏摺》第 13 輯，第 420 頁】

陜甘總督陶模又署守備玷官箴請撤委片

光緒二十五年十二月十九日

再，臣查花翎儘先補用都司、署寧夏鎮屬玉泉營守備、鎮標右營千總毛志鏡，自接署守備以來，于營務毫無整頓，所行不端，被民控告，實屬有玷官箴。據署寧夏鎮總兵和色本呈請撤委奏參前來，相應請旨，將花翎、儘先補用都司、署寧夏鎮屬玉泉營守備、鎮標右營千總毛志鏡即行革職，并拔去翎枝，以示懲儆。謹附片具陳，伏乞聖鑒訓示。謹奏。

著照所請。兵部知道。

【《宫中檔光緒朝奏摺》第 13 輯，第 421 頁】

陝甘總督陶模又守備康達請開底缺由片

光緒二十五年十二月十九日

再，臣據記名總兵管帶、志强旗馬隊、寧夏鎮屬廣武營守備康達稟稱，該員現蒙遞保總兵記名簡放，應請將原補寧夏鎮屬廣武營守備底缺開除，以便歸總兵班序補。等情。前來，臣覆核無异。合無仰懇天恩俯准，將康達原補寧夏鎮屬廣武營守備底缺開除，歸總兵班序補。所遺守備員缺，陝甘現有應補人員容臣另揀請補。理合附片陳明，伏乞聖鑒訓示。謹奏。

著照所請。兵部知道。

【《宫中檔光緒朝奏摺》第13輯，第421頁】

陝甘總督陶模附陳揀員對調守備員缺片

光緒二十五年十二月十九日

再，臣前準兵部咨開，陝西固原提標左營守備員缺，准以期滿雲騎尉世職哈輝武補授。惟查是缺守備駐扎固原州，該員係固原州人，例應回避，應令揀員對調。等因。臣正擬揀員奏請對調，間適接護理陝西撫臣端方來咨，以准補陝西撫標中營守備期滿武進士張兆慶，因係本府渭南縣人，例應回避。撫標三營均駐扎省城，無可對調，請由臣揀員調補前來。

臣查，陝西固原提標左營守備哈輝武係固原州人，應請調補陝西撫標中營守備。所遺陝西固原提標左營守備員缺，即以張兆慶調補。均屬隔府隔營，與例相符。合無仰懇天恩俯准，以哈輝武、張兆慶二員互相對調。如蒙俞允，查該員等均係引見録用之員，應請飭部一并發給札付，以符定制。謹會同護理陝西巡撫臣端方、陝西提督臣鄧增合詞附片具奏，伏乞聖鑒訓示。謹奏。

兵部議奏。

【《宫中檔光緒朝奏摺》第 13 輯，第 422 頁】

陝甘總督陶模又陳揀員借補守備員缺片

光緒二十五年十二月十九日

再，臣接準部咨，甘肅寧夏鎮屬同心城營守備係部推之缺，應用儘先人員，既據聲明扣留，應令迅揀請補。等因。臣隨在于儘先合例人員内揀選得留甘儘先補用都司吕永福，年壯才敏，夙著戰功，以之借補斯缺，實堪勝任，亦與輪章相符。合無仰懇天恩，俯念員缺緊要，准以該員吕永福借補同心城營守備，可期得力。如蒙俞允，俟接准部覆後，即行給咨，送部引見，以符定制。除飭取該員履歷清册另咨送部外，謹會同署甘肅提督臣張永清合詞附片具奏，伏乞聖鑒訓示。謹奏。

兵部議奏。

【《宫中檔光緒朝奏摺》第 13 輯，第 423 頁】

陝甘總督陶模附陳揀員委署副將員缺片

光緒二十五年十二月十九日

再，升補陝西西安城守協副將清輔現已接准部覆，應先飭赴本任。又，署寧夏鎮屬中衛協副將孟根和，署事年滿遺缺，查有河州鎮屬洮岷協副將韓廷芝，老成練達，熟悉邊情，堪以委令署理。除分别檄飭遵照外，理合附片具奏，伏乞聖鑒。謹奏。

兵部知道。

【《宫中檔光緒朝奏摺》第 13 輯，第 426 頁】

陝甘總督陶模又陳揀員補授都司員缺片

光緒二十五年十二月十九日

再，臣接準部咨，陝西固原提屬涇州營都司係題補第五輪第七缺，輪用儘先人員，應令迅揀請補。等因。臣隨在于儘先都司人員内逐加揀選，實揀選得留陝甘儘先補用都司、陝西提屬隆德營守備王生吉，年强才裕，操防勤奮，堪以請補。雖儘先名次在前尚有杜濡、康學義、董勝、文輝祥、韓榮、田朝明、陳又新、張炳烜、尹肇莘等九員，均與此缺人地不甚相宜，未便遷就請補。惟該員王生吉，久歷戎行，且在守備任内整頓營伍，悉臻妥善。隆德相距涇州不遠，于該處地方情形最爲熟悉，以之請補斯缺，實堪勝任，亦與輪章相符。合無仰懇天恩，俯念員缺緊要，唯以該員王生吉補授涇州營都司，可期得力。如蒙俞允，俟接准部覆後，即行給咨，送部引見，以符定制。除飭取該員履歷清册另咨送部外，謹會同陝西提督臣鄧增合詞附片具奏，伏乞聖鑒訓示。謹奏。

兵部議奏。

【《宫中檔光緒朝奏摺》第13輯，第427頁】

陝甘總督陶模奏查禾苗被灾蠲緩銀糧摺

光緒二十五年十二月十九日

頭品頂戴、陝甘總督臣陶模跪奏：爲勘明甘肅各屬夏秋禾苗被灾情形，暨應蠲緩銀、糧、草束各數目，謹繕清單，恭摺仰祈聖鑒事。

竊照甘肅金縣等廳、州、縣、州同、州判各地方本年夏秋禾苗被雹、被水、被旱、被霜情形，經臣節次具奏并聲明，俟各該管道、府、州勘覆結報，再行彙辦在案。兹據布政使岑春煊詳稱，本年甘肅地方自夏四五六月以迄秋八月，先則冰雹、大水，山河冲决，既而日久不雨，旋降嚴霜，灾傷輕重不一。先後據金縣、隆德縣、秦安縣、固原州、狄道州、安定縣、華亭縣、化平廳、渭源縣、洮州廳、巴燕戎格廳、張掖縣、西寧縣、大通縣、白馬關州判、環縣、皋蘭縣、合水縣、階州、平凉縣、安化縣、西固州同、文縣等二十三處具報奏明，續據董志原縣丞禀報秋成歉薄，民情困苦，并據河州、貴德廳、碾伯縣、中衛縣、安西州等五處以荒絶無徵，空受追比。等情。懇請蠲緩前來。亦應附案聲請統計灾案二十九屬，先後轉據該管道、府、州結稱，覆勘得金縣、隆德、秦安、狄道、安定、化平、渭源等廳、州、縣均不致成灾，錢糧毋庸蠲緩。及張掖縣水冲地畝不能墾復，已專案詳請題豁。并白馬關、環縣、合水、階州、平凉、安化、西固、文縣、董志原等州、縣、州同、州判、縣丞各處灾象較遲，覆勘未定，應請另行續辦外，其餘固原、華亭、洮州、巴燕戎格、西寧、大通、皋蘭、河州、貴德、碾伯、中衛、安西等廳、州、縣，或成灾五分至十分不等，錢糧應請照例分别蠲緩。或民情困苦拮据，應請緩徵遞緩。或荒絶實在無徵，或民欠空受追比，應請豁免。共應蠲豁正耗銀二千二百九十二兩四錢九分二厘七毫，應蠲豁正耗倉斗糧八千六百六十六石二斗一升八合四勺，應蠲豁草九萬五千七百六束二分二厘三毫。應緩徵正耗銀一百五十五兩三錢三分八厘七毫，應緩徵正耗倉斗糧四千二十石三斗四升九合，應緩徵草四萬八千七十六束三分六厘九毫，應豁免社糧籽種市斗糧一千六百六十九石九斗九升三合五勺。彙開清摺呈請，奏懇天恩，准予蠲緩豁免，以紓民力。

至冲壞房屋，被灾貧民，隨時由各屬飭發社糧捐助廉俸，并由司籌款委員先後賑撫，年内不致失所。均未動用正款，應請免開細數。惟是地方連歲灾歉，本年受旱甚重。入冬以來，雪澤尤少，民無蓋藏，人心惶懼。明年青黄不接，實非賑濟不可。容届時妥籌調劑，另詳辦理。等情。詳請具奏前來，臣覆核無异。除批司分飭被灾各屬隨時察看，如來春民力拮据，應行接

濟，即行稟請籌款撫恤，毋任失所外，所有本年各屬夏秋禾苗被災應行蠲緩銀、糧、草束各數目，理合恭摺具奏，并繕具清單，恭呈御覽，伏乞皇太后、皇上聖鑒，飭部查照施行。謹奏。

光緒二十五年十二月十九日。

另有旨。

【《宮中檔光緒朝奏摺》第13輯，第430頁】

光緒二十六年（1900）

△諭内閣懲處寧夏鎮標右營游擊黄兆熊著以原品休致等

光緒二十六年正月十二日

光緒二十六年正月十二日，内閣奉上諭："陶模奏甄別營員，請分别懲處一摺。甘肅安西協副將治和，情性乖張，措施不當，著開缺，送部引見。寧夏鎮標右營游擊黄兆熊，久病未愈，難期振作，著以原品休致。鎮羌營游擊管帶武毅、左旗馬隊崔金魁，辦事刻薄，所部士卒多有怨言，著撤去管帶，開缺，以都司留甘降補。西鄉營都司謝榮陞，人地不宜，并有訟案牽涉，著開缺，以守備降補。餘著照所議辦理。該部知道。欽此。"

【《光緒宣統兩朝上諭檔》第26册，第18頁第33條】

△諭内閣蠲免固原中衛等屬銀糧草束等

光緒二十六年正月十二日

光緒二十六年正月十二日，内閣奉上諭："陶模奏甘肅各屬上年夏秋禾苗被災，請蠲緩銀、糧、草束，開單呈覽一摺。甘肅各屬禾苗上年被雹、被水、被旱、被霜，收成歉薄，若將應徵銀、糧、草束等項照常徵收，民力實有未逮。加恩，著照所請。所有固原、華亭、洮州、巴燕戎格、西寧、大通、皋蘭、河州、貴德、碾伯、中衛、安西等廳、州、縣，應徵正耗銀二千二百九十兩零，糧八千六百六十石零，均著一律蠲免。其餘銀一百五十兩零，糧四千二十石零，草四萬八千七十束零，均著一律緩徵，以紓民力。餘著照所議辦理。該督即照單開數目刊刻謄黃，遍行曉諭，務使實惠均沾，毋任吏胥舞弊，用副軫念民艱至意。該部知道。單并發。欽此。”

【《光緒宣統兩朝上諭檔》第26冊，第18頁第34條】

署理陝甘總督陝西巡撫魏光燾又陳揀員請補守備員缺片

光緒二十六年三月十五日

再，臣接準部咨，陝西固原提屬宜君營守備員缺係部推之缺，應令迅揀合例人員請補。等因。當經移行，遵照在案。兹准陝西固原提督鄧增咨稱，宜君營守備員缺，查有藍翎儘先補用守備、固原提標後營千總袁守安，營伍曉暢，辦事穩練，堪以請補，咨請核辦前來。

臣查，該員袁守安在陝年久，于該處營伍地方情形最爲熟悉，雖儘先名次在該員之前者尚有朱得勝、胡培、章志杰均經請補守備，魏得勝現在伊犁軍標充當總哨，陳映鰲業經病故，夏鳴謙、羅正益查無下落，李聯芳二十三年歸入軍政參劾，王志才、石鳳鳴、劉應春、陳定元均未在標，趙士林、楊元庚、哈元祥、蘇正福、劉承基、孫寺、陳慶魁、王占□、劉鳴盛、藺萬春、潘迎春、雷洪春均係各鎮營實任千把，現居要缺，朱墀清、潘得勝、王得勝、黎寶瀛、傅汝霖、黃榮貴均與此缺人地不宜，未便遷就請補。惟以該員袁守安請補斯缺，實屬人地相需，亦與部章相符。

臣到任未及三月，例不加考，既准提臣查明該員營伍曉暢，辦事穩練。合無仰懇天恩，俯念員缺緊要，准以該員袁守安補授宜君營守備員缺，可期得力。如蒙俞允，該員係曾經引見□□應請□□□，以符定制。除查取該員履歷清册另咨送部外，謹會同陝西固原提督臣鄧增合詞附片具陳，伏乞聖鑒訓示。謹奏。

兵部議奏。

【《宫中檔光緒朝奏摺》第13輯，第502頁】

署理陝甘總督陝西巡撫魏光燾又守備車允輗病故出缺片

光緒二十六年三月十五日

再，臣準陝西固原提臣鄧增咨稱，署陝西提標右營游擊之提標中營守備車允輗得患傷寒痰喘病證，服藥罔效，于光緒二十六年正月初七日在署任病故。咨請核辦前來，臣覆核無异。相應奏明，請旨開缺。除查取該故員原領守備札付及委員承查印甘各結，至日另咨送部外，所遺提標中營守備員缺，陝甘現有應補人員，容臣另揀請補。理合附片具陳，伏乞聖鑒。謹奏。

兵部知道。

【《宫中檔光緒朝奏摺》第13輯，第504頁】

署理陝甘總督陝西巡撫魏光燾附故員虧短糧銀請革繳片

光緒二十六年三月十五日

再，據甘肅藩臬兩司詳稱，憶故前署平羅縣知縣傅維祐在任虧短糧價銀三千餘兩，前因初参限滿，未據該家屬解繳，業經開揭，咨参在案。嗣復嚴札催提，僅據繳到一半。迄今二参限滿，尚短交銀一千九百餘兩。屢經飭催，仍未清交。據藩臬兩司詳請参辦前來，臣覆查無异，應請旨將已故前署平羅縣事准調西寧縣知縣傅維祐先行革職，勒限該家屬趕緊清繳，如再玩延，即行照例查鈔監追，以重交代。除咨部外，謹附片具陳，伏乞聖鑒訓示。謹奏。

著照所請。該部知道。

【《宮中檔光緒朝奏摺》第13輯，第505頁】

△諭端方奏撥款派員前往寧夏購米并請先由寧夏倉廒提借備用等

光緒二十六年七月初一日

軍機大臣字寄綏遠城將軍永，烏里雅蘇臺將軍連，察哈爾都統芬，署陝甘總督、陝西巡撫魏，甘肅新疆巡撫饒，科布多參贊大臣瑞，傳諭護理山西巡撫、布政使李廷簫，護理陝西巡撫、布政使端方。

光緒二十六年七月初一日，奉上諭："毓賢奏新疆、甘肅倉存糧石甚多，請飭運京，以濟軍食。端方奏撥款派員前往寧夏購米，并請先由寧夏倉廒提借備用各摺片。用兵以足食爲先，果能迅速運京接濟軍食，自屬目前至要之務。惟道途遥遠，全恃人力周轉，總須不至貽累民間，方爲妥善。所有一切解運等費，亦須豫爲籌計。著永德等體察情形，趕即會商，切實妥籌，迅速辦理。至端方所奏應取道阿拉善部轉運之處，該王嚮來急公，即著該護撫咨明該王遵照，妥速奮勉籌辦。原摺片，均著分別鈔給閱看。將此由六百里加緊，各諭令知之。欽此。"遵旨寄信前來。

【《光緒宣統兩朝上諭檔》第26册，第224頁第905條】

△諭永德奎成奏籌商糧石運京以濟軍食

光緒二十六年七月二十六日

軍機大臣字寄綏遠城將軍永、副都統奎、署陝甘總督魏、署陝西巡撫端、山西巡撫毓、護理山西巡撫李。

光緒二十六年七月二十六日，奉上諭："永德、奎成奏籌商糧石運京，以濟軍食一摺。現因軍事緊急，朕恭奉慈輿，暫行巡幸太原。該省本年被旱，隨扈官兵食指衆多，更恐有妨民食。所有寧夏購辦之糧，著徑行運至山西省城，俾資接濟。其應如何妥速購運，及運到後如何減價平糶之處，著魏光燾、端方、毓賢、李廷簫等分别妥籌辦理。將此由五百里諭令知之。欽此。"遵旨寄信前來。

【《光緒宣統兩朝上諭檔》第26册，第269頁第1079條】

△諭固原提督鄧增著督帶隊伍迅赴行在等事

光緒二十六年八月初八日

軍機大臣字寄署陝甘總督魏、署陝西巡撫端、固原提督鄧。

光緒二十六年八月初八日，奉上諭："固原提督鄧增，著督帶隊伍迅赴行在，并著魏光燾、端方催令刻日起程，毋稍遲延。將此由六百里諭令知之。欽此。"遵旨寄信前來。

【《光緒宣統兩朝上諭檔》第26册，第289頁第1148條】

△諭内閣固原提督鄧增等著交軍機處存記

光緒二十六年八月二十九日

光緒二十六年八月二十九日，内閣奉上諭："許應騤奏，將才難得，擇尤保薦。等語。固原提督鄧增、前福建水師提督彭楚漢，均著交軍機處存記。欽此。"

【《光緒宣統兩朝上諭檔》第26册，第315頁第1247條】

△諭直隸州知州張繼著免發遣交固原提督鄧增差遣委用

光緒二十六年十月十二日

交固原提督鄧。

本日，軍機大臣面奉諭旨："前因案革職發遣知府用四川候補直隸州知州張繼，著免其發遣，交鄧增差遣委用。欽此。相應傳知貴提督，欽遵辦理，并轉傳該革員遵照可也。"

此交。

十月十二日。

【《光緒宣統兩朝上諭檔》第 26 冊，第 402 頁第 1578 條】

△固原提督鄧增呈報户部招募三營于十一月十一日起支月餉

光緒二十六年十一月二十日

交户部。

據固原提督鄧呈報，招募三營，業已成軍，于十一月十一日起支月餉。等因。前來。相應知照貴部查照辦理可也。

此交。計黏鈔呈一件。

十一月二十日。

【《光緒宣統兩朝上諭檔》第 26 冊，第 439 頁第 1733 條】

△固原提督鄧增呈報兵部招募成軍請領槍械

光緒二十六年十一月二十日

交兵部。

據固原提督鄧呈稱，招募成軍，請領槍械。等因。前來。相應知照貴部查照辦理可也。

此交。計黏鈔呈一件。

十一月二十日。

【《光緒宣統兩朝上諭檔》第26册，第439頁第1734條】

△軍機處爲固原提督鄧增呈報成軍起餉日期暨請領槍支分别咨行户兵二部

光緒二十六年十一月二十一日

辦理軍機處爲咨行事。

據貴提督呈報成軍起餉日期暨請領槍支。各等因。已分别咨行户、兵二部矣，須至咨者。

右咨固原提督鄧。

十一月二十一日。

【《光緒宣統兩朝上諭檔》第26册，第439頁第1736條】

光緒二十七年（1901）

陜甘總督崧蕃奏陳揀員借補守備員缺摺

光緒二十七年三月二十七日

頭品頂戴、陜甘總督奴才崧蕃跪奏：爲揀員借補要缺守備，照章改爲試署，以實營伍，恭摺仰祈聖鑒事。

竊查接管卷内，準兵部咨，甘肅寧夏鎮屬廣武營守備康達遞保總兵，請將底缺開除，歸總兵班序補，除注册外，所遺甘肅寧夏鎮屬廣武營守備員缺係題補第六輪第十缺，輪用捐輪。查該省捐輪無人，應以第七輪第一缺儘先人員題補，行令迅揀請補。等因。當經轉飭，遵照去後。

兹據署寧夏鎮總兵和色本呈稱，揀選得署寧夏鎮標後營都司、兼管城守營事務之儘先補用都司督標後營、雲騎尉世職陳自貞，諳練營務，辦事勤能，在寧歷署都守，各缺情形尤爲熟悉，以之借補斯缺，洵堪勝任，呈請核辦。等情。護督臣何福堃未及具奏卸事，奴才莅任未及三月，例不加考。惟據該鎮出考，呈請借補前來。合無仰懇天恩，俯念員缺緊要，准以該員陳自貞借補寧夏鎮屬廣武營守備員缺，實屬人地相需。如蒙俞允，應即照章暫行改爲試署。該員以大銜借補小缺，又係曾經引見之員，毋庸再行送引。應請敕部發給札付，以符定制。除查取該員履歷清册另咨送部外，謹會同署甘肅提督臣張永清合詞恭摺具奏，伏乞皇太后、皇上聖鑒訓示，飭部核覆施行。謹奏。

光緒二十七年三月二十七日。

兵部議奏。

【《宫中檔光緒朝奏摺》第14輯，第85頁】

陝甘總督崧蕃奏爲補陳尋常監候各案摺

光緒二十七年四月十七日

頭品頂戴、陝甘總督奴才崧蕃跪奏：爲前督臣審題尋常監候各案逾期，未奉部覆，彙案補陳，恭摺仰祈聖鑒事。

竊查接管卷内，前準行在刑部咨，奏定簡易章程，内開：尋常命、盜各案，凡歸監候具題，擬由各該督撫訊取確供擬勘後，一面將供勘先行咨部，一面逐案摘叙簡明案由，改爲彙案具奏。等因。又準部咨，各衙門隨扈而出一切案卷，均未及帶所有達部之案，約計日期，可以奉部覆而尚未接見部覆者，飭即詳查補辦。等因。咨行到甘，當經轉飭，遵辦去後。前據署甘肅按察使徐錫祺詳稱，遵查伏羌、寧靈各廳、州、縣先後報驗命案十起，均由該管府、道審擬解司覆勘詳院審題，迄今未奉部覆，照録供勘詳請，補辦前來。除將各案供勘分咨部科外，謹摘叙簡明案由彙繕清單，恭摺補陳，伏乞皇太后、皇上聖鑒，飭部核覆施行。謹奏。

光緒二十七年四月十七日。

刑部議奏。單并發。

【《宫中檔光緒朝奏摺》第14輯，第125頁】

陝甘總督崧蕃奏審擬因奸謀殺親夫案摺

光緒二十七年四月二十四日

頭品頂戴、陝甘總督奴才崧蕃跪奏：爲審明因奸同謀，殺死親夫，情節較重，按律定擬，恭摺仰祈聖鑒事。

竊查接管卷内，據甘肅按察使何福堃詳，據平羅縣詳報，民婦魏韓氏因奸起意，商同奸夫曹四子謀殺本夫魏興身死一案。前據該縣李含菁將犯審擬由府解司，因犯供翻异，發府審辦，旋據署蘭州府知府慶恕督同局員審明，擬議由司解勘到院。維時臬司何福堃護理督篆，親提覆鞫，各供均與該府司所審相符，未及奏辦卸事，奴才到任，接准移交。

查案覆核，緣魏韓氏、曹四子均籍隸平羅縣。魏韓氏，係已死魏興之妻，曹四子與魏興鄰居，往來熟識，魏韓氏習見不避。光緒二十四年，不記月日，曹四子至魏興家閑坐，見魏韓氏在家獨處，頓萌淫念，調戲成奸。嗣後遇便奸宿，并未給過錢物，魏興暨堂叔魏登元均不知情。二十六年正月初間，魏韓氏、曹四子同在井上飲驢，魏韓氏因與曹四子戀奸情熱，慮及魏興凶横，恐被撞破奸情，勢難相容，起意將魏興致死，以圖長久，隨向曹四子商量，情同意合，約定遇便下手。是月二十日起更時分，魏興脱衣蒙被，仰面睡卧，魏韓氏伺其睡熟，悄約曹四子進房動手。曹四子先行上炕，連被按住魏興上身及其兩手。魏興驚醒，喊不出聲，掙扎亂滚，致擦傷左血盆骨、左脅、左右臂膊、右後脅、左腿各處。魏韓氏急忙騎壓魏興兩腿，用手將其腎囊莖物用力很捏，魏興登時殞命。魏韓氏恐係裝死，順取鐵鏟燒紅，烙傷魏興腎囊、左右胯。曹四子看明魏興氣絶，隨與魏韓氏將魏興衣褲穿好，拉被掩蓋，假作病故。魏韓氏走向魏登元，捏稱魏興陡患急證身死。魏登元趨視魏興，鼻竅流血，形迹可疑，遂向魏韓氏再三盤問。魏韓氏情虚膽怯，不能隱瞞，説出實情。報驗訊詳，批飭審解。經該縣將犯審擬由府解司，因犯供翻异，札委發審局審辦。

嗣據蘭州府督同局員審擬，由司解院，護督臣提犯覆鞫，據供前情不諱，并無起釁别故，及另有同謀加功知情縱容，各情事究詰不移，案無遁飾。惟未及奏辦卸事，照案移交。奴才到任，核明卷宗，查律載，妻因奸同謀，殺死親夫者，凌遲處死，奸夫處斬監候。等語。此案魏韓氏因與曹四子通奸情熱，慮及本夫魏興凶横，恐被撞破不容，輒敢起意，商同奸夫謀捏，并用鐵鏟燒烙本夫魏興，致傷身死，實屬淫凶不法，自應按律問擬。魏韓氏應如該府司所擬，合依妻因奸同謀殺死親夫者凌遲處死律，擬凌遲處死，係婦女免刺。奸夫曹四子戀奸，聽從奸婦魏韓氏謀殺本夫，亦如所擬，合依因奸同謀殺死親夫者，奸夫處斬監候律，擬斬監候，秋後處决，照例先行刺字。魏韓氏與曹四子通奸，魏登元訊不知情，應毋庸議，無干省釋。除全案供招咨送刑部外，所有核明因奸同謀殺死親夫，奸婦、奸夫按律定擬，遵照部議，改題爲奏緣由，理合恭摺具陳，伏乞皇太后、皇上聖鑒，飭部核覆施行。謹奏。

光緒二十七年四月二十四日。

刑部速議具奏。

【《宫中檔光緒朝奏摺》第 14 輯，第 138 頁】

陝甘總督崧蕃奏爲核擬新舊秋審各案摺

光緒二十七年四月二十四日

頭品頂戴、陝甘總督奴才崧蕃跪奏：爲核擬甘肅光緒二十七年新舊秋審人犯劉蕾洝等各案分别實、緩，恭摺仰祈聖鑒事。

竊據甘肅按察使潘效蘇會同布政使何福堃、蘭州道黄雲詳稱，前準部咨，奏准變通章程，内開：應入秋審新、舊人犯，迅即飭屬造具案由清册，送由臬司核明罪犯輕重，分别實、緩，將應勘人犯停止解省。該督即將擬定實、緩清册奏明，咨部覆核，應入情實人犯，請旨即行處决，緩决可矜人犯，照前次變通章程分别减等發配。等因。奉旨："依議。欽此欽遵。"咨行到司，當經移行各道、府、直隸州通飭所屬，一體遵辦在案。

兹查得，光緒二十六年，原辦新事秋審緩决、應行查辦留養之階州絞犯黄盡澧，一起一名，業經奉文飭令枷責，存留養親訖。應于本年秋審册内開除外，其尚有原辦舊事秋審人犯，原擬情實，六次奉旨牢固監候之安化縣絞犯劉蕾洝。又，原辦緩决之文縣絞犯刑，均化平直隸廳斬犯鄭發、通渭縣絞犯董炭兒、寧州絞犯侯平兒、隆德縣絞犯馬增幅、中衛縣絞犯王終、洮州廳絞犯張代哇仔、平凉縣絞犯朱凍至兒，鎮原縣絞犯王添益、絞犯吴跟娃，伏羌縣絞犯彭泗澤、秦州直隸州絞犯曹蘇家娃、隴西縣絞犯劉腥娃、隆德縣絞犯葉生蕒、伏羌縣絞犯李幅荃、皋蘭縣絞犯方三有仔、隴西縣絞犯康二兒、隆德縣絞犯楊庭瀟、寧夏縣絞犯鄭交其、會寧縣絞犯藺冬冬、伏羌縣絞犯馬遂荃、平羅縣絞犯馬懷得、安化縣絞犯王佐義、隴西縣絞犯張澐來、平凉縣絞犯袁萇葆、永昌縣絞犯楊月、安化縣絞犯高潰庭、平羅縣絞犯劉克發、清水縣絞犯王三姓葆、秦安縣絞犯伏團商户、寧州絞犯李根葆、寧朔縣絞犯趙

淜新，皋蘭縣絞犯王來娃仔、絞犯孫汶俊，靖遠縣絞犯劉未兒、伏羌縣絞犯王丑豆、清水縣絞犯何奉江，平羅縣絞犯雍立本、絞犯徐三兒，階州直隸州絞犯楊余娃仔即胡仲詳、武威縣絞犯張洸淜、皋蘭縣絞犯李躍膛、西和縣絞犯張唬娃仔、固原直隸州絞犯馬荃居。又，原辦新事秋審擬以情實，未奉部覆之西寧縣斬犯谷椿澐。又，原辦新事秋審緩决，未奉部覆之階州直隸州絞犯王賜碌、狄道州絞犯馬非他、渭源縣絞犯李瀏岐、碾伯縣絞犯文楚家葆、固原直隸州絞犯馬葆清、西和縣絞犯海生蓮、禮縣絞犯朱尚樓仔、中衛縣絞犯畢能、秦州直隸州絞犯張續武、西寧縣絞犯談均功、大通縣絞犯趙斗令仔、文縣絞犯朱卯詳、鎮番縣絞犯張汏經等，共五十九起，計犯五十九名，仍應分別實、緩，彙入本年舊事秋審册内辦理。

并有已奉部覆，應入光緒二十七年新事秋審固原直隸州絞犯海五兒、秦安縣絞犯石萬保、皋蘭縣絞犯林魁、河州絞犯白萬順、安定縣絞犯馬四經娃、會寧縣絞犯張圈生兒、秦州直隸州絞犯馬寬順、皋蘭縣絞犯劉江海仔即劉立言、岷州絞犯吕忍强、西寧縣絞犯王雲、階州直隸州絞犯高占緑，秦州直隸州絞犯楊胡生子、絞犯寇喜成，隴西縣絞犯高旺豆、鎮原縣絞犯李生秀，河州絞犯鄧二卜都、絞犯鄧有士，會寧縣絞犯趙泳升、肅州直隸州斬犯翟加有，固原直隸州斬犯劉榮、斬犯沙生滿，河州斬犯石生芳、寧朔縣斬犯宋周即宋保膛等，共二十二起，計犯二十三名以上。

新舊統共八十一起，計犯八十二名。遵照變通章程，人犯停止解勘，照依情罪，酌擬實、緩分晰，新、舊彙造年貫、案由清册，呈請具奏前來。奴才逐案覆核，所擬情實、緩决情罪，尚屬相符。除册籍咨部核辦外，謹繕摺由驛馳陳，伏乞皇太后、皇上聖鑒，飭部核覆施行。此外甘省并無應入朝審人犯，其現入秋審各犯亦無祖父子孫陣亡應行聲叙之案。此案本應循舊具題，因遵照部議變通章程辦理，是以改題爲奏，合并陳明。謹奏。

光緒二十七年四月二十四日。

刑部議奏。

【《宫中檔光緒朝奏摺》第14輯，第130頁】

陝甘總督崧蕃附陳揀員署理知州等缺片

光緒二十七年四月二十八日

再，署靈州事、河州知州趙謙回避遺缺，查有請補靈州知州程敏達堪以先行署理。該員現署循化同知未到任以前，委在省實缺伏羌縣知縣李瑞徵暫行接署。遞遺循化同知缺，查有另補同知葉克信堪以署理。署丹噶爾同知、靈臺縣知縣王堯儒調省遺缺，查有請補丹噶爾同知承緒堪以先行署理。署安化縣知縣潘遠曜調省遺缺，查有實任海城縣知縣徐光興堪以調署。又，署寧靈同知洪翼調省遺缺，查有候補直隸州知州蕭承恩堪以署理。兹據藩臬兩司先後會詳前來，除分别檄飭遵照外，理合附片具陳，伏乞聖鑒。謹奏。

吏部知道。

【《宫中檔光緒朝奏摺》第14輯，第169頁】

陝甘總督崧蕃奏審回民搶案參劾營縣摺

光緒二十七年五月初七日

頭品頂戴、陝甘總督奴才崧蕃跪奏：爲平遠縣回民糾衆搶劫、拒捕，殺傷事主、弁兵，并拿獲首要，就地懲辦，隨案參劾辦事不力之營縣，恭摺仰祈聖鑒事。

竊奴才案據甘肅布政使何福堃、按察使潘效蘇會詳，固原州屬之平遠縣于光緒二十七年正月二十八日夜間，有距城百餘里開城土地方回民馬可可子糾邀馬步步子、馬賽賽子、張壑子、李奴兒等十餘人，分持槍械，搶劫可可堡回民買沙利子家糧食、衣物，拒傷事主買文元身死。報經署平遠縣知縣翟鍹前往勘驗間，差役喧傳回民有聚衆抗拒叛亂情事，翟令不敢往驗，即移知下馬關守備楊振清并駐扎縣境馬步防軍會派外委郭生榮、百長田樹信、吕長清及回紳李國棟等分帶兵勇、民夫往捕。迨至開城，土賊首馬可可子等均伏匿屋後山溝，衹餘老弱婦女看守房屋。該弁勇等以賊皆畏罪潛逃，即解鞍釋械，散處緩歇。村中幼孩恐懼啼號，賊等疑爲凌辱婦女，分持槍械，一齊撲出，弁勇倉皇抵禦，槍斃賊犯馬五五子一名，旋被賊拒斃百長田樹信及營勇四名、汛兵二名，奪去馬匹、號衣、旗幟、槍械各件，分路逃逸。弁兵亦先後奔回縣城，聲言賊勢凶很，寡不敵衆。翟令楊守備飛□告急，請兵剿洗。署固原州知州張元濂、署提標中營參將賈鴻增遂據情電禀，請速派隊助剿。等情。

維時奴才適行抵平凉，據署平慶涇固化道張廷楫面禀前情，并稱回情叵測，遲恐蔓延爲慮。奴才以案起搶劫拒捕，據報衹有買沙利子一家被匪劫害，此外并無肆行殺掠情事，拿辦應分良莠，豈有一概剿洗之理。即面諭張道廷楫速飭固原州營妥爲安緝良回，相機查拿首要，解散脅從，不許稍事張皇，激成變故。旋接護督臣何福堃、署藩司潘效蘇電告，已派隊四路戹防，以杜紛竄。遴委候補知州廖葆泰、知縣楊廷槐、參將魏長林并繕發安撫良回、飭獻首要、遣散脅從告示，大致與奴才意見相同。嗣行抵静寧州，據知州李牧篤慶面禀，有回紳同知職銜蘇上達、李發才等參謁，當經傳見，詳詢平遠縣案情。即飭速赴該縣一帶傳諭良回，各保身家，勿爲浮言所動，并同各回目捆獻首要，餘免株連。奴才抵省接印後，將署平遠縣翟令鍹、下馬關營楊守備振清一并撤任，即據固原州牧張元濂、參將賈鴻增等將起事確切根由查明禀覆，實衹搶劫拒捕，殺傷事主及弁勇，并無叛逆情事。旋由委員廖葆泰等會同駐防七營提標左營游擊顏咸吉禀報，回紳頭目張有時、馬玉魁、李發才、李清真、李天祺、馬起寅等先後拿獲首要馬可可子，并夥犯馬步步

子、馬賽賽子、許生滐、張壑子即張金潰、李奴兒、李潘兒、馬八子、康學萬等九犯，捆送防營，解交固原州。當經奴才批飭州牧張元潻會同營員審明，飭將首要馬可可子一犯凌遲處死，其馬步步子、馬賽賽子等七犯先後就地正法，及病斃之康學萬，并捕斬蘇有首級一顆，一并梟示。至在逃之顧烏七子、李狗狗子、馬五、李故練子、馬雙兒等仍飭嚴緝，務獲另結，餘皆停緝。現在地方均得透雨，漢回安業，所有在事出力各回紳頭目張有時等，由奴才賞給六七品功牌，以示鼓勵。文武委員存記，分別酌給外獎。其捕匪被殺之弁勇田樹信等量予撫恤。

此案首要就擒，夥犯拿獲過半，據藩臬兩司詳請，擬結前來。奴才覆查此案，釁起搶劫。該縣文武于事主報案後，如即照常勘驗，何至生事。乃該令等誤聽差役謠傳聚衆謀叛，率移標防哨弁及回紳李國棟擅派馬步兵勇、民夫，執持槍械，前往捕拿，以致損威失體。似此恇怯張皇，實屬昏庸不職，僅予撤任，不足示警。前署平遠縣事即用知縣翟鍹、下馬關營守備楊振清相應請旨，一并革職。查翟鍹係進士出身，文理尚優，請以教職歸部銓選。回紳李國棟帶領民夫協捕，僞報傷重廢命，事後潛歸，人言嘖嘖，殊屬巧猾，應請革去頂戴，以示薄懲。署固原州牧張元潻、提標中營參將賈鴻增距平寫遠，雖事前據弃轉請，失于查察，旋即查實稟揭，并委弁紳協同緝獲首夥多名，訊明懲辦，功過足以相抵，應請均免置議。除全案供招，俟查取另咨送部查核外，所有審明平遠回民搶劫拒捕殺傷事主弁勇暨拿獲首要各犯，就地懲辦，地方安堵，并參劾營縣各緣由，理合先行恭摺具陳，伏乞皇太后、皇上聖鑒訓示。謹奏。

光緒二十七年五月初七日。

楊振清，著即革職。翟鍹，著以教職歸部銓選。餘依議。

【《宫中檔光緒朝奏摺》第14輯，第180頁】

陝甘總督崧蕃奏報各屬徵收下忙銀數摺

光緒二十七年五月十九日

頭品頂戴、陝甘總督奴才崧蕃跪奏：爲甘肅各屬光緒二十六年徵收下忙銀兩數目，恭摺仰祈聖鑒事。

竊查甘省光緒二十六年上忙徵收銀兩數目，業經奏報在案。兹據甘肅布政使何福堃詳稱，查各屬二十六年額徵下忙地丁正雜銀兩，除西寧府屬、安西直隸州屬及肅州屬之王子莊州同、毛目縣丞并無額徵銀兩外，其餘各屬共應額徵地丁起存正雜連閏銀二十八萬八千七百九十七兩五分一厘，連秦州等處新墾地丁銀九百七十九兩六錢五分六厘，二共銀二十八萬九千七百七十六兩七錢七厘。内除皋蘭縣、沙泥州判、寧遠縣、洮州廳、華亭縣、平番縣、寧夏縣、靈州、中衛縣、寧靈廳、西固州同等處水冲地畝豁免銀九十三兩八錢六分二厘九毫。又除皋蘭縣西鄉馬家灣回民逃亡無著銀三十一兩五錢三分九厘，歇業無從徵收課程銀一兩三錢一厘。又除洮州廳北鄉录麻回地荒蕪蠲免銀七兩八錢三分八厘。又除各屬無從徵收銀七萬九百四十七兩八錢九分三厘五毫外，現墾熟地應徵銀二十一萬八千六百九十四兩二錢七分二厘六毫，并沙泥等處續墾升科銀二十八兩四錢八分三厘，二共銀二十一萬八千七百二十二兩七錢五分五厘六毫。前上忙已完銀九萬八千五百九十八兩二錢四分六厘，統計係在四分以上，内已完存留經雜驛站銀三萬八千八百九十五兩七錢八分九厘，照數留支。已完起運并雜賦銀五萬九千七百二兩四錢五分七厘，均已解司，已造入二十六年秋撥并二十七年春撥册内訖。未完地丁正雜銀一十二萬一百二十四兩五錢九厘六毫，未完上忙後續墾升科地丁起存銀九百五十一兩一錢一分六厘，二共未完銀一十二萬一千七十五兩六錢二分五厘六毫。内除涇州等處是年秋灾案内蠲緩銀三萬四千一百三十二兩四錢一分五厘。又除平番縣被水冲刷地畝無從徵收銀四錢三厘止，該未完地丁正雜共銀

八萬六千九百四十二兩八錢七厘六毫。

今下忙已完銀八萬五千九百二十七兩五錢五分，内已完存留經雜驛站并存留雜賦課程脚價銀三萬四千一百九兩七錢八分八厘，已完起運銀并雜賦銀五萬一千八百一十七兩七錢六分二厘，内已解銀五萬三百四十一兩五錢七分三厘，造入二十六年秋撥册内銀五兩九錢二分一厘，造入二十七年春撥册内銀一萬三千三百三十二兩五錢四分三厘，候造入二十七年秋撥册内銀三萬七千零三兩一錢九厘，未解銀一千四百七十六兩一錢八分九厘。未完地丁正雜銀一千一十五兩二錢五分七厘六毫，内起運銀四百三十六兩六分七厘，存留驛站銀五百七十六兩四錢七分八厘六毫，雜賦銀二兩七錢一分二厘。現在嚴飭催徵，俟徵清，歸入下届帶徵册内造報。至已徵未解銀兩□□□□□□□□□□□□□□□□□屬任延除，再勒限催提，核計逾限日期，另行詳咨議處外，理合造具總散各册，詳請具奏前來，奴才覆核無异。除將册揭咨送户部查照外，所有甘省各屬光緒二十六年下忙徵收銀兩數目，理合恭摺具奏，伏乞皇太后、皇上聖鑒訓示。謹奏。

光緒二十七年五月十九日。

户部知道。

【《宫中檔光緒朝奏摺》第14輯，第188頁】

陜甘總督崧蕃奏請揀員試署參將要缺摺

光緒二十七年六月十五日

頭品頂戴、陜甘總督奴才崧蕃跪奏：爲揀員試署參將要缺，以裨營伍，恭摺仰祈聖鑒事。

竊奴才案準留京兵部咨開，陜西固原提屬宜君營參將員缺係第一輪第一缺，應用儘先人員，行令揀員請補。等因。奴才遵于通省儘先本班内逐一遴選，非甫經借補他缺歷俸未久，即與此缺人地未宜。茲查有留陝甘記名提督、現署甘州城守營參將柴典漢，忠勇樸誠，曉暢戎務，以之借補斯缺，實堪勝任，亦與借補章程相符。合無仰懇天恩，俯念要缺需員，准以記名提督柴典漢借補陝西固原提屬宜君營參將員缺，實屬人地相需。如蒙俞允，應即照章改爲試署，俟大局定後，再行咨送引見，以符定制。除飭取該員履歷清册另咨送部外，謹會同陝西固原提臣鄧增合詞恭摺具奏，伏乞皇太后、皇上聖鑒訓示，飭部核覆施行。謹奏。

光緒二十七年六月十五日。

兵部議奏。

【《宫中檔光緒朝奏摺》第 14 輯，第 227 頁】

陝甘總督崧蕃附紳士捐賑請准自建坊片

光緒二十七年六月十五日

再，據甘藩司何福堃詳，準寧夏道志崇咨，據寧夏府知府崇俊詳，據寧靈同知洪翼詳稱，該廳紳士前甘肅提督董福祥遵其故父母遺命，捐助賑款湘平銀二千兩，并先後捐修廟宇及城工、義學各經費造具事實册結，并取具户鄰甘結，由該管道、府、廳依次加結詳司，轉請核辦前來。奴才查例載，凡士民人等捐賑荒歉，或捐修橋梁、道路，實于地方有裨益者，由督撫具題，均造事實清册送部。其捐銀至一千兩以上者，均請旨建坊，給予“樂善好施”字樣，由地方官給銀三十兩，聽本家自行建坊。等語。此案寧靈廳紳士前甘肅提督董福祥克承先志，捐助巨款，賑濟灾黎，及捐修城廟、義學各工，洵屬好善樂施，有裨桑梓。計其捐銀在四千有奇，核與建坊之例尚有盈餘。雖據聲明不敢仰邀獎叙，究未便没其好善之忱，相應請旨，俯准爲其已故父母一品封職董世猷、命婦董王氏、董陳氏等照例建坊，給予“樂善好施”字樣，以昭激勵而順輿情。除册結送部查核外，理合附片具陳，伏乞聖謹訓示。謹奏。

著照所請。禮部知道。

【《宫中檔光緒朝奏摺》第14輯，第228頁】

陝甘總督崧蕃又陳揀員請補都司員缺片

光緒二十七年六月十五日

再，奴才接準留京部咨開，陝西固原提屬商州協營中軍都司員缺係第四輪第二缺，應用儘先人員，行令迅揀合例人員請補。等因。

準此，奴才遵于通省儘先本班内逐加遴選，兹查有留陝甘儘先補用都司陳春生，幹練精明，熟習營務，以之請補斯缺，實堪勝任，亦與輪章相符。合無仰懇天恩俯准，以該員陳春生補授陝西固原提屬商州協營中軍都司員缺，以資得力。如蒙俞允，應即照章改爲試署，俟大局定後，再行咨送引見，以符定制。除飭取該員履歷清册另咨送部外，謹會同陝西固原提臣鄧增合詞附片具陳，伏乞聖鑒訓示，飭部核覆施行。謹奏。

兵部議奏。

【《宫中檔光緒朝奏摺》第14輯，第228頁】

陝甘總督崧蕃附陳揀員借補守備員缺片

光緒二十七年六月二十四日

再，查接管卷内，準兵部咨開，甘肅寧夏鎮屬石空寺堡守備員缺係第五輪第二缺，應用儘先人員，行令揀員請補。等因。當經轉飭，遵照去後。兹據署寧夏鎮總兵和色本呈稱，查石空寺堡守備設處通衢，彈壓巡防，最關緊要，揀選得留陝甘儘先補用都司任先槎，年力富强，諳練營伍，地方情形，尤爲熟悉，以之借補斯缺，洵堪勝任，呈請核辦前來。

奴才查，該員任先槎，練習邊情，操防勤慎，堪以借補。合無仰懇天恩，俯念要缺需員，准以留陝甘儘先補用都司任先槎借補石空寺堡守備員缺，以期得力。如蒙俞允，應即照章改爲試署，俟大局定後，再行咨送引見，以符定制。除飭取該員履歷清册另咨送部外，謹會同署甘肅提臣焦大聚合詞附片具陳，伏乞聖鑒，飭部核覆施行。謹奏。

兵部議奏。

【《宫中檔光緒朝奏摺》第 14 輯，第 237 頁】

陝甘總督崧蕃奏陳揀員請補參將員缺摺

光緒二十七年七月十三日

頭品頂戴、陝甘總督奴才崧蕃跪臣跪奏：爲揀員請補參將要缺，并懇天恩稍事變通，冀得人才而裨營伍，恭摺仰祈聖鑒事。

竊查接管卷内，陝西固原提屬静寧營參將廣玉因病出缺，業經前督臣魏光燾奏請開缺在案。奴才查静寧營參將缺雖清苦，而地當東西大路，南通秦鞏，北接固原，逼近化平。張家川，漢少回多，素稱難治，非精明幹練、謀勇兼優之員，不克勝任。兹查有留陝甘儘先補用參將王有德，由行伍，投效軍營，歷保花翎，留陝甘儘先參將，借補西寧鎮屬大通營游擊。二十一年，河湟回匪倡亂，該員督率本標弁兵，夜則登埤防守，晝則出城雕勦，困守彌旬，救援不至。嗣因城内回多兵少，西寧大股逆賊撲犯城垣，内外交訌，該員遍體受傷，猶復裹創血戰，實緣衆寡不敵，遂致城池失陷，隨經前督臣楊昌濬奏參革職。時提臣董福祥辦理河湟軍務，稔知該員驍勇善戰，咨會前督臣楊昌濬，仍令帶隊隨營效力贖罪。該員愧奮圖報，迭著戰功，故于西寧肅清案内與督臣陶模會銜隨案，奏請開復原官原銜翎枝，并免繳捐復銀兩。旋經兵部核准具奏，奉旨："依議。欽此。"遵行知在案。

去年前督臣魏光燾委署督標左營參將，凡遇營伍操防訓練，一切均能隨時整飭，措置有方，誠爲武弁中不可多得之員。現值時局艱難、破格用人之際，未便拘泥先行引見成例，致令真才向隅。奴才留心察看該員，忠勇樸實，奮勉有爲，以之請補斯缺，必能游刃有餘。合無仰懇天恩，俯念邊省需才，員缺緊要，准以儘先參將王有德補授静寧營參將員缺，雖與定章稍有未符，而人地實屬相需，理合據實陳請。如蒙俞允，奴才仍當并案給咨，赴部引見，似于變通之中，仍與定章不相違背。除飭取該員履歷清册送部相核外，奴才爲要缺得人起見，謹會同陝西固原提臣鄧增合詞恭摺具奏，伏乞皇太后、皇上聖鑒訓示，飭部核覆施行。謹奏。

光緒二十七年七月十三日。

兵部議奏。

【《宫中檔光緒朝奏摺》第 14 輯，第 272 頁】

陝甘總督崧蕃附陳揀員補授都司員缺片

光緒二十七年七月十三日

再，查接管卷内，陝西固原提屬邠州營都司榮福病故，經前督臣魏光燾奏請開缺在案。奴才查邠州營都司爲陝甘東西出關驛路，凡護送餉裝，稽查彈壓，在在均關緊要，亟應揀員請補，以重地方。玆查有留陝甘儘先補用都司鍾賢耀，才具開展，辦事勤能，在標年久，歷署都守各缺，辦理俱臻妥善，于營伍地方最爲熟悉，以之請補斯缺，實堪勝任。合無仰懇天恩，俯念員缺緊要，准以該員鍾賢耀補授邠州營都司員缺，可期得力。如蒙俞允，應即照章改爲試署，稍緩再行咨送引見，以符定制。除查取該員履歷清册送部查核外，謹會同陝西固原提臣鄧增合詞附片具陳，伏乞聖鑒訓示，飭部核覆施行。謹奏。

兵部議奏。

【《宫中檔光緒朝奏摺》第 14 輯，第 274 頁】

陝甘總督崧蕃又陳揀員補授都司員缺片

光緒二十七年七月十三日

再，奴才接準部咨，陝西固原提屬潼關協中軍都司係部推之缺，輪用儘先人員，既據該督聲明扣留外補，迅即揀選合例人員請補。等因。當經轉移，遵照去後。兹準陝西固原提臣鄧增咨開，查潼關爲晋豫入陝第一要隘，于稽查彈壓、護送餉裝，在在均關緊要，非精明幹練之員，難期勝任。查有現署提標前營游擊藍翎游擊銜留陝甘儘先補用都司、秦州營中軍守備習斌，才具明敏，營伍練達，堪以請補，咨請核辦前來。

奴才查，該員習斌，年强才裕，曉暢戎機，以之請補斯缺，實屬人地相宜。合無仰懇天恩，俯念員缺緊要，准以該員習斌補授陝西固原提屬潼關協營中軍都司員缺，可期得力。如蒙俞允，該員係現經請咨引見人員，應請飭部發給札付，毋庸改爲試署。除飭取該員履歷清册另咨送部外，其所遺秦州營中軍守備員缺，陝甘現有應補人員，容奴才另揀請補，謹會同陝西固原提臣鄧增合詞附片具陳，伏乞聖鑒，飭部核覆施行。謹奏。

兵部議奏。

【《宫中檔光緒朝奏摺》第 14 輯，第 275 頁】

陝甘總督崧蕃又游擊張綬卿病故出缺片

光緒二十七年七月十三日

再，準陝西固原提督臣鄧增咨稱，提屬馬營監營游擊張綬卿于本年六月十五日在任病故。咨請核辦前來，奴才覆查無异。相應奏明，請旨開缺。除飭取該故員原領功札札付及委員承查印甘各結另咨送部外，所遺陝西固原提屬馬營監營游擊員缺，陝甘現有應補人員，容奴才另揀請補。理合附片陳明，伏乞聖鑒訓示。謹奏。

兵部知道。

【《宫中檔光緒朝奏摺》第 14 輯，第 277 頁】

陝甘總督崧蕃附陳揀員調署寧夏鎮篆片

光緒二十七年七月二十九日

再，署寧夏鎮總兵和色本因病請假，回省就醫，所遺總兵篆務，奴才查有現署肅州鎮總兵湯咏山堪以調署。其肅州鎮總兵遺缺，委卸署凉州鎮總兵、莊浪協副將永明署理。所遺莊浪協副將員缺，以現署中衛協副將、正任洮岷協副將韓廷芝調署。遞遺中衛協副將員缺，以儘先補用副將貴德營游擊鄧咸林接署。又，署陝西商州協副將祝鑒廷飭回陝西撫標中營參將，本任遺缺，查有補用副將汪復友堪以委署。除分飭遵照外，理合附片具陳，伏乞聖鑒訓示。謹奏。

兵部知道。

【《宫中檔光緒朝奏摺》第 14 輯，第 292 頁】

陝甘總督崧蕃奏銷各屬穀倉收支款目摺

光緒二十七年八月初五日

頭品頂戴、陝甘總督奴才崧蕃跪奏：爲甘肅光緒二十年分各屬倉穀收支款目造册請銷，恭摺仰祈聖鑒事。

竊據甘肅布政使何福堃詳稱，案查各屬倉穀奏銷，截至光緒十九年止，均經造册請銷在案。兹據蘭州、鞏昌、平涼、慶陽、甘州、凉州、寧夏、西寧八府，及秦州、階州、涇州、固原、肅州、安西六直隸州，各將所屬州縣倉穀動存數目陸續造册請銷前來。查册造光緒二十年分舊儲各項，京斗糧一百二十一萬六千五百五十二石三斗五升三合九勺，新收各項京斗糧七十二萬四千四百二十七石六斗二升七合一勺，開除各項京斗糧七十八萬六千七百七十八石八斗一升六合，實在共儲各項京斗糧一百一十五萬四千二百一石六升五合。造具總散册籍具詳，呈請題銷前來。奴才覆查甘藩司册造各項糧數，以散合總，均屬相符。除將册籍分送部科外，理合查照部咨，改題爲奏，謹恭摺具陳，伏乞皇太后、皇上聖鑒，飭部查核施行。謹奏。

光緒二十七年八月初五日。

户部知道。

【《宫中檔光緒朝奏摺》第14輯，第301頁】

陝甘總督崧蕃附游擊程興發病故出缺片

光緒二十七年九月初一日

再，準陝西固原提臣鄧增咨，據總兵銜留陝甘儘先即補副將、陝西固原提標後營游擊程興發家丁張福稟稱，家主程興發于光緒二十六年七月間因舊傷復發，痰喘氣逆，請假交卸，醫治未愈，延至二十七年六月二十三日在固原寓所病故。咨請核辦前來，奴才覆核無异。相應陳明，請旨開缺。除飭取該故員原領功札札付及承查印甘各結，至日另咨送部外，其所遺陝西固原提標後營游擊員缺，陝甘現在應補人員，容奴才另揀請補。謹附片具陳，伏乞聖鑒訓示。謹奏。

兵部知道。

【《宫中檔光緒朝奏摺》第14輯，第334頁】

陝甘總督崧蕃奏據情代寧夏總兵謝恩摺

光緒二十七年九月十七日

頭品頂戴、陝甘總督奴才崧蕃跪奏：爲據情代奏，叩謝天恩，恭摺仰祈聖鑒事。

竊奴才據調署甘肅寧夏鎮總兵湯咏山呈稱，奉委調署寧夏鎮總兵，遵將肅州鎮總兵印務交卸起程，于光緒二十七年五月二十七日馳抵寧夏府。準前署總兵和色本飭委中軍游擊鄒洪勝將甘肅寧夏鎮總兵官銀印一顆并文案、卷宗等件呈賫前來，當即恭設香案，望闕叩頭謝恩，祇領任事。查寧夏爲邊地重鎮，毗連蒙境，彈壓巡防，在在均關緊要。惟有矢勤矢慎，實力實心，督率將弁認真辦理，以冀仰答高厚鴻慈于萬一。所有接署寧夏鎮印日期，并感激下忱，呈請代奏，叩謝天恩前來。理合恭摺代陳，伏乞皇太后、皇上聖鑒訓示。謹奏。

光緒二十七年九月十七日。

知道了。

【《宫中檔光緒朝奏摺》第14輯，第356頁】

陝甘總督崧蕃又副將和色本稟請開缺片

光緒二十七年九月十七日

再，據卸署寧夏鎮總兵督標中軍副將和色本稟稱，蚤歲隨軍征剿秦、晉、直、豫、江、皖等省，遍體受傷，每交節令，輒發熱，血氣壯盛，猶能支持。自本年春夏以來，感受風寒，觸發舊疾，兩耳重聽，雙目欠明。醫者僉謂氣血兩虧，非静心調養，難期痊愈。且寧夏當晋省包頭、歸化之衝，接壤蒙番，地居邊要，本缺中軍副將爲全標領袖，公事尤繁，更非衰朽病軀所能勝任。惟有懇請開去底缺，以便回旗調理，而免貽誤。等情。

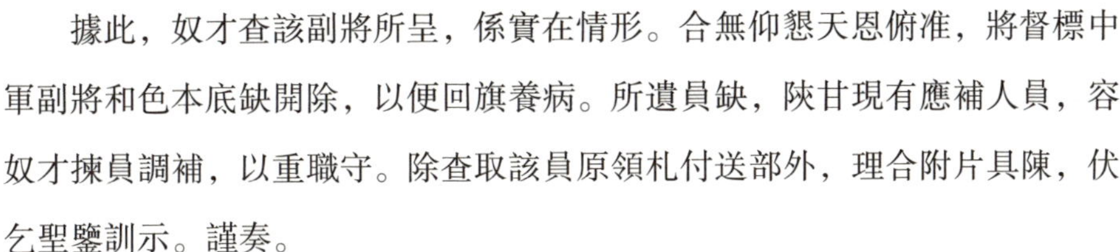

據此，奴才查該副將所呈，係實在情形。合無仰懇天恩俯准，將督標中軍副將和色本底缺開除，以便回旗養病。所遺員缺，陝甘現有應補人員，容奴才揀員調補，以重職守。除查取該員原領札付送部外，理合附片具陳，伏乞聖鑒訓示。謹奏。

著照所請。兵部知道。

【《宫中檔光緒朝奏摺》第 14 輯，第 358 頁】

陝甘總督崧蕃奏陳揀員借補參將員缺摺

光緒二十七年九月十七日

頭品頂戴、陝甘總督奴才崧蕃跪奏：爲揀員借補參將要缺，以裨營伍，恭摺仰祈聖鑒事。

竊查河州鎮屬蘭州城守營參將田連考因病出缺，業經奴才奏明開缺在案。查蘭州城守營參將地居省會，城防是其專責，詰奸除暴，較外路營汛，尤爲緊要，非精强幹練之員，不足以資治理。兹查有儘先補用副將、現署安西協副將、陝西固原提屬平凉營游擊穆振鐸，才猷卓著，曉暢戎機，以之借補斯缺，實堪勝任。合無仰懇天恩，俯念員缺緊要，准以該員穆振鐸借補蘭州城守營參將員缺，以期得力。如蒙俞允，該員係實缺游擊，歷俸已滿，毋庸改爲試署。請敕部發給實授札付，以符定制。除飭取該員履歷清册送部查核外，所遺陝西固原提屬平凉營游擊員缺，陝甘現有應補人員，容奴才另揀請補，謹會同護理陝西固原提督賈鴻增合詞恭摺具奏，伏乞皇太后、皇上聖鑒訓示，飭部核覆施行。謹奏。

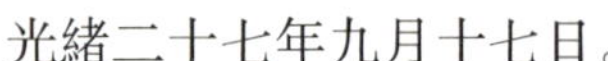

光緒二十七年九月十七日。

兵部議奏。

【《宫中檔光緒朝奏摺》第 14 輯，第 359 頁】

陝甘總督崧蕃奏陳揀員請補游擊要缺摺

光緒二十七年九月十七日

頭品頂戴、陝甘總督奴才崧蕃跪奏：爲揀員請補游擊要缺，以裨營伍，恭摺仰祈聖鑒事。

竊查陝西固原提屬馬營監營游擊張綏卿因病出缺，業經奴才奏明開缺在案。兹準陝西固原提臣鄧增咨開，查馬營監營游擊員缺，逼處清水、化平、張家川之間，漢少回多，彈壓巡防，最關緊要，非精强幹練之員，難期勝任。兹查有花翎副將銜留陝甘儘先補用游擊馬福祥，年力壯實，辦事耐勞，堪以請補，咨請核辦前來。

奴才查，該員馬福祥，勇敢勤能，練達營務，以之請補斯缺，實屬人地相宜。合無仰懇天恩，俯准以該員補授陝西固原提屬馬營監營游擊員缺，可期得力。如蒙俞允，該員係甫經引見人員，毋庸改爲試署，應請飭部發給實授札付，以重職守。除該員履歷清册送部查核外，謹會同陝西固原縣提臣鄧增合詞恭摺具陳，伏乞皇太后、皇上聖鑒訓示，飭部核覆施行。謹奏。

光緒二十七年九月十七日。

兵部議奏。

【《宫中檔光緒朝奏摺》第14輯，第359頁】

陝甘總督崧蕃奏爲據情代賈鴻增謝恩摺

光緒二十七年九月二十二日

頭品頂戴、陝甘總督奴才崧蕃跪奏：爲據情代奏，叩謝天恩，恭摺仰祈聖鑒事。

竊奴才準護理陝西固原提督賈鴻增呈稱，轉準軍機大臣片，交欽奉諭旨："鄧增現在隨扈所有固原提督篆務，著中軍參將賈鴻增護理。欽此。"轉傳前來，旋于光緒二十七年九月初八日，準陝西固原提臣鄧增委千總韓孝忠賫送欽頒"嘉"字八十一號提督陝西總兵官銀印一顆，并王命、旗牌、文案、卷宗等項前來。遵即恭設香案，望闕叩頭謝恩，即于是日護篆任事。伏念鴻增一介武夫，毫無知識，戎行忝列，未報涓埃，寵命渥膺，倍深悚惕。查提督駐扎固原爲陝甘出入門户，漢回雜處，路徑紛岐，巡緝操防，均關緊要，惟有勉竭愚誠，和輯將弁，隨時認真經理，冀答高厚鴻慈于萬一。所有據理提篆日期并感激下忱，呈請代奏前來。理合恭摺代陳，伏乞皇太后、皇上聖鑒訓示。謹奏。

光緒二十七年九月二十二日。

知道了。

【《宫中檔光緒朝奏摺》第14輯，第366頁】

△諭固原提督鄧增并轉傳馬安良欽遵

光緒二十七年九月二十二日

交陝甘固原提督鄧。

本日，軍機大臣面奉諭旨："鄧增一軍，隨扈至中牟縣，即折至滎澤河口北渡。馬安良一軍，著隨扈至鞏縣老犍坡，即折至孟津河口北渡。均至懷慶、衛輝、彰德一帶，分别擇地駐扎，聽候開封啓鑾日期。欽此。"相應傳知貴提督，并轉傳馬安良欽遵可也。

此交。

九月二十二日。

【《光緒宣統兩朝上諭檔》第27册，第200頁第634條】

陝甘總督崧蕃奏各屬夏秋被雹水情形摺

光緒二十七年九月三十日

頭品頂戴、陝甘總督奴才崧蕃跪奏：爲報明甘肅各屬夏秋被雹、被水大概情形，恭摺仰祈聖鑒事。

竊查甘肅自春徂夏，雨賜應時，收成可期豐稔。惟邊地山多，嚮來夏令常有冰雹傷稼之事。今年夏秋之交間，有稟報被灾之處，均經隨時批飭該管道、府確查妥辦去後。兹據甘肅布政使何福堃將各屬被灾情形彙詳請奏前來。

奴才查，鞏昌府屬洮州廳、岷州、隴西縣、伏羌縣，慶陽府屬之合水縣，蘭州府屬之金縣、河州、皋蘭縣，西寧府屬之西寧縣、大通縣，固原州屬之硝河城，涼州府屬之平番縣，均于本年四五六月間先後被雹打傷夏秋禾苗，已由各管道、府督同地方官覆勘，借給口糧、籽種，補種雜糧，統俟秋

後查明彙辦。惟慶陽府屬之安化、正寧、寧州，平凉府屬之華亭縣，于四月十一二三等日雹、雨交作，麥、豆打傷無存，安化、寧州有冲没男婦五丁口及牛、羊百餘隻。蘭州府屬之狄道州四月十六及六月十二等日雨、雹，夏秋麥黍傷損頗重。秦州屬之禮縣六月二十二日迅雷暴雨，山水陡發，平地水深丈餘，溺斃男婦大小三十三丁口，牛、馬、驢頭十六隻，房屋一百九間，水磨三盤。寧夏府屬靈州、寧靈廳于七月初五、初六日大雨如注，山水暴發，房屋、地畝均被冲塌。先後由該管道、府查勘，就近動支倉糧，分別撫恤。淹斃丁口捐給棺木收殮，房屋按間發價，責令及時修蓋，以資栖止。地畝俟水涸，設法墾復，應徵錢糧應如何蠲緩，統俟查報齊全，另案彙辦外，所有甘省本年夏秋被灾大概情形，理合恭摺具陳，伏乞皇太后、皇上聖鑒訓示。謹奏。

光緒二十七年九月三十日。

知道了。著即督屬妥爲賑撫，分別蠲緩，毋任失所。

【《宫中檔光緒朝奏摺》第14輯，第408頁】

陝甘總督崧蕃奏陳揀員借補游擊員缺摺

光緒二十七年十月初五日

頭品頂戴、陝甘總督奴才崧蕃跪奏：爲揀員借補游擊員缺，以裨營伍，恭摺仰祈聖鑒事。

竊查陝西固原提標後營游擊程興發因病出缺，奴才業經奏明開缺在案。兹準陝西固原提督臣鄧增咨開，查提標後營游擊員缺有巡防稽查之責，未便久懸。兹查有花翎留陝甘儘先補用副將、現署陝西撫標右營游擊董南斌，歷練有爲，征防著績，堪以借補，咨請核辦前來。

奴才查，該員董南斌，年力富强，勤勞卓著，以之借補斯缺，實堪勝任。合無仰懇天恩，俯准以該員董南斌借補陝西固原提標後營游擊員缺，可期得力。如蒙俞允，該員係甫經引見人員，毋庸改爲試署，應請敕部發給實授札付，以重職守。除將履歷清册咨送兵部查核外，謹會同護理陝西固原提督賈鴻增合詞恭摺具奏，伏乞皇太后、皇上聖鑒訓示，飭部核覆施行。謹奏。

光緒二十七年十月初五日。

兵部議奏。

【《宫中檔光緒朝奏摺》第14輯，第442頁】

陝甘總督崧蕃又陳揀員更補都司員缺片

光緒二十七年十月初五日

再，寧夏鎮屬橫城營都司金涌華因病出缺，奴才已經奏明開缺在案，遺缺亟應揀員請補。兹查有准補布隆吉爾營都司儘先都司周見恒，年强才裕，勤奮耐勞，堪以調補。至該員補缺，甫接試署部札，未便請調。惟準兵部咨，稱布隆吉爾營都司缺輪用預保人員，該省預保無人，應以揀發抵補。等因。查周見恒，係儘先都司，是以更補橫城營都司員缺。所遺布隆吉爾營都司缺，揀查現無合例揀發都司，惟查有揀發補用游擊督標後營守備梁來鳳穩練樸誠，營伍熟習，堪以借缺抵補。該員雖非都司本班，係揀發游擊借補，與部章似屬相符。合無仰懇天恩，俯准以儘先都司周見恒更補橫城營都司，即以揀發游擊梁來鳳抵補布隆吉爾營都司各員缺。如蒙俞允，俟準部覆，即行咨送引見，以符定制。除飭取該員等履歷清册送部外，所遺陝甘督標後營守備員缺，容奴才另揀請補，謹會同署甘肅提督臣焦大聚合詞附片具陳，伏乞聖鑒訓示，飭部核覆施行。謹奏。

兵部議奏。

【《宫中檔光緒朝奏摺》第14輯，第444頁】

陜甘總督崧蕃奏陳揀員調補皋蘭縣缺摺

光緒二十七年十月初五日

頭品頂戴、陜甘總督奴才崧蕃跪奏：爲揀員調補要缺知縣，以重地方，恭摺仰祈聖鑒事。

竊據甘肅布政使何福堃、按察使潘效蘇詳稱，甘肅皋蘭縣知縣楊震謨奉文，準補固原直隸州知州，歸七月分截缺。查定例，各省首邑缺出，于通省正途人員内揀選調補。等語。今皋蘭縣知縣，係附省首邑四項要缺，地方緊要，政務殷繁，非精明穩練、才具閎通之員，不足以資治理。該司等在于通省現任正途知縣内逐加遴選，查有隆德縣知縣潘齡皋，年三十四歲，直隸安州廩生，由光緒甲午[①]科舉人中式，乙未[②]科進士，改庶吉士，戊戌[③]科散館，補授甘肅隆德縣知縣。二十五年到任，二十七年調署狄道州知州，捐免歷俸。

該司等查潘齡皋，穩練精明，才堪肆應，調補皋蘭縣缺，實堪勝任，會詳請調前來。奴才查潘齡皋，年壯才優，勇于任事。合無仰懇天恩，俯念員缺緊要，准以隆德縣知縣潘齡皋調補皋蘭縣知縣，實屬人地相需。如蒙俞允，該員以知縣調補知縣，銜缺相當，毋庸送部引見。謹恭摺具陳，伏乞皇太后、皇上聖鑒，飭部核覆施行。謹奏。

光緒二十七年十月初五日。

吏部議奏。

【《宫中檔光緒朝奏摺》第14輯，第445頁】

---

①甲午：光緒二十年（1894）。
②乙未：光緒二十一年（1895）。
③戊戌：光緒二十四年（1898）。

陝甘總督崧蕃奏陳揀員請補游擊員缺摺

光緒二十七年十月二十二日

頭品頂戴、陝甘總督奴才崧蕃跪奏：爲揀員請補游擊要缺，以裨營伍，恭摺仰祈聖鑒事。

竊查陝西固原提屬平凉營游擊儘先副將穆振鐸，前經奴才奏請借補蘭州城守營參將員缺在案。所遺平凉營游擊，設處衝途，護運彈壓，最關緊要，非精敏强幹之員，難期勝任。兹查有留陝甘儘先補用游擊曾秉一，年强才裕，奮勉有爲，堪以請補。合無仰懇天恩，俯念員缺緊要，准以該員曾秉一補授陝西固原提屬平凉營游擊員缺。如蒙俞允，該員係甫經引見人員，毋庸改爲試署，應請敕部發給實授札付，以重職守。除飭取該員履歷清册另咨送部查核外，謹會同護理陝西固原提督賈鴻增合詞恭摺具奏，伏乞皇太后、皇上聖鑒，飭部核覆施行。謹奏。

光緒二十七年十月二十二日。

兵部議奏。

【《宫中檔光緒朝奏摺》第14輯，第482頁】

陝甘總督崧蕃又請揀員署理總兵印務片

光緒二十七年十一月初六日

再，署甘肅西寧鎮總兵、實任陝西延綏鎮總兵羅平安，業經奏請調署陝西河州鎮總兵在案。所遺甘肅西寧鎮總兵印務，亟應委員接署，以重職守。查有甘肅提屬永固協副將朱祥興，老成幹練，曉暢戎機，堪以委署。遞遺永固協副將員缺，查有現署督標右營參將、寧夏鎮屬花馬池營參將王文安，穩練樸誠，堪以委署。又，署河州鎮屬洮岷協副將李臨湘專委管帶防營遺缺，查有肅州鎮屬沙州營参將蘇得勝，諳習邊情，堪以調署。又，署凉州鎮屬莊浪協副將韓廷芝病故遺缺，查有補用副將凉州鎮標中營游擊王梓林，奮勉有爲，堪以暫署。除分别給委外，理合附片具陳，伏乞聖鑒。謹奏。

兵部知道。

【《宫中檔光緒朝奏摺》第14輯，第520頁】

陝甘總督崧蕃附陳揀員請補守備員缺片

光緒二十七年十一月初六日

再，準陝西固原提督鄧增咨稱，提標中營中軍守備車允挽病故，早經咨請奏報開缺在案。查該營係守備領袖，有經管兵馬錢糧之責，未便久懸。兹查有儘先守備署提標前營守備、神道嶺汛千總劉文炳，操防勤慎，營務明白，堪以請補，咨請核辦前來。

奴才查，該員劉文炳，年力富强，辦事穩練。合無仰懇天恩，俯准以該員劉文炳補授陝西固原提標中軍守備員缺，實屬人地相需。如蒙俞允，俟接准部覆，即行咨送引見，以符定制。除飭取該員履歷清册另咨送部查核外，謹會同護理陝西固原提督賈鴻增合詞附片具陳，伏乞聖鑒訓示，飭部核覆施行。謹奏。

兵部議奏。

【《宫中檔光緒朝奏摺》第14輯，第524頁】

陝甘總督崧蕃又陳揀員請補守備員缺片

光緒二十七年十一月初六日

再，準陝西固原提督鄧增咨稱，提屬三要司營守備朱得勝因病出缺，早經咨請奏報開缺在案。查該處與湖北接壤，地當衝要，非熟悉地方情形之員難期得力。玆查有都司銜儘先守備、提標右營千總雷洪春，辦事穩練，營務熟悉，堪以請補，咨請核辦前來。

奴才查，該員雷洪春，精力壯實，幹練耐勞。合無仰懇天恩，俯准以該員雷洪春補授陝西固原提屬三要司營守備員缺，實屬人地相宜。如蒙俞允，俟接准部覆後，即行咨送引見，以符定制。除飭取該員履歷清册另咨送部查核外，謹會同護理陝西固原提督賈鴻增合詞附片具陳，伏乞聖鑒訓示，飭部核覆施行。謹奏。

兵部議奏。

【《宫中檔光緒朝奏摺》第14輯，第525頁】

陝甘總督崧蕃又陳揀員請補守備員缺片

光緒二十七年十一月初六日

再，準兵部來咨，寧夏鎮標後營守備員缺，應用儘先人員請補。等因。當經轉行，遵照去後。玆據署寧夏鎮總兵湯咏山呈稱，鎮標後營守備有經理兵馬錢糧操防之責，非明白穩練之員，難期勝任。玆查有儘先補用守備、鎮標前營千總馮成鼎，營務熟悉，辦事精細，堪以請補，呈請核辦前來。

奴才查，該員馮成鼎，諳悉營伍，穩練耐勞。合無仰懇天恩，俯准以該員馮成鼎補授寧夏鎮標後營守備員缺，實屬人地相宜，亦與輪章符合。如蒙俞允，俟接准部覆，即行咨送引見，以符定制。除飭取該員履歷清册另咨送部查核外，謹會同署甘肅提督臣焦大聚合詞附片具陳，伏乞聖鑒訓示，飭部核覆施行。謹奏。

兵部議奏。

【《宫中檔光緒朝奏摺》第14輯，第525頁】

陝甘總督崧蕃附陳揀員升補守備員缺片

光緒二十七年十一月十六日

再，準兵部咨開，甘肅提標前營守備陳際杰告病遺缺係題補第七輪第九缺，輪用應升人員，應令迅揀合例人員請補。等因。兹據凉州鎮總兵張永清呈稱，查有俸滿引見回任候升之寧夏鎮屬花馬池營千總張天榮，久歷戎行，辦事穩妥，呈請升補前來。

奴才查，該員張天榮，年力富强，練習營務，以之升補斯缺，實堪勝任。合無仰懇天恩，俯准以該員張天榮升補甘肅提標前營守備員缺，可期得力。如蒙俞允，該員係已經引見之員，應請敕部發給實授札付，以符定制。除查取該員履歷清册送部外，謹會同署甘肅提督焦大聚合詞附片具陳，伏乞聖鑒訓示，飭部核覆施行。謹奏。

兵部議奏。

【《宫中檔光緒朝奏摺》第 14 輯，第 541 頁】

陝甘總督崧蕃又陳揀員補授守備員缺片

光緒二十七年十一月十六日

再，準兵部咨開，陝西固原城守營守備員缺係推補第一輪第一缺，輪用儘先人員，應令迅揀合例人員請補。等因。奴才查，有都司銜留陝甘儘先補用守備、西寧鎮屬貴德營千總安永恭，年壯技優，熟習營務，以之請補斯缺，實堪勝任。合無仰懇天恩，俯准以該員安永恭補授固原城守營守備員缺，可期得力。如蒙俞允，俟接准部覆，即行咨送引見，以符定制。除查取該員履歷清册另咨送部外，謹會同護理陝西固原提督賈鴻增合詞附片具陳，伏乞聖鑒訓示，飭部核覆施行。謹奏。

兵部議奏。

【《宮中檔光緒朝奏摺》第14輯，第543頁】

△諭内閣著崧蕃會同岑春煊迅速嚴參懲辦平羅教案事

光緒二十七年十一月十七日

光緒二十七年十一月十七日，内閣奉上諭："奕劻、王文韶電奏，據崧蕃電稱，平羅縣屬下營子地方突有匪徒多人焚擄鄉民，搶掠教堂，傷及梅教士并教民數人。已飭派隊保護，并電山西巡撫分途兜拿。等語。各省教堂教士，朝廷一視同仁，迭經嚴降諭旨，飭令實力保護，不准稍有疏虞。乃該地方官奉行不力，致有殺傷教士、教民情事，實堪痛恨。著崧蕃先將疏防營縣，據實嚴參，并會同岑春煊迅飭派出隊伍，勒限懸賞，將凶犯悉數擒拿，務獲懲辦，毋任漏網，以肅法紀而篤邦交。欽此。"

【《光緒宣統兩朝上諭檔》第27册，第233頁第783條】

△諭内閣將卸署平羅縣知縣王樹槐等一并先行革職

光緒二十七年十一月十八日

光緒二十七年十一月十八日，内閣奉上諭："甘肅平羅縣屬下營子地方匪徒焚掠鄉民并傷及教堂教士一案，昨已有旨。嚴飭崧蕃會同岑春煊迅速拿辦，并令先將該營營縣嚴參。兹據崧蕃奏：查明疏防各官，請旨懲處各節，卸署平羅縣知縣王樹槐、現任平羅縣知縣李含菁、平羅營參將易慶安，著一并先行革職，帶罪勒限，將此案匪徒悉數擒獲，盡法懲辦。如逾限不獲，即將該員等永不叙用。該督務當督飭文武各官，認真搜捕，早日了結，并將各屬教堂教士、教民加意保護，毋再疏虞，致干重咎。欽此。"

【《光緒宣統兩朝上諭檔》第 27 册，第 235 頁第 790 條】

△諭著綏遠城將軍信恪寧夏將軍色普徵額會同各蒙古盟長嚴束蒙民不准勾結平羅縣下營子地方匪徒生事等

光緒二十七年十一月十九日

軍機大臣字寄綏遠城將軍信、寧夏將軍色。

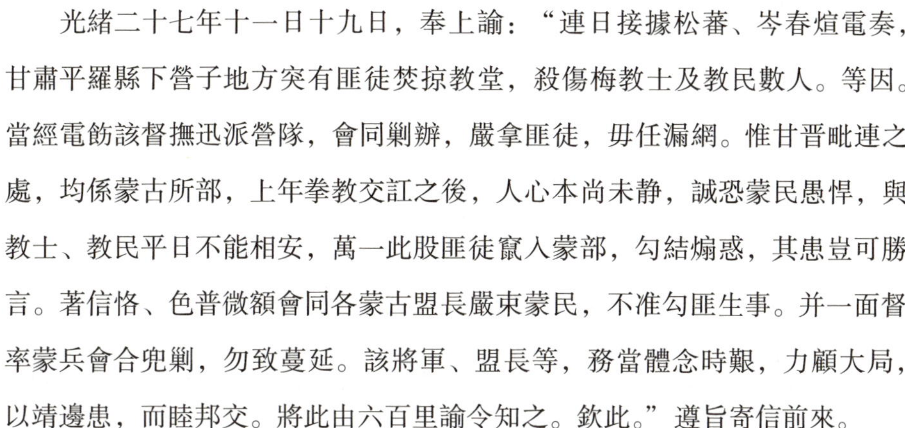

光緒二十七年十一日十九日，奉上諭："連日接據松蕃、岑春煊電奏，甘肅平羅縣下營子地方突有匪徒焚掠教堂，殺傷梅教士及教民數人。等因。當經電飭該督撫迅派營隊，會同剿辦，嚴拿匪徒，毋任漏網。惟甘晋毗連之處，均係蒙古所部，上年拳教交訌之後，人心本尚未静，誠恐蒙民愚悍，與教士、教民平日不能相安，萬一此股匪徒竄入蒙部，勾結煽惑，其患豈可勝言。著信恪、色普徵額會同各蒙古盟長嚴束蒙民，不准勾匪生事。并一面督率蒙兵會合兜剿，勿致蔓延。該將軍、盟長等，務當體念時艱，力顧大局，以靖邊患，而睦邦交。將此由六百里諭令知之。欽此。"遵旨寄信前來。

【《光緒宣統兩朝上諭檔》第 27 册，第 235 頁第 792 條】

△諭内閣著崧蕃立即妥爲撫恤平羅縣教案傷亡教士并將此案凶犯趕緊拿獲即行正法等

光緒二十七年十一月二十日

光緒二十七年十一月二十日，内閣奉上諭："甘肅平羅縣屬殺傷教士、教民一案，業經降旨，將該管地方官革職，帶罪勒限，嚴拿匪徒，務獲懲辦。兹據崧蕃電奏，探報梅教士及教民等四人已因傷身死，現在添派道員張廷楫前往會查，督緝凶犯，并妥爲保護。等情。地方文武官弁皆有保護教堂教士之責，似此防範不力，致該教士等因傷斃命，朝廷深爲矜憫。著崧蕃立即妥爲撫恤，并將此案凶犯趕緊拿獲，即行正法。該管之員王樹槐、李含菁、易慶安業經降旨革職，如再不獲犯，著即照約，永不叙用。欽此。”

【《光緒宣統兩朝上諭檔》第27册，第236頁第794條】

△諭固原馬營監營游擊馬福祥儘先補用游擊等官員任免事

光緒二十七年十一月二十三日

軍機大臣字寄陝甘總督崧。

光緒二十七年十一月二十三日，奉上諭：“留陝甘之儘先補用副將崔正年儘先補用副將，肅州鎮標右營游擊金造儘先補用副將，固原馬營監營游擊馬福祥儘先補用游擊，林太清都司銜，尚爲得力，均著加恩，留于原省，遇缺儘先奏補。如一時無缺可補，即先行委署，以示獎勵。將此諭令知之。”遵旨寄信前來。

二十九日。

補鈔交兵部。

【《光緒宣統兩朝上諭檔》第27册，第241頁第806條】

△諭内閣著崧蕃仍遵前旨將平羅教案彭教士妥爲撫恤所獲凶犯審實即行正法等

光緒二十七年十一月二十三日

光緒二十七年十一月二十三日，内閣奉上諭：“平羅縣屬教案，業經迭降諭旨，嚴飭速辦。兹據崧蕃續奏，彭教士復因傷斃命，現已捕獲賊犯四名。等語。著崧蕃仍遵前旨，將該教士妥爲撫恤，所獲凶犯審實即行正法，其餘各犯仍趕緊督飭嚴拿，務獲懲治。欽此。”

【《光緒宣統兩朝上諭檔》第 27 冊，第 241 頁第 810 條】

陝甘總督崧蕃附都司烏珍布呈請開缺片

光緒二十七年十一月二十八日

再，據署寧夏鎮總兵湯咏山呈稱，鎮屬中衛協營中軍都司烏珍布離家年久，祖塋被水冲塌，請開缺回旗修墓，以展孝思。等情。呈請核辦前來，奴才覆核無异，相應陳明，請旨開缺。除飭取該員原領都司札付送部查銷外，所遺寧夏鎮屬中衛協營中軍都司員缺，甘省現有應補人員，容奴才另揀請補。謹附片陳明，伏乞聖鑒訓示。謹奏。

兵部知道。

【《宫中檔光緒朝奏摺》第 14 輯，第 564 頁】

陝甘總督崧蕃附知州楊宸謨病故出缺片

光緒二十七年十一月二十八日

再，據甘肅布政使何福堃詳，準鞏秦階道趙時熙咨，據秦州直隸州吏目張朝忠詳，據署秦州直隸州事、准補固原直隸州知州楊宸謨家丁張升呈稱，家主楊宸謨，年五十歲，湖北雲夢縣人。由皋蘭縣知縣升補固原直隸州知州，調署秦州直隸州事。光緒二十七年十月二十日，在署秦州任所病故。等情。呈請轉詳，核辦前來，奴才覆查無异，相應陳明，請旨開缺。除揀選合例人員請補外，理合附片具奏，伏乞聖鑒，飭部查照施行。謹奏。

吏部知道。

【《宫中檔光緒朝奏摺》第 14 輯，第 566 頁】

陝甘總督崧蕃奏陳揀員請調知州員缺摺

光緒二十七年十二月初十日

頭品頂戴、陝甘總督奴才崧蕃跪奏：爲請補要缺直隸州知州，以裨地方，恭摺仰祈聖鑒事。

竊據甘肅布政使何福堃、按察使潘效蘇會詳稱，查甘肅固原直隸州知州張祥會修墓開缺，前經請以皋蘭縣知縣、在任候補直隸州知州楊宸謨請補，業已接准部覆。該員尚未到任，于光緒二十七年十月二十日病故。秦州署任應以病故本日作爲開缺日期，業經截缺詳咨在案，自應照例揀選請補。查定例，道、府同知，直隸州通判、知州，凡係應歸候補班補用者，均無論應題、應調、應選之缺，令該督撫酌量才具，擇其人地相宜者，悉准補用。如係題調要缺，無論何項出缺，或調或補，准該督撫酌量具題。等語。今固原州，地處衝要，漢少回多，同城駐有提標各營，政務殷繁，兵民雜處，非精明幹練之員，不足以資治理。該司等查甘省簡缺，直隸州内僅有階州隆泰一員，歷俸未滿，例不合調，亦無記名分發人員，即在于候補人員内，逐加遴選。

查有山丹縣知縣、在任候補直隸州知州劉至順，年五十八歲，江蘇上海縣舉人，在晋賑案内報捐同知銜。光緒庚辰[①]科會試，大挑一等。以知縣簽分甘肅試用，十年十二月初十日到省。于新疆防戍案内出力，保俟補缺後，以直隸州知州用補授秦安縣知縣，二十一年二月十七日到任。奉文以二十年三月十一日作爲直隸州到省日期。嗣因辦理順直賑捐案内保，俟補直隸州後，以知府用。二十四年，大計卓异，調補山丹縣知縣，于二十五年四月二十四日先行署理。是年五月初五日，奉文准調，因病請假。二十六年十二月

①光緒庚辰：光緒六年（1880）。

初八日卸事回省，現在病痊銷假。

該司等查，該員劉至順，守潔才優，辦事諳練，歷任各缺，辦理一切，悉臻妥協，以之請補固原直隸州知州，人地極其相宜。任内亦無參罰案件，會詳請調前來。奴才查，該員劉至順，學優才裕，幹練有爲。合無仰懇天恩，俯念要缺需員，准以在任候補直隸州知州劉至順請補固原直隸州，實于地方有裨。如蒙俞允，俟接准部覆，即行送部引見，以符定例。謹恭摺具陳，伏乞皇太后、皇上聖鑒訓示。至所遺山丹縣知縣係衝、繁、疲三項要缺，俟固原直隸州接奉准文後，再行酌量揀員請補，合并陳明。謹奏。

光緒二十七年十二月初十日。

吏部議奏。

【《宫中檔光緒朝奏摺》第14輯，第623頁】

陝甘總督崧蕃附陳揀員署理西寧府缺片

光緒二十七年十二月初十日

再，西寧府知府燕起烈病故遺缺，查有候補知府張大鏞堪以委署。署丹噶爾同知承緒病故遺缺，查有試用直隸州知州封啓雲堪以委署。署秦州直隸州知州楊宸謨病故遺缺，查有正任秦州直隸州知州張珩應即飭回本任。署敦煌縣知縣鄔緒棣調省遺缺，查有請調敦煌縣知縣汪宗翰堪以先行試署。署隆德縣知縣梁國琛病故遺缺，查有請補平遠縣知縣秦瑞珍堪以調署。兹據甘肅布政使何福堃、按察使潘效蘇先後會詳，呈請具奏前來。除分别給委外，理合附片陳明，伏乞聖鑒訓示。謹奏。

吏部知道。

【《宫中檔光緒朝奏摺》第14輯，第624頁】

陝甘總督崧蕃奏爲參劾有干六法各員摺

光緒二十七年十二月十七日

頭品頂戴、陝甘總督奴才崧蕃跪奏：爲查明有干六法各員，據實參劾，以肅吏治，恭摺仰祈聖鑒事。

竊奴才準吏部咨開，光緒二十四年十二月起扣至二十七年十二月，三年期滿，其各省官員大計卓异者，應行按額薦舉。其有干六法者，應照例統爲一本參奏，仍令該督撫等將不謹、浮躁等官，俱確按實迹，詳細登注，不得籠統參劾。等因。準此，遵即轉行，照辦去後。

兹據甘肅布政使何福堃、按察使潘效蘇查明，分别舉劾，會詳到院。奴才悉心考核，其堪膺卓异各員另摺保薦外，其有干六法之員，自應據實參劾，未便稍事姑容，致滋貽誤。兹查明有疾官一員，實缺秦州直隸州兩當縣知縣蘇保國年力已衰，自交卸兩當縣，回省卧病經年，近來氣體，益形衰頽，實難再膺。民社不謹官三員。現任寧夏府平羅縣訓導左元善，該員自俸滿留任後，干預公事，操守難信，被控有案，并袒護李姓抗不修渠，致各渠農民觀望效尤，實屬有礙農業，難以司鐸。現任秦州直隸州吏目張朝忠，該員自俸滿保薦後，頓改前操，監獄不能經理，捕務更屬廢弛，而于該管軍流各犯，縱開小押，從中漁利，實屬難資督捕。現任固原直隸州吏目任建勛，舉止輕浮，不知檢束，被控有案，聲名甚劣，捕務既不講求，操守亦屬難信，實屬有玷職守。浮躁官一員。現任固原直隸州平遠縣典史劉錫浩，利欲薰心，舉止輕浮，于監獄、捕務，均未能認真辦理，實屬難資典獄。據藩臬兩司詳參前來，均與奴才訪察無异。除將各員事迹清册分送部科外，謹會同甘肅學政臣吴緯炳改題爲奏，合詞恭摺具陳，伏乞皇太后、皇上聖鑒，飭部議覆。謹奏。

光緒二十七年十二月十七日。

吏部知道。

【《宫中檔光緒朝奏摺》第14輯，第653頁】

陝甘總督崧蕃奏銷各驛塘鋪歲支銀數摺

光緒二十七年十二月十八日

頭品頂戴、陝甘總督奴才崧蕃跪奏：爲造報甘省各驛塘鋪光緒二十六年連閏一歲支過夫、馬、工料等項奏銷，恭摺仰祈聖鑒事。

竊奴才據甘肅按察使潘效蘇詳稱，轉據蘭州、鞏昌、平凉、慶陽、甘州、凉州、寧夏、西寧八府，并秦州、階州、涇州、固原、肅州、安西六直隸州，各造送光緒二十六年連閏一歲驛站奏銷册報，通計各屬共支夫、馬、工料，并買補倒馬暨鋪司工食等項銀一十三萬七千五百一十八兩三錢四厘五毫，查核均屬相符。相應彙案分款，造具總散各册，呈請核銷前來。奴才查，該司造報甘省各驛塘鋪光緒二十六年連閏一歲支過夫、馬、工料等項銀數，以散合總，均屬相符。除册籍分送部科外，理合照章改題爲奏，恭摺具陳，伏乞皇太后、皇上聖鑒，飭部核覆施行。謹奏。

光緒二十七年十二月十八日。

該部知道。

【《宫中檔光緒朝奏摺》第14輯，第667頁】

光緒二十八年（1902）

陝甘總督崧蕃附知州程敏達病故出缺片

光緒二十八年正月十九日

再，據甘肅布政使何福堃詳，準寧夏府知府崇俊申，據署靈州吏目崔祥基詳，據靈州知州程敏達家丁楊升呈稱，家主程敏達，年六十六歲，安徽阜陽縣人。由監生，投效軍營，歷保知州。于光緒十二年十二月到省，請補靈州知州。二十七年七月十三日到任，于是年十二月十六日在任病故。等情。呈請轉詳，核辦前來，奴才覆查無异。相應陳明，請旨開缺。除揀選合例人員由外請補外，理合附片具奏，伏乞聖鑒，飭部查照。謹奏。

吏部知道。

【《宫中檔光緒朝奏摺》第 14 輯，第 786 頁】

陝甘總督崧蕃又游擊張得勝病故出缺片

光緒二十八年正月十九日

再，據署寧夏鎮總兵湯咏山呈稱，鎮標前營游擊張得勝舊傷復發，醫藥罔效，于光緒二十七年十二月初五日在任病故。呈請核辦前來，奴才覆核無异，相應陳明，請旨開缺。除查取該故員原領札付及承查印甘各結，至日另咨送部外，所遺寧夏鎮標前營游擊員缺，甘肅現有應補人員，容奴才揀員請補。謹附片具陳，伏乞聖鑒。謹奏。

兵部知道。

【《宫中檔光緒朝奏摺》第 14 輯，第 787 頁】

陝甘總督崧蕃奏查平羅下營子教案由摺

光緒二十八年正月十九日

頭品頂戴、陝甘總督奴才崧蕃跪奏：爲甘肅平羅縣屬下營子突被匪徒焚掠鄉民，并入教堂傷斃教士、教民，捕獲首要，就地懲辦情形，恭摺仰祈聖鑒事。

竊查光緒二十七年十一月十三日，據寧夏府知府崇俊、平羅縣知縣李含菁會營禀報，下營子一帶于十一月初三夜，突有匪徒十餘人搶劫華人吴家馬匹、衣物，拒傷事主吴萬全身死，并入教堂殺傷教士梅姓、彭姓及教民小傅王姓、穆氏等，携贜逃逸，教士等先後因傷殞命。等情。當經批飭勘驗，懸賞購綫緝匪。由省派委候補道張廷楫隨帶委員親兵携銀馳往，撫恤被害教士、華民人等。會同署寧夏鎮總兵湯咏山選派得力弁勇，督率府縣營兵差役分途捕匪，并電商山西撫臣岑春煊飛飭歸綏沿邊文武合力兜捕。一面摘叙案由，將保護不力之營縣，電奏請參。欽奉諭旨："將卸署平羅縣王樹槐、現任平羅縣李含菁、平羅營參將易慶安，一并先行革職，帶罪勒限，將此案匪徒，悉數擒獲，盡法懲辦。如逾限不獲，即將該員等永不叙用。等因。欽此欽遵。"轉行在案。旋據寧夏文武各員及鄰境固原州、隴西縣等陸續拿獲首要黄著娃、姚伏魁、冒義、王阿旦子、馬木薩子、張奉翼、王蘭亭、馬存娃、陳興魁、何桂林、寇明朱①、莫光海等十餘犯，批飭印委各員督同熬審去後。

兹據委員張廷楫會同寧夏道志崇、知府崇俊督率夏、朔兩縣及新舊平羅縣王樹槐等提犯隔别審訊，緣姚伏魁等分隸湖北穀城、甘肅平羅等縣，均係素不安分之徒，起意搶劫，得財俵分，亦有挾勒索婦女之嫌，夥同搶劫，藉圖報復者。其業經審實之姚伏魁、冒義、黄著娃、王阿旦子、馬木薩子、張奉翼等六犯贜證確鑿，已欽遵諭旨，即行正法，傳首犯事地方，懸杆示衆。其王蘭亭等各犯，或尚須傳查待質，或供詞游移未定，應俟覆審明確，即行分别辦理彙案擬結。逸犯高來伏、木成林等，仍飭勒緝，務令悉獲嚴懲。因傷殞命之教士、華人，均經棺殮撫恤，衆情悦服。惟教案處分綦嚴，疏于防範各員，自應照章參處。其緝匪辦案不辭勞苦、异常得力、爲教士教民敬服

①寇明朱：後文又作"寇明珠"。

各員，應懇天恩俯准，俟結案後，擇尤獎叙，俾昭公允而示勸懲。如此賞罰分明，凡有教堂各屬，庶幾互相儆勉，不致推諉貽誤，而民教亦自相安無事矣。奴才爲綏輯民教、策勵文武起見，是否有當，伏候聖裁。除俟全案訊結，另行奏報，分咨部科外，所有委員查辦平羅下營子教案、正法匪徒、撫恤教士華人緣由，理合先行恭摺具陳，伏乞皇太后、皇上聖鑒訓示。謹奏。

光緒二十八年正月十九日。

著照所請。外務部知道。

【《宫中檔光緒朝奏摺》第 14 輯，第 787 頁】

陝甘總督崧蕃又游擊李元成病故出缺片

光緒二十八年正月十九日

再，據署寧夏鎮總兵湯咏山呈稱，玉泉營游擊李元成得患陰證，于光緒二十七年十一月二十五日在任病故。查取原領札付及印甘各結，呈請核辦前來，奴才覆核無异。相應陳明，請旨開缺。除札付印甘結咨送兵部外，所遺寧夏鎮屬玉泉營游擊員缺，甘省現有應補人員，容奴才另揀請補。謹附片具陳，伏乞聖鑒。謹奏。

兵部知道。

【《宫中檔光緒朝奏摺》第 14 輯，第 792 頁】

陝甘總督崧蕃奏學政吴緯炳丁憂出缺摺

光緒二十八年二月十三日

頭品頂戴、陝甘總督奴才崧蕃跪奏：爲甘肅學政丁憂出缺，當經摘叙案由，電陳請旨，迅賜簡放，以重職守，謹再恭摺具陳，仰祈聖鑒事。

竊據甘肅布政使何福堃詳，據署皋蘭縣知縣張元溎詳，據甘肅學政吴緯炳遣丁邵炳呈稱，家長去夏考試蘭州、鞏昌、平涼、西寧、秦州、固原、涇州七屬，試竣回省。今春正擬出棚，按試慶陽各屬，詎于光緒二十八年正月二十五日接到家信，親母蔣氏于二十七年十二月二十六日在江蘇徐州府寓所病故。家長係屬親子，例應丁憂。等情。由縣詳司，并將學政關防賫院封存，該衙門一切公事，暫由奴才兼辦。惟甘省科試尚有慶陽、寧夏、涼州、甘州、肅州、階州六屬已定期調考，甫擬出棚按試，聞訃報，丁母憂，除由奴才檄飭各屬暫緩調考外，查甘肅學政業已奉旨簡放。惟有仰懇天恩，飭催新放學臣葉昌熾迅速來甘接考，以重職守。理合恭摺具奏，伏乞皇太后、皇上聖鑒訓示。謹奏。

光緒二十八年二月十三日。

葉昌熾已請訓赴任矣。

【《宫中檔光緒朝奏摺》第14輯，第874頁】

陜甘總督崧蕃又陳揀員委署靈州知州片

光緒二十八年二月二十五日

再，靈州知州程敏達病故遺缺，查有試用同知洪翼堪以委署。署平遠縣知縣楊廷槐因病請假遺缺，查有大挑知縣王家彦堪以委署。肅州王子莊州同祝蘭祥告請修墓遺缺，查有儘先大挑試用知縣王人騏堪以委署。署鎮番縣知縣潘力謀調省遺缺，查有議叙試用知縣鄭賢炤堪以委署。靈臺縣知縣因親回避對調，古浪縣知縣王堯儒應先飭赴調赴。兹據甘肅藩臬兩司先後會詳前來，除分别檄飭遵照外，理合附片陳明，伏乞聖鑒。謹奏。

吏部知道。

【《宫中檔光緒朝奏摺》第14輯，第940頁】

陝甘總督崧蕃奏續發第九案茶票情形摺

光緒二十八年三月十二日

頭品頂戴、陝甘總督奴才崧蕃跪奏：爲陝甘續發第九案茶票情形，恭摺仰祈聖鑒事。

竊照甘肅試辦茶務，以票代引，于光緒二十六年，將發過陝甘寧茶票六百二十八張，計引三萬一千三百七十道，業經前督臣魏光燾奏明在案。兹據蘭州道黄雲詳稱，各茶商前領第八案茶票漸次銷罄，若不先期續領，誠恐難于接售。緣領票遠赴湖南入山采茶，運至陝西涇陽縣作成茶磚，包封運至陝、甘、新疆各處發售，程途既遠，輾轉需時。請將第九案新票先期給領，并懇援照上届成案，每票預繳課銀一百兩，限今年分作四季呈繳，以紓商力。其餘照章隨厘并繳。各等情。

據此，當經奴才批飭，遵照部咨，每案承領新票，祇准加多，不得減少，酌量在于各商原存懸票内，加發一百四十票，共發過甘肅、陝西、寧夏茶票七百六十八張，計引三萬八千三百七十道。先繳二分課銀七萬六千七百四十兩，取票存案，俟届期由道收齊，解存藩庫。其餘欠繳一分茶課銀五十兩隨厘并繳，已飭填發茶票，由蘭州道轉給各商分領，詳請具奏前來。

奴才查，陝、甘、新疆，地曠人稀，銷茶固少，加以内地各處私販及俄商私茶減價侵銷，以致官茶未能十分暢旺。現在發過第九案茶票，較八案加領新票一百四十張，俟至第十案領票届期，能否酌復舊額，再行察看情形辦理。除咨陝西、新疆各撫臣會同飭屬嚴禁私茶，以暢官引，而裕課厘，并咨部查照外，所有陝甘續發第九案茶票情形，理合恭摺具奏，伏乞皇太后、皇上聖鑒訓示。謹奏。

光緒二十八年三月十二日。

該部知道。

【《宫中檔光緒朝奏摺》第 15 輯，第 13 頁】

陝甘總督崧蕃奏陳揀員請補都司員缺摺

光緒二十八年三月十九日

頭品頂戴、陝甘總督奴才陶模跪奏：爲揀員請補都司員缺，以裨營伍，恭摺仰祈聖鑒事。

竊臣接準部咨，陝西固原提屬西安城守協標左營中軍都司員缺係題補第五輪第二缺，輪用儘先人員，應令揀員請補。等因。當經移行，遵照去後。兹準陝西固原提督臣鄭增咨開，揀選得花翎儘先補用都司提標右營守備首成錢，營務諳練，勇敢有爲，堪以請補，咨請核辦前來。

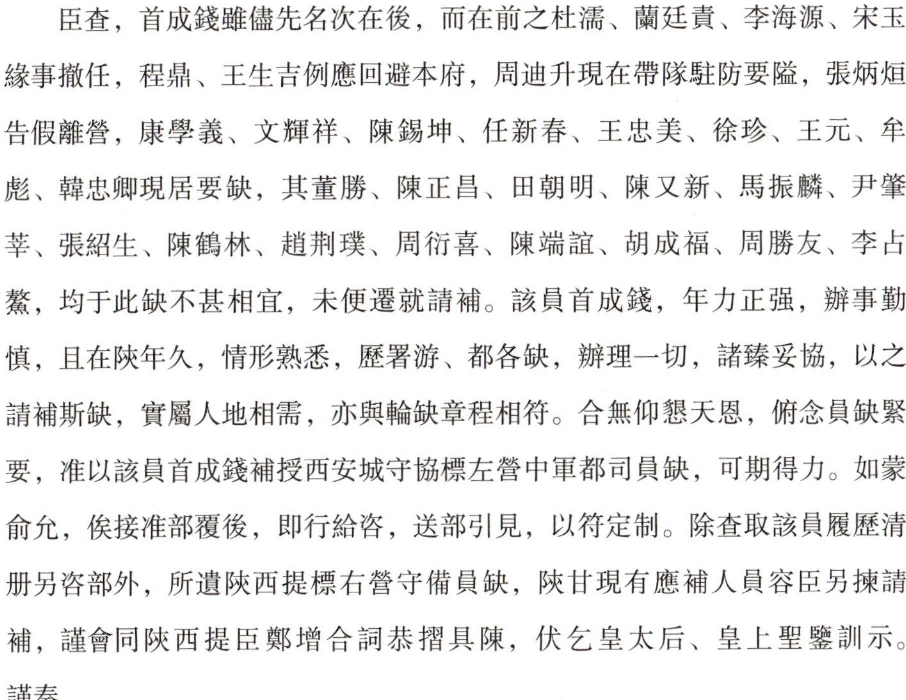

臣查，首成錢雖儘先名次在後，而在前之杜濡、蘭廷責、李海源、宋玉緣事撤任，程鼎、王生吉例應回避本府，周迪升現在帶隊駐防要隘，張炳烜告假離營，康學義、文輝祥、陳錫坤、任新春、王忠美、徐珍、王元、牟彪、韓忠卿現居要缺，其董勝、陳正昌、田朝明、陳又新、馬振麟、尹肇莘、張紹生、陳鶴林、趙荆璞、周衍喜、陳端誼、胡成福、周勝友、李占鰲，均于此缺不甚相宜，未便遷就請補。該員首成錢，年力正强，辦事勤慎，且在陝年久，情形熟悉，歷署游、都各缺，辦理一切，諸臻妥協，以之請補斯缺，實屬人地相需，亦與輪缺章程相符。合無仰懇天恩，俯念員缺緊要，准以該員首成錢補授西安城守協標左營中軍都司員缺，可期得力。如蒙俞允，俟接准部覆後，即行給咨，送部引見，以符定制。除查取該員履歷清册另咨部外，所遺陝西提標右營守備員缺，陝甘現有應補人員容臣另揀請補，謹會同陝西提臣鄭增合詞恭摺具陳，伏乞皇太后、皇上聖鑒訓示。謹奏。

光緒二十五年三月十九日。

兵部議奏。

【《宫中檔光緒朝奏摺》第15輯，第24頁】

陝甘總督崧蕃奏陳揀員請補靈州知州摺

光緒二十八年三月二十七日

頭品頂戴、陝甘總督奴才崧蕃跪奏：爲揀員請補要缺知州，以裨地方，恭摺仰祈聖鑒事。

竊奴才據甘肅藩司何福堃、署臬司黄雲會詳，靈州知州程敏達病故，業經截缺報部，自應照例揀補。查定例，知州題調要缺，無論何項出缺，或調或補，准酌量具題。等語。今靈州知州一缺，漢回雜處，政務殷繁，必須幹練耐勞之員，方足以資治理。對品簡缺知州，或歷俸未滿，或尚未到任，均不合調，該司等在于候補人員内逐加遴選。

查有候補知州廖葆泰，年四十八歲，雲南石屏州人，由附生，投效本省軍營，保以從九品，分省補用。光緒十二年，請咨驗看，簽分甘肅。十三年二月，領照到省。二十一年，遵折海防例，加捐州同，指分甘肅試用。因逆回犯順，力守狄道孤城，保以知州，仍留甘肅，歸候補班補用，并請賞戴花翎。二十五年十月初五日引見，領照赴甘。二十六年正月十八日到省，是年委署靖遠縣知縣。交卸回省，年滿甄别，留用在案。

該司等查，該員廖葆泰樸實耐勞，勇于任事，在甘有年，于該處風土民情，最爲熟悉，以之請補靈州要缺，實屬人地相宜。會詳請奏前來。奴才查，該員廖葆泰，才猷穩練，辦事勤能，合無仰懇天恩，俯准以候補知州廖葆泰補授靈州知州，實于地方有益。如蒙俞允，銜缺相當，毋庸送部引見。謹恭摺具陳，伏乞皇太后、皇上聖鑒訓示。謹奏。

光緒二十八年三月二十七日。

吏部議奏。

【《宫中檔光緒朝奏摺》第 15 輯，第 35 頁】

陝甘總督崧蕃奏陳揀員調補寧夏縣缺摺

光緒二十八年三月二十七日

頭品頂戴、陝甘總督奴才崧蕃跪奏：爲揀員請調要缺知縣，以裨地方，恭摺仰祈聖鑒事。

竊奴才據甘肅藩司何福堃、署臬司黄雲會詳稱，寧夏縣知縣王樹槐革職遺缺，業已成截缺報部，例應由外揀補。查定例，州縣應調缺出，俱令于現任人員内揀選調補。又，調補州縣以上官員，必歷俸三年以上，方准選調。各等語。今寧夏縣知縣係衝、繁、疲、難四項最要缺，政務殷繁，非精明練達之員，不足以資治理。該司等在于現任簡缺知縣内逐加遴選，查有西和縣知縣姚鈞，年六十歲，安徽桐城縣監生，由選用，未入流，來甘投效楚軍。歷保以知縣，留甘補用，并俟補缺後，再行送部引見。光緒六年三月初三日到省，歷署秦安、寧朔、正寧等縣，補授西和縣知縣。二十四年五月十九日到任。歷俸已滿三年，核與調補之例相符。

該司等查，該員姚鈞，忠厚廉明，通達治體，以之調補寧夏縣知縣，既屬人地相宜，復與部章相合，會詳請奏前來。奴才查，該員姚鈞體健才優，諳習吏治。合無仰懇天恩，俯念員缺緊要，准以該員姚鈞調寧夏縣知縣，實于地方有裨。如蒙俞允，俟准部覆，即行咨送引見，以符定制。謹恭摺具陳，伏乞皇太后、皇上聖鑒訓示。至所遺西和縣知縣係簡缺，甘省現有應補人員，應請扣留外補，合并聲明。謹奏。

光緒二十八年三月二十七日。

吏部議奏。

【《宫中檔光緒朝奏摺》第 15 輯，第 37 頁】

陝甘總督崧蕃奏陳揀員補署知縣各缺摺

光緒二十八年四月十一日

頭品頂戴、陝甘總督奴才崧蕃跪奏：爲揀員補署知縣員缺，以裨地方，恭摺仰祈聖鑒事。

竊奴才據甘肅藩司何福堃、署臬司黄雲會詳，碾伯縣知縣張元溱准補涇州直隸州知州，寧朔縣知縣張庭武准調補武威縣知縣遺缺，均應按班序補。查甘肅升調遺知縣一項已用至第二輪截取進士止，今碾伯縣缺，輪用拔貢正班到班，其名次在先之張紹文起復，尚未年滿甄别，應以其次之吴寶琛請署。查吴寶琛，年三十五歲，廣西宣化縣人。由拔貢知縣簽掣甘肅，光緒二十五年十一月十二日到省。委辦甘軍，入衛營務文案，保俟補缺後，以同知直隸州用遵秦晋實官海防例，捐免試用一年，銷差回省，甄别留用在案。查吴寶琛，年富才優，辦事明敏，堪以請署碾伯縣知縣。其寧朔縣一缺，輪用拔貢到班，拔貢先，無人應先，插用分缺先。查有新海防分缺先知縣朱進賢，現年五十歲，湖南湘鄉縣監生。由選用縣丞，于剿辦瓜子溝番匪案内保，以知縣留甘儘先補用。光緒八年十一月初十日到省，年滿甄别留用，復遵新海防例，報捐分缺先免試用，奉文以二十五年九月十七作爲新班到省日期。查朱進賢，樸實勤能，明于聽斷，堪以請補寧朔縣知縣。等情。會詳請分别補署前來。

奴才查，吴寶琛，年力富强，才猷穩練，朱進賢，才識兼優，講求吏治。合無仰懇天恩，俯准以吴寶琛請署碾伯縣知縣，以朱進賢請補寧朔縣知縣，均屬人地相宜。吴寶琛，仍俟試署年滿，如果“稱職”，另請實授。謹恭摺具陳，伏乞皇太后、皇上聖鑒訓示。謹奏。

光緒二十八年四月十一日。

吏部議奏。

【《宫中檔光緒朝奏摺》第 15 輯，第 110 頁】

陝甘總督崧蕃奏陳揀員請補游擊員缺摺

光緒二十八年四月十一日

頭品頂戴、陝甘總督奴才崧蕃跪奏：爲揀員請補游擊要缺，以實營伍，恭摺仰祈聖鑒事。

竊奴才準兵部咨，陝西固原提屬蘆塘營游擊係部推第一缺，應用儘先人員，該前督請以補用游擊唐連升補授。查唐連升并未保有儘先及“留陝”字樣，核與定章及保留省分均屬不符，應令另揀儘先合例人員請補。等因。準此，奴才隨在于儘先班次人員内查有參將銜留陝甘儘先補用游擊錢寶林，年力富强，營務諳練，以之請補斯缺，核與輪章相符。合無仰懇天恩，俯准以該員錢寶林補授陝西固原提屬蘆塘營游擊員缺，實屬人地相宜。如蒙俞允，俟接准部覆後，即行咨送引見，以符定制。除查取該員履歷清册咨送兵部外，謹會同陝西提督鄭增合詞恭摺具陳，伏乞皇太后、皇上聖鑒，飭部核覆施行。謹奏。

光緒二十八年四月十一日。

兵部議奏。

【《宫中檔光緒朝奏摺》第 15 輯，第 111 頁】

陝甘總督崧蕃又陳揀員請補守備員缺片

光緒二十八年四月十一日

再，奴才準部咨，陝西固原提標後營守備李士貞准補陝甘督標中營都司遺缺係第三輪第八缺，應用儘先人員，行令迅揀合例人員請補。等因。準此，奴才隨在于儘先人員内揀選得都司銜留陝甘儘先補用守備魏學仲，年力富强，諳習營務，以之請補斯缺，核與輪章相符。合無仰懇天恩，俯念員缺緊要，准以該員魏學仲補授陝西固原提標後營守備，實屬人地相宜。如蒙俞允，俟接准部覆，即行咨送引。會同陝西提督鄭增合詞附片具陳，伏乞聖鑒訓示，飭部核覆施行。謹奏。

兵部議奏。

【《宫中檔光緒朝奏摺》第 15 輯，第 112 頁】

陝甘總督崧蕃奏陳揀員借補游擊員缺摺

光緒二十八年四月十一日

頭品頂戴、陝甘總督奴才崧蕃跪奏：爲揀員借補游擊員缺，以實營伍，恭摺仰祈聖鑒事。

竊奴才准兵部咨，甘肅寧夏鎮標右營游擊員缺係題補第七輪第七缺，輪用儘先人員，該前署督以留陝甘儘先補用游擊劉琦請補。查劉琦保奬儘先游擊之案，未經注册，核與定章不符，仍令迅揀合例人員請補。等因。

準此，兹查有副將銜留陝甘儘先補用參將周貴祥，才猷穩練，曉暢戎機，堪以借補。合無仰懇天恩，俯准以該員周貴祥借補寧夏鎮標右營游擊員缺，實屬人地相需。如蒙俞允，俟接准部覆後，即行咨送引見，以符定制。除查取該員履歷清册咨送兵部外，謹會同署甘肅提督焦大聚合詞恭摺其陳，伏乞皇太后、皇上聖鑒，飭部核覆施行。謹奏。

光緒二十八年四月十一日。

兵部議奏。

【《宫中檔光緒朝奏摺》第 15 輯，第 113 頁】

陝甘總督崧蕃奏陳揀員請補游擊員缺摺

光緒二十八年四月二十五日

頭品頂戴、陝甘總督奴才崧蕃跪奏：爲揀員請補游擊要缺，以裨營伍，恭摺仰祈聖鑒事。

竊奴才準兵部咨，凉州鎮屬俄卜嶺營游擊員缺係第七輪第八缺，應用儘先人員，迅即揀員請補。等因。

準此，奴才查有留陝甘儘先補用游擊、現署陝西固原提標右營游擊徐得元，年力富强，營務諳練，堪以請補。合無仰懇天恩，俯准以留陝甘儘先補用游擊徐得元請補凉州鎮屬俄卜嶺營游擊員缺，實屬人地相宜，亦與輪章符合。如蒙俞允，俟接准部覆，再行咨送引見，以符定制。除飭取該員履歷清册咨送兵部查核外，謹會同署甘肅提督焦大聚合詞恭摺具陳，伏乞皇太后、皇上聖鑒，飭部核覆施行。謹奏。

光緒二十八年四月十五日。

兵部議奏。

【《宫中檔光緒朝奏摺》第 15 輯，第 155 頁】

陝甘總督崧蕃又田玉廣暫署延綏鎮由片

光緒二十八年五月初八日

再，新授甘肅寧夏鎮總兵田玉廣于光緒二十八年三月到省，亟應飭赴本任。因署該鎮總兵湯咏山現辦平羅教案，正資得力，未便遽易生手。適署陝西延綏鎮總兵龍得勝調省遺缺，即以該總兵田玉廣署理。除檄飭遵照外，理合附片陳明，伏乞聖鑒。謹奏。

知道了。

【《宫中檔光緒朝奏摺》第 15 輯，第 251 頁】

陝甘總督崧蕃又陳揀員調補守備員缺片

光緒二十八年五月初八日

再，奴才準兵部咨，陝西延綏鎮標左營守備員缺，准以儘先守備葭州汛千總胡培補授。惟查是缺守備駐扎榆林府，該員係榆林府人，例應回避，應令迅即揀員對調。等因。

準此，奴才兹查有延安營守備楊杰，係直隸大名府人，堪以互相調補。合無仰懇天恩，准以該員胡培調補延安營守備員缺，所遺延綏鎮標左營守備員缺，即以楊杰調補。如蒙俞允，該員等均係曾經引見人員，應請敕部發給實授札付，以符定制。除飭取履歷清册咨送兵部外，謹會同陝西固原提督鄭增合詞附片具陳，伏乞聖鑒訓示。謹奏。

兵部議奏。

再，奴才準兵部咨，陝西固原提屬長武營守備員缺係第四輪第一缺，應用儘先人員，行令迅即揀員請補。等因。

準此，奴才查有留陝甘儘先補用都司陳春生，年力富强，才具穩練，堪以借補。合無仰懇天恩，俯准以陳春生借補陝西固原提屬長武營守備員缺，實屬人地相需，亦與輪章相符。如蒙俞允，俟接准部覆，即行咨送引見，以符定制。除飭取履歷清册咨送兵部外，謹會同陝西固原提督鄭增合詞附片具陳，伏乞聖鑒訓示，飭部核覆施行。謹奏。

兵部議奏。

【《宫中檔光緒朝奏摺》第 15 輯，第 251 頁】

陝甘總督崧蕃奏陳揀員請補都司員缺摺

光緒二十八年五月初九日

頭品頂戴、陝甘總督奴才崧蕃跪奏：爲揀員請補都司員缺，以實營伍，恭摺仰祈聖鑒事。

竊奴才準兵部咨，陝西固原提屬靖遠協營中軍都司員缺係第五輪第九缺，輪用應升人員，迅即揀員請補。等因。準此，當經轉移，遵照去後。兹準陝西固原提督鄭增咨稱，靖遠協營中軍都司員缺，有稽核錢糧之責，非精明諳練之員，難期勝任。查有補用都司、安定營守備徐倉，人極樸誠，營務熟悉，歷俸已滿，堪以升補，咨請核辦前來。

奴才查，該員徐倉，穩練安詳，講求營務，以之升補斯缺，實屬人地相宜，亦與輪章符合。合無仰懇天恩，俯准以該員徐倉升補陝西固原提屬靖遠協營中軍都司員缺，可期得力。如蒙俞允，俟接准部覆，再行咨送引見，以符定制。除飭取該員履歷清册咨送兵部外，謹會同陝西固原提督鄭增合詞恭摺具陳，伏乞皇太后、皇上聖鑒訓示，飭部核覆施行。謹奏。

光緒二十八年五月初九日。

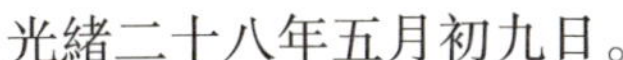

【《宫中檔光緒朝奏摺》第15輯，第253頁】

陝甘總督崧蕃奏陳揀員抵補游擊員缺摺

光緒二十八年五月二十五日

頭品頂戴、陝甘總督奴才崧蕃跪奏：爲揀員抵補游擊員缺，以實營伍，恭摺仰祈聖鑒事。

竊奴才前準兵部咨稱，陝西固原提標右營游擊員缺係第三輪第六缺，應用揀發人員，行令揀員請補。等因。

準此，奴才查留陜游擊一班揀發人員最少，現在省標候補班内并無銜缺相當之員。惟查有揀發參將王存誠，勇敢樸實，幹練有爲，堪以抵補，俟有應補揀發參將缺出，再將該員調補。另選揀發游擊請補陜提右營游擊員缺，如此量爲變通，庶員缺不致久懸，而以揀發抵補揀發，與部章輪次亦符。合無仰懇天恩，俯准以揀發參將王存誠抵補陜西提標右營游擊員缺，實屬人地相宜。如蒙俞允，俟准部覆，即行咨送引見，以符定制。除飭取該員履歷清册另咨送部外，謹會同陜西固原提督鄭增合詞恭摺具陳，伏乞皇太后、皇上聖鑒，飭部核覆施行。謹奏。

光緒二十八年五月二十五日。

兵部議奏。

【《宫中檔光緒朝奏摺》第15輯，第368頁】

陜甘總督崧蕃附陳豁免寧夏灾屬錢糧片

光緒二十八年五月二十五日

再，據藩司何福堃詳稱，寧夏縣屬王洪、王泰兩堡于光緒二十七年五七兩月大雨滂沱，河水漲發，冲塌田地五百畝八分，房屋四十五間。前經詳請，附入二十七年秋灾案内奏報，并行據該管寧夏府知府崇俊督同署寧夏縣知縣朱進賢會詳，查勘得王洪、王泰兩堡被水冲塌田地五百畝八分，應徵地丁正耗銀二兩五錢六分，正耗糧五十四石六斗五升六合二勺，草一百七十四束九分。現在地成坑坎，勢難耕種，錢糧懇請暫行豁免，被冲房屋隨時由縣捐給錢文修復，以資栖止。等情。造册繪圖帖説，由寧夏道加結咨司，轉詳前來，奴才覆核，委係實情。除飭隨時查察，俟地畝涸出，即令墾復，照舊升科，并將册結圖説分送部科外，謹附片具陳，伏乞聖鑒，飭部核免施行。

謹奏。

户部知道。

【《宫中檔光緒朝奏摺》第15輯，第371頁】

陜甘總督崧蕃奏預估關内實需軍餉數摺

光緒二十八年六月十一日

頭品頂戴、陜甘總督奴才崧蕃跪奏：爲援案預估光緒二十九年分甘肅關内軍餉及滿營俸餉實需數目，恭摺仰祈聖鑒事。

竊奴才前準户部咨，奏撥光緒二十八年甘肅新餉案内聲明，時事艱難，款項支絀，在受協省分固應裁節浮費，慎重餉糈，在承協省分尤應力顧餉源，維持大局。當經行司，遵照去後。兹據甘肅布政使何福堃詳稱，遵查甘肅關内歲需餉銀一百一十八萬兩，寧夏、凉州、莊浪三滿營及西寧青海王公俸餉二十二萬兩，均自光緒十四年起，經部按年，如數指撥應用在案。二十七年十一月，遵將甘省防練各軍裁并成旗，計每年節省銀一十萬九千餘兩，亦經奏明在案。

嗣補授伊犁鎮總兵馬安良統帶馬步八營回甘，遵奉諭旨，酌留原有之馬隊一營一旗，支食甘餉每年需餉銀三萬七千六百餘兩。又，調補河州鎮總兵姚旺裁留之馬步二旗改爲甘省防軍，每年需餉銀三萬九百餘兩，二共歲需銀六萬八千五百餘兩。是前節之餉即令各省關掃數解清，除支銷外，已所餘無幾。况承協各省自光緒二十二年起已間有欠解之處，至二十六七兩年，如河南、山西、閩海關，短欠尤巨，通盤核計共欠解銀二百八十餘萬兩之多，甘肅司庫即已少分銀七十萬兩有奇。

此項協餉皆係計口授食之需，不能短欠、挪移、借墊，實已力盡計窮。加以上年供支誠信軍餉項，除由司在例存款内撥還外，尚墊發銀十四萬七千餘兩。鄭、馬兩軍入衛行餉共墊發銀九萬二千餘兩，司庫無款挪還，至今尚歸懸宕。又，甘省每年奉派各國償款銀三十萬兩，前議以核減文武養廉及酌加厘金、罌粟、商畜等税以資湊解。惟厘金等項能否加收若干，殊無把握。罌粟税一項，無論年歲豐歉無常，且各州縣統隨下忙徵收，冬閑方能報解。而償款則須按月籌撥，苟非設法騰挪，實屬緩不濟急。至設立大學堂，尤爲當時急務，所需經費，雖經竭力圖維，刻尚籌無的款。是歷年歲入之項，短絀已多，亟須彌補。而目前歲需之項，綜核大數，益見增加。

所有光緒二十九年分甘肅關内防軍應需新餉，惟有仍請户部指撥銀一百一十八萬兩，飭令各省關依限解清，不容稍有短欠，仍當查照向章，將動用封存各款分别辦理，以清款目而資挹注。其本年山西省請在甘新協餉内截留銀三十萬兩，奉部核議，止准截留一年。該省承協二十九年甘餉，仍請全數批解，以重餉需。此外寧夏、凉、莊三滿營并西寧青海王公俸餉等項，自光緒十四年起，奉部專撥銀二十二萬兩，本難再減。况近因協餉欠解，頗多分攤，不能足數。前由寧夏將軍色普徵額奏奉諭旨："著甘省酌量籌撥，自應欽遵辦理。"而無米爲炊，實有不遑兼顧之勢。該滿營應需二十九年餉項，仍請照二十二萬兩指撥，俾濟要需。現值款絀時艱，應如何竭力撙節？甘新伊塔相距萬里，俟往返會商，各就地方實情裁定確數，再行詳辦。等情。詳請先行估撥前來。

奴才覆查近年用款日增，來源日絀，關内餉項，歷經核減，已屬不敷支用。本省邊瘠，别無籌措之方，全賴協餉接濟。該司所陳均屬實情，惟有籲懇天恩，飭部准將二十九年甘肅關内軍餉俸餉照舊指撥銀一百四十萬兩，以資分撥，而免匱乏。除關外應由新疆請撥并咨部外，所有援案預估甘肅關内光緒二十九年分實需軍餉，及各滿營、青海俸餉緣由，謹恭摺具陳，伏乞皇太后、皇上聖鑒，飭部照撥施行。謹奏。

光緒二十八年六月十一日。

户部知道。

【《宫中檔光緒朝奏摺》第 15 輯，第 489 頁】

陝甘總督崧蕃附陳揀員升補守備員缺片

光緒二十八年六月十一日

再，奴才準兵部咨，陝西固原提屬隆德營守備員缺係三輪第九缺，輪用應升人員，迅即揀員請補。等因。準此，當經轉移，遵照去後。

兹準陝西固原提督鄭增咨稱，隆德營守備員缺設處大道，護送餉裝，巡防彈壓，均關緊要，非幹練之員，難期勝任。揀選得花翎儘先補用都司、提標前營千總楊承業，精敏强幹，營伍諳練，堪以升補，咨請核辦前來。

奴才核查得，該員楊承業，精力壯實，穩練耐勞。合無仰懇天恩，俯准以該員楊承業升補隆德營守備員缺，實屬人地相宜。如蒙俞允，該員係俸滿會經引見之員，應請飭部發給實授札付，以符定制。除履歷咨部外，謹會同陝西固原提督鄭增合詞附片具陳，伏乞聖鑒訓示，飭部核覆施行。謹奏。

兵部議奏。

【《宫中檔光緒朝奏摺》第 15 輯，第 492 頁】

陝甘總督崧蕃又陳揀員升補守備員缺片

光緒二十八年六月十一日

再，奴才準兵部咨，陝西固原提屬紅德城營守備員缺係推補第一輪第三缺，應用卓异，如卓异無人，照章以應升人員升補，等因。

準此，奴才查有俸滿西寧鎮屬康家寨堡千總孫如圭，穩練樸誠，營伍熟習，堪以升補。合無仰懇天恩，俯准以該員孫如圭升補紅德城營守備員缺，俾資得力。如蒙俞允，該接准部覆，即行咨送引見，以符定制。除飭部取該員履歷清册咨送兵部外，謹會同陝西固原提督鄭增合詞附片具陳，伏乞聖鑒訓示，飭部核覆施行。謹奏。

兵部議奏。

【《宫中檔光緒朝奏摺》第15輯，第493頁】

陝甘總督崧蕃奏陳酌獎辦理教案員弁摺

光緒二十八年七月十六日

頭品頂戴、陝甘總督奴才崧蕃跪奏：爲甘肅平羅縣下營子仇教匪徒悉數弋獲，分别懲辦，酌議賠款結案，擬將在事出力文武，遵旨擇尤酌獎，并請隨案開復革職各員處分，以昭激勸，恭摺仰祈聖鑒事。

竊奴才于光緒二十八年正月十九日專差具奏，下營子匪徒焚掠鄉村教堂，傷斃教士、教民，捕獲首要嚴辦，并請俟結案後，將异常出力各員，擇尤獎叙一摺。于三月十三日差弁賫回原摺内開：奉硃批："著照所請。外務部知道。欽此欽遵。"恭録轉行，遵辦去後。兹據查辦教案委員候補道張廷楫、署寧夏鎮總兵湯咏山、寧夏道志崇、寧夏府知府崇俊等，將懲治匪犯、議賠償款全案擬結，教士悦服，立約畫押，詳細案情，會稟到院。

奴才覆加查核，緣此案匪首龍占海、王蘭亭、姚伏魁等分隸直隸天津、湖北穀城、甘肅平羅等縣，龍占海以賣武營生，技勇擅場，門徒衆多。寧郡漢民王蘭亭等因教堂勒索婦女，銜恨刺骨，屢央龍占海報復。龍占海代抱不平，以復仇自任，而姚伏魁等知情。又，因下營子僻處蒙漢交界之間，附近四無居民，相距府、縣皆在七八十里外，起意糾同冒義、王阿旦子、馬木薩子、張奉翼、高來伏、木成林、楊金才、馬天雲等首夥九人，陽以助毆爲名，實欲藉此搶劫財物俵分。二十七年十一月初三日，龍占海、王蘭亭糾約黃著娃、小和尚、寇明珠、馬金光、白青山、單大、牛得成、馬存娃首夥十人，與姚伏魁等兩起共十九人，于是夜初更時候，先後行抵下營子。白青山、單大、牛得成、馬存娃、木成林、楊金才、馬天雲等七人臨時畏懼落後，龍占海、王蘭亭等分持刀械，闖入教堂，砍傷教士梅姓、彭姓及教民小傅等，劫贓分逸。姚伏魁等一夥先行搶奪華人吴家馬匹、衣物，拒傷事主吴萬全身死，復行擁入教堂，放火劫掠，竄入蒙地。報經府縣，會營撥派兵役，分途緝捕通禀。當經奴才批飭勘驗，懸立重賞，購綫踩緝。由省派委候補道張廷楫隨帶委員親兵馳往寧夏，撥款撫恤被害教士、華民，會同鎮道拿辦，并電商山西撫臣飛飭歸綏沿邊文武，合力兜捕。一面將保護不力之營縣奏參革職，帶罪勒限緝匪。旋據湯署總兵派弁督率縣差，拿獲姚伏魁、冒義、黃著娃、王阿旦子、馬木薩子、張奉翼等各犯，審明斬梟，奏報在案。

嗣因夥犯供出實係賣武之龍占海爲首，糾衆仇教，該教士等僉稱，非得該犯，不能甘心，覆嚴飭設法購拿去後。兹據委員張道廷楫會同鎮道督率府縣，將全案首夥十九犯悉數拿獲，并無一名漏網，隔别審訊，供證確鑿。除事前聽糾、臨時畏懼不行之木成林、楊金才、馬天雲、馬存娃、單大、牛得成、白青山等七名遞籍管束外，其續獲之首要龍占海及王蘭亭、寇明珠、小和尚、高來伏等五犯，均經教士白文治帶領教民當堂指認無誤，一并斬梟。連在押病故之馬金光，共辦十二名。其焚毁教堂，劫去銀物，共議賠銀四萬兩，已書立合同議單，于六月十一日在寧夏府城畫押了結。教士、教民均以此案辦理迅速，同深感悦。該文武等會銜詳請奏咨獎叙，銷案前來。

奴才查，下營子地連蒙界，教堂僻在荒野，距城寫遠，向稱民教相安。此次匪徒乘隙于十一月初三夜間糾衆劫掠，初四傍晚喊報府縣。署平羅縣令王樹槐因新任，李令含菁定于初六日接印交卸在即，未能隨時查辦，以致貽誤。幸本管府崇俊聞報，連夜會營帶隊前往查勘撫恤。李令接印，亦即勘驗，隨同設法購捕匪犯，籌辦不遺餘力，實爲公而忘私。查王樹槐寧夏縣缺、李含菁平羅縣缺，均經部開選補有人，現在全案已結，除王令樹槐業已革職，毋庸置議外，擬懇恩施，將李含菁原官原銜隨案開復，免繳捐款，仍留甘肅，遇有缺出，即行奏補。平羅營參將易慶安，亦請開復，革職留任，留緝處分。至此案臨事查辦，布置有方，應以寧夏府崇俊爲最。事後緝匪認真，派弁得力，應以署寧夏鎮總兵湯咏山爲最。往來查辦撫恤教士、教民，督審議款，以候補道張廷楫爲最，而寧夏道志崇次之。幫審委員，署寧夏縣朱進賢、署寧朔縣李瑞徵等辛苦數月之久，均屬不辭勞瘁。惟把總曹東武，經湯咏山密授機宜，派令跟踪，追至距寧七百餘里之平凉府城，誘擒匪首龍占海，得以迅速結案。其膽識技勇，辦事竭力，實爲武弁中杰出之才。此外隨同張廷楫辦事之試用縣丞王之淦、孔繁溶，候選州吏目江連慶，以及武弁親兵人等，應由奴才酌給外獎外。

其署寧夏鎮總兵、烏什協副將、補用提督霍羅奇巴圖魯湯咏山，幹練有爲，堪膺重任，于關内外情形，尤爲熟習，懇恩交軍機處存記，遇有甘新兩省提督、總兵缺出，請旨簡放，藉收駕輕就熟之效。寧夏鎮標城守營把總曹東武，請免補千總，以守備留于陝甘，儘先補用。二品銜甘肅儘先補用道張廷楫，請交軍機處存記。三品銜甘肅寧夏道志崇，請賞給二品頂戴。三品銜甘肅寧夏府知府崇俊，請以道員在任補用。請補寧朔縣、署寧夏縣知縣朱進賢，本任伏羌縣、署寧朔縣知縣李瑞徵，均請給予加三級，以示鼓勵。

奴才查辦理教案，向無保獎章程。惟此案既經從嚴參處，時值冬令天寒，該管文武弁勇，往來蒙古草地，購綫捕匪，异常勞苦。且案犯全獲，民教帖然，前于奏報大概情形摺内聲請，俟結案後，擇尤獎叙，已蒙恩施，俯如所請。今全案擬結，該鎮道等開摺會請核獎，經奴才再三覆核，大加删减，僅保數員，實係毫無冒濫。擬保升階，除把總曹東武外，均無越級層遞預保情事。惟有仰懇天恩，俯准照案獎叙，以昭激勸。除咨外務部及吏、兵、刑三部查照外，理合恭摺具陳，伏乞皇太后、皇上聖鑒訓示。謹奏。

光緒二十八年七月十六日。

著照所請。該部知道。

【《宫中檔光緒朝奏摺》第15輯，第698頁】

陕甘總督崧蕃奏以盧求古署理隆德縣摺

光緒二十八年七月十六日

頭品頂戴、陝甘總督奴才崧蕃跪奏：爲揀員請署知縣員缺，以裨地方，恭摺仰祈聖鑒事。

竊奴才據甘肅布政使何福堃、署按察使黄雲會詳稱，隆德縣知縣潘齡皋調補皋蘭縣知縣遺缺，業已截缺報部。查甘省知縣升調遺一項，已用至第二輪拔貢後教習爲止。今隆德縣一缺，輪用優貢正班，是班内衹有盧求古一員，例得請署。查盧求古，年四十三歲，江蘇泰州人。由優貢生，試用知縣，簽分甘肅。光緒二十一年七月十四日到省，年滿甄别，留用在案。

該司等查，該員盧求古，年强識練，明幹有爲，以之請署隆德縣知縣，與例相符，會詳請奏前來。奴才查，該員盧求古，才猷諳練，任事勤能。合無仰懇天恩，俯准以該員盧求古請署隆德縣知縣，實于地方有裨。如蒙俞允，該員銜缺相當，毋庸送部引見。仍俟試署年滿，如果“稱職”，另請實授。謹恭摺具陳，伏乞皇太后、皇上聖鑒訓示。謹奏。

光緒二十八年七月十六日。

吏部議奏。

【《宫中檔光緒朝奏摺》第15輯，第703頁】

檔案彙编

陝甘總督崧蕃奏銷廿一年分倉款收支摺

光緒二十八年七月十六日

頭品頂戴、陝甘總督奴才跪奏：爲甘肅光緒二十一年分各屬倉穀收支款目造册請銷，恭摺仰祈聖鑒事。

竊奴才據甘肅布政使何福堃詳稱，案查各屬倉穀奏銷。截至光緒二十年止，均經造册奏銷在案。兹據蘭州、鞏昌、平凉、慶陽、甘州、凉州、寧夏、西寧八府，及秦州、階州、涇州、固原、肅州、安西六直隸州，各將所屬州縣倉穀動存數目陸續造册請銷。核查光緒二十一年分，舊管共儲各項京斗糧一百一十五萬四千二百一石一斗六升五合，新收各項京斗糧六十四萬六千七百九十一石八斗四升二合五勺，開除京斗糧九十□萬四千一百四石七斗八升三合三勺六抄，實在共儲各項京斗糧八十八萬六十八百八十八石二斗二升四合一勺四抄。呈由藩司逐細核明，造具總散册籍，請銷前來，奴才覆核册造各項收支糧數，以散合總，均屬相符。除將册籍分送部科外，謹恭摺具陳，伏乞皇太后、皇上聖鑒，飭部查核施行。謹奏。

光緒二十八年七月十六日。

户部知道。

【《宫中檔光緒朝奏摺》第15輯，第704頁】

陝甘總督崧蕃奏請以劉鉦補參將員缺摺

光緒二十八年七月二十八日

頭品頂戴、陝甘總督奴才崧蕃跪奏：爲揀員升補參將要缺，以裨營伍，恭摺仰祈聖鑒事。

竊查西鳳營參將員缺，前請以留陝甘儘先副將、秦州營游擊賈鴻增借補。嗣準兵部來咨，賈鴻增係儘先副將，今借補參將，核與定章不符，礙難議准，應令另揀卓异人員請補。等因。當經轉移，遵照去後。兹準陝西固原提督鄭增咨稱，西鳳營參將員缺，輪應卓异人員升補。兹查有提屬保獎卓异、慶陽營游擊劉鈺，人尚樸誠，營伍諳練，堪以升補，咨請核辦前來。

奴才查得，該員劉鈺，年力富强，辦事結實，以之升補斯缺，實屬人地相宜，亦與輪章符合。惟有仰懇天恩，俯准以該員劉鈺升補西鳳營參將員缺，以期得力。如蒙俞允，俟接准部覆，即行咨送引見，以符定制。除查取該員履歷清册另咨送部外，所遺慶陽營游擊員缺，陝甘現有應補人員，容另揀員請補。謹會同陝西固原提臣鄭增合詞恭摺具陳，伏乞皇太后、皇上聖鑒訓示，飭部核覆施行。謹奏。

光緒二十八年七月二十八日。

兵部議奏。

【《宫中檔光緒朝奏摺》第15輯，第766頁】

陝甘總督崧蕃奏請以崇喜升補游擊缺摺

光緒二十八年七月二十八日

頭品頂戴、陝甘總督奴才崧蕃跪奏：爲揀員請補游擊要缺，以實營伍，恭摺仰祈聖鑒事。

竊奴才接準兵部咨，寧夏鎮屬玉泉營游擊季元成病故遺缺係題補第七輪第九缺，輪用應升人員，迅即揀員請補。等因。

準此，奴才即在實缺都司班内逐加遴選，非歷俸未滿，即人地未宜。惟查有河州鎮屬文縣營都司崇喜，才具穩練，曉暢戎機，歷俸已滿七年，任内并無參罰案件，堪以升補斯缺。合無仰懇天恩，俯准以俸滿都司崇喜升補寧夏鎮屬玉泉營游擊員缺，實屬人地相需，亦與輪章符合。如蒙俞允，俟接准部覆，即行送部引見，以符定制。除飭取該員履歷清册咨送兵部外，謹會同署甘肅提臣焦大聚合詞恭摺具陳，伏乞皇太后、皇上聖鑒訓示，飭部核覆施行。謹奏。

光緒二十八年七月二十八日。

兵部議奏。

【《宮中檔光緒朝奏摺》第15輯，第767頁】

陝甘總督崧蕃奏陳舉劾甘肅文武各員摺

光緒二十八年七月二十八日

頭品頂戴、陝甘總督奴才崧蕃跪奏：爲舉劾甘肅文武各員，以昭勸懲，恭摺仰祈聖鑒事。

竊維圖治首在用人，求才務先察吏。蓋任賢除惡，爲用人之大權，即察吏之要術也。奴才到任年餘，每于接見文武僚屬，綜核來往公文，參以該管密考，兼采輿論是非，詢事考言，藉以觀微知著。

其應舉各員，查有渭源縣知縣楊增新，才長識練，爲守兼優。前在河州署任五年，捐修城堡，撫輯漢回，衆情愛戴，從無上控案件。該員原保有在任補用直隸州升用知府，現據捐過知府本班，委辦大學堂提調，創立規模，布置一切，具有條理，堪膺重任。現已請咨引見，飭委便查直隸、湖北各省大學堂章程，延訪中西教習，業經啓程赴京。中衛縣知縣王樹枏，敏幹廉勤，盡心民事。近年開辦渠工，擴充水利，于國計民生，大有裨益。且留心時務，學有根柢，貫通中西，具有深識，實爲當時有用之才。正寧縣知縣、在任候補直隸州調署階州直隸州知州張心鏡，潔己愛民，循聲卓著，歷署各缺，捐廉創辦地方義舉，時論重之，洵爲州縣之杰出者。署伏羌縣事請補碾伯縣知縣吴寶琛，年壯才明，勤求民隱，于地方利弊，鋭意興除，大堪造就。署清水縣事候補知縣升用直隸州知州史文光，力果心精，勇于任事，歷署各缺，徵報罌粟地税，比較加增數倍。前在大通署任，適值河湟變亂，督團力保危城，漢回愛戴。

以上五員，均請送部引見，破格録用，以策群才。東樂縣丞蔣人杰，守潔才優，作事勤敏。署張掖縣典史王炳，勤慎有爲，盡心捕務。均爲佐雜中出色之員。已補漢中鎮中營游擊、現帶督標前旗步隊章志杰，年强力裕，訓練認真，力除防營積習，勇皆精壯。本任陝西鎮安營游擊、現署秦州營游擊蔣松林，諳練營務，樸實耐勞。前帶督標步隊，勤于訓練，勇皆足額，均稱將才之選。以上文武四員，應請傳旨嘉獎，以資鼓勵。

其應劾各員，查有報捐過班知府朱銑，前經專丁請咨進京，逗遛西安，久不回省。查其歷署武威、秦州及本任静寧州知州，官聲平常，且居心猥鄙，難資表率。請以同知通判降補，不准再回甘省。階州直隸州知州隆泰，辦事苛刻，人地未宜。清水縣知縣鄭朝卿，才具庸懦，難膺民社。均請開缺。另補花馬池州同周啓樾，冗闒無能，安定縣典史周象乾，精力衰頽，難司緝捕。慶陽府訓導安印堂、鞏昌府訓導王森，年力均衰，難勝司鐸。以上四員，應請勒令休致。

前帶西寧鎮標右旗步隊、補用副將李傳經，勇額不足，廢弛營伍。寧夏鎮標前營守備章應炯，支放錢糧，營私舞弊。肅州鎮屬紅崖堡守備張琳，屢被禀揭，罔顧行止。當此整頓營務之時，似此貪劣，均未便稍事姑容。以上三員，應請一并革職，以儆官邪。

奴才仍當隨時查察，如有政聲卓著及貪劣不職之員，再行分别舉劾。所遺階州、清水縣及花馬池州同、安定縣典史，寧夏、肅州守備各員缺，甘肅均有應補人員，應請扣留外補。所有舉劾甘肅文武各員以昭勸懲緣由，理合恭摺具陳，伏乞皇太后、皇上聖鑒訓示。謹奏。

光緒二十八年七月二十八日。

另有旨。

【《宫中檔光緒朝奏摺》第 15 輯，第 767 頁】

陝甘總督崧蕃又陳委署固原知州等缺片

光緒二十八年七月二十八日

再，署固原直隸州知州王開斌調省遺缺，查有現署貴德同知、准補狄道州知州宋之章堪以調署。遞遺貴德同知員缺，查有現署洮州同知、准補貴德同知陳端瀛堪以飭赴新任。所遺洮州同知員缺，查有試用通判郭成禮堪以委署。署安定縣知縣閔同文調省遺缺，查有教職知縣王長堪以委署。清水縣知縣鄭朝卿調省察看遺缺，查有候補知縣史文光堪以委署。兹據藩臬兩司會詳前來，除批准分别給委外，理合附片具陳，伏乞聖鑒。謹奏。

吏部知道。

【《宫中檔光緒朝奏摺》第 15 輯，第 769 頁】

陝甘總督崧蕃又陳驛站報銷察核相符片

光緒二十八年七月二十八日

再，奴才前準兵部咨，光緒二十五六等年驛站報銷，先後造册，奏咨送部。所有二十四年報銷，行令趕速照案補奏，以便挨次核覆。等因。行據署按察使黄雲詳稱，遵查蘭州、鞏昌、平凉、慶陽、甘州、凉州、寧夏、西寧八府，并秦州、階州、涇州、固原、肅州、安西六直隸州，及化平廳，光緒二十四年連閏一歲，各驛塘鋪實安新舊官兵夫馬應支鹽、糧、工食、料草外，備站價以及買補倒馬銀兩數目，及應付差員廩口鋪司工食，總共實支銀一十三萬七千四百五十三兩四錢三厘五毫，京斗小麥五百五十七石八斗三升三合九勺，核與各屬銷册均屬相符。詳請察核補行具奏前來，奴才覆核無异。除分咨部科查照外，謹附片具陳，伏乞聖鑒，飭部查照施行。謹奏。

該部知道。

【《宫中檔光緒朝奏摺》第15輯，第771頁】

陝甘總督崧蕃奏請以李朝珠補授游擊摺

光緒二十八年八月二十七日

頭品頂戴、陝甘總督奴才崧蕃跪奏：爲揀員請補游擊員缺，以實營伍，恭摺仰祈聖鑒事。

竊奴才準兵部咨，甘肅寧夏鎮標前營游擊員缺係第八輪第一缺，輪用儘先人員請補。等因。

準此，奴才揀選得留甘儘先補用副將、現署延綏鎮屬定邊協副將李朝珠，老于營伍，練習兵機，堪以借補。合無仰懇天恩，俯准以副將李朝珠補授甘肅寧夏鎮標前營游擊，實于營伍有裨。如蒙俞允，俟接准部覆，即行咨送引見，以符定制。除飭取該員履歷清册另行送部查核外，謹會同署甘肅提督焦大聚合詞恭摺具陳，伏乞皇太后、皇上聖鑒訓示，飭部核覆施行。謹奏。

光緒二十八年八月二十七日。

兵部議奏。

【《宫中檔光緒朝奏摺》第15輯，第916頁】

陝甘總督崧蕃又報守備黎寶瀛等病故片

光緒二十八年八月二十七日

再，據署甘肅寧夏鎮總兵湯咏山呈稱，卸署洪廣營守備、准補甘肅凉州鎮屬紅城堡守備黎寶瀛，染患喉證，醫藥罔效，于光緒二十八年六月初四日病故。又據署肅州鎮總兵永明呈稱，沙州營參將蘇得勝感冒風寒，延醫調治，服藥罔效，于二十八年七月二十日病故。并取具嫡親、醫士鈐甘各結，先後呈請轉咨開缺前來，奴才覆核無异。相應奏明，請旨開缺。除飭取原領札付并鈐甘各結送部查銷外，所遺紅城堡守備及沙州營參將各員缺，陝甘現有應補人員，容俟另揀請補所有該員。等因。病出缺日期，理合附片陳明，伏乞聖鑒，飭部查照。謹奏。

兵部知道。

【《宫中檔光緒朝奏摺》第 15 輯，第 917 頁】

陝甘總督崧蕃又請以牟憲章補授都司片

光緒二十八年八月二十七日

再，準兵部咨，寧夏鎮屬中衛協營都司烏珍布開缺回旗修墓遺缺係題補第七輪第十缺，輪用捐輪人員。該省捐輪無人，應以第八輪第一缺儘先人員請補。等因。

準此，奴才在于陝甘儘先都司班内逐加遴選，查有游擊銜留陝甘儘先補用都司牟憲章，年力正强，講求訓練，堪以請補斯缺。合無仰懇天恩，俯准以該員補授寧夏鎮屬中衛協營都司員缺，實屬人地相需，亦于輪章符合。如蒙俞允，俟接准部覆，再行咨送引見，以符定制。除飭取該員履歷清册另咨送外，謹會同署甘肅提督焦大聚合詞附片具陳，伏乞聖鑒訓示，飭部核覆施行。謹奏。

兵部議奏。

【《宫中檔光緒朝奏摺》第 15 輯，第 918 頁】

陜甘總督崧蕃又請旨革職緝拿官進朝片

光緒二十八年八月二十七日

再，據甘肅布政使何福堃、署按察使黄雲會詳，據中衛縣知縣王樹枏禀稱，縣紳分省補用知縣官進朝無故休賣髮妻何氏，强占難婦沈氏爲妾，又謀搶商民李景春之女抑勒成婚，先後被控到縣，抗不投案。禀經奴才批飭寧夏府道委員查明，官進朝係中衛縣學增生，光緒二十二年投效甘軍。河湟肅清案内，歷保花翎同知銜，分省補用知縣。確係恃符横行，詳司轉請奏參革職，拿辦前來。奴才查官進朝以諸生從戎，獲保知縣，不思力圖報稱，輒敢在籍倚勢妄爲，被人控告。復敢抗官，不服查辦，種種荒謬，實屬行同痞棍，有玷官箴。相應請旨，將分省補用知縣官進朝先行革職，以便拿解歸案審辦。除飭追保札咨銷外，謹附片具陳，伏乞聖鑒，飭部查照施行。謹奏。

著照所請。該部知道。

【《宫中檔光緒朝奏摺》第15輯，第918頁】

陜甘總督崧蕃奏陳審擬尋常命盜各案摺

光緒二十八年九月初七日

頭品頂戴、陜甘總督奴才崧蕃跪奏：爲甘肅尋常命、盗案件，摘叙簡明案由，彙開清單，恭摺仰祈聖鑒事。

竊奴才案準刑部咨奏定簡易章程，内開：尋常命、盗各案，凡歸監候具題者，擬由各該督撫訊取確供擬勘後，一面將供勘先行咨部，一面逐案摘叙簡明事由，改爲彙案具奏。每次彙奏，至多以十案爲率。等因。咨行到甘，歷經遵辦在案。

兹據署甘肅按察使黄雲詳，據岷州、河州、寧朔、禮縣、海城、秦州、固原州等州縣先後報驗命案十起，隨經批飭審解去後。旋據該管府、州審擬，由司解勘前來。奴才提犯覆鞫，據供皆原審無异，所擬罪名，亦均允協，除案内擬杖人犯批飭照例折責發落，并將全案供勘分咨部科外，所有甘肅尋常命、盗案件，遵照部議簡易章程辦理緣由，理合繕具案由清單，恭摺具奏，伏乞皇太后、皇上聖鑒，飭部核覆施行。謹奏。

刑部議奏。單并發。

【《宫中檔光緒朝奏摺》第16輯，第35頁】

陝甘總督崧蕃奏陳揀員請補游擊員缺摺

光緒二十八年十月十六日

頭品頂戴、陝甘總督奴才崧蕃跪奏：爲揀員請補游擊員缺，以實營伍，恭摺仰祈聖鑒事。

竊準部咨，陝西固原提標後營游擊係新章題補第一輪第三缺，輪用儘先人員，應令揀員請補。等因。

準此，奴才逐加遴選，查有副將銜留陝甘儘先即補參將顔克成，才具開展，曉暢戎機，堪以借補。合無仰懇天恩，俯准以顔克成補授陝西固原提標後營游擊員缺，實屬人地相宜。如蒙俞允，俟接准部覆，即行咨送引見，以符定制。除飭取該員覆歷清册另案咨送部科查照外，謹會同陝西固原提臣鄧增合詞恭摺具陳，伏乞皇太后、皇上聖鑒訓示，飭部核覆施行。謹奏。

光緒二十八年十月十六日。

兵部議奏。

【《宫中檔光緒朝奏摺》第16輯，第205頁】

陝甘總督崧蕃附陳揀員調署西和縣缺片

光緒二十八年十月二十八日

再，新選平羅縣知縣榮春現已到省繳憑，應即飭赴新任。又，現任西和縣、准補寧夏縣知縣姚鈞調省遺缺，查有調署安化縣、正任海城縣知縣徐光興堪以調署。遞遺安化縣知縣，查有拔貢試用知縣張紹文堪以委署。據藩司何福堃、署臬司黄雲會詳前來，除批飭分别給委外，理合附片具奏，伏乞聖鑒。謹奏。

吏部知道。

【《宫中檔光緒朝奏摺》第16輯，第219頁】

陝甘總督崧蕃奏陳揀員請補游擊員缺摺

光緒二十八年十一月初十日

頭品頂戴、陝甘總督奴才崧蕃跪奏：爲揀員請補游擊員缺，以實營伍，恭摺仰祈聖鑒事。

竊準部咨，陝西提標右營游擊員缺係題補第三輪第六缺，輪用揀發，請以揀發参將王存誠抵補。查揀發班，并無抵補明文，應令另揀合例人員請補。等因。具奏，奉旨："依議。欽此欽遵。"轉行前來。

奴才檢查部咨，所指揀發游擊十三員，除崇喜已升補游擊，徐得元已保儘先外，其謝仁撫、魏極富、李長富、徐文泰等均已病故，其餘均不在標。惟查有補用游擊彭相廷，才具穩練，任事克勤，堪以請補。合無仰懇天恩，俯准以彭相廷補授陝西固原提標右營游擊，實屬人地相宜，亦與部章班次符合。如蒙俞允，俟准部覆，即行咨送引見，以符定制。除飭取該員履歷清册另咨送部外，謹會同陝西固原提臣鄧增合詞恭摺具陳，伏乞皇太后、皇上聖鑒訓示，飭部核覆施行。謹奏。

光緒二十八年十一曰初十日。

兵部議奏。

【《宫中檔光緒朝奏摺》第 16 輯，第 283 頁】

△諭加恩寧夏將軍鍾泰著照將軍例賜恤[①]

光緒二十八年十一月十三日

光緒二十八年十一月十三日，内閣奉上諭："綏遠城將軍鍾泰，由宗人府經歷洊升副都統，擢任寧夏將軍。募兵防堵，安靖地方。簡任綏遠城以來，撫輯軍民，克盡厥職。兹聞溘逝，軫惜殊深。加恩，著照將軍例賜恤。任内一切處分，悉予開復。應得恤典，該衙門察例具奏，准其入城治喪。伊子御史榮凱，著以應升之缺升用。官學生榮紳，著以主事用。欽此。"

【《光緒宣統兩朝上諭檔》第 28 册，第 315 頁第 1209 條】

陝甘總督崧蕃奏陳考選軍政并無舉劾摺

光緒二十八年十一月十八日

頭品頂戴、陝甘總督奴才崧蕃跪奏：爲考選軍政，改練槍炮，以資整頓，恭摺仰祈聖鑒事。

竊查光緒二十八年舉行軍政之期，前準兵部咨移到甘，奴才查陝、甘、新疆三省，惟新疆邊防緊要，營、制尚未復額，多係勞績人員委署，間有實

①本條在《光緒宣統兩朝上諭檔》第 29 册第 921 條、第 32 册第 226 條，第 33 册第 353 條、1002 條、1059 條，第 36 册第 21 條均重出。

缺，歷俸多未期滿，准撫臣饒應祺咨會奏請展緩辦理在案。其陝甘二省各提鎮協、營，自應仍照上届辦理，但改習槍炮，期限促迫，若按例舉劾，難期公允。準各提鎮先後咨請，俟槍炮練熟，再行照章切實考驗舉劾。等因。兹準陝西撫臣升允將撫標三營，陝西提臣鄧增將陝西延綏、陝安、河州、漢中四鎮，署甘肅提臣焦大聚將甘肅凉州、寧夏、西寧、肅州四鎮，并據署督標中軍副將王有德將督標五營，實任副、參、游、都、守、千總等查核，一時實無堪膺卓异及庸劣不職有干八法之員，其餘平等員弁逐一考察，俱各年壯技嫻，循分供職，造具事實履歷清册，填注五花考語，咨請核辦前來。

奴才覆查陝甘二省舉辦光緒二十八年軍政，經該管撫提各鎮協詳加考核，實任各官或歷俸未滿年限，或甫經補缺，尚未接札，且因改練槍炮，未能一律純熟，現無合例堪膺薦舉之員，其庸劣不職有干八法者，已經奴才隨時參劾在案。是此次軍政并無應舉應劾人員，除將平等留任員弁按册填注考語，彙造請册，分咨兵部、都察院兵科、京畿道查照，應俟下届軍政再行照例辦理外，所有陝甘二省二十八年軍政并無舉劾緣由，謹會同陝西撫臣升允、陝西提臣鄧增、署甘肅提臣焦大聚合詞改題爲奏，恭摺具陳，伏乞皇太后、皇上聖鑒訓士。謹奏。

光緒二十八年十一月十八日。

兵部知道。

【《宫中檔光緒朝奏摺》第16輯，第336頁】

陝甘總督崧蕃奏查灾屬來春毋庸接濟摺

光緒二十八年十一月二十八日

頭品頂戴、陝甘總督奴才崧蕃跪奏：爲遵旨查明甘肅各屬被灾地方，來春毋庸接濟，恭摺覆陳，仰祈聖鑒事。

竊奴才承準軍機大臣字寄，光緒二十八年十月初三日，奉上諭："甘肅鞏昌、涼州等府被雹，業經諭令該督派員認真查勘，妥籌撫恤，即著迅速辦理，并將來春應否接濟之處一并查明，于封印前奏到。此外該省有無被灾地方應行調濟撫恤之處，著該督一并查奏，候旨施恩。將此諭令知之。等因。欽此。"仰見聖主軫念邊民，無微不至，跪誦之下，欽感難名。遵即飭查去後。

茲據布政使何福堃詳稱，查甘省各屬光緒二十八年夏秋禾苗被雹、被水、被霜，據報夏灾者有徽縣、隴西縣、金縣、沙泥州判、平番縣等五處，續報秋灾者有環縣、中衛縣、平羅縣、西寧縣、碾伯縣等五處，并請豁免民欠義社各糧之大通縣，均由該管道、府覆勘結報，應徵錢糧，或蠲或緩，已經分晰開摺，詳請奏報在案。統核被灾各屬，貧民已飭由地方官分別輕重，借發籽種，以備春耕。并酌量灾户丁口，開倉散借社糧，俾資民食年前均不至于拮据。至來春青黄不接之時，應需官爲撫恤者，亦衹兩三處，屆時再行察看情形，開倉平糶，即可接濟，窮黎無虞流離失所，不須另請公帑。等情。詳請具奏前來，奴才覆查，均係實在情形。且被灾較重地方無多，縱使來春拮据，撫恤尚易籌辦，不至上煩宸廑。所有來春毋須請款接濟緣由，理合恭摺覆陳，伏乞皇太后、皇上聖鑒。謹奏。

光緒二十八年十一月二十八日。

知道了。

【《宫中檔光緒朝奏摺》第16輯，第404頁】

陝甘總督崧蕃奏查夏秋被灾蠲緩錢糧價

光緒二十八年十一月二十八日

頭品頂戴、陝甘總督奴才崧蕃跪奏：爲報明甘肅夏秋被灾蠲緩錢糧，恭摺仰祈聖鑒事。

竊查甘肅光緒二十八年，徽縣、隴西、平番、金縣、沙泥州判等五處夏秋麥禾被水、被雹一案，業將大概情形奏報在案。續據平羅、碾伯、西寧、中衛、大通、環縣等六處，亦先後禀報夏秋被水、被雹、被霜，懇請蠲、緩前來。統計報災一十一屬，除徽縣、隴西縣二處覆勘不致成災，錢糧毋庸蠲、緩，并環縣另行籌辦外，其餘金縣、沙泥州判、平番、平羅、碾伯、西寧、中衛、大通等八處，據該管道、府覆勘，結報成災五分至十分不等，照例共應蠲豁正耗銀五十一兩六錢一分五厘六毫五絲，正耗糧五百一十九石三斗九升一合四勺，番糧一石二斗二升九合五勺，草二千三束七分三厘，義社各糧四百二十九石二斗。應緩正耗銀七十三兩五錢四分四厘五毫五絲，正耗糧八百五十四石七斗四升七合二勺，番糧一十一石六升五合五勺，草八千七百七十二束八分五厘五毫。察核均屬相符。被災貧民除隨時飭由各地方官借發籽種，散給社糧，妥爲撫恤，不致失所外，合無仰懇天恩，俯准飭部將災户應緩銀、糧、草束分别蠲、緩，以紓民力，出自逾格鴻施。所有二十八年夏秋被災緣由，理合恭摺具陳，并繕清單，恭呈御覽，伏乞皇太后、皇上聖鑒訓示。謹奏。

光緒二十八年十一月二十八日。

另有旨。

【《宫中檔光緒朝奏摺》第16輯，第405頁】

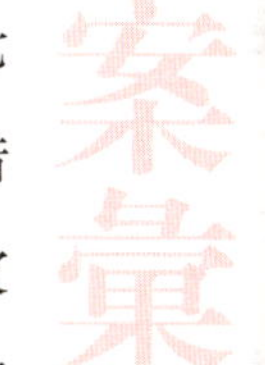

陝甘總督崧蕃又陳守備金福病故出缺片

光緒二十八年十一月二十八日

再，據署寧夏鎮總兵湯咏山呈稱，鎮屬花馬池營守備全福，得患痰喘，醫治不效，于本年七月十九日病故。取具原領札付及委查印甘各結呈請核辦前來，奴才覆核無异，相應陳明，請旨開缺。除札付咨部查銷外，其所遺花馬池營守備員缺，陝甘現有應補人員，容奴才另揀請補，謹會同署甘肅提臣張永清合詞附片具陳，伏乞聖鑒。謹奏。

兵部知道。

【《宫中檔光緒朝奏摺》第 16 輯，第 407 頁】

陝甘總督崧蕃又保奏試用通判知縣由片

光緒二十八年十一月二十八日

再，查定例，官員歷任交代無虧缺遲延者，准該督撫保奏試用候補人員，准其請至遇缺儘先補用。等語。兹查有署化平廳通判事、甘肅試用通判文祺，自光緒八年起，至二十七年止，歷署西固州同、凉莊理事通判、撫彝通判、化平直隸撫民通判。又，補缺後以直隸州知州用、甘肅試用知縣余重基，自光緒五年起，至二十六年止，歷署鎮原、大通、隴西、古浪、禮縣各缺。文祺四任交代，余重基五任交代，均于限内將經手倉庫正雜、驛站錢糧交代清楚，并無虧短遲延，先後報部有案，核與保獎之例相符。據甘肅藩臬兩司會詳前來，奴才覆核無异。合無仰懇天恩，俯准將甘肅試用通判文祺、試用知縣余重基，均給予遇缺儘先補用，以示鼓勵。除咨部查照外，謹附片具陳，伏乞聖鑒，飭部核覆施行。謹奏。

著照所請。吏部知道。

【《宫中檔光緒朝奏摺》第 16 輯，第 407 頁】

陝甘總督崧蕃奏陳審擬尋常命盗各案摺

光緒二十八年十二月初六日

頭品頂戴、陝甘總督奴才崧蕃跪奏：爲甘肅尋常命、盗案件，摘叙簡明案由，彙開清單，恭摺仰祈聖鑒事。

竊奴才案準刑部咨奏定簡易章程，内開：尋常命、盜各案，凡歸監候具題者，擬由各該督撫訊取，確供擬勘後，一面將供勘先行咨部，一面逐案摘叙簡明事由，改爲彙案具奏。每次彙奏，至多以十案爲率。等因。咨行到甘，歷經遵辦在案。

兹據署甘肅按察使黄雲詳，據河州、武威、平番、碾伯、平羅、秦州、通渭、隴西、静寧州等州縣先後報驗命案十起，隨經批飭審解，旋據該管府、州審擬，由司解勘前來。奴才提犯覆鞫，據供皆與原審無异，所擬罪名，亦均允協。除案内擬杖人犯批飭照例折責發落，并將全案供勘分咨部科外，所有甘肅尋常命、盜案件，遵照部議簡易章程辦理緣由，理合繕具案由清單，恭摺具奏，伏乞皇太后、皇上聖鑒，飭部核覆施行。謹奏。

光緒二十八年十二月初六日。

刑部議奏。單并發。

【《宫中檔光緒朝奏摺》第16輯，第446頁】

陜甘總督崧蕃奏銷驛塘鋪上年歲支摺

光緒二十八年十二月十八日

頭品頂戴、陜甘總督奴才崧蕃跪奏：爲造報甘省各驛塘鋪光緒二十七年一歲支過夫、馬、工料等項奏銷，恭摺仰祈聖鑒事。

竊奴才據署甘肅按察使黄雲詳稱，轉據蘭州、鞏昌、平凉、慶陽、甘州、凉州、寧夏、西寧八府，并秦州、階州、涇州、固原、肅州、安西六直隸州，各造送光緒二十七年一歲驛站奏銷册報，通計各屬共支夫、馬、工料并買補倒馬暨鋪司工食等項銀一十二萬八千七十二兩七錢一分，查核均屬相符。相應彙案分款，造具總散各册，呈請核銷前來。

奴才查，該司造報甘省各驛塘鋪光緒二十七年一歲支過夫、馬、工料等項銀數，以散合總，均屬相符。除册籍分送部科外，理合照章改題，恭摺具奏，伏乞皇太后、皇上聖鑒，飭部核覆施行。謹奏。

光緒二十八年十二月十八日。

該部知道。

【《宫中檔光緒朝奏摺》第 16 輯，第 520 頁】

陝甘總督崧蕃奏查明藩司何福堃被參摺

光緒二十八年十二月二十四日

頭品頂戴、陝甘總督奴才崧蕃跪奏：爲遵旨查明藩司被參各款，據實覆陳，恭摺仰祈聖鑒事。

竊奴才于光緒二十八年十一月二十一日，承準軍機大臣字寄。十一月初六日，奉上諭："有人奏甘肅藩司何福堃，年老嗜利，營私敗法，縱令其子何繼良接交屬員，廣納賄賂。等語。著崧蕃按照所指各節，確切查明，據實具奏，毋稍徇隱。原片，著鈔給閲看。將此諭令知之。欽此欽遵。"寄信前來。

奴才遵即密飭署甘肅臬司黄雲督同蘭州府知府胡孚駿按款確實查覆去後。一面嚴密訪察，證以平日見聞，已得梗概。兹據黄署臬司率同胡守詳稱，遵飭確查何藩司被參各節，有因展轉訛誤者，有迹涉嫌疑、介于公私之間，在當時本屬急公，事後論定，格于例章，應求略迹原心者，請逐款陳之。

如原參何藩司縱子何繼良接交屬員，廣納賄賂。以候補知縣鄭賢炤、梁廷獻爲通賄之人，以五泉山宴客爲賄賂之地，凡平日屬員有可索賄者，該藩司即拒不納見，以示之意。該省官場至今有"非天成亨錢票不收"之謡一節。查何藩司之子何繼良年甫二十，向不干預外事。自去年秦晋會開賑捐，陝局派員來甘設局辦捐，何藩司因陝撫截留甘餉二十萬辦賑，指甘肅捐款撥還，遂添員協辦。又，因本籍山西灾重賑捐，與甘肅公事無涉，令其子繼良入局幫辦。意因捐局員紳太雜，繼良粗通算學，藉此清查照料，此招議所由來也。至五泉山雖近省城，平時冷廟荒山，每年四月佛會十日，游人雜遝。維時繼良之母與其妻先後卧病，常往五泉山上香許願，確有其事。迨後其妻李氏病故，又停寄廟内。同鄉官場吊奠，亦屬人情，宴客之説，或係因此。若謂招權納賄，乃暗中避人之事，似不至于衆目昭彰之地，自取敗露，此理之顯而易見者。所指通賄之候補知縣梁廷獻，甘省正佐各班，查無其名，不知因何訛誤。至鄭賢炤，係福建舉人，議叙知縣，學問素優，兼通醫理。在課吏館，屢取前列，各衙門傳閲課卷，兼視病證。繼良之母、妻多病，常延鄭賢炤醫治。何藩司公事繁多，繼良迎送照料，事誠有之。然鄭令，人素端正，并未聞有關説人情、私通賄賂情事。至匯商兑收各省協餉，往來藩署，乃其常事，亦不衹天成亨一家。查匯號規矩甚嚴，從不干預公事，自係傳聞之訛。

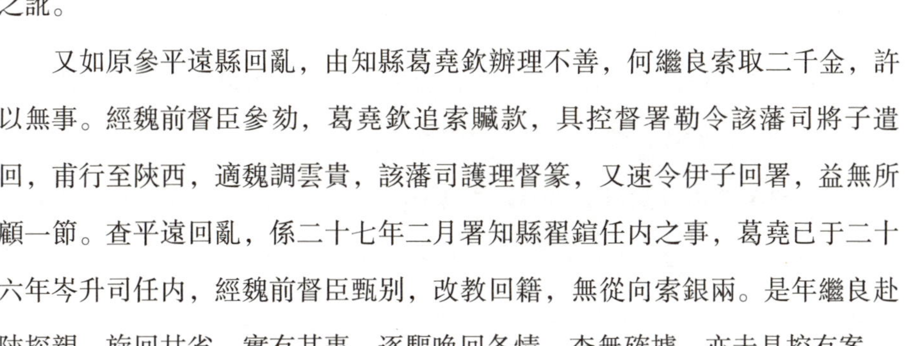

又如原參平遠縣回亂，由知縣葛堯欽辦理不善，何繼良索取二千金，許以無事。經魏前督臣參劾，葛堯欽追索贜款，具控督署勒令該藩司將子遣回，甫行至陝西，適魏調雲貴，該藩司護理督篆，又速令伊子回署，益無所顧一節。查平遠回亂，係二十七年二月署知縣翟鍹任内之事，葛堯已于二十六年岑升司任内，經魏前督臣甄别，改教回籍，無從向索銀兩。是年繼良赴陝探親，旋回甘省，實有其事，逐驅唤回各情，查無確據，亦未具控有案。

又如原參平遠缺繁，以到省未久，且又書生迂腐之秦瑞珍索賄三千准補一節。查平遠新設簡缺，著名瘠苦，自葛令改教後，係停止變通章程第一次出缺，部章輪補即用。秦瑞珍，庚寅①進士，十七年四月到省，魏前督臣以該員即用資格最深，照章請補。索賄三千之説，斷無其事。

又，原參狄道州煩缺非多，年勞績人員不補，宋之章以納賄五千金補之一節。查宋之章，光緒四年到省，迭署煩缺，素稱幹練。二十六年，魏前督臣奏補是缺，經部核准。納賄五千之説，該員辦理西寧金廠，正值補缺之時，適解過砂金三百餘兩存庫，或即因此傳訛。

又，原參署河州知州楊增新，五年期滿，經潘署藩司飭赴渭源本任，竟索賄五千金，使之留任一節。查楊增新，甘肅州縣中出色之員，素能辦事。該員委署河州與奉文交卸，均非何藩司任内之事。何藩司到任，并未留署，亦未調簾，有無索賄，不辨自明。

又，原參固原直隸州劉至順，年老衰庸，步履幾廢。前任秦安托詞請假，後調山丹，自請開缺一節。查劉至順，大挑知縣，到省二十餘年，現年未六十，精神甚健。光緒二十年，楊前督臣請補秦安。二十四年，陶前督臣調補山丹，保薦卓异。二十六年，魏前督臣保薦，奉旨嘉獎。該員歷保在任，候補直隸州，屢充新餉，所委員留心公事，款目熟習，照章輪補固原州。該員守潔才優，迭膺保薦，决非鑽營之輩，亦非戀棧之人。現仍留充新餉所文案，并未到任，淡于進取，寅僚器之。

又，原参涇州直隸州張元潹，才具平庸，吏事荒廢，無人不知。始委固原，繼調皋蘭，升任涇州，種種徇私敗法，可不問而知其所以然一節。查張元潹，甲午②進士。二十三年，委署敦煌。二十五年，丁前藩司請補碾伯縣。因保薦内召，欽奉特旨，以直隸州知州在任儘先即補，甘肅僅此一員。二十七年，照章儘先請補涇州直隸州。旋調簾差，適署皋蘭縣黄燾病故，就近委

①庚寅：光緒十六年（1890）。
②甲午：光緒二十年（1894）。

署首縣。該員有學有品，歷署各缺，講求吏治，漢回愛戴，但沈静寡言，短于酬應，實無别項情弊。

又，原參秦州知州張珩，在該省素有賢聲，無故調省，勒派一萬二千金填庫，始准到任一節。查二十六年，聖駕幸陝，固原、平遠回民不靖，地近西安，經潘升司詳請調署固原州，藉資鎮撫，確係因地擇人，冀弭隱患，并非無故撤委，亦非何藩司任内之事。甘肅庫儲雖絀，從無勒派州縣填款之事，但張珩在甘年久，輕財重義，素有"善人"之稱。是年進省就醫，適首縣黄燾病故，公私虧累甚重，張珩與黄燾交厚，慨假巨款，實有其事。此係朋友私交，與藩司衙門無涉。……

此外各節，既經逐款查明，或傳聞誤會，或事出有因。且賑捐保案，何藩司父子均未得奬，并已飭令其子繼良回籍，究與溺愛徇庇者有間。可否略迹原心，免其置議之處，出自逾格鴻慈。所有查明甘肅藩司何福堃被參緣由，理合逐款據實覆陳，伏乞皇太后、皇上聖鑒訓示。謹奏。

光緒二十八年十二月二十四日。

另有旨。

【《宫中檔光緒朝奏摺》第16輯，第549頁】

陜甘總督崧蕃奏保薦俸滿縣丞朱世楷摺

光緒二十八年十二月二十四日

頭品頂戴、陜甘總督奴才崧蕃跪奏：爲縣丞二次俸滿，呈請保薦，恭摺仰祈聖鑒事。

竊據甘肅布政使何福堃、署按察使黄雲會詳，查海城縣分駐打拉池縣丞朱世楷，現年五十二歲，係廣東清遠縣人。由監生報捐巡檢，加捐縣丞，指分甘肅試用。光緒元年，赴部驗看後，加捐本班儘先補用，并免試用。關隴

肅清案内保，俟補缺後，以知縣用。嗣經咨補打拉池縣丞，十四年三月十三日到任，調署紅水縣丞。于關内戍防案内保，俟過知縣班後，加同知銜，調署西大通縣丞。十六年七月初八日回任，初次六年俸滿甄别。二十二年，補行二十一年大計卓异，候升調署東樂縣丞。二十五年九月交卸，二十七年十月二十二日回任。今自二十年正月十三日初次俸滿保薦之日起，連閏扣至二十五年十一月十三日，二次歷俸，又滿六年，例應驗看甄别。由署海城縣知縣袁範、署固原直隸州知州宋之章、平慶涇固化道常祥驗看加考，咨司會詳，保薦前來。

查例載，各省佐貳雜職等官，歷俸已滿六年，各府、州申請巡道加考，移司查實，轉呈督撫調取驗看，詳加甄别。俸滿人員内，實有人才出衆、著有勞績者，准其出具切實考語保薦。等語。查，該員朱世楷，講求吏治，卓著循聲，堪以保薦。除册分送部科外，理合恭摺具陳，伏乞皇太后、皇上聖鑒，飭部議覆施行。謹奏。

光緒二十八年十二月二十四日。

吏部知道。

【《宫中檔光緒朝奏摺》第16輯，第554頁】

陝甘總督崧蕃又陳分别給委調署各缺片

光緒二十八年十二月二十四日

再，署洮州同知郭成禮丁憂遺缺，查有試用通判曾麟綬堪以酌署。署涇州直隸州知州張彦篤調省遺缺，查有武威縣知縣張庭武堪以調署。遞遺武威縣知縣，查有署皋蘭縣事、准補涇州直隸州知州張元潹堪以調署。

又，現署狄道州事、准補皋蘭縣知縣潘齡皋應即飭赴調任，所遺狄道州知州，查有徽縣知縣張若金堪以調署。遞遺徽縣知縣，查有本任古浪縣知縣董雲標堪以調署。署寧朔縣知縣李瑞徵飭赴伏羌縣本任，所遺寧朔縣知縣，查有准補該縣知縣朱進賢應即飭赴本任。

又，雲州知州廖葆泰、平遠縣知縣秦瑞珍、隆德縣知縣盧求古，均應飭赴新任，以期各專責成。據藩臬兩司會詳前來，除批飭分別給委外，理合附片具陳，伏乞聖鑒。謹奏。

吏部知道。

【《宮中檔光緒朝奏摺》第16輯，第555頁】

陝甘總督崧蕃又報營守備史永禄病故片

光緒二十八年十二月二十四日

再，據署寧夏鎮總兵湯咏山呈稱，正任靈州營守備史永禄得患時證，醫治罔效，于光緒二十八年十一月二十四日病故。呈請核咨前來，奴才覆核無异，相應陳明，請旨開缺。除飭取原領札付及承查印甘各結咨部外，至所遺甘肅寧夏鎮屬靈州營守備員缺，甘肅現有應補人員，容奴才另揀請補。理合附片具陳，伏乞聖鑒訓示。謹奏。

兵部知道。

【《宮中檔光緒朝奏摺》第16輯，第556頁】

陝甘總督崧蕃又請量爲遷移邊要總兵片

光緒二十八年十二月二十四日

再，陝甘各鎮總兵，因地居邊要，大都挂印管轄，汛地動逾千里，且皆係特旨簡放，自應遵照飭令，各赴本任。第才識有高下之殊，缺分有繁簡之异，加以地雜回漢，事涉華洋，控馭稍疏，釁端立肇。如陝西河州鎮，回强漢弱，撒拉、土番，錯處其間，爲甘省西南緊要門户，素稱難治。現係正任延綏鎮總兵羅平安署理，該員任事年餘，漢回畏服，文武和衷，地方安輯，實係緩急可恃之才。又，寧夏鎮界連蒙旗，教堂林立，由黄河水路通山西包頭、歸化一帶，爲甘省北路重鎮。該兩鎮總兵，非素有威望且能隨機應變者，斷難勝任。其凉州、延綏各鎮次之。

奴才查，調任河州鎮總兵姚旺，樸實有餘，應變不足，置之西路事簡之地，必能循分供職，于河州實不相宜。正任寧夏鎮總兵田玉廣，才具中平，較之姚旺，略爲機警，而樸實似猶不及，于寧夏亦不相宜。然該鎮在陜年久，熟習北山情形，現署延綏鎮，人地極其相稱。至凉州鎮張永清，現署甘州提督，該員老成穩練，隨地皆宜，惟有仰懇天恩，俯念邊防關重，准以羅平安調補河州鎮，田玉廣調補延綏鎮，張永清調補寧夏鎮，姚旺調補凉州鎮，如此量爲遷移，則人地均各相安，而邊境藉資鎮静矣。奴才爲因地擇人起見，是否有當，謹附片具陳，伏乞聖鑒訓示。謹奏。

另有旨。

【《宫中檔光緒朝奏摺》第16輯，第558頁】

光緒二十九年（1903）

陜甘總督崧蕃奏報懲辦盗匪摘叙案由摺

光緒二十九年二月十四日

頭品頂戴、陜甘總督奴才崧蕃跪奏：爲報明甘肅光緒二十八年秋冬二季分照章懲辦情重盗匪，摘叙案由清單，恭摺具陳，仰祈聖鑒事。

竊查甘肅地處邊陲，番回雜處，强盗、土匪往往勾結成群，騎馬持械，肆行劫掠，甚至逞凶拒捕，傷斃事主，情凶勢惡，法無可寬。歷經查照刑部通行，隨時審明，批飭就地正法。其有情尚可原之犯，亦經酌量，繫帶杆

礅，按季彙報在案。玆查光緒二十八年秋冬二季分，據文縣、秦安、平涼、海城、寧朔等縣先後報獲盜匪袁秉成即袁丙娃、袁禿子即袁會榮、王三娃保、陝玉剛、馬占彪、藍尕細子、張得勝等到案，當即批飭各該管知府、直隸州覆審，録供詳院，并飭令臬司核議詳覆，均屬情罪相符。

奴才查，該盜匪袁秉成即袁丙娃、王三娃保、馬占彪、藍尕細子、張得勝等五犯，或結夥持械，搶劫殺人，或拒斃事主，搜劫財物，情罪重大，無可寬容，均經批飭，就地正法，分别梟示，俾昭炯戒。夥犯袁禿子即袁會榮、陝玉剛等二犯，或聽糾在外接贓，聞喊先遁，或被逼勉從，并未上盜，僅止事後，分受贓物，均屬情節較輕，飭令照章分别鎮繫杆礅，俟限滿，再行察看詳辦。據甘肅按察使黄雲詳請彙奏前來，奴才覆核案情相符。理合恭摺具陳，并開簡明案由清單，恭呈御覽，伏乞皇太后、皇上聖鑒，飭部查照施行。謹奏。

光緒二十九年二月十四日。

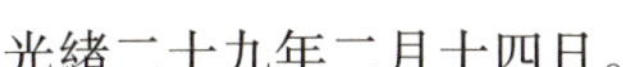

刑部知道。單并發。

【《宫中檔光緒朝奏摺》第16輯，第697頁】

陝甘總督崧蕃奏報上年處决重犯名數摺

光緒二十九年二月十四日

頭品頂戴、陝甘總督奴才崧蕃跪奏：爲報明甘肅光緒二十八年分處决過重犯名數、日期，恭摺仰祈聖鑒事。

竊據甘肅按察使黄雲詳稱，光緒二十八年决過重犯内，九月初七日，準刑部咨，奉旨：“劉楊氏，著凌遲處死。馬莊雄，著即處斬。餘依議。欽此。”

又，十月十六日，準刑部咨，奉旨：“吴王氏、張培武，均著即處斬。餘依議。欽此欽遵。”會同署督標中軍副將王有德、蘭州府知府胡孚駿于九月初七日，將因奸謀殺本夫劉庭成身死之劉楊氏、馬萑雄分别凌遲處斬。其聽從奸夫謀死，縱奸本夫吴换子，并砍傷小功堂兄張培芝身死，各案内擬斬之吴王氏、張培武兩犯，因十月係停刑期内，至十一月初三日，會同營府一并處斬訖。

又，十月十三日，準刑部咨，奉旨："這所勾谷椿澐、翟加有、沙生滿、宋周即宋葆膛、劉榮、石生芳、寇憘城、張楊家、李連娃[1]、王幅權、冶進存，著即處决。劉蕾洝，著牢固監候。欽此。"等因。行司分飭，遵辦去後。兹據署西寧縣知縣王樹棠申報，十一月初三日，會同都司曹紫佩，將謀殺侯致祥身死案内擬斬情實之谷椿澐處斬訖。又據署肅州直隸州知州余承曾申報，十一月初四日，會同都司岳振河，將圖脱用刀拒傷蕭進青身死案内擬斬情實之翟加有處斬訖。又據署寧朔縣知縣李瑞徵申報，十一月初四日，會同都司賀明堂，將謀殺張盤聾身死案内擬斬情實之宋周即宋葆膛處斬訖。又據署固原直隸州知州宋之章申報，十一月初三日，會同游擊吴飛鳳，將砍傷周李氏身死，并故殺雇工張隨幅身死各案内擬斬情實之劉榮、沙生滿處斬訖。又據河州知州趙謙申報，十一月初三日，會同都司陳萬勝，將毆傷外父羅錦彪身死案内擬斬情實之石生芳處斬訖。又據秦州直隸州知州張珩申報，十一月初四日，會同千總段長泰，將戳傷季春華身死案内擬絞情實之寇憘城處决訖。又據署碾伯縣知縣朱遠縉申報，十一月初三日，會同都司周嘉謨，將故殺冶進連、張才有等各案内擬斬情實之張楊家、冶進存處斬訖。又據署安定縣知縣王長申報，十一月初三日，會同守備李開裕，將故殺文珍案内擬斬情實之李連娃處斬訖。又據署伏羌縣知縣吴寶琛申報，十一月初三日，會同千總蘇傳恕，將拷傷李植身死案内擬絞情實之王幅權處决訖。

又，十一月二十五日，準刑部咨，奉旨："苟過路保，著即處斬。楊齊

①李連娃：光緒二十九年四月二十五日"奏陳核擬新舊秋審人犯摺"作"李漣娃"。

氏，仍照例銼尸，免其梟示。餘依議。欽此。”等因。行司查，十一月二十五日正在冬至停刑期內，至十二月初三日，會同署督標中軍副將王有德、蘭州府知府胡孚駿，將因奸謀毒本夫，誤毒其翁身死案內擬斬之苟過路保處斬，楊齊氏照例銼尸訖。

處决各犯，俱係例不停刑日期，綜計十五案，斬絞人犯十四名。斬決、凌遲、銼尸犯婦三口。并行刑日期及監刑文武各職名，詳報前來，奴才覆核無异。理合恭摺具陳，伏乞皇太后、皇上聖鑒，飭部查照施行。謹奏。

光緒二十九年二月十四日。

刑部知道。

【《宫中檔光緒朝奏摺》第16輯，第699頁】

陝甘總督崧蕃奏以賈鴻增補寧夏副將摺

光緒二十九年二月十四日

頭品頂戴、陝甘總督奴才崧蕃跪奏：爲揀員請補副將要缺，以裨營伍，恭摺仰祈聖鑒事。

竊準部咨，甘肅寧夏鎮屬中衛協副將員缺，按照新章，係題補第一輪第一缺，輪用儘先，應令迅揀請補。等因。奴才查，中衛地處北路，界連蒙古，兼之教堂林立，交涉事繁，非精明幹練、熟習地方情形之員，不足以資治理。逐加遴選，查有留陝甘儘先補用副將、正任秦州營游擊、現署陝西提標中營參將賈鴻增，局度安詳，資深才練，前曾護理陝西提督整飭訓練，措置裕如。查該員以前各員，除病故、降補及假歸不計外，祇有張志春、劉開國、屈國香等三員，又皆借補游擊、都守，亦與此缺人地未宜。合無仰懇天恩，俯准以賈鴻增補授甘肅寧夏鎮屬中衛協副將，實屬人地相宜，亦與輪章符合。如蒙俞允，俟接準部覆，即行咨送引見，以符定制。除飭取該員履歷清册另咨送部外，謹會同署甘肅提臣張永清合詞恭摺具陳，伏乞皇太后、皇上聖鑒，飭部核覆。再，該員所遺秦州營游擊員缺，地當衝要，陝甘現有應補人員，容奴才另揀請補，合并陳明。謹奏。

光緒二十九年二月十四日。

兵部議奏。

【《宫中檔光緒朝奏摺》第16輯，第701頁】

陝甘總督崧蕃又報知州王之章已病故片

光緒二十九年二月二十八日

再，據甘肅布政使何福堃詳稱，現署固原直隸州知州、正任狄道州知州宋之章，年五十三歲，陝西咸寧縣監生，遵例報捐通判，分發甘肅試用。光緒四年八月到省。西寧全湟肅清案内保，以知州仍留原省補用，補授狄道州知州，委署固原直隸州知州，于二十八年八月到任。兹于二十九年正月二十四日病故，詳請開缺。等情。前來。奴才覆查無异。理合附片具陳，伏乞聖鑒，飭部查照。至所遺狄道州知州係要缺，應請扣留外補，合并陳明。謹奏。

吏部知道。

【《宫中檔光緒朝奏摺》第16輯，第789頁】

陝甘總督崧蕃又陳派員署理府縣各缺片

光緒二十九年二月二十八日

再，慶陽府知府、准調西寧府知府慶霖應即飭赴新任，所遺慶陽府員缺，查有候補知府張暉暘堪以酌署。署固原直隸州知州宋之章病故遺缺，查有候補直隸州知州金承蔭堪以酌署。署階州直隸州知州張心鏡請咨引見遺缺，查有前經調署涇州直隸州知州、未及赴任之武威縣知縣張庭武堪以調署。所遺涇州直隸州員缺，查有涼莊理事通判文杰堪以調署。遞遺涼莊理事通判，查有試用通判孚慧堪以酌署。中衛縣知縣王樹枏請咨赴部引見應考遺缺，查有候補知縣朱世材堪以酌署。署合水縣知縣萬慶昌丁憂遺缺，查有候補知縣方景周堪以酌署。據甘肅藩臬兩司會詳前來，除批飭分別給委外，理合附片具陳，伏乞聖鑒。謹奏。

吏部知道。

【《宫中檔光緒朝奏摺》第16輯，第790頁】

陝甘總督崧蕃奏以鍾文海署化平通判摺

光緒二十九年三月十五日

頭品頂戴、陝甘總督奴才崧蕃跪奏：爲揀員請署化平直隸撫民通判，恭摺仰祈聖鑒事。

竊據甘肅布政使何福堃、按察使黄雲會詳稱，甘肅化平直隸撫民通判張彦篤升補洮州同知，業已截缺報部，應即揀員請補。查定例，道、府同知、直隸州通判、知州如係題調要缺，無論何項出缺，或調或補，准由該督撫酌量具題。又，各省要缺，俱令于現任人員内揀選調補，如無合例堪調之員，始准以候補人員題補，如無人，准于應升人員揀選升補。又，應補各缺，除知州、知縣二項不准將試用人員請補外，其餘道、府同知、通判各項，如委用試用人員内有勝任者，准其一體揀選題署。各等語。

今新設化平川直隸撫民通判，係繁、疲、難三項要缺，漢回雜處，撫治彈壓，均關緊要，非精明幹練之員，不足以資治理。該司等查，現任應調之鹽捕通判熊振槩擬請升補，貴德同知、撫彝通判周鼎泉與此缺人地未宜。此

外現無應升之員，惟查有議叙試用通判鍾文海，年三十三歲，湖南寧鄉縣人。由二品蔭生引見，以通判簽分甘肅試用，于光緒二十四年正月二十日到省。試看期滿甄别，留用在案，委署化平通判。

該司等查，該員鍾文海，廉静精明，辦事勤慎，在甘有年，熟悉地方情形，請署化平直隸撫民通判，與例相符，仍俟試署期滿，如果"稱職"，另請實授，會詳請奏前來。奴才查，鍾文海，才具穩練，辦事實心，仰懇天恩，俯准以該員鍾文海試署化平直隸撫民通判，實于地方有裨。如蒙俞允，該員以通判請署通判，銜缺相當，毋庸送部引見，現在署任内并無參罰案件。謹恭摺具陳，伏乞皇太后、皇上聖鑒訓示，飭部核覆施行。謹奏。

光緒二十九年三月十五日。

吏部議奏。

【《宫中檔光緒朝奏摺》第16輯，第821頁】

陝甘總督崧蕃奏銷各屬倉穀收支款目摺

光緒二十九年四月十二日

頭品頂戴、陝甘總督奴才崧蕃跪奏：爲甘肅光緒二十二年分各屬倉穀收支款目造册請銷，恭摺仰祈聖鑒事。

竊奴才據甘肅藩司何福堃詳稱，案查各屬倉穀奏銷，截至光緒二十一年止，均經造册奏銷在案。兹據蘭州、鞏昌、平凉、慶陽、甘州、凉州、寧夏、西寧八府，及秦州、階州、涇州、固原、肅州、安西六直隸州，各將所屬州縣動存數目陸續造册，請銷核查。光緒二十二年分，舊管共儲各項京斗糧八十八萬六千八百八十八石二斗二升四合一勺四抄，新收各項京斗糧六十四萬四千二百四石八斗八千三合九勺一抄五撮，開除各項京斗糧六十七萬七千八百八十石六斗三升四合六勺五抄，實在共儲各項京斗糧八十五萬三千二百一十二石四斗七升三合四勺五撮。呈由藩司逐細核明，造具總散册籍請銷前來，奴才覆核册造各項收支糧數，以散合總，均屬相符。除將册籍分送部科外，理合恭摺具陳，伏乞皇太后、皇上聖鑒，飭部查核施行。謹奏。

光緒二十九年四月十二日。

户部知道。

【《宫中檔光緒朝奏摺》第17輯，第56頁】

陝甘總督崧蕃奏陳核擬新舊秋審人犯摺

光緒二十九年四月二十五日

頭品頂戴、陝甘總督奴才崧蕃跪奏：爲核擬甘肅光緒二十九年新舊秋審人犯劉萱汝等各案分别實、緩，恭摺具陳，仰祈聖鑒事。

竊據甘肅按察使黄雲會同布政使何福堃、署蘭州道胡宗洣詳稱，前準部咨，奏准變通章程，内開：應入新舊秋審人犯，飭屬造具案由清册，由臬司核明罪犯輕重，分别實、緩，將應勘人犯停止解省。該督即將擬定實、緩清册奏咨覆核，應入情實人犯即請處决，緩决可矜人犯分别减等發配。等因。當經通飭，遵辦在案。

兹查得，光緒二十八年，原辦新舊秋審情實已勾之西寧縣斬犯谷椿澐、肅州直隸州斬犯翟加有，固原直隸州斬犯劉灤、沙生滿，河州斬犯石生芳、寧朔縣斬犯宋周即宋葆膛，碾伯縣斬犯張楊家、冶進存，安定縣斬犯李漣娃。又原辦緩决經部改實已勾之秦州直隸州絞犯寇憘城、伏羌縣絞犯王幅權等，十一起計犯十一名，均經奉文，飭令處决訖。又，原辦緩决，應行查辦留養之永昌縣絞犯張二小，一起一名，業經奉文，飭令照例枷責，存留養親訖。又，原辦緩决，經部擬改可矜，奉旨减流之固原州絞犯海五兒，一起一名，業經奉文，飭令造册，請牌發配訖。又，原辦新舊秋審緩决之西寧縣絞

犯王懊雲、文縣絞犯郭仔敬、華亭縣絞犯楊怔沅，及奉准部覆，應入本年新事秋審之階州絞犯黄月亭等，四起，計犯四名，均經續報病故，另詳請咨在案。

以上統共十七起，計犯十七名，俱應于本年秋審册内開除外，其尚有原辦舊事秋審情實，八次奉旨牢固監候之安化縣絞犯劉[illegible]洝。又，原辦緩决之文縣絞犯邢均、通渭縣絞犯董炭兒、階州絞犯王賜碌、狄道州絞犯馬非他、渭源縣絞犯李瀛歧、固原州絞犯馬葆青、西和縣絞犯海生蓮、禮縣絞犯朱尚樓仔、中衛縣絞犯畢能、大通縣絞犯趙斗令仔、文縣絞犯朱卯詳、鎮番縣絞犯張汏經、秦安縣絞犯石萬保、皋蘭縣絞犯林魁、河州絞犯白萬薢、安定縣絞犯馬四經娃、會寧縣絞犯張圈生兒、秦州絞犯馬寛藯、皋縣絞犯劉江海仔即劉立言、岷州絞犯吕忍强、階州絞犯高占緑、秦州絞犯楊胡生仔、隴西縣絞犯高量豆、鎮原縣絞犯李生秀，河州絞犯鄧二卜都鄧有士，靈臺縣絞犯汪潮潰、海城縣絞犯胡後浴、中衛縣絞犯劉得勝、高臺縣絞犯王兆沅，河州絞犯馬一個、石芸來，西寧縣絞犯馬深、碾伯縣絞犯馬汏葆、河州絞犯馬淦薢、隴西縣絞犯李枝濼、固原州絞犯胡丑橙仔、安定縣絞犯馬恒菁、寧靈廳絞犯陳自萌、徽縣絞犯藍有才、正寧縣絞犯介歲薢、武威縣絞犯厲會庭、鎮原縣絞犯席泳汰、階州絞犯趙希銀、皋蘭縣絞犯楊四輩仔即楊鈺、會寧縣絞犯尹受等，共四十六起，計犯四十七名，仍應分别實、緩，彙入本年舊事秋審册内辦理。并有已奉部覆，應入光緒二十九年新事秋審平羅縣絞犯劉來瀛即劉幅娃、隴西縣絞犯汪米换、會寧縣絞犯王[illegible]僖、秦州絞犯張得順子、河州絞犯鄧六十、平翻縣絞犯賈重潮、静寧州絞犯王丙盛子、撫彝廳絞犯魯廷潰、河州絞犯馬熱個、岷州絞犯張旦旦娃、皋蘭縣絞犯楊五十一、靈臺縣絞犯周三姓、狄道州絞犯段有才，岷州絞犯羅尕兒子、張皆布、包恰兒，河州絞犯沙完、哈四、馬六十一，寧朔縣絞犯魏世興、禮縣絞犯杜張憘子、海城縣絞犯鮑生溝、秦州絞犯李收兒、固原州絞犯秦芳寅、静寧州斬犯李全嬉、金縣斬犯金右清、文縣斬犯尤步消等，共二十六起，計犯二十六名。

以上新舊統共七十二起，計犯七十三名，遵照變通章程，人犯停止解勘，照依情罪，酌擬實、緩分晰，新舊彙造年貫、案由清册，詳請具奏前來。奴才逐案覆核，所擬情實，緩决情罪均屬相符，除册籍咨部核辦外，謹繕摺由驛馳陳，伏乞皇太后、皇上聖鑒，飭部核覆施行。此外，甘省并無應入朝審人犯，其現入秋審各犯，亦無祖父子孫陣亡應行聲叙之案，合并聲明。謹奏。

光緒二十九年四月二十五日。

刑部議奏。

【《宫中檔光緒朝奏摺》第 17 輯，第 159 頁】

陝甘總督崧蕃又守備保升總兵請開缺片

光緒二十九年四月二十六日

再，準陝西固原提督鄧增咨，查提標前營守備、管帶防軍左旗步隊程鼎已保升記名總兵。該員才具開展，曉暢戎機，堪勝專閫之任，應請開去守備底缺，歸列總兵本班，請旨存記簡放，并將該員履歷清册咨請核辦。等因。

準此，奴才覆查，程鼎既經保升總兵，自應將原補陝西提標前營守備底缺開去，歸列總兵本班補用。所遺守備員缺，另由奴才揀員請補。除將該員履歷分咨查照外，謹會同陝西提督臣鄧增合詞附片具陳，伏乞聖鑒訓示。謹奏。

兵部知道。

【《宫中檔光緒朝奏摺》第 17 輯，第 179 頁】

陝甘總督崧蕃又添設固原至寧夏電綫片

光緒二十九年四月二十六日

再，甘肅寧夏府僻在省城北路，界連阿拉善旗蒙地，通山西包頭、歸化城一帶。現在蒙漢交界之三道河、下營子各處教堂林立，距省城十餘站，中隔戈壁沙灘，文報往返纍月經旬。向未設有電綫，遇有緊要事件，异常遲滯。奴才與司道等籌商擬添役北路電綫，第由省至寧，道里迂遠。查固原設有子局，由固原至寧夏官路七百十五里，綫路六百零四里，較省城路近費省，委員勘估，統需綫杆、料價、運脚等項約銀二萬餘兩。雖庫款奇絀，當交涉煩難諸務整頓之時，此項要工不能不設法籌辦。擬先由甘庫挪用，俟工竣，再行籌辦造銷。所有添設由固原至寧夏電綫，以速文報緣由，理合先行附片具陳，伏乞聖鑒訓示。謹奏。

該部知道。

【《宮中檔光緒朝奏摺》第 17 輯，第 180 頁】

△諭前甘肅中衛縣知縣王樹枏著發往甘肅以道員即補并交軍機處存記等

光緒二十九年五月初四日

軍機大臣面奉諭旨："本日，引見之候選道、前甘肅中衛縣知縣王樹枏，著發往甘肅以道員即補，并交軍機處存記。陝西安塞縣教諭孫炳麟，著以知縣用。欽此。"

鈔交吏部。

五月初四日。

【《光緒宣統兩朝上諭檔》第 29 册，第 101 頁第 433 條】

陝甘總督崧蕃又陳揀員請補守備員缺片

光緒二十九年五月二十七日

再，準部咨，甘肅寧夏鎮屬靈州營守備員缺係新章第一輪第五缺，輪用儘先，應令迅揀請補。等因。當即轉飭揀選去後。玆據署督標中軍副將王有德詳稱，查有留陝甘儘先補用都司曹俊，年力富强，堪以請補前來。

奴才覆查，該員曹俊，精力强健，諳習營章，堪以請補。合無仰懇天恩，俯准以曹俊補授靈州營守備，實屬人地相宜。如蒙俞允，該員前由武進士，經部帶領引見，簽分甘肅，以營守備候補。嗣因二十一年攻剿竄匪，經前督臣陶模奏保都司，今借補守備，應請飭部發給札付，以符定制。除飭取該員履歷清册另咨送部外，謹會同署甘肅提臣張記清合詞附片具陳，伏乞聖鑒，飭部核覆施行。謹奏。

兵部議奏。

【《宫中檔光緒朝奏摺》第17輯，第381頁】

陝甘總督崧蕃奏爲訓導俸滿呈請保薦折

光緒二十九年閏五月十二日

頭品頂戴、陝甘總督奴才崧蕃跪奏：爲訓導初次俸滿，呈請甄别保薦，恭摺仰祈聖鑒事。

竊據甘肅布政使何福堃、按察使黄雲會詳，準平慶涇固化道咨，據固原直隸州知州詳，據平遠縣知縣詳稱，該縣訓導趙啓文現年四十三歲，係甘肅秦州直隸州人。由優貢，于光緒十八年赴京朝考二等，奉旨以教職選用。二十一年八月，選授平遠縣訓導，二十二年三月二十二日到任。今自到任之日起，連閏扣至二十八年正月二十二日，初次六年俸滿，例應驗看甄别，由該管道、州、縣依次出考，核轉到司。查例載，各省教職歷俸已滿六年，各府、州申請巡道加考，移司查實，轉呈督撫學政調取驗看，詳加甄別應行留任人員，其年力才具堪以策勵者，列爲“勤職”，僅堪司鐸者，列爲“循分供職”，堪膺民社者，准其出具切實考語保薦。等語。今平遠縣訓導趙啓文，自光緒二十二三月二十二日到任之日起，連閏扣至二十八年正月二十二日，初次六年俸滿，任内并無參罰案件，兹准該管各官出考，核轉保薦到司。

該司等查，該員趙啓文，守潔才明，志趣不苟，堪以保薦。等情。前來。奴才查趙啓文，年力正强，留心吏治，堪以保薦。除履歷清册分送部科外，謹會同甘肅學臣葉昌熾合詞恭摺具陳，伏乞皇太后、皇上聖鑒，飭部議覆施行。謹奏。

光緒二十九年閏五月十二日。

吏部知道。

【《宫中檔光緒朝奏摺》第17輯，第496頁】

陝甘總督崧蕃又委員覆勘通潤堡災畝片

光緒二十九年閏五月二十二日

再，甘肅平羅縣通潤堡于光緒二十八年六月天雨連綿，二十九日狂風大作，山水暴發，冲斷渠塀，勢甚洶涌。查明水冲沙壓共地二百四十一畝五分五厘，于是年秋災案内聲明，俟查勘清楚，另行奏辦在案。兹據藩司何福堃詳，由寧夏道志崇、寧夏府知府崇俊督同平羅縣知縣榮春覆勘得，通潤堡于光緒二十八年六月，山水冲壞地二百四十一畝五分五厘，應徵地丁正銀一兩六分耗銀一錢五分九厘，正糧一十石一斗四升五合，耗糧一石五斗二升一合八勺，實係不能徵收。造具花名清册，繪圖貼説，出具聯銜印結，由司核明加結，詳請奏免前來，奴才覆查，委係實情。除分咨部科，并批飭隨時查察，如果沙石稍薄，堪以耕種，即行墾復升科外，謹附片具陳，伏乞聖鑒，飭部核豁施行。謹奏。

户部知道。

【《宫中檔光緒朝奏摺》第17輯，第570頁】

陝甘總督崧蕃又陳揀員署理副將員缺片

光緒二十九年閏五月二十二日

再，陝西固原提屬靖遠協副將陳金凱請咨赴部遺缺，查有准補馬營監營游擊儘先副將馬福祥堪以委署。又，署肅州鎮屬安西協副將方南英署事期滿遺缺，查有現署河州鎮屬鞏昌營濟南正任河州鎮標左營游擊雙壽堪以調署。又，署延綏鎮屬定邊協副將李朝珠期滿遺缺，查有記名總兵趙謙士堪以委署。除分别給委外，理合附片具陳，伏乞聖鑒。謹奏。

兵部知道。

【《宫中檔光緒朝奏摺》第17輯，第570頁】

陝甘總督崧蕃奏爲典史俸滿呈請保薦摺

光緒二十九年六月初三日

頭品頂戴、陝甘總督奴才崧蕃跪奏，爲典史三次俸滿，呈請保薦，恭摺仰祈聖鑒事。

竊據甘肅布政使何福堃、按察使黄雲會詳，查平羅縣典史孟因坤，現年六十四歲，浙江會稽縣人。由監生，報捐典史，指分甘肅試用。光緒六年五月二十七日驗放到省，委署山丹縣典史，咨補平羅縣典史，于光緒十年六月二十五日到任。業經兩次俸滿甄别，留任在案。今自二十二年二月二十五日二次俸滿之日起，連閏扣至二十七年十二月二十五日，三次歷俸又滿六年，例應驗看甄别，由平羅縣知縣榮春、寧夏府知府崇俊、寧夏道志崇驗看加考，咨司會詳，保薦前來。查例載，各省佐貳雜職等官，歷俸已滿六年，各府、州申請巡道加考，移司查實，轉呈督撫調取驗看，詳加甄別。俸滿人員内，實有人材出衆、著有勞績者，准其出具切實考語保薦。等語。

奴才查，該員孟因坤，緝捕勤能，辦事穩練，堪以保薦。除册分送部科外，理合恭摺具奏，伏乞皇太后、皇上聖鑒，飭部議覆施行。謹奏。

光緒二十九年六月初三日。

吏部知道。

【《宫中檔光緒朝奏摺》第17輯，第645頁】

陝甘總督崧蕃奏請承襲雲騎尉世職由摺

光緒二十九年六月十八日

再，準兵部咨覆，陝西固原提屬靖遠協中軍都司員缺，准以安定營守備徐倉升補。惟是缺駐扎蘭州府，該員蘭州府人，例應回避，應令揀員對調。等因。當經轉移，遵辦去後。兹準陝西固原提臣鄧增咨稱，查有准補商州協營都司周紫高，係湖南湘潭縣人，堪與靖邊協中軍都司徐倉互相對缺調補，均屬人地相宜，咨請核辦前來。

奴才查，都司周紫高，年强才優，營伍諳練，堪以調補靖遠協中軍都司。所遺商州協營都司員缺，即以徐倉對調，與例相符。合無仰懇天恩，俯准以徐倉、周紫高互相對調，俾符成例，如蒙俞允，俟接准部覆，即行咨送引見，以符定制。謹會同陝西固原提臣鄧增合詞附片具陳，伏乞聖鑒訓示。謹奏。

兵部議奏。

【《宫中檔光緒朝奏摺》第 17 輯，第 760 頁】

陝甘總督崧蕃奏陳尋常案件摘由清單摺

光緒二十九年七月初四日

頭品頂戴、陝甘總督奴才崧蕃跪奏：爲甘肅尋常命、盜案件，摘叙簡明案由，彙開清單，恭摺仰祈鑒事。

竊奴才案準刑部咨奏定簡易章程，内開：尋常命、盜各案，凡歸監候具題者，擬由各該督撫訊取確供擬勘後，一面將供勘先行咨部，一面逐案摘叙簡明事由，改爲彙案具奏，每次至多以十案爲率。等因。咨行到甘，歷經遵辦在案。兹據甘肅臬察使黄雲詳，據崇信、狄道、金縣、西和、肅州、岷州、階州、秦州、固原、碾伯等州縣先後報驗命案十起，隨經批飭審解，旋據該管府道審擬，由司解勘前來。奴才提犯覆鞫，據供皆與原審無异，所擬罪名亦均允協。除案内擬杖人犯，批飭照例折責發落，并將全案供勘分咨部科外，所有甘肅尋常命、盜案件，遵照部議簡易章程辦理緣由，理合恭摺具陳，并繕案由清單，恭呈御覽，伏乞皇太后、皇上聖鑒，飭部核覆施行。謹奏。

光緒二十九年七月初四日。

刑部議奏。單并發。

【《宫中檔光緒朝奏摺》第 17 輯，第 892 頁】

陝甘總督崧蕃奏以曾麟綬補化平通判摺

光緒二十九年七月初四日

頭品頂戴、陝甘總督奴才崧蕃跪奏：爲揀員請補要缺通判，以裨地方，恭仰祈聖鑒事。

竊照甘肅化平川直隸撫民通判張彥篤升補洮州同知遺缺，前經奴才請以議叙通判鍾文海試署，旋準部咨，調缺通判，如實無可調之員，例于應升通判之知縣等七項請升，所請以試用通判鍾文海署理化平通判之處，應毋庸議，行令另行揀選。等因。行司遵照去後。兹據甘肅布政使何福堃、按察使黄雲詳稱，查定例，通判題調要缺，或調或補，准其酌量具題。又各省要缺缺出，俱令于現任人員内揀選調補。如無合例堪調之員，始准以候補人員題補，如無人，准于應升人員内揀選題升。各等語。

今新設化平川直隸撫民通判，係繁、疲、難三項要缺，漢回雜處，地方緊要，非精明幹練、熟悉地方情形之員，不足以資治理。現任之撫彝通判周鼎泉，與此缺人地未宜，鹽捕通判熊振槩升補貴德同知，其應升通判之直隸州州同均未奉文。准補知縣一項，或資俸未滿，或人地不宜，例不應升。該司等逐加遴選，查有保奬遇缺儘先補用通判曾麟綬，年五十八歲，湖南長沙縣附生，由江蘇試用通判，辦晋賑出力保，俟補缺後，以同知用。因江蘇停止分發，改指甘肅試用，于光緒八年四月十八日驗放到省，年滿甄别留用，歷署撫彝通判，安定縣、涇州、直隸州固三任，交代無虧，保奬遇缺儘先補用，奉部覆准，現署洮州同知。

該司等查，該員曾麟綬，穩慎廉明，實心辦事，在甘年久，熟悉地方情形，歷署各缺，辦理一切，諸臻妥協，以之更補化平川直隸撫民要缺通判，人地極其相宜，實堪勝任。此外實無應調應補應升人員，會詳請奏前來。奴才查，曾麟綬，悃愊無華，才猷穩練，仰懇天恩，俯准以該員補授化平川直隸撫民通判，實于地方有裨。如蒙俞允，該員以通判請補通判，銜缺相當，毋庸送部引見。任内并無參罰案件。理合恭摺具奏，伏乞皇太后、皇上聖鑒。飭部核覆施行。謹奏。

光緒二十九年七月初四日。

吏部議奏。

【《宫中檔光緒朝奏摺》第17輯，第893頁】

陝甘總督崧蕃奏以張心鏡補中衛知縣摺

光緒二十九年七月初四日

頭品頂戴、陝甘總督奴才崧蕃跪奏：爲揀員調補知縣要缺，以裨地方，恭摺仰祈聖鑒事。

竊據甘肅布政使何福堃、按察使黄雲詳稱，中衛縣知縣王樹枏已過道班，所遺係要缺，例應由外揀調，業經截缺，報部在案。查定例，各省州縣應調缺出，俱令于現任人員内揀選調補。等語。今中衛縣知縣，係衝、繁、難三項要缺，地方緊要，政務殷煩，非精明幹練之員，不足以資治理。該司等在于通省現任人員内逐加遴選，查有正寧縣知縣張心鏡，年四十六歲，係江蘇青浦縣進士，以知縣，簽分甘肅。十九年四月到省，報捐本班儘先即用，歷署高臺、皋蘭、張掖等縣，請補正寧縣知縣，于關内外及青海一律肅清案内保，俟補缺後，以直隸州知州補用。二十六年，甄别保薦，奉旨嘉獎，旋即飭赴正寧縣本任。是年閏八月十一日到任，調署階州直隸州知州，遵例捐免歷俸。

該司等查，張心鏡，慈惠謙朗，實心辦事，應署各缺，循聲卓著，調補中衛縣知縣，與例相符，會詳請調前來。奴才查，張心鏡，守潔才優，講求吏治，所至輿情愛戴，誠爲州縣中不可多得之員，以之調補中衛縣知縣，實屬人地相需。如蒙俞允，該員以知縣調補知縣，銜缺相當，毋庸送部引見。任内并無參罰案件。理合恭摺具奏，伏乞皇太后、皇上聖鑒，飭部核覆施行。至所遺正寧縣知縣，係簡缺，甘省現有應補人員應請扣留外補，合并陳明。謹奏。

光緒二十九年七月初四日。

吏部議奏。

【《宫中檔光緒朝奏摺》第17輯，第894頁】

陝甘總督崧蕃奏報夏季懲辦情重盗匪摺

光緒二十九年七月二十八日

頭品頂戴、陝甘總督奴才崧蕃跪奏：爲報明甘肅二十九年夏季分照章懲辦情重盗匪，摘叙案由清單，恭摺仰祈聖鑒事。

竊查甘肅，地處邊陲，番回雜處，强盗、土匪往往勾結成群，持械劫掠，甚至逞凶拒捕，情凶勢惡，法無可寬。歷經查照刑部通行，審明就地正法，其有情尚可原之犯，亦經酌量，繫帶杆礅，按季彙報在案。兹查光緒二十九年春季分，并無盗劫案件，惟夏季分，據寧靈廳報，獲盗匪金盤舍、李成動、吴元等到案，當即批飭該管知府，覆審録供詳院，發交臬司核議，詳覆到院。奴才查，該匪金盤舍等，聽從馬老六，結夥持械，毆截事主，搜劫財物，情罪重大，無可寬容，批飭就地正法。夥犯李成動把風接贓，吴元臨時因病不行，僅止事後分贓，均應分别擬辦。惟首犯在逃，難保非狡供避就。李成動、吴元二犯，均飭暫行監禁，俟首盗就獲，再行質辦。據甘肅按察使黄雲詳報前來，奴才覆核情罪相符，理合恭摺具陳，并開簡明案由清單，恭呈御覽，伏乞皇太后、皇上聖鑒，飭部查照施行。謹奏。

光緒二十九年七月二十八日。

刑部知道。單并發。

【《宫中檔光緒朝奏摺》第18輯，第125頁】

陝甘總督崧蕃奏請揀員升補游擊要缺摺

光緒二十九年八月二十八日

頭品頂戴、陝甘總督奴才崧蕃跪奏：爲揀員升補游擊要缺，以裨營伍，恭摺仰祈聖鑒事。

竊接準部咨，陝西固原提屬秦州營游擊賈鴻增升補中衛協副將遺缺，係新章題補第一輪第六缺，應用世職，應補無人，過班用八缺捐輸，亦無人，應以第十缺應升人員抵補。等因。奴才隨在于廳升人員内，逐加遴選，查有西寧鎮標城守營都司玉潤，才具穩練，曉暢戎機，堪以升補。合無仰懇天恩，俯念員缺緊要，准以該員玉潤升補秦州營游擊員缺，以期得力。如蒙俞允，俟接准部覆，即行給咨，送部引見，以符定制。除飭取該員履歷清册送部外，所遺甘肅西寧鎮標城守營都司員缺，甘省現有應補人員，容奴才另揀請補，謹會同陝西固原提臣鄧增，合詞恭摺具陳，伏乞皇太后、皇上聖鑒，飭部核覆施行。謹奏。

光緒二十九年八月二十八日。

兵部議奏。

【《宫中檔光緒朝奏摺》第18輯，第242頁】

陝甘總督崧蕃奏查夏秋禾苗被災情形摺

光緒二十九年九月初十日

頭品頂戴、陝甘總督奴才崧蕃跪奏：爲報明甘肅各屬夏秋禾苗被雹、被水大概情形，恭摺仰祈聖鑒事。

竊甘肅自春徂夏，雨暘應時，收成頗稱豐稔。惟邊地高寒，每逢夏令，間有禀報損傷禾稼。今年夏秋之交，有禀報被災之處，均經批飭該管道、府確查，妥辦去後。茲據甘肅布政使何福堃將各屬被災情形彙詳請奏前來，奴才查蘭州府屬之皋蘭縣、沙泥州判、金縣、渭源縣，鞏昌府屬之洮州廳，涼州府屬之平番縣，寧夏府屬之寧夏縣、寧朔縣、中衛縣、平羅縣，西寧府屬之西寧縣、碾伯縣，于本年四五六等月，先後被雹打傷夏秋禾苗、罌粟，輕重不等。惟蘭州府屬之河州四鄉七會等處，閏五月十九并二十一二等日，大雨傾盆，中夾冰雹，平地水深數尺，傷斃男女大小八口，倒塌房屋三十餘間，淹没地七十餘埫。又，狄道州西南二鄉、宋家坪、劉家灣等處，閏五月十九日雹、雨交加，將夏秋禾苗，一律打傷，計地三萬三千五百餘畝，均被水冲泥淤，不能耕種，灾民八百四十六户。又，涼州府屬武威縣，閏五月初十日，大雨滂沱，山水暴發，將附城金大等渠一帶田房冲没，并將東門税房冲淌無存，沿城鋪户亦多被冲。又，安西州屬之敦煌縣，于閏五月十八、十九等日，大雨連綿，山水、河水同時暴漲，黨橋、湖壩、十渠坪口齊被冲毁，倒塌土房三四座，淹斃男丁一名，牲畜十餘頭，冲壞田地一十六頃有零。又，秦州東鄉花牛寨地方，于八月初四日，猝來暴雨，莊後小溝，山水驟發，平地水深二丈有餘，冲去房屋五所，共計瓦房一十五間，淹斃男女大小一十二丁口，水冲地畝二十餘埫。均先後由各管道、府親履查勘，聯銜結報。被灾較重之户，分别極次，先發急賑一個月。淹斃丁口，隨時捐棺飭埋。房屋按間發價，飭令及時修蓋，以資栖止。其受灾較輕之户，酌借社糧接濟。地畝，俟水涸查明，設法墾復。其應徵錢糧，應如何蠲、緩，統俟查報齊全，另案彙辦。所有甘省本年夏秋禾苗被灾大概情形，理合恭摺具陳，伏乞皇太后、皇上聖鑒訓示。謹奏。

光緒二十九年九月初十日。

著即查明，分别蠲緩撫恤，毋任失所。

【《宮中檔光緒朝奏摺》第18輯，第306頁】

陝甘總督崧蕃奏陳揀員請補都司員缺摺

光緒二十九年九月初十日

頭品頂戴、陝甘總督奴才崧蕃跪奏：爲揀員請補都司要缺，以裨營伍，恭摺仰祈聖鑒事。

竊奴才準兵部咨覆，陝西漢中鎮屬華陽營都司員缺，請以留陝甘補用都司朱東輔補授。查河州解圍案内并無保奬該員都司銜名，行令另揀請補。等因。準此，奴才隨在于揀發人員内逐加遴選，查有留陝揀發都司三要司營守備雷洪春，幹練耐勞，熟習營伍。合無仰懇天恩，俯准以雷洪春補授華陽營都司員缺，實屬人地相宜。如蒙俞允，俟接准部覆，即行咨送引見，以符定制。除飭取該員履歷清册另咨送部外，所遺陝西固原提屬三要司營守備員缺，陝甘現有應補人員容奴才揀員請補，謹會同陝西固原提臣鄧增，合詞恭摺具陳，伏乞皇太后、皇上聖鑒，飭部核覆施行。謹奏。

光緒二十九年九月初十日。

兵部議奏。

【《宫中檔光緒朝奏摺》第18輯，第308頁】

陝甘總督崧蕃又參將盧萬德呈請開缺片

光緒二十九年十月二十八日

再，據署寧夏鎮總兵湯咏山呈稱，靈州營參將盧萬德，年力就衰，請開缺回籍。等情。據此，奴才覆核無异，相應陳明，請旨開缺，准其回籍，除飭取原領札付另咨送部外，所遺寧夏鎮屬靈州營參將員缺，甘肅現有應補人員容奴才另揀請補。謹附片具陳，伏乞聖鑒訓示。謹奏。

兵部知道。

【《宫中檔光緒朝奏摺》第18輯，第604頁】

陝甘總督崧蕃又陳守備沈瑚病故出缺片

光緒二十九年十月二十八日

再，據統帶督標防軍馬步等旗、莊浪協副將傅殿魁申稱，管帶督標防軍右旗馬隊、正任甘肅寧夏鎮標左營守備沈瑚督修營壘，得患痢疾，牽動舊傷，醫治罔效，于光緒二十九年八月十一日病故。呈請核辦前來，奴才覆核無异。除馬隊旗官另委接帶外，所有甘肅寧夏鎮標左營守備相應陳明，請旨開缺，委員承查各結，俟查取至日，另咨送部。其所遺守備員缺，甘省現有應補人員，容奴才另揀請補。謹附片具陳，伏乞聖鑒，飭部查照。謹奏。

兵部知道。

【《宫中檔光緒朝奏摺》第18輯，第605頁】

陝甘總督崧蕃又陳揀員借補守備員缺片

光緒二十九年十月二十八日

再，奴才接準部咨，陝西固原提屬西鳳營守備任新春病故遺缺，按照新章，係第一輪第一缺，輪用儘先人員，應令揀員請補。等因。當即轉行去後。兹準陝西固原提督鄧增咨開，揀選得游擊銜留陝甘儘先補用都司、現署固原城守營守備富平汛千總劉尚忠，營務諳練，勇敢有爲，咨請借補前來。

奴才覆查，該員劉尚忠，樸實耐勞，講求訓練，借補西鳳營守備，核與輪章相符。合無仰懇天恩，俯准以儘先都司劉尚忠借補西鳳營守備，以期得力。如蒙俞允，俟接准部覆，即行咨送引見，以符定制。除履歷清册隨咨兵部查核外，謹會同陝西固原提臣鄧增合詞附片具陳，伏乞聖鑒，飭部核覆施行。謹奏。

兵部議奏。

【《宮中檔光緒朝奏摺》第18輯，第605頁】

陝甘總督崧蕃奏陳揀員借補請補游擊要缺摺

光緒二十九年十月二十八日

頭品頂戴、陝甘總督奴才崧蕃跪奏：爲揀員請補游擊要缺，以裨營伍，恭摺仰祈聖鑒事。

竊奴才接準部咨，陝西固原提標左營游擊員缺，係題補新章第二輪第一缺，輪用儘先人員，迅即揀員請補。等因。準此，奴才隨在于儘先人員内逐加遴選，查有副將銜留陝甘儘先補用游擊劉作銘，諳練營伍，任事勤能，堪以請補。合無仰懇天恩，俯准以該員劉作銘補授陝西固原提標左營游擊員缺，實屬人地相宜。如蒙俞允，俟接准部覆，即行咨送引見，以符定制。除飭取該員履歷清册送部外，謹會同陝西固原提臣鄧增，合詞恭摺具陳，伏乞皇太后、皇上聖鑒，飭部核覆施行。謹奏。

光緒二十九年十月二十八日。

兵部議奏。

【《宮中檔光緒朝奏摺》第18輯，第606頁】

陝甘總督崧蕃奏陳揀員請補涇固化道摺

光緒二十九年十一月十二日

頭品頂戴、陝甘總督奴才崧蕃跪奏：爲揀員請補道缺，以重地方，恭摺仰祈聖鑒事。

竊照甘肅平慶涇固化道常祥，于光緒二十九年十一月初五日在任病故，應以本日作爲開缺日期。所遺係衝、難二項中缺，業經奏報聲明，扣留外補在案。查部章，自光緒十八年規復舊制起，選缺道員出缺兩次，第一次祝維城開缺，因請補常詳，議駁請歸部選，二次王會英開缺，以候補道常祥請補，應作爲第一次留補之缺。此次常祥出缺，按照二留一咨部章，應作爲二次留補之缺。況平凉毗連陝境，地居衝要，漢回雜處，爲隴東門户，管轄二十餘屬，稽查撫綏，責任綦重。近來教堂林立，各國游歷人士絡繹不絶，交涉煩難，尤非昔比，非幹練有爲之員，弗克勝任。

兹查有甘肅即補道王樹枏，年四十五歲，直隸新城縣進士，由主事，改歸知縣，選授四川青神縣知縣，調補銅梁縣知縣。因案革職開缺，委解甘肅軍火，派赴西寧。前敵效力，于攻克北大通、十大回莊案内保，准開復原官，并留甘肅補用。光緒二十四年正月初八日，驗放到省。于西寧等處肅清案内保，俟補缺後，以直隸州仍留甘肅補用，補授中衛縣知縣。在駐甘秦晋賑捐局，遵海防例報捐道員，雙月選用，保送引見。二十九年五月初四日，奉旨：“候選道前甘肅中衛縣知縣王樹枏，著發往甘肅，以道員即補，并交軍機處存記。欽此欽遵。”開缺過班，于本年八月初三日到省。該員係歷任川甘實缺人員，例不甄别。

奴才查，該道王樹枏，識練才優，學有根柢，係特旨存記人員，不積各班之缺，以之請補平慶涇固化道，實屬人地相需，亦與留補部章相符。合無仰懇天恩，俯念地方緊要，准以甘肅即補道王樹枏補授平慶涇固化道員缺，實于地方大有裨益。如蒙俞允，該道銜缺相當，毋庸送部引見。即前在中衛縣任内亦無參罰案件，合并聲明。所有揀員請補道缺緣由，謹恭摺具奏，伏乞皇太后、皇上聖鑒訓示。謹奏。

光緒二十九年十一月十二日。

吏部議奏。

【《宫中檔光緒朝奏摺》第18輯，第650頁】

陝甘總督崧蕃奏查各屬上忙徵收銀數摺

光緒二十九年十一月十二日

頭品頂戴、陝甘總督奴才崧蕃跪奏：爲甘肅各屬光緒二十九年上忙徵收銀兩數目，恭摺仰祈聖鑒事。

竊據甘肅布政使何福堃詳稱，光緒二十九年額徵地丁起存正雜連閏，并秦州等處新糧地丁，共銀二十八萬九千七百七十六兩七錢七厘。内除皋蘭縣、河州、沙泥州判、洮州廳、華亭縣、平番縣、寧夏縣、靈州、中衛縣、平羅縣、西固州同等處水冲地畝豁免銀七十二兩九分五厘三毫，又除洮州廳北鄉录麻回地荒蕪無從徵收銀七兩八錢三分八厘，又除皋蘭縣二十四年歇業無從徵收課程銀一兩三錢一厘，又除各屬現荒無從徵收銀六萬六千七百二十一兩三錢三分二厘六毫外，現墾熟地應徵銀二十二萬二千九百七十四兩一錢四分一毫，又收二十九年上忙續墾升科銀一百五十二兩四分四厘。二共現墾熟地應徵銀二十二萬三千一百二十六兩一錢八分四厘一毫。

今上忙已完銀一十二萬三百三十六兩五錢八厘，統計係在四分以上。内已完存留經雜驛站銀四萬四午二百二十一兩五錢一分二厘，照數留支，已完起運。并雜賦銀七萬六千一百一十四兩九錢九分六厘，内已解銀七萬四千八百八十二兩八錢二分五厘，内已造入二十九年秋撥册内銀一萬三千一百四十四兩八錢八分五厘，候造入三十年春撥册内銀六萬一千七百三十七兩九錢四分。未解銀一千二百三十二兩一錢七分一厘。未完地丁正雜銀一十萬二千七百八十九兩六錢七分六厘一毫，内起運銀六萬七千五百一十四兩八錢五分四厘五毫，存留經雜銀一萬六百五十六兩一錢五分二厘，存留驛站銀二萬四千一十二兩四錢七厘六毫，雜賦銀六百六兩二錢六分二厘，均請歸入下忙案内核辦。其已徵未解銀兩，係靖遠、靈臺二縣。靈臺因前署知縣顧其義奉文赴經濟特科，詳奉部准展限在案。應俟該令回省，嚴催清算交代，解清之日，歸入交代案内核辦此案，册内應請毋庸開揭。至靖遠縣未解銀兩，屢經嚴札飛催，未據掃數報解，除再勒限催提，俟解收之日，另行詳咨議處外，現造具總散各册，詳請核辦前來，奴才覆核相符。除將册揭咨送户部查照外，理合恭摺具陳，伏乞皇太后、皇上聖鑒。謹奏。

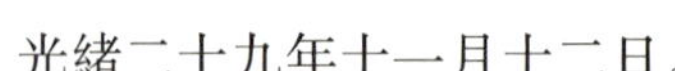

光緒二十九年十一月十二日。

户部知道。

【《宫中檔光緒朝奏摺》第 18 輯，第 651 頁】

陜甘總督崧蕃又陳揀員委署清水等縣片

光緒二十九年十一月二十八日

再，署清水縣知縣史文光調省遺缺，查有補用知縣余重基堪以委署。署古浪縣知縣李繼訓調省遺缺，查有候補知縣申瑞元堪以委署。署巴燕戎格通判袁春江調省遺缺，查有候補知縣李錦榮堪以委署。署徽縣知縣董雲標調省遺缺，查有本任安定縣知縣陳明德堪以調署。署王子莊州同瑚圖禮患病遺缺，查有請補王子莊州同吴通權堪以先行署理。又，准補合水縣知縣蕭子鑒、崇信縣知縣陳瑞徵、山丹縣知縣巢鳳岡、寧夏縣知縣姚鈞、通渭縣知縣竇金聲，坐補伏羌縣知縣晋榮、准補洮州同知張彦篤，均應飭赴本任，各專責成。據甘肅藩臬兩司會詳前來，除批飭分别給委外，理合附片具陳，伏乞聖鑒。謹奏。

吏部知道。

【《宫中檔光緒朝奏摺》第 18 輯，第 728 頁】

陝甘總督崧蕃奏陳審勘尋常命盜各案摺

光緒二十九年十一月二十八日

頭品頂戴、陝甘總督奴才崧蕃跪奏：爲甘肅省命、盜案件，遵照部議，摘叙簡明事由，彙案具陳，恭摺仰祈聖鑒事。

竊查前準刑部咨，尋常命、盜各案，凡歸監候具題者，擬由各該督撫訊取確供擬勘後，一面將供勘先行咨部，一面逐案摘叙簡明事由，改題彙案具奏，每次彙奏至多以十案爲率，不得守候過多，以杜遲延拖累之弊。其案件較少省分，應由該督撫酌量多寡，隨時彙奏，總以無遲無率爲要。等因。久經遵辦在案。

兹據甘肅按察使黄雲詳稱，據平羅、西寧、皋蘭、河州、平羅等州縣先後報驗命案五起，隨時批飭審解。旋據該管府、州審擬，由司解勘前來。奴才提犯親鞫，據供與該州、縣、府、司所審相符。察核所擬罪名，亦均允協。除將全案供勘分咨部科外，所有甘肅命案，遵照部議簡易章程辦理緣由，謹開具簡明案由清單，恭摺具奏，伏乞皇太后、皇上聖鑒，飭部核覆施行。謹奏。

光緒二十九年十一月二十八日。

刑部議奏。單并發。

【《宫中檔光緒朝奏摺》第18輯，第731頁】

陝甘總督崧蕃奏查各屬本年夏秋被灾摺

光緒二十九年十一月二十八日

頭品頂戴、陝甘總督奴才崧蕃跪奏：爲報明甘肅各屬夏秋被灾，應行蠲緩銀、糧，恭摺仰祈聖鑒事。

竊查甘肅光緒二十九年，皋蘭縣、沙泥州判、武威縣、金縣、渭源縣、河州、狄道州、洮州廳、平番縣、寧夏縣、寧朔縣、中衛縣、平羅縣、敦煌縣、西寧縣、碾伯縣等一十六屬，夏秋麥禾被水、被雹情形，業經奴才專摺奏報在案。續據秦州直隸州詳報，夏禾被水，并冲損田房，淹斃人口，業已捐廉，分别撫恤。統計報灾一十七屬，除皋蘭縣、沙泥州判、平番縣等處覆勘不致成灾，錢糧毋庸蠲緩。敦煌縣被水冲沙壓地畝不能復種，擬將册結核妥，專案請豁。武威縣、中衛縣被水冲没地畝、水磨，俟造具圖册至日，同覆勘未定之秦州直隸州另行續辦外，其餘金縣、狄道州、河州、渭源縣、洮州廳、寧夏縣、寧朔縣、中衛縣、平羅縣、西寧縣、碾伯縣等處共十一屬，據該管府道覆勘結報，成灾五分至十分不等，照例共應蠲正耗銀四百六十兩八錢九分八厘，馬廠地租銀五十一兩五錢四厘。共應蠲豁正耗倉斗糧一千七百九十九石四斗八升六合四勺，番貢糧五石二斗五升四合。共應蠲豁草四千三百二十束四分三毫。共應緩徵正耗銀三百一十三兩六分五厘，馬廠地租銀二十二兩七分三厘。共應緩徵正耗倉斗糧一千九百七石二斗八升八合五勺，番貢糧二十一石一升六合。共應緩徵草一萬六千八百三十三束九分五厘四毫，察核均屬相符。其各該地方冲壞房屋，淹斃人口、牲畜，隨時給發倉糧社糧，暨捐廉撫恤，不至失所。

據藩司何福堃開摺詳情具奏前來，奴才覆加查核，委係實在情形。合無仰懇天恩，飭部將金縣等處各灾户應徵銀、糧、草束，准其分别蠲緩豁免，以紓民力，出自逾格鴻施。所有甘肅各屬本年夏秋被灾緣由，理合恭摺具陳，并繕清單，恭呈御覽，伏乞皇太后、皇上聖鑒，飭部查照施行。謹奏。

光緒二十九年十一月二十八日。

著遵前旨，確查具奏。單存。

【《宫中檔光緒朝奏摺》第 18 輯，第 732 頁】

陝甘總督崧蕃奏查災地來春毋庸接濟摺

光緒二十九年十二月初九日

頭品頂戴、陝甘總督奴才崧蕃跪奏：爲遵旨查明甘肅被災地方來春毋庸接濟，恭摺仰祈聖鑒事。

竊奴才承準軍機大臣字寄，光緒二十九年十月初三日，奉上諭："本年直隸、吉林、山東、廣東、廣西、甘肅、新疆、江蘇、陝西、湖北、浙江、雲南、江西曾報偏災，朝廷軫恤爲懷，議賑議蠲。已飭各該將軍、督撫等妥籌撫恤，小民諒可不至失所。惟念來春青黄不接之時，民力未免拮据，著傳諭該將軍、督撫等體察情形，如有應行接濟之處，即著查明，據實覆奏，封印以前奏到，俟朕于新正降旨加恩。此外各省有無被災地方應行調劑之處，著各該將軍、督撫等一體查明具奏。等因。欽此。"仰見聖主軫念邊民，無微不至，遵即飭查去後。

兹據布政使何福堃詳稱，查甘省本年夏秋禾苗被雹、被水，據報夏災者，有皋蘭縣、沙泥州判、武威縣、金縣、渭源縣、河州、狄道州、洮州廳、平番、寧夏、寧朔，時酌借籽種安置外，其災情較重地方已蠲緩錢糧，及所傷人口、牲畜、房屋，捐給銀兩撫恤，均由該管道、府覆勘結報，彙開清摺，詳請奏明在案，年内均不至于失所。至來春應否接濟，前經分飭查明，被災各處大都存積義社糧石，如來春雨水依時，不至十分拮据，儘可毋庸接濟。等情。

據此，奴才查甘省近年災歉頻仍，小民困苦，倘屆青黄不接之時，有必須接濟之處，自當隨時妥籌辦理，斷不使災民失所，以期上慰宸廑。所有查明甘肅來春毋庸接濟緣由，理合恭摺具陳，伏乞皇太后、皇上聖鑒。謹奏。

光緒二十九年十二月初九日。

知道了。

【《宫中檔光緒朝奏摺》第 18 輯，第 793 頁】

陝甘總督崧蕃奏陳揀員請補參將員缺摺

光緒二十九年十二月初九日

頭品頂戴、陝甘總督奴才崧蕃跪奏：爲揀員請補參將要缺，以裨營伍，恭摺仰祈聖鑒事。

竊奴才接準兵部咨開，寧夏鎮屬靈州營參將員缺，係新章題補第一輪第二缺，輪用預保、卓异人員。查該省預保、卓异均無人，應過班用第四缺揀發人員抵補，迅即揀補。等因。準此，奴才隨在于揀發人員内逐加遴選，查有副將銜揀發參將王存誠，曉暢戎機，辦事切實，堪以請補。合無仰懇天恩，俯准以該員王存誠補授靈州營參將員缺，以資得力。如蒙俞允，俟接准部覆，即行咨送引見，以符定制。除飭取履歷清册送部外，謹會同署甘肅提臣張永清，合詞恭摺具陳，伏乞皇太后、皇上聖鑒，飭部核覆施行。謹奏。

光緒二十九年十二月初九日。

兵部議奏。

【《宫中檔光緒朝奏摺》第 18 輯，第 796 頁】

陝甘總督崧蕃奏銷各驛塘鋪夫馬等銀摺

光緒二十九年十二月二十日

頭品頂戴、陝甘總督奴才崧蕃跪奏：爲報明甘肅通省光緒二十八年分開支各驛塘鋪夫、馬、工料等項銀兩，造册請銷，恭摺仰祈聖鑒事。

竊奴才據甘肅按察使黄雲詳稱，據蘭州、鞏昌、平凉、慶陽、甘州、凉州、寧夏、西寧八府，并秦州、階州、涇州、固原、肅州、安西六直隸州，各造送光緒二十八年一歲驛站奏銷册報，通計各屬共支夫、馬、工料并買補倒馬暨鋪司工食等項銀一十二萬八千四百一十四兩三錢八分五厘，均屬相符。彙案分款，造具總散清册，呈請核銷前來。

奴才查，該司造報甘省各驛塘鋪光緒二十八年一歲支過夫、馬、工料等項銀數，以散合總，均屬相符。除册籍分送部科外，理合恭摺具奏，伏乞皇太后、皇上聖鑒，飭部核覆施行。謹奏。

光緒二十九年十二月二十日。

該部知道。

【《宫中檔光緒朝奏摺》第18輯，第881頁】

陝甘總督崧蕃奏陳揀員請補司員缺摺

光緒二十九年十二月二十四日

頭品頂戴、陝甘總督奴才崧蕃跪奏：爲揀員請補都司要缺，以裨營伍，恭摺仰祈聖鑒事。

竊奴才接準部咨，陝安鎮屬鎮坪營都司員缺，係新章題補第一輪第六缺，應用應補人員，行令迅揀合例人員請補。等因。奴才查有期滿引見陝西固原提標中營騎都尉世職、應補都司朱熹，年壯才明，辦事穩練，堪以請補。合無仰懇天恩，俯准以世職朱熹補授鎮坪營都司員缺，以期得力。如蒙俞允，該世職係已經引見之員，應請飭部發給實授札付，以符定制。除查取該世職履歷清册送部外，謹會同陝西提臣鄧增，合詞恭摺陳，伏乞皇太后、皇上聖鑒，飭部核覆施行。謹奏。

光緒二十九年十二月二十四日。

兵部議奏。

【《宫中檔光緒朝奏摺》第19輯，第46頁】

陝甘總督崧蕃奏陳揀員請補都司員缺摺

光緒二十九年十二月二十四日

頭品頂戴、陝甘總督奴才崧蕃跪奏：爲揀員請補都司員缺，以裨營伍，恭摺仰祈聖鑒事。

竊奴才準兵部咨開，甘肅西寧鎮標前營都司員缺，按照新章係題補第一輪第二缺，應用預保、卓异人員，行令迅揀請補。等因。準此，奴才查預保、卓异均無人，應過班用第四缺揀發人員抵補。隨查有留陝甘揀發都司、陝西固原提屬盩厔營守備黄玉芳，諳習營務，樸實耐勞，堪以請補。合無仰懇天恩，俯准以該員黄玉芳補授西寧鎮標前營都司員缺，以期得力。如蒙俞允，俟接准部覆，即行給咨，送部引見，以符定制。除飭取履歷清册送部外，其所遺盩厔營守備員缺，陝甘現有應補人員，容奴才另揀請補，謹會同署甘肅提臣張永清，合詞恭摺具陳，伏乞皇太后、皇上聖鑒，飭部核覆施行。謹奏。

光緒二十九年十二月二十四日。

兵部議奏。

【《宫中檔光緒朝奏摺》第19輯，第47頁】

陝甘總督崧蕃又銷練軍馬隊糧餉等銀片

光緒二十九年十二月二十四日

再，甘省練兵，截至光緒二十七年年底止，一律改成防軍，已將糧餉裁并起止日期奏咨在案。惟寧夏練軍馬隊一旗，係在裁遣之内，維時平羅縣屬下營子突出教案，西旗蒙古地方三道河教堂尤多，各教士再三呈請派隊保護，經署寧夏鎮總兵湯咏山稟請，撥派練軍馬隊一哨駐防三道河。又，派兩哨分途踩緝下營子焚毁教堂首從各犯，當二十八年正月裁并營旗更章之時，該練軍馬隊護教緝匪均有經手要件，當時未能遣散，是年夏間，匪徒全數弋獲，教案辦結。截至二十八年六月底止，始行遣撤。除練軍應支六個月薪公糧餉、馬乾雜費三千餘兩，飭司造册請銷外，理合附片具陳，伏乞聖鑒俯准，飭部立案施行。謹奏。

該部知道。

【《宫中檔光緒朝奏摺》第 19 輯，第 53 頁】

陜甘總督崧蕃又守備回避揀員對調由片

光緒二十九年十二月二十四日

再，奴才接準兵部咨開，甘肅凉州鎮標左營守備員缺，准以留甘儘先都司傅登第借補。查是缺駐扎凉州府，該員係凉州府人，例應回避，應令揀員對調。等因。前來。奴才查有寧夏鎮屬安定堡守備袁生瑞，係甘肅西寧縣人，堪以調補凉州鎮標左營守備。所遺安定堡守備員缺，即以傅登第調補。均屬隔府，與例相符。合無仰懇天恩，俯准以傅登第、袁生瑞二員互相對調。如蒙俞允，查該員袁生瑞，係引見回任之員，應請飭部换給實授札付，傅登第俟接准部覆後即行給咨，送部引見，以符定制。除飭取袁生瑞履歷清册另咨送部外，謹會同甘肅提臣張永清合詞附片具陳，伏乞聖鑒訓示，飭部核覆施行。謹奏。

兵部議奏。

【《宫中檔光緒朝奏摺》第 19 輯，第 53 頁】

光緒三十年 (1904)

陜甘總督崧蕃奏陳揀員試署鹽補通判摺

光緒三十年正月十九日

頭品頂戴、陜甘總督奴才崧蕃跪奏：爲仍請以試用通判賴恩培試署鹽捕通判，以重地方，恭摺仰祈聖鑒事。

竊查甘肅寧夏鹽捕通判一缺，前請以正途試用通判賴恩培試署，現準部駁，應令另行揀補。等因。准此，當即轉飭，遵辦去後。兹據甘肅布政使何福堃、按察使黄雲會祥稱，查定例，各省題調缺出，除知州、知縣二項不准將試用人員請補，其餘道、府同知，直隸州知州、通判各缺，如委用試用人員内有勝任者，准其請署。等語。今鹽捕通判，地居寧夏，漢回雜處，教堂林立，有巡緝私鹽、兼收蒙鹽厘金之責，在在均關緊要，較之昔日，煩簡攸殊，非精明勤幹之員，不足以資治理。查甘省試用通判雖有名次在前之人，均非正途，實與此缺人地不宜，未便請補。惟查試用通判賴恩培，係正途出身，才具開展，試署鹽捕通判，實屬人地相宜，亦與部章相合。且該員現署安定縣知縣，辦理一切，措置裕如。

該司等會詳，仍請奏署前來，奴才覆核，確係實在情形。合無仰懇天恩，俯念員缺緊要，仍准以試用通判賴恩培試署寧夏鹽捕通判，實于地方大有裨益。如蒙俞允，該員銜缺相當，毋庸送部引見。仍俟試署年滿，如果“稱職”，另請實授。再，該員并無參罰案件，合并聲明。謹恭摺具奏，伏乞皇太后、皇上聖鑒，飭部查照前案核議，覆准施行。謹奏。

光緒三十年正月十九日。

吏部議奏。

【《宫中檔光緒朝奏摺》第19輯，第94頁】

陝甘總督崧蕃奏陳揀員借補游擊員摺

光緒三十年正月十九日

頭品頂戴、陝甘總督奴才崧蕃跪奏：爲揀員借補游擊員缺，以裨營伍，恭摺仰祈聖鑒事。

竊案準兵部咨開，陝西固原提標後營游擊員缺，係新章題補第二輪第五缺，應用儘先人員，迅即揀選請補。等因。准此，奴才隨在于儘先人員内逐加遴選，查有留陝甘儘先補用參將廖静安，樸實耐勞，營務諳練。合無仰懇天恩，俯准以儘先參將廖静安借補陝西固原提標後營游擊員缺，實屬人地相宜。如蒙俞允，俟接准部覆，即行咨送引見，以符定制。除飭取該員履歷清册另咨送部外，所有揀員借補游擊緣由，謹會同陝西固原提臣鄧增，合詞恭摺具陳，伏乞皇太后、皇上聖鑒，飭部核覆施行。謹奏。

光緒三十年正月十九日。

兵部議奏。

【《宫中檔光緒朝奏摺》第19輯，第96頁】

陝甘總督崧蕃奏銷各屬倉穀收支款目摺

光緒三十年正月二十九日

頭品頂戴、陝甘總督奴才崧蕃跪奏：爲甘肅光緒二十三年分各屬倉穀收支款目造册請銷，恭摺仰祈聖鑒事。

竊奴才據甘肅藩司何福堃詳稱，案查各屬倉穀奏銷，截至光緒二十二年止，均經造册奏銷在案。兹據蘭州、鞏昌、平凉、慶陽、甘州、凉州、寧夏、西寧八府，及秦州、階州、涇州、固原、肅州、安西六直隸州，各將所屬州縣動存數目陸續造册請銷核。查光緒二十三年分，舊管共儲各項京斗糧八十五萬三千二百一十二石四斗七升三合四勺五撮，新收各項京斗糧六十八萬五千八百九石四斗二升七合四勺六抄五撮，開除各項京斗糧九十萬八千八百四十八石六斗七升七合五勺四抄，實在共儲各項京斗糧六十三萬一百七十三石二斗二升三合三勺三抄。呈由藩司逐細核明，造具總散册籍，請銷前來，奴才覆核册造各項收支糧數，以散合總，均屬相符。除將册籍分送部科外，理合恭摺具奏，伏乞皇太后、皇上聖鑒，飭部查核施行。謹奏。

光緒三十年正月二十九日。

户部知道。

【《宫中檔光緒朝奏摺》第19輯，第130頁】

陝甘總督崧蕃奏陳揀員升補貴德同知摺

光緒三十年正月二十九日

頭品頂戴、陝甘總督奴才崧蕃跪奏：爲揀員升補要缺同知，以裨地方，恭摺仰祈聖鑒事。

竊據甘肅布政使何福堃、按察使黄雲會詳稱，貴德同知熊振槩病故開缺，業經截缺報部在案。所遺係要缺，例應由外揀補。查定例，應調缺出，俱令于現任人員内揀選調補，如無合例堪調之員，准以候補人員題補，亦准于應升人員内揀選題升。等語。今貴德同知，係邊要缺，地方遼闊，回番錯居，非精明幹練、熟悉邊情之員，不足以資治理。對品應調應補各員，人地皆不相宜，未便遷就。兹于應升人員内，逐加遴選，惟查有寧夏縣知縣姚鈞，年六十二歲，安徽桐城縣監生，由選用，未入流，投營來甘，歷保以知縣，留甘補用。光緒六年三月初三日到省，歷署秦安、寧朔、正寧等縣，補授西和縣知縣。因關内外肅清案内保，補缺後，以直隸州知州在任候補。二十七年，大計卓异保薦。嗣遵陝西賑捐例報捐知府銜，調補寧夏縣知縣，二

十九年十二月到任。

該司等查，該員姚鈞，忠厚和平，明體達用，在甘多年，辦理一切，悉臻裕如，以之升補貴德同知，人地極其相宜，會詳請調前來。奴才查，姚鈞，才具安詳，辦事穩練。合無仰懇天恩，俯念員缺緊要，准以該員升補貴德同知，實于地方大有裨益。如蒙俞允，俟准部覆給咨，送部引見，以符定制。該員歷任并無參罰案件，合并聲明。謹恭摺具陳，伏乞皇太后、皇上聖鑒訓示，飭部核覆施行。謹奏。

光緒三十年正月二十九日。

吏部議奏。

【《宮中檔光緒朝奏摺》第19輯，第132頁】

陝甘總督崧蕃奏陳審勘尋常命盜各案摺

光緒三十年二月初十日

頭品頂戴、陝甘總督奴才崧蕃跪奏：爲甘肅尋常命、盜案件，摘叙簡明案由，彙開清單，恭摺仰祈聖鑒事。

竊奴才案準刑部咨奏定簡易章程，内開：尋常命、盜各案，凡歸監候具題者，擬由各該督撫訊取確供擬勘後，一面將供勘先行咨部，一面逐案摘叙簡明事由，改爲彙案具奏，每次彙奏至多以十案爲率。等因。咨行到甘，歷經遵辦在案。

兹據甘肅按察使黄雲詳，據洮州、靖遠、隴西、化平、狄道、安化、固原、西和等廳、州、縣先後報驗命案十起，隨經批飭審解去後，旋據該管府、州審擬由司解勘前來。奴才提犯覆鞫，據供皆與原審無异，所擬罪名亦均允協。除案内擬杖人犯批飭照例折責發落，并將全案供勘分咨部科外，所有甘肅尋常命、盜案件，遵照部議簡易章程辦理緣由，理合繕具案由清單，恭摺具奏，伏乞皇太后、皇上聖鑒，飭部核覆施行。謹奏。

光緒三十年二月初十日。

刑部議奏。單并發。

【《宮中檔光緒朝奏摺》第19輯，第163頁】

陝甘總督崧蕃奏陳揀員請補游擊員缺摺

光緒三十年二月初十日

頭品頂戴、陝甘總督奴才崧蕃跪奏：爲揀員請補游擊要缺，以裨營伍，恭摺仰祈聖鑒事。

竊奴才準兵部咨開，陝西固原提標右營游擊員缺，係第三輪第六缺，輪用揀發人員。前經奴才以留陝甘補用游擊彭相廷請補，嗣因該員原保底案不符，駁令另揀請補。等因。準此，奴才在于揀發人員内，逐加遴選，查有揀發游擊劉希延，曉暢戎機，辦事穩練，堪以請補。合無仰懇天恩，俯准以該員劉希延補授陝西固原提標右營游擊員缺，以期得力。如蒙俞允，俟接准部覆，即行咨送引見，以符定制。除飭取履歷清册送部查核外，謹會同陝西固原提督臣鄧增，合詞恭摺具陳，伏乞皇太后、皇上聖鑒，飭部核覆施行。謹奏。

光緒三十年二月初十日。

兵部議奏。

【《宮中檔光緒朝奏摺》第19輯，第166頁】

陝甘總督崧蕃奏知縣試署期滿請實授摺

光緒三十年二月二十八日

頭品頂戴、陝甘總督奴才崧蕃跪奏：爲知縣試署年滿，呈請實授，恭摺

仰祈聖鑒事。

竊據甘肅布政使何福堃、按察使黄雲會詳稱，查定例，試用州縣署職，銜缺相當，試用一年，果能“稱職”，將署印實在政績保題實授。等語。茲準署平慶涇固化道江聯葑咨，據平凉府知府瑞壽詳稱，查隆德縣知縣盧求古，年四十五歲，江蘇泰州人。由優貢，試用知縣，簽分甘肅，光緒二十一年七月十四日到省。因關内外一律肅清案内保，俟補缺後，以直隸州知州，仍留原省補用，歷署高臺、通渭等縣知縣，補授隆德縣知縣，于光緒二十八年十二月二十九日到任。今自到任之時起，連閏扣至二十九年十一月二十九日，試署一年期滿，例應呈請實授。由該管府道查明該員平日居官，造具履歷事實清册，加考核轉到司。

茲藩臬兩司查，該員盧求古，守潔才優，盡心民事，洵屬“稱職”，請銷試俸前來。奴才查，盧求古任事實心，民情愛戴，堪以實授。除履歷事實清册送部查核外，理合恭摺具陳，伏乞皇太后、皇上聖鑒，飭部核覆施行。謹奏。

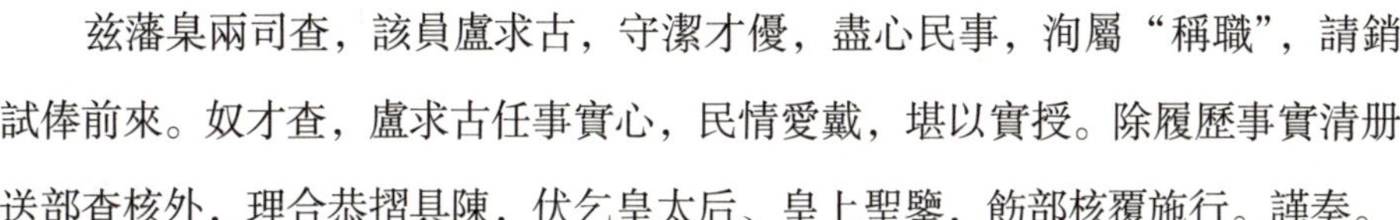

光緒三十年二月二十八日。

吏部議奏。

【《宫中檔光緒朝奏摺》第19輯，第219頁】

陝甘總督崧蕃附都司程得鑫病故出缺片

光緒三十年二月二十八日

再，準陝西固原提督鄧增咨開，署慶陽營游擊、正任化平營都司程得鑫，得患喘症，醫藥罔效，于光緒二十九年十二月二十六日病故。署任委弁查驗屬實，咨請核辦前來，奴才覆核無异，相應陳明，請旨開缺。除飭取原領札付及委弁承查各結另咨送部外，其所遺陝西固原提屬化平營都司員缺，陝甘現有應補人員，容奴才另揀請補。謹附片陳明，伏乞聖鑒。謹奏。

兵部知道。

【《宫中檔光緒朝奏摺》第19輯，第220頁】

陝甘總督崧蕃又請豁免被水地畝錢糧片

光緒三十年二月二十八日

再，奴才前據中衛縣知縣朱世材禀稱，縣屬河北西南莊、黑林灘、新墩莊、東南莊、王蔡橋等處濱河地畝，于光緒二十九年六月初六七等日，被河水冲洗，不能耕種，懇請豁免銀、糧。等情。當經批行該管府勘驗去後。兹由寧夏道志崇、寧夏府知府崇俊督同中衛縣知縣朱世材覆勘得，河北西南莊、黑林灘、新墩莊、東南莊、王蔡橋等處濱河地畝，于光緒二十九年六月初六七等日，被河水冲洗一十三頃六十畝五分七厘九毫，已成河灘，不能耕種。應徵地丁正銀二兩七錢六分二厘耗銀四錢一分四厘，正糧一百四十八石七斗七合五勺，耗糧二十二石三斗六合一勺，草四百八束一分七厘，無從徵收。造具花名清册，繪圖貼説，出具聯銜印結，由藩司何福堃核明加結，詳請奏免前來，奴才覆查，委係實情，應徵銀、糧、草束數目亦符。除分咨部科并批飭隨時查察，俟地畝涸出，堪以耕種，即行墾復升科外，理合附片具陳，伏乞聖鑒，飭部核豁施行。謹奏。

户部知道。

【《宫中檔光緒朝奏摺》第19輯，第221頁】

陝甘總督崧蕃奏陳揀員調補蘭州知府摺

光緒三十年三月二十八日

頭品頂戴、陝甘總督奴才崧蕃跪奏：爲揀員調補首府要缺，以重職守，恭摺仰祈聖鑒事。

竊據甘肅布政使何福堃、按察使黄雲會詳稱，蘭州府知府慶恕升授鞏秦階道，現準部咨，光緒三十年二月十二日，奉上諭："甘肅蘭州府知府員缺緊要，著該督于通省知府内揀員調補。所遺員缺，著高熙喆補授。欽此欽遵。"在案。查定例，各省首府缺出，于通省正途人員内揀選調補，如無合例堪調，或人地不宜，始准以各項出身人員調補。等語。今蘭州府，係衝、繁、難三項要缺，兼辦通省發審要案，政務殷繁，非精明練達之員，不足以資治理。隨在于現任正途人員内，逐加遴選，非歷俸甚淺，即與此缺人地不宜。

惟查有寧夏府知府崇俊，現年五十六歲，正白旗滿洲富康佐領下人。由監生，捐納筆帖式，補授禮部筆帖式，旋補鑄印局主事，升補祠祭司員外郎，題升工部寶源局監督。光緒十七年，京察一等，奉旨記名，以道、府用補授江西九江府知府，丁母憂，服滿起復，補授甘肅寧夏府知府，光緒二十三年十二月初十日到任。

據藩臬兩司查，該府崇俊，器識宏通，才情敏幹，在甘有年，熟悉地方情形，以之調補蘭州府知府，人地極其相宜。會詳請奏前來。奴才查，崇俊，局度深穩，才堪肆應。合無仰懇天恩，俯念員缺緊要，准以寧夏府知府崇俊調補蘭州府知府，實于地方大有裨益。如蒙俞允，該府以知府請調知府，銜缺相當，毋庸送部引見，任内亦無參罰案件，理合恭摺具奏，伏乞皇太后、皇上聖鑒訓示。所遺寧夏府知府員缺，即以高熙喆補授，合并陳明。謹奏。

光緒三十年三月二十八日。

吏部議奏。

【《宫中檔光緒朝奏摺》第19輯，第346頁】

陜甘總督崧蕃又守備李向蔭禀請休致片

光緒三十年三月二十八日

再，據西寧鎮總兵張行志申，據升補寧夏鎮屬平羅營守備李向蔭禀稱，前在喇課營千總任内，撤回叛亂，圍攻城堡，督率兵民防禦，以致身染潮濕，得受腿疾。現逾六旬，精力漸衰，步履維艱，實難操防，懇請開缺，以原品休致。等情。申請核辦前來，奴才覆查無异，相應奏明，請旨開缺，准以原品休致。所遺甘肅寧夏鎮屬平羅營守備員缺，甘省現有應補人員，容奴才另揀請補。除飭取該員原領千總札付另咨送部查銷外，謹附片陳明，伏乞聖鑒，飭部查照。謹奏。

兵部知道。

【《宫中檔光緒朝奏摺》第19輯，第347頁】

陜甘總督崧蕃又同知廷陰請開缺回旗片

光緒三十年三月二十八日

再，據甘肅布政使何福堃、按察使黄雲會詳，准寧夏道志崇咨，據寧夏府知府崇俊轉，據寧夏理事同知廷蔭禀稱，年六十二歲，鑲白旗滿洲圖他布佐領下人。由翻譯生員，補刑部筆帖式，歷保理事同知，補缺後，以知府前先補用。光緒元年十二月初八日，補授甘肅寧夏理事同知，領憑赴甘，二年八月二十三日到任。五年八月，任滿，經前督臣譚鍾麟奏留。現叠接家信，墳墓失修，擬懇開缺，回旗修墓。等情。由司會詳呈請開缺前來，奴才覆查無异。理合附片具奏，伏乞聖鑒訓示。至所遺寧夏理事同知，係簡缺，例應由部揀選。查甘省現有應補人員可否扣留外補，合并陳明。謹奏。

吏部知道。

【《宫中檔光緒朝奏摺》第19輯，第348頁】

陝甘總督崧蕃又陳揀員委署副將員缺片

光緒三十年三月二十八日

再，甘肅寧夏鎮屬中衛協副將賈鴻增引見回甘，呈繳限照，并無經手事件，應飭赴新任，以專責成。又，署凉州鎮屬莊浪協副將、正任鞏昌營游擊、花翎、補用總兵李臨湘年滿調省遺缺，查有卸署督標中軍副將、正任静寧營參將王有德堪以委署。除分別檄飭遵照外，理合附片陳明，伏乞聖鑒。謹奏。

兵部知道。

【《宫中檔光緒朝奏摺》第19輯，第349頁】

陝甘總督崧蕃奏陳揀員借補參將要缺摺

光緒三十年四月十二日

頭品頂戴、陝甘總督奴才崧蕃跪奏：爲揀員借補參將要缺，以裨營伍，恭摺仰祈聖鑒事。

竊奴才準兵部咨開，甘肅寧夏鎮屬靈州營參將員缺，係新章第一輪第一缺，應用儘先人員，行令迅揀合例人員請補。等因。準此，奴才隨在于儘先人員内逐加遴選，查有留陝甘儘先補用副將韋得勝，年健才明，留心營務，堪以借補。合無仰懇天恩，俯准以該員韋得勝借補靈州營參將員缺，俾資得力。如蒙俞允，俟接准部覆，即行咨送引見，以符定制。除飭取覆歷清册送部外，謹會同署甘肅提督張永清，合詞恭摺具陳，伏乞皇太后、皇上聖鑒，飭部核覆施行。謹奏。

光緒三十年四月十二日。

兵部議奏。

【《宫中檔光緒朝奏摺》第19輯，第384頁】

陝甘總督崧蕃奏爲核擬新舊秋審各案摺

光緒朝

光緒三十年四月二十七日

頭品頂戴、陝甘總督奴才崧蕃跪奏：爲核擬甘肅光緒三十年新舊秋審人犯劉蕾洝等各案，分别實、緩，恭摺具陳，仰祈聖鑒事。

竊據甘肅按察使黄雲會同布政使何福堃、蘭州道榮霈詳稱，前準部咨，奏准變通章程，内開：應入新舊秋審人犯，飭屬造具案由清册，由臬司核明罪犯輕重，分别實、緩，將應勘人犯停止解省。該督即將擬定實、緩清册奏咨覆核，應入情實人犯，即請處决，緩决可矜人犯，分别減等發配。等因。當經通飭，遵辦在案。

兹查得，光緒二十九年原辦新事秋審情實，奉旨已勾之金縣斬犯金右青、文縣斬犯尤步消、静寧州斬犯李荃憘。又，原辦緩决，經部改實，奉旨已勾之隴西縣絞犯汪米换等四起，計犯四名，均經奉文，飭令處决訖。又，原辦緩决，經部改擬可矜，奉旨減流之静寧州絞犯王炳慠仔。又，原辦緩决一次，經部奉旨減流之秦州絞犯張得薅仔、狄道州絞犯段有材等三起，計犯三名，均經奉文，飭令造册，請牌發配訖。又，原辦舊事秋審緩决三次之大通縣絞犯趙斗令子一起一名，已據報爬墻越獄被捕，跌傷内損身死，業經另詳請咨。又，原辦新舊秋審緩决之皋蘭縣絞犯楊五十一、文縣絞犯朱卯詳，及奉準部覆，應入本年新事秋審之狄道州絞犯張三即張蠢法等三起，計犯三名，均經續報病故，别詳請咨在案。

以上統共十一起，計犯十一名，俱應于本年秋審册内開除外，其尚有原

辦舊事秋審情實，九次奉旨牢固監候之安化縣絞犯劉藼洝，又原辦緩決之文縣絞犯邢均、通渭縣絞犯董炭兒、階州絞犯王賜碌、狄道州絞犯馬非他、渭源縣絞犯李灦歧、固原州絞犯馬葆清、西和縣絞犯海生蓮、禮縣絞犯朱尚樓仔、中衛縣絞犯畢能、鎮番縣絞犯張汏經、秦安縣絞犯石萬葆、皋蘭縣絞犯林魁、河州絞犯白萬彝、安定縣絞犯馬四經娃、會寧縣絞犯張圈生兒、秦州絞犯馬寬蘢、皋蘭縣絞犯劉江海仔即劉立言、岷州絞犯吕忍强、階州絞犯高占緑、秦州絞犯楊胡生仔、隴西縣絞犯高旺豆、鎮原縣絞犯李生秀、河州絞犯鄧二卜都鄧有士、靈臺縣絞犯汪潮潰、海城縣絞犯胡後浴、中衛縣絞犯劉得勝、高臺縣絞犯王兆沅，河州絞犯馬一個、石芸來，西寧縣絞犯馬深、碾伯縣絞犯馬汏葆、河州絞犯馬洤彝、隴西縣絞犯李枝灤、固原州絞犯胡丑橙仔、安定縣絞犯馬恒菁、寧靈廳絞犯陳自萌、徽縣絞犯藍有才、正寧縣絞犯介歲彝、武威縣絞犯厲會庭、鎮原縣絞犯席泳汏、階州絞犯趙希銀、皋蘭縣絞犯楊四輩仔即楊鈺、會寧縣絞犯尹受、平羅縣絞犯劉來灦即劉福娃、會寧縣絞犯王藼憘、河州絞犯鄧六十、平番縣絞犯賈重潮、撫彝廳絞犯魯廷潰、河州絞犯馬熱個、岷州絞犯張旦旦娃、靈臺縣絞犯周三娃，岷州絞犯羅尕兒子、張皆布包恰兒，河州絞犯沙完哈四、馬六十一，寧朔縣絞犯魏萑懊、禮縣絞犯杜張憘仔、海城縣絞犯鮑生溝、秦州絞犯李收兒、固原州絞犯秦芳寅等，共六十二起，計犯六十三名，仍應分别實、緩，彙入本年舊事秋審册内辦理。并有已奉部覆，應入光緒三十年新事秋審碾伯縣絞犯薛兆林、靖遠縣絞犯王登沅、寧遠縣絞犯田喜娃子、階州絞犯高進椿、秦州絞犯王斌子伙、羌縣絞犯姚雙保、禮縣絞犯張九子、隴西縣絞犯成閏來、清水縣絞犯閻泳得，河州絞犯馬七哇、馬阿力，武威縣絞犯王葆僅、平番縣絞犯魯生柏、碾伯縣絞犯李四柱子、平羅縣絞犯楊春花、秦州絞犯孫樹德、通渭縣絞犯劉跟六兒、隴西縣絞犯王全得、静寧州絞犯蘇真祥子、崇信縣絞犯楊中林、西和縣絞犯張三頁、肅州絞犯張佶蕅、岷州絞犯王順成、階州絞犯趙大方、固原

州絞犯任得幅、金縣絞犯劉幗薞、秦州絞犯董和、礓伯縣絞犯尹百苓保、隴西縣絞犯頡三姓代、西和縣斬犯劉黑娃子等，共三十起，計犯三十名。

以上新舊統共九十二起，計犯九十三名，遵照變通章程，人犯停止解勘，照依情罪，酌擬實緩，彙造年貫案由清册，詳請具奏前來。奴才逐案覆核，所擬情實，緩决情罪，均屬相符。除册籍咨部核辦外，謹繕摺由驛陳，伏乞皇太后、皇上聖鑒，飭部核覆施行。此外甘省并無應入朝審人犯，其現入秋審各犯，亦無祖父子孫陣亡應行聲叙之案，合并聲明。謹奏。

光緒三十年四月二十七日。

刑部議奏。

【《宫中檔光緒朝奏摺》第 19 輯，第 441 頁】

陝甘總督崧蕃奏爲照例請承襲各世職摺

光緒三十年四月二十七日

頭品頂戴、陝甘總督奴才崧蕃跪奏：爲世職照例承襲，恭摺仰祈聖鑒事。

竊奴才案查前準兵部咨，各省世職定限，光緒三十年九月底一律辦結，如逾限未行補報者，即不准其承襲，以示限制。等因。當經分飭，遵辦去後。兹查陣亡甘肅平羅營千總、調護臨洮營都司陸升嫡長子陸其中等，各由原籍地方官造具頂輩宗圖册結，呈請襲職前來，奴才覆核無异。除將各該世職先行驗看，就近發標學習，俟準部覆，再行入額支俸。扣至三年期滿，照例出具考語，給咨送部引見，并將宗圖册結分送部科外，所有各該世職議恤原案另繕清單，恭呈御鑒，理合恭摺具陳，伏乞皇太后、皇上聖鑒，飭部核覆施行。至未經請襲各世職，容俟飭催詳覆到日，再行辦理，合并陳明。謹奏。

光緒三十年四月二十七日。

兵部議奏。單并奏。

【《宫中檔光緒朝奏摺》第19輯，第445頁】

陜甘總督崧蕃奏爲下忙徵收銀兩數目摺

光緒三十年四月二十七日

頭品頂戴、陜甘總督奴才崧蕃跪奏：爲甘肅光緒二十九年下忙徵收銀兩數目，恭摺仰祈聖鑒事。

竊據布政使何福堃詳稱，光緒二十九年額徵地丁起存正雜并秦州等處新墾地丁共銀二十八萬九千七百七十六兩七錢七厘。内除皋蘭縣等處水冲地畝豁免銀七十二兩九分五厘三毫，又除洮州廳荒地無從徵收銀七兩八錢三分八厘，又除皋蘭縣二十四年歇業無徵課程銀一兩三錢一厘，又除各屬現荒無從徵收銀六萬六千七百二十一兩三錢三分二厘六毫外，現墾熟地并二十九年上忙續墾升科，共應徵銀二十二萬三千一百二十六兩一錢八分四厘一毫。前上忙已完銀一十二萬三百三十六兩五錢八厘，統計在四分以上。内已完存留經雜驛站銀四萬四千二百二十一兩五錢一分二厘，照數留支，已完起運。并雜賦銀七萬六千一百一十四兩九錢九分六厘，内已解銀七萬四千八百八十二兩八錢二分五厘。造入二十九年秋撥并三十年春撥册内未解銀一千二百三十二兩一錢七分一厘，内靖遠縣于光緒二十九年十一月初三日解司銀二百八十六兩五錢七分七厘，靈臺縣于光緒三十年四月十三日解司銀九百四十五兩五錢九分四厘。造入三十年春秋撥册内報銷查核未完地丁正雜銀一十萬二千七百八十九兩六錢七分六厘一毫，内除皋蘭縣開除弓箭行歇業無徵課程銀四錢三分四厘，又除河州荒絶地畝無從徵收起運銀四百六十九兩三錢二分四厘五毫，又除靈州、中衛縣二處補水冲塌地畝豁免存留驛站銀五兩二錢九分七厘，又除狄道州、渭源縣、金縣、洮州廳、寧夏縣、寧朔縣、□□□□□□□□□□□□□□□□起存銀六百七十三兩一分一厘止，實未完銀一十萬一千六百四十一兩六錢九厘六毫。應收上忙後續墾升科銀八百二十六兩八錢七分四厘。花馬池州同二十八年奏銷册落續墾升科銀一分七厘。三共未完銀一十萬二千四百六十八兩五錢六毫。

今下忙已完銀一十萬二千一百三十一兩九錢三分二厘，内已完存留經雜驛站課程地税年例盤纏脚價銀三萬五千一百五十九兩三錢八分四厘，已完起運。并雜賦銀六萬六千九百七十二兩五錢四分八厘，内已解銀六萬三千四百九十四兩三錢七厘，造入三十年春撥册内銀五千九百四十一兩六錢六分七厘，候入三十年秋撥册内銀五萬七千五百五十二兩六錢四分，未解銀三千四百七十八兩二錢四分一厘。未完起運驛站銀三百三十六兩五錢六分八厘六毫，候嚴催徵完，歸入下屆帶徵册内造報。至已徵未解銀兩，係靈臺縣知縣□□需應再飭催，該□逾限日期，另詳議處。謹造具總散各册，詳請核辦前來，奴才覆核銀數，均屬相符。除將册揭咨部查照外，所有甘省二十九年下忙徵收銀兩數目，理合恭摺具陳，伏乞皇太后、皇上聖鑒訓示。謹奏。

光緒三十年四月二十七日。

户部知道。

【《宫中檔光緒朝奏摺》第19輯，第446頁】

陝甘總督崧蕃奏陳揀員請署要缺知州摺

光緒三十年五月十七日

頭品頂戴、陝甘總督奴才崧蕃跪奏，爲揀員請署要缺直隸州知州，以重地方，恭摺仰祈聖鑒事。

竊據甘肅布政使何福堃、按察使黄雲會詳稱，甘肅固原直隸州知州劉至順告請開缺，回籍修墓，所遺係衝、繁、難三項要缺，例應在外揀補。查例載，各省題補各缺，除知州、知縣二項不准將試用人員請補外，其餘同知、直隸州知州、通判各項，如試用人員内有能勝任者，准其一體揀選題署。等語。今固原直隸州知州，係三項要缺，地當衝要，政務殷繁，與陝西提督同城官弁、兵民、漢回雜處，撫綏彈壓，最關緊要，非幹練精明、通達時務之員，不足以資治理。若揀員調補，衹有階州一缺，查現任階州直隸州知州鄭業啓，甫與陝西邠州直隸州知州回避對調。此外本班候補各員，非到省在後，即人地未宜，惟查有正途直隸州知州王學伊，現年三十二歲，山西文水縣進士。由刑部主事遵新海防例報捐直隸州知州，指分甘肅試用，于光緒二十三年八月到省，委署肅州直隸州知州。父憂服滿起復，二十九年三月二十四日回省。

兹藩臬兩司詳稱，王學伊，器識宏通，才猷敏幹。前在肅州署任，嗣派充新餉所文案，歷辦文闈簾差，俱臻妥善，以之試署固原直隸州知州，洵堪勝任。等情。會銜請奏前來。奴才查王學伊，學識兼優，才具開展，仰懇天恩，俯念員缺緊要，得人尤難，准以王學伊試署固原直隸州知州，實屬人地相宜。如蒙俞允，該員銜缺相當，毋庸送部引見。仍俟試署年滿，另請實授。再，該員前在肅州署任并無參罰案件，合并聲明。謹恭摺具奏，伏乞皇太后、皇上聖鑒，飭部核覆施行。謹奏。

光緒三十年五月十七日。

吏部議奏。

【《宫中檔光緒朝奏摺》第19輯，第485頁】

陝甘總督崧蕃奏陳揀員升補都司員缺摺

光緒三十年五月十七日

頭品頂戴、陝甘總督奴才崧蕃跪奏：爲揀員升補都司要缺，以裨營伍，恭摺仰祈聖鑒事。

竊奴才接準部咨，陝西固原提屬化平營都司員缺，係新章第一輪第八缺，輪用捐輪。查捐輪無人，應過班用第十缺應升人員抵補。等因。奴才隨在于應升人員内，逐加遴選，查有甘肅寧夏鎮標右營守備鈺麟，才具開展，熟習邊情，堪以升補。合無仰懇天恩，俯准以該員鈺麟升補化平營都司員缺，以期得力。如蒙俞允，俟接准部覆，即行咨送引見，以符定制。除飭取該員履歷清册送部查核外，所遺寧夏鎮標右營守備員缺，甘省現有應補人員，容奴才揀員請補，謹會同陝西固原提臣鄧增，合詞恭摺具陳，伏乞皇太后、皇上聖鑒，飭部核覆施行。謹奏。

光緒三十年五月十七日。

兵部議奏。

【《宫中檔光緒朝奏摺》第19輯，第486頁】

陝甘總督崧蕃奏陳揀員請補參將員缺摺

光緒三十年五月十七日

頭品頂戴、陝甘總督奴才崧蕃跪奏：爲揀員請補參將要缺，以裨營伍，恭摺仰祈聖鑒事。

竊奴才接準部咨，陝甘督標右營參將員缺，係題補第一輪第二缺，輪用預保、卓异人員。查該省預保、卓异均無人，過班用第四缺揀發人員抵補，應今迅揀請補。等因。準此，奴才在于揀發班内查有副將銜補用參將、正任固原城守營游擊、現署慶陽營游擊吴飛鳳，穩練耐勞，講求營務，堪以請補。合無仰懇天恩，俯准以該員吴飛鳳補授督標右營參將員缺，實屬人地相宜，亦與輪章符合。如蒙俞允，俟接準部覆，即行咨送引見，以符定制。所遺固原城守營游擊員缺，陝甘現有應補人員，容奴才另揀請補。除飭取該員履歷清册送部查核外，理合恭摺具陳，伏乞皇太后、皇上聖鑒，飭部核覆施行。謹奏。

光緒三十年五月十七日。

兵部議奏。

【《宫中檔光緒朝奏摺》第19輯，第488頁】

陝甘總督崧蕃奏報蒙匪肅清撤隊回防摺

光緒三十年五月二十五日

頭品頂戴、陝甘總督奴才崧蕃跪奏：爲遵旨派隊迎剿蒙地匪徒，已經晋軍剿撫就緒，暨會辦善後事竣，地方一律肅清，撤隊回防，恭摺仰祈聖鑒事。

竊奴才光緒三十年三月十六日，準外務部電開，奉旨："阿拉善親王多羅特色楞電稱，烏拉旗馬賊聚衆千餘，均持快槍，聲言仇教，勢甚凶猛。等語。著色普徵額、崧蕃迅派得力營隊馳往迎剿，務即悉數擒除，毋令蔓延竄擾，并將教堂人民等切實保護。倘誤事機，惟該將軍、總督是問。欽此欽遵。"當將先期調派沿邊營隊防堵各情，電請外務部代奏在案。旋于三月二十九日，欽奉電旨："天興元被追竄匪，經晋軍圍剿，該匪窮蹙乞降，難保無餘匪分途竄逸，著崧蕃、張曾敭會商，妥籌辦理，毋留後患。等因。欽此欽遵。"分别咨行照辦。

奴才查此案先于二月十九日，準山西撫臣張曾敭電稱，有匪徒竄擾蒙

地，將近陝甘邊境，令派隊防邊。等因。奴才隨飭寧夏、延綏兩鎮總兵派隊分防要隘，偵探賊踪，會同晋軍相機剿辦。彼時匪類多寡，傳聞异詞，迨分調馬步營旗，切實查探，始悉匪首李老先等與教民王靳才子因争地挾嫌，糾集四五百人，揚言仇教，到處劫掠軍械，以致人心皇皇。經山西撫臣派護理大同鎮總兵孔應塘、歸綏道樸壽分帶馬步各營，于後套大中灘等處，奮力撲剿，匪黨竄據天興元堡寨，堅守拒戰，復被晋軍圍攻。維時匪黨僅剩二百餘人，相距三道河甘軍防境僅數十里，勢孤力弱，率衆投誠。經該鎮道飭繳軍械，點名收撫，計先後稟請正法四十餘人，餘衆分交各旗押解包頭，請示發落。是此股匪徒竄擾蒙地，分別剿撫，實皆晋軍之力。奴才欽遵電旨，妥籌善後，仍飭署寧夏鎮總兵湯咏山馳赴包頭鎮一帶，會同孔慶塘、樸壽等查明各路有無餘匪竄匿、被脅降衆如何安置、教堂蒙民有無騷擾，務須辦理妥協，勿貽後患。現據孔慶塘、樸壽、湯咏山等會稟，將一應善後事宜，均已會籌辦妥，教堂均各安謐，并留兩省營隊暫駐蒙地稽查會哨，以清餘匪而安衆心，派去隊伍，現均撤防。等情。稟報前來，奴才覆核，與各路探報，均屬相符，自應專案奏結，以紓宸廑。除剿撫詳細案情由山西撫臣奏報外，所有派隊迎剿暨會辦善後事竣、撤隊回防各緣由，謹恭摺具陳，伏乞皇太后、皇上聖鑒訓示。謹奏。

光緒三十年五月二十五日。

知道了。

【《宫中檔光緒朝奏摺》第 19 輯，第 552 頁】

陝甘總督崧蕃又參將蔣光樓病故出缺片

光緒三十年五月二十五日

再，準陝西固原提督鄧增咨開，署提標中軍參將、正任寧陝營參將蔣光樓，得患傷寒病證，醫藥罔效，于光緒三十年四月二十一日在署任病故。咨請核辦前來，奴才覆核無异，相應陳明，請旨開缺。除飭取原領札付及委員承查各結，另咨送部外，所遺寧陜營參將員缺，陜甘現有應補人員，容奴才揀員請補。理合附片陳明，伏乞聖鑒訓示。謹奏。

兵部知道。

【《宮中檔光緒朝奏摺》第19輯，第554頁】

陜甘總督崧蕃奏援案預估關内外協餉摺

光緒三十年六月十三日

頭品頂戴、陜甘總督奴才崧蕃跪奏：爲援案預估光緒三十一年分甘肅關内外協餉，懇恩飭部籌撥的款銀四百四十萬兩，以顧邊陲，恭摺仰祈聖鑒事。

竊奴才案查關内外協餉向章每年估銀四百八十萬兩，承協各省關，均係年清年款，并無蒂欠。自庚子以後，各省驟加償款，籌辦新政，均有兼顧不遑之勢，核計欠餉共懸四百餘萬。奴才目擊時艱，與伊犁將軍、塔城參贊、新疆撫臣等往復籌商，并督率甘肅司道等通盤核議，凡有可以撙節之款，力加裁汰。截至二十九年底，止關内外每年共裁減銀四十萬兩，藉紓各省餉力。奏請自光緒三十年正月起，每年共估撥銀四百四十萬兩，仍由甘肅統收分解，欽奉諭旨允准，由户部照核減銀數估撥在案。

兹届預估光緒三十一年協餉之期，查甘新兩省轉運公用銀四萬兩，甘肅關内標防馬步各營歲需俸餉製造等項銀一百一十六萬兩，青海王公辦事大臣，寧夏、莊浪、凉州各滿營歲需廉俸餉乾等項銀二十二萬兩，新疆巡撫、提鎮、協標防、各營暨司庫例不敷支等項歲需銀二百五十萬一千四百五十兩，伊犁將軍滿蒙旗營歲需銀三十四萬兩，塔爾巴哈臺參贊大臣歲需銀十三

萬八千五百五十兩。關内外共應估銀四百四十萬兩，减平封存一并在内。除應解償款銀甘肅三十萬兩，新疆四十萬兩，共銀七十萬兩。請照上届成案，由部分指代解各省關就近撥解滬關交納，以免周折，而期迅速。甘新兩省仍將自籌償款提還協餉，并應交補平銀兩，亦由兩省按期匯解滬關，各清各款，俾免膠葛。其餘應解甘庫銀三百七十萬兩，懇恩飭部照數估撥，分催承協各省俯念邊瘠苦區，極力减估，務照定章，于年前趕解三成，其餘七成銀，分批掃數清解，以顧邊防而維大局。所有援案預估光緒三十一年甘肅關内外協餉緣由，理合恭摺具奏，伏乞皇太后、皇上聖鑒訓示，飭部照撥施行。謹奏。

光緒三十年六月十三日。

户部知道。

【《宫中檔光緒朝奏摺》第19輯，第639頁】

陝甘總督崧蕃奏陳揀員調補寧夏知縣摺

光緒三十年六月十三日

頭品頂戴、陝甘總督奴才崧蕃跪奏：爲揀員調補要缺知縣，以裨地方，恭摺仰祈聖鑒事。

竊據甘肅布政使何福堃、按察使黄雲會詳稱，寧夏縣知縣姚鈞升補貴德同知遺缺，業經截缺報部在案，例應由外揀調。查定例，州縣應調缺出，俱令于現任人員内，揀選調補。又，現任要缺之員，其有必須更調者，查係由三項更調，四項及最要之缺，委非另有不合例事故，即行議准。各等語。今寧夏縣知縣係附府四項要缺，非精明練達之員，不足以資治理。在于現任應調人員内，逐加遴選，查有平凉縣知縣高光斗，年五十二歲，係湖北黄岡縣監生。由董志原縣丞，于新疆六載邊防案内保，以知縣在任候補。丁憂開缺，服滿起復，奏調臺灣差遣，委代鳳山縣知縣。因案革職來甘，投效軍營。于全湟肅清案内，奏請開復原官。光緒二十四年九月二十五日引見，奉旨：“著照例用。欽此。”領照赴甘，請補平凉縣知縣，二十七年六月初九日到任。

該藩臬兩司查得，高光斗，精明幹練，有守有爲，以之調補寧夏縣知縣，實屬人地相需，會銜請奏前來。奴才查，高光斗，通達治體，才識俱優。仰懇天恩，俯念員缺緊要，准以該員調補寧夏縣知縣，實于地方有裨。如蒙俞允，該員以知縣調補知縣，銜缺相當，任内亦無參罰案件，毋庸送部引見。理合恭摺具陳，伏乞皇太后、皇上聖鑒，飭部核覆施行。謹奏。

光緒三十年六月十三日。

吏部議奏。

【《宫中檔光緒朝奏摺》第19輯，第643頁】

陝甘總督崧蕃奏陳揀員調補參將員缺摺

光緒三十年六月二十四日

頭品頂戴、陝甘總督奴才崧蕃跪奏：爲揀員調補參將要缺，以實營伍，恭摺仰祈聖鑒事。

竊照陝西漢中鎮屬寧陝營參將蔣光樓病故日期，業經奏報在案。查寧陝地居南山，道路崎嶇，爲川陝客商往來要路，游匪最易潛踪，非勤慎耐勞之員，不足以資治理。兹準陝西固原提臣鄧增咨稱，查得現署該營參將、正任陝西固原提標中軍參將俞陞科，辦事穩練，勤慎耐勞，年餘以來，巡緝操防，甚爲得力，咨請調補前來。

奴才查俞陞科，樸實勤能，兵民愛戴，以之調補寧陝營參將員缺，實屬人地相宜。如蒙俞允，該員係由實任參將調補參將，銜缺相當，應請飭部發給實授札付，以符定制。除飭取該員履歷另咨送部外，所遺陝西固原提標中軍參將員缺，爲固提全標領袖，陝甘現有應補人員，由奴才另揀請補，謹會同陝西固原提臣鄧增，合詞恭摺具陳，伏乞皇太后、皇上聖鑒，飭部核覆施行。謹奏。

光緒三十年六月二十四日。

兵部議奏。

【《宫中檔光緒朝奏摺》第19輯，第702頁】

陝甘總督崧蕃奏查灾屬擬設局收捐由摺

光緒三十年七月初六日

頭品頂戴、陝甘總督奴才崧蕃跪奏：爲續報甘肅黄河下游各屬被灾，并洮河、渭河、白龍江附近各州縣，亦因雨水過多，漫溢成灾，現在籌辦賑撫情形，恭摺仰祈聖鑒事。

竊奴才查臯蘭縣屬于六月初五六等日，因黄河泛漲，淹没民房地畝，被灾較重，設局先辦急賑緣由，業于六月二十四日專摺具奏，并聲明俟沿河州縣報齊，再行續陳在案。兹查得，金縣屬之北鄉、什川堡一條城東灘各處，于六月初三、初六等日，被河水冲塌堡墻，淹没罌粟地四千餘畝，民房、廟宇一萬餘間，并漂失牲畜、水車各項。靖遠縣屬，于六月初一日，大雨三晝夜，城内水深數尺，浸塌官署、民房、店鋪，至初六日，河水驟漲，城外中圈堡、碾子灣、海廣灘、五方寺、黄沙灣等處民房、店鋪及所種夏秋麥、豆、罌粟地畝，大半被淹。又，寧夏府屬清、漢、唐、惠四渠，并所屬中衛縣之黄河南北兩岸恩和、寧安、張義、棗園等堡，寧朔縣之南北鄉、謝保、唐鐸等堡，靈州之秦壩關近河渠口堤堺各處，寧靈廳之秦、漢各渠，平羅縣之河岸石咀山上下營子各處，均自六月初一日起，陰雨連旬，河水增漲，民房、地畝、渠壩、堤工及夏秋麥、豆、罌粟等項，多被淹没，平羅縣屬，民房倒塌尤多。幸各處人民、牲畜，暨教堂、房屋，尚無甚損傷。此黄河下游各州縣先後被灾之情形也。

又查得，狄道州東、西、南三鄉各村堡，并沙泥州判屬之李家灣、甘家灘等處地濱洮河，因六月初四日連朝陰雨，洮水暴漲，浮橋、船隻、居民、地畝，多被冲淌，禾稼、罌粟無收。又，鞏昌府屬寧遠縣于六月初一日，大雨連宵，渭河水漲，縣城西北角浸塌數十丈，近河民房倒塌一百七十餘間，夏秋麥、豆、罌粟淹没甚多。階州直隸州，暨西固州同地方，自六月初一日起，大雨三晝夜，白龍江泛漲，沿江民房、田禾多被浸没，道路、橋梁亦被冲毁。又，西固城外水勢直逼城根，西南城墻坍塌數十丈。又，肅州直隸州屬洪水灞、觀音西堡、水磨溝等處，自六月初一日起，大雨滂沱，山水暴發，夾帶沙石，民房、田禾、橋梁、道路冲淌甚多。此洮、渭、白龍江夏令暴雨泛漲，各州縣被灾之情形也。

奴才接閲各屬禀報灾情，督率司道查明距省遠近，酌量輕重緩急，如近省之狄道州、金縣、靖遠各屬，即派賑撫局委員馳往，會同各地方官，先散急賑。其寧夏府各屬以及階州、肅州、寧遠各處，即飛飭該管道、府督率各印官，先發倉穀給賑，并由省籌款采糧接濟。仍一面會勘牲畜、房屋數目，酌發價值，并將被灾田地應徵錢糧細數，分别應蠲、應緩，造册詳報，彙入前案，奏懇恩施。惟此次灾地既廣，被灾又重，需款甚巨，爲日方長，現與司道熟商，除前奏籌款之外，惟有開辦捐輸，可資接濟。查山東、直隸、粤省，均請在甘設局，代爲勸捐，現在本省灾賑孔殷，勢不能不停辦代捐，自行設局開辦，以本地紳商之款，濟本地灾民之用，勸辦或能踴躍。除附片奏請外，所有查明各屬續報水灾，分别賑撫，并擬設局收捐各緣由，理合恭摺具陳，伏乞皇太后、皇上聖鑒訓示。謹奏。

光緒三十年七月初六日。

覽奏，殊深憫惻。著即妥爲撫恤，毋任失所。餘依議。

【《宫中檔光緒朝奏摺》第19輯，第724頁】

陝甘總督崧蕃又飭高熙喆赴蘭州新任片

光緒三十年八月初八日

再，補授甘肅蘭州府遺缺，寧夏府知府高熙喆現已到省，應即飭赴新任。又，卸署狄道州事、正任秦州徽縣知縣張若金交代清楚，并無經手事件，亦應飭回本任，各專責成。據甘肅藩臬兩司會詳前來，除批示分別給委外，理合附片具陳，伏乞聖鑒。謹奏。

吏部知道。

【《宫中檔光緒朝奏摺》第19輯，第886頁】

陝甘總督崧蕃奏陳揀員請補游擊員缺摺

光緒三十年八月初八日

頭品頂戴、陝甘總督奴才崧蕃跪奏：爲揀員請補游擊要缺，以裨營伍，恭摺仰祈聖鑒事。

竊準部咨，陝西固原提標右營游擊員缺，係題補第四輪第六缺，應用揀發人員。前請以揀發游擊劉希延補授，因該員并無“留陝”字樣，經部議駁咨請，另揀請補。等因。準此，奴才覆選得留陝甘揀發游擊甘肅凉州鎮屬岔口營都司劉堃，年力富强，營務諳練，堪以請補。合無仰懇天恩，俯准以該員劉堃補授陝西固原提標右營游擊員缺，實屬人地相宜。如蒙俞允，該員甫經引見未滿三年，毋庸送部，應請飭部發給實授札付，以符定制。除飭取該員履歷清册咨部查核外，其所遺岔口營都司，甘肅現有應補人員，容奴才另揀請補，謹會同陝西提臣鄧增，合詞恭摺具陳，伏乞皇太后、皇上聖鑒，飭部核覆施行。謹奏。

光緒三十年八月初八日。

兵部議奏。

【《宫中檔光緒朝奏摺》第19輯，第888頁】

陝甘總督崧蕃奏報春夏懲辦情重盗匪摺

光緒三十年八月初八日

頭品頂戴、陝甘總督奴才崧蕃跪奏：爲明甘肅光緒三十年春夏二季，照章懲辦過情重盗匪，摘叙案由清單，恭摺具陳，仰祈聖鑒事。

竊查甘肅，地處邊陲，番回雜居，强盗、土匪往往勾結成群，騎馬持械，肆行劫掠，或糾約行竊，臨時行强，情凶勢惡，法無可寬。自應遵照刑部通行，隨時審明，就地正法，按季彙報。兹查光緒三十年春夏二季，據寧靈、大通、禮縣等廳縣先後報獲盗匪丁古八子、馬他兒、馬的個、馬牙古冶[①]、馬家保、冶伏明即冶發雲、李趙趙子、趙學學子到案，當即批飭該管府、州提案訊供，詳辦去後。旋據寧夏府、西寧府、秦州先後覆審議擬，詳辦前來。

查丁古八子、馬他兒、馬的個、馬牙古、李趙趙子等各案犯五名，或結夥持械，攔路劫殺，或臨時强劫，入室搜贜，均屬罪大惡極。經奴才隨時批令按察使核覆，實係情真罪當，已先後批飭將丁古八子等五犯就地正法，并傳首犯事地方，懸杆示衆，俾昭炯戒。其夥同行劫之冶伏明即冶發雲，聽糾行竊之趙學學子，均係事後分贜，情節較輕，亦令照章各繫杆礅，十年限滿

①馬牙古冶：本條奏議後文又作“馬牙古”。

察看，另行辦理。據甘肅按察使黄雲詳請具奏前來，奴才覆核無异。所有光緒三十年春夏二季，情重盜匪，照章就地懲辦緣由，謹開具簡明案由清單，恭呈御覽，伏乞皇太后、皇上聖鑒，飭部查照。謹奏。

光緒三十年八月初八日。

刑部知道。單并發。

【《宫中檔光緒朝奏摺》第 19 輯，第 889 頁】

陝甘總督崧蕃奏陳勘審尋常命盜各案摺

光緒三十年八月十九日

頭品頂戴、陝甘總督奴才崧蕃跪奏：爲甘肅尋常命、盜案件，遵照部議，摘叙簡明事由，彙案具陳，恭摺仰祈聖鑒事。

竊查前準刑部咨，尋常命、盜各案，凡歸監候具題者，擬由各該督撫訊取確供擬勘後，一面將供勘先行咨部；一面逐案摘叙簡明事由，改題彙案具奏，每次彙奏，至多以十案爲率，不得守候過多，以杜遲延拖累之弊。其案件較少省分，應由該督撫酌量多寡，隨時彙奏，總以無遲無率爲要。等因。轉行遵辦在案。

兹據甘肅按察使黄雲詳稱，據平遠、文縣、山丹、河州、隴西、海城等州縣先後報驗命案六起，隨時批飭審解去後，旋據該管府、州審擬由司解勘前來。奴才提犯親鞫，據供皆與原審相符，察核所擬罪名，亦均允協。除案内擬杖人犯批飭照例先行折責發落，并將全案供勘分咨部科外，所有甘肅尋常命案，遵照部議簡易章程辦理緣由，謹開具簡明案由清單，恭摺具奏，伏乞皇太后、皇上聖鑒，飭部核覆施行。謹奏。

光緒三十年八月十九日。

刑部議奏。單并發。

【《宫中檔光緒朝奏摺》第 20 輯，第 58 頁】

陜甘總督崧蕃又陳揀員請補守備員缺片

光緒三十年九月初九日

再，奴才接準部咨，寧夏鎮標左營守備員缺，係題補第一輪第八缺，輪用期滿武進士營用守備，行令揀員請補。等因。準此，當經轉飭，遵照去後。

兹據督標中軍副將永明呈稱，揀選行期滿武進士營用守備何興邦，年力富强，營務諳練，呈請輪補前來。奴才查，何興邦，諳習營章，辦事穩練，以之請補寧夏鎮標左營守備員缺，與例相符。合無仰懇天恩，俯准以何興邦，補授寧夏鎮標左營守備員缺，俾資得力。如蒙俞允，該員係由武進士分發之員，毋庸送部引見，應請飭部發給實授札付，以符定制。除飭取該員履歷清册另咨送外，謹會同署甘肅提臣張永清，合詞附片具陳，伏乞聖鑒，飭部核覆施行。謹奏。

兵部議奏。

【《宫中檔光緒朝奏摺》第 20 輯，第 158 頁】

陜甘總督崧蕃又陳揀員署理通判員缺片

光緒三十年九月初九日

再，署甘肅寧夏鹽捕通判陳鎧調省遺缺，查有藍翎六品銜候補知縣邵韵棠堪以酌署。又，署靈臺縣知縣楊廷槐在任病故遺缺，查有同知銜本任永昌縣知縣黄家模堪以調署。據甘肅藩臬兩司會詳前來，除批飭分別給委外，理合附片具陳，伏乞聖鑒。謹奏。

吏部知道。

【《宫中檔光緒朝奏摺》第 20 輯，第 159 頁】

陝甘總督崧蕃附陳揀員試署知州員缺片

光緒三十年十月十二日

再，準部咨，前請以正途試用直隸州王學伊試署固原直隸州知州，因尚有記名分發之侯葆文一員未據聲叙，行令查覆。等因。準此，當即轉飭，遵辦去後。

兹據甘肅布政使何福堃、按察使黄雲會詳稱，固原直隸州，地當衝要，政務殷煩，所屬海城、平遠、硝河城等處，回多漢少，俗悍訟煩，且與陝西提督同城官弁、兵民交涉，已屬煩瑣。現在甘肅直隸州缺，惟固原最稱難治。從前實缺署事各員，非文武不能和衷，即民教難以調處，必須精明幹練之員，心平氣和，始克勝任。侯葆文一員，實不如王學伊情形熟悉，人地相宜。前值出缺，業已再三審慎，因地擇人，仍請以王學伊奏署前來，奴才覆核，確係實在情形。合無仰懇天恩俯准，仍以正途試用直隸州知州王學伊試署固原直隸州知州，實屬人地相宜，仍俟試署年滿，另請實授。謹附片具奏，伏乞聖鑒，飭部查照前案核施行。謹奏。

吏部議奏。

【《宫中檔光緒朝奏摺》第 20 輯，第 301 頁】

陝甘總督崧蕃又飭蘭州知州即赴新任片

光緒三十年十月十二日

再，准調蘭州府知府崇俊，現已交卸寧夏府事，應即飭赴新任，以專責成。據甘肅藩臬兩司會詳前來。理合附片具陳，伏乞聖鑒。謹奏。

吏部知道。

【《宫中檔光緒朝奏摺》第20輯，第302頁】

陝甘總督崧蕃又陳揀員請補同知員缺片

光緒三十年十月十二日

再，準吏部咨，請補寧靈撫民同知成謙，由筆帖式年滿，保以撫民同知，仍留甘肅補用，尚未引見，與例未符。等因。準此，當飭藩臬兩司查覆去後。兹據詳稱，甘肅候補同知一班，再無合例之員，仍請以成謙，詳補寧靈撫民同知前來。奴才查，成謙，筆帖式年滿，早準部文，注册到省，與曾任實缺之員事同一律，實與尋常未經引見同通州縣不同，此次輪補，到班未便，因赴部稍遲，即行扣補，致令向隅。除隨案咨送該員赴部引見外，合無仰懇天恩俯准，仍以成謙補授寧靈撫民同知員缺，實于地方有裨，與例亦屬相符。謹附片具陳，伏乞聖鑒，飭部核覆施行。謹奏。

吏部議奏。

【《宫中檔光緒朝奏摺》第20輯，第302頁】

陝甘總督崧蕃奏報上忙徵收銀兩數目摺

光緒三十年十一月十二日

頭品頂戴、陝甘總督奴才崧蕃跪奏：爲報明甘肅光緒三十年上忙徵收銀兩數目，恭摺仰祈聖鑒事。

竊據甘肅布政使何福堃詳稱，光緒三十年額徵地丁起存正雜，并秦州等處新墾地丁共銀二十八萬五千五百五十三兩九錢一分二厘。内除皋蘭縣、沙泥州判、洮州廳、華亭縣、平番縣、寧夏縣、靈州、中衛縣、平羅縣、西固州同等處水冲地畝豁免地丁，并皋蘭縣歇業無徵課程共銀八十七兩八錢一厘五毫。又，除各屬現荒無從徵收銀六萬五千一百五十三兩五錢二厘九毫外，現墾熟地應徵銀二十二萬三百一十二兩六錢七厘六毫。又，收三十年上忙續墾升科銀一百一十二兩九錢五分八厘。二共現墾熟地應徵銀二十二萬四百二十五兩五錢六分五厘六毫。

今上忙已完銀一十一萬九千三百七十七兩七錢五分三厘，統計係在四分以上。内已完存留經雜驛站銀四萬三千二百五十四兩五分五厘，照數留支，已完起運。并雜賦銀七萬六千一百二十三兩六錢九分八厘，内已解銀七成，四千二百八兩七錢三分七厘，内已造入光緒三十年秋撥册内銀一萬一千三百二十七兩四錢一分，候造入三十一年春撥册内銀六萬二千八百八十一兩三錢二分七厘，未解銀一千九百一十四兩九錢六分一厘。未完地丁正雜銀一十萬一千四十七兩八錢一分二厘六毫，内起運銀六萬七千二百九十九兩二錢七分，存留經雜銀一萬四百三十三兩六錢五分四厘，存留驛站銀二萬二千七百二十四兩七錢五分七厘六毫，雜賦銀五百九十兩一錢三分一厘，均請歸入下忙案内核辦。其已徵未解銀兩係安化縣一處，屢經嚴札飛催，未據掃數報解，實屬遲延。除再勒限催提，俟解收之日，另行詳請咨部議處外，造具總散各册，詳請核辦前來，奴才覆核徵收上忙銀兩已完、未完各數目均屬相符。除將册揭咨送户部查照外，理合恭摺内陳，伏乞皇太后、皇上聖鑒。謹奏。

光緒三十年十一月十二日。

户部知道。

【《宫中檔光緒朝奏摺》第20輯，第492頁】

陝甘總督崧蕃奏陳審擬回民奸殺案犯摺

光緒三十年十一月十二日

頭品頂戴、陝甘總督奴才崧蕃跪奏：爲審明回民因商同强行雞奸未成，共殺良人子弟，按律定擬，恭摺仰祈聖鑒事。

竊據甘肅按察使黄雲詳，據署蘭州府知府張大鏞審解，平羅縣回民李俊强奸霍旺憘未成，與在逃之陳伏生娃，共砍傷霍旺憘身死一案。緣李俊籍隸平羅縣，回民麵鋪生理，已死霍旺憘，并在逃之陳伏生娃，均在李俊麵鋪傭工，平日共坐共食，平等相稱，素無主僕名分。李俊因霍旺憘青年，屢向調戲雞奸不從，起意强奸，商允陳伏生娃相幫，許以事後酬謝。光緒二十九年三月初七日夜，霍旺憘、陳伏生娃在鋪房外間炕上同睡。半夜時，李俊點燈，去向霍旺憘調奸不允，喝令陳伏生娃幫按行强，霍旺憘掙扎叫駡，李俊氣忿起身，順取麵刀，砍傷其項頸、脊背。陳伏生娃被駡，接刀，亦砍傷其左肩甲，滚跌下地。維時王仲魁在内間炕上睡醒，聞鬧趨救，向霍旺憘詢悉情由。移時，霍旺憘因傷殞命，陳伏生娃乘間逃逸。初八日早起，尸親報縣，勘驗訊詳，批飭覆審，議擬由府解司。因犯供狡展，發委蘭州府督同局員審擬，由府司解勘前來。經奴才提犯覆鞫，據供前情不諱，詰無起釁别故，及另有同謀加功之人，究詰不移，案無遁飾。

此案李俊因向霍旺憘調戲雞奸不從，喝令在逃之陳伏生娃幫按行强，被駡，氣忿用刀，共將霍旺憘砍傷，移時身死，實屬淫惡不法，自應按例如該司等所擬，李俊合依惡徒雖未夥衆、因奸將良人子弟殺死者，亦照光棍爲首斬决例，擬斬立决，照例刺字。該犯雖恭逢光緒三十年正月十五日恩詔，事犯在正月初一日以前，係因奸斃命，罪干斬决，在部議條款不准援免之列，毋庸查辦。見證王仲魁救阻不及，應毋庸議。逸犯陳伏生娃，應飭緝獲，另結無干。縣已省釋尸棺，飭縣傳屬領埋。凶刀，案結銷毁。除全案供招咨部外，所有審明回民李俊强奸霍旺憘未成，與在逃之陳伏生娃共砍傷霍旺憘身死，按例議擬緣由，理合恭摺具陳，伏乞皇太后、皇上聖鑒，飭部核覆施行。謹奏。

光緒三十年十一月十二日。

刑部速議具奏。

【《宫中檔光緒朝奏摺》第20輯，第493頁】

陝甘總督崧蕃奏陳考察舉劾文武僚屬摺

光緒三十年十一月十二日

頭品頂戴、陝甘總督奴才崧蕃跪奏：爲考察文武僚屬，分別舉劾，恭摺仰祈聖鑒事。

竊維從政，首在安民練兵，尤貴選將，而與民最親者，莫如州縣，與兵最近者，莫如營哨各官。察州縣之賢否，惟有本管道、府。察兵弁之勤惰，責在統領將官。此勸懲之要術也。奴才披閱公牘之外，接見文武各員，詢事考言，周諮博訪，再證以本管之密考優劣，隨時登記，以爲舉劾之據。惟時事諸多，變法用人，豈能求全。凡有才識可取、品操堪信之員，即因材器使策勵，以期大用。現在奮發有爲、守潔才優者，頗不乏人，其遇事陽奉陰違、貌似有才、居心巧詐之徒，亦復不少，謹據實爲我皇太后、皇上分晰陳之。

其應舉文職，如卸署蘭州府知府、候補知府張大鏞，廉明勤幹，爲守俱優，督辦灾賑，核實迅速蕆事。本任平番縣知縣、調署臯蘭縣事李瑞徵，體恤民隱，勞怨不辭，查辦灾區，紳民悉服。靈州知州廖葆泰，辦理渠工，倡捐告成，盡心民事。調補寧夏縣知縣高光斗，勤求治理，有守有爲。清水縣知縣袁範，守潔才優，聽斷明决。大挑知縣李景沆，委辦厘差，毫無欺隱。

候補縣丞李潤藩，明幹耐勞，志趣不苟。

武職，如統領省防馬步各營旗記名總兵、莊浪協副將傅殿魁，督操士卒，矢同甘苦，躬親訓練，任怨任勞。陝西潼關協副將岳登龍，整飭營規，誠樸可靠。肅州鎮標中營游擊朱應龍，營務諳練，任事勤明。委署永昌協副將候補副將金造，勤樸穩練，堪備將材。以上各員，均請旨分别存記嘉獎，以示鼓勵。

其應劾人員，查有補用同知、撤署平番縣事過班知府裕端，氣質驕盈，難資表率，請以同知通判選用。寧州知州姚長齡，才具平庸，聽斷草率，請以通判降補。平羅縣知縣榮春，辦事竭蹷，人地不宜。兩當縣知縣胡鵬年，辦事操切，人地未宜。均請開缺另補。靖遠縣知縣劉文海，查辦賑務，藉公營私。候補府經歷徐澤中，膽大妄爲，貪婪有據。均請革職，永不叙用。又，撤委管帶寧夏鎮標防軍左旗、補用參將楊友成，營務不振，勇有缺額。撤署靈州營參將、補用總兵張鳳鳴，辦事胡塗，營規廢弛。撤任靈州營守備曹儁，遇事欺飾，巧詐營私。均請革職，以昭炯戒。除再由奴才隨時考察并咨部查照外，所有舉劾文武僚屬緣由，謹恭摺具陳，伏乞皇太后、皇上聖鑒訓示。至所遺文武各員缺，均請扣留外補，合并聲明。謹奏。

光緒三十年十一月十二日。

另有旨。

【《宫中檔光緒朝奏摺》第20輯，第494頁】

陝甘總督崧蕃奏陳揀員借補游擊員缺摺

光緒三十年十一月二十七日

頭品頂戴、陝甘總督奴才崧蕃跪奏：爲揀員借補游擊要缺，以裨營伍，恭摺仰祈聖鑒事。

竊準兵部咨，陝西固原城守營游擊一缺，係第一輪第三缺，例用儘先人員請補。等因。當經移行，遵辦去後。兹準陝西固原提臣鄧增咨開，揀選得花翎副將銜留陝甘儘先參將、現署提標中軍參將陳正魁，勇敢有爲，營務熟悉，咨請核辦前來。

奴才查，該員陳正魁，講求營務，任事耐勞，以之借補斯缺，洵屬人地相宜。合無仰懇天恩，俯准以儘先參將陳正魁借補固原城守營游擊員缺，實屬人地相宜，亦與部章符合。如蒙俞允，俟接準部覆，即行給咨，送部引見，以符定制。除履歷清册另咨送部外，謹會同陝西提臣鄧增，合詞恭摺具陳，伏乞皇太后、皇上聖鑒，飭部核覆施行。謹奏。

光緒三十年十一月二十七日。

兵部議奏。

【《宫中檔光緒朝奏摺》第20輯，第537頁】

陝甘總督崧蕃奏陳審辦尋常命盗各案摺

光緒三十年十一月二十七日

頭品頂戴、陝甘總督奴才崧蕃跪奏：爲甘肅尋常命、盗案件，遵照部議，摘叙簡明事由，彙案具陳，恭摺仰祈聖鑒事。

竊查前准刑部咨，尋常命、盗各案，凡歸監候具題者，擬由各該督撫訊取確供擬勘後，一面將供勘先行咨部，一面逐案摘叙簡明事由，改題彙案具奏，每次彙奏至多以十案爲率，不得守候過多，以杜遲延拖累之弊。其案件較少省分，應由該督撫酌量多寡，隨時彙奏，總以無遲無率爲要。等因。轉行遵辦在案。

兹據甘肅按察使黄雲詳稱，據隆德、階州、寧夏、清水、岷州、河州、會寧、皋蘭、山丹等州縣先後報驗命案九起，隨時批飭審解去後，旋據該管

府、州審擬由司解勘前來。奴才提犯親鞫，據供皆與原審相符，察核所擬罪名亦均允協。除案内擬杖人犯批飭照例辦理，并將全案供勘分咨部科外，所有甘肅尋常命案，遵照部議簡易章程辦理緣由，謹開簡明案由清單，恭摺具奏，伏乞皇太后、皇上聖鑒，飭部核覆施行。謹奏。

光緒三十年十一月二十七日。

刑部議奏。單并發。

【《宫中檔光緒朝奏摺》第20輯，第538頁】

陝甘總督崧蕃又陳揀員署理寧夏鎮缺片

光緒三十年十二月初七日

再，新授新疆阿克蘇鎮總兵、現署甘肅寧夏鎮總兵湯咏山，現已接奉部札，應即飭赴新任，以重職守。所遺寧夏鎮總兵員缺，查有督標中軍副將永明堪以委署。所遺中軍副將，查有現署莊浪協副將王有德堪以調署。遞遺莊浪協副將，查有准補商州協副將崔正午堪以調署。又，署陝西提屬潼關協副將張國勝病故遺缺，查有記名提督、准補該營副將岳登龍現無經手事件，應即飭赴新任，以專責成。又，甘肅凉州鎮屬永昌協副將張錫光請咨進京遺缺，查有儘先副將金造堪以署理。除分别檄委遵照外，謹附片具陳，伏乞聖鑒。謹奏。

兵部知道。

【《宫中檔光緒朝奏摺》第20輯，第621頁】

陝甘總督崧蕃又陳揀員委署古浪知縣片

光緒三十年十二月初七日

再，調補階州直隸州知州恩光現已到省，應即飭赴新任。署古浪縣知縣申瑞元調省遺缺，查有議叙通判涂宗海堪以委署。平涼縣知縣、調補寧夏縣知縣高光斗，應即飭赴調任。所遺平涼縣缺，查有隆德縣知縣盧求古堪以調署。遞遺隆德縣知縣，查有候補知縣張鋆堪以委署。署隴西縣事准補西和縣知縣陳兆康調署華亭縣事。實任隴西縣知縣祁永膺、高臺縣知縣詹廷鏞均應飭回本任。寧州知州姚長齡調省遺缺，查有修補知縣楊懋源堪以委署。署巴燕戎格通判李錦榮調省遺缺，查有儘先即用知縣黃國琦堪以委署。寧朔縣知縣朱進賢調省遺缺，查有即用知縣湯霖堪以委署。兹據甘肅藩臬兩司先後會詳前來，除批飭分別給委外，理合附片陳明，伏乞聖鑒。謹奏。

吏部知道。

【《宫中檔光緒朝奏摺》第20輯，第621頁】

陝甘總督崧蕃又陳揀員署理同知等缺片

光緒三十年十二月初七日

再，寧夏理事同知廷蔭修墓開缺，查有候補知縣聯瑛堪以委署。署固原直隸州知州金承蔭調省遺缺，查有本任涇州直隸州知州張元淼堪以委署。兩當縣知縣胡鵬年撤任遺缺，查有准補正寧縣知縣單元亨堪以委署。靖遠縣知縣劉文海調省遺缺，查有正任清水縣知縣袁範堪以調署。平羅縣知縣榮春調省遺缺，查有准升貴德同知、寧夏縣知縣姚鈞堪以調署。署永昌縣知縣陳元驥調省遺缺，查有即補知縣史文光堪以署理。據甘肅藩臬兩司會詳前來，除批飭分別給委外，謹附片陳明，伏乞聖鑒。謹奏。

吏部知道。

【《宫中檔光緒朝奏摺》第20輯，第622頁】

陝甘總督崧蕃奏報通省秋禾實收分數摺

光緒三十年十二月十六日

頭品頂戴、陝甘總督奴才崧蕃跪奏：爲查明甘肅省光緒三十年秋禾實收分數，恭摺仰祈聖鑒事。

竊據甘肅布政使何福堃將光緒三十年甘肅省所屬各府廳、州、縣秋禾約收分數查明，詳報到院，正核辦間，覆據詳報秋禾實收分數前來，奴才覆加查核，均與約收分數相符，自應并案辦理，以省煩牘。查實收七分有餘者，金縣等三處，七分者，安定縣等五處，六分有餘者，秦州等五處，六分者，皋蘭縣等六處，五分有餘者，河州等十八處，五分者，靖遠縣等三十四處，二分有餘者，寧靈廳一處。以上八府、六直隸州所屬，通盤牽算，秋禾實收五分有餘。除被災各屬另案奏報分别辦理外，合將甘肅通省秋禾實收分數，恭摺具陳，并繕清單，恭呈御覽，伏乞皇太后、皇上聖鑒。謹奏。

光緒三十年十二月十六日。

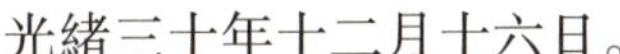

知道了。

【《宫中檔光緒朝奏摺》第20輯，第688頁】

陝甘總督崧蕃奏銷驛站夫馬工料等銀摺

光緒三十年十二月十八日

頭品頂戴、陝甘總督奴才崧蕃跪奏：爲報明甘肅光緒二十九年一歲支各驛塘鋪夫、馬、工料等項銀兩，造册請銷，恭摺仰祈聖鑒事。

竊奴才據甘肅按察使黄雲詳稱，據蘭州、鞏昌、平凉、慶陽、甘州、凉州、寧夏、西寧八府，并秦州、階州、涇州、固原、肅州、安西六直隸州，造送光緒二十九年連閏一歲驛站奏銷册報，通計各屬共支夫、馬、工料并買補倒馬暨鋪司工食等項銀一十三萬七千五百三十二兩四錢三分三厘九毫，均屬相符。彙案分款，造具總散清册，呈請核銷前來。

奴才查，該按察使造報甘省各驛塘鋪光緒二十九年連閏一歲支過夫、馬、工料等項銀數，以散合總，均屬相符。除册籍分送部科外，理合恭摺具奏，伏乞皇太后、皇上聖鑒，飭部核覆施行。謹奏。

光緒三十年十二月十八日。

該部知道。

【《宫中檔光緒朝奏摺》第20輯，第730頁】

△諭内閣著張行志補授固原提督

光緒三十一年十二月十八日

光緒三十一年十二月十八日，内閣奉上諭："陝甘固原提督，著張行志補授。欽此。"

【《光緒宣統兩朝上諭檔》第31册，第230頁第967條】

陝甘總督崧蕃奏爲參劾有干六法各員摺

光緒三十年十二月十八日

頭品頂戴、陝甘總督奴才崧蕃跪奏：爲查明有干法各員，據實參劾，以肅吏治，恭摺仰祈聖鑒事。

竊奴才準吏部咨開，光緒二十七年十二月起，扣至三十年十二月，三年期滿，其各省官員大計有干法者，應照例統爲一本參奏。仍令該督撫等將不謹、浮躁等官，俱確按實迹，詳細登注，不得籠統參劾。等因。準此，遵即轉行，照辦去後。

兹據甘肅布政使何福堃、按察使黄雲會詳查明，才力不及官一員，實缺鞏昌府岷州知州黄翰章，才庸氣懦，前在岷州任内，諸事廢弛，實屬難膺。民社不謹官二員，實缺固原直隸州屬海城縣知縣徐光興，前署西和縣任内，嗜利營私，甚有故意婪取，以致民怒聚衆，幾被毆辱，實屬居官不謹。實缺凉州府古浪縣知縣董雲標，才識疏庸，前在古浪縣任内，聲名平常，交卸徽縣署任，潜行回籍，尤屬不謹，實難再膺。民社年老官二員，現任蘭州府皋蘭縣紅水縣丞王文琳，年力就衰，每于地方應辦事件，非敷衍搪塞，即含混了結，實屬年老，不堪供職。現任西寧府大通縣訓導文化南，衰頹因循，難以司鐸。有疾官一員，實缺鞏昌府洮州廳照磨邱標，年既衰邁，身復多病，自上年請假交卸後，迄未回省，實屬有疾，不能“稱職”。浮躁官一員，現任固原直隸州吏目周宗濂，舉止輕浮，于監獄、捕務，均未能認真辦理，實屬浮躁，難資督捕。據藩臬兩司詳參前來，奴才覆核，均與訪察無异。除將各員事迹清册分送部科，并卓异各員另摺保薦外，謹會同甘肅學政臣葉昌熾改題爲奏，合詞恭摺具陳，伏乞皇太后、皇上聖鑒，飭部議覆施行。謹奏。

光緒三十年十二月十八日。

吏部議奏。

【《宫中檔光緒朝奏摺》第20輯，第731頁】

陝甘總督崧蕃奏報灾屬蠲緩錢糧數目摺

光緒三十年十二月十九日

頭品頂戴、陝甘總督奴才崧蕃跪奏：爲彙報甘肅省夏秋被灾蠲緩錢糧數目，恭摺具陳，仰祈聖鑒事。

竊查甘肅各州縣光緒三十年夏秋被雹、被水大概情形，業經奏報在案。兹據布政使何福堃將各屬被灾地畝應徵銀、糧、草束彙詳請奏前來。奴才

查，甘肅夏秋麥禾被水、被雹，統計二十七屬，除皋蘭縣、岷州、河州、階州、文縣、平番縣、山丹縣、東樂縣丞、靈州、中衛縣、玉門縣等處不致成灾之區，錢糧毋庸蠲、緩，高臺縣被水冲刷地畝不能墾復，已專案請免。其金縣、肅州、鎮番縣、洮州廳、撫彝廳、寧靈廳、靖遠縣、西固州同、平羅縣俟覆勘圖册送到，另案續辦外，至皋蘭縣、狄道州、沙泥州判、寧遠縣等處被水冲没地畝，共應豁正耗銀三百四十六兩八錢五分三厘四毫，閏月銀四錢七分五厘二毫，正耗糧七十三石八斗一升五合一勺，草六十五束八厘七毫。又，皋蘭縣、金縣、寧遠縣、寧朔縣、寧靈廳、洮州廳、碾伯縣、華亭縣等處，據該管道、府覆勘結報成灾六分至十分不等，照例分别蠲、緩，共應蠲豁正耗銀三百七十六兩三分九毫，正耗倉斗糧四百九十六石六斗三升四合二勺四抄，草六百三十一束八分八厘二毫。共應緩徵正耗銀八十四兩五錢九分三厘，正耗倉斗糧二百四十五石九斗三升二合三勺六抄，草六百五束九分六厘八毫。查核均屬相符。除飭將冲壞房屋、淹斃人品、牲畜隨時給發倉糧、銀兩，妥爲撫恤，統由賑撫局作正開報外，合無仰懇天恩，俯准飭部分别蠲、緩，以紓民力。理合恭摺具陳，并繕清單，恭呈御覽，伏乞皇太后、皇上聖鑒訓示。謹奏。

光緒三十年十二月十九日。

户部知道。單并發。

【《宫中檔光緒朝奏摺》第20輯，第747頁】

陝甘總督崧蕃又改修渠道占用民田由片

光緒三十年十二月十九日

再，據藩司何福堃詳稱，寧夏縣于光緒二十九年因惠農渠被水冲刷，從新改修。南自陽和堡起，北至河西寨止，綿長二十五里有餘。渠西另挖清水溝一道，以泄退水。其隔斷田畝之處，接修水槽澆灌，并搭橋梁，以利行人。現時渠道疏通，水勢暢流。共計占用民田一千七十八畝三分四厘，應賠補民田地價由惠農渠公議給發。

兹據寧夏道志崇咨，據寧夏府知府高熙喆詳，轉據寧夏縣知縣姚鈞詳稱，該縣屬之陽和、河西寨兩堡，去歲改修惠農渠道，占用民田共計一千七十八畝三分四厘，遵照《賦役全書》分晰科則，將應徵地丁正項銀三兩七錢九分九厘、耗羡銀五錢七分、正項糧一百五石三斗七升九合九勺、耗羡糧一十五石八斗七合、小草三百五十七束八分七厘，造具清册，繪圖貼説，由司加結，詳請奏豁前來。奴才覆加查核，委係實在情形，地畝錢糧數目，亦屬相符。除册結圖説分送部科查核外，謹附片具陳，伏乞聖鑒，飭部核豁施行。謹奏。

户部知道。

【《宫中檔光緒朝奏摺》第20輯，第751頁】

光緒三十一年（1905）

陝甘總督崧蕃奏銷添設電綫工程用款摺

光緒三十一年正月三十日

奏爲甘省由固原至寧夏府城添設電綫工程支用各款造册請銷，恭摺仰祈聖鑒事。

竊奴才前因寧夏至固原僻在省城北路，文報往返較遲，業經奏請添設電綫在案。自光緒二十九年閏五月十七日開式起，至六月三十日完竣，兹據總辦甘肅官電總局補用知縣談震臨詳稱，在常年經費内，撥用湘平銀三萬六千三百三十七兩七錢二分九厘四毫二絲五忽二微五纖，内購用外洋材料湘平銀一萬三千六百七十八兩四錢五分二厘七毫二絲五忽二微五纖，中國材料湘平

銀九百九十二兩二錢四分八厘，電杆價值湘平銀四千六百九十九兩三錢，水陸轉運湘平銀七千零二十九兩七錢零三厘七毫，按里分屯湘平銀五千三百三十七兩三錢二分五厘，勘路采辦夫價湘平銀四十二兩，采辦轉運勘路員司薪膳、川資油燭雜用湘平銀七百五十一兩五錢，工程湘平銀三千八百零七兩二錢。統共支湘平銀三萬六千三百三十七兩七錢二分九厘四毫二絲五忽二微五纖，收支兩抵無存。兹將應銷各款分造清册，賫請奏咨前來，奴才覆查無异。除清册送部查照外，所有固原至寧夏添設電綫，動用各款報銷緣由，謹會同陝西巡撫臣升允、督辦電政大臣直隸總督臣袁世凱、會辦電政大臣吴重憙合詞恭摺具陳，伏乞皇太后、皇上聖鑒，飭部查照核銷施行。謹奏。

光緒三十一年正月三十日。

該部知道。片并發。

【《宫中檔光緒朝奏摺》第20輯，第914頁】

陝甘總督崧蕃奏銷兩省常年收支各款摺

光緒三十一年正月三十日

頭品頂戴、陝甘總督奴才崧蕃跪奏：爲報銷陝甘兩省電報各局及學堂常年收支各款銀兩數目，恭摺仰祈聖鑒事。

竊查陝甘兩省常年收支之款，自光緒十七年十月起，至二十四年十二月止，業經造銷在案。兹據總辦陝甘官電局補用知縣談震臨將光緒二十五年正月起，至二十九年十二月止，總分子局報房、學堂常年收支各款造册請銷到案，奴才當即督率電報總局各員詳細覆核。計舊管不敷湘平銀二千五百九十九兩一錢三分四厘八毫，新收陸續奉撥甘肅、陝西庫款湘平銀八萬六千三百一十六兩六錢九分七厘五毫。又，各局所收報費湘平銀三萬二千一百零八兩四錢二分三厘三毫二絲四忽。共收湘平銀一十一萬八千四百二十五兩一錢二分零八毫二絲四忽。開除項下，光緒二十五年正月起，至二十九年十二月止，蘭州、肅州、固原、平凉、凉州、甘州、西安各局，及平番、涇州兩報房常年支用湘平銀七萬四千二百零二兩九錢五分。

又，光緒二十五年正月起，至二十九年十二月止，學堂支用湘平銀六千四百六十三兩五錢二分。又，添設固原至寧夏電報工程支用湘平銀三萬六千三百三十七兩七錢二分九厘四毫二絲五忽二微五纖。又，固原、寧夏、安堡開局添置用物，及光緒二十九年七月起，至十二月止，半年局費支用湘平銀二千零一十三兩一錢八分。又，歸還上屆不敷湘平銀二千五百九十九兩一錢三分四厘八毫。統共支湘平銀一十二萬一千六百一十六兩五錢一分四厘二毫二絲五忽二微五纖。收支兩抵，實不敷湘平銀三千一百九十一兩三錢九分三厘四毫零一忽二微五纖，歸下屆支領。兹將應銷各款分造清册，賫請奏咨前來，奴才覆查無异。除將送到清册咨部查照外，所有陝甘兩省常年收支各款銀兩報銷緣由，謹會同陝西巡撫臣升允、督辦電政大臣直隸總督臣袁世凱、會辦電政大臣臣吴重憙，合詞恭摺具奏，伏乞皇太后、皇上聖鑒，飭部查照核銷施行。謹奏。

光緒三十一年正月三十日。

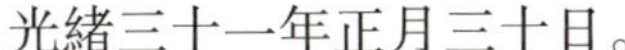

【《宫中檔光緒朝奏摺》第20輯，第915頁】

陝甘總督崧蕃附銷新設電局報房經費片

光緒三十一年正月三十日

再，添設固原至寧夏電報，計官路六百七十餘里，綫路裁灣取直五百六十六里。固原即在原有之局添加機器、報生，安堡設立報房，寧夏設立分局，派員專辦。兹據總辦甘肅官電總局補用知縣談震臨詳稱，以上一分局、一報房，及固原添用之報生、弁兵，常年經費約在三千七百兩上下，此係撙節開報，毫無虛糜。兹將開局置備之款，及光緒二十九年七月起，至十二月止，半年局用計收常年經費内撥用湘平銀二千零一十三兩一錢八分，暨開局添置器物湘平銀二百零四兩一錢八分。又，光緒二十九年七月起，至十二月止，固原、寧夏、安堡常年局用湘平銀一千八百零九兩。二共支湘平銀二千零一十三兩一錢八分，收支兩抵無存，分造清册，詳請奏咨前來，奴才覆查無异。除將清册送部查照外，所有添設固原至寧夏電綫新設電局、報房開局經費，及常年支款銀兩報銷緣由，謹會同陜西巡撫臣升允、督辦電政大臣直隸總督臣袁世凱、會辦電政大臣吴重憙，合詞附片具奏，伏乞聖鑒，飭部查照核銷。再，安堡、寧夏常年收支之款，自光緒三十年起，并入蘭肅各官局造報，合并聲明。謹奏。

覽。

【《宫中檔光緒朝奏摺》第20輯，第919頁】

陜甘總督崧蕃又陳寧朔知縣病故開缺片

光緒三十一年二月十五日

再，據甘肅布政使何福堃詳，據寧夏府知府高熙喆轉，據署寧朔縣知縣湯霖詳，據卸任寧朔縣知縣朱進賢家人李雲呈稱，家長朱進賢，年五十三歲，湖南湘鄉縣人。由監生，報捐縣丞，于剿辦瓜子溝番匪案内保，以知縣留甘儘先補用，驗放到省。丁母憂，接丁父憂，服滿仍赴原省補用，加捐分缺先補用，准補寧朔縣知縣。光緒二十八年十一月二十八日到任，因案撤任。三十年十二月初四日卸事，陡患氣痛，于三十一年正月十一日在寧夏寓所病故。等情。轉請開缺前來，奴才覆查屬實。謹附片具陳，伏乞聖鑒。至所遺寧朔縣知縣係簡缺，容俟截缺，照例請補，合并聲明。謹奏。

吏部知道。

【《宫中檔光緒朝奏摺》第21輯，第62頁】

陜甘總督崧蕃奏陳就地懲辦情重盜匪摺

光緒三十一年二月十五日

頭品頂戴、陜甘總督奴才崧蕃跪奏：爲報明甘肅光緒三十年秋冬二季分，照章懲辦過情重盜匪，摘叙案由清單，恭摺具陳，仰祈聖鑒事。

竊查甘肅情重盜犯，向照刑部通行，隨時審明，就地正法，按季彙報，奏咨在案。兹查光緒三十年秋冬二季分，據安定、海城、岷州等州縣先後報獲盜匪馬濇得、馬漣汶、李幅受、馬帽頂即馬懊彪何、馬有龍、跟元后、毛娃、李憘兒、毛頭即毛伏得到案，當即批飭該管鞏昌府、固原州提案覆審。該馬濇得、馬漣汶、李幅受、馬帽頂即馬懊彪何、馬有龍、跟元后、毛娃等七犯，或結夥持械，攔路劫殺，或臨時强劫入室，放火搜贜，均屬罪大惡極，開具供摺詳覆，經奴才隨時批令按察使核覆，實係情真罪當，已先後將馬濇得等七犯就地正法，并分别傳首犯事地方，懸杆示衆，俾昭炯戒。其夥同行劫之李憘兒、毛頭即毛伏得聽糾入夥，均係因事不行，事後分贜，情節較輕，亦令照章分别刺字，各繫杆礅，十年限滿，能否改悔自新，再行察看辦理。據甘肅按察使黄雲詳請具奏前來，奴才覆核案情相符。除飭緝各案逸盜，務獲另辦外，所有甘肅光緒三十年秋冬二季分，情重盜匪照章就地懲辦緣由，謹開具簡明案由清單，恭呈御覽，伏乞皇太后、皇上聖鑒，飭部查照。謹奏。

光緒三十一年二月十五日。

刑部知道。單并發。

【《宫中檔光緒朝奏摺》第21輯，第64頁】

陜甘總督崧蕃奏陳揀員請署寧朔知縣摺

光緒三十一年三月初二日

頭品頂戴、陜甘總督奴才崧蕃跪奏：爲揀員請署知縣員缺，以裨地方，恭摺仰祈聖鑒事。

竊據甘肅布政使何福堃、按察使黄雲會詳稱，甘肅寧朔縣知縣朱進賢病故遺缺，歸正月分截缺係簡缺，例應由外請補。查定例，知縣病、故、休三項缺出，以一缺題補，各項候補，并進士即用人員以一缺題補，本班大挑舉人。又，各省病、故、休選缺知縣，遇輪用候補，先并正途出身，及曾任知縣、曾任應升知縣，各項勞績，初任候補知縣，例應先行題署。甘肅知縣病、故、休一項已用至即用後大挑正班止，除前出文縣以儘先候補知縣李允諧請補外，今寧朔一缺，輪應候補正班到班，自應先用正途出身之人。

查有正途候補知縣宋大椿，年六十一歲，直隸昌黎縣副榜。由八旗官學漢教習引見，以知縣歸候補班補用，簽掣甘肅。光緒二十五年九月十三日到省，年滿甄别留用，委署環縣知縣無誤。

該司等查，宋大椿，强毅有爲，不避勞怨，到省名次在先，以之請署寧朔縣知縣，與例相符，會詳請奏前來。奴才查，宋大椿，留心吏治，志趣樸誠，仰懇天恩，俯准以該員宋大椿試署寧朔縣知縣，實于地方有裨。如蒙俞允，該員銜缺相當，毋庸送部引見。仍俟試署期滿，如果“稱職”，另請實授。謹恭摺具陳，伏祈皇太后、皇上聖鑒，飭部議覆施行。謹奏。

光緒三十一年三月初二日。

吏部議奏。

【《宫中檔光緒朝奏摺》第21輯，第156頁】

陝甘總督崧蕃奏據情代總兵叩謝天恩摺

光緒三十一年三月初二日

頭品頂戴、陝甘總督奴才崧蕃跪奏：爲據情代奏，叩謝天恩，恭摺仰祈聖鑒事。

竊奴才據署寧夏鎮總兵，永明呈稱，奉委接署寧夏鎮總兵篆務，遵即領委，由省起程，于光緒三十年十二月二十六日馳抵寧夏府城。准前署總兵湯咏山派委署中軍游擊賀明堂將甘肅寧夏鎮總兵官銀印一顆，暨統領寧標防軍木質關防一顆，并文案、卷宗等件呈賫前來，當即恭設香案，望闕叩頭謝恩，祇領任事。

伏念署總兵，一介庸愚，韜鈐未裕。前次三權鎮篆，愧報稱之毫無。兹復重攝兵符，益冰兢之倍懔。查寧夏爲朔方重鎮，地連蒙境，漢回雜處，隘口紛歧，凡訓練巡防，在在均關緊要。惟有矢勤矢慎，實力實心，督率將弁，認真經理，萬不敢以暫時署篆，稍涉因循，以冀仰答高厚鴻慈于萬一。所有接印日期，并感激下忱，請代奏。等情。前來。理合恭摺代陳，伏乞皇太后、皇上聖鑒訓示。謹奏。

光緒三十一年三月初二日。

知道了。

【《宫中檔光緒朝奏摺》第21輯，第158頁】

陝甘總督崧蕃附陳調署安西直隸州缺片

光緒三十一年三月二十九日

再，安西直隸州知州何慶衍調省遺缺，查有即補直隸州知州余承曾堪以酌署。署貴德同知事、實任丹噶爾同知趙人龍病故遺缺，查有請補莊浪茶馬同知劉秉權堪以酌署。文縣知縣王兆鼎病故遺缺，查有試用知縣陳鼎堪以酌署。署海城縣知縣王秉章調省遺缺，查有秦安縣知縣張時熙堪以調署。遞遺秦安縣知縣，查有環縣知縣杜翽堪以調署。所遺環縣知縣缺，查有教習試用知縣楊金庚堪以酌署。兹據甘肅藩臬兩司先後會詳前來，除批飭分別給委外，理合附片陳明，伏乞聖鑒。謹奏。

吏部知道。

【《宫中檔光緒朝奏摺》第21輯，第301頁】

陜甘總督崧蕃又陳揀員升補守備員缺片

光緒三十一年三月二十九日

再，準兵部咨，寧夏鎮屬平羅營守備，係題補第一輪第十缺，輪用期滿差官，行令揀員請補。等因前來。奴才查，平羅營守備員缺，地連蒙古，附近教堂甚多，交涉煩難，非精明强幹之員，難期勝任。惟甘省并無期滿差官，請以應升之員酌量抵補。兹查有俸滿應升之督標中營千總馮萬慶，諳習營伍，辦事勤能，堪以升補。雖與輪章稍有未符，而人地實屬相宜。合無仰懇天恩，俯念邊要員缺，准以督標中營千總馮萬慶升補平羅營守備，以期得力。如蒙俞允，該員係俸滿案内引見回任候升之員，應請飭部發給實授札付，以符定制。除該員履歷清册另咨送部外，謹會同署甘肅提臣張永清，合詞附片具陳，伏乞聖鑒，飭部核覆施行。謹奏。

兵部議奏。

【《宫中檔光緒朝奏摺》第21輯，第302頁】

陝甘總督崧蕃又陳揀員借補守備員缺片

光緒三十一年三月二十九日

再，奴才接準部咨，寧夏鎮屬靈州營守備，係題補第二輪第一缺，輪用儘先人員，行令揀補。等因。準此，奴才查靈州營守備員缺，與固原、海城交界，漢回雜居之地，非精明强幹之員，難期勝任。兹查有留甘儘先都司潘成，諳習營章，辦事穩練，堪以借補，亦與輪章相符。合無仰懇天恩，俯念員缺緊要，准以潘成借補靈州營守備，以期得力。如蒙俞允，俟接準部覆，即行給咨，送部引見，以符定制。除該員履歷清册另咨送部外，謹會同署甘肅提臣張永清，合詞附片具陳，伏乞聖鑒，飭部核覆施行。謹奏。

兵部議奏。

【《宫中檔光緒朝奏摺》第21輯，第303頁】

陝甘總督崧蕃奏陳揀員請補參將員缺摺

光緒三十一年四月初四日

頭品頂戴、陝甘總督奴才崧蕃跪奏：爲揀員請補參將要缺，以裨營伍，恭摺仰祈聖鑒事。

竊前準部咨，陝西提標中軍參將俞陞科調補寧陝營參將遺缺仍作爲第一輪第四缺，輪用揀發，應令迅揀請補。等因。當經奴才奏請，以揀發參將鄭得禄請補。嗣准部咨，該員保參將并無“留陝”字樣，駁令另揀合例人員，請補前來。遵即轉咨，照辦去後。

兹準陝西提臣鄧增咨稱，提標中軍參將爲全標領袖，事務浩繁，責任綦重，非精明强幹、勤慎耐勞之員，不能勝任。惟查有花翎副將銜陝西揀發補用參將、鹽茶營都司韓謙，智勇兼優，營務諳練，咨請更補。等因。準此，奴才查韓謙曉暢戎機，才具穩練。合無仰懇天恩，俯准以該員補授陝西固原提標中軍參將，實屬人地相需，亦與輪章符合。如蒙俞允，俟接部覆，即行給咨，赴部引見，以符定制。所遺鹽茶營部都司員缺，應請扣留外補，合并聲明。除飭取該員履歷清册另咨送部外，謹會同陝西提臣鄧增，合詞恭摺具陳，伏乞皇太后、皇上聖鑒，飭部核覆施行。謹奏。

光緒三十一年四月初四日。

兵部議奏。

【《宫中檔光緒朝奏摺》第21輯，第313頁】

光緒三十二年（1906）

△諭内閣著趙惟熙補授寧夏府知府

光緒三十二年閏四月三十日

光緒三十二年閏四月三十日，内閣奉上諭："甘肅寧夏府知府員缺，著趙惟熙補授。欽此。"

【《光緒宣統兩朝上諭檔》第32册，第96頁第457條】

△請旨簡放寧夏府知府員缺

光緒三十二年閏四月三十日

甘肅寧夏府知府員缺，請旨簡放。

【《光緒宣統兩朝上諭檔》第32册，第96頁第458條】

光緒三十三年（1907）

△諭寧夏副都統志鋭奏請飭部將民間所用平秤等尺四事定一準式通飭各省仿照

光緒三十三年五月十四日

交度支、農工商部。

本日，寧夏副都統志鋭奏請飭部，將民間所用平秤等尺四事定一準式，通飭各省仿照。等語。奉旨：“該部知道。欽此。相應傳知貴部，欽遵可也。”

此交。計黏鈔片一件。

五月十四日。

【《光緒宣統兩朝上諭檔》第33冊，第83頁第397條】

△諭寧夏副都統志鋭奏新政頻頒形格勢禁亟宜改良

光緒三十三年五月十四日

交考察政治館。

本日，寧夏副都統志鋭奏，新政頻頒，形格勢禁，亟宜改良一摺。奉旨：“考察政治館知道。欽此。相應傳知貴館。欽遵可也。”

此交。計黏鈔摺一件。

五月十四日。

【《光緒宣統兩朝上諭檔》第33冊，第83頁第398條】

△諭臺布調補寧夏將軍等

光緒三十三年九月十九日

光緒三十三年九月十九日，奉旨："臺布調補寧夏將軍，正黃旗蒙古都統增祺補授。欽此。"

【《光緒宣統兩朝上諭檔》第 33 册，第 230 頁第 854 條】

△諭内閣寧夏將軍色普徵額著照將軍例賜恤等

光緒三十三年十一月十七日

光緒三十三年十一月十七日，内閣奉上諭："開缺寧夏將軍色普徵額，咸豐年間，以前鋒進營當差，積功洊升副都統，推任寧夏將軍。宣力有年，克勤厥職。前經諭令，開缺來京。兹聞溘逝，軫惜殊深。加恩，著照將軍例賜恤。任内一切處分，悉予開復。應得恤典，該衙門察例具奏，准其入城治喪。伊子三等侍衛寶恒，著賞給二等侍衛。欽此。"

【《光緒宣統兩朝上諭檔》第 33 册，第 296 頁第 1058 條】

光緒三十四年（1908）

△諭陝甘肅總督升允詳慎訪查董福祥舊部將弁如有才堪任使者酌量委用等[①]

光緒三十四年正月十七日

軍機大臣字寄陝甘肅督升。

①《光緒宣統兩朝上諭檔》第 36 册，第 20 條重出本條上諭。

光緒三十四年正月十七日，奉上諭："前據志鋭奏稱，寧夏等屬新舊兩教不甚相安，賴有董福祥素有威望，暗中鎮懾。等語。現在董福祥業經病故，難保無匪徒生心煽惑，著升允悉心體察，密籌防範，勿稍大意。其董福祥舊部將弁，如有才堪任使者，亦可詳慎訪查，酌董委用。并嚴飭所屬地方官，隨時宣布朝廷德意。無論漢民、回民，暨新舊兩教，均屬一視同仁，統歸涵育。遇有控訟案件，務須持平判斷，不得稍有偏倚，以息猜嫌而靖地方。欽此。"遵旨寄信前來。

【《光緒宣統兩朝上諭檔》第 34 册，第 13 頁第 38 條】

宣統朝

宣統元年（1909）

△諭内閣著馬安良調補寧夏鎮總兵

宣統元年二月十一日

鈐章。

宣統元年二月十一日，内閣奉上諭："甘肅寧夏鎮總兵員缺，著馬安良調補。巴里坤鎮總兵，著馬福祥補授。欽此。"

軍機大臣署名：臣奕、臣世、臣張、臣鹿、臣那。

【《光緒宣統兩朝上諭檔》第35册，第58頁第140條】

△諭内閣固原州回民李生潮著照例旌表等

宣統元年閏二月二十五日

鈐章。

宣統元年閏二月二十五日，内閣奉上諭："禮部奏甘肅固原州回民李生潮生逾百歲，核與乾隆年間趙元寅之案相符，而年復較多，應如何優加賞賚，聲明請旨一摺。李生潮，著照例旌表，并于例賞外加恩，多賞一倍，再行加賞御書扁額一方，用昭嘉惠耆民至意。欽此。”

【《光緒宣統兩朝上諭檔》第35册，第123頁第330條】

宣統二年（1910）

△諭内閣著恒齡補授寧夏副都統

宣統二年七月初四日

鈐章。

宣統二年七月初四日，内閣奉上諭：“寧夏副都統著恒齡補授。欽此。”

軍機大臣署名：臣奕、臣世、臣鹿、臣那、臣吴。

【《光緒宣統兩朝上諭檔》第36册，第228頁第550條】

宣統三年（1911）

△諭著加恩予謚伊犁將軍志鋭照將軍陣亡例從優賜恤

宣統三年十二月初六日

奉旨：“伊犁將軍志鋭由翰林洊升卿貳，歷任烏里雅蘇臺參贊大臣、索倫領隊大臣、寧夏副都統，擢升將軍。宣力有年，克勤厥職。茲在伊犁將軍任内猝遭慘害，深堪憫惻。著加恩予謚，追贈太子少保。照將軍陣亡例，從優賜恤。任内一切處分，盡予開復。應得恤典，該衙門查例具奏。靈柩回旗時，沿途地方官，委爲照料，准其入城治喪。伊子監生海昆，著以員外郎用，以慰忠魂。欽此。”

宣統三年十二月初六日。

蓋用御寶。

内閣總理大臣臣袁世凱。

【《光緒宣統兩朝上諭檔》第 37 册，第 398 頁第 1382 條】

參考文獻

1.《宫中檔康熙朝奏摺》:“國立故宫博物院”故宫文獻編輯委員會編，全9輯（1—7輯漢文，8—9輯滿文），1976年版。

2.《宫中檔雍正朝奏摺》:“國立故宫博物院”故宫文獻編輯委員會編，全32輯（1—27輯漢文，28—32輯滿文），1978年版。

3.《宫中檔乾隆朝奏摺》:“國立故宫博物院”故宫文獻編輯委員會編，全75輯（1—74輯漢文，75輯滿文），1982年版。

4.《宫中檔嘉慶朝奏摺》:“國立故宫博物院”故宫文獻編輯委員會編，全34輯，1993年内部出版。

5.《宫中檔道光朝奏摺》:“國立故宫博物院”故宫文獻編輯委員會編，全20輯，1996年内部出版。

6.《宫中檔咸豐朝奏摺》:“國立故宫博物院”故宫文獻編輯委員會編，全32輯，1991年内部出版。

7.《宫中檔光緒朝奏摺》:“國立故宫博物院”故宫文獻編輯委員會編，全26輯，1973年版。

8.《宫中檔補遺》（全1輯）:“國立故宫博物院”故宫文獻編輯委員會編，1993年内部出版。

9.《康熙朝漢文硃批奏摺匯編》（全8册）:中國第一歷史檔案館編，檔案出版社1984年版。

10.《康熙朝滿文硃批奏摺全譯》:中國第一歷史檔案館編，中國社會科學出版社1996年版。

11.《雍正朝漢文硃批奏摺匯編》（全 40 册）：張書才主編，江蘇古籍出版社 1989 年版。

12.《雍正朝滿文硃批奏摺全譯》：中國第一歷史檔案館譯編，黄山出版社 1998 年版。

13.《雍正朝漢文諭旨匯編》（全 10 册）：中國第一歷史檔案館編，廣西師範大學出版社 1999 年版。

14.《乾隆朝上諭檔》（全 18 册）：中國第一歷史檔案館編，檔案出版社 1991 年版。

15.《嘉慶道光兩朝上諭檔》（全 55 册）：中國第一歷史檔案館編，廣西師範大學出版社 2000 年版。

16.《咸豐同治兩朝上諭檔》（全 24 册）：中國第一歷史檔案館編，廣西師範大學出版社 1998 年版。

17.《光緒宣統兩朝上諭檔》（全 37 册）：中國第一歷史檔案館編，廣西師範大學出版社 1996 年版。

18.《乾隆朝軍機處隨手登記檔》（全 46 册）：中國第一歷史檔案館編，廣西師範大學出版社 2000 年版。

19.《陝甘總督任内奏稿》（全 2 册）：全國圖書館文獻縮微復製中心 2005 年版。

20.《清實録》：中華書局 1985 年版。

21.《中央研究院歷史語言研究所現存清代内閣大庫原藏明清檔案》（全 324 册）：張偉仁主編，臺灣聯經出版事業公司 1986 年至 1995 年版。

22.《明清内閣大庫史料合編》（全 8 册）：國家圖書館出版社 2009 年版。

23.《清代地震檔案史料》：國家檔案局明清檔案館編，中華書局 1959 年版。

24.《明清宫藏地震檔案》（上卷壹、貳）：中國地震局、中國第一歷史檔案館編，地震出版社 2005 年版。

25.《明清宫藏地震檔案》（下卷壹、貳）：北京市地震局、臺北中研院歷史語言研究所編，地震出版社 2007 年版。

26.《〈清實録〉寧夏資料輯録》：吴忠禮、楊新才主編，寧夏人民 1986 年版。

27.《寧夏歷史地理考》：魯人勇等，寧夏人民出版社 1993 年版。

28.《中國行政區劃通史・清代卷》：周振鶴主編，傅林祥等著，復旦大學出版社 2013 年版。

29.《乾隆三年寧夏府地震史料》：劉源撰，《歷史檔案》2001 年第 4 期。